Franz Petermann/Dieter Vaitl

Handbuch der Entspannungsverfahren (Bd. 2)

Franz Petermann/Dieter Vaitl (Hrsg.)

Handbuch der Entspannungsverfahren

Band 2:

Anwendungen

BELTZ

PsychologieVerlagsUnion

Anschrift der Herausgeber:

Prof. Dr. Franz Petermann
Universität Bremen
Klinische Psychologie
Grazer Str. 2
28359 Bremen 33

Prof. Dr. Dieter Vaitl
Justus-Liebig-Universität Gießen
Fachbereich 06 Psychologie
Klinische Psychologie
Otto-Behaghel-Str. 10
35394 Gießen

Lektorat: Gerhard Tinger

Die Deutsche Bibliothek – CIP-Einheitsaufnahme

Handbuch der Entspannungsverfahren. – Weinheim : Beltz, Psychologie-Verl.-Union.
Bd. 2. Anwendungen / Franz Petermann ; Dieter Vaitl (Hrsg.).
– 1994
ISBN 3-621-27197-X
NE: Petermann, Franz [Hrsg.]

Covergestaltung: Dieter Vollendorf, München
Herstellung: Goldener Schnitt, Sinzheim
Satz, Druck und Bindung: Druckhaus „Thomas Müntzer“, Bad Langensalza/Thüringen
Printed in Germany

ISBN 3-621-27197-X

Vorwort

Der vorliegende zweite Band unseres Handbuches gibt einen umfassenden Überblick über einschlägige Anwendungsgebiete von Entspannungsverfahren, wobei die zahlenmäßig weit verbreiteten chronischen Krankheiten (Herz-Kreislauf-Erkrankungen, rheumatische Erkrankungen u. a.) und Indikationsbereiche in Fachdisziplinen (z. B. Zahnheilkunde, Gynäkologie) ausgewählt wurden. Darüber hinaus konnten drei Beiträge zu traditionellen Anwendungsbereichen von Entspannungsverfahren (Angst und Schmerz) aufgenommen werden. In einem Instruktions- und Anwendungsteil stellen wir in zwei Beiträgen eine detaillierte Verfahrensbeschreibung von Entspannungsverfahren vor.

Wir haben uns bei den Beiträgen um einen einheitlichen Aufbau bemüht, der mit einem Fallbeispiel beginnt, eine Verfahrensbeschreibung für die Praxis vermittelt, auf Wirkungen und Nebenwirkungen eingeht und mit einer Zusammenfassung endet. Unseren Mitautoren, die meist aus der klinischen Praxis kommen, sei an dieser Stelle für ihre Kooperationsbereitschaft und Geduld gedankt. Fast drei Jahre dauerte diese Abstimmungs- und Gestaltungsphase.

Nachdem wir im ersten Band, der vor einem Jahr erschien, die Lesbarkeit durch ein Glossar verbesserten, haben wir in diesem Band ein ausführliches Sachregister aufgenommen, das die Stichworte beider Bände umfaßt. Auf diese Weise möchten wir „formal" Band 1 und 2 miteinander verzahnen. Vielfach wird auch in den Beiträgen auf die Grundlagenbeiträge des ersten Bandes verwiesen. Für die Erstellung des Sachwortregisters danken wir Frau Dipl.-Psych. Claudia A. Stade (Bremen).

Wir hoffen, mit dem zweiten Band dazu beitragen zu können, daß Entspannungsverfahren differenzierter und gezielter eingesetzt werden können als dies häufig geschieht.

Bremen und Gießen, im Herbst 1993

Franz Petermann und Dieter Vaitl

Inhalt

Schmerzzustände (Wolf-Dieter Gerber)

Schmerzprobleme bei Kindern (Birgit Kröner-Herwig)

Herzkreislauferkrankungen (Dieter Vaitl)

Asthma bronchiale (Franz Petermann und Martina Beys)

Gastrointestinale Störungen (Heinrich Berbalk und Jürgen Kempkensteffen)

Rheumatische Erkrankungen (Georg Jungnitsch)

Geburtshilfe (Bergit Maspfuhl)

Gynäkologie (Bergit Maspfuhl)

Zahnheilkunde (Vladimir A. Gheorghiu und Michael Hübner)

Einleitung

Franz Petermann und Dieter Vaitl

Entspannungsverfahren haben in den vergangenen drei Jahrzehnten eine überraschende Popularität erlangt und besitzen als therapeutische Methoden eine hohe Attraktivität. So gibt es z. B. in der Verhaltenstherapie kaum eine Gruppe von Verfahrensweisen, die so weite Verbreitung gefunden hat wie gerade die Entspannungsverfahren (z. B. die Progressive Muskelrelaxation). Dies liegt wohl daran, daß sie einen breiten Anwendungsbereich haben und im allgemeinen zu positiven Effekten führen. Wie bereits im Systematisierungsversuch des ersten Bandes dieses Handbuches deutlich wurde, sind auch im Hinblick auf die klinische Anwendung dieser Methoden sehr sorgfältig die Mythen von den Fakten zu trennen. Nach wie vor gilt, daß die Bewährung in der Praxis ein unverzichtbares Gütekriterium ist, an dem der Wert einer jeden klinischen Methode zu messen ist. Diese Richtschnur gilt auch für die Entspannungsverfahren. Wie erfolgreich sie bei der Behandlung verschiedenster Beeinträchtigungen, Behinderungen, Störungsformen und Krankheiten sind, bestimmt, welcher Stellenwert ihnen als klinisch brauchbare und empfehlenswerte Methode zukommt. Ihre prinzipielle Wirksamkeit und ihre generell positiven Effekte, die ausführlich in Band I erörtert wurden, genügen hierfür nicht, vielmehr bedarf es einer Spezifikation und präzisen Bestimmung vor allem ihrer differentiellen Effekte, d. h. einer Aussage darüber, unter welchen Umständen bei welchen Patientengruppen mit Erfolgen zu rechnen ist. Dann erst zeigt sich, was sie zu leisten vermögen und ob sie als therapeutische Verfahren ernstzunehmen sind.

Differentielle Effekte und Ursachenwissen

Zahlreiche verhaltenstherapeutische und verhaltensmedizinische Behandlungsansätze enthalten Entspannungsverfahren. Die Begründungen für ihren Einsatz jedoch variieren sehr stark. Sie reichen von Verlegenheitsargumenten – „wenn nichts anderes hilft, wird entspannt" – bis hin zu empirisch erhärteten Anwendungsvorgaben. Immer steht dabei die Symptomatik im Mittelpunkt, die mit Entspannungsverfahren allein oder in Kombination mit anderen Behandlungsmethoden angegangen werden soll. Von unserem derzeitigen Wissen um die Entstehungsbedingungen der jeweiligen Störungen und Krankheiten aber hängt es ab, wie spezifisch sich eine Indikation für den Einsatz von Entspannungsverfahren formulieren läßt. Längst ist das Stadium überwunden, in dem ihnen lediglich global eine heilende Wirkung zugesprochen wurde. Mittlerweile liegen für die verschiedensten klinischen Symptome Effektivitätsstudien vor, die erlauben, die potentielle Wirkung und den Stellenwert dieser Methoden innerhalb übergeordneter Behandlungsansätze und in bezug auf bestimmte Störungsformen annähernd zu bestimmen.

Der vorliegende Band versucht, einen Überblick über den derzeitigen Kenntnisstand zu vermitteln. Dabei geht es um die kritische Sichtung vorliegender Befunde und um das vorsichtige Abwägen von Vor- und Nachteilen dieser Verfahren. Auch hier ist, wie schon in Band I, in dem die Grundlagen der Entspannungsverfahren beschrieben wurden, unverzichtbare Orientierungs- und Ordnungshilfe das empirisch fundierte Wissen um deren Wirksamkeit. Freilich ist dies an manchen Stellen noch sehr spärlich, dennoch aber zeichnet sich heute einigermaßen klar ab, wann und unter welchen Bedingungen bei bestimmten Störungsformen mit klinisch relevanten Erfolgen zu rechnen ist.

Ein Wandel zeichnet sich ab

Der Gang der Forschung hat in den letzten drei Jahrzehnten deutlich gemacht, daß ungeprüfte Vorannahmen über die klinische Wirksamkeit von Entspannungsverfahren, z. B. bei der Behandlung von Angst, aufgegeben bzw. modifiziert werden mußten, während sich in anderen Bereichen (z. B. in der Hypertonie-Behandlung) positive Effekte immer klarer herauskristallisieren, die früher eher fraglich erschienen. Der Wandel, der sich heute abzeichnet, besteht darin, daß das Wirkspektrum von Entspannungsverfahren immer weiter eingeschränkt und präzisiert wird. Dies hat nichts damit zu tun, daß ihre prinzipielle Wirksamkeit abnimmt, sondern daß mittlerweile andere Behandlungsformen entwickelt und auf ihre Wirksamkeit hin überprüft worden sind. Dies ist keinesfalls ein Nachteil, sondern ein großer Vorteil, der vor allem darin besteht, daß der Stellenwert von Entspannungsverfahren immer besser bestimmt werden kann. Hierbei spielen klinisch so wichtige Gesichtspunkte wie Spezifität der Effekte, differentielle Indikation, Vereinfachung der Methode und Ökonomie der Anwendung eine entscheidende Rolle. Dies sind wichtige Schritte auf dem Weg hin zu empirisch fundierten Indikationskatalogen. Damit gehören solche Indikationskataloge mit Sicherheit der Vergangenheit an, in denen keine bekannte Störungsform fehlt, die nicht mit Entspannungsverfahren behandelbar wäre (vgl. Luthe, 1969).

Eine Auswahl an Anwendungsbereichen

An ausgewählten Problemfeldern und Störungsbildern soll verdeutlicht werden, worin der praktische Nutzen von Entspannungsverfahren besteht und für welche Patienten sie als Behandlungsmethode oder Therapiebaustein in Frage kommen. Folgende Anwendungsbereiche werden exemplarisch vorgestellt:

- Angststörungen
- Schlafstörungen
- Schmerzzustände
- Schmerzprobleme bei Kindern
- Herzkreislauferkrankungen
- Asthma bronchiale
- Gastrointestinale Störungen
- Rheumatische Erkrankungen
- Geburtshilfe
- Gynäkologische Probleme
- Zahnheilkunde
- Prävention und Rehabilitation

Diese Auswahl ist keineswegs repräsentativ, sie orientiert sich vielmehr an Umfang und Güte der empirischen Arbeiten, die sich eine systematische Überprüfung von Entspannungsverfahren zur Aufgabe gemacht haben. Beispiele für weitere Anwendungsbereiche findet der interessierte Leser bei Lichstein (1988), wie z. B. zu Sexualfunktionsstörungen, Diabetes, onkologischen Problemen und sportlichen Leistungssteigerungen. Die Qualität so mancher empirischen Studien läßt einiges zu wünschen übrig. Meistens werden nur die globalen Effekte untersucht, die bestenfalls Hinweise auf die differentielle Wirksamkeit geben. Welche Faktoren den therapeutischen Effekt aber ausmachen, ist nur in einzelnen Fällen annähernd geklärt. Die Umstände, unter denen Entspannungsverfahren klinisch eingesetzt werden, und die Kontrolltherapien, zu denen ihre Effekte im Vergleich betrachtet werden, sind zu komplex und heterogen, als daß in absehbarer Zeit damit zu rechnen wäre, die wichtige Frage nach einem spezifischen Wirkungsprofil zufriedenstellend beantworten zu können.

Die Gemeinsamkeiten

Obwohl die vorliegenden Befunde heterogen sind, zeichnen sich Gemeinsamkeiten ab, die ein allgemeines Wirkprinzip dieser Verfahren vermuten lassen. Sie liegen im Erwerb von Eigenkompetenz und Selbstkontrolle. Dies gilt vor allem für die Bewältigung von Angstzuständen, Schmerzproblemen, rheumatischen Erkrankungen, Schlafstörungen und gynäkologischen Beschwerden und Problemen. Überall dort, wo die körperliche oder psychische Symptomatik die Patienten unausweichlichen und unkontrollierbar erscheinenden Beeinträchtigungen und Leiden aussetzt, stellen Entspannungsverfahren hilfreiche Angebote dar, um zumindest teilweise Linderung herbeizuführen und so das Bewußtsein der Patienten zu stärken, daß sie ihren Beschwerden nicht hilflos ausgeliefert sind. Insofern haben Entspannungsverfahren einen festen Platz z. B. in der Behandlung von Schmerzzuständen. Die Modellannahmen, mit denen diese relativ unspezifische Wirkungskomponente erklärt wird, sind jenen Ansätzen entlehnt, denen in der Verhaltenstherapie eine zentrale Rolle beigemessen wird, wie z. B. dem Selbstwirksamkeitsansatz von Bandura (self-efficacy, Bandura, 1977) oder dem der Selbstkontrolle von Meichenbaum (self-control, Meichenbaum, 1976). Aus diesem Grund werden heutzutage Entspannungsverfahren nicht mehr als isolierte Therapie eingesetzt, wie dies früher der Fall war (vgl. Schultz, 1973; Luthe, 1969, 1970), vielmehr sind sie in den meisten Fällen integraler Bestandteil eines übergeordneten Behandlungskonzepts. Der gemeinsame Nenner, auf dem ihr Stellenwert innerhalb verschiedener Therapien beruht, ist der einer Alternativreaktion; denn Entspannungsverfahren tragen dazu bei, daß ein neues psychophysiologisches Reaktionsmuster gelernt und erprobt wird, das bislang unbekannt war und dessen Beherrschung einen günstigen Einfluß auf die aktuellen Beschwerden und Beeinträchtigungen verspricht. Ob sich diese Alternativreaktion nun direkt körperlich auswirkt und so eine somatische Störung beseitigt oder lindert oder ob sie nur indirekt zu einer günstigen psychischen Verarbeitung der jeweiligen Störung beiträgt, ist dabei von untergeordneter Bedeutung. Eine Entspannungsreaktion zeigt sich auf verschiedenen Ebenen, z. B. auf der somatischen und auf der psychischen Ebene. Einzelheiten hierzu sind ausführlich in Band I dargestellt (Vaitl, 1993).

Die Umsetzung

Wenn eine solche Entspannungsreaktion so gut beherrscht wird, daß sie auf Abruf bereitsteht, ist der nächste wichtige Schritt der, daß gelernt wird, sie auch in kritischen Situationen zur Verfügung zu haben und einzusetzen. Damit dies gelingt, bedarf es spezieller Maßnahmen und therapeutischer Schritte, die nicht mehr nur im Üben von Entspannung bestehen, sondern die darüber hinaus vermitteln, wann und wie diese gelernte Alternativreaktion einzusetzen ist. Dies erfordert eine Umsetzung positiven Verhaltens aus der Therapie in reale Lebenssituationen. Auch wenn die Patienten noch so gut darauf vorbereitet sind, können jedoch niemals alle Belastungssituationen und akut auftretenden Beeinträchtigungen antizipiert und therapeutisch bearbeitet werden. Hierzu bedarf es eigener therapeutischer Maßnahmen. Therapeutische Ansätze dieser Art liefern die sogenannten Self-Management-Konzepte der kognitiven Verhaltenstherapie (vgl. Kanfer, Reinecker & Schmelzer, 1991). Außerdem hängt es von der Störungsform und dem subjektiven Beeinträchtigungsgrad selbst ab, ob und in welcher Weise eine systematische Kombination aus Self-Management und Entspannung therapeutisch erforderlich ist. Danach bemißt sich der Nutzen und die klinischen Anwendungsmöglichkeiten von Entspannungsverfahren. So genügt es bei der Behandlung von Angstzuständen nicht, lediglich eine bestimmte Form von Entspannungsverfahren zu praktizieren, vielmehr muß der Umgang mit angstauslösenden Situationen und Erlebnissen neu gelernt und das Vermeidungsverhalten verändert werden. Zur Senkung des hohen Blutdrucks kann es dagegen unter

Umständen genügen, konsequent und über einen längeren Zeitraum hin eine gewisse Entspannungsmethode einzusetzen, ohne daß aufwendige verhaltenstherapeutische Zusatzmaßnahmen erforderlich wären. Entspannungsverfahren besitzen also innerhalb eines Mehr-Ebenen-Ansatzes therapeutischer Intervention einen jeweils unterschiedlichen Stellenwert und eine aus der Grundproblematik herleitbare spezifische Indikation. Dabei hängt es, wie bereits erwähnt, entscheidend vom gegenwärtigen Wissen um die Bedingungskonstellationen der jeweiligen Störungsform ab, worin eine solche spezifische Indikation bestehen könnte. Daraus leiten sich dann auch spezifische Aspekte einer möglichen Kontraindikation ab, wie z. B. beim Asthma bronchiale.

Das Abbruchproblem

Ein Phänomen, mit dem sich Entspannungsverfahren in besonderem Maße konfrontiert sehen, ist der Abbruch der Übungen. Je höher die Quote der Abbrecher liegt, umso mehr ist zu vermuten, daß Einflüsse am Werk sind, die sich ungünstig auf die Motivation der Übenden auswirken bzw. die Anwendung einer bestimmten Entspannungstechnik sogar als kontraindiziert erscheinen lassen. Die Abbrecher-Quoten variieren sehr stark, je nachdem in welchem Kontext und mit welcher Zielsetzung eine Entspannungsmethode vorgestellt, eingeübt und praktiziert wird. Krampen und Ohm geben in diesem Band für den Bereich der Prävention und Rehabilitation mehrere Beispiele für die erheblichen Schwankungsbreiten der Abbrecher-Quoten sowie für die Umstände, die zu diesem Phänomen beitragen.

So hängt es davon ab, ob in einem klinisch-therapeutischen Kontext Entspannung geübt wird oder ob es sich nur um das Kennenlernen einer dieser Methoden handelt. Selbst wenn es der einen oder anderen Untersuchung gelungen ist, die Abbruchsrate möglichst niedrig zu halten, ist stets damit zu rechnen, daß die Patienten das Interesse an der Entspannung verlieren, sei es, daß sie das Resultat erzielt haben, das sie damit erreichen wollten, oder aber daß ihnen der Aufwand hierfür auf dem Hintergrund möglicher günstiger Effekte und positiver Erlebnisse zu groß erscheint. Realistischerweise sollte man die Abbrecher-Quote im allgemeinen höher veranschlagen als sie in der einen oder anderen Untersuchung berichtet worden ist, da die Teilnahme an einer Untersuchung selbst eine Motivationskomponente darstellt, die einem vorzeitigen Abbruch der Übungen zeitweilig entgegenwirkt. In der Routine der alltäglichen klinischen Versorgung kann jedoch so manches motivationssteigernde Agens entfallen, welches sich in einer wissenschaftlichen Untersuchung den Abbruch noch verhindert hat. Umso mehr muß gerade außerhalb des wissenschaftlichen Untersuchungsrahmens Wert darauf gelegt werden, den Patienten ein Entspannungsverfahren bzw. eine Selbstkontrolltechnik als Bestandteil der individuellen Lebensführung nahezubringen. Wenn Entspannungsverfahren diesen „Sitz im Leben" nicht erhalten, wird die Beschäftigung mit ihnen nur eine Episode bleiben, ohne jeden tiefergehenden Einfluß auf Körper und Geist. Dies wurde bereits in den einleitenden Überlegungen in Band I thematisiert und mit dem Begriff „Kultur der Entspannung" umschrieben.

Praktisch bedeutet das, daß bereits zu Beginn eines Entspannungstrainings – sei es nun, daß es einzeln oder im Verbund mit anderen Therapieschritten angeboten wird – systematisch darauf hingearbeitet wird, daß die Entspannungsübungen im Alltag integriert sind, damit es zu einer Generalisierung der Effekte kommen kann. Gerade die positive und angenehme Atmosphäre, in der diese Übungen zunächst zusammen mit dem Therapeuten gelernt werden, kann oft eine solche Übertragung der Übungsmotivation in Alltagssituationen hinein verhindern. Man weiß, daß beispielsweise solche Untersuchungen, die besonders darauf geachtet haben, daß Bluthochdruck-Patienten die jeweiligen Übungen auch zu Hause durchführten, bessere Resultate erbrachten als jene, in denen darauf kein Wert gelegt wurde bzw.

die darüber – aus welchen Gründen auch immer – nichts berichtet haben. Lerntheoretisch gesprochen kann die Übungssituation in der Klinik oder in einer Praxis einen so positiv verstärkenden Charakter bekommen, daß die Entspannungsreaktion nur dann gelingt, wenn diese Situation als diskriminativer Reiz vorhanden ist. Auf diese Weise wird also systematisch verhindert, daß ein Übungstransfer gelingt, d. h. daß andere, außerhalb von Klinik und Praxis liegende Reizkonfigurationen als diskriminative Reize entwickelt und gefestigt werden. Ein ernstzunehmendes Signal, daß der Übungstransfer Schwierigkeiten bereitet, ist entweder die beharrliche Weigerung, Entspannung zu Hause durchzuführen, oder die hartnäckige Klage, daß es zu Hause nicht so gut gelingt wie in Klinik, Praxis oder anderen „geschützten" Situationen.

Die Lebenspraxis

Wie kontrollierte Therapiestudien zu verhaltenstherapeutischen bzw. verhaltensmedizinischen Behandlungsansätzen, die Entspannungsverfahren als einen unverzichtbaren Bestandteil enthalten, gezeigt haben, ist eine völlige Behebung der Störung kaum möglich. Sie zu erhoffen, wäre bei der Komplexität und Chronifizierung der meisten Störungen unrealistisch. Doch spricht dies nicht gegen die prinzipielle Wirksamkeit dieser Verfahren, selbst wenn ihr klinischer Erfolg auch nur ein partieller ist. Sie sind und bleiben Methoden der Selbsthilfe. Als solche müssen sie im Lebensstil und in der Lebenspraxis der Patienten verankert werden. Erst dann ist zu erwarten, daß das Potential, das ihnen innewohnt, auch tatsächlich ausgeschöpft wird. Diese Probleme stellen sich mit besonderer Deutlichkeit beispielsweise im Bereich der Prävention und Rehabilitation. Hier zeigt sich am offenkundigsten, wie schwer es oft sein kann, Entspannungsverfahren dauerhaft und selbstverständlich zu einem Bestandteil der individuellen Lebensführung zu machen. Hier spielt die Motivation der Patienten eine entscheidende Rolle. Wenn ihre Motivation gering ist oder die Therapeuten sie nicht aufbauen können, ist kaum mit Erfolgen zu rechnen. Hier teilen die Entspannungsverfahren dasselbe Schicksal mit all den anderen therapeutischen Interventionen, die auf Selbstkontrolle beruhen.

Literatur

Bandura, A. (1977). Self-efficacy: Toward a unifying theory of behavioral change. Psychological Review, 84, 191–205.

Kanfer, F. H., Reinecker, H., & Schmelzer, D. (1991). Selbstmanagement-Therapie. Berlin, Heidelberg, New York: Springer.

Lichstein, K. L. (1988). Clinical relaxation strategies. New York: Wiley.

Luthe, W. (1969/1970). Autogenic therapy. Vol. I–VI. New York: Grune & Stratton.

Meichenbaum, D. (1976). Cognitive factors in biofeedback therapy. Psychophysiology, 9, 600–605.

Schultz, T. H. (1973). Das Autogene Training. Konzentrative Selbstentspannung. Stuttgart: Thieme, 14. Auflage.

Vaitl, D. (1993). Psychophysiologie der Entspannung. In D. Vaitl & F. Petermann (Hrsg.), Handbuch der Entspannungstechniken. Band I. (25–63). Weinheim: Psychologie Verlags Union.

I. Anwendungsbereiche

Angststörungen

MICHAEL DEUCHERT und ULRIKE PETERMANN

1. Einleitung

1.1 Der Fall Jeff (Suinn, 1990)

Jeff war ein 30jähriger Buchhalter, der sich kurz vor dem therapeutischen Kontakt scheiden ließ und der zum ersten Mal im Leben alleine lebte. Vor seiner Heirat wohnte er zuhause, dann mit einem Zimmergenossen, der „richtiggehend hausfrauliche Fertigkeiten hatte ... er konnte gut einkaufen, backen, das Geld zusammenhalten ... einfach alles". Nach der Scheidung gelang es Jeff nach und nach, sich selbst zu versorgen und auch einfache Gerichte selbst zu kochen. Er war Mitarbeiter in einer fünfköpfigen Buchhaltungsfirma, in der er seine Arbeit so gut verrichtete, daß er gute Aussichten hatte, als Gesellschafter in die Firma mit einzusteigen. Jeff berichtete weder über negative Gefühle bezüglich der Scheidung („obwohl ich sie manchmal vermisse ... es war ein gutes Leben, aber sie ist gegangen und das Leben geht weiter") noch irgendwelchen Druck oder Streß im Beruf. Seine Anpassung an das Leben als Single beschrieb er mit „so lala" und kommentierte „wenigstens bin ich nur für mich verantwortlich und muß mir keine Sorgen um Kinder machen".

Die Scheidung geschah sehr ruhig: Eines Tages sagte seine Frau Jill einfach, daß sie sich „auseinandergelebt" hätten, und daß sie mit ihrem Leben andere Dinge anfangen wolle. Obwohl Jeff die Scheidung nicht wollte, fühlte er sich hilflos angesichts der Entscheidung seiner Frau – „sie fragte mich nicht, was ich dachte ... sie ist einfach gegangen" – und machte keine Versuche, sie aufzuhalten. Jill fragte nicht nach Unterhalt oder irgendeiner Form der Unterstützung.

Als Jeff seine Heirat beschrieb, konzentrierte er sich immer mehr darauf, wie idyllisch sie ihm erschienen war, wie wenig er Verantwortung spürte, wie für ihn gesorgt würde, wie er ein passives Leben ohne große Entscheidungen führen könnte. Es schien ihm wie ein Hafen, wenn er von der Arbeit heimkehrte. Kurz nach diesen Diskussionen begann Jeff, Alpträume zu berichten, die sich alle um die Suche nach seinem Auto drehten, das er irgendwo geparkt hatte und das er finden mußte, um einen dringenden Termin einhalten zu können. Aber er konnte sich nicht an den Standort des Wagens erinnern. Nach drei Wochen fing er an, Angstanfälle zu erleben, manchmal bei der Arbeit, aber häufiger zuhause. Anfälle während der Arbeit bestanden aus Augenblicken, in denen er zitterte und Verwirrtheitszustände, Panikgefühle und beschleunigten Herzschlag hatte. Da er seinen eigenen Schreibtisch hatte, der durch Raumteiler von den anderen getrennt war, bemerkte keiner seiner Kollegen die Anfälle. Ähnliche Attacken traten zuhause, sowie zu verschiedenen Zeiten auf und waren offensichtlich nicht mit spezifischen Umständen verbunden.

Jeff hatte Angst vor dem Verrücktwerden und sorgte sich vor ernsten biochemischen Schäden, die die Anfälle verursachen sollten. Er beobachtete aufmerksam seine Anfälligkeit für solche Angstattacken und fürchtete sich vor deren Auftreten. Seine Schlafunterbrechungen kamen weiter in Verbindung mit Schlaflosigkeit vor. Sein angespannter Zustand begann immer mehr zu Schlaflosigkeit zu führen. Tiefergehende

Diskussionen zu seinen Gefühlen, die er wegen des Verlustes des Bildes von der idyllischen Heirat, seiner Passivität und seiner Konflikte mit seinem stärker unabhängigen Leben hatte, schienen echt zu sein; sie hatten aber anscheinend keinen Einfluß auf die Reduktion der Alpträume oder der Angstanfälle.

1.2 Angststörungen und ihre Ursachen

Angst hat funktionelle Bedeutung für das Überleben des Organismus in einer feindlichen Umwelt. Das Erleben von Angst mit kognitiven und physiologischen Komponenten führt dazu, daß Tiere und Menschen die Angstauslöser vermeiden oder aggressives Verhalten zeigen. In der Regel haben diese Strategien Überlebenswert, weil Tiere und Menschen normalerweise nur vor solchen Situationen Angst haben, die auch tatsächlich lebensbedrohliche Komponenten aufweisen.

Diese natürlich angelegten Reaktionen können in einer sich schnell wandelnden Umwelt ihre eigentliche, funktionelle Bedeutung für den Lebenserhalt verlieren und zu Verhaltensweisen führen, die das tägliche Leben behindern. Angststörungen sind eine heterogene Gruppe psychischer Auffälligkeiten, deren Gemeinsamkeit in bestimmten Reaktionen auf kognitiver, physiologischer und Verhaltensebene besteht.

Im oben geschilderten Fall des Buchhalters Jeff hat eine Veränderung der Lebenssituation zu Symptomen geführt, die nach festgelegten Konventionen als Angst bezeichnet werden; da diese Angst in der Situation ein normales Maß übersteigt und chronifiziert ist, wird von einer Angststörung gesprochen. Auf den Fall Jeff wird in Absatz 4.2 weiter eingegangen.

Nach dem Diagnostischen und Statistischen Manual Psychischer Störungen (DSM-III-R, 1989) lassen sich für Erwachsene und Kinder die in Tabelle 1 wiedergegebenen Störungen unterscheiden. Angststörungen können sowohl bei Kindern als auch bei Erwachsenen diagnostiziert werden; in der Regel kommen diese Kategorien jedoch hauptsächlich bei Erwachsenen zur Anwendung. Wenn die Angststörungen typischerweise im Kleinkindalter, in der Kindheit oder der Adoleszenz beginnen, sieht das DSM-III-R (1989) drei zusätzliche Kategorien vor.

Diese Klassifikation basiert auf neueren Ergebnissen der Angstforschung und verzichtet heute vollständig auf den Begriff „Neurose“, der sich auf psychoanalytische Theoriebildungen bezieht. Die Ursachen für die Entstehung einer Angststörung werden heute nicht mehr in frühkindlichen Konflikten vermutet, sondern es werden für jede Angststörung differenzierte, in biologischen und verhaltenstheoretischen Begriffen ausgedrückte Modelle vertreten. Um die Schwierigkeiten bei der Intervention besser verstehen zu können, sind einige gängige Theorien zur Entstehung und Aufrechterhaltung von Angststörungen in Tabelle 2 wiedergegeben.

Aus der Vielfalt der Theorien wird deutlich, daß die Ursachen für die Angst-

Tabelle 1: Angststörungen nach DSM-III-R (1987) bei Kindern und Erwachsenen.

Angststörungen (Kinder und Erwachsene)	**Angststörungen (ausschließlich Kinder)**
Panikstörung mit Agoraphobie (300.21)	Störung mit Trennungsangst (309.21)
Panikstörung ohne Agoraphobie (300.01)	Störung mit Kontaktvermeidung (313.21)
Agoraphobie ohne Panikattacken (300.22)	Störung mit Überängstlichkeit (313.00)
Soziale Phobie (300.23)	
Einfache Phobie (300.29)	
Zwangsstörung (300.30)	
Posttraumatische Belastungsstörung (309.89)	
Generalisierte Angststörung (300.02)	

Tabelle 2: Theorien zur Entstehung und Aufrechterhaltung von Angststörungen.

Spezifische und soziale Phobien

Konditionierungsmodelle

Autoren/Übersichtsarbeiten: Pawlow (1927); Mowrer (1947); Mowrer (1960)
Grundannahmen:
Die wiederholte, gleichzeitige Konfrontation eines Menschen mit einem Angstauslöser zusammen mit einem neutralen, nicht angstauslösenden Reiz führt dazu, daß der ursprünglich neutrale Reiz Angst auslösen kann.

Modelle mit differentieller Konditionierbarkeit für verschiedene Reize

Autoren/Übersichtsarbeiten: Seligman (1971); McNally (1987); Merckelbach, van den Hout & van der Molen (1989)
Grundannahmen:
Selektionsprozesse unter vorzivilisierten Menschen haben das Erbmaterial des Menschen so verändert, daß Angstreaktionen auf natürlich vorkommende Bedrohungen (Abgründe, Schlangen, wilde Tiere) besonders leicht konditionierbar sind. Konditionierungen kommen dagegen selten vor und sind zeitlich wenig stabil, wenn keine genetische Disposition vorhanden ist, wie es für Bedrohungen aus dem Alltag des zivilisierten Menschen (Haarfön im nassen Badezimmer) gilt.

Stellvertretendes Lernen oder Informierung durch andere

Autoren/Übersichtsarbeiten: Rachman (1968); Rachman (1978); Öst & Hugdahl (1981)
Grundannahmen:
Konditionierung ist nicht der einzige Weg, um Angstreaktionen zu erwerben. Angst kann auch durch stellvertretendes Lernen oder durch Informationen von Dritten erworben werden. Beim stellvertretenden Lernen wird durch die Beobachtung eines anderen Menschen dessen Angst erworben, die dieser in einer bestimmten situativen Konstellation zeigt. Die Information über die Bedrohlichkeit einer Situation kann ohne eigenes Konditionierungserlebnis zu Angstreaktionen führen. Öst und Hugdahl (1981) zeigen, daß 57,5% ihrer phobischen Patienten Konditionierungserlebnisse erinnern, 17% erwerben ihre Angst durch stellvertretendes Lernen, 10,4% durch Informationen von anderen Personen und 15,1% können keine Konditionierungserlebnisse erinnern.

Kognitive Theorie der Angst

Autoren/Übersichtsarbeiten: Lazarus (1966); Lazarus & Averill (1972)
Grundannahmen:
Menschen empfinden die Emotion Angst, wenn sie bedrohlichen Situationen ausgesetzt sind und diese bewerten. In einer ersten Bewertung (primary appraisal) wird die Bedrohlichkeit der Situation bewertet, die zweite Bewertung (secondary appraisal) schätzt die Verfügbarkeit von Ressourcen zur Beseitigung der Bedrohung ein, die Bewältigung (coping) sind entweder direkte Handlungen oder intrapsychische Prozesse, und bei der Neubewertung (reappraisal) wird geprüft, ob der Ausgang der Bewältigungsprozesse zufriedenstellend ist.

Zwangsstörungen

Zweifaktorentheorie

Autor: Mowrer (1947)
Grundannahmen:
Traumatische Erlebnisse in bestimmten Situationen führen dazu, daß diese Situationen in Zukunft negativ assoziiert sind und vermieden werden. Ein Waschzwang kann erklärt werden, wenn mangelnde Hygiene zu einer Erkrankung geführt hat und sich der Patient wegen der Angst vor einer neuen Erkrankung ständig wäscht.

Unsicherheiten als Ursache von Zwängen

Autoren: Carr (1974); Beech & Vaughan (1978)
Grundannahmen:
Zwangsgestörte Menschen erleben starke Unsicherheiten und erwarten ungünstige Konsequenzen aus ihren Verhaltensweisen und Lebenssituationen.

Serotoninhypothese der Zwangsstörung

Autoren/Überblicksarbeit: DeSilva & Rachman (1992)
Grundannahmen:
Eine Fehlversorgung des Gehirns mit dem Neurotransmitter Serotonin ist die Ursache von Zwangsstörungen; dies wird aus positiven Effekten geschlossen, die Antidepressiva bei diesem Störungsbild haben.

Panikattacken und Agoraphobien

Panik als Mißinterpretation körperlicher Empfindungen

Autor: Clark (1986); Clark, Salkovskis, Gelder, Koehler, Martin, Anasiades, Hackmann, Middleton & Jeavons (1988)
Grundannahmen:
Bestimmte Körperempfindungen (Herzrasen, Atemlosigkeit, Schwindel), die auch bei Angst-

Tabelle 2: Theorien zur Entstehung und Aufrechterhaltung von Angststörungen (Fortsetzung).

reaktionen auftreten, werden wahrgenommen und interpretiert. Dabei ist die Interpretation katastrophisierend, das heißt, daß zum Beispiel ein beschleunigter Herzschlag als Indiz für einen Herzinfarkt benutzt wird.

Panik durch die Aktivierung emotionaler Schemata

Autoren/Übersichtsarbeiten: Barlow, in Druck (zitiert nach Shear et al., 1988)
Grundannahmen:
Ursachen von Panikattacken sind die sehr geringen Aktivierungsschwellen emotionaler Schemata. Die emotionalen Schemata können über kognitive, physiologische und behaviorale Kanäle aktiviert werden.

Panik durch situative Auslöser

Autor: Marks (1987)
Grundannahmen:
Panik hat wie eine Phobie spezifische Auslöser und ist ein relativ unwichtiges Symptom der agoraphobischen Angststörungen.

Agoraphobie und Panik durch antizipierte Bedrohung

Autor: Bowlby (1973)
Grundannahmen:
Agoraphobiker fürchten sich stärker vor einem Kontrollverlust als andere Menschen; auf öffentlichen Plätzen oder in ähnlichen Situationen fühlen sie sich verletzbarer und versuchen daher, sie zu vermeiden. Wenn die Ressourcen zur Abwehr von Gefahren zusammenbrechen, entsteht Panik.

Panik nach dem psychophysiologischen Modell der Angst

Autoren: Ehlers, Margraf & Roth (1988)
Grundannahmen:
Physiologische oder kognitive Veränderungen werden wahrgenommen und interpretiert. Sind die Veränderungen mit einer Bedrohung oder Gefahr assoziiert, dann reagiert die Person darauf mit Angst, die zu weiteren physiologischen Veränderungen, Körperempfindungen und/oder kognitiven Symptomen führt. Wenn diese Symptome wieder Bedrohungscharakter haben, verstärkt sich die Angst weiter. In einer positiven Feedback-Schleife kann es bis zur Panikattacke kommen.

Agoraphobie nach der Zweifaktorentheorie

Autoren/Übersichtsarbeiten: Mowrer (1947)
Grundannahmen:
Ein affektiv negatives Erlebnis, z. B. eine Panikattacke auf öffentlichen Plätzen oder an ähnlichen Orten führt zu einer Konditionierung und zur Vermeidung solcher Situationen. Diese Situationen werden in Zukunft gemieden und das Vermeidungsverhalten durch das Ausbleiben negativer Konsequenzen verstärkt und damit stabilisiert.

Agoraphobie durch interozeptives Konditionieren

Autoren: Goldstein & Chambless (1978)
Grundannahmen:
Das Erleben der ersten Panikattacke zusammen mit bestimmten, körperlichen Zuständen führt dazu, daß diese körperlichen Zustände alleine Angstreaktionen auslösen.

Inadäquate kognitive Schemata als Ursache der Angst

Autoren: Beck & Emery (1981)
Grundannahmen:
Kognitive Stile von Menschen können dazu führen, daß Angststörungen entstehen. Dabei werden Situationen als bedrohlich wahrgenommen und interpretiert, während gleichzeitig für den Menschen nicht die Möglichkeit besteht, die Fehlerhaftigkeit seiner Gedanken in der Realität zu überprüfen.

Generalisierte Angststörung

Autoren: Davison & Neale (1988)
Grundannahmen:
Mangelnde Kontrollmöglichkeit von Individuen über angstauslösende Reize und daraus resultierende Hilflosigkeit führen zu einer erhöhten physiologischen Erregung und psychischer Belastung.

Posttraumatische Belastungsstörung

Stressoren führen zur chronischen Mobilisation des Organismus

Autoren: Selye (1975);
Gersons & Carlier (1992)
Grundannahmen:
Ungewöhnlich massive Stressoren führen zu physiologischen Reaktionen, die bei Nichtbehandlung chronifizieren. Die Angstsymptome haben beim Erleben der Bedrohung ihren Sinn, aber einige Merkmale der Angstreaktion überdauern zeitlich und führen zu einer chronischen Mobilisierung des Organismus, die durch neuroendokrinologische Prozesse aufrechterhalten wird.

entstehung sehr verschieden sein können und auf physiologischer, psychologischer und Verhaltensebene gesucht werden. Auf den ersten Blick scheint es naheliegend zu sein, therapeutisch an den Ursachen der Angststörung anzusetzen. Wenn die Angst als die Folge eines erhöhten, physiologischen Erregungsniveaus angesehen wird, wird diese Erregung medikamentös oder durch körperliche Entspannung gesenkt; wenn dysfunktionale Gedanken oder Erwartungen über negative Ausgänge eigenen Verhaltens das Hauptproblem sind, werden sie durch therapeutische Gespräche, Realitätstestung und andere kognitiv orientierte Verfahren angegangen. Ist nur das stark vermeidende Verhalten unangemessen, so werden Interventionen auf die Veränderung dieses Verhaltens abzielen.

Diese auf den ersten Blick plausible Herangehensweise muß allerdings nicht unbedingt günstig sein, weil die Ebenen des menschlichen Verhaltens miteinander zusammenhängen, und die Modifikation einer Ebene auch zu Veränderungen auf den anderen Ebenen führt. Die Interventionsebene oder -ebenen müssen daher so gewählt werden, daß das therapeutische Handeln den größtmöglichen Erfolg verspricht.

Aus dem Mehrebenen-Modell des menschlichen Verhaltens und aus der Vielfalt der Theorien ist abzuleiten, daß es kein Standardverfahren geben kann, das bei allen diesen Störungen und bei jedem Individuum effektiv ist. Die Verhaltensanalyse, Zielbestimmung und Therapieplanung legen das Vorgehen fest und bestimmen auch, wo und warum Entspannungsverfahren eingesetzt werden. Dabei zeigen allerdings fast alle Effektivitätsstudien der letzten Jahre, daß Entspannungsverfahren sinnvollerweise bestenfalls zusätzlich zu anderen Verfahren angewandt werden sollen, weil mit anderen Mitteln wesentlich schnellere und dauerhaftere Erfolge zu erzielen sind.

1.3 Historische Entwicklungen in der Therapie von Angststörungen

Wolpe und Lazarus (1969) setzten Entspannungsverfahren gezielt zur Behandlung von Angstzuständen ein. Wolpe beobachtete an Katzen in Experimentalkäfigen, daß diese die Nahrungsaufnahme trotz großen Hungers verweigerten, wenn vorher das Fressen mit elektrischen Schlägen bestraft worden war. Die Bereitschaft der Katzen zu fressen nahm immer mehr zu, sobald er sie in andere Käfige brachte, die eine immer geringere Ähnlichkeit mit dem Käfig hatten, der zur Bestrafung des Freßverhaltens eingesetzt wurde.

Weitgehend unabhängig von diesen Bemühungen suchte Wolpe nach Techniken, um ängstliches Verhalten beim Menschen abzubauen. Seine ersten Ansätze verfolgten das Ziel, die Angstreaktion von Personen auf einen Angstauslöser zu verhindern und ihnen stattdessen eine andere Reaktion beizubringen. Hauptproblem dabei war, daß es keine Möglichkeit zur Hemmung von Ängsten gab, wenn dem Patienten keine motorische Handlungsreaktion vorgeschlagen werden konnte. Als er die Progressive Muskelentspannung von Jacobson (1938) entdeckte, stand ihm eine Technik zur Verfügung, die angsthemmend war und die es verhinderte, daß bei der Konfrontation mit der Angst eine motorische Aktivität des Patienten ausgelöst wird.

Beide Beobachtungen verknüpfte Wolpe mit einer Technik, die er Systematische Desensibilisierung nannte. Dazu erstellte er für seine Patienten individuelle Angsthierarchien, instruierte die Patienten dann, sich tief zu entspannen, und schließlich präsentierte er den entspannten Patienten eine zunächst schwach angstauslösende Situation aus der Angsthierarchie. Wenn der Patient die schwächer angstauslösenden Situationen schließlich angstfrei überstehen konnte, ging er auf die stärker angstauslösenden Situationen aus der individuellen Hierarchie über.

Die theoretische Grundlage seines Vorgehens sah Wolpe in dem von ihm aus der Physiologie übernommenen Begriff der reziproken Hemmung (Yates, 1975). Die empirische Prüfung seines therapeutischen Vorgehens zeigte aber, daß weder das Entspannungstraining (Craighead, 1973; Agras, Leitenberg, Barlow, Curtis, Edwards & Wright, 1971) noch die Hierarchiekonstruktion (Ihli & Garlington, 1969; McGlynn, 1971; McGlynn, Wilson & Linder, 1970; Cohen, 1969; Suinn, Edie & Spinelli, 1970; Krapfl & Nawas, 1970; Miller & Nawas, 1970) notwendige Voraussetzungen für die Effektivität der Systematischen Desensibilisierung sind. Bei Rattenphobikern (Ladouceur, 1978) hat ein zufälliges Vorgeben der angstauslösenden Themen aus der Angsthierarchie bessere Effekte als die Vorgabe von zunächst schwach und dann immer stärker angstauslösenden Reizen; außerdem machte es keinen Unterschied, ob die Personen entspannt waren, ob sie sich zwischen der Präsentation der angstauslösenden Themen angenehme Szenen vorstellten oder ob sie weder angenehme Szenen imaginierten noch entspannt waren. In einer komplex angelegten Studie konnten aber auch schon Van Egeren (1971) und Van Egeren, Feather und Hein (1971) zeigen, daß nur wenige der Grundannahmen Wolpes richtig sind und daß vor allem die Hypothesen, die die Vorgehensweise der Systematischen Desensibilisierung stützen, entweder nur schwach oder überhaupt nicht zu bestätigen sind. Yates (1975) spricht bei der Beurteilung der Befunde von „Geburt, Leben und Tod der Systematischen Desensibilisierung“.

Noch entscheidender als die theoretischen Schwächen der von Wolpe entwikkelten Systematischen Desensibilisierung waren vergleichende empirische Befunde zur Wirksamkeit anderer psychotherapeutischer Verfahren. In Analogstudien, d. h. Studien mit wenig ängstlichen Personen, konnte oft die Gleichwertigkeit (Cornish & Dilley, 1973; Calef & MacLean, 1970; Borkovec, 1972; Barrett, 1969; DeMoor, 1972; Smith & Nye, 1973; Suarez, Adams & McCutcheon, 1976; Mylar & Clement, 1972) oder sogar Überlegenheit (Hekmat, 1973; Mealiea & Nawas, 1971; Willis & Edwards, 1969) der Systematischen Desensibilisierung gezeigt werden, während nur selten die Überlegenheit von Konfrontationen mit angstauslösenden Reizen ohne vorherige Entspannung demonstriert werden konnte (Marshall, Gauthier, Christie, Currie & Gordon, 1977). Bei klinischen Studien mit Patienten, die unter Agoraphobien, einfachen Phobien und sozialen Phobien litten, sah dieses Bild allerdings deutlich anders aus. Die meisten Studien (Hussain, 1971; Marks, Boulougouris & Marset, 1971; Solyom, Heseltine, McClure, Solyom, Ledwidge & Steinberg, 1973) zeigten, daß mit stark angstauslösenden Konfrontationen bei diesen Patienten bessere Ergebnisse als mit der Systematischen Desensibilisierung erzielt wurden. Voraussetzung für die guten Erfolge ist, daß die Dauer der Konfrontation fünfundvierzig Minuten nach Möglichkeit nicht unterschreitet. Bei stark angstauslösenden Konfrontationen muß eine deutlich spürbare Gewöhnung des Organismus an den Angstauslöser (Habituation) auftreten, damit der Patient neue Erwartungen zu seinen physischen Prozessen ausbilden kann. Emmelkamp (1986) gibt eine Übersicht der frühen Arbeiten zur Effektivität verschiedener, verhaltenstherapeutischer Verfahren.

Eine neue Richtung bekam der Einsatz von Entspannungsverfahren in der Therapie von Angststörungen mit den Darstellungen von Goldfried (1971), Suinn und Richardson (1971) und von Chang-Liang und Denney (1976), die Entspannung als Bewältigungstechnik auffaßten, die Patienten in angstauslösenden Situationen anwenden können. Barrios und Shigetomi (1979) stellen diese und andere Konzeptionen vor. Grundsätzlich neu an dieser Art der Therapie war, daß weniger eine automatisierte Reiz-Reaktionsverbindung angenommen wurde, sondern daß der Patient für die Anwendung des Entspannungsverfahrens in einer beliebigen Situation verantwortlich wurde. Neben dem Erlernen eines Entspannungsverfahrens wird der Patient darin ausgebildet, in Verbindung mit Angst auftretende, extero- und interozeptive Reize wahrzunehmen und dann zur Modifikation seiner internen Zustände die erlernten Bewältigungsstrategien anzuwenden. In einigen Studien konnte die Überlegenheit dieses Ansatzes im Vergleich zur klassischen Systematischen Desensibilisierung gezeigt werden (Denney & Rupert, 1977; Jacks, 1972; Deffenbacher & Parks, 1979; Deffenbacher & Shelton, 1978). Allerdings wurden diese Wirkungsnachweise entweder nur in Studien mit leicht-ängstlichen Personen erbracht, oder es handelte sich um Patienten mit einer einfachen Phobie.

An Patienten mit klinisch manifesten Angststörungen wurden diese neuen Selbstmanagement-Ansätze relativ spät erprobt. Erst die Kritik an der zufälligen Zuteilung von Patienten zu bestimmten Interventionsmethoden und am Zusammenwerfen der individuellen Therapieerfolge in einfache, statistische Koeffizienten (Borkovec, 1976) und die Frage nach einer differentiellen Indikation legte nahe, daß sich das therapeutische Vorgehen an den individuellen Mustern der physiologischen, kognitiven und Verhaltensreaktionen der Patienten orientieren sollte.

In einer Reihe von Studien (z. B. Öst, Jerremalm & Johannson, 1981; Öst, Johannson & Jerremalm, 1982) konnte gezeigt werden, daß bei bestimmten Angststörungen die Therapiedifferenzierung nach den Reaktionsmustern der Patienten Vorteile im Hinblick auf die Therapieausgänge erbringen kann. Die grundlegende Idee war, daß ein körperorientiertes Verfahren wie die Progressive Muskelentspannung eher bei vorwiegend physiologisch reagierenden Patienten wirkungsvoll ist, während verhaltensorientierte Verfahren wie ein Training in sozialen Fertigkeiten oder ein Selbstinstruktionsprogramm bei vorwiegend verhaltensbezogen reagierenden Patienten besser wirkt. Die Zuordnung der Patienten zu Interventionen nach der dominanten Angstkomponente erbringt zumindest in einigen Maßen bessere Ergebnisse als die zufällige Zuordnung.

Öst (1986) beschreibt unter dem Begriff „Applied Relaxation" eine Entspannungstechnik, die eine Variante der Progressiven Muskelentspannung einsetzt. Das Verfahren wird unter Absatz 4.1 beschrieben. Für Patienten mit Sozialphobie (Öst et al., 1981) und Patienten mit Claustrophobie (Öst et al., 1982) konnte in einer vergleichenden Studie bestätigt werden, daß die Zuordnung der Patienten zu therapeutischen Maßnahmen nach ihren individuellen Reaktionen bessere Therapieerfolge erbringt. Die Ergebnisse sind aber mit einer gewissen Vorsicht zu interpretieren, weil sie bei sozialen Phobien nicht mehr repliziert werden konnten (Jerremalm, Jansson & Öst, 1986) und bei claustrophobischen Patienten nie ein Replikationsversuch unternommen wurde. Die Effekte einer solchen Zuordnungsstrategie konnten auch für Patienten mit Agoraphobie (Öst, Jerremalm & Jansson, 1984), für Patienten mit Ängsten vor Blut (Öst, Lindahl, Sterner & Jerremalm, 1984) und für Patienten mit Ängsten vor einer Zahnbehandlung (Jerremalm, Jansson & Öst, 1986) nicht mehr nachgewiesen werden. Allerdings waren die verwendeten Verfahren bei diesen Untersuchungen für alle Patienten gleich effektiv. Damit kann der Therapeut in diesen Fällen das Verfahren anwenden, das von seinen Patienten am besten akzeptiert wird oder für dessen Einsatz er den geringsten Zeitaufwand benötigt.

2. Moderne Therapie von Angststörungen

2.1 Überblick über Therapieverfahren

In der Therapie von Angststörungen werden verschiedene Behandlungsstrategien vorgeschlagen, von denen einige ausgewählte in Tabelle 3 wiedergegeben sind.

Die einzelnen Techniken tauchen wieder als Komponenten in kompletten Programmen zur Intervention bei Angststörungen auf und machen es daher unmöglich, die therapeutisch wirksamen Variablen zu isolieren.

Als zentraler Trend in der Behandlung von Angststörungen kann die zunehmende Bevorzugung von breitbandigen Verfahren (Lazarus, 1978) angesehen werden. Für diesen Trend zur zur Kombination vieler Einzeltechniken (Polypragmasie) waren die

Tabelle 3: Übliche Therapieverfahren bei Angststörungen.

Panikstörung	Veränderung der Attributionen Konfrontation mit internen, angstauslösenden Reizen Konfrontation mit externen, angstauslösenden Reizen
Agoraphobie	Konfrontation mit angstauslösenden Reizen Entspannung als Selbstkontrolltechnik Kognitive Therapie
Soziale Phobie	Konfrontation mit angstauslösenden Reizen Training in sozialen Fertigkeiten Entspannung als Selbstkontrolltechnik Kognitive Therapie
Einfache Phobie	Konfrontation mit angstauslösenden Reizen Entspannung als Selbstkontrolltechnik Systematische Desensibilisierung
Zwangsstörung	Konfrontation mit angstauslösenden Situationen Reaktionsverhinderung
Posttraumatische Belastungsstörung	Konfrontation mit angstauslösenden Reizen Streßinokulation, Streßmanagement Desensibilisierung des Traumas

empirischen Ergebnisse aus einer Vielzahl von Studien mitverantwortlich, nach denen alle Verfahren zwar wirkten, aber praktisch niemals bei allen Patienten eine vollkommene Heilung zu erreichen war. Aufgrund der Integration der Befunde aus der Kognitions- und psychophysiologischen Forschung (Lang, 1979) scheint es günstig zu sein, alle Ebenen gleichzeitig zu beeinflussen, da die synchrone Veränderung schnellere und dauerhaftere Veränderungen verspricht. Wird nur eine Ebene therapeutisch beeinflußt, so geht man von der Überzeugung aus, daß diese Veränderung gleichzeitig oder zeitlich versetzt zur Änderung auf den anderen Ebenen führt; ein derartiges Vorgehen ist nur dann zu rechtfertigen, wenn es für einen solchen Zusammenhang eindeutige empirische Belege gibt. Wird auf allen Ebenen interveniert und ist dies insgesamt erfolgreich, so spielt es keine Rolle mehr, ob Zusammenhänge vermutet werden oder belegt sind. Die gleichzeitige Modifikation aller Ebenen macht tatsächliche oder hypothetische Zusammenhänge zwischen den Ebenen des Verhaltens überflüssig.

Diese Breitband-Verfahren enthalten drei unterscheidbare Gruppen von Interventionen, die man in kognitive, Entspannungs- und Konfrontationsverfahren einteilen kann. Dabei ist diese Trennung nicht so scharf, daß ein kognitives Verfahren grundsätzlich auf konfrontative Elemente verzichtet oder daß Entspannung nicht auch über kognitive Prozesse induziert werden könnte. Dennoch sollen kognitive, Entspannungs- oder Konfrontationsverfahren bestimmte Transformationen situativer, körperlicher oder psychischer Zustände erreichen, die nach den theoretisch zugrunde liegenden Modellen mit einem anderen Zugang nicht so effektiv wären.

2.2 Kognitive Verfahren

Kognitive Verfahren wollen die semantischen Netzwerke des Patienten verändern (Lang, 1979; Petermann & Kusch, 1993). Eine Uminterpretation situativer, interozeptiver und kognitiver Zustände und Prozesse soll bewirken, daß Patienten zuerst auf kognitiver Ebene eine Erleichterung spüren, die später auf andere Ebenen generalisieren kann. Tabelle 4 zeigt eine kleine Auswahl kognitiver Verfahren, die aus einer Vielzahl an Komponenten be-

Tabelle 4: Kognitive Verfahren in der Behandlung psychischer Störungen.

Selbstinstruktionstraining (Meichenbaum, 1979)
Streß-Impfungs-Training (Meichenbaum, 1979)
Kognitive Intervention bei Angstpatienten (Beck & Emery, 1981)
Veränderung des Health Belief Model (Di Matteo & Di Nicola, 1982)
Vermittlung von Problemlösefertigkeiten (D'Zurilla & Goldfried, 1971)

stehen, die einzeln auch in modernen Breitband-Verfahren wieder zur Anwendung kommen.

Bei der Methode der Streßimpfung (Meichenbaum, 1979) werden Gefühls- oder Streßreaktionen mit dem Patienten diskutiert, es werden Fähigkeiten zur Auseinandersetzung geübt und diese neuen Fähigkeiten unter Streßbedingungen erprobt. In dieses Training ist eine Vielfalt von Einzeltechniken eingebaut, wie didaktisches Training, Diskussion, Modellernen, Einüben von Selbstanweisungen und neuem Verhalten und Verstärkung. Eine Anwendung dieser Technik erfolgt nach Meichenbaum (1979) bei Angst.

Das Selbstinstruktionstraining wurde von Meichenbaum (1979) für hyperaktive Kinder konzipiert und enthält mehrere Schritte mit den Komponenten Modelllernen, Lösungsversuche mit Instruktion durch den Therapeuten, Problemlösung mit lauten Selbstinstruktionen, Problemlösung mit sehr leise ausgesprochenen Selbstinstruktionen, Aufgabenlösung mit Selbstinstruktionen ohne hörbare Worte, aber mit einer inneren Lenkung. Dieses Training kann dazu eingesetzt werden, um innere Monologe von ängstlichen Patienten zu verändern.

Bestimmte Annahmen von Patienten über die Entstehung, Aufrechterhaltung und Veränderungsmöglichkeiten einer Erkrankung werden als Health-Belief-Model (Di Matteo & Di Nicola, 1982) bezeichnet und bedingen unter anderem seine Bereitschaft zur therapeutischen Mitarbeit. Daher werden Patienten die Krankheitszusammenhänge so erklärt, daß sie subjektiv plausible Erklärungen für ihren Zustand erhalten und die Möglichkeiten zur Veränderung einschätzen können.

Beck und Emery (1981) sehen Kognitionen über persönliche Bedrohungen (wiederholtes Nachdenken über bestimmte Gefahren, Unfähigkeit zur logischen Analyse alarmierender Kognitionen, Ablenkung durch angsterregende Reize, katastrophisierende Gedanken) als Ursachen von psychischen Störungen wie Angst. Therapieziel ist die Veränderung dieser negativen Kognitionen mit verschiedenen Techniken. Die Techniken von Beck und Emery (1981) bestehen aus der Identifikation automatischer Gedanken, Analysieren fehlerhafter Logik, Informieren, Entkatastrophisieren, und anderen Methoden. Langfristig sollen alle Methoden die inadäquaten, kognitiven Schemata verändern, die die Wahrnehmung und Verarbeitung von Umgebungsreizen bestimmen.

D'Zurilla und Goldfried (1971) verstehen die psychischen Störungen von Patienten als Probleme, für die sie dem Patienten Lösungswege aufzeigen müssen. Dazu geben sie eine allgemeine Orientierung über das Problem, beschreiben es genau, erstellen verschiedene Lösungsalternativen, treffen eine Entscheidung zugunsten einer Alternative und überprüfen den Ausgang. Dieses Modell kann als Heuristik für jede Art der Therapie dienen.

Alle hier beschriebenen, kognitiven Verfahren können für die Therapie von Angststörungen angewendet werden, sind aber nur teilweise speziell für Angststörungen konzipiert; wie sie isoliert oder zusammen mit anderen Verfahren eingesetzt werden können, wird in Abschnitt 3 geklärt.

2.3 *Konfrontationsverfahren*

Bei Konfrontationsverfahren muß sich der Patient den angstauslösenden Situationen aussetzen. Zu unterscheiden sind fünf Verfahren, die in Tabelle 5 wiedergegeben sind. Kennzeichen der stark angstauslösenden Verfahren ist, daß der Patient entweder mit

Tabelle 5: Konfrontationsverfahren.

	in vivo	in sensu
stark angst-auslösend	Flooding	a) Flooding b) Implosion
minimal angst-auslösend	a) Systematische Desensibilisierung b) graduierte Löschung	Systematische Desensibilisierung

imaginierten oder wirklichen Angstreizen in einen Zustand starker physiologischer und kognitiver Erregung versetzt wird, die bei ihm die Tendenz zur Vermeidung auslösen. Diese Reaktionstendenz kann er aber nicht realisieren, weil die therapeutischen Vereinbarungen lauten, daß er die Angst ohne Verlassen der angstauslösenden Situation überstehen muß. Die Verweildauer im Angstzustand soll dabei fünfundvierzig Minuten nicht unterschreiten, weil dann eine Habituation, das heißt die physiologische Erschöpfung des Organismus, eintritt. Die Habituation zeigt dem Patienten, daß die Situation keine objektiven Gefahren birgt. Stark angstauslösende Konfrontation ist damit ein Verfahren, das auf der Verhaltensebene ansetzt und durch die damit einhergehenden Veränderungen auf physiologischer und kognitiver Ebene Alternativen zur ursprünglichen Verhaltensweise schafft.

Flooding bedeutet, daß sich der Patient entweder direkt in eine angstauslösende Situation begibt und dort bleibt, bis die Angst weniger wird (Flooding in vivo) oder er stellt sich die angstauslösenden Situationen so lange vor, bis sich die Angst verringert (Flooding in sensu). Die Implosion ist eine besondere Form des Flooding in sensu, bei dem die angstauslösenden Situationen stark übertrieben werden, um den Patienten die Sinnlosigkeit seiner Angst erleben zu lassen; Hogan (1968) gibt eine gute Darstellung der Technik, die auf Stampfl zurückgeht (Stampfl & Levis, 1967).

Die graduierte Löschung unterscheidet sich von den stark angstauslösenden Verfahren dadurch, daß der Patient dabei mit einem minimal angstauslösenden Reiz aus seiner individuellen Hierarchie angstauslösender Reize so lange und so oft konfrontiert wird, bis dieser Reiz keine Angst mehr auslöst; erst dann wird zur nächsten, stärker angstauslösenden Situation übergegangen.

Die Systematische Desensibilisierung als wenig angstauslösendes Verfahren setzt auf der physiologischen Ebene an. Zuerst wird ein entspannter Zustand hergestellt. In diesem Zustand sollen die Personen ein anderes Verhalten als das bisher gezeigte ausprobieren und verfestigen können. Dazu begeben sich die Personen entweder direkt in eine angstauslösende Situation (Systematische Desensibilisierung in vivo) oder sie stellen sich angstauslösende Situationen vor (Systematische Desensibilisierung in sensu). Die geringen, physiologischen Reaktionen in vorher angstauslösenden Situationen verändern zusammen mit der Wahlmöglichkeit zwischen Handlungsalternativen nicht nur die Angstgefühle, sondern auch die Erwartungen, die eine Person zukünftig an diese Situation hat.

2.4 Entspannungsverfahren

Mit Entspannungsverfahren wird direkt auf eine Senkung der physiologischen Erregung abgezielt. Dabei soll die Absenkung des Erregungsniveaus die Realisierung von Verhaltensalternativen erlauben; diese werden erst möglich, weil der Patient nicht mehr durch seine körperlichen Reaktionen überwältigt wird. Regelhaft auftretendes, angstfreies Verhalten und weniger starke, physiologische Reaktionen führen dazu, daß der Patient mit veränderten Erwartungen an die vorher angstauslösenden Situationen herangeht.

3. Indikationen von Entspannungsverfahren

Bei fast allen oben genannten Verfahren wird klar, daß es sich häufig um eine Kombination von Einzeltechniken handelt, die auf physiologischer, kognitiver und Verhaltensebene wirken sollen; dementsprechend werden die Komponenten Entspannung, Konfrontation und kognitive Intervention kombiniert. Die Systematische Desensibilisierung zielt auf die physiologische und die Verhaltensebene ab und setzt daher Entspannung und Konfrontation ein; durch stark angstauslösende Konfrontationen in vivo sollen Habituationen (Gewöhnung des Organismus an den Angstauslöser) bewirkt werden, die dann zu kognitiven Veränderungen führen. Kognitive Verfahren haben diese klassischen Vorgehensweisen ergänzt und teilweise abgelöst.

Doch wo sind Entspannungsverfahren noch zu rechtfertigen, wenn die Ergebnisse aus vergleichenden Studien zur Therapieeffektivität betrachtet werden? Die wichtigsten therapeutischen Vorgehensweisen sollen im folgenden dargestellt und ein Urteil zur Eignung eines Interventionsverfahrens bei bestimmten Angststörungen abgegeben werden.

3.1 *Zwangsstörungen: Therapie ohne Entspannungsverfahren*

Fallberichte, in denen die Systematische Desensibilisierung in der Behandlung von Zwangsstörungen eingesetzt wurde, berichten von einer Besserung in ungefähr 50% der Fälle (Beech & Vaughan, 1978; Emmelkamp, 1982). Damit liegen die Besserungsraten deutlich unter den heute mit anderen therapeutischen Methoden zu erzielenden 80%. Turner und Michelson (1984) nehmen an, daß die Systematische Desensibilisierung wegen der kurzen Konfrontationszeiten so wenig effektiv ist.

Für Zwangsrituale erbringen Entspannungsverfahren im Vergleich zu einer Konfrontation in vivo keine Vorteile (Marks, Hodgson & Rachman, 1979). Zu beachten ist nur, daß bei der Konfrontation eine Habituation des Organismus erreicht wird und daß Patienten mit Zwangsritualen und ebenso den zwanghaft grübelnden Patienten genug Zeit dazu gegeben wird (Emmelkamp & Kwee, 1977). Diese Auffassung wird durch die Untersuchung von Boulougouris, Rabavilas und Stefanis (1977) gestützt, die eine deutliche Überlegenheit einer langen Konfrontation in vivo vor kurzen Konfrontationen in vivo und Konfrontationen in sensu zeigt.

Im Überblick fassen Rachman und Hodgson (1980) zusammen, daß Flooding gleich wirksam wie teilnehmendes Modellernen und effektiver als Entspannungstraining, Aversionserleichterung und Gedankenstop ist. Auch in Kombination mit Gedankenstop erweist sich die Systematische Desensibilisierung als weniger effektiv als Gedankenstopp allein (Sookman & Solyom, 1979).

Entspannungsverfahren könnten nur in einer Hinsicht zusätzlichen Gewinn über Konfrontationsverfahren hinaus versprechen: Der Habituationsprozeß kann durch Entspannung generell beschleunigt werden (Hamm, 1993). Es kann aber bisher nur vermutet werden, daß das auch für den Einsatz von Entspannung in der Therapie von Zwangsritualen und Zwangsgedanken gilt, da die empirische Prüfung für zwangsgestörte Patienten noch aussteht. Bei Zwangsstörungen sind Entspannungsverfahren in der Regel nicht indiziert.

3.2 *Panikattacken und Agoraphobien: Entspannungsverfahren haben geringe Bedeutung in Breitband-Programmen*

Eine Reihe von Autoren haben psychologische Modelle zu Panikattacken entwickelt, die die Rolle katastophisierender Gedanken bei der Wahrnehmung von körperlichen Prozessen (Clark, 1986, Margraf, Ehlers & Roth, 1988) in den Vordergrund rücken. Daher bieten sich Ansätze zur Modifikation körperlicher und kognitiver Prozesse an.

Eine wichtige Langzeitstudie (Fiegenbaum, 1988) zeigt bei Patienten mit Agoraphobien und Panikattacken, wie gut die Therapieausgänge beim Verzicht auf Entspannungsverfahren sein können. In einem therapeutischen Rahmen mit vielen kognitiven Therapieelementen (Unterrichtung über Zusammenhänge, Selbstinstruktionstraining, Entkatastrophisierung) und bei massierter Übung erweist sich die Konfrontation mit stark angstauslösenden Reizen (ungraduierte Exposition) einer Konfrontation mit zunächst schwach angstauslösenden Reizen und der allmählichen Steigerung (graduierte Exposition) deutlich überlegen. Bestätigt wird die Überlegenheit der ungraduierten Exposition durch die enormen Unterschiede nach fünf Jahren in verschiedenen Maßen (Angstthermometer, Verhaltenstest). Das zeigt, daß eine massive Konfrontation des Patienten mit seiner Angst die Methode der Wahl bei der Behandlung dieser Störung ist. Entspannungsverfahren sind nicht erforderlich, um diese Therapieerfolge zu erreichen.

Die Tendenz zum Verzicht auf Entspannungsverfahren in der Therapie von Panikattacken mit und ohne Agoraphobie kommt auch im Therapiemanual von Margraf und Schneider (1990) zum Ausdruck; diese Autoren verzichten vollständig auf Entspannungstechniken und verlassen sich auf kognitive Verfahren und Konfrontationen mit internen oder externen Auslösern. Doch die meisten Autoren berichten noch immer, daß sie Entspannungsverfahren, und dort vor allem die Progressive Muskelentspannung, in ihren komplexen Therapieprogrammen einsetzen; aus den Schilderungen ist aber auch zu erschließen, daß Entspannungsverfahren nur noch periphere Bedeutung haben.

Shear, Ball, Josephson und Gitlin (1988) behandeln vier Patienten mit Panikattacken ohne Agoraphobie und sieben mit Panikattacken und gemischten, aber sehr gering ausgeprägten Phobien ohne die Diagnose Agoraphobie. Ihre kognitiv-behaviorale Therapie beinhaltet eine Unterrichtung über physiologische und psychologische Prozesse der Panik, ein Training in Panik-Management und die Konfrontation mit angstauslösenden Situationen. Dabei wird beim Panik-Management neben bestimmten Atemtechniken und kognitiver Umstrukturierung (reframing) der Panikerfahrungen die Progressive Muskelentspannung als Therapieverfahren eingesetzt; das Panik-Management wird dann in angstauslösenden Situationen eingesetzt. Zehn der elf Patienten lebten bei Ende der Therapie und zum Zeitpunkt des Follow-up ohne Panikattacken, einer war deutlich gebessert. Aus Sicht der Patienten waren dabei die kognitiven Therapiebausteine (die Unterrichtung über die zugrundeliegenden Prozesse der Angststörung) am hilfreichsten.

In ihrer zweiten Studie untersuchen Shear, Ball, Josephson und Gitlin (1988) Patienten mit Panikattacken mit und ohne Agoraphobie. Das therapeutische Vorgehen folgt dabei eng dem der ersten Untersuchung und beinhaltet ein Panik-Management mit Progressiver Muskelentspannung. Siebzehn Patienten (81 %) waren frei von Panikattacken, einer war gebessert, und drei sprachen schlecht auf die Therapie an. Das generelle Angstniveau nimmt bei dieser Therapie deutlich ab; ungeklärt bleibt, auf welche Komponente dieser Effekt zurückgeht.

In einer vergleichenden Studie mit Patienten, die unter einer Agoraphobie mit Panikattacken litten (Marchione, Michelson, Greenwald & Dancu, 1987), ergibt sich, daß multimodal orientierte Verfahren wie graduierte Exposition zusammen mit entweder Progressiver Muskelentspannung oder kognitiver Therapie einer isoliert durchgeführten graduierten Konfrontation überlegen sind. Ob kognitive Therapie oder Progressive Muskelentspannung als Zusatzmaßnahme gewählt werden, ist dabei belanglos.

Zitrin, Klein und Woerner (1980) vergleichen an Patienten mit Agoraphobie und Panikattaken die Wirksamkeit eines Medikamentes zur Angstreduktion (Imipramin) in Verbindung mit zwei verhaltenstherapeutischen Interventionsverfahren. Die eine Gruppe erhält das Medikament und eine Konfrontation in vivo, die zweite das Medikament und eine Desensibilisierung in sensu, bei der ein Entspannungsverfahren zum Einsatz kommt. Die Konfrontation in vivo und die Desensibilisierung in sensu erlaubt eine effektive Behandlung von Agoraphobien. Die Ergebnisse für die medikamentöse Behandlung sind aber noch besser als die der Placebo-Behandlung. Kurzfristig erweist sich dabei die Konfrontation in vivo der Desensibilisierung in sensu überlegen, langfristig gleichen sich diese Effekte jedoch an. Die verhaltenstherapeutischen Interventionen zielen dabei auf eine Veränderung des offenen Verhaltens ab, während die medikamentöse Behandlung die physiologischen Reaktionen blockieren soll.

Waddell, Barlow und O'Brien (1983) nehmen ein Entspannungstraining als Bestandteil ihrer Therapie auf und zeigen an drei Patienten mit Panikattacken ohne Agoraphobie die Effekte der einzelnen Interventionen. In einer Baseline-Phase werden die Patienten mit dem Identifizieren von Gedanken während der Phasen erhöhter Angst vertraut gemacht und sollen ihre Aufzeichnungstechnik über ihre Ängste verbessern. In der zweiten Phase wird kognitive Therapie eingesetzt, die hier aus einer Kombination des von Meichenbaum (1979) beschriebenen Selbstinstruktionstrainings, der kognitiven Therapie von Beck und Emery (1981) und einer Refokussierung der Aufmerksamkeit während erhöhter Angst besteht. In der dritten Phase wird Progressive Muskelentspannung nach Bernstein und Borkovec (1973) hinzugenommen, in der vierten Phase wird durch Hinweisreize gesteuerte und differentielle Entspannung eingeführt. Dabei wird das Wort „relax" dazu eingesetzt, um Entspannungsgefühle wieder zu erinnern und zu induzieren; die Patienten werden außerdem darauf aufmerksam gemacht, daß sie auch einzelne, verspannte Körperteile entspannen können. Die Patienten sollen sowohl kognitive als auch Entspannungstechniken einsetzen. Die Ergebnisse bestätigen die Effektivität kognitiver Verfahren, sie lassen aber offen, ob Entspannungstechniken einen Zugewinn erbringen. Die Patienten setzen kognitive Strategien und Entspannungsstrategien automatisiert ein, um Ängste zu reduzieren. Bei zwei der drei Patienten führt die Einführung der Entspannungstechnik zu einer weiteren Reduktion von Panikattacken, bei der dritten steigt deren Anzahl wieder an. Die Effekte des Entspannungsverfahrens auf ein generell erhöhtes Angstniveau bleiben ungeklärt; prinzipiell ist jedoch eher davon auszugehen, daß Entspannung für die Reduktion des generell erhöhten Angstniveaus eher ungeeignet ist. Mehrere Selbsteinschätzungen der Hintergrundangst pro Tag zeigen bei einem der Patienten eine deutliche Reduktion an, während zwei Patienten ein unverändert hohes Angstniveau zeigen.

Barlow, Cohen, Waddell, Vermilyea, Klosko, Blanchard und Di Nardo (1984) zeigen an elf Patienten mit einer Panikstörung und daneben an neun Patienten mit generalisierter Angst die Effekte eines von ihnen entwickelten Behandlungsprogramms. Sie behandeln ihre Patienten mit Progressiver Muskelentspannung, EMG-Biofeedback des musculus frontalis und kognitiver Therapie; nach der Aufklärung der Patienten werden die Entspannungstechniken nach Bernstein und Borkovec (1973) vermittelt, bis sie sich auf das Wort „entspannen" (relax) als Hinweisreiz entspannen können. Das Biofeedback wird wie üblich durchgeführt. Die kognitive Therapie besteht aus einem Streßinokulationstraining nach Meichenbaum und Emery (1979) und der von Beck und Emery (1981) eingeführten Therapie von Angststörungen. Nach Abschluß der Therapie und bei der Nachuntersuchung (Follow-up) sind die Patienten deutlich gebessert.

Öst (1988) zeigt, daß Applied Relaxation (zum Vorgehen vgl. Abschnitt 4.1) bei Panikattacken deutlich die Effekte einer Progressiven Muskelentspannung übersteigt. Damit kann er keine Aussagen zur Überlegenheit seiner therapeutischen Strategie über ein kognitiv orientiertes Breitbandverfahren belegen, aber 100 % seiner Patienten sind zum Zeitpunkt der Nachuntersuchung (Follow-up) gebessert. Auch die Effekte der Progressiven Muskelentspannung sind bei diesem Autor besser als die in anderen Effektivitätsstudien berichteten; als Grund wird vermutet, daß die Entspannungstechniken nach Bernstein und Borkovec (1973) häufig nicht richtig angewandt oder stark abgewandelt werden.

Auch Öst, Jerremalm und Jansson (1984) setzen bei ihrer Applied Relaxation Entspannungsverfahren bei Patienten mit Agoraphobie und ohne Panikattacken ein. Beim Vergleich einer Konfrontation in vivo mit der Applied Relaxation zeigt sich, daß sowohl vorwiegend physiologisch reagierende als auch vorwiegend verhaltensbezogen reagierende Patienten von beiden Behandlungsarten gleichermaßen profitieren. Eine Überlegenheit einer der beiden Interventionsstrategien kann für keine der Patienten-Subgruppen nachgewiesen werden.

In einer neuen Studie werden unter anderem Patienten mit Agoraphobie mit und ohne Panikattacken mit einem Streßreduktionsprogramm therapiert, das Meditation als wichtige Komponente einsetzt (Kabat-Zinn, Massion, Kristeller, Peterson, Fletcher, Pbert, Lenderking & Santorelli, 1992). Die Ergebnisse sind ermutigend, auch wenn die Überlegenheit des Vorgehens gegenüber einer kognitiv-behavioralen Intervention nicht bestätigt wird; die Unterschiede dieser Intervention auf der Basis von Meditationstechniken sind unter dem Punkt Entspannungsverfahren bei generalisierten Angststörungen dargestellt.

Entspannungsverfahren werden in der Behandlung von Panikattacken mit und ohne Agoraphobien entweder überhaupt nicht mehr angewandt (Fiegenbaum, 1988; Margraf & Schneider, 1991) oder sie haben im Rahmen der komplexen Therapieprogramme nur periphere Bedeutung (Shear et al. 1988; Marchione et al. 1987; Zitrin et al. 1980; Waddell et al., 1983; Barlow et al. 1984). Ausnahmen stellen hier die Arbeiten von Öst (1988) und Öst, Jerremalm und Jansson (1984) dar, die Entspannungstechniken bei Patienten mit Agoraphobie und bei Patienten mit Panikattacken mit Erfolg einsetzen. Dort werden die Entspannungstechniken aber als Bestandteil einer Selbstmanagement-Technik (z. B. Applied Relaxation) angesehen, bei der die Patienten auf externe Auslöser und interne Signale achten sollen und die Entspannungstechnik dann einsetzen müssen, wenn sie externe oder interne Auslöser identifizieren können.

Bei Patienten mit Panikattaken und bei Agoraphobien scheint nicht endgültig geklärt zu sein, ob und welchen Nutzen Entspannungsverfahren als therapeutische Intervention erbringen. Entspannung scheint keine notwendige Variable im Umgang mit der Angst bei der Therapie von Panikattacken und Agoraphobien zu sein und macht außerdem zeitaufwendige, individuelle Schulungen notwendig, die mit anderen Verfahren unter Umständen vermieden werden können. Bei Patienten, die sich für kognitive und konfrontative Verfahren nur wenig eignen, können Selbstmanagement-Techniken dann geeignet sein, wenn in ihnen Entspannungstechniken gut vermittelt werden und die Patienten zu Konfrontationen ermutigt werden.

3.3 Einfache Phobien: Entspannungsverfahren sind zu zeitaufwendig

Die von Wolpe (1969) eingeführte Systematische Desensibilisierung kann noch immer als wirksames Verfahren in der Therapie von einfachen Phobien angesehen werden (Sturgis & Scott, 1984). Wenn Therapeuten in der Regel nicht mehr auf die Systematische Desensibilisierung zurückgreifen, dann vor allem wegen des vergleichsweise hohen Zeitaufwandes, der für den Einsatz eines Entspannungsverfahrens, der Aufstellung einer Hierarchie angstauslösender Reize und die Konfrontation benötigt wird.

Neben dem hohen Zeitaufwand ist die Systematische Desensibilisierung zunehmend in den Hintergrund gerückt, weil Konfrontationsverfahren mit stark angstauslösenden Merkmalen oder auch die graduierte Löschung über alle Patienten hinweg gesehen effektiver sind. Die meisten Studien belegen, daß die Konfrontation in vivo einer Konfrontation in sensu überlegen ist (Barlow, Leitenberg, Agras & Wincze, 1969; Crowe, Marks, Agras & Leitenberg, 1972; Mathews, 1978; Emmelkamp, 1982; Marshall et al., 1979). Die Konfrontationsverfahren können kombiniert mit Modelllernen so effektiv gestaltet werden, daß sogar nur eine mehrstündige Therapiesitzung zur vollkommenen Beseitigung der Angstreaktionen bei allen Patienten ausreichend ist, keiner der Patienten die

Behandlung verweigert oder abbricht und die Therapieerfolge dauerhaft sind (Öst, 1989). Dabei ist es die Konfrontationskomponente, die für Besserungen entscheidend ist, während das zusätzliche eingesetzte Element Modellernen dem Erfolg nichts hinzufügt (Bourque & Ladouceur, 1980).

Angesichts dieser Befunde werden Entspannungsverfahren in der Therapie einfacher Phobien nur noch in Ausnahmefällen angewandt. Diese Ausnahmefälle können physiologisch stark reagierende Patienten sein, die in besonderem Maße von einer in angstauslösenden Situationen selbst angewandten Muskelentspannung profitieren (Öst, Johansson & Jerremalm, 1982). Allerdings ist bei der Anwendung der Applied Relaxation (Öst, 1986) mit einem ähnlichen Zeitaufwand wie bei der Durchführung einer Systematischen Desensibilisierung zu rechnen.

3.4 Soziale Phobien: Patienten mit starken physiologischen Reaktionen können von Entspannungsverfahren profitieren

Bei freiwilligen Versuchspersonen mit leichten Sozialängsten ist eine Systematische Desensibilisierung in der Regel ein wirksames Mittel, um diese Ängste zu reduzieren. Werden anstelle von freiwilligen Versuchspersonen Patienten mit einer Sozialphobie desensibilisiert, dann werden jedoch selten Besserungen erzielt, die diejenigen einer Wartegruppe übersteigen (Emmelkamp, 1986; Hall & Goldberg, 1977; Marzillier, Lambert & Kellett, 1976; Shaw, 1979).

Die mangelnde Effektivität einer Systematischen Desensibilisierung oder auch eines Flooding bei Patienten mit einer Sozialphobie zeigt sich am Beispiel der Redeangst vor allem in den Verhaltensmaßen, da diese Verfahren zwar offenbar die unangenehmen Gefühle vor dem Publikum reduzieren, aber nicht die Defizite im Sozialverhalten beseitigen helfen. Dagegen führt ein Training in sozialen Fertigkeiten zu verändertem Redeverhalten, gleichzeitig aber fühlen sich die Klienten immer noch ängstlich.

Bei der Studie von Trower, Yardley, Bryant und Shaw (1978) werden Patienten mit einer Sozialphobie in Abhängigkeit von ihren spezifischen Defiziten in zwei Gruppen eingeteilt. Jeweils ein Teil der Gruppe mit starkem Angsterleben und ein Teil der Gruppe mit fehlenden Fertigkeiten erhielt entweder ein Training in sozialen Fertigkeiten oder wurden systematisch desensibilisiert. Die Studie zeigt, daß die Gruppe mit mangelnden sozialen Fertigkeiten teilweise mehr von einem Training in sozialen Fertigkeiten profitiert als von einer Systematischen Desensibilisierung. Die Patienten mit starkem Angsterleben haben allerdings keinen Vorteil aus der Behandlung mit der Systematischen Desensibilisierung.

Hayes und Marshall (1984) demonstrieren in drei Untersuchungen die Überlegenheit eines Trainings in sozialen Fertigkeiten über eine Konfrontation in vivo. Ein vergleichbares Ergebnis wird für die Systematische Desensibilisierung gefunden (Marshall, Stoian & Andrews, 1977). Die besten Erfolge versprechen aber erst angstreduzierende Verfahren kombiniert mit der Vermittlung sozialer Fertigkeiten; sie bewirken günstige Veränderungen für alle Patienten. Marshall, Parker und Hayes (1982) zeigen in zwei Studien, daß eine Konfrontation in vivo zusammen mit einem Training sozialer Fertigkeiten die besten Ergebnisse erbringt.

Das Ergebnis, daß konfrontative Verfahren zusammen mit Training in sozialen Fertigkeiten die besten Effekte erzielen, kann eventuell darauf zurückgeführt werden, daß Patienten mit einer Sozialphobie eine heterogene Gruppe von Patienten sind, die verschiedene Probleme bewältigen müssen. Trower et al. (1978) verfolgen einen solchen Ansatz, können aber keine günstigen Effekte einer Systematischen Desensibilisierung nachweisen. Der Grund dafür kann sein, daß die Einteilung in Gruppen nach Verhaltensindikatoren unangemessen ist, und stattdessen eine Einteilung nach der Intensität physiologischer Reaktionen die bessere Strategie darstellt.

Öst, Jerremalm und Johansson (1981) trennen ihre Patienten nach der Intensität ihrer physiologischen Reaktion und zeigen, daß physiologisch reagierende Patienten vom Erlernen eines Entspannungsverfahrens mehr als von einem Training in sozialen Fertigkeiten profitieren, wenn sie sich in angstauslösenden Situationen entspannen können. Dagegen haben Phobiker nur wenig Gewinn, wenn deren Sozialphobie vor allem in Vermeidungsverhalten bei nur geringen, physiologischen Reaktionen besteht. Dieser Reaktionstyp ist besser mit einem Training in sozialen Fertigkeiten zu behandeln.

Wenn Entspannungsverfahren im Rahmen einer Systematischen Desensibilisierung undifferenziert bei allen Patienten eingesetzt werden, erweisen sie sich als nahezu nutzlos. Erst zusammen mit einem Training in sozialen Fertigkeiten verspricht die Systematische Desensibilisierung zusätzliche Effekte. Wird statt der Systematischen Desensibilisierung die von Öst (1987) beschriebene Applied Relaxation als Selbstmanagement-Technik eingesetzt, dann sind für stark physiologisch reagierende Patienten sehr gute Ergebnisse zu erzielen.

3.5 Generalisierte Ängste: Entspannungsverfahren wegen mangelnder Alternativen und im Rahmen komplexerer Programme

Der Mangel an theoretischen Erklärungen für die Entstehung und Aufrechterhaltung generalisierter Ängste hat gleichzeitig dazu geführt, daß nur intuitiv ausgewählte, therapeutische Interventionen erfolgen. Entspannungsverfahren sind dabei relativ beliebt, da Alternativen fehlen. Neben Entspannungsverfahren wurden vor allem Biofeedback-Verfahren angewandt (Rice & Blanchard, 1982), die trotz teilweise widersprüchlicher Befunde (LeBoeuf & Lodge, 1980) effektiv zu sein scheinen.

Doch Biofeedback scheint normalerweise nicht besser zu wirken als Progressive Muskelentspannung und Transzendentale Meditation (Rice & Blanchard, 1982). Eine vom Therapeuten durchgeführte Progressive Muskelentspannung zeigt sich einer vom Band erlernten Progressiven Muskelentspannung, einer selbstangewandten Entspannungstechnik zur Kontrolle der Anspannung und einem Biofeedback-Verfahren überlegen (Beiman, Israel & Johnson, 1978), wenn freiwillige Versuchspersonen untersucht werden. Auch die Transzendentale Meditation erweist sich in einer Studie (Glueck & Stroebel, 1975) als besser.

Entspannungstechniken werden bei generalisierten Ängsten in der Regel als Progressive Muskelentspannung in einem Verbund mit anderen Interventionsbausteinen als Angstmanagement-Training (z. B. Suinn & Richardson, 1971; Suinn, 1990) oder in einem multimodal angelegten Interventionsprogramm (z. B. Barlow, Cohen, Waddell, Vermilyea, Klosko, Blanchard & Di Nardo, 1984) angeboten.

Das Angstmanagement-Training (Suinn & Richardson, 1971) erweist sich in der Reduktion generalisierter Ängste als effektiv. Jannoun, Oppenheimer und Gelder (1982) wenden bei siebenundzwanzig Patienten mit generalisierter Angst ein nach Suinn und Richardson (1971) modifiziertes Selbsthilfeprogramm an, das als Komponenten Selbstbeobachtung (self-monitoring), Instruktionsmaterialien, zuhause geübte Progressive Muskelentspannung mit Tonband-Instruktionen und einer kognitiven Selbstkontrolle mit positiven Äußerungen über sich selbst enthält. Die Patienten schätzen sich nach Abschluß der Therapie weniger ängstlich ein, sind weniger depressiv und nehmen weniger Medikamente zur Angstreduktion ein als zuvor.

Da Entspannungsverfahren vor allem im Rahmen komplexerer Programme effektiv sind, werden auch noch pragmatischer angelegte Interventionsprogramme als das Angstmanagement-Training verwendet. Zwei Programme mit Bausteinen zu allen Ebenen des Verhaltens von Barlow et al. (1984) und von Butler, Gelder, Hibbert, Cullington und Klimes (1987) ist gut zur Reduzierung generalisierter Angst geeignet. Das erste Programm beinhaltet Streßinokulation mit kognitiver Umstrukturierung und Selbstverbalisationen, EMG- Biofeedback und ein Entspannungstraining. Es bewirkte deutliche und zeitlich überdauernde Besserungen des Gesundheitszustandes. Genauso kann das Angstmanagement-Training mit den Komponenten Entspannung, Dissoziation (distraction), Gedankenkontrolle und Panik-Management, wie es von Butler et al. (1987) eingesetzt wird, eine sichere und effektive Alternative zu angstverringernden Medikamenten sein.

Die Rolle von Entspannungsverfahren beim Angstmanagement-Traing untersuchen Butler, Fennell, Robson und Gelder (1991). Da das Angstmanagement-Training auch kognitive Therapiebausteine enthält, versuchen die Autoren die Vorteile von Progressiver Muskelentspannung als wichtigste Komponente der dort verwendeten, verhaltenstherapeutischen Intervention im Vergleich mit kognitiver Verhaltenstherapie zu bewerten. Die kognitive Verhaltenstherapie enthält dabei keine Elemente einer klassischen Verhaltenstherapie wie Annäherungen oder Entspannung. Bei dieser Untersuchung erweist sich die kognitive Verhaltenstherapie in allen Maßen als die überlegene Interventionsstrategie. Auch ergeben sich im direkten Vergleich von Verhaltenstherapie mit einem Entspannungstraining keine günstigeren Effekte für die Verhaltenstherapie (Eayrs, Rowan & Harvey, 1984).

Die Behandlung mit einem Programm, das als zentralen Bestandteil Meditation einsetzt, kann bei einer generalisierten Angststörung zu positiven und überdauernden Effekten führen (Kabat-Zinn, Massion, Kristeller, Peterson, Fletcher, Pbert, Lenderking & Santorelli, 1992). Das von den Autoren eingesetzte Programm unterscheidet sich in vielen wesentlichen Punkten von klassisch-verhaltenstherapeutischen oder kognitiv-verhaltenstherapeutischen Interventionen. Die Unterschiede im Vergleich zu kognitiv-behavioralen Methoden sind der Verzicht auf eine Klassifikation von Gedanken in positive, negative, falsche oder andere, die Betonung der Meditation als eine Möglichkeit, überdauernd sein Leben zu verändern, einer relativ unausgelesenen Patientengruppe und eine Förderung der Konzentrationsfähigkeit als notwendige Voraussetzung für die Beobachtung angstauslösender Gedanken und Gefühle. Diese Studie verzichtet wegen ihres Pilotcharakters allerdings auf einen direkten Vergleich mit kognitiv-behavioralen Interventionen; ob sich Meditation bei diesem Störungsbild bewährt, muß erst noch gezeigt werden.

Wenn Entspannungsverfahren dennoch eingesetzt werden sollen, scheinen anstelle von imaginierten, angstauslösenden Situationen wie beim Angstmanagement-Training reale Angstsituationen besser zur Intervention geeignet zu sein (Butler, Gelder, Hibbert, Cullington & Klimes, 1987). Da Entspannungsverfahren zwar isoliert wirksam sein können, einer rein kognitiven Therapie aber deutlich unterlegen sind, sollten sie bei generalisierten Angststörungen normalerweise nur noch im Rahmen von Programmen eingesetzt werden, die neben dem Entspannungsverfahren kognitive und konfrontative Interventionselemente enthalten.

3.6 Posttraumatische Belastungsstörung: Entspannungsverfahren wegen mangelnder Alternativen und im Rahmen komplexerer Programme

Strategien zur Therapie der posttraumatischen Belastungsstörung sind kaum vorhanden und theoretisch wenig fundiert. Häufig werden Fallstudien berichtet, die in der Regel Kriegsveteranen und Opfer von Entführungen und Vergewaltigungen betreffen.

Ursprünglich wurden posttraumatischen Belastungsstörungen als ein Spezialfall einfacher Phobien gesehen und deswegen desensibilisiert. Eine frühe Studie dazu wurde von Moor (1945) publiziert, der eine abgewandelte Desensibilisierungsprozedur verwendete. Kipper (1977) desensibilisierte Kriegserinnerungen bei israelischen Soldaten, die an einer ganzen Reihe von Ängsten litten; dazu setzte er zwei Therapievarianten ein: eine selbstdurchgeführte Desensibilisierung in vivo und eine Desensibilisierung in vivo, bei der sich je zwei Soldaten mit gleichen Problemen gegenseitig therapierten (dyadische Desensibilisierung). Er verwendete in beiden Varianten vom Band abgespielte Instruktionen zur Progressiven Muskelentspannung und konfrontierte seine Patienten mit zunehmend angstauslösenden Reizen. Die Fallberichte des Autors zeigen, daß die Patienten nach Abschluß der Therapie Verhaltenstests problemlos bewältigen beziehungsweise keine Angst mehr vor früher angstauslösenden Situationen empfinden.

Eine kontrollierte Studie (Keane, Fairbank, Caddell & Zimmering, 1989) setzt Entspannung zusammen mit einer Konfrontation in sensu ein und reduziert deutlich die Symptome. Auch Fairbank, Gross und Keane (1983) zeigen in einer Einzelfallstudie mit einem Veteranen aus dem Vietnam-Krieg, daß eine Konfrontation zusammen einem dem Autogenen Training ähnlichen Entspannungsverfahren dauerhafte Erfolge erbringt. Dabei werden die ersten fünfzehn Minuten einer Sitzung mit einem vom Therapeuten kontrollierten Autogenen Training begonnen, darauf soll sich der Patient eine angenehme Szene vorstellen, und schließlich wird zur Konfrontation in sensu übergegangen, bei der sich der Patient die kritischen Szenen vorstellt und bei sichtbarer, motorischer Unruhe dazu ermutigt wird, sich solange wie möglich die Szene vorzustellen. Zum Abschluß der Sitzung folgt ein Umschalten auf die angenehme Szene und eine Diskussion über die vorgestellten, traumatischen Erlebnisse. Zum Zeitpunkt der Nachuntersuchung (Follow-up) nach sechs Monaten konnte der Patient ohne Angst über seine Erlebnisse nachdenken und sie diskutieren.

Andere Behandlungen basieren auf Streßmanagement und Streßinokulationstraining (Veronen & Kilpatrick, 1983; Frank, Anderson, Stewart, Dancu, Hughes & West, 1988; Foa, Rothbaum, Riggs & Murdock, 1991) sowie Desensibilisierung des Traumas, Hypnotherapie und psychodynamischer Therapie (Brom, Kleber & Defares, 1989).

Frank et al. (1988) behandeln vierundachtzig Patienten entweder mit Systematischer Desensibilisierung oder mit kognitiver Therapie. Die Systematische Desensibilisierung besteht darin, die spezifischen Ängste zu identifizieren, die Patienten mit der Progressiven Muskelentspannung nach Jacobson (1938) vertraut zu machen und anschließend nach dem Verfahren von Wolpe (1969) zu desensibilisieren. Frank et al. (1988) beobachteten dabei bei ihren Patienten, daß sie sich spontan und in vivo angstauslösenden Reizen aussetzten. Die Systematische Desensibilisierung erweist sich unter diesen Bedingungen als gleich effektiv wie eine kognitive Therapie.

Bei dem sehr breitbandigen Verfahren von Foa et al. (1991) werden als Therapiebausteine neben initialen Behandlungsschritten zur Informierung der Patienten tiefe Muskelentspannung, kontrollierte Atmung, Gedankenstop, kognitive Umstrukturierung, Selbstinstruktionen, verdecktes Modellernen und Rollenspiele eingesetzt. Wird dieses Verfahren mit ausgedehnten Konfrontationen in sensu, unterstützender Beratung mit Tagebuchführung und einer Wartegruppe verglichen, dann erweist es sich in fast allen Maßen als überlegen. Bei der Nachuntersuchung (Follow-up) zeigt sich dann allerdings, daß Konfrontationen in sensu langfristig die besseren Resultate erbringen.

Brom et al. (1989) untersuchen die Wirksamkeit einer sogenannten Desensibilisierung des Traumas, einer Variante der Hypnotherapie und einer psychodynamisch orientierten Therapie. Dabei setzen sie bei der Desensibilisierung eine Entspannungstechnik ein, die an die Methoden von Wolpe (1969) angelehnt ist. Für alle Therapievarianten ergeben sich ähnlich Effekte, allerdings scheinen die langzeitigen Erfolge der psychodynamisch orientierten Therapie besser zu sein.

Steketee und Foa (1987) zeigen in einer Überblicksarbeit, daß Programme mit Systematischer Desensibilisierung alleine zwar Besserungen erbringen, daß die Effekte aber auch auf andere Variablen zurückgeführt werden können. Ob Entspannungsverfahren in komplexeren Programmen wie in dem von Kilpatrick, Veronen und Resick (1982) einen Beitrag zum Therapieerfolg leisten, bleibt bei älteren Studien ebenfalls offen (Veronen & Kilpatrick, 1983). Auch die neueren Studien von Frank et al. (1988), Foa et al. (1991) und von Brom et al. (1989) zur Wirksamkeit verschiedener Interventionsverfahren können nicht endgültig klären, ob Entspannungsverfahren über andere Therapiebausteine hinaus Erfolge bei posttraumatischen Belastungsstörungen versprechen. Entspannungsverfahren können bei der Behandlung dieser Störung eingesetzt werden, ob sie aber über eine reine Konfrontation in sensu hinaus Vorteile bieten, ist derzeit ungeklärt.

4. Exemplarische Darstellung verschiedener Entspannungsverfahren im klinischen Kontext

4.1 Applied Relaxation bei sozialer Phobie

Die Applied Relaxation ist eine Technik, die den Patienten ein Entspannungsverfahren vermittelt, das sie dann in angstauslösenden Situationen als Bewältigungsstrategie einsetzen sollen. Dieses Verfahren wurde in der Therapie verschiedener Angststörungen eingesetzt und verspricht bei bestimmten Patienten bessere Ergebnisse als andere Interventionsmethoden; die Ergebnisse verschiedener empirischer Arbeiten dazu sind oben dargestellt. An dieser Stelle soll in enger Anlehnung an die Beschreibung von Öst (1987; 1989) das Verfahren dargestellt werden, wie es bei verschiedenen Patienten mit Angststörungen eingesetzt wird.

Der eigentlichen Therapie muß eine genaue Verhaltensanalyse vorangestellt werden, die die funktionellen Zusammenhänge zwischen situativen Auslösern und Angstreaktionen klärt. Die Entscheidung für eine bestimmte Therapie, z. B. eine Behandlung mit einer Konfrontation in vivo oder mit Applied Relaxation, muß sich an Patientenmerkmalen orientieren und den voraussichtlichen Ausgang verschiedener therapeutischer Interventionen berücksichtigen. Dabei muß vor allem die Therapiemotivation und die Art der physiologischen, kognitiven und verhaltensmäßigen Patientenreaktionen beachtet werden. Die Therapiemotivation ist wichtig, weil Konfrontationen in vivo zum Teil besser zur dauerhaften Beseitigung der Angststörung geeignet sind, jedoch gerade bei diesen Verfahren die Zahl der Therapieabbrecher sehr hoch ist; mit nur sechs Prozent Therapieabbrechern über achtzehn Studien hinweg (Öst, 1987) ist die Anwendung der Applied Relaxation indiziert, wenn die Patienten durch die Konfrontationsbehandlung überfordert wären. Das individuelle Reaktionsmuster der Patienten ist wichtig, weil physiologisch stark reagierende Patienten bei sozialen und Claustrophobien von Applied Relaxation stärker als Patienten profitieren, deren Angst sich vor allem im Vermeidungsverhalten zeigt. Die Zuordnung wird zum Beispiel bei Patienten mit einer Sozialphobie von Öst, Jerremalm & Johansson (1981) geleistet, indem die Herzraten und das offene Verhalten der Patienten in einem Test zur sozialen Interaktion kontinuierlich aufgezeichnet werden, und dann nach den Ergebnissen der Aufzeichnung mehreren Verhaltensmustern zugeordnet werden, von denen eines als dominant physiologisches und das andere als dominant verhaltensmäßiges Reaktionsmuster bezeichnet wird.

Bei der Therapie mit Applied Relaxation nach Öst (1987) werden kognitive Elemente, Entspannung und Konfrontationen eingesetzt. Am Beginn der Therapie wird der Patient durch den Therapeuten und ergänzende Broschüren intensiv aufgeklärt; Tabelle 6 zeigt, welche Aspekte der Angststörung und der Therapie dabei zentral sind.

Ziel der Therapie ist es, dem Patienten beizubringen, möglichst früh Angstsignale zu erkennen und die Angst zu bewältigen, statt sich von ihr überwältigen zu lassen. Dazu wird die Wahrnehmung des Patienten geschult, damit er Angstsignale bereits früh erkennt. Als motorische Fertigkeit lernt er eine Variante der Progressiven Muskelrelaxation, bei der die Zeiten bis zum Erreichen eines Entspannungszustandes

Tabelle 6: Therapeutische Aufklärung (Öst, 1987).

1. Information über die Komponenten der Angst (physiologisch, verhaltensbezogen, subjektiv);
2. Information über einen Teufelskreis, bei dem der Patient erst physiologische Veränderungen, dann negative Gedanken, dann verstärkte, physiologische Reaktionen usw. spürt;
3. Information über die Methode, die die physiologische Reaktion reduziert (Applied Relaxation);
4. Information darüber, daß diese Technik eine Fertigkeit ist, die wie Radfahren gelernt und in fast jeder Situation rasch angewandt werden kann;
5. Information über den Ablauf der Therapie und das Therapieziel, innerhalb von zwanzig bis dreißig Sekunden zu entspannen, das Wort „entspannen" (relax) als Signal für Entspannung einsetzen und dann die gelernte Fertigkeit in angstauslösenden Situationen einsetzen zu können.

immer weiter reduziert werden, bis er nur noch zwanzig bis dreißig Sekunden dafür benötigt. Diese erworbene und mit häuslichen Übungen vertiefte Fertigkeit soll er einsetzen, sobald er Angstsignale wahrnimmt, um damit das Ansteigen der Angst zu verhindern. Tabelle 7 zeigt chronologisch das Vorgehen von Öst (1987).

Das Programm zur Aufrechterhaltung angemessener Bewältigungsstile im Umgang mit der Angst verlangt einmal täglich die Beobachtung des Körpers auf angespannte Muskeln und deren gezielte Entspannung. Außerdem soll der Patient regelmäßig zweimal wöchentlich die differentielle oder schnelle Entspannung anwenden. Der Patient wird darüber aufgeklärt, daß neue Angstzustände immer wiederkehren können, daß sie aber als Herausforderung zur Anwendung der gelernten Technik betrachtet werden sollen.

Das Programm von Öst (1987) wird bei Patienten mit verschiedenen Angststörungen angewandt (vgl. Abschnitt 3) und erbringt ähnliche Erfolge oder für physiologisch stark reagierende Patienten zum Teil sogar bessere Resultate wie die Behandlung mit kognitiven und konfrontativen Verfahren. Dabei sollte allerdings berücksichtigt werden, daß auch das vorliegende Training den Patienten intensiv schult und daß die Patienten in den abschließenden Sitzungen mit angstauslösenden Situationen konfrontiert werden. Daher kann nicht entschieden werden, welche dieser Komponenten die wichtigste ist, oder ob die kognitiven und konfrontativen Elemente alleine nicht ausreichend wären, um überdauernd die Angst auf ein normales Maß zu reduzieren.

Kasten 1: Anweisungen für die Patienten zum Erreichen eines Entspannungszustandes (Öst, 1987; Übersetzung durch die Autoren).

„Atme mit ruhigen, regelmäßigen Atemzügen und fühle, wie Du Dich immer mehr entspannst bei jedem Atemzug ... laß' einfach los ... entspanne Deine Stirn ... Augenbrauen ... Augenlider ... Kinnbacken ... Zunge und Kehle ... Lippen ... Dein ganzes Gesicht ... entspanne Deinen Nacken ... Schultern ... Arme ... Hände ... und alles bis zu Deinen Fingerspitzen ... atme ruhig und regelmäßig mit Deinem Magen die ganze Zeit ... laß' die Entspannung auf Deinen Magen übergehen ... Taille und Rücken ... entspanne den unteren Teil Deines Körpers, Deine Rückseite ... Oberschenkel ... Knie ... Unterschenkel ... Füße ... und alles bis zu den Spitzen Deiner Zehen ... atme ruhig und regelmäßig und fühle, wie Du Dich mehr und mehr entspannst bei jedem Atemzug ... hole einen tiefen Atemzug und halte den Atemzug für einige Sekunden ... und laß' die Luft langsam heraus ... langsam ... achte darauf, wie Du Dich mehr und mehr entspannst"

Tabelle 7: Applied Relaxation nach Öst (1987).

Voraussetzungen

a) Patient sitzt in einem Armlehnstuhl;
b) Patient macht Entspannungsübungen regelmäßig als Hausaufgabe;

1. Sitzung

a) Erklärung der Wirkweise der Applied Relaxation, Bezug auf die individuellen Probleme;
b) Ergänzen der Erklärung durch Broschüren, die zuhause nachgelesen werden können (Infomation über Komponenten der Angst, Teufelskreis-Modelle, Methode zur Reduktion physiologischer Erregung, Erlernbarkeit dieser Fertigkeit, Ablauf der Therapie und Therapieziel);
c) Entspannungsübungen (Hände, Arme, Gesicht, Nacken, Schultern).

2. Sitzung

a) Überprüfen, ob Erklärung verstanden wurde (z. B. durch Rollenspiel, in dem der Therapeut der Patient ist, dem die Erklärung gegeben werden soll);
b) Wissendefizite ergänzen;
c) Entspannungsübungen (Rücken, Brustkorb, Magen, Atmung, Hüften, Beine, Füße); Instruktion und Kontrolle der Effekte durch den Therapeuten; Spannung wird fünf Sekunden gehalten und dann für zehn bis fünfzehn Sekunden gelockert; Entspannungstiefe wird auf einer Skala eingeschätzt (0–100).

3. Zeitreduktion bis zum Erreichen eines Entspannungszustandes

Reduktion der Zeit bis zum Erreichen eines Entspannungszustandes von fünfzehn bis zwanzig auf fünf bis sieben Minuten; Instruktion siehe Kasten 1.

4. Entspannung mit Hinweisreizen

Weitere Reduktion des Zeitbedarfes durch die Hinweisreiz-gesteuerte Entspannung; Ziel ist es, den Entspannungszustand an das Wort „entspanne" (relax) zu konditionieren; Vorgehen:
a) kurz bevor der Patient einatmet, sagt der Therapeut „einatmen";
b) kurz bevor der Patient ausatmet, sagt der Therapeut „entspannen";
c) vier Mal a) und b) wiederholen;
d) der Patient atmet eine Minute lang ohne Kommentar;
e) der Therapeut begleitet wieder vier bis fünf Atemzüge mit a) und b);
f) vor dem Einatmen das Wort „einatmen" denken und vor dem Ausatmen das Wort „entspanne";
g) der Patient soll die Zeit schätzen, die er zum Entspannen benötigt;
h) der Therapeut meldet in der Regel eine kürzere Zeit zurück (Verstärkung), weil Patienten die Zeit bis zur Entspannung oft überschätzen;
i) Wiederholen der Prozedur in der Sitzung nach zehn bis fünfzehn Minuten.

5. Differentielle Entspannung

Patient soll außerhalb der Therapiesitzung in beliebigen Situationen entspannen und auch nicht benötigte Muskelgruppen entspannt zu halten; Vorgehen:
a) Patient entspannt sich gesteuert durch den gelernten Hinweisreiz;
b) Patient soll lernen, sich statt im Armlehnstuhl auf einem normalen Stuhl und im Stehen zu entspannen;
c) Patient soll sich bewegen und gleichzeitig nicht benötigte Muskeln entspannt halten;

6. Ein bis zwei Wochen nach Therapiebeginn: Schnelle Entspannung

Patient soll sich in natürlichen Situationen ohne Stressoren innerhalb von zwanzig bis dreißig Sekunden entspannen können; Vorgehen:
a) der Patient nimmt ein bis drei tiefe Atemzüge und atmet langsam aus;
b) vor jedem Ausatmen denkt der Patient das Wort „entspanne";
c) der Patient beobachtet den Körper auf Verspannungen und versucht, angespannte Körperregionen so gut wie in der Situation möglich zu entspannen;
d) der Patient wiederholt diese Übung fünfzehn bis zwanzig Mal pro Tag in natürlichen Situationen.

7. Zwei bis drei abschließende Sitzungen: Anwendungstraining

a) Patient wird noch einmal verdeutlicht, daß Applied Relaxation eine Fertigkeit ist, die geübt werden muß;
b) falls die Entspannungstechnik nur schlecht funktioniert, muß der Patient zum Üben angehalten werden;
c) in zwei bis drei Sitzungen werden die Patienten je zehn bis fünfzehn Minuten mit zahlreichen, angstauslösenden Situationen konfrontiert (z. B. bei einer Sozialphobie mit Rollenspiel);
d) nach jeder Konfrontation wird der Grad der Anspannung besprochen; Szenen wiederholen sich nicht.

4.2 Meditation bei Angststörungen

Beim Programm von Kabat-Zinn handelt es sich um eine Adaptation von Meditationstechniken auf westliche Verhältnisse. Das Programm, das in einem Patientenratgeber (Kabat-Zinn, 1990) wiedergegeben ist, wird in der Streßbeseitigungsklinik der Universität von Massachusetts eingesetzt. Das Konzept wird auf viele verschiedene Störungen angewendet, von denen die Behandlung von Angststörungen ein Ziel ist, das mit diesem Programm erreicht werden kann.

Das achtwöchige Programm setzt Techniken ein, die vom Autor als spezielle Atemtechniken, Meditation im Sitzen, Beobachten des Körpers (body scan), Yoga und Meditation im Gehen beschrieben werden. Für Angststörungen werden die automatisch auftretenden Gedanken der Patienten besonders beachtet. Das Programm beginnt mit einfachen Übungen und steigert dann die Schwierigkeiten bis zum Abschluß. Von den Patienten wird verlangt, daß sie sich 45 Minuten pro Tag Zeit nehmen, um die Übungen in einem stillen Raum durchzuführen. Die Augen können geschlossen werden, oder, wenn die Patienten nur schwer wach bleiben, bei der Durchführung der Übungen auch offen bleiben. Die wichtigsten Übungen sind in Tabelle 8 wiedergegeben.

Zu Beginn des Programmes sollen die Patienten lernen, ihre Atmung bewußt zu beachten. Die Atmung kann an den Nasenflügeln, an der Dehnung des Brustkorbes oder im Bauch gespürt werden. Das Programm konzentriert sich vorzugsweise darauf, daß die Patienten versuchen, Zwerchfellatmung einzusetzen und zu spüren, weil die Beobachtung des Bauches als „Zentrum der Schwere“ von den Patienten in der Regel als besonders nützlich erlebt wird. Die Atmung kann auf zwei verschiedene Arten vom Patienten als Hilfsmittel eingesetzt werden. Entweder er geht zu einer bestimmten Tageszeit an einen bestimmten Ort, setzt sich auf eine bestimmte Art und Weise und beginnt, jedes Ein- und Ausatmen zu beachten. Oder der Patient macht sich seine Atmung von Zeit zu Zeit bewußt oder er versucht sogar, sie ständig zu beobachten und dazu einzusetzen, um physische und emotionale Entspannung zu erzielen. Zentrale Komponente der veränderten Atemtechnik ist aber, daß der Patient seine Aufmerksamkeit auf die Atmung konzentriert und damit sein Bewußtsein durch die Atmung bestimmt wird.

Die Meditation im Sitzen, vom Autor auch schlicht „Sitzen“ genannt, ist ein Kernstück der formalen Meditation. Täglich soll zu einer bestimmten Zeit und an einem bestimmten Ort eine wache und entspannte Position auf dem Fußboden oder einem Stuhl eingenommen und die Atmung wie oben beschrieben beachtet werden.

Wann immer die Gedanken abschweifen, wenn die Stellung unbequem wird, oder wenn der Impuls gespürt wird, etwas anderes zu tun, sollen die Gedanken wieder zurück auf die Atmung und den Bauch gelenkt werden. Auf unbequeme Stellungen und Impulse soll – falls sie nicht schmerzhaft sind – nicht sofort reagiert werden, sondern sie sollen den Patienten lehren, seine körperlichen Empfindungen besser zu beachten und zu akzeptieren. Patienten sollen in die Empfindungen „hineinhorchen“ und erst dann reagieren, wenn sie es für notwendig halten; dabei soll aber auch die Reaktion vollkommen bewußt sein. Die Gedanken schweifen während der Meditation häufig ab; sie sollen vom Patienten ohne Bewertung als negativ, positiv oder neutral registriert werden und, sobald ihm dieses Abschweifen bewußt wird, wieder zurück auf die Atmung und den Bauch gelenkt werden. Diese Übung soll in der zweiten Woche zusätzlich zum fünfundvierzigminütigen Beobachten des Körpers durchgeführt werden, das unten beschrieben wird.

Das systematische Beobachten des Körpers (body scan) wird als weitere Technik eingesetzt, um den Patienten wieder Kontakt zum Erleben körperlicher Reaktionen aufnehmen zu lassen. Die Aufmerksamkeit wird zuerst auf die Zehen des linken Fußes gerichtet, dann den Fuß und das Bein hinauf bis zum Becken, von dort bis zu den Zehen des rechten Fußes, wieder hinauf bis zum

Tabelle 8: Übungen zur Meditation bei Kabat-Zinn (1990).

Atemtechnik

Übung 1: formelles Üben

1. Eine bequeme Position suchen (liegen oder sitzen);
2. Augen falls gewünscht schließen;
3. Aufmerksamkeit auf den Bauch richten;
4. Aufmerksamkeit auf das Atmen richten, bei jedem Ein- und Ausatmen „mit der Atmung sein";
5. bei jedem Abschweifen der Gedanken die Aufmerksamkeit wieder zurück auf den Bauch lenken, auch wenn das unzählige Male der Fall ist;
6. die Übung jeden Tag fünfzehn Minuten lang durchführen.

Übung 2: informelles Üben

1. Mehrmals täglich Atmung und Bauch beim Heben und Senken beachten;
2. sich der Gedanken und Gefühle bewußt werden, ohne sie zu bewerten;
3. sich der veränderten Sicht der Dinge und seiner selbst bewußt werden.

Sitzen und Atmen

Übung 1: Sitzen und Atmen

1. Sitzen und weiterhin die Atmung beachten;
2. die Gedanken immer wieder auf Atmung und Bauch zurücklenken, wenn sie abschweifen;
3. die Dauer der Sitzung mit der Zeit ausdehnen, bis sie 30 Minuten überschreitet.

Übung 2: Sitzen und Atmen und den Körper als Ganzes erleben

1. Wenn die Gedanken auf die Atmung konzentriert bleiben, kann die Aufmerksamkeit um „das Atmen" und um „den Bauch herum" gerichtet werden;
2. die Aufmerksamkeit soll auf den Körper und das Sitzen gerichtet bleiben und dahin zurückgelenkt werden, wenn die Gedanken abschweifen.

Übung 3: Sitzen mit Gedanken und Gefühlen

1. Ist die Aufmerksamkeit zuverlässig auf die Atmung gerichtet, kann sie auf Denkprozesse gelenkt werden; die Gedanken sollen beachtet werden, wie sie ins Bewußtsein ein- und wieder austreten;
2. die Gedanken sollen als „Ereignisse" im Gehirn betrachtet werden;
3. den Inhalt der Gedanken beachten, aber nicht darüber nachdenken, sondern nur den Rahmen aufrechterhalten, mit dem die gedanklichen Prozesse überwacht werden;
4. beachten, daß einzelne Gedanken selten lange anhalten;
5. beachten, wie bestimmte Gedanken immer wiederkehren;
6. die Gedanken mit „ich" und „meine" registrieren und dabei darauf achten, wie der nicht-urteilende Meditierende aus einer anderen Perspektive dazu denkt;
7. Entstehung eines „Selbst" beachten, das sich damit beschäftigt, wie gut oder schlecht das Leben verläuft;
8. Gedanken über die Vergangenheit und Zukunft beachten;
9. Gedanken über Gier, Wollen, Greifen, Klammern beachten;
10. Gedanken über Ärger, Unerwünschtheit, Haß, Abneigung, Ablehnung beachten;
11. das Kommen und Gehen von Gefühlen und Stimmungen beachten;
12. den Zusammenhang zwischen bestimmten Gedanken und bestimmten Gefühlen beachten;
13. sobald das Beachten aller dieser Gedanken zu übermächtig wird, soll die Aufmerksamkeit wieder auf die Atmung gerichtet werden.

Beobachten des Körpers (body scan)

1. Sich an einer geeigneten Stelle auf den Rücken legen;
2. die Augen leicht schließen;
3. das Heben und Senken des Bauchs beim Ein- und Ausatmen fühlen;
4. einen Moment lang den Körper als Ganzes erleben;
5. die Aufmerksamkeit auf die Zehen des linken Fußes lenken; dabei den Atem dorthin lenken und so tun, als ob in die Zehen hinein geatmet würde und aus den Zehen heraus;
6. alle Empfindungen aus den Zehen aufnehmen;
7. bevor die Zehen verlassen werden einen tieferen Atemzug bewußt in die Zehenspitzen lenken;
8. die Gedanken zurücklenken auf die Atmung, sobald sie abschweifen
9. Übung durch den ganzen Körper wie oben beschrieben fortsetzen;
10. die Übung in den ersten beiden Wochen mindestens einmal täglich 45 Minuten lang durchführen;
11. bei Schwierigkeiten mit dem Wachbleiben können die Augen geöffnet bleiben.

Tabelle 8: Übungen zur Meditation bei Kabat-Zinn (1990) (Fortsetzung).

Yoga-Übungen

1. Auf den Rücken legen;
2. die Atmung bewußt beachten;
3. einen Moment lang den Körper als Ganzes erleben;
4. die Aufmerksamkeit auf die Gegenwart richten und zurücklenken, sobald die Gedanken abschweifen;
5. den Körper so gut es geht in verschiedene Yoga-Stellungen bringen;
6. die Empfindungen aus verschiedenen Körperregionen aufnehmen und den Atem in sie hinein- und herausströmen lassen, falls dies gewünscht wird;
7. bei Nacken- oder Rückenproblemen den Arzt um Rat bitten, ob die Übung durchgeführt werden kann;
8. die körperlichen Grenzen beachten und nicht versuchen, sie zu überschreiten;
9. zwischen den Übungen Erholungspausen einlegen, dabei auf die Atmung und den Bauch achten und die Muskeln entspannen;
10. zwei grundsätzliche Regeln: a) immer dann ausatmen, wenn Bewegungen ausgeführt werden, die den Bauch und die Vorderseite des Körpers anspannen; immer dann einatmen, wenn die Vorderseite des Körpers entspannt und die Rückseite angespannt wird; b) jede Stellung soll lange genug gehalten werden, um in sie hinein zu entspannen; jedes Einatmen soll sich leicht in die Stellung hinein ausbreiten, jedes Ausatmen soll entspannen und die Stellung angenehmer erleben lassen;
11. die Grenzen der körperlichen Belastungsfähigkeit sollen beachtet werden und es soll niemals Schmerz durch die Übungen entstehen.

Becken, dann weiter den Körper hoch durch den unteren Teil des Rückens, den Unterleib, den oberen Teil des Rückens, die Brust und die Schultern.

Dann werden die Fingerspitzen rechts und links beachtet und dann gleichzeitig beide Arme hinaufgegangen bis zu den Schultern, von dort durch den Nacken, die Kehle, alle Gesichtspartien, den Hinterkopf bis zur Schädeldecke. Dabei soll sich der Patient vorstellen, daß er seine Atemzüge in die Körperregion lenkt, die er gerade beachtet. Er soll sich vorstellen, daß er wie ein Wal durch ein imaginäres Loch in seiner Schädeldecke einatmet, die Luft durch den Körper wandern läßt und durch die Zehenspitzen ausatmet; dann soll er sich umgekehrt denken, daß er durch die Zehenspitzen ein- und durch die Schädeldecke ausatmet. Wenn der Patient die Technik erlernt hat, kann sich ein Gefühl einstellen, als wäre der Körper durchlässig und enthielte nichts mehr außer dem Atem, der frei alle Körpergrenzen überwindet. Diesem Vorgehen liegt als Prinzip die Vorstellung zugrunde, daß der Patient jede seiner Körperregionen spürt, beachtet und den Atem in diese Region hinein-und wieder hinausgehen läßt; wenn er seine Aufmerksamkeit dann auf die nächste Region richtet, verläßt er die vorherige und reduziert dadurch gleichzeitig die Spannung der Muskeln, die sich dort gesammelt hat. Diese Übung wird in den ersten beiden Wochen mindestens einmal täglich über fünfundvierzig Minuten hinweg wiederholt. In den folgenden beiden Wochen wird dieses Beobachten des Körpers jeden zweiten Tag, abwechselnd mit den Yoga-Übungen, durchgeführt.

Die Yoga-Übungen sollen den Körper dehnbar machen und stärken. Siebenundvierzig verschiedene Körperstellungen werden dargestellt und sollen vom Patienten nach und nach umgesetzt werden. Einige wenige dieser Stellungen sind: a) auf dem Rücken liegen, die Arme seitlich ausgestreckt, die Beine angewinkelt auf den Boden gesetzt und dann den Rücken gegen den Boden pressen, b) auf dem Bauch liegen, die Arme am Körper und eines der ausgestreckten Beine anheben und c) stehen und die nach oben ausgestreckten Arme und den Oberkörper nach der Seite biegen. Der Körper soll dabei so belastet werden, daß seine natürlichen Grenzen erreicht, aber nicht überschritten werden. Beim Erreichen der Grenze soll der Patient an dieser Grenze bewußt atmen und sie erleben. Dabei übernimmt der Patient die Verantwortung

Tabelle 9: Kombination der Techniken zu einem Programm.

Woche 1 und 2	1.	Beobachten des Körpers (body scan), 6 Tage pro Woche à 45 min
	2.	Sitzen mit bewußter Atmung, 6 Tage pro Woche à 10 min
Woche 3 und 4	1.	abwechselnd Beobachten des Körpers und Yoga, 6 Tage pro Woche à 45 min
	2.	Sitzen mit bewußter Atmung, 15–20 min pro Tag
Woche 5 und 6	1.	Sitzen mit bewußter Atmung, 30–45 min pro Tag, abwechselnd mit Yoga
	2.	mit Meditation im Gehen anfangen
Woche 7	1.	selbständiges Auswählen Üben der gelernten Techniken, einzeln oder kombiniert
Woche 8	1.	Beobachten des Körpers (body scan) zweimal die Woche
	2.	Sitzen mit bewußter Atmung fortführen
	3.	Yoga fortführen
nach Woche 8	1.	Sitzen mit bewußter Atmung, wenn diese Technik bevorzugt eingesetzt wird für mindestens 20 min pro Tag
	2.	falls möglich morgens üben
	3.	Beobachten des Körpers, wenn diese Technik bevorzugt wird für mindestens 20 min und besser 30–45 min pro Tag
	4.	Yoga-Übungen viermal oder häufiger pro Woche durchführen, mindestens 30 min lang

dafür, daß er die Körpersignale richtig aufnimmt und auch beachtet. Mit diesen Übungen können tiefe Entspannungszustände erzielt werden.

Bei Angstpatienten werden über die oben beschriebenen Techniken hinaus die Gedanken zum Gegenstand einer nichtwertenden Betrachtung. Die während der Meditation auftretenden Gedanken werden nicht als „gut", „schlecht" oder „neutral" klassifiziert, sondern sie werden einfach als Gedanken akzeptiert. Angstauslösende Gedanken werden als Gedanken angesehen und dann kehrt die Aufmerksamkeit wieder zurück zur Atmung und den begleitenden Übungen. Mit diesen Übungen wächst die Einsicht, daß über viele Dinge auch anders gedacht werden kann, und daß sie nicht zu Furcht, Panik und Angst führen müssen.

Die einzelnen Techniken werden in einem achtwöchigen Programm kombiniert. In Tabelle 9 ist aufgeführt, wie die einzelnen Bausteine nacheinander eingeführt und vom Patienten geübt werden. Nach der achten Woche sollen die Übungen selbständig weitergeführt werden, damit die Therapieerfolge erhalten bleiben.

Dieses Programm wird zur Behandlung von Angststörungen eingesetzt (Kabat-Zinn et al., 1992) und führt zu dauerhaften Erfolgen. Ob diese Therapie mit anderen Verfahren konkurrieren kann, bleibt dabei allerdings offen, weil vor allen Dingen hochmotivierte und disziplinierte Patienten damit behandelt werden. Solche Patienten haben immer bessere Prognosen als andere und lassen es daher fraglich erscheinen, ob sich die Therapieerfolge mit weniger kritisch ausgewählten Patienten bewährt.

4.3 Progressive Muskelentspannung im Angstmanagement-Training

4.3.1 Methode des Angstmanagement-Training bei der Einführung

Suinn und Richardson (1971) entwickelten ihr Angstmanagement-Training wegen der Schwächen der damals gebräuchlichen Systematischen Desensibilisierung. Das zeitaufwendige Erstellen von individuellen Angsthierarchien, die lange Dauer der Behandlung und der Verzicht der damaligen Therapeuten, den Patienten Techniken zur Korrektur von schlechtangepaßtem Verhalten in der Zukunft zu vermitteln, führte die Autoren zur Gestaltung eines eigenen Programmes.

Das Angstmanagement-Training soll den Patienten dazu befähigen, zukünftig auftretende Spannungen zu erkennen und abzubauen; es ist daher als Selbstkontrolltechnik anzusehen. Das Programm enthält (Suinn & Richardson, 1971):

1. Gebrauch von Instruktionen und Hinweisreizen, um Angstreaktionen zu provozieren und

2. Training des Patienten, alternative Reaktionen (Entspannung, Erfolgserleben, Kompetenzerlebnisse) zu entwickeln.

Theoretisch liegt diesem Ansatz die Annahme zugrunde, daß Angstreaktionen selbst interne, diskriminative Hinweisreize für den Patienten sein können, die er erkennen und darauf so reagieren kann (z. B. mit Entspannung), indem er den Reiz durch „reziproke Hemmung" beseitigt.

Das Angstmanagement-Training enthält in der ursprünglichen Fassung, bei der Studenten mit Angst vor Mathematikunterricht untersucht wurden, drei zentrale Schritte:

1. Eine halbe Stunde Unterricht in tiefer Muskelentspannung (Jacobson, 1938), der über Band gegeben wird,
2. eine Stunde Training mit dem Therapeuten, in der die Person lernen soll, sich a) eine angstauslösende Situation, b) eine Situation mit Merkmalen von Kompetenz- und Erfolgserlebnissen, c) eine mit Entspannung assoziierte Situation vorzustellen,
3. eine Stunde Unterricht vom Band, bei dem die Person sich angstauslösende Situationen vorstellen soll und sie dann durch die Visualisierung der Kompetenz- oder Entspannungsszene beenden soll.

Als wichtige Punkte nennen die Autoren, daß sich die untersuchten Personen während des zweiten und dritten Schrittes den subjektiven, muskulären und autonomen Reizen aussetzen und sie erleben sollen wie sie sich mit dem Anwachsen der Angst zeigen. Im dritten Schritt enthalten die Bandaufzeichnungen außerdem schnelle, rhythmische Musik und Horrorgeschichten von Edgar Allan Poe, um den Personen die Angststeigerung zu erleichtern. Dieser dritte Schritt wechselte ab zwischen den Zuständen Entspannung, Angst anwachsen lassen, Entspannung, Angst anwachsen lassen, Kompetenzsituation, Angst anwachsen lassen, Entspannung, Angst anwachsen lassen, Entspannung, Angst anwachsen lassen, Kompetenzsituation. Die Ergebnisse der Untersuchung zeigen, daß das Verfahren geeignet ist, um Angst vor dem Mathematikunterricht abzubauen.

4.3.2 Neuere Beschreibung der Methode des Angstmanagement-Training

Das Angstmanagement-Training nach Suinn (1990) wird hier in enger Anlehnung an die Originalversion wiedergegeben, auch wenn das Hauptgewicht auf der technischen Umsetzung dieser Interventionstechnik beruht und insgesamt stark gekürzt ist.

Das Angstmanagement-Training in seiner modernen Fassung soll speziell zur Behandlung frei flottierender Angst dienen, bei der die Patienten die angstauslösenden Reize nicht benennen können. Die Patienten können aber in der Regel die Art ihrer Angstreaktionen, autonome, somatische oder kognitive Symptome genau beschreiben.

Die Hauptvorgehensweise des Angstmanagement-Training besteht darin, die konkreten Angstreaktionen des Patienten aufzunehmen und ihn zu lehren, sie konstruktiv zu benutzen anstatt sie in einem Teufelskreis immer weiter eskalieren zu lassen. Die Patienten sollen Angstreaktionen bereits im Anfangsstadium erkennen lernen und sie als Hinweisreize (cues) benutzen, um Entspannung als Bewältigungsstrategie einzusetzen.

Zuerst werden die Patienten einem massiven Angstanstieg ausgesetzt, um die Kontrolle über die Angst durch Entspannung zu erlangen. Bei fortschreitender Behandlung lernen die Patienten dann, sensibler auf die frühen, angstauslösenden Hinweise zu achten und die Entspannung in diesem frühen Stadium anzuwenden, bevor die Angst ein hohes Niveau erreicht. Das Angstmanagement-Training kann in sechs bis acht ungefähr einstündigen Sitzungen durchgeführt werden. Die Dauer hängt unter anderem davon ab, wie gut und häufig der Patient die häuslichen Übungen durchführt. In den Sitzungen werden standardmäßig imaginierte Angstauslöser benutzt; bei den Hausaufgaben können auch Streßbewältigungen mit Entspannungsübungen verlangt werden, wie sie später bei Angstreaktionen im Alltag angewandt werden sollen. Die Therapieschritte sind in Tabelle 10 wiedergegeben.

Das Angstmanagement-Training soll mehrere Prinzipien verwirklichen (Suinn, 1990). Es soll eine aktive Bewältigung eines hohen Angstniveaus beinhalten, es soll in einer kontrollierten Umgebung stattfinden, die dem Patienten einen Therapiefortschritt erleichtert, die Therapie soll sich an den Fortschritten des Patienten orientieren, der Einfluß des Therapeuten soll allmählich reduziert werden, durch Hausaufgaben soll die Generalisierung der Therapieerfolge auf den Alltag des Patienten erleichtert werden, das Training soll Elemente enthalten, die einem Rückfall vorbeugen, es soll die Selbsteffizienz und den Selbstwert der Patienten heben und das Verfahren soll dem Patienten besser als Konfrontationen in vivo oder in sensu zeigen, daß er Kontrolle über seine Symptome hat.

Tabelle 10: Schritte des Angstmanagement-Training (Suinn, 1990).

Eingangssitzung:	Untersuchung und Diagnose
Sitzung 1:	Therapeutisches Vorgehen, Entwicklung der Entspannungsszenen, Entspannungstraining
Sitzung 2:	Entwicklung einer stark angstauslösenden Szene, Angstinduktion durch Imagination gefolgt von einer Entspannungsübung zur Angstkontrolle
Sitzung 3:	Angstinduktion mit besonderer Beachtung persönlicher Anzeichen eines Angstanstiegs, Kontrolle durch Entspannung
Sitzung 4:	Entwicklung massiv angstauslösender Situationen, Angstinduktion gefolgt von einer Entspannungsübung zur Angstkontrolle, abwechselnde Vorgabe der stark angstauslösenden Szene und der massiv angstauslösenden Szene zur Angstinduktion und Kontrolle der Angst; der Patient übernimmt die Verantwortung für das Beenden der Angstszene und für die Initiierung der Entspannung zur Kontrolle der Angst, Zeit und situationale Überwachung werden zugefügt.
Sitzung 5:	Angstinduktion gefolgt von der Entspannungsübung zur Angstkontrolle wird vom Patienten durchgeführt, Patient initiiert die Kontrolle der Situation durch Entspannung, während er sich die angstauslösende Szene vorstellt und dadurch mit ihr konfrontiert bleibt.
Sitzung 6–8:	Das Vorgehen in Sitzung 5 wird solange wiederholt, bis der Patient die volle Selbstkontrolle beherrscht.

1. Eingangsinterview

Ziel ist der Aufbau einer therapeutischen Allianz und eine Befragung des Patienten, die der Erstellung der Diagnose dient. Die Patienten bewerten ihre Aufnahme in ein Therapieprogramm nach dem Interesse, dem Verstehen und der Akzeptanz des Therapeuten. Die technische Umsetzung des Eingangsinterviews kann mit mehreren Methoden erfolgen, die in Tabelle 11 wiedergegeben sind.

Neben dem Interview können andere Verfahren zur Schwerebeurteilung der Störung, wie Selbsteinschätzungen, Verhaltensbeobachtungen, Verhaltensstichproben, psychometrische Tests und physiologische Maße eingesetzt werden.

2. Erste und zweite Sitzung

Die erste Sitzung beginnt jeweils mit einem Vorinterview, in dem noch einmal geprüft wird, ob Angst wirklich das Hauptproblem des Patienten ist. Die Ziele der Sitzung werden verdeutlicht. Dann wird dem Patienten der therapeutische Ansatz geschildert und die Komponente der Selbstkontrolle eingehend erläutert.

Im nächsten Schritt wird eine lebensnahe Situation gesucht, in der sich der Patient sehr entspannt fühlt, und die ergänzend zu den Entspannungsübungen eingesetzt wird, um diese noch zu vertiefen. Die Szene muß sehr detailreich, konkret und lebendig sein.

Das sich anschließende Entspannungstraining ist in Anlehnung an Wolpe und Lazarus (1969) formuliert und besteht in einer immer weiteren Entspannung einzel-

Tabelle 11: Möglichkeiten zur Gestaltung des Eingangsinterviews (Suinn, 1990).

Themen-Ereignis-Zirkel: Es wird mit einer Befragung mit offenem Ende begonnen. Ein Thema (z. B. chronisch erhöhtes Angstniveau) wird bearbeitet, indem ein Ereignis (z. B. ein konkreter Vorfall mit erhöhter Angst) untersucht und geklärt wird. Der Therapeut gibt dann eine Zusammenfassung des Gehörten. Dann werden andere Themen und Ereignisse genauso abgearbeitet. Die Ergebnisse des Interviews werden zu Streßprofilen zusammengefaßt, die affektive, somatische und kognitive Streßreaktionen berücksichtigen.

Klinisches Interview nach Peterson (1968): In der ersten Phase wird festgestellt, wie der Patient das Problem wahrnimmt und beschreibt, wie schwer das Problem ist und wie generalisiert es ist. In der zweiten Phase werden die Bedingungen exploriert, die das Problem verstärken; die Ursache des Problems, vorausgehende Bedingungen, spezifische Konsequenzen und vorgeschlagene Interventionen werden diskutiert.

ADIS-R (Anxiety Disorders Interview Schedule Revised): Ein strukturiertes Interview nach DiNardo, Barlow, Cerny, Vermilyea, Vermilyea, Himadi und Waddell (1985) klärt ab, ob die Kriterien für eine Angststörung nach DSM-III-R (1989) vorliegen. Für generalisierte Angst sind die Fragen: „Vor welchen Dingen haben Sie Angst ?“ „Stellen Sie sich einen durchschnittlichen Tag des letzten Monats vor und sagen Sie, wieviel Prozent des Tages Sie angespannt, ängstlich oder besorgt waren.“ „Als Sie das letzte Mal Spannung, Angst oder Sorgen bei Panikattacken oder Konfrontationen mit Angstauslösern empfanden, was geschah da oder was dachten Sie ?“ Dann soll der Patient Einschätzungen der Symptomschwere geben und schließlich auf die Frage antworten: „Wie sehr beeinträchtigen diese Symptome Ihr Leben, Ihre Arbeit, soziale Aktivitäten, Familienleben und ähnliches?“

Kasten 2: Vorgabe der lebensnahen Entspannungssituation (Suinn, 1990; Übersetzung durch die Autoren)

„Gleich werde ich Sie auffordern, sich die Entspannungssituation . . . (Bezeichnung der vorher besprochenen Situation) vorzustellen. So, stellen Sie sich jetzt die Entspannungsszene vor und lassen Sie die Details dabei so realistisch wie möglich erscheinen, benutzen Sie auch jeden Ihrer Sinne, der Ihnen die Szene noch realistischer vorkommen läßt.“

Das Entspannungstraining wird abgeschlossen, indem der Therapeut rückwärts von drei bis eins zählt:

„Gleich werde ich rückwärts von drei bis eins zählen. Wenn ich ‚eins‘ sage, werden Sie wach und frisch sein, ohne Beschwerden oder Schmerzen. ‚Drei‘ viel wacher; ‚zwei‘ ohne Beschwerden oder Schmerzen und ‚eins‘ ganz frisch und hellwach.“ Es folgt eine kurze Pause, dann: „Setzen Sie sich jetzt auf.“

ner Körperteile. Nachdem der Patient es sich bequem gemacht hat, werden die Schritte der Muskelübungen beschrieben und vorgemacht, z. B. indem die Hand zur Faust geballt wird usw. Dann werden nacheinander Hände und Arme, Stirne, Augen, Gesicht, Nacken und Schultern, Brust und Bauch, Füße und Beine entspannt. Der Patient soll sich die Entspannungssituation lebensnah vorstellen, damit die Entspannung noch tiefer wird. Anschließend wird die Entspannung beendet.

Die Vorgabe der lebensnahen Entspannungssituation erfolgt und das Beenden der Entspannung erfolgt mit den in Kasten 2 wiedergegebenen Worten.

Das Nachinterview soll klären, wie gut sich der Patient entspannen konnte, welche Instruktionen besonders hilfreich waren, inwieweit tiefes Atmen die Entspannung steuern konnte und wie gut die Lebendigkeit und Kontrolle über die lebensnahe Entspannungsszene war. Wenn der Patient keinen zufriedenstellenden Entspannungszustand erreichte, müssen mehr Hausaufgaben als die einmal täglich vorgesehenen Übungen, die an mindestens fünf Tagen pro Woche durchgeführt werden sollen, gemacht werden.

Zum Abschluß der Sitzung werden Hausaufgaben gegeben, die aus den Entspannungsübungen ohne das Vorstellen einer lebensnahen Entspannungssituation bestehen. Normalerweise soll sich der Patient abends, wenn keine Verpflichtungen mehr auf ihn warten, an einem ruhigen Platz eineinhalb Stunden Zeit nehmen; damit wird sichergestellt, daß die Übungen nicht zu schnell durchgeführt werden. Zu den häuslichen Übungen zählen auch Selbstbeobachtungen, die auf Streß- und Entspannungsfragebogen festgehalten werden. Auf dem Streßfragebogen sollen Beschreibungen der Empfindungen, der Situation, in der diese Empfindungen auftraten, der Grad der Anspannung, der Tag und die Uhrzeit festgehalten werden. Außerdem enthält der Entspannungsfragebogen Tag und Stunde der Übung, die Dauer der Übung, die leicht zu entspannenden Körperregionen, die noch angespannten Körperregionen und den Grad der Anspannung (0 bis 100) vor und nach der Übung.

Die zweite Sitzung enthält zusätzliche Schritte. Es wird eine angstauslösende Szene identifiziert, die Entspannungsinstruktionen werden ohne vorangehende Anspannung vorgegeben und es wird eine Entspannungsprozedur eingeführt, die Angstanstiege reduziert. Bei der Angstszene handelt es sich um eine Erfahrung des Patienten, bei der er ein mittleres Angstniveau erreichte. Die Angstreduktion wird durch den Einsatz von Entspannung reduziert. Der Teil der Sitzung, in dem der Patient aktiv Entspannungsübungen durchführt, beginnt mit Entspannungsinstruktionen, verzichtet aber auf Instruktionen zur Muskelanspannung. Die Reihenfolge der Übungen ist:

- Entspannung
- Angstinduktion
- Angstreduktion durch Entspannung und beachten der Muskeln, um sie entspannt zu halten
- wiederholtes Durchlaufen dieses Zirkels

Bei den Hausaufgaben soll der Patient die Übungen wie nach der ersten Sitzung durchführen, aber auf das vorherige Anspannen der Muskelgruppen verzichten. Außerdem soll er die Entspannungsübungen auch im Alltag (z. B. beim Autofahren) anwenden, damit die gelernte Fertigkeit generalisiert. Die Streß- und Entspannungsfragebogen werden weiterhin ausgefüllt.

3. Mittlere und abschließende Sitzungen

Die dritte Sitzung führt zwei neue Elemente ein. Zum einen soll der Patient selbst bestimmen, wann er sich entspannt. Zum anderen soll er während der Angstinduktion beobachten, wie er den Beginn der Angst empfindet, das heißt er soll die Angstsignale erkennen lernen. Die in früheren Sitzungen besprochenen, lebensnahen Entspannungs- und Angstszenen werden normalerweise wieder eingesetzt.

Im Vorinterview dieser Sitzung wird abgeklärt, ob Lebensereignisse eingetreten sind, die den Fortgang des Angstmanagement-Trainings beeinträchtigen. Wenn das nicht der Fall ist, wird erfragt, wie groß die Fortschritte bei den Entspannungsübungen sind und wie schnell ein entspannter Zustand erreicht wird. Wenn die Atmung oder andere Mittel die Entspannung besonders begünstigen, wird darauf besonders eingegangen. Bei den Entspannungsübungen soll der Patient jetzt so weit sein, daß er selbst die Entspannung initiieren kann; daher gibt der Therapeut die folgenden Instruktionen: „Setzen Sie sich bequem zurück und schließen Sie die Augen, damit Sie nicht abgelenkt werden. Beginnen Sie jetzt mit der Entspannung und setzen Sie dabei die Methode ein, die bei Ihnen am besten wirkt. Wenn Sie gut entspannt sind, dann zeigen Sie mir dies bitte an, indem Sie die rechte Hand heben.“ Die Dauer, bis der Patient Entspannung signalisiert, gibt Aufschluß darüber, wie gut der Patient die Selbstkontrolle beherrscht. Wenn der Patient das Signal gibt, soll er kurz die Anspannung der Muskeln überprüfen, weiterhin tief atmen und sich die Entspannungsszene vorstellen. Die angstauslösende Szene wird vom Therapeuten vorgegeben; der Patient signalisiert, wenn er Angst empfindet, die Angst wird 30 bis 40 Sekunden aufrechterhalten und der Patient zum Anwachsenlassen der Angst ermutigt, die Aufmerksamkeit des Patienten auf die Angstsymptome gelenkt und durch den Übergang auf die Entspannungsszene abgeschlossen. Dies wird drei bis fünf Mal wiederholt.

Streßfragebogen 1

Gefühle	Situation	Niveau der Anspannung	Tag und Stunde

......

Streßfragebogen 2

Gefühle	Physische/ psychische Hinweise	Situation	Streßniveau (0–100)	Tag/Stunde

......

Streßfragebogen 3

Situation	Physische/ psychische Hinweise	Angstkontrolle erfolgreich? ja nein	Spannung vor Selbstkontrolle (0–100)	Spannung nach Selbstkontrolle (0–100)

......

Fragebogen zu Entspannungsübungen

Tag und Stunde	Dauer der Übung	einfach zu entspannende Körperregionen	noch angespannte Körperregionen	Niveau der Anspannung vorher	nachher

......

Abb. 1: Fragebogen von Suinn (1990) zu erlebtem Streß in verschiedenen Stadien der Therapie und zu den Fortschritten bei den Entspannungsübungen.

In der Nachbefragung werden noch einmal die Symptome des Angstanstieges diskutiert und somit Information über die Güte der Selbstkontrolle durch Entspannung gewonnen. Die Gelegenheit kann der Therapeut dazu nutzen, um die Fortschritte zu kommentieren, und dem Patienten erklären, wie dieser die Entspannungsfertigkeiten in schwierigen Lebenssituationen einsetzen kann. Die Hausaufgaben sollen weiter durchgeführt werden, auch außerhalb des Hauses in natürlichen Situationen. Bei den Hausaufgaben soll der Patient stark streßauslösende Situationen zunächst vermeiden, jedoch in schwach streßauslösenden Situationen die Selbstkontrolltechniken einsetzen. Die Streßfragebogen werden weiterhin täglich ausgefüllt.

Die vierte Sitzung gleicht der dritten, führt aber zwei neue Elemente ein: Es wird eine sehr stark angstauslösende Szene gesucht und für die Übungen benutzt; der Patient soll selbst bestimmen, wann er die angstauslösende Szene beenden und in einen entspannten Zustand zurückkehren will. Bei den Hausaufgaben sollen die Patienten routinemäßig auf frühe Streßsignale während des Arbeitstages und Abends achten und dann die Selbstkontrolltechniken einsetzen; dabei soll die Entspannung schon durch tiefes Atmen oder andere Hilfen induziert werden. Außerdem soll der Patient regelmäßig die Zeitpunkte und Situationen feststellen, in denen er erhöhten Streß wahrnimmt.

Die fünfte Sitzung führt ein neues Element ein. Dem Patienten soll beim Erleben von Angst eigenverantwortlich handeln lernen. Statt die Angstszene zu verlassen, bevor er die Entspannungstechnik anwendet, soll der Patient in der Angstsituation verharren. Sobald der Patient Angst spürt, soll er die Methode einsetzen (z. B. tiefes Atmen), mit der er Entspannung induziert. Die Entspannungsszene soll dazu nicht eingesetzt werden, weil er sie sich nicht gleichzeitig zusammen mit der angstauslösenden Szene vorstellen kann. Die Übung wird vier bis sechs Mal wiederholt. Bei den Hausaufgaben soll der Patient einen modifizierten Streßfragebogen einsetzen, um die Anwendung der Selbstkontrolltechnik in einer angstauslösenden Situation zu bewerten; die Übungen zur Entspannung werden fortgesetzt.

In der sechsten bis achten Sitzung wird auf die gleiche Art und Weise vorgegangen wie in der fünften Sitzung. Es können neue, angstauslösende Szenen eingeführt werden, wenn die ursprünglich eingesetzte Szene ihre angstauslösende Kraft verloren hat. Die Therapie wird beendet, wenn der Patient die Selbstkontrolltechniken in Alltagssituationen einsetzt und auch vorbeugend nach ersten warnenden Anzeichen eines Angstanstieges einsetzen kann. Das Angstmanagement-Training kann aber auch noch weiter fortgesetzt werden, damit ein Überlernen gewährleistet ist und die Wahrscheinlichkeit eines Rückfalles sinkt. Umgesetzt wird dies alles, indem der Patient zu Prüfungen seiner Fortschritte in Alltagssituationen ermuntert wird. Der Patient soll bei solchen Konfrontationen selbst erleben, daß die Therapie erfolgreich war und beendet werden kann. Die Erfahrungen des Patienten in den Situationen bewirken auch positive kognitive Veränderungen. Wenn der Patient und Therapeut übereinstimmend die Therapie beenden wollen, gibt der Therapeut noch einmal eine Zusammenfassung über die Anwendung der Selbstkontrolltechnik in angstauslösenden Situationen und fordert den Patienten auf, auch zukünftig seine Anspannung in verschiedenen Situationen zu prüfen und die Entspannungsverfahren weiter anzuwenden. Eine Sitzung kann er zur Verbesserung der Effekte (booster session) anbieten. Diese Sitzung zur Verbesserung der Effekte folgt dem Schema der fünften Sitzung, hat aber definierte Ziele, die nach den Bedürfnissen des Patienten festgelegt werden und zum Beispiel sein können:

a) Üben einer Angstsituation, die der Patient jetzt bewältigt, die er aber noch effizienter beherrschen will;
b) Wiederholung und Vertiefung der Entspannungstechnik;
c) Üben für ein in naher Zukunft auftretendes, wichtiges und mit starkem Streß verbundenen Ereignis. Um sicher zu sein, soll der Patient das Ereignis in einer Therapiesitzung bearbeiten.

4.3.3 Die Behandlung des Falles Jeff

Im Einleitungskapitel wird der Fall Jeff beschrieben, wie er von Suinn (1990) wiedergegeben ist. Dieser Fall wird von Suinn (1990) als generalisierte Angststörung diagnostiziert und mit dem Angstmanagement-Training behandelt. Es bleibt nach der Darstellung fraglich, ob diese Diagnose nach DSM-III-R (1989) gerechtfertigt ist, weil Jeff keine unrealistische Angst oder Besorgnis bezüglich mindestens zweier Lebensumstände hat. Die dort erwähnte Angst vor dem Verrücktwerden ist ein diagnostisches Kriterium der Panikstörung. Die Informationen im Text geben allerdings keinen Aufschluß darüber, ob die diagnostischen Kriterien einer generalisierten Angststörung oder die einer Panikstörung erfüllt sind, oder ob beide Diagnosen nach DSM-III-R (1989) vergeben werden können. Ob eine dieser Störungen nach ICD-10 (1991) festgestellt werden kann, bleibt ebenfalls unklar, weil nach den dort beschriebenen diagnostischen Leitlinien bei der generalisierten Angststörung Befürchtungen über zukünftiges Unglück oder ähnliches vorliegen müssen, und weil außerdem bei der Panikstörung zwischen den Attacken angstfreie Intervalle liegen sollen.

Jedenfalls litt Jeff an einer Störung, die mit chronifizierten Angstsymptomen einherging. Daher wurde er nach acht Monaten weitgehend nutzloser Therapiegespräche mit dem Angstmanagement-Training behandelt. Da Jeff keine Situation benennen konnte, die seine Angst auslöste, sollte er eine Situation schildern, in der er Angst mit der Intensität von sechzig auf einer gedachten Skala zwischen null und hundert empfand. Jeff beschrieb diese Situation so: „Vor ungefähr einer Woche befand ich mich an meiner Arbeitsstelle, als ich ohne Vorwarnung und aus keinem vernünftigen Grund ... zu zittern anfing ... Wollen Sie das hören ?“ (Übersetzung durch die Autoren). Der Therapeut ließ sich dann die Symptome genau beschreiben und benutzte diese Beschreibung der Situation als angstauslösende Szene im Angstmanagement-Training.

Das Angstmanagement-Training wurde dann auf die oben beschriebene Art und Weise durchgeführt: Jeff wurde in der ersten Sitzung die Muskelentspannung beigebracht, dann erhielt er die Aufgabe, zuhause die Entspannungsübungen bis zum nächsten Termin nach einer Woche fortzusetzen. In der nächsten Sitzung sollte er seine Augen schließen und die Übungen durchgehen, um Entspannung zu erreichen. Nachdem er entspannt war, sollte sich Jeff die Angstszene vorstellen; die Beschreibung ist in Kasten 3 wiedergegeben. In fünfzehn Sitzungen wurden zwei möglicherweise angstauslösende Szenen benutzt, um Angstanstiege zu produzieren und sie beherrschen zu lernen.

Jeff erlebte eine dramatische Reduktion seiner Angstsymptome und fühlte eine Zufriedenheit darüber, daß er sein „Leben beherrscht ... nichts kann mich mehr zum Zittern bringen, weil ich auch das Schlimmste bewältigen kann“ (Übersetzung durch die Autoren).

Kasten 3: Therapeutisch eingesetzte Angstszene im Fall Jeff (Suinn, 1990; Übersetzung durch die Autoren).

„Stellen Sie sich jetzt die Angstszene vor, die Sie vorher beschrieben haben ... die, als sie morgens in Ihrem Büro waren ... zehn Uhr morgens ... die Akten der Wäscherei in der Hand, wie sie die erste Quittung lesen ... stellen Sie sich die Szene wirklich so vor, als wären Sie wieder dort ... erlauben Sie sich, wieder dort zu sein ... vor einer Woche ... der Kaffee steht vor Ihnen ... Ihre Hände fangen an zu zittern ... Sie dachten, daß das vielleicht nicht mehr vorkommt ... aber da ist es wieder ... Zittern, schwache Knie ... die Nervosität hält Takt mit Ihrem Zittern ... manchmal starkes Atmen ... lassen Sie die Angst wieder zurückkehren ... erfahren Sie die Angst neu“. Nach dieser Angstszene sollte sich Jeff wieder entspannen. Die Angstszene wurde beendet und die Muskeln entspannt.

5. Zusammenfassung

Studien zur Effektivität verschiedener therapeutischer Verfahren in der Behandlung von Angststörungen zeigen, daß Systematische Desensibilisierungen seltener als andere Verfahren zu guten Therapieerfolgen führt. Wenn Entspannungsverfahren heute noch eingesetzt werden, dann vor allem als eine Komponente im Rahmen komplexer Programme, die mit kognitiven und konfrontativen Methoden arbeiten. Bei bestimmten Störungsbildern und Patientengruppen erbringen die drei vorgestellten Programme (Applied Relaxation, Angstmanagement-Training, Meditation) gleich gute oder bessere Ergebnisse, als andere Verfahren. Diese Verfahren folgen anderen Überlegungen als die Systematische Desensibilisierung, da dort nicht mehr von einer automatisierten Entspannungsreaktion auf einen Reiz hin ausgegangen wird, sondern der Patient benutzt die Technik als Fertigkeit, die er dann einsetzt, wenn er externale oder internale Angstsignale wahrnimmt. Patienten können durch Entspannungsverfahren erleben, daß sie selbst effizient mit ihren Ängsten umgehen können und dadurch kognitive Neubewertungen von bedrohlich erlebten Situationen vornehmen (Emmelkamp, 1986).

Die Effektivität aller Therapieverfahren könnte darauf beruhen, daß der Patient lernt, seine Angst zu einem aus eigenen Kräften lösbaren Problem umzudefinieren (Mathews, 1988). Entspannungsverfahren sind aber allem Anschein nach schlechter als andere Methoden geeignet, Problemlöseprozesse zu initiieren und zu einem positiven Ergebnis zu bringen. Zwar werden entspannungsähnliche Übungen und Meditationen auch von kognitiv orientierten Therapeuten (z. B. Beck und Emery, 1981) verwendet, um eine Erleichterung von Symptomen zu verschaffen und es dem Patienten zu ermöglichen, seine dysfunktionalen Annahmen zu untersuchen, doch sind sie dort nur als zusätzliche Maßnahmen vorgesehen, während die Veränderung kognitiver Schemata die Hauptkomponente der Therapie darstellt. Der Therapeut verwendet dort Entspannungsverfahren, um dem Patienten zu demonstrieren, daß er über eine gewisse Kontrolle seiner Symptome verfügt.

Auch in den drei hier vorgestellten Programmen zur Angstbehandlung (Applied Relaxation, Meditation, Angstmanagement-Training), deren zentrale Komponente ein Entspannungsverfahren sein soll, werden bei genauerer Betrachtung kognitive und konfrontative Elemente eingesetzt. In allen dreien werden die Patienten über ihr Störungsbild und die Therapie so informiert, daß sie Erklärungen für ihr Erleben und für die Therapieeffekte finden. Diese Erklärungen müssen nicht notwendigerweise „richtig" oder „wissenschaftlich fundiert" sein. Die Patienten werden aufgefordert, ihre körperlichen Zustände genau zu beachten und Interpretationen dafür zu finden, die über ein automatisiertes Reagieren hinausgehen. In allen Programmen werden die Patienten so ausgebildet, daß sie Entspannungszustände erreichen können. Auch Konfrontationen mit Angstauslösern werden beim Angstmanagement-Training und bei der Applied Relaxation bewußt vorgesehen; bei der Meditation wird dies nicht ausdrücklich gefordert, doch die Patienten scheinen nach der Behandlung vorher angstauslösende Situationen wieder aufzusuchen. Nach Therapieende sehen Applied Relaxation, Angstmanagement-Training und Meditation Übungen vor, damit die erworbenen Fertigkeiten nicht wieder verloren gehen.

Entspannungsverfahren haben ihre spezifische Bedeutung in der Behandlung von Angststörungen, wenn sie als Selbstkontrolltechnik oder als Baustein einer komplexeren Therapie angewandt werden. Ein wichtiger Vorteil beim Einsatz von Entspannungsverfahren ist die geringe Zahl an Therapieabbrechern. Die Verweigerungsraten für eine Konfrontationsbehandlung mit hohen Angstniveaus liegen bei 25% (Öst, 1989), während bei der von Öst (1986) entwickelten Variante der Applied Relaxation die Therapie nie verweigert wurde. Allerdings sollte diese Selbstkontrolltechnik nur dann eingesetzt werden, wenn die physiologische Reaktion das Hauptproblem darstellt, weil sonst mit anderen Methoden bessere Ergebnisse zu erzielen sind.

Als weiteres Anwendungsfeld können Entspannungsverfahren bei bestimmten Patientengruppen eingesetzt werden. Nicht jeder Patient eignet sich grundsätzlich für moderne kognitive Therapieverfahren oder konfrontative Verfahren. Bei Kindern, älteren Menschen und mit geistig beeinträchtigten Patienten wird der Therapeut nach wie vor auf einfach zu handhabende, körperorientierte Verfahren zurückgreifen. Die Verfahren lassen den Patienten erleben, daß er selbst Möglichkeiten zum Umgang mit der Angst hat, während Patienten nur schwer zu Konfrontationen zu bewegen sind. Nicht zu vergessen ist, daß auch ethische Bedenken (Ross & Petermann, 1987) gegen den Einsatz von Konfrontationen unter massivem Angsterleben sprechen. Vor allem bei Kindern, die nicht selbst über die eigene Therapie entscheiden, sondern sich der elterlichen Entscheidung beugen, sollte über die Indikation weniger stark konfrontierender Verfahren nachgedacht werden.

Entspannungsverfahren könnten in der Prophylaxe und Nachsorge wieder stärkere Bedeutung erlangen. Wirtschaftliche Erwägungen, wie zum Beispiel die Finanzierung der Therapie durch die Krankenkassen bekommen dann untergeordnete Bedeutung, wenn Entspannungsverfahren so eingesetzt werden, daß sie zu langfristig günstigeren Entwicklungen beitragen, als dies die hocheffizienten, modernen Verfahren tun. Dazu in Beziehung steht, daß es kaum einen Unterschied macht, welche Technik ein Patient einsetzt, ob Entspannung, Modifikation automatisierter Gedanken, Verstehen der Ursachen oder anderer individueller Strategien, wenn er wieder zu einem Menschen wird, den keine unnötigen Ängste mehr quälen.

Literatur

Agras, W. S., Leitenberg, H., Barlow, D. H., Curtis, N. A., Edwards, J. & Wright, D. (1971). Relaxation in systematic desensitization. Archives of General Psychiatry, 25, 511–514.

Barlow, D. H., Cohen, A. S., Waddell, M. T., Vermilyea, B. B., Klosko, J. S., Blanchard, E. B. & Di Nardo, P. A. (1984). Panic and generalized anxiety disorders: Nature and treatment. Behaviour Research and Therapy, 15, 431–449.

Barlow, D. H., Leitenberg, H., Agras, W. S. & Wincze, J. P. (1969). The transfer gap in systematic desensitization: An analogue study. Behaviour Research and Therapy, 7, 191–196.

Barrett, C. L. (1969). Systematic desensitization versus implosive therapy. Journal of Abnormal Psychology, 74, 587–592.

Barrios, B. A. & Shigetomi, C. C. (1979). Coping-skills training for the management of anxiety: A critical review. Behavior Therapy, 10, 491–522.

Beck, A. T. & Emery, G. D. (1981). Kognitive Verhaltenstherapie bei Angst und Phobien. Tübingen: Deutsche Gesellschaft für Verhaltenstherapie.

Beech, H. R. & Vaughan, M. (1978). Behavioural Treatment of Obsessional States. Chichester: Wiley.

Beiman, I., Israel, E., & Johnson, S. A. (1978). During training and posttraining effects of live and taped extended progressive relaxation, self-relaxation, and electromyogram biofeedback. Journal of Consulting and Clinical Psychology, 46, 314–321.

Bernstein, D. A. & Borkovec, T. D. (1973). Progressive relaxation training. Champaign: Research Press.

Borkovec, T. D. (1976). Physiological and cognitive processes in the regulation of anxiety. In G. E. Schwartz & D. Shapiro (Eds.), Concious-ness and Self-regulation. New York: Plenum Press.

Borkovec, T. D. (1982). Effects of expectancy on the outcome of systematic desensitization and implosive treatments for analogue anxiety. Behavior Therapy, 3, 29–40.

Boulougouris, J. C., Rabavilas, A. D. & Stefanis, C. (1977). Psychophysiological responses in obsessive-compulsive patients. Behaviour Research and Therapy, 15, 221–230.

Bourque, P. & Ladouceur, R. (1980). An investigation of various performance-based treatments with agoraphobics. Behaviour Research and Therapy, 18, 161–170.

Bowlby, J. (1973). Attachment and loss, Vol. 2. Separation: anxiety and anger. New York: Basic.

Brom, D., Kleber, R. J. & Defares, P. B. (1989). Brief psychotherapy for posttraumatic stress disorders. Journal of Consulting and Clinical Psychology, 57, 607–612.

Butler, G., Fennell, M., Robson, P., & Gelder, M. (1991). Comparison of behavior therapy and cognitive behavior therapy in the treatment of generalized anxiety disorder. Journal of Consulting and Clinical Psychology, 59, 167–175.

Butler, G., Gelder, M., Hibbert, G., Cullington, A. & Klimes, I. (1987). Anxiety management: Developing effective strategies. Behaviour Research and Therapy, 25, 517–522.

Calef, R. A. & MacLean, G. D. (1970). A comparison of reciprocal inhibition and reactive inhibition therapies in the treatment of speech anxiety. Behavior Therapy, 1, 51–58.

Carr, A. (1974). Compulsive neurosis: A review of the literature. Psychological Bulletin, 81, 311–318.

Chang-Liang, R. & Denney, D. (1976). Applied relaxation as training in self-control. Journal of Counseling Psychology, 23, 183–189.

Clark, D. M. (1986). A cognitive approach to panic. Behavior Research and Therapy, 4, 461–470.

Clark, D. M., Salkovskis, P. M., Gelder, M., Koehler, C., Martin, M., Anastasiades, P., Hackmann, A., Middleton, H. & Jeavons, A. (1988). Tests of a cognitive theory of panic. In I. Hand & H. U. Wittchen (Eds.), Panic and Phobias 2. Berlin: Springer.

Cohen, R. (1969). The effects of group interaction and progressive hierarchy presentation on desensitization of test anxiety. Behavior Research and Therapy, 7, 15–26.

Cornish, R. D. & Dilley, J. S. (1973). Comparison of three methods of reducing test anxiety: Systematic desensitization, implosive therapy, and study counseling. Journal of Counseling Psychology, 20, 499–503.

Craighead, W. E. (1973). The role of muscular relaxation in systematic desensitization. In R. D. Rubin, J. P. Brady & J. D. Henderson (Eds.), Advances in Behavior Research and Therapy, Vol. 4. New York: Academic Press.

Crowe, M. J., Marks, I. M., Agras, W. S. & Leitenberg, H. (1972). Time-limited desensitization, implosion and shaping for phobic patients: A cross-over study. Behaviour Research and Therapy, 10, 319–328.

Davison, G. C. & Neale, J. M. (1988). Klinische Psychologie. München: Psychologie Verlags Union.

De Moor, W. (1970). Systematic desensitization versus prolonged high intensity stimulation (flooding). Journal of Behavior Therapy and Experimental Psychiatry, 1, 45–52.

De Silva, P. & Rachman, S. (1992). Obsessive-compulsive disorder. Oxford: Oxford University Press.

Deffenbacher, J. L. & Parks, D. H. (1979). A comparison of traditional and self-control desensitization. Journal of Counseling Psychology, 26, 93–97.

Deffenbacher, J. L. & Shelton, J. L. (1978). Comparison of anxiety management training and desensitization in reducing test and other anxieties. Journal of Counseling Psychology, 25, 277–282.

Di Nardo, P. A., Barlow, D. H., Cerny, J., Vermilyea, B. B., Vermilyea, J. A., Himadi, W. & Waddell, M. (1985). Anxiety Disorders Interview Schedule – Revised (ADIS-R). Albany, New York: Phobia and Anxiety Disorders Clinic, State University of New York at Albany.

Di Matteo, M. R. & Di Nicola, D. D. (1982). Achieving patient compliance: The psychology of the medical practicioner's role. New York: Pergamon.

DSM-III-R (1989). Diagnostisches und statistisches Manual psychischer Störungen. Weinheim: Beltz.

D'Zurilla, T. J. & Goldfried, M. R. (1971). Problem-solving and behaviour modification. Journal of Abnormal Psychology, 78, 107–126.

Eayrs, C. B., Rowan, D. & Harvey, P. G. (1984). Behavioural group training for anxiety management. Behavioural Psychotherapy, 12, 117–129.

Ehlers, A., Margraf, J. & Roth, W. (1988). Selective information processing, interoception, and panic attacks. In I. Hand & H. U. Wittchen (Eds.), Panic and Phobias 2: Berlin: Springer.

Emmelkamp, P. M. G. (1982). Phobic and obsessive-compulsive disorders: Theory, research, and practice. New York: Plenum Press.

Emmelkamp, P. M. G. (1985). Anxiety and fear. In A. S. Bellack, M. Hersen & A. E. Kazdin (Eds.), International Handbook of Behavior Modification and Therapy. New York: Plenum Press.

Emmelkamp, P. M. G., Bouman, T. K. & Scholing, A. (1992). Anxiety Disorders. Chichester: Wiley.

Emmelkamp, P. M. G. & Kwee, K. G. (1977). Obsessional ruminations: A comparison between thought-stopping and prolonged exposure in imagination. Behaviour Research and Therapy, 15, 441–444.

Fairbank, J. A., Gross, R. T. & Keane, T. M. (1983). Treatment of posttraumatic stress disorder: Evaluating outcome with a behavioral code. Behavior Modification, 7, 557–568.

Fiegenbaum, W. (1988). Long-term efficacy of ungraded versus graded massed exposure in agoraphobia. In I. Hand & H. U. Wittchen (Eds.), Panic and Phobias 2. Berlin: Springer.

Foa, E. B., Rothbaum, B. O., Riggs, D. S. & Murdock, T. B. (1991). Treatment of post-traumatic stress disorder in rape victims: A comparison between cognitive-behavioral procedures and counseling. Journal of Consulting and Clinical Psychology, 59, 715–723.

Frank, E., Anderson, B., Stewart, B. D., Dancu, C., Hughes, C. & West, D. (1988). Efficacy of cognitive behavior therapy and systematic desensitization in the treatment of rape trauma. Behavior Therapy, 19, 403–420.

Gersons, B. P. R. & Carlier, I. V. E. (1992). Post-traumatic stress disorder: The history of a recent concept. British Journal of Psychiatry, 161, 742–748.

Glueck, B. C. & Stroebel, C. E. (1975). Biofeedback and meditation in the treatment of psychiatric illnesses. Comprehensive Psychiatry, 16, 303–321.

Goldfried, M. (1971). Systematic desensitization as training in self-control. Journal of Consulting and Clinical Psychology, 37, 228–234.

Goldstein, A. J. & Chambless, D. L. (1978). A reanalysis of agoraphobia. Behavior Therapy, 9, 47–59.

Hall, R. & Goldberg, D. (1977). The role of social anxiety in social interaction difficulties. British Journal of Psychiatry, 131, 610–615.

Hamm, A. (1993). Progressive Muskelentspannung. In D. Vaitl & F. Petermann (Hrsg.), Handbuch der Entspannungsverfahren: Grundlagen und Methoden. Weinheim: Psychologie Verlags Union.

Hayes, B. J. & Marshall, W. L. (1984). Generalization of treatment effects in training public speakers. Behaviour Research and Therapy, 22, 519–533.

Hekmat, H. (1973). Systematic versus semantic desensitization and implosive therapy: A comparative study. Journal of Consulting and Clinical Psychology, 40, 202–209.

Hogan, R. A. (1968). The implosive technique. Behaviour Research and Therapy, 6, 423- 431.

Hussain, M. Z. (1971). Desensitization and flooding (implosion) in treatment of phobias. American Journal of Psychiatry, 127, 1509–1514.

ICD-10 (1991). Internationale Klassifikation psychischer Störungen. Bern: Huber.

Ihli, K. L. & Garlington, W. K. (1969). A comparison of group vs. individual desensitization of test anxiety. Behaviour Research and Therapy, 7, 207–209.

Jacobson, E. (1938). Progressive Relaxation. Chicago: University of Chicago Press.

Jannoun, L., Oppenheimer, C. & Gelder, M. (1982). A self-help treatment program for anxiety state patients. Behavior Therapy, 13, 103–111.

Jerremalm, A., Jansson, L. & Öst, L. G. (1986). Cognitive and physiological reactivity and the effects of different behavioral methods in the treatment of social phobia. Behaviour Research and Therapy, 24, 171–180.

Jerremalm, A., Jansson, L. & Öst, L. G. (1986). Individual response patterns and the effects of different behavioral methods in the treatment of dental phobia. Behaviour Research and Therapy, 24, 587–596.

Kabat-Zinn, J. (1990). Full catastrophe living. New York: Delacorte.

Kabat-Zinn, J., Massion, A. O., Kristeller, J., Peterson, L. G., Fletcher, K. E., Pbert, L., Lenderking, W. R. & Santorelli, S. F. (1992). Effectiveness of a meditation-based stress reduction program in the treatment of anxiety disorders. American Journal of Psychiatry, 149, 936–943.

Keane, T. M., Fairbank, J. A., Caddell, J. M. & Zimmering, R. T. (1989). Implosive (flooding) therapy reduces symptoms of PTSD in Vietnam combat veterans. Behavior Therapy, 20, 245–260.

Kipper, D. A. (1977). Behavior therapy for fears brought on by war experiences. Journal of Consulting and Clinical Psychology, 45, 216–221.

Klein, D. F. (1980). Anxiety reconceptualized. Comprehensive Psychiatry, 21, 411–427.

Krapfl, J. E. & Nawas, M. M. (1970). Differential ordering of stimulus presentation in systematic desensitization. Journal of Abnormal Psychology, 75, 333–337.

Ladouceur, R. (1978). Rationale of systematic desensitization and covert positive reinforcement. Behaviour Research and Therapy, 16, 411–420.

Lang, P. J. (1979). A bio-informational theory of emotional imagery. Psychophysiology, 16, 495–512.

Lazarus, A. A. (1978). Verhaltenstherapie im Übergang. München: Ernst Reinhardt.

Lazarus, R. S. (1966). Psychological stress and the coping process. New York: McGraw-Hill.

Lazarus, R. S. & Averill, J. R. (1972). Emotion and cognition: with special reference to anxiety. In C. D. Spielberger (Eds.), Anxiety: current trends in theory and research (Bd. 2). New York: Academic Press.

LeBoeuf, A. & Lodge, J. (1980). A comparison of frontalis EMG feedback training and progressive relaxation in the treatment of chronic anxiety. British Journal of Psychiatry, 137, 279–284.

Marchione, K. E., Michelson, L., Greenwald, M. & Dancu, C. (1987). Cognitive behavioral treatment of agoraphobia. Behaviour Research and Therapy, 25, 319–328.

Margraf, J., Ehlers, A. & Roth, W. T. (1986). Biological models of panic disorder and agoraphobia – a review. Behaviour Research and Therapy, 24, 553–567.

Margraf, J. & Schneider, S. (1990). Panik. Berlin: Springer.

Marks, I., Hodgson, R. & Rachman, S. (1979). Zur Behandlung von Zwangsneurosen durch Konfrontation in vivo. Bericht über eine Nachuntersuchung über zwei Jahre und Probleme bei der Behandlung. In D. Kallinke, R. Lutz & R. W. Ramsay (Hrsg.), Die Behandlung von Zwängen. München: Urban & Schwarzenberg.

Marks, I. M. (1987). Behavioral aspects of panic disorder. American Journal of Psychiatry, 144, 1160–1165.

Marks, I. M., Boulougouris, J. & Marset, P. (1971). Flooding versus desensitization in the treatment of phobic patients: A cross-over study. British Journal of Psychiatry, 121, 493–506.

Marshall, W. L., Gauthier, J., Christie, M. M., Currie, D. W. & Gordon, A. (1977). Flooding therapy: Effectiveness, stimulus characteristics, and the value of brief in vivo exposure. Behaviour Research and Therapy, 15, 79–87.

Marshall, W. L., Gauthier, J. & Gordon, A. (1979). The current status of flooding therapy. In M. Hersen, R. M. Eisler & P. M. Miller (Eds.), Progress in behaviour modification. New York: Academic Press.

Marshall, W. L., Parker, L. & Hayes, B. (1982). Treating public speaking problems: A study using flooding and the elements of skills training. Behaviour Modification, 6, 147–170.

Marshall, W. L., Stoian, M. & Andrews, W. (1977). Skills training and self-administered desensitization in the reduction of public speaking anxiety. Behaviour Research and Therapy, 15, 115–117.

Marzillier, J. S., Lambert, C. & Kellett, J. (1976). A controlled evaluation of systematic desensitization and social skills training for socially inadequate psychiatric patients. Behaviour Research and Therapy, 14, 225–238.

Mathews, A. (1978). Fear reduction research and clinical phobias. Psychological Bulletin, 85, 390–404.

Mathews, A. (1988). Cognitive factors in the treatment of anxiety states. In I. Hand & H. U. Wittchen (Eds.), Panic and Phobias 2. Berlin: Springer.

McGlynn, F. D. (1971). Individual versus standardized hierarchies in the systematic desensitization of snake-avoidance. Behavior Research and Therapy, 9, 1–5.

McGlynn, F. D., Wilson, A. L. & Linder, L. H. (1970). Systematic desensitization of snake-avoidance with individualized and non-individualized hierarchies. Journal of Behavior Therapy and Experimental Psychiatry, 1, 201–204.

McNally, R. J. (1987). Preparedness and phobias: A review. Psychological Bulletin, 101, 283–303.

Mealiea, W. L. & Nawas, M. M. (1971). The comparative effectiveness of systematic desensitization and implosive therapy in the treatment of snake phobia. Journal of Behavior Therapy and Experimental Psychiatry, 2, 185–194.

Meichenbaum, D. (1979). Kognitive Verhaltensmodifikation. München: Urban & Schwarzenberg.

Merckelbach, H., Hout, M. A. van den & Molen, G. M. van der (1989). The phylogenetic origin of phobias: A review of the evidence. In P. M. G. Emmelkamp, W. T. A. M. Everaerd, F. W. Kraaimat & M. J. M. van Son (Eds.), Fresh Perspectives on Anxiety Disorders. Lisse: Swets & Zeitlinger.

Michelson, L., Mavissakalian, M. & Marchione, K. (1985). Cognitive and behavioral treatments of agoraphobia: Clinical, behavioral, and psychophysiological outcomes. Journal of Consulting and Clinical Psychology, 53, 913–925.

Miller, H. R. & Nawas, M. M. (1970). Control of aversive stimulus termination in systematic desensitization. Behaviour Research and Therapy, 8, 57–61.

Moor, M. (1945). Recurrent nightmares: A simple procedure for psychotherapy. Military Surgery, 97, 282–285.

Mowrer, O. H. (1947). On the dual nature of learning – a re-interpretation of „conditioning" and „problem-solving". Harvard Educational Review, 17, 102–148.

Mowrer, O. H. (1960). Learning theory and behavior. New York: Wiley.

Mylar, J. L. & Clement, P. W. (1972). Predicition and comparison of outcome in systematic desensitization and implosion. Behaviour Research and Therapy, 10, 235–246.

Öst, L. G. (1986). Applied relaxation: Description of a coping technique and review of controlled studies. Behaviour Research and Therapy, 25, 397–409.

Öst, L. G. (1988). Applied relaxation vs progressive relaxation in the treatment of panic disorder. Behaviour Research and Therapy, 26, 13–22.

Öst, L. G. (1989). Applied relaxation. In P. M. G. Emmelkamp, W. T. A. M. Everaerd, F. W. Kraaimaat, M. J. M. van Son (Eds.), Fresh Perspectives on Anxiety Disorders. Lisse: Swets & Zeitlinger.

Öst, L. G. & Hugdahl, K. (1981). Acquisition of phobias and anxiety response patterns in clinical patients. Behaviour Research and Therapy, 19, 439–447.

Öst, L. G., Jerremalm, A. & Jansson, L. (1984). Individual response patterns and the effects of different behavioral methods in the treatment of agoraphobia. Behaviour Research and Therapy, 22, 697–707.

Öst, L. G., Jerremalm, A. & Johansson, J. (1981). Individual response patterns and the effects of different behavioral methods in the treatment of social phobia. Behaviour Research and Therapy, 19, 1–16.

Öst, L. G., Johansson, J. & Jerremalm, A. (1982). Individual response patterns and the effects of different behavioral methods in the treatment of claustrophobia. Behaviour Research and Therapy, 20, 445–460.

Öst, L. G., Lindahl, I. L., Sterner, U. & Jerremalm, A. (1984). Exposure in-vivo vs applied relaxation in the treatment of blood phobia. Behaviour Research and Therapy, 22, 205–216.

Pawlow, I. P. (1927). Conditioned reflexes. London: Oxford University Press.

Petermann, F. & Kusch, M. (1993). Imaginative Verfahren. In D. Vaitl & F. Petermann (Hrsg.), Handbuch der Entspannungsverfahren: Grundlagen und Methoden. Weinheim: Psychologie Verlags Union.

Peterson, D. R. (1968). The clinical study of social behavior. New York: Appleton-Century-Crofts.

Rachman, S. (1968). Phobias: Their nature and control. Springfield: Thomas.

Rachman, S. (1978). Fear and courage. San Francisco: Freeman.

Rachman, S. & Hodgson, R. (1980). Obsessions and compulsions. Englewood Cliffs: Prentice-Hall.

Rice, K. M. & Blanchard, E. B. (1982). Biofeedback in the treatment of anxiety disorders. Clinical Psychology Review, 2, 557–577.

Ross, A. O. & Petermann, F. (1987). Verhaltenstherapie mit Kindern und Jugendlichen. Stuttgart: Hippokrates.

Seligman, M. E. P. (1971). Phobis and preparedness. Behavior Therapy, 2, 307–320.

Selye, H. (1975). Homeostasis and the reactions to stress: A discussion of Walter B. Cannon's contributions. The Life and Contributions of Walter Bradford Cannon 1871–1945. New York: State University of New York, Downstate Medical Center.

Shaw, P. (1979). A comparison of three behaviour therapies in the treatment of social phobias. British Journal of Psychiatry, 134, 620–623.

Shear, M. K., Ball, G. G., Josephson, S. C. & Gitlin, B. (1988). Cognitive-behavioral treatment of panic. In I. Hand & H. U. Wittchen (Eds.), Panic and Phobias 2. Berlin: Springer.

Smith, R. E. & Nye, S. L. (1973). A comparison of implosive therapy and systematic desensitization in the treatment of test anxiety. Journal of Consulting and Clinical Psychology, 44, 37–42.

Solyom, L., Heseltine, G. F. D., McClure, D. J., Solyom, C., Ledwidge, B. & Steinberg, S. (1973). Behaviour therapy versus drug therapy in the treatment of phobic neurosis. Canadian Psychiatric Association Journal, 18, 25–31.

Sookman, D. & Solyom, L. (1979). Die Wirksamkeit von vier verhaltenstherapeutischen Methoden bei der Behandlung von Zwangsneurosen. In D. Kallinke, R. Lutz & R. W. Ramsay (Hrsg.), Die Behandlung von Zwängen. München: Urban & Schwarzenberg.

Stampfl, T. C. & Levis, D. J. (1967). Essentials of implosive therapy: A learning-therapy- based

psychodynamic behavior therapy. Journal of Abnormal Psychology, 72, 496- 503.
Sturgis, E. T. & Scott, R. (1984). Simple phobia. In S. M. Turner (Eds.), Behavioral Theories and Treatment of Anxiety. New York: Plenum Press.
Suarez, Y., Adams, H. E. & McCutcheon, B. A. (1976). Flooding and systematic desensitization : Efficacy in subclinical phobics as a function of arousal. Journal of Consulting and Clinical Psychology, 44, 872.
Suinn, R. M. (1990). Anxiety management training. New York: Plenum Press.
Suinn, R. M., Edie, C. A. & Spinelli, P. R. (1970). Accelerated massed desensitization: Innovation in short-term treatment. Behavior Therapy, 1, 303–311.
Suinn, R. M. & Richardson, F. (1971). Anxiety management training: A nonspecific behavior therapy program for anxiety control. Behavior Therapy, 2, 498–510.
Trower, P., Yardley, K., Bryant, B. M. & Shaw, P. (1978). The treatment of social failure. A comparison of anxiety-reduction and skills-acquisition procedures on two social problems. Behavior Modification, 2, 41–60.
Turner, S. M. & Michelson, L. (1984). Obsessive-compulsive disorders. In S. M. Turner (Eds.), Behavioral theories and treatment of anxiety. New York: Plenum Press.
Van Egeren, L. F. (1971). Psychophysiological aspects of systematic desensitization: Some outstanding issues. Behaviour Research and Therapy, 9, 65–77.
Van Egeren, L. F., Feather, B. W. & Hein, P. L. (1971). Desensitization of phobias: Some psychophysiological propositions. Psychophysiology, 8, 213–228.
Veronen, L. J. & Kilpatrick, D. G. (1983). Stress management for rape victims. In D. Meichenbaum & M. E. Jaremko (Eds.), Stress Reduction and Prevention. New York: Plenum Press.
Waddell, M. T., Barlow, D. H. & O'Brien, G. T. (1984). A preliminary investigation of cognitive and relaxation treatment of panic disorder: effects on intense anxiety vs 'background' anxiety. Behaviour Research and Therapy, 4, 393–402.
Willis, R. W. & Edwards, J. A. (1969). A study of the comparative effectiveness of systematic desensitization and implosive therapy. Behaviour Research and Therapy, 7, 387–395.
Wolpe, J. & Lazarus, A. A. (1969). The practice of behaviour therapy. New York: Pergamon.
Yates, A. J. (1975). Theory and practice in behavior therapy. New York: Wiley.
Zitrin, C. M., Klein, D. F. & Woerner, M. G. (1980). Treatment of agoraphobia with group exposure in vivo and imipramine. Archives of General Psychiatry, 37, 63–72.

Schlafstörungen

Barbara Knab

1. Einführung – Der gesunde und der gestörte Schlaf

Frau Maier (Name geändert) ist 36 Jahre alt, von Beruf Chefsekretärin. Vor fünf Jahren, als ihre Ehe in einer tiefen Krise war, begannen ihre Probleme mit dem Einschlafen: Abend für Abend, Nacht für Nacht befaßte sie sich mit der Situation, drehte und wendete sie und kam zu keinem Ergebnis. Als sie sich schließlich von ihrem Mann trennte, litt sie noch lange darunter. Ihr Hausarzt verschrieb ihr ein Beruhigungsmittel, das sie zuerst unregelmäßig, später regelmäßiger einnahm. Nach einem Jahr hatte sie das Gefühl, abhängig zu sein, und nahm es nicht mehr. Da gingen die Schlafstörungen erst richtig los. Seitdem hat sie das Gefühl, stundenlang zum Einschlafen zu brauchen, manchmal wacht sie auch nachts auf, dann spielt sich dasselbe ab wie beim Einschlafen. Die Gedanken gehen im Kreis, oft um Nichtigkeiten, sie kann nicht abschalten, und je mehr sie sich darum bemüht, umso wacher wird sie. Tagsüber ist sie jetzt öfters müde und die Arbeit geht ihr nicht mehr so leicht von der Hand wie früher. Immer schon war sie leistungsorientiert, und deshalb will sie alles tun, um ihre in der Firma bekannte und geschätzte Leistungsfähigkeit zu erhalten. Um auf ihre acht Stunden Schlaf zu kommen, die sie „ihrer Erfahrung" nach braucht, geht sie spätestens um 21 Uhr schlafen, wenn sie um 6.30 Uhr aufstehen muß. Am Wochenende schläft sie aus. Für soziale Beziehungen und Hobbies hat sie praktisch keine Zeit, ihr Leben besteht aus Arbeit, Essen und Schlafen bzw. dem Sich-Kümmern darum.

Frau Maier ist eine der vielen Millionen Schlafgestörten, die es in den Industrieländern gibt. Schätzungsweise 10 bis 15 % der Erwachsenen in Deutschland (Weyerer & Dilling, 1991; Piel, 1985; für andere europäische Länder siehe Strauch, 1985; Lugaresi et al., 1987; Quera-Salva et al., 1991) leiden unter Schlafstörungen in einem Ausmaß, das sie zu ständigen Gästen in Arztpraxen oder sogar zu regelmäßigen Arzneimittelkonsumenten macht. Etwa ein Drittel der Bundesbürger klagt über gelegentliche Störungen der eigenen Schlafqualität, und nur wenige können immer und überall einschlafen, wenn ihnen danach ist.

1.1 Über den normalen Schlaf

Als die „andere Seite" des Wachseins gehört der Schlaf zum Leben des Menschen wie zu dem aller anderen Säugetiere. Er hat charakteristische Aspekte in Erleben, Verhalten und Physiologie. Vom unmittelbar sichtbaren Verhalten her sind wir ruhig und erst in Folge massiverer (Weck-) Reize ansprechbar. Die physiologische Seite der Schlafforschung begann, nachdem Hans Berger (1929) mit der Elektroenzephalographie (EEG) eine Meßmethode für die ständige Aktivität des Gehirns entwickelt hatte. Bereits in den 30er-Jahren dieses Jahrhunderts beschrieben Loomis und Mitarbeiter (1937) in Chicago Regelmäßigkeiten des EEGs im Verlauf einer Nacht, die sie nach visueller Auswertung in fünf Stadien einteilten und A bis E nannten. 1953 entdeckte dann Eugene Aserinsky (Aserinsky & Kleitman, 1953) in Chicago die wiederkehrenden Phasen relativ langsamer, niederamplitudiger EEG-Wellen, in denen die Versuchsperson regelmäßig schnelle Augenbewegungen zeigte. Diese Phasen bekamen den Namen REM-(Rapid-Eye-Movement)-Stadium. Seit William Dements Untersuchung von 1957 (Dement & Kleitman, 1957) weiß man, daß wir im REM-Stadium träumen. Tatsächlich träumen wir im NREM (Non = Nicht-REM)-Schlaf auch, aber die REM-Schlaf-Träume sind die lebhaftesten. REM-Schlaf als Traumschlaf zu bezeichnen, ist insofern nicht korrekt, aber trotzdem immer noch verbreitet. Seit 1968 gibt es für die physiologische Aufzeichnung von Schlafdaten – die Schlafpolygraphie – und ihre visuelle Auswertung in 30-sec-Epochen genaue Regeln (Rechtschaffen & Kales, 1968): ein zentrales EEG und je eine Aufzeichnung der Augenbewegungen (EOG) und des Muskeltonus am Kinn (EMG). Die Schlafstadien bekamen Nummern: Stadium 0 ist Wachsein, das Einschlafstadium heißt 1 NREM (vorherrschend: Thetarhythmus, 4–7 Hz), Stadium 2 NREM ist bereits echter Schlaf (Thetarhythmus mit eingestreuten singulären Delta-Wellen, die „K-Komplex" heißen, oder halbsekündigen „Schlafspindeln" in Beta-Frequenz, 12 bis 14 Hz); im Tiefschlaf der Stadien 3 und 4 NREM (deutlicher Deltarhythmus mit 0,5–2 Hz, $>75\ \mu V$, bei Stadium 3 mehr als 20, Stadium 4 mehr als 50 %) sind wir sehr schwer weckbar. Das fünfte Schlafstadium ist REM.

In einer Nacht durchlaufen wir vier bis sechs NREM-REM-Zyklen von je etwa 90 bis 100 Minuten Dauer, die mit NREM-Schlaf beginnen und mit REM-Schlaf schließen. Im Laufe der Nacht wird der Tiefschlafanteil von Zyklus zu Zyklus weniger, und der REM-Schlaf-Anteil steigt: im ersten Zyklus gibt es bei Erwachsenen nur wenige Minuten REM, im vierten Zyklus kaum mehr Tiefschlaf, dafür bis zu 40 Minuten REM. Im Laufe des Lebens wird die Tiefschlafdauer pro Nacht weniger, alte Menschen haben oft gar keinen mehr, ohne daß dies als pathologisch zu betrachten wäre (genauer z. B. Knab, 1989; Schulz, 1988).

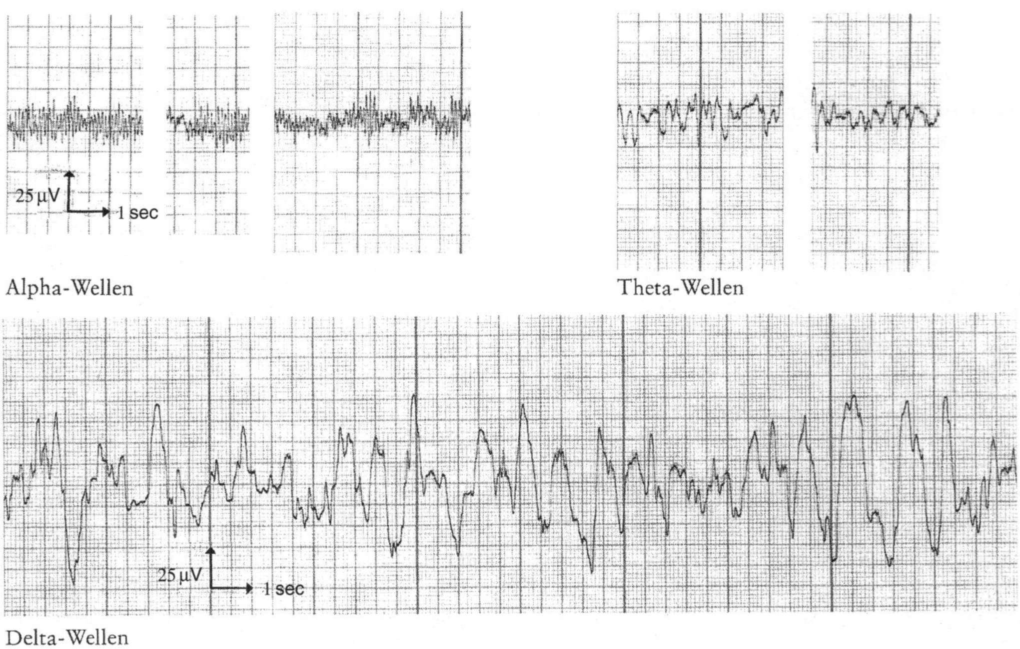

Abb. 1: Beispiele für Alpha-, Theta und Delta-Wellen
(aus: Knab, 1989; mit freundlicher Genehmigung des Verlages).

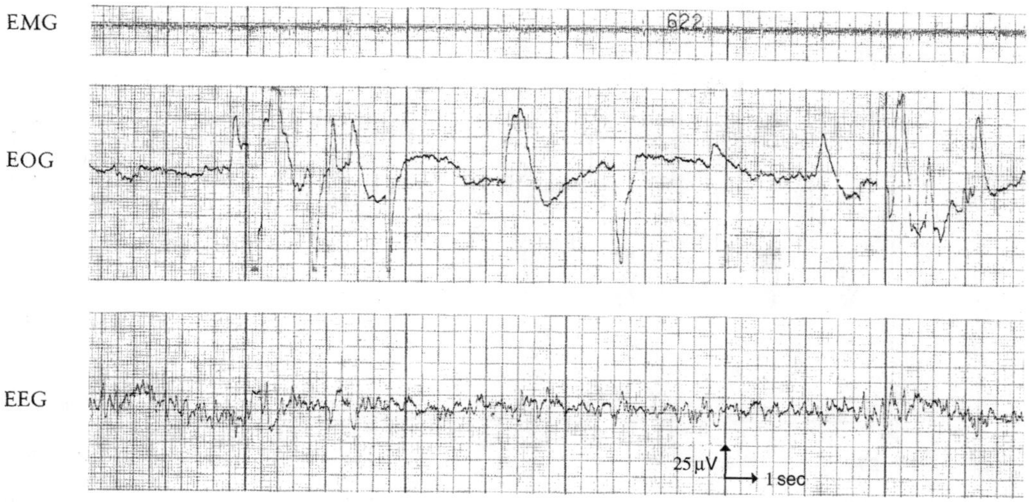

Abb. 2: Beispiel für REM-Stadium; EEG = Elektroenzephalogramm, EMG = Elektromyogramm (Mundboden), EOG = Elektrooculogramm (Differenz zwischen der Spannung des linken un des rechten Auges). (aus: Knab, 1989; mit freundlicher Genehmigung des Verlages).

Abb. 3: Labornacht einer gesunden 21jährigen Versuchsperson (nach eigenen Daten; leicht geglätteter Verlauf); man sieht vier vollständige NREM-REM-Zyklen, mit ansteigender Dauer der REM-Phasen und abnehmender Dauer der Tiefschlafzeiten.
W = wach, MT = movement time (Bewegungsartefakte), 1 bis 4 = Schlafstadien 1 bis 4, REM = Schlafstadium REM

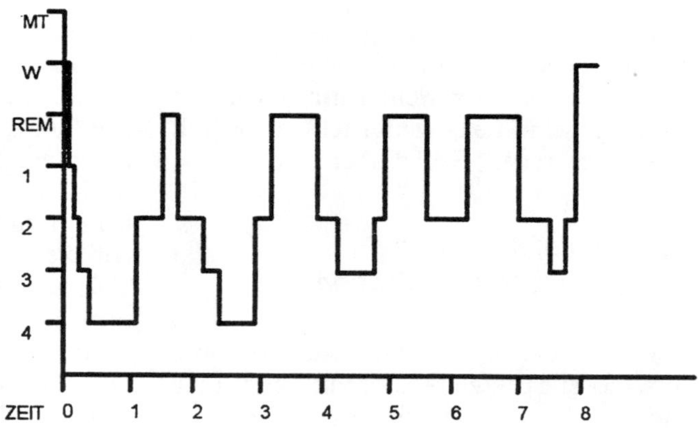

Dem unmittelbaren Erleben ist der Schlaf naturgemäß kaum zugänglich, lediglich das Aufwachen – insbesondere aus Träumen – können wir registrieren. Das Erleben des Schlafes ist also immer mittelbar: man erlebt die Qualität des Wachseins am Tage bzw. das unangenehme Wachsein in der Nacht.

Die berühmten acht Stunden, die als normale Schlafdauer für Erwachsene gelten, sind lediglich ein Mittelwert, und alles zwischen 6,5 und 9 Stunden kann als normal gelten: es scheint eine individuell verschiedene optimale Schlafdauer zu geben. Einzelne Nächte, in denen man weniger oder auch gar nicht schläft, beeinträchtigen die Gesundheit überhaupt nicht, die geistige Leistungsfähigkeit wie Reaktionsgeschwindigkeit, Konzentration und Gedächtnis etwas, die Vigilanz mäßig bis erheblich. Nach mehreren Nächten mit experimentellem Wecken (Bonnet et al., 1986) oder verkürztem Schlaf (Roehrs et al., 1990) wird zuerst die Stimmung schlechter, dann wird

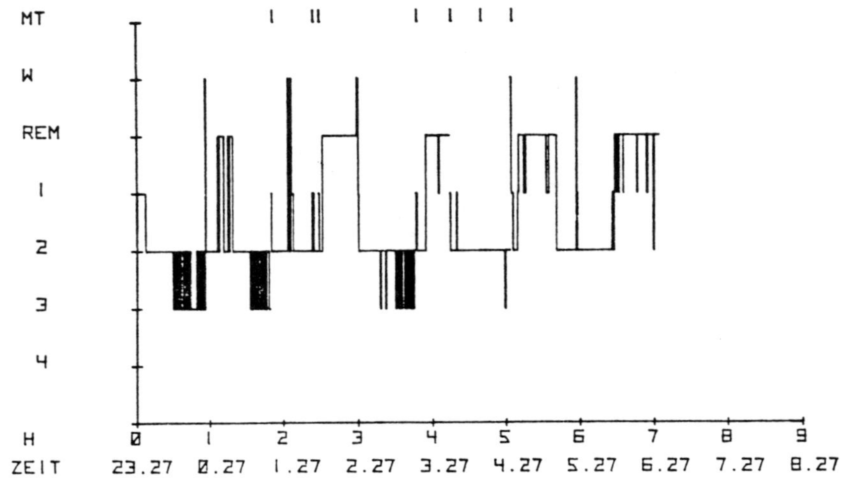

Abb. 4: Verlauf einer ersten Labornacht bei einer gesunden 42jährigen Versuchsperson; sie schläft subjektiv etwas schlechter als sonst. Physiologisch schläft sie sofort ein, hat fünf NREM-REM-Zyklen, Tiefschlaf nur bis Stadium 3, am Ende der Nacht kaum mehr, teilweise etwas unruhiger Schlaf (Stadienwechsel, vor allem Zurückgehen in Stadium 1). (aus: Knab, 1989; mit freundlicher Genehmigung des Verlages).
W = wach, MT = movement time (Bewegungsartefakte), 1 bis 4 = Schlafstadien 1 bis 4, REM = Schlafstadium REM

man schläfrig, stark unaufmerksam und unkonzentriert und damit mental weniger leistungsfähig. Nach Schlafentzug schlafen wir länger und tiefer, zeitgleich nachgeholt wird „verlorener" Schlaf aber nicht.

1.2 Schlafstörungen – diagnostische Fragen

Der Schlaf der meisten Menschen ist durch verschiedene Ereignisse störbar, wenn auch individuell verschieden stark: vom ungewohnten Hotelbett über den wichtigen Termin am nächsten Morgen bis zu Lärm, von Bereitschaftsdienst über Schichtarbeit bis zu psychischen Problemen, von akuten Schmerzen bis zur Einnahme von Nervengiften wie Alkohol und Koffein – all das, und vieles mehr, kann eine schlechte Nacht bewirken (zusammenfassend Knab, 1989). Eine Schlafstörung liegt aber erst dann vor, wenn schlechter Schlaf über mehrere Wochen anhält, mindestens einen Monat. Schlafstörungen werden eingeteilt in Hypo- oder Insomnien (zu wenig Schlaf in der Nacht, DIMS = disorders of initiating and maintaining sleep), Hypersomnien (zu viel Schlaf, vor allem auch tagsüber, DOES = disorders of excessive somnolence), Störungen des Schlaf-Wach-Rhythmus (Hauptgründe sind schnelle Zeitzonen-Sprünge, Jet-Lags genannt, und Schichtarbeit, aber auch falsche Gewohnheiten) und Parasomnien (sonstige Auffälligkeiten, die nur während des Schlafes auftreten, z. B. Schlafwandeln, Pavor nocturnus, Enuresis nocturna). Die größte Gruppe sind die Insomnien, die in den Diagnosesystemen ICD 10 (Dilling et al., 1991), DSM-III-R (Wittchen et al., 1989) und dem der American Sleep Disorders Association (ASDA; Thorpy, 1990) nach ihren vermuteten Ätiologien teilweise noch weiter unterteilt werden. Schlafstörungen können Symptome vieler körperlicher Erkrankungen oder Beeinträchtigungen sein (v. a. Schmerzen, Herz-Kreislauf-Probleme usw.) oder von den dagegen eingenommenen Arzneimitteln herrühren. Die Diagnose Schlafstörung wird aber nur gestellt, wenn die Beschwerde über schlechten Schlaf bzw. mangelnde Ausgeruhtheit im Vordergrund steht. Die wichtigsten organisch bedingten Insomnien beruhen auf Apnoen (häufiges plötzliches Aussetzen der Atmung; Rühle,

1987), Myoklonien (Muskelkrämpfe) oder Restless-leg-Syndrom (Zittern der Beine). Die größte Gruppe der Insomnien sind diejenigen, die sonstige psychische Störungen wie Depression oder Angst begleiten (Ware et al., 1991; Reynolds & Kupfer, 1987), sowie diejenigen, die die ICD 10 „nicht-organisch" nennt und das DSM-III-R „primär". Ist im folgenden von „Schlafstörungen" die Rede, so geht es um eine von diesen. Klinisch gilt als schlafgestört, wer subjektiv regelmäßig mindestens dreimal pro Woche sehr schlecht schläft, das heißt, zum Einschlafen mehr als 30 Minuten benötigt (Einschlafstörung) und/oder nachts häufig aufwacht (Durchschlafstörung), dadurch insgesamt nicht mehr als sechs Stunden Schlafzeit erreicht, darunter leidet und außerdem subjektive Tagesbeschwerden wie Müdigkeit und mangelnde Leistungsfähigkeit erlebt.

Zurück zu Frau Maier: In den drei diagnostischen Nächten im Schlaflabor benötigte sie zwischen 20 und 40 Minuten zum Einschlafen; in allen hatte sie kaum Stadium 3 und wachte häufig auf; sie schlief also im Schlaflabor regelmäßig auch physiologisch so unruhig, wie sie es selbst erlebte. Der ehemals klare Auslöser war zwar verschwunden und die Störung hatte sich verselbständigt. Frau Maier erfüllte aber sowohl subjektiv als auch im Labor alle Kriterien für eine Schlafstörung, so daß man von einer primären Schlafstörung ausgehen mußte.

1.3 Schlafstörungen und Schlafgestörte

In den meisten Fällen korrelieren die physiologischen (EEG-) Maße mit den subjektiven Angaben. Es gibt aber systematische Einschätzungsfehler: Nach polygraphischen Kriterien schlafen Patienten schneller ein als sie glauben, und wenn sie nachts aufwachen, liegen sie auch kürzer wach. Sie schlafen also insgesamt mehr als sie vermuten, allerdings häufig sehr fragmentiert und von daher weniger erholsam (Carskadon et al., 1976; Frankel et al., 1976; Engel & Knab, 1985; zusammenfassend Knab, 1987; 1989). Trotzdem zeigen sie auch physiologisch mindestens 30 Minuten Einschlaflatenz, mehr (mehr als drei) und längerdauernde Aufwachepisoden als Gesunde, überhaupt unruhigeren Schlaf (sehr viele Stadienwechsel) und sehr viel weniger Tiefschlaf (oft praktisch keinen). Die Nächte Schlafgestörter sind extrem ungleich und daher unvorhersehbar; ihre erste Nacht im Schlaflabor dagegen fällt ganz im Gegensatz zu der guter Schläfer für ihre eigenen Verhältnisse oft relativ gut aus.

Die ASDA benutzt nach wie vor die umstrittene (in ICD und DSM nicht vorgesehene) Kategorie „Fehlwahrnehmung des Schlafstatus" (früher „subjektive Insomnie") für Personen, die über schlechten Schlaf klagen, aber physiologisch trotzdem normal schlafen (für eine Diskussion des Begriffs siehe Reynolds et al., 1991; Hauri & Olmstead, 1989; Salin-Pascual, 1992; Trinder, 1988). Eine ähnliche Fehlwahrnehmung von Wachen und Schlafen läßt sich aber auch bei den meisten Schlafgestörten feststellen, deren polygraphische Schlafdaten alles andere als normal sind (Knab & Engel, 1988; Salin-Pascual, 1992). – In ihrer mit psychomotorischen Tests gemessenen Leistung – Reaktionszeit, Gedächtnis, Vigilanz etc. – sind Schlafgestörte trotz ihrer Klagen nur diskret beeinträchtigt (Mendelson et al., 1984). Im sozialen Leben und im Tagesablauf erleben sie aber subjektiv mehr Streß, mit dem sie relativ schlecht zurechtkommen (Thoreson et al., 1981; Marchini et al., 1983; Cernovsky, 1984; Williams et al., 1988). Durchgängig beschreiben sie sich als depressiver, ängstlicher und sozial unsicherer als der Durchschnitt der Bevölkerung (Coursey et al., 1980; Engel & Engel-Sittenfeld, 1980; Kales et al., 1983; Knab & Engel, 1986; Levin et al., 1984; Shealy et al., 1980). Die physiologischen Daten sind uneinheitlich: den sehr verspannten „schlechten" Schläfern Monroes (1967) mit der erhöhten Herzrate (studentische Versuchspersonen, keine Patienten) stehen die muskulär nur leicht oder mäßig verspannten echten Schlafgestörten gegenüber (Freedman &

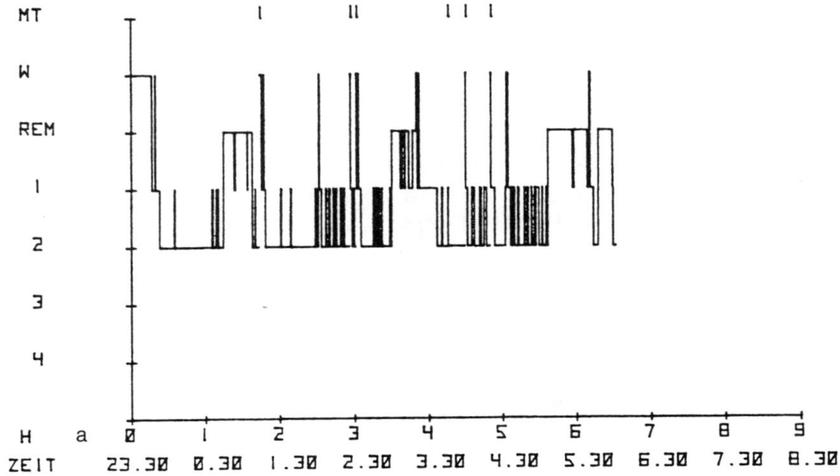

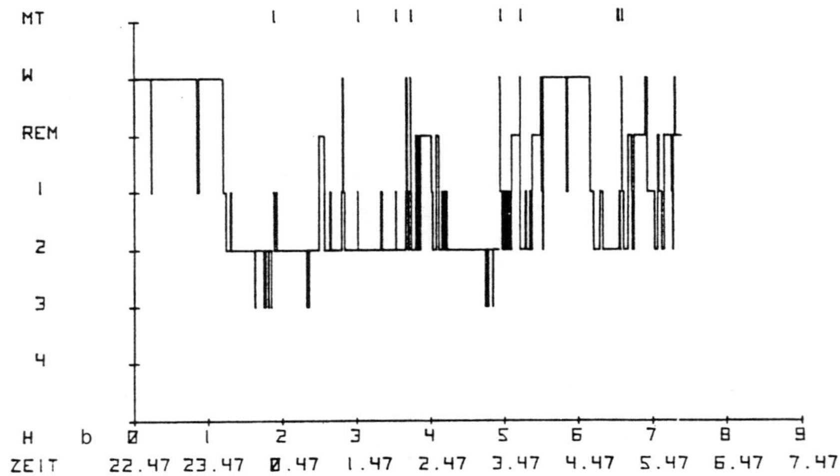

Abb. 5: Beispiele für physiologische Schlafverläufe bei Schlafgestörten. (aus: Knab, 1989; mit freundlicher Genehmigung des Verlages; alle Abkürzungen vgl. Abb. 3 oder 4).
Abb. 5 a: 41jährige Patientin. Mehr als 20 Minuten Einschlaflatenz, zwar drei NREM-REM-Zyklen, kein Tiefschlaf, sehr unruhiger Schlaf mit zahlreichen echten Aufwachepisoden (W) und sehr häufigem Zurückgehen in Stadium 1.
Abb. 5 b: 44jähriger Patient. Mehr als eine Stunde Einschlaflatenz, vier schlecht ausgeprägte NREM-REM-Zyklen, sehr wenig Tiefschlaf; der Schlaf ist unruhig mit einer mehr als 30minütigen Wachperiode nach der dritten REM-Phase.

Sattler, 1982; Knab & Engel, 1986). Hauptklage der Betroffenen im Bereich Anspannung/Entspannung ist jedenfalls psychische Anspannung (Lichstein & Rosenthal, 1980; Coyle & Watts, 1991; Haynes et al., 1981; Nicassio et al., 1985; van Egeren et al., 1983).

2. Indikationsstellung von Entspannungsverfahren bei Schlafstörungen

Schlafinduzierende Medikamente (heutzutage vorwiegend Benzodiazepine) haben bei besonderen Gegebenheiten und kurzfristig ihre unbestrittene Berechtigung. Sie machen aber oft tagsüber müde (d. h., die sedierende Wirkung hält am darauffolgenden Tag noch etwas an: das ist der sogenannte hangover-Effekt), und sie verändern überdies die physiologische Struktur des Schlafes: der Tiefschlafanteil sinkt teilweise dramatisch, und die Schlafspindeln (siehe Abschnitt 1.1) werden häufiger und dauern länger. Langfristig muß man bei Benzodiazepin-Gebrauch außerdem mit psychischer Abhängigkeit rechnen und beim Absetzen damit, daß sich der Schlaf allein durch das Absetzen der zuvor länger eingenommenen Substanz verschlechtert; dieser Effekt wird Rebound-Insomnie genannt. Gerade für chronisch Schlafgestörte sind Benzodiazepine insofern sicher nicht das Mittel der Wahl (genauer Lund & Rüther, 1984; Lader, 1990).

Auch Frau Maier hat einen auf lange Sicht zumindest nutzlosen, überdies von Rebound gefolgten Versuch mit Beruhigungsmitteln hinter sich.

Schlafstörungen sind einerseits ein Leitsymptom von Ängsten und vor allem Depressionen (Reynolds & Kupfer, 1987) mit spezifischen EEG-Veränderungen. Andererseits schließen auch zunächst primäre Schlafstörungen relativ bald zusätzliche Beschwerden im emotionalen Bereich, in der Lebensfreude, bei sozialen Beziehungen und teilweise den mentalen Leistungen ein, die sich häufig im Laufe der Zeit verselbständigen. Schlafgestörte haben insofern viele seelische und verhaltensmedizinische Leidensbereiche, so daß sie als geradezu klassische Zielgruppe für psychotherapeutische Bemühungen gelten können.

Seit den späten 60er-Jahren begann man deshalb, verschiedene psychotherapeutische Einzelmethoden zur Linderung von Schlafstörungen zu prüfen (Überblicke bei Turner, 1987; Schindler & Hohenberger, 1984; Lilie & Rosenberg, 1990; Hauri, 1989; Knab, 1989). – Nun nimmt beim Einschlafen der Muskeltonus langsam ab, so daß körperliche Entspannung sicherlich eine Begleiterscheinung des Einschlafens ist, auch wenn sie es deshalb noch nicht hervorruft. Zusammen mit Lawrence Monroes (1967) Ergebnis, demzufolge „schlechte" Schläfer (siehe Abschnitt 1.3) einen im Mittel höheren Muskeltonus aufwiesen als „gute" Schläfer, diente diese Tatsache als Begründung dafür, Entspannungsmethoden gegen chronische Schlafstörungen zu lehren und deren Wirksamkeit wissenschaftlich zu überprüfen, obwohl Monroes Befund an echten Patienten nur in abgeschwächter Form nachgewiesen werden konnte (Abschnitt 1.3). Dem subjektiven Leiden der Schlafgestörten – dem Grübeln, den störenden Gedanken und der inneren Unruhe – versuchte man außerdem mit Methoden zur geistigen Entspannung zu begegnen.

2.1. Was heißt „wirksam" bei der Therapie einer so komplexen Beschwerde wie Insomnie?

Schlafstörungen zeigen sich auf verschiedenen Ebenen:

1. in der physiologischen Abweichung vom Normalschlaf
2. im Erleben des Einschlafens bzw. des Verlaufs der Nacht (aktuell und in der Erinnerung) und
3. im Tagesbefinden.

Eine Therapie kann sich nun auf eine Ebene konzentrieren oder mehrere bearbeiten. Wirksam ist sie dann, wenn sie auf mindestens einer, möglichst aber auf mehreren Ebenen Änderungen in die gewünschte Richtung hervorruft. So ist etwa eine einmalige medikamentöse Behandlung auf der rein physiologischen Ebene (Ebene 1, EEG) in der Nacht meist wirksam – man schläft schnell ein und liegt nachts praktisch nicht wach – und die meisten Menschen empfinden diese Nächte auch als durchgeschlafen (Ebene 2); wann man diesen Schlaf im eigenen Erleben selbst als „gut" bezeichnen würde (ebenfalls Ebene 2), und ob dadurch auch das Tagesbefinden gebessert wird (Ebene 3), hängt dagegen von vielen zusätzlichen Variablen ab.

Auch die Wirksamkeit von Entspannungsübungen als Behandlungsmethode für

Schlafstörungen wird zunächst daran gemessen, ob sie kürzere Ein- und Wiedereinschlaf-Latenzen und damit eine verlängerte Gesamtschlafdauer bewirken. Da man mit psychologischen Verfahren aber auch ausdrücklich die Nachteile der Medikamente vermeiden will, wird außerdem besonderes Augenmerk auf Änderungen des Tagesbefindens gelegt. Eine vollständige Messung umfaßt physiologische (Schlafpolygraphie-) Daten und solche aus der Selbstbeobachtung, Fragebögen und insbesondere Tagebücher. Darin werden täglich Einschlaflatenz, Schlafdauer, Zeit im Bett, außerdem subjektive Schlafqualität und Ausgeruhtheit, Tagesaktivitäten, Stimmung und subjektive Leistungsfähigkeit tagsüber aufgezeichnet. Bei Arzneimittelprüfungen wird besonderes Gewicht auf die Polygraphie gelegt, die subjektiven Daten beschränken sich oft auf Schlaflatenz und Gesamtschlafdauer; bei Psychotherapie-Studien legt man dagegen naturgemäß mehr Gewicht auf das Erleben der Patienten und erfaßt dieses ausführlicher, es gibt wenig physiologische Kontrollmessungen aus dem Schlaflabor. Schlafforscher streiten noch heute gerne darüber, wann Schlaflabor-Messungen notwendig sind und wann nicht (Edinger et al., 1989; Kales & Kales, 1984; McClusky et al., 1991; Salin-Pascual et al., 1992; Trinder, 1988).

2.2. *Welche Entspannungsmethoden haben sich bei chronischer Insomnie als wirksam erwiesen?*

Theoretisch können Entspannungsmethoden von zwei Richtungen her den Schlaf fördern: Zum einen über den Weg der Muskelentspannung (das war die Richtung, die man ursprünglich bei der Suche nach Behandlungsmöglichkeiten für chronische Schlafstörungen einschlug), zum andern über geistige Entspannung und Gelassenheit. Muskelentspannung wird im wesentlichen durch drei Methoden geübt (Vaitl & Petermann, 1993): Die Progressive Muskelentspannung, die auf Edmund Jacobson zurückgeht (Hamm, 1993), das etwas technischere Biofeedback (Vaitl, 1993 a) und das Autogene Training (Vaitl, 1993b). Das Jacobson-Training will den Entspannungsreflex ausnutzen, der auf die Anspannung folgt: die Person lernt langsam, die wichtigsten Muskelpartien des Körpers der Reihe nach bewußt anzuspannen, dadurch besser wahrzunehmen und anschließend quasi reflexhaft zu entspannen. Das Biofeedback dagegen arbeitet unmittelbar – die Person probiert aus, auf welche Weise sie Klicks verlangsamen oder den Ton leiser bekommen kann: Klickhäufigkeit oder Lautstärke sind dabei verschiedene Umsetzungen der gemessenen Muskelspannung oder EEG-Frequenz in akustische Reize. Bei Schlafstörungen wird in der Regel zur Muskelentspannung die Spannung des Stirnmuskels (musculus frontalis) rückgemeldet und seine willentliche Entspannung geübt (mit dem Ziel einer Generalisierung der Entspannung). Das Autogene Training ist zumindest in der Unterstufe auch eine Trainingsmethode zur körperlichen Entspannung, die aber weniger auf einer spezifischen Technik beruht als auf einem Training der Fähigkeit zur Selbstsuggestion. Die Methoden Jacobson-Entspannung, frontalis-Biofeedback und Autogenes Training haben jede für sich bereits sehr vielen Schlafgestörten geholfen, vor allem Ein-, teilweise aber auch Durchschlafgestörten: Im Gruppenmittel verkürzte sich die subjektiv eingeschätzte Schlaflatenz um zehn bis 40 Minuten; die Häufigkeit von Aufwachepisoden blieb zwar für gewöhnlich annähernd gleich, aber die Patienten schliefen ihrer eigenen Einschätzung auch nach Aufwachen nachts meistens schneller wieder ein (zusammenfassend Knab, 1989). In den wenigen Studien, die auch polygraphische Schlafmessungen unternahmen, konnten immerhin Verkürzungen der Einschlaflatenzen um im Mittel zehn Minuten nachgewiesen werden (etwa Freedman & Papsdorf, 1976; Knab & Engel, 1986). Die gemessene Muskelentspannung steht dabei übrigens nur bedingt im Zusammenhang mit der Besserung der schlafbezogenen Werte (Woolfolk & McNulty, 1983; bei

Knab & Engel, 1986: r_{sp} (Entspannung/Einschlaflatenz) = .64, N = 8).

Es gibt natürlich auch Schlafgestörte, die körperlich gar nicht verspannt sind; diese profitieren nicht von einer Muskelentspannung, wie Hauri (1981) minutiös nachgewiesen hat (und repliziert: Hauri et al., 1982): in solchen Fällen besteht sogar die Gefahr, daß ein Muskel-Entspannungstraining nicht nur keine Hilfe bringt, sondern die Schlafgestörten auch noch enttäuscht und entmutigt, selbst etwas zu unternehmen. Physiologisch können solche Patienten das Ziel ‚größere Entspannung' gar nicht erreichen und deshalb natürlich psychologisch dessen Sinnhaftigkeit bei sich selbst gar nicht nachvollziehen.

Ob die Muskulatur der Patienten aber nun objektiv verspannt ist oder nicht: subjektiv klagen sie schließlich darüber, durch innere Unruhe, durch emotionale und geistige Anspannung am Ein- und Wiedereinschlafen gehindert zu werden (siehe Abschnitt 1.3). Neben direkten kognitiven Interventionen wie z. B. paradoxer Intention (Ascher & Efran, 1978; Espie & Lindsay, 1985) benutzte man deshalb auch häufig Methoden aus dem Bereich der eher mentalen Entspannungsverfahren, um diese innere Unruhe zu lindern (dabei ist zu bedenken, daß für gewöhnlich auch Muskelentspannung innerlich beruhigt, Morin & Azrin, 1987). Einerseits bietet sich die Oberstufe des Autogenen Trainings an, in der man sich von der Selbstsuggestion der rein körperlichen Empfindungen löst und „mentalere" Suggestionen einführt. Da das aber eine gute Vertrautheit mit der Unterstufe des Autogenen Trainings voraussetzt, konnte sein Nutzen naturgemäß nicht an zufälligen Stichproben Schlafgestörter überprüft werden. Hauri (1981; auch Hauri et al., 1982) benutzt eine besondere Form des EEG-Biofeedbacks zur geistigen Entspannung.

Von Imaginationsmethoden (Petermann & Kusch, 1993) dagegen profitieren auch Schlafgestörte, die keine Erfahrungen mit Entspannungstechniken haben (z. B. Morin & Azrin, 1987; Woolfolk & McNulty, 1983). Allerdings werden Imaginationsverfahren oft nicht separat, sondern im Rahmen eines Trainings zur Muskelentspannung gelehrt und geübt; die Patienten visualisieren dabei vornehmlich angenehme und erfreuliche, aber ruhige Situationen. – Die Grenzen zwischen Imaginationen und manchen Meditationsformen sind fließend: Seit Jahrtausenden meditieren Angehörige der asiatischen Religionen und erreichen auf diesem Weg unter anderem innere Ruhe und Konzentration; obwohl sie ursprünglich keineswegs dafür gedacht waren (siehe dazu etwa Compton, 1984), werden manche Varianten östlicher Meditationsformen seit einigen Jahren für die psychotherapeutische Versorgung im Westen übernommen oder adaptiert (West, 1987; Linden, 1993). Vor allem bei denjenigen Schlafgestörten haben sie sich als hilfreich erwiesen, die Probleme mit dem „Abschalten" haben: konzentriert man sich auf etwas Drittes, das mit den eigenen Problemen nichts zu tun hat, so kann das den Kreislauf der meist negativen und selbstbezogenen Gedanken durchbrechen und auf diese Weise auch das Einschlafen erleichtern (zum Beispiel Woolfolk et al., 1976; Schoicket et al., 1988). – Die Wirksamkeit des fremdsuggestiven Verfahrens Hypnose (Kossak, 1993) dagegen wurde im Rahmen der Wirksamkeitsforschungen zur Therapie von Schlafstörungen kaum systematisch und kontrolliert untersucht (Bauer & McCane, 1980; Evans, 1977). Ein posthypnotischer Auftrag zum Abschalten böte sich ja theoretisch durchaus als Methode an. Wenn aber im Rahmen einer allgemeinen Psychotherapie mit Hypnose Schlafstörungen quasi nebenbei zum Thema werden, können sie wohl durchaus erfolgreich mit Hypnose gelindert werden (z. B. Hoppe, 1991).

2.3 Wann wirkt Entspannung bei Schlafstörungen und wie?

In einigen Therapiestudien bei Insomnie-Patienten wurden verschiedene Entspannungsverfahren verglichen (Engel-Sittenfeld et al., 1980; Freedman & Papsdorf, 1976; Knab & Engel, 1986; Nicassio et al., 1982; Woolfolk & McNulty, 1983). Weder in diesen Studien noch dann, wenn man die Ergebnisse verschiedener Studien vergleicht, gibt es aber eine bestimmte Entspannungsmethode, die den anderen grundsätzlich oder auch nur in den meisten Fällen überlegen wäre. Bei schlafgestörten Patienten, die an Studien teilnahmen, verbesserten alle Entspannungsmethoden zumindest verschiedene selbsteingeschätzte Schlafvariablen wie auch das Tagesbefinden: In der Regel erleben die meisten dieser Patienten auch nach Beendigung der Therapie noch für einen längeren Zeitraum ihren Schlaf als gebessert, – ein weiterer Vorteil der Entspannungsmethoden gegenüber einer längeren medikamentösen Intervention, die natürlich nach dem Absetzen keine Wirkung mehr zeitigen kann (Knab & Engel, 1986; McClusky et al., 1991). Analysiert man die Daten aber nicht nach Gruppen, sondern betrachtet sich die Einzelfälle, so gibt es doch einige Schlafgestörte, die von reiner Entspannung nicht profitieren (Hauri, 1981): Tatsächlich hatte mehr als die Hälfte der 110 Patienten mit nichtorganischer Insomnie, die wir im Rahmen einer größeren Therapiestudie untersuchten, nicht nur erfolglose Behandlungsversuche mit Medikamenten hinter sich, sondern genauso erfolglose mit Entspannungsmethoden, im wesentlichen mit Autogenem Training (Knab & Engel, 1986).

Auch hier ist Frau Maier typisch, auch sie hatte bereits einen Kurs im Autogenen Training an der Volkshochschule besucht: Bei den Übungen dort empfand sie aber nicht sogleich Schwere und Wärme und fühlte sich prompt als Versagerin. Gelegentlich versuchte sie sich fast verbissen am Autogenen Training „zum Einschlafen“, um damit ihren Körper und ihr Hirn zum Schlafen zu überlisten. Es gelang ihr nicht. „Ihr“ Autogenes Training machte sie rasend, und sie wälzte sich angespannt und wach wie nie zuvor ab 21 Uhr im Bett. Tagsüber übte sie nicht, sie wollte schließlich schlafen damit. Der Kursleiterin gegenüber schwieg sie sich über ihre „Mißerfolge“ aus, weil sie sich einerseits schämte, andererseits allmählich das Autogene Training überhaupt für sinnlos zu halten begann. Ab dem sechsten Kursabend ging sie nicht mehr zum Kurs.

Ein solches „Versagen“ einer Entspannungsmethode, etwa des Autogenen Trainings, kann man nun nicht von vornherein der Methode als solcher anlasten. Zum einen kann es natürlich bei Personen, die zwar schlafgestört, aber dennoch entspannt sind, nur schwer wirken; aber auch bei tatsächlich verspannten Personen müssen verschiedene Faktoren zusammenkommen, damit das Ergebnis positiv wird: Soll ein Entspannungsverfahren gleich welcher Art überhaupt je schlaffördernd wirken können, muß man es tagsüber kontinuierlich üben, auch, damit es im Zweifelsfall schnell und sicher zur Verfügung zu steht. Patienten, die an Studien teilnehmen, hören das so oft, daß sie es wahrscheinlich auch tun – meist müssen sie ihre Übungszeiten sogar in den dort obligaten Tagebüchern vermerken. Geht jemand aber von sich aus in einen relativ anonymen Volkshochschulkurs, so ist es sicher weniger wahrscheinlich, daß er oder sie tatsächlich täglich übt. Noch weniger wahrscheinlich ist das, wenn jemand ein Entspannungsverfahren von sich aus nach Büchern erlernen will; dann fällt nämlich einerseits die Motivation und die Unterstützung durch Leidensgenossen (die Gruppe) weg, andererseits die professionelle, aber persönliche Anleitung und mögliche Rückmeldungen. Die wissenschaftlich dokumentierten Schlaf- und Befindensverbesserungen nach der Anwendung von Entspannungsverfahren bei chronischen Schlafstörungen stammen alle aus Studien, in denen die Patienten immer zumindest ausführlich über ihren Schlaf befragt wurden, mit den Therapeuten ständig in Kontakt waren – auch über ihre Fortschritte bei der Entspannung sprechen konnten – und sich selbst mit Hilfe von Tagebüchern genau beobachteten. Und wie man weiß, führt ehrliche Selbstbeobachtung (nicht nur) beim Schlaf gelegentlich von alleine schon zu Veränderungen im Erleben (Knab & Engel, 1986). Überdies bekommen Studienteilnehmer in der Regel allgemeine Informationen über das Schlafverhalten, so daß auch dies mitwirkte. Daß ein Entspannungstraining

„pur" ohne jede Information und Rückmeldung nicht ausreicht, dürfte also eher die Regel als die Ausnahme sein. Es gibt jedenfalls Hinweise, daß selbst in Therapiestudien die Ergänzung und Abrundung eines Entspannungstrainings durch weitere Methoden die schlaf- und alltagsbezogenen Verbesserungen steigert (Lacks, 1987). Häufig wird deshalb auch bei chronisch Schlafgestörten wie bei anderen seelisch Leidenden die Entspannung lediglich als Baustein innerhalb eines umfassenderen Behandlungskonzepts empfohlen und benutzt (siehe unten, Kap. 3).

Auf welchem Wege genau ein Entspannungstraining Schlafstörungen lindern kann, ist sicherlich vielschichtig: körperliche und seelische Entspannung als solche sind aber sicherlich nur ein Aspekt. Patienten selbst geben übrigens auch nach Muskelentspannung die psychische Entkrampfung als einen Wirkmechanismus an (Mitchell, 1979; Knab & Engel, 1986). Wer willentlich abschalten kann, gleichmütiger ist und die Dinge nicht so schwer nimmt, fühlt sich überdies auch tagsüber wohler. In unserer eigenen Untersuchung gaben im Vergleich zu medikamentös Behandelten signifikant mehr psychotherapeutisch Behandelte (Biofeedback vs. ein Aktivitätentraining nach Lewinsohn, 1974) an, ihre allgemeine Lebensfreude sei gestiegen und das habe auch den Schlaf verbessert. Innere Ruhe und mehr Lebensfreude sind es auch, was viele Autoren – vor allem etwas „populärere" – als das unmittelbare Ziel des Autogenen Trainings oder der Meditation beschreiben. Andererseits greift gerade bei Entspannung das Bandurasche Konzept der Eigenkompetenz oder „Selbstwirksamkeit" (self-efficacy; Bandura, 1977): man hat etwas gelernt, was man kompetent und eigenverantwortlich zur Linderung der Beschwerden einsetzen kann (Knab & Engel, 1986). Überdies liefern Entspannungsmethoden den Patienten auch ein Erklärungsmodell für ihre Schlafstörungen: solche Modelle sind ein wichtiger allgemeiner Wirkfaktor bei Psychotherapie (Frank, 1981; Cohen, 1984).

3. Entspannungsverfahren als Bausteine einer komplexeren Behandlung

Unter Psychotherapie wird im folgenden ein im weitesten Sinne verhaltenstherapeutisches Vorgehen verstanden, also ein nachvollziehbar-transparentes Procedere mit ausdrücklichem Lern- und Übungscharakter. Entspannungsverfahren sind regelmäßig Bestandteil von Verhaltenstherapien, aber – anders als in Wirksamkeitsstudien – werden sie in der therapeutischen Realität nicht als alleiniges Verfahren verwendet.

3.1 Verhaltenstherapie und Schlafstörungen

Nur ein kleiner Teil der Personen, die unter gelegentlichen oder chronischen Schlafstörungen leiden, nimmt diese von sich aus zum Anlaß, psychotherapeutische Hilfe in Anspruch zu nehmen. Für gewöhnlich werden zunächst alle Hausmittel durchprobiert, vom Schäfchenzählen und Spazierengehen über Baldrian und heiße Milch bis zum Alkohol. Manche besuchen einen Kurs im Autogenen Training an den Volkshochschulen; viele aber gehen relativ bald zu Hausärztin oder -arzt und lassen sich Beruhigungsmittel verschreiben – viele Hausärzte können ein Lied davon singen, daß diese Gruppe trotz gegenteiliger Bekenntnisse das und nur das will. Eine intensive Gesundheitsberatung bei Schlafstörungen wird jedenfalls nicht einfach durch die vielgeschmähte „Verschreibungswut" der Ärzteschaft verhindert, sondern durchaus auch dadurch, daß viele Patienten ihr Schlafproblem als rein technisch-mechanisches verstehen, das nicht das Geringste mit ihnen als psychisch-physischem Gesamtwesen, mit ihrem Erleben und ihrem Leben, zu tun hat.

Von sich aus suchen primär Schlafgestörte psychotherapeutische Hilfe entweder nebenbei, wenn sie wegen anderer gravierender seelischer Probleme in Therapie gehen – dann kommen (wenn es gut geht) auch die Schlafstörungen zu einer Lösung –, oder dann, wenn die Beschwerden so chronisch geworden sind, daß sie sich unübersehbar negativ auf den Alltag auswirken. In aller Regel ist die Insomnie zu diesem Zeitpunkt schwer und besteht bereits seit langer Zeit, meist seit vielen Jahren. So leiden etwa Patienten, die an Studien teilnehmen, in der Regel seit mehr als zehn Jahren (bei unseren eigenen waren es im Mittel 13,5). Nach einer so langen Zeit sind in aller Regel schlechte Schlafgewohnheiten und die Erwartung, schlecht zu schlafen, so intensiv gelernt, daß sie sich teilweise verselbständigt haben; dieser gelernte Anteil an der gesamten Symptomatik darf nicht unterschätzt werden. Ein gelernter Anteil kann sogar bei eigentlich sekundären Schlafstörungen vorkommen, etwa bei solchen, die durch andere Krankheiten bedingt sind.

3.2 Indikation für eine Verhaltenstherapie bei Schlafstörungen

Da es viele medizinische Ursachen einschließlich psychiatrischer für eine Schlafstörung gibt (genauer: siehe Knab, 1989), müssen diese vor Aufnahme einer Psychotherapie unbedingt abgeklärt und gegebenenfalls behandelt werden. Sowohl Betroffene als auch Angehörige sollte man genauestens nach dem Vorliegen rein schlafbezogener Störungen wie Apnoen im Schlaf, Myoklonien oder einem restless-leg-Syndrom befragen (vor allem fettleibige männliche Patienten neigen zu Schnarchen und zu Apnoen; genauer: Knab, 1989); besteht der geringste Anhaltspunkt für das Vorliegen einer solchen Störung (siehe oben, Abschnitt 1.2), so sollte der Schlaf polygraphisch untersucht werden; dabei muß auch die vermutete Störung miterfaßt werden, bei vermuteter Apnoe etwa die Atmungsaktivität. Diese Patienten wachen nämlich immer dann auf, wenn die Atmung ausgesetzt hat, und beginnen beim Aufwachen wieder zu atmen. Dieses häufige Aufwachen führt zwar zu mangelndem Ausgeruhtsein (siehe Abschnitt 1.1), muß aber andererseits als lebensrettend bezeichnet werden, weshalb in solchen Fällen Beruhigungsmittel kontraindiziert sind). Insofern sind gerade Apnoen medizinisch und psychologisch extrem diffizil. Bei den meisten ‚nicht-organischen' bzw. primären Schlafstörungen (siehe Abschnitt 1.2) dagegen ist eine Verhaltenstherapie sinnvoll, vor allem dann, wenn die Person ein einzelnes Entspannungsverfahren isoliert und womöglich in Eigenregie bereits erfolglos ausprobiert hatte.

3.3 Entspannungsverfahren als Bestandteil einer verhaltenstherapeutischen Behandlung von Schlafstörungen

„Der Verhaltenstherapeut versteht sich... als eine Art Problemlösetrainer, im Grunde als Problemlösetrainer zweiter Stufe: er vermittelt nicht nur Techniken zur Bewältigung eines speziellen Problems, sondern die Fähigkeit, für Probleme unterschiedlichen Typs jeweils Lösungsstrategien zu entwickeln" (Kraiker, 1991, S. 29). Schlafgestörte leiden auf den genannten drei Ebenen:

1. Physiologie nachts,
2. Erleben der Schlafqualität und
3. Befinden bzw. Leistungsfähigkeit tagsüber.

In einer Verhaltensanalyse (Miltner, 1986) wird nun jede einzelne Ebene dahingehend untersucht, welche Symptome auftreten und welche positiven und negativen Folgen sie haben. Daraus wird ein Modell erstellt, das zu beschreiben versucht, wie sie aufrechterhalten werden. Danach kann man die im speziellen Fall anstehenden Themen nach den üblichen Regeln der Verhaltenstherapie angehen, wobei man in der Therapieplanung die gelegentlich positiven Konsequenzen gestörten Schlafs für die Patienten einkalkulieren muß: wer nämlich darauf verweisen kann, schlecht geschlafen zu haben, kann sich in aller Regel der Rücksichtnahme durch andere sicher sein; schläft so jemand besser, fällt etwas weg, was bis dahin positive Begleiterscheinung der Störung gewesen war – nehmen die anderen ohne Vorwarnung weniger Rücksicht, so kann das Rückfälle provozieren.

Es gibt einige formulierte psychologische Behandlungen für Schlafstörungen (neuere Zusammenfassungen: Lacks, 1987; Knab, 1989; Hauri, 1989; Hauri & Linde, 1990). Sie enthalten einerseits Vorschläge für Selbsthilfemaßnahmen und Schlafhygiene – die alleine zumindest bei schweren Schlafstörungen aber noch weniger ausreichen als ein reines Entspannungstraining (Schoicket et al., 1988) –, andererseits verschiedene Behandlungsstrategien bzw. Trainingsmethoden, die sich schon einzeln als gut wirksam erwiesen haben. Grundsätzlich sollten die Betroffenen zunächst genau über Schlafen und Wachen aufgeklärt werden, außerdem über Verhaltensweisen, die dem Schlaf förderlich sind. Zu letzteren gehören täglich gleiche, aber eher knapp bemessene Zeit im Bett, richtige Ernährung, Kontrolle von Nervengiften aller Art wie Alkohol, Nikotin, Koffein und Benzodiazepinen bzw. der Verzicht darauf, körperliche Bewegung und Entspannung, sinnvoller und befriedigender Tagesablauf, gekonnter Umgang mit Streß und geistig-seelische Gelassenheit. Unter bestimmten Umständen kann auch der Reiz-Kontroll-Ansatz von Richard Bootzin (1972; genaue Beschreibung Lacks, 1987) erfolgversprechend sein: dabei soll das Bett ausschließlich mit Schlafen gekoppelt werden; Patienten dürfen nicht im Bett lesen, fernsehen, rauchen oder sonst einer Aktivität nachgehen, die mit Schlafen inkompatibel ist (Ausnahme: Sexualität, die läßt sich auch bei strenger Reiz-Kontrolle nicht sinnvoll auslagern). Schon die schiere Beschränkung der im Bett verbrachten Zeit kann längere echte Schlafzeiten verursachen (Friedman et al., 1991).

Frau Maier beispielsweise verbringt viel mehr Zeit im Bett, als ein gesunder Mensch schlafen kann, weil sie ja „so lange zum Einschlafen braucht". Nach einer Aufklärung über die wirklich notwendige Schlafdauer ist ihre erste Aufgabe dementsprechend, länger aufzubleiben und später ins Bett zu gehen. Wie häufig bei chronisch Schlafgestörten fördert das ein erhebliches Begleitproblem zutage: sie hat verlernt, sich außerhalb ihrer Berufstätigkeit sinnvoll und angenehm zu beschäftigen. Es muß deshalb langsam wieder ein Freizeit-Verhaltensrepertoire aufgebaut werden, das die Patientin nicht als Forderung, sondern als Rückgewinnung von Lebensqualität (vgl. Vaitl, 1991) empfindet.

Von Beginn an waren Entspannungsübungen zentraler Bestandteil verhaltenstherapeutischer Interventionen, und deren beliebteste Methode dabei ist die Jacobson-Entspannung. In einem individuellen Therapiepaket haben Entspannungsübungen vor allem an vier Stellen ihren Platz: sie können

- zielgerichtet körperliches und psychisches Lockerlassen und damit leichteres Einschlafen fördern (Ebenen 1 und 2),
- die Patienten unterstützen, Abstand von den Nervengiften zu nehmen (Ebenen 1 und 3),
- allgemeine innere Ruhe und größere Gelassenheit tagsüber fördern (Ebene 3) und
- den aktuellen Umgang mit einzelnen Streßereignissen und äußeren Anforderungen tagsüber erleichtern (Ebene 3; Meichenbaum, 1991).

Wer Streß souverän begegnet und seelischen und körperlichen Anforderungen nicht aus dem Weg geht, ist abends zufriedener, weniger aufgedreht und sogar körperlich müder. Auf diese Weise werden Entspannungsübungen eingebunden in ein logisches, für die Patienten nachvollziehbares Konzept; sie werden nicht – wie in Psychotherapiestudien notwendig zumindest implizit – als alleiniges Heilmittel dargestellt.

Da die Psychotherapieforschung für Schlafstörungen keine Einzeltechnik als die in allen Fällen optimale und sichere nachweisen konnte, kann sie für eine gezielte *Auswahl* einer speziellen Entspannungsmethode keine unmittelbare Hilfestellung bieten. Es ist von daher durchaus vertretbar, diejenige zu lehren, die man selbst am besten beherrscht und somit am überzeugendsten vermitteln kann. Unter allen Umständen aber müssen Vorerfahrungen und individuelle Zugangsmöglichkeiten der Patienten berücksichtigt werden.

Frau Maier beispielsweise ist körperlich durchaus verspannt, hat aber „schlechte Erfahrungen" mit dem Autogenen Training und von daher eine grundlegende Abneigung dagegen entwickelt. Die klare Entstehungsgeschichte dieser Abneigung wäre ihr zwar leicht zu erläutern, aber das änderte weder die Abneigung noch ihre Motivaton. Sinnvoller als ein diesmal „richtiges" Autogenes Training war es deshalb, eine für die Patientin neue Entspannungsmethode zu wählen. Ein Biofeedback-Training gekoppelt mit imaginativen Elementen zur inneren Ruhe und einem täglichen Übungsschema im Stil der Jacobson-Entspannung verhalf ihr in relativ kurzer Zeit zu einer (auch physiologisch nachweisbaren) besseren Entspannungsfähigkeit. Sie schlief außerdem — bei kürzerer Zeit im Bett, siehe oben — schneller ein und fühlte sich tagsüber weniger belastet, obwohl sie nach wie vor dasselbe leistete.

Ergibt sich in der Verhaltensanalyse, daß Grübeln und innere Unruhe nachts mit wirklichen größeren Lebensproblemen in Zusammenhang stehen, so müssen diese natürlich so weit wie möglich gelöst werden: Entspannung kann kein Ersatz für Problemlösung sein. Sie kann aber umgekehrt die Problemlösung erleichtern, indem sie Angst mindert und so die Probleme auf ihre wirkliche Größe zurückschneidet. Erlebt der oder die Schlafgestörte selbst die innere Unruhe aber als grundlos, so kann man neben den als auch als wirksam belegten direkten Methoden Gedankenstop oder paradoxe Intention (Abschnitt 2.3) auf jede mentale Entspannungsmethode zurückgreifen.

In einer psychologischen Behandlung schwerer, langanhaltender Schlafstörungen sollte man jede Entspannungsmethode innerhalb eines für die Schlafgestörten schlüssigen, durchsichtigen Procederes lehren und üben, sowie in einem nachvollziehbaren Arbeitsmodell, das den Patienten auch Entstehung und Aufrechterhaltung ihres spezifischen Leidens bis zu einem gewissen Grade zu erklären vermag. Das setzt auch ein profundes Wissen des Therapeuten über den Schlaf und seine Störungen voraus.

4. Zusammenfassung

Praktisch alle bekannten Methoden, die die physische oder psychische Entspannung fördern, sind als Behandlungsmethode für chronische Schlafstörungen wissenschaftlich untersucht worden. Obwohl jede Methode bei vielen Patienten den Schlaf verbessert, wirkt nicht jede bei allen Patienten. Nach allem, was wir bisher über den Schlaf wissen und darüber, was ihn auf den verschiedenen Ebenen fördert oder behindert, ist das auch unwahrscheinlich. Wer aber im Rahmen einer Verhaltenstherapie die individuell relevanten Aspekte der Schlafstörung bei einer bestimmten Person anzugehen versucht, wird Entspannungsverfahren wohl meistens erfolgversprechend einsetzen können. Das heißt aber nicht, daß aus wirklich schlechten Schläfern wirklich gute werden, ein labiles Schlaf-Wach-System wird meistens bleiben. Aber es ist sinnvoll und möglich, schlafgestörten Patienten dabei zu helfen, daß ein störbarer Schlaf kein ständig gestörter Schlaf bleibt oder wieder wird. Die verschiedenen Methoden zur körperlichen und mentalen Entspannung sind dabei ein unerläßliches Hilfsmittel.

Literatur

Adam, K., Tomeny, M. & Oswald, I. (1986). Physiological and psychological differences between good and poor sleepers. Journal of Psychiatric Research, 20, 301–316.

Ascher, L. & Efran, J. (1978). Use of paradoxical intention in a behavioral program for sleep onset insomnia. Journal of Consulting and Clinical Psychology, 46, 547–550

Aserinsky, E. & Kleitman, N. (1953). Regularly occurring periods of eye motility and concomitant phenomena during sleep. Science, 118, 273–274.

Bandura, A. (1977). Self-efficacy. Toward a unifying theory of behavioral change. Psychological Review, 84, 191–215.

Bauer, K. E. & McCanne,T. R. (1980). A hypnotic technique for treating insomnia. The International Journal of Clinical and Experimental Hypnosis, 28, 1–5.

Berger, H. (1929). Über das Elektroencephalogramm des Menschen. Archiv für Psychiatrie und Nervenkrankheiten, 87, 528–570.

Bonnet, M. H. (1986). Performance and sleepiness as a function of frequency and placement of sleep disruption. Psychophysiology, 23, 263–271.

Bootzin, R. R. (1972). Stimulus control treatment for insomnia. Proceedings of the American Psychological Association, 30th Annual Convention.

Carskadon, M. A., Dement, W. C., Mitler, M. M., Guilleminault, C., Zarcone, V. P. & Spiegel, R. (1976). Self-report versus sleep laboratory findings in 122 drug-free subjects with complaints of chronic insomnia. American Journal of Psychiatry, 133, 1382–1388.

Cernovsky, Z. Z. (1984). Life stress measures and reported frequency of sleep disorders. Perceptual and Motor Skills, 58, 39–49.

Cohen, R. (1984). Verhaltenstherapie zu Beginn der Achtziger Jahre. Psychologische Rundschau, 35, 1–9.

Compton, W. C. (1984). Meditation and self-actualization. A cautionary note on the Sallis article. Psychologia, 27, 125–127.

Coursey, R. D., Frankel, B. L., Gaarder, K. R. & Mott, D. E. (1980). A comparison of relaxation techniques with electrosleep therapy for chronic sleep-onset insomnia. A sleep EEG-study. Biofeedback and Self-Regulation, 5, 57–73.

Coyle, K. & Watts, F. N. (1991). The factorial structure of sleep dissatisfaction. Behaviour Research and Therapy, 29, 13–20.

Dement, W. C. & Kleitman, N. (1957). The relations of eye movements during sleep to dream activity. An objective method for the study of dreaming. Journal of Experimental Psychology, 52, 339–346.

Dilling, H., Mombour, W. & Schmidt, M. H. (Hrsg.) – Weltgesundheitsorganisation (1991). Internationale Klassifikation psychischer Störungen. ICD – 10 Kapitel V(F). Bern: Huber.

Edinger, J. D., Hoelscher, T. J., Webb, M. D. et al. (1989). Polysomnographic Assessment of DIMS. Empirical evaluaton of diagnostic value. Sleep, 12, 315–322.

Engel R. R. & Knab, B. (1985). Theoretische Vorstellungen zur Genese von Schlafstörungen. In D. Vaitl, T. W. Knapp & N. Birbaumer (Hrsg.), Psychophysiologische Merkmale klinischer Symptome. Bd. I. (128–142). Weinheim: Beltz.

Engel, R. R. & Engel-Sittenfeld, P. (1980). Schlafverhalten, Persönlichkeit und Schlafmittelgebrauch von Patienten mit chronischen Schlafstörungen. Nervenarzt, 51, 22–29.

Engel-Sittenfeld, P., Engel, R. R., Huber, H. P. & Zangl, K. (1980). Wirkmechanismen psychologischer Therapieverfahren bei der Behandlung chronischer Einschlafstörungen. Zeitschrift für Klinische Psychologie, 9, 1–19.

Espie, C. A. & Lindsay, W. R. (1985). Paradoxical intention in the treatment of chronic insomnia. Behaviour Research and Therapy, 23, 703–709.

Evans, F. J. (1977). Hypnosis and sleep. The control of altered states of awareness. Annals of the New York Academy of Sciences, 296, 162–174.

Frank, J. D. (1981). Die Heiler. Wirkungsweisen psychotherapeutischer Beeinflussung. Vom Schamanentum bis zu den modernen Therapien. Stuttgart: Klett-Cotta.

Frankel, B. L., Coursey, R. D., Buchbinder, R. & Snyder, F. (1976). Recorded and reported sleep in chronic primary insomnia. Archives of General Psychiatry, 33, 615–623.

Freedman, R. & Papsdorf, J. D. (1976). Biofeedback and progressive relaxation treatment of insomnia: A controlled, all-night investigation. Biofeedback and Self-Regulation, 1, 253–271.

Freedman, R. R. & Sattler, H. L. (1982). Physiological and psychological factors in sleep-onset insomnia. Journal of Abnormal Psychology, 91, 380–389.

Friedman, L., Bliwise, D. L., Yesavage, J. A. & Salom, S. R. (1991). A preliminary study comparing sleep restriction and relaxation treatments for insomnia in older adults. Journal of Gerontology, Psychological Sciences, 46, P1 – P8.

Hamm, A. (1993). Progressive Muskelentspannung. In D. Vaitl & F. Petermann (Hrsg.), Handbuch der Entspannungsverfahren. Band 1: Grundlagen und Methoden. Weinheim: Psychologie Verlags Union.

Hauri, P. (1981). Treating psychophysiologic insomnia with biofeedback. Archives of General Psychiatry, 38, 752–758.

Hauri, P. (1989). The cognitive-behavioral treatment of insomnia. In A. J. Stunkard & A. Baum (Eds.), Perspectives in Behavioral Medicine: Eating, Sleeping and Sex. (181–194). Hillsdale, NJ: Erlbaum.

Hauri, P., Hellekson, C., Hartmann, E. & Russ, D. (1982). The treatment of psychophysiological insomnia with biofeedback. A replication study. Biofeedback and Self-Regulation, 7, 223–235.

Hauri, P. & Linde, S. (1990). No More Sleepless Nights. New York: Wiley.

Hauri, P. & Olmstead, E. (1989). Reverse first night effect in insomnia. Sleep, 12, 97–105.

Haynes, S. N., Adams, A., Franzen, M. (1981). The effect of presleep stress on sleep-onset insomnia. Journal of Abnormal Psychology, 90, 601–606.

Hoppe, F. (1991). Chronische Schmerzen. In B. Peter, C. Kraiker & D. Revenstorf (Hrsg), Hypnose und Verhaltenstherapie (106–114). Bern: Huber.

Kales, A., Caldwell, A. B., Soldatos, C. R., Bixler, E. O. & J. D. Kales (1983). Biopsychobehavioral correlates of insomnia II: Pattern specificity and consistency with the MMPI. Psychosomatic Medicine, 45, 341–356.

Kales, A., Kales, J. D. (1984). Evaluation and Treatment of Insomnia. New York: Oxford University Press.

Knab, B. (1989). Schlafstörungen. Stuttgart: Kohlhammer.

Knab, B. & Engel, R. R. (1988). Perception of waking and sleeping: Implications for the evalutation of insomnia. Sleep, 11, 265–272.

Knab, B. & Engel, R. R. (1986). Strukturelle Wirkungsdifferenzen pharmakologischer und verhaltenstherapeutischer Verfahren bei der behandlung chronischer Schlafstörungen: Eine empirische Untersuchung. Bericht an die Deutsche Forschungsgemeinschaft.

Kossak, H. CH. (1993). Hypnose. In D. Vaitl & F. Petermann (Hrsg.), Handbuch der Entspannungsverfahren. Band 1: Grundlagen und Methoden. Weinheim: Psychologie Verlags Union.

Kraiker, C. (1991). Was ist Verhaltenstherapie? In B. Peter, C. Kraiker, D. Revenstorf (Hrsg.), Hypnose und Verhaltenstherapie. (29–39), Bern: Huber.

Lacks, P. (1987). Behavioral treatment for persistent insomnia. New York: Pergamon Press.

Lader, M. H. (1990). Therapeutic focus: Management of insomnia. British Journal of Clinical Practice, 44, 125–130.

Lewinsohn, P. M. (1984). Clinical and theoretical aspects of depression. In K. S. Calhourn, H. E. Adams & K. M. Mitchell (Eds.), Innovative Treatment Methods in Psychopathology (63–120). New York: Academic Press.

Lichstein, K. L. & Rosenthal, T. L. (1980). Insomniacs' perceptions of cognitive vs. somatic determinants of sleep disturbance. Journal of Abnormal Psychology, 89, 105–107.

Lilie, J. K. & Rosenberg, R. P. (1990). Behavioral treatment of insomnia. Progress in Behavior Modification, Vol. 25 (152–177). New York: Academic Press.

Linden, W. (1993). Meditation. In D. Vaitl & F. Petermann (Hrsg.), Handbuch der Entspannungsverfahren. Band 1: Grundlagen und Methoden. Weinheim: Psychologie Verlags Union.

Loomis, A. L., Harvey, E. W. & Hobart, G. A. (1937). Cerebral states during sleep as studied by human brain potentials. Journal of Experimental Psychology, 21, 127–144.

Lugaresi, E., Zucconi, M. & Bixler, E. D. (1987). Epidemiology of sleep disorders. Psychiatric Annals, 17, 446–453.

Lund, R. & Rüther, E. (1984). Medikamentöse Behandlung von Schlafstörungen. Internist, 25, 523–546.

Marchini, E. J., Coates, T. J., Magistad, J. D. & Waldum, S. J. (1983). What do insomniacs do, think and feel during the day ? A preliminary study. Sleep, 6, 147–155.

McClusky, H. Y., Milby, J. B., Switzer, P. K., Williams, V. & Wooten, V. (1991). Efficacy of behavioral versus triazolam treatment in persistent sleep-onset insomnia. American Journal of Psychiatry, 148, 121–126.

Meichenbaum, D. (1991). Intervention bei Streß. Anwendung und Wirkung des Streßimpfungstrainings. Bern: Huber.

Mendelson, W. B., Gernett, D. & Linnoila, M. (1984). Do insomniacs have impaired daytime functioning? Biological Psychiatry, 19, 1261–1264.

Miltner, W. (1986). Verhaltensanalyse in der Verhaltensmedizin. In W. Miltner, N. Birbaumer & W. D. Gerber Verhaltensmedizin. Berlin, Heidelberg: Springer.

Mitchell, K. R. (1979). Behavioral treatment of presleep tension and intrusive cognitions in patients with severe predormital insomnia. Journal of Behavioral Medicine, 2, 57–69.

Monroe, L. J. (1967). Psychological and physiological differences between good and poor sleepers. Journal of Abnormal Psychology, 72, 255–264.

Morin, C. M. & Azrin, N. H. (1987). Stimulus control and imagery training in treating sleep-maintenance insomnia. Journal of Consulting and Clinical Psychology, 55, 260–262.

Nicassio, P. M., Boylan, M. B. & McCabe, T. G. (1982). Progressive relaxation, EMG biofeedback and biofeedback placebo in the treatment of sleep-onset insomnia. British Journal of Medical Psychology, 55, 159–166.

Nicassio, P. M., Mendlowitz, D. R., Fusssell, I. J. & Petras, L. (1985). The phenomenology of the pre-sleep arousal scale. Behaviour Research and Therapy, 23, 263–271.

Petermann, F. & Kusch, M. (1993). Imaginative Verfahren. In D. Vaitl & F. Petermann (Hrsg.), Handbuch der Entspannungsverfahren. Band 1: Grundlagen und Methoden. Weinheim: Psychologie Verlags Union.

Piel, E. (1985). Schlafschwierigkeiten und soziale Persönlichkeit. In V. Faust (Hrsg.), Schlafstörungen. Häufigkeit – Ursachen – Schlafmittel – nichtmedikamentöse Schlafhilfen. Stuttgart: Hippokrates.

Quera-Salva, M. A., Orluc, A., Goldenberg, F. & Guilleminault, C. (1991). Insomnia and the use of hypnotics: Study of a French population. Sleep, 14, 386–391.

Rechtschaffen, A. & Kales, A. (Eds.) (1968). A manual of standardized terminology, techniques and scoring system for sleep stages of human subjects. Washington D. C.: Public Health Service, US Government Printing Office.

Reynolds, C. F. & Kupfer, D. J. (1987). State of the art review. Sleep Research in affective illness: State of the art circa 1987. Sleep, 10, 199–215.

Reynolds, C. F. III, Kupfer, D. J., Buysse, D. J., Coble, P. A. & Yeager, A. (1991). Subtyping DSM-III-R Primary Insomnia: A literature review by the DSM-IV work group of sleep disorders. American Journal of Psychiatry, 148, 432–438.

Roehrs, T., Timms, V., Zwyghuizen-Doorenbos, A., Buzenski, R. & Roth, T. (1990). Polysomnographic, performance, and personality differences of sleepy and alert normals. Sleep, 13, 395–402.

Rühle, K. H. (1987). Schlaf und gefährdete Atmung. Asthma – Schlafapnoe – chronisch obstruktive Bronchitits. Stuttgart: Thieme.

Salin-Pascual, R. J., Roehrs, T. A., Merlotti, L. A., Zorick, F. & Roth, T. (1992). Long-term study of the sleep of insomnia patients with sleep state misperception and other insomnia patients. American Journal of Psychiatry, 149, 904–908.

Schindler, L. & Hohenberger, E. (1985). Verhaltenstherapie als Alternative zur medikamentösen Behandlung von Schlafstörungen. In V. Faust, (Hrsg.), Schlafstörungen. Häufigkeit – Ursachen – Schlafmittel – nichtmedikamentöse Schlafhilfen. Stuttgart: Hippokrates.

Schoicket, S. L., Bertelson, A. D. & Lacks, P. (1988). Is sleep hygiene a sufficient treatment for sleep maintenance insomnia ? Behavior Therapy, 19, 183–190.

Schulz, H. (1988). Schlafforschung. In K. P. Kisker, H. Lauter, J.-E. Meyer, C. Müller & E. Strömgren (Hrsg.), Psychiatrie der Gegenwart, Band 6. Organische Psychosen. Berlin, Heidelberg: Springer.

Shealy, R. C., Lowe, J. D. & Ritzler, B. A. (1980). Sleep onset insomnia: Personality characteristics and treatment outcome. Journal of Consulting and Clinical Psychology, 48, 659–661.

Strauch, I. (1985). Grundlagen und Differentialdiagnose primärer Schlafstörungen. Schweizerische Rundschau Medizin (Praxis), 74, 1296–1300.

Thorpy, M. J. (Ed.) (1990). The international classification of sleep disorders: diagnostic and coding manual. Rochester, MN: American Sleep Disorders Association.

Trinder, J. (1988). Subjective insomnia without objective findings. A pseudo-diagnostic classification? Psychological Bulletin, 103, 87–93.

Turner, R. M. (1986). Behavioral self-control procedures for disorders of initiating and maintaining sleep (DIMS). Clinical Psychology Review, 6, 27–38.

Vaitl, D. (1991). Lebensqualität: Ein neues Forschungsfeld in der Inneren Medizin und Verhaltensmedizin. Praxis der Klinischen Verhaltensmedizin und Rehabilitation, 4, 245–249.

Vaitl, D. (1993a). Biofeedback. In D. Vaitl & F. Petermann (Hrsg.), Handbuch der Entspannungsverfahren. Band 1: Grundlagen und Methoden. Weinheim: Psychologie Verlags Union.

Vaitl, D. (1993b). Autogenes Training. In D. Vaitl & F. Petermann (Hrsg.), Handbuch der Entspannungsverfahren. Band 1: Grundlagen und Methoden. Weinheim: Psychologie Verlags Union.

Vaitl, D. & Petermann F. (Hrg.) (1993). Handbuch der Entspannungsverfahren. Band 1: Grundlagen und Methoden. Weinheim: Psychologie Verlags Union

VanEgeren, L., Haynes, S. N., Franzen, M. & Hamilton, J. (1983). Presleep cognititons and attributions in sleep-onset-insomnia. Journal of Behavioral Medicine, 6, 217–232.

Ware, J. C. & Morewitz, J. (1991). Diagnosis and treatment of insomnia and depression. Journal of Clinical Psychiatry, 52 Suppl., 55–61.

West, M. A. (Ed.) (1987). The Psychology of Meditation. Oxford: Oxford Science Publications.

Weyerer, S. & Dilling, H. (1991). Prevalence and Treatment of Insomnia in the Community: Results from the upper Bavarian field study. Sleep, 14, 392–398.

Williams, R. L., Karacan, I. & Moore, C. A. (1988). Sleep Disorders. Diagnosis and Treatment. Second Edition. New York: Wiley.

Wittchen, W. U., Saß, H., Zaudig, M. & Koehler, K. (1991). Diagnostisches und Statistisches Manual Psychischer Störungen, DSM-III-R. Übersetzt nach der Revision der 3. Auflage des Diagnostic and statistical manual of mental disorders der American Psychiatric Assiciation. Weinheim: Beltz.

Woolfolk, R. L., Carr-Kaffashan, L., McNulty, T. F. & Lehrer, P. M. (1976). Meditation training as a treatment for insomnia. Behavior Therapy, 7, 359–365.

Woolfolk, R. L. & McNulty, T. F. (1983). Relaxation treatment for insomnia: a component analysis. Journal of Consulting and Clinical Psychology, 51, 495–504.

Schmerzzustände

Wolf-Dieter Gerber

1. Einführung

Herr G., 47 Jahre, von Beruf Kfz-Schlosser, wurde von der Abteilung Anästhesiologie wegen andauernder, sehr starker Schmerzen im Brust- und Bauchbereich in unsere verhaltenstherapeutische Ambulanz überwiesen. Der sehr leidende Patient beschrieb die Schmerzen als stechend und dumpf. Manchmal habe er sogar das Gefühl, daß ihm ein Messer in den Bauch gestoßen würde. Die Intensität der Schmerzen empfindet er wechselnd, oftmals im Verlaufe des Tages zunehmend stärker. Die Schmerzen strahlen über den Brustbereich in die Herzgegend und auch in den linken Arm aus. Oftmals habe er auch schon an einen Herzinfarkt gedacht. Alle bisherigen medikamentösen Behandlungsmethoden hatten bislang versagt.

Die verhaltensanalytische Exploration erbrachte einen Panikanfall, der vor ca. 25 Jahren durch Engegefühle in einem Panzer während der Bundeswehrzeit ausgelöst wurde. Seit dieser Zeit habe er enge Räume und Fahrstühle gemieden. Er habe oft unter innerer Unruhe und Schwitzen gelitten. Vor ca. 15 Jahren hatte Herr G. ein therapieresistentes Ekzem in der Mundhöhle, zu dessen Erklärung die behandelten Ärzte u. a. eine maligne Erkrankung in Erwägung zogen.

Vor 14 Jahren zog der Patient nach einem Streit mit seinem Bruder aus dem Elternhaus aus, in dem er bis dahin gewohnt hatte. Der Streit mit seinem Bruder war der erste heftige Streit, der in der Familie von Herrn G. bis dahin vorgekommen war. 2 Jahre später heiratete Herr G. Vor 9 Jahren starb der Vater des Patienten plötzlich an einem Herzinfarkt, nachdem er vorher einige Zeit diffuse Herzbeschwerden und Engegefühle gehabt hatte. Kurz danach erlitt Herr G. einen sehr starken „Schmerzanfall" im Brustbereich bei einer überfüllten Theatervorstellung. Er wurde als Notfall mit Verdacht auf einen Herzinfarkt in die Klinik und dort auf die Intensivstation gebracht. Diagnostisch konnnte jedoch ein Herzinfarkt ausgeschlossen werden.

Seit diesem Schmerzanfall hatte Herr G. große Angst, daß er an einer ernsthaften Herzerkrankung leide, die für seine Schmerzzustände verantwortlich sei. Diese Angst sah der Patient dadurch bestätigt, daß medizinische Maßnahmen keine oder nur vorübergehende Schmerzerleichterungen erbrachten und die Schmerzen im Verlaufe der Zeit an Intensität und Auftretungshäufigkeit zunahmen. Herr G. mied seit diesem Vorfall zunehmend öffentliche Gebäude, in denen sich Menschenansammlungen befanden. Bei der Vorstellung in unserer Ambulanz hatte er 4 Jahre kein Cafe, Restaurant, Kaufhaus u. dgl. besucht. Gleichzeitig wurde es für ihn immer schwieriger berufliche Leistungen zu erbringen; immer häufiger mußte er aufgrund seiner Schmerzen fehlen. Trotz der Beschwerden blieb Herr G. als Vorsitzender eines Sportvereins aktiv. Im Herbst 1987 brannte das Haus des Vereins ab. In der Folge wurden die Brustschmerzen unerträglich, so daß er auf Dauer krank geschrieben wurde.

Dieses Fallbeispiel eines chronisch kranken Schmerzpatienten verdeutlicht die komplexe Problematik von Schmerzpatienten in der klinischen Praxis. Oftmals durchleben

Schmerzpatienten lange Phasen medizinischer Diagnostik und Behandlung ohne nachhaltige Besserung. Die Zuweisung der Patienten durch Ärzte zu einem Verhaltenstherapeuten erfolgt meist aufgrund der Annahme einer „psychogenen Schmerzerkrankung". Häufig wird um die Einleitung eines „Entspannungsverfahrens" als Therapie ultimae rationis gebeten. Diesen Vorstellungen liegen häufig mangelnde Kenntnisse in der möglichen Anwendung komplexer verhaltenstherapeutischer bzw. verhaltensmedizinischer Ansätze zur Behandlung chronischer Schmerzzustände zu Grunde. „Entspannungsverfahren werden quasi als vegetativ unterstützende Techniken angesehen, die „zwar nicht viel bringen, aber auch nicht schaden können".

Ungeachtet der Bewertung der Entspannungsverfahren für die klinische Praxis, sind diese Techniken in der psychologischen Behandlung akuter und chronischer Schmerzzustände die am häufigsten angewandten verhaltensmedizinischen Interventionstechniken, auch wenn ihre empirische Fundierung bei manchen Schmerzerkrankungen fraglich (z. B. das Autogene Training) und ihre theoretische Begründung zuweilen schwer nachvollziehbar ist.

Eine 43-jährige Migränepatientin berichtete in unserer Ambulanz, daß sie seit ihrem Kuraufenthalt das dort gelernte Autogene Training zur Kupierung ihrer Migräneanfälle anzuwenden versucht; allerdings ohne oder sogar mit verschlimmernden Effekten. Man habe ihr dort angeraten, diese Technik „gegen die Migräne anzuwenden". Aus pathophysiologischer Sicht jedoch ist diese Intervention wenig sinnvoll bzw. sogar kontraindiziert (siehe unten). Dieses Beispiel soll verdeutlichen, daß die unreflektierte Anwendung von Entspannungsverfahren nicht nur symptomverschlechternde Effekte bewirken kann, sondern auch die Motivation, Compliance und insbesondere die Attribution von Schmerzpatienten nachteilig beeinflussen kann.

Gleichwohl kommt Entspannungsverfahren, wie der Progressiven Muskelrelaxation, eingeschränkt dem Autogenen Training, mediativen Verfahren, Hypnose, Biofeedback und insbesondere spezifischen Kombinationsverfahren (z. B. Stressbewältigungstraining) eine besondere Rolle bei der Behandlung von spezifischen Schmerzerkrankungen zu (Rehfisch und Basler, 1990). Einige Studien konnten zeigen, daß Entspannungsverfahren anderen psychologischen Behandlungsansätzen (u. a. kognitive Therapie, Biofeedback) zumindest ebenbürtig sind (vgl. u. a. Linton, 1986; Chapman, 1986).

2. *Indikationsstellung bei Entspannungsverfahren in der Schmerzbehandlung*

Die Anwendung von Entspannungsverfahren in der Schmerzbehandlung geht von folgenden Überlegungen aus:

a) akuter Schmerz kann als Stressor wirken und zu einer generellen Erhöhung körperlicher Erregung führen (Rehfisch und Basler, 1990); die Folgen können erhöhte Muskeltonusaktivitäten bzw. eine erhöhte vegetative Aktivierung sein, was wiederum das Niveau der emotionalen und psychophysiologischen Spannung erhöht und die individuelle Schmerzschwelle herabsetzt (Tunks, 1988);
b) Schmerzpatienten zeigen einen Angst-Schmerz-Spannungs-Zyklus (Miltner und Larbig, 1988);
c) Entspannungsverfahren reduzieren das allgemeine und generelle Erregungsniveau (z. B. EMG-Aktivität) und führen somit zu einem körperlichen Wohlbefinden;
d) Darüber hinaus wird durch Entspannungsverfahren eine aktive Kontrolle über spezifische Körpervorgänge erworben, die durch Lernprozesse (differentielle und konditionierte Entspannung; Gerber, 1986) zu einer angemessenen Bewältigung von belastenden Alltagssituationen führen soll;
e) Entspannungsverfahren sollen dazu führen, unmittelbar körperliche Spannungszustände zu reduzieren und damit die individuelle Schmerzschwelle zu erhöhen (Tunks, 1988).

Nahezu alle Autoren, die Entspannungsverfahren als sinnvolle Techniken in der Schmerzbehandlung ansehen, gehen davon aus, daß als Folge von Streß eine Erregung des autonomen Nervensystems und Erregung der Skelettmuskulatur vorliegt (Blanchard und Andrasik, 1991). Physische und mentale Entspannungsverfahren sollen daher Erregungen abbauen und den Schmerz lindern.

In der Behandlung chronischer Schmerzzustände kommen folgende Entspannungsverfahren zur Anwendung:

1. Progressive Muskelentspannung nach Jacobson
2. Autogenes Training
3. Meditationstechniken
4. Hypnose
5. Imaginationsverfahren
6. Biofeedback
7. Kombinationstechniken (Schmerzprogramme).

Die ***Progressive Muskelentspannung*** basiert auf der sukzessiven An- und Entspannung bzw. bewußter Lockerung verschiedener Muskelbereiche (siehe Hamm, 1993, Band I). Je nach spezifischer Schmerzlokalisation kann die Progressive Muskelrelaxation in der üblichen standardisierten Form (z. B. Bernstein und Borkovec, 1975) oder schmerzspezifisch eingesetzt werden. Bei chronischen Spannungskopfschmerzen kann bei einer deutlichen EMG-Erhöhung der perikranialen Muskulatur systematisch die An- und Entspannung der betroffenen Muskelregionen (z. B. M. frontalis und M. trapezius) trainiert werden.

Grundsätzlich ist die Progressive Muskelrelaxation nur dann induziert, wenn eine Muskeltonuserhöhung oder allgemeine hohe Erregung nachweisbar ist. Es bietet sich hierzu – wie auch bei anderen Entspannungsverfahren – an, in einer psychophysiologischen Untersuchung zu prüfen, ob unter Ruhe- und Belastungsbedingungen erhöhte Muskeltonuswerte nachweisbar sind (Gerber, 1982). Ungeachtet dieser wichtigen Indikationsrichtlinien konnten mit Hilfe der Progressiven Muskelentspannung gute klinische Effekte bei folgenden Schmerzerkrankungen nachgewiesen werden:

1. Migräne und Kopfschmerzen vom Spannungstyp (Gerber, 1986; Pfaffenrath und Gerber, 1992);
2. Chronische Rückenschmerzen (Linton und Götestam, 1984; vgl. auch Hasenbring, 1991);
3. Phantomschmerzen (Sherman et al., 1979);
4. Gesichtsschmerzen (vgl. Gerber und Hasenbring, 1990) und bei anderen Schmerzen (Basler et al., 1990) findet die Progrssive Muskelentspannung vermehrt Anwendung.

Die empirische Basis für das *Autogene Training* in der Behandlung chronischer Schmerzzustände ist dagegen eher mager, auch wenn das Autogene Training in der klinischen Praxis einen hohen Stellenwert besitzt. Im Autogenen Training (Vaitl, 1993a, Band I) wird eine schrittweise Einübung von Körperempfindungen der Wärme, Schwere, Ruhe und Kühle durch autosuggestive Instruktionen erlernt. Oftmals wird das Autogene Training mit fraglichen physiologischen Annahmen als wichtiges Verfahren in der Schmerzbehandlung begründet. So gingen Sargent et al. (1972) bei dem Handerwärmungsbiofeedback und dem Autogenen Training von der Blutumverteilungshypothese aus, wonach die Erhöhung der Handtemperatur zu einer Vasokonstriktion (Gefäßverengung) der Temporalisarterie führen soll. Damit soll ein Abfluß des überschüssigen Blutes aus der Temporalisarterie erreicht werden (Sargent et al., 1972). Allerdings konnte in einigen Untersuchungen kein Zusammenhang zwischen Fingertemperatur, Stirndurchblutung und Pulsamplitude nachgewiesen werden, so daß die Blutumverteilungshypothese als unzutreffend zurückgewiesen wurde (Atfield und Peck, 1979; Gerber, 1986).

Vergleichende Untersuchungen zwischen dem Autogenen Training und anderen Entspannungsverfahren (wie z. B. die Progressive Muskelentspannung, Biofeedback) konnten eine Unterlegenheit des Autogenen Trainings zeigen (Kröner und Heiss, 1981; Collet et al., 1986). Grundsätzlich kann das Autogene Training nach unserer Einschätzung lediglich als ergänzendes Verfahren in einem verhaltensmedizinischen Programm eingebaut werden (Gerber, 1982).

Meditative Techniken sind in ihrer Anwendung bei Schmerzpatienten wenig erforscht, auch wenn psychophysiologische Veränderungen während der Meditation grundsätzlich nachgewiesen wurden (z. B. bei der Transzendentalen Meditation; vgl. Larbig, 1982; Linden, 1993, Band I). Benson et al. (1984) verwendeten eine abgewandelte Meditationstechnik, bei der Schmerzpatienten innerlich fortlaufend ein Wort wiederholen sollten. Im Vergleich mit einer Atemtherapiegruppe zeigte die Meditationsgruppe gute Effekte bei postoperativen Schmerzen. In ähnlicher Weise kombinierten Kabat-Zinn et al. (1985) meditative Techniken mit Streß- und Schmerzbewältigungsverfahren und verglichen dieses Programm mit einer pharmakologisch behandelten Patientengruppe mit unterschiedlichen Schmerzsyndromen. Auch wenn die psychologische Schmerzbehandlung während der Katamnese signifikant bessere Ergebnisse erzielte, können die Effekte aufgrund der Komplexität des Programmes nicht alleine auf meditative Anteile zurückgeführt werden. Rehfisch und Basler (1990) weisen darauf hin, daß meditative Verfahren nur bei sehr Geübten Effekte zeigen.

Dagegen kommt der Schmerzbehandlung durch *Hypnose* eine besondere Bedeutung zu (Revenstorf, 1988; Kossak, 1993, Band I).Die Anwendung der hypnotischen Analgesie ist so alt wie die Menschheit. Beschwörungstänze primitiver Kulturen, die zu einem Trancezustand mit Schmerzausschaltung führen sollten sind vielfältig bekannt. Doch erst seit dem 18. Jahrhundert wurde durch die Arbeit von Mesmer die Hypnose therapeutisch genutzt und in jüngerer Zeit findet die Hypnose in der Schmerzbehandlung verstärkt Beachtung.

In Grundlagenuntersuchungen konnte belegt werden, daß bei hochsuggestiblen Personen eine sehr ausgeprägte Analgesie in der Hypnose erreicht werden konnte (Hilgard, 1980). Revenstorf (1988) weist darauf hin, daß die Hypnose in ihrer Wirkung den chemischen Analgetika ähnlich ist und die Wirkung von Akupunktur, Entspannungsverfahren und Beruhigungsverfahren übertrifft.

Das Ziel der Hypnose in der Schmerzbehandlung ist die fremd- und/oder autosuggestive Beeinflussung der Schmerzwahrnehmung. Als Techniken sind neben der Analgesie (veränderte Körperwahrnehmung), die Amnesie (Vergessen des emotionalen Schmerzerlebnisses), die Dissoziation (der schmerzende Körperteil wird von dem übrigen Körper losgelöst), die Transformation (der Schmerz wird in eine andere Bedeutung, wie z. B. Temperatur umgewandelt), die Konfusion (Verwirrung des Patienten zur Neubewertung des Schmerzes), indirekte Techniken (Geschichte erzählen mit Einstreuung von schmerzbezogenen Inhalten) und mystische Erfahrungen (ähnlich den Meditationstechniken) zu nennen (Revenstorf, 1988).

Die klinische Wirkung der Hypnose ist eindrucksvoll, auch wenn gut kontrollierte Studien noch ausstehen und die physiologischen Wirkmechanismen noch weitgehend unklar sind. Verschiedene Untersuchungen konnten jedoch zeigen, daß sich die Wirkung hypnotischer Analgesie deutlich von allgemeinen Entspannungsverfahren und kognitiven Techniken unterscheidet (Miller und Bowers, 1986; Knox et al., 1981).

Zahlreiche Berichte zur Anwendung von Hypnose liegen zur Anästhesie, Zahnheilkunde, Geburtshilfe und zu chronischen Schmerzen vor. Im besonderen Maße profitieren offensichtlich Patienten mit Phantomschmerz, Geburtsschmerz, Krebsschmerz, Spannungskopfschmerz, Migräne und Bruxismus von der Hypnose (Turner und Chapman, 1981; vgl. auch Abbildung 2).

Hypnose bei chirurgischen Eingriffen war bereits lange vor der Entwicklung der Anästhesiologie üblich. Auch heute noch werden Hypnosetechniken präoperativ zur Senkung der Narkosedosis verwendet (Ewin, 1984). Weitere Anwendungsgebiete sind die Zahnheilkunde (Finer, 1980), die Geburtshilfe (Revenstorf, 1988), Phantomschmerzen (Cedercreutz und Uusitalo, 1967) und anderen chronischen Schmerzen (u. a. Migräne:

Friedmann und Taub, 1985; Krebs: Lea et al., 1960 und Rückenschmerzen: McCauley et al., 1983). Somit hat die Hypnose ihren festen Stellenwert in der Schmerzbehandlung.

Imaginative Techniken sind meist in komplexe schmerztherapeutische Programme integriert (z. B. Schmerzimmunisierungsverfahren, siehe unten). Da diese Behandlungsverfahren gemeinsam mit Entspannungsverfahren einen besonderen Stellenwert in der Therapie chronischer Schmerzzustände haben, werden sie unten ausführlich dargestellt.

Biofeedback-Training wird bei Schmerzerkrankungen unterschiedlicher Art angewendet. Insbesondere zum EMG-Biofeedbacktraining liegen zahlreiche Untersuchungen bei Rückenschmerzpatienten, Spannungskopfschmerzpatienten und anderen Erkrankungen vor (siehe Kröner-Herwig, 1990; Vaitl, 1993b). Ausgehend von der Annahme, daß bei verschiedenen chronischen Schmerzzuständen erhöhte Muskeltonuswerte für den Schmerz verantwortlich gemacht werden, richtet sich das Biofeedback-Rationale auf die Autoregulation dieser Muskelbereiche. Dabei soll eine Verbesserung der Interozeption mittels apparativer Rückmeldung von bestimmten Körperfunktionen erreicht werden.

Insbesondere beim Spannungskopfschmerz hat sich das EMG-Biofeedbacktraining als höchst wirksam erwiesen (Attanasio et al., 1987).

Für die *Migräne* konnte eine gute Wirksamkeit des sogenannten Vasokonstriktions- oder Gefäßtrainings empirisch nachgewiesen werden (Gerber, 1986). Mit Hilfe des „Gefäßtrainings" sollen Patienten lernen, eine willentliche Kontrolle und Steuerung ihrer Hirngefäße (Temporalisarterie) während des Migräneanfalls zu erreichen. In Anlehnung an die medikamentöse Anfallskupierung zielt die „nichtmedikamentöse Kupierung" auf eine vasokonstriktorische Gegenregulation zur Vermeidung einer Hypotonisierung der Gefäßwand ab. Im Gegensatz zur medikamentösen Anfallskupierung soll die vasokonstriktorische (gefäßverengende) Wirkung nicht durch den Einfluß von Medikamenten, sondern vielmehr durch eine willentliche Kontrolle des Patienten erreicht werden *(Autoregulationstraining)*. Dabei soll der Patient lernen, den Dehnungszustand der Schläfenarterie willkürlich zu beeinflussen (verengen). Zu diesem Zweck wird die Pulsamplitude der A. temporalis superficialis plethysmographisch gemessen und dem Patienten akustisch und/oder optisch mit Hilfe eines Monitors zurückgemeldet (Gerber, 1986; Pfaffenrath und Gerber, 1992, siehe auch Kasten). Die Patienten werden aufgefordert ihre Schläfenarterie willentlich zu verengen bzw. das zurückgemeldete Signal entsprechend zu beeinflussen. Mit zunehmender Trainingsdauer erlernen die Patienten spezifische Strategien zur Beeinflussung des Signals und somit der Gefäßmodalität (z. B. Vorstellungen von Enge, in Tunnel fahren etc.). Nach dem Erlernen der Beeinflußbarkeit der Gefäße mit Hilfe des Biofeedbackgerätes werden die Patienten angehalten, die gelernten Strategien auch ohne Gerät beim ersten Anzeichen des Migräneanfalles anzuwenden; dies wird als voluntary-control-Bedingung bezeichnet (therapeutische Anleitungen finden sich bei Pfaffenrath und Gerber, 1992).

Einige Studien konnten nachweisen, daß Migränepatienten eine Kontrolle und Steuerung des Blutvolumenpulses erlernen können, wenn strenge lernpsychologische Kriterien beachtet werden (z. B. schrittweises Vorgehen, Shaping). In einigen Arbeiten konnte aufgezeigt werden, daß das Erlernen der Gefäßbeeinflussung eine notwendige, jedoch nicht hinreichende Bedingung für den Therapieerfolg ist. Neben der Therapiedauer wurde insbesondere angenommen, daß der Effekt des Vasokonstriktionstrainings auf die Reduktion der Anfallkupierungsmedikamente (Schmerzmittel, wie z. B. Ergotamin etc.) zurückzuführen ist. Für die Durchführung des Vasokonstriktionstrainings ist ein Gerät mit einem Infrarotplethysmographen erforderlich. Damit kann das Blutvolumen sowie der Blutvolumenpuls der Temporalisarterie gemessen werden und auf einem Bildschirm in Form eines Balkens sichtbar gemacht werden (siehe Abbildung 1).

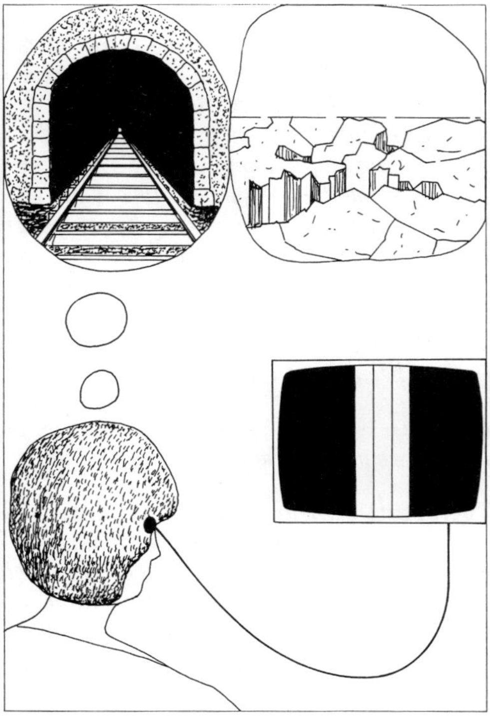

Abb. 1: Vorstellungsbilder von Patienten beim Vasokonstriktionstraining.

Je nach Therapiefortschritt sollten im Verlaufe der Behandlung die Feedbackbedingungen zunehmend durch „voluntary control"-Bedingungen ersetzt werden.

Häufig zeigen die Patienten zu Beginn des Trainings erhebliche Leistungs- und Versagungsprobleme. Es ist dann sinnvoll, die Feedbackphasen zeitlich zu reduzieren. Auf jeden Fall sollte darauf geachtet werden, daß die Verstärkung an dem Gerät eine möglichst hohe Variabilität des Blutvolumenpulses erlaubt. Grundsätzlich sollten die Patienten selbst Strategien zur Beeinflussung ihrer Gefäße versuchen zu finden. Es kann jedoch in manchen Fällen auch sinnvoll sein, bereits von anderen Patienten erprobte Strategien auszuprobieren (z. B. Vorstellungen wie in einen Tunnel fahren, eine Schiebetür zuziehen etc.; siehe Abbildung 1).

Folgender Therapieausschnitt soll das Vorgehen verdeutlichen:

Therapeut: *„Frau M.; mit dem Gefäßtraining möchten wir Ihnen beibringen, daß Sie Ihre Schläfenarterie auf der rechten Kopfseite, die Sie ja, wie Sie mir berichtet haben, während einer Migräneattacke als pulsierend und schmerzhaft empfinden, mit Ihrem Willen zu verengen. Sie sollen also erreichen, ohne Einnahme eines Medikamentes, beim ersten Anzeichen einer Migräneattacke, Ihre Gefäße selbst eng zu stellen."*

Patientin: *„Mir ist nicht ganz klar, warum ich das tun soll?"*

Therapeut: *„Das Ziel des Gefäßtrainings ist es, daß Sie das gleiche tun, was die Schmerzmittel, die Sie bislang eingenommen haben bewirken; nämlich im Anfall die Gefäße, die zu weit sind, eng stellen."*

Patientin: *„Ich kann es gar nicht glauben, daß dies möglich ist. Gibt es denn entsprechende Erfahrungen von anderen Patienten, daß diese dies wirklich konnten?"*

Therapeut: *„Es ist in der Tat so, daß viele Patienten, ca. 60%, diese Technik gut erlernen können. Allerdings sind ein paar wichtige Voraussetzungen dafür notwendig. Zum einen ist es wichtig, daß Sie tatsächlich im Verlaufe des Trainings versuchen, auch ohne Medikamente Ihre Anfälle zu kupieren. Zum anderen ist es wichtig, daß Sie zu Hause die Techniken, die wir Ihnen zeigen werden, immer wieder üben."*

Patientin: *„Muß ich denn im Anfall zum Training herkommen?"*

Therapeut: *„Nur einmal, zu Beginn des Trainings. Wir wollen dann sehen wie ihre Gefäße reagieren. Dann üben wir zwischen den Anfällen, also zu einem Zeitpunkt, wo Sie keine Kopfschmerzen haben. Dies mag zunächst einmal sehr paradox klingen, da ich Ihnen ja bereits vorhin gesagt habe, daß ein Hauptproblem Ihrer Erkrankung ist, daß Ihre Gefäße sich über einen längeren Zeitraum hin verengen, und gerade dies tun wir nun systematisch mit dem Training. Aber es ist nicht möglich, während einer Attacke zu üben, da Sie durch Ihre Schmerzen und Ihre Begleitsymptome zu stark belastet sind. Aus diesem Grunde müssen wir zunächst zwischen den Anfällen systematisch üben. Ich möchte*

Ihnen jetzt erklären, wie das konkret aussehen wird. Sie sehen hier eine Elektrode, die ich Ihnen auf Ihre Schläfenarterie aufkleben werde. Aus dieser Elektrode kommt ein Licht, das durch Ihre Haut gesendet wird und in Ihrem Blut auf die eisenhaltigen Anteile des Blutes trifft und dort reflektiert wird. Ein in der Elektrode eingebauter Empfänger nimmt das Licht wieder auf. Auf diese Art und Weise sind wir in der Lage, die Weite bzw. Enge Ihres Gefäßes zu erfassen, d. h., Sie können feststellen, wie weit Ihre Gefäße tatsächlich sind. Diese Elektrode ist mit einem Gerät verbunden, das die ankommenden Signale in ein optisches, für Sie sichtbares Signal auf einem Bildschirm umwandelt. Sie sehen auf diesem Bildschirm nun einen gelben Balken; wenn der Balken weit ist, ist das Gefäß weit, wenn der Balken sehr eng ist, ist das Gefäß eng. Ihre Aufgabe ist es nun, auf den Balken zu schauen und diesen möglichst eng zu machen. Wenn Ihnen das gelingt, werden Sie gleichzeitig auch Ihre Gefäße eng stellen.“

Patient: *„Wie soll ich das machen? Haben Sie Tricks, wie das gelingen kann?“*

Therapeut: *„Zunächst möchte ich Ihnen nicht sagen, wie Sie das machen können. Sie sollen versuchen Ihre eigene Strategie zu finden. Ich bin sicher, daß Sie irgendeine Idee dazu haben werden. Bitte beachten Sie, daß Sie am Anfang vielleicht große Schwierigkeiten haben, weil dies für Sie völlig ungewohnt ist und Sie auch nicht geübt sind. Viele Patienten, die das Training beginnen, stellen sich zunächst selbst unter Leistungsdruck und dies ist natürlich nicht hilfreich. Wir werden zunächst beginnen, ein paar Minuten zu üben, dann haben Sie immer wieder eine kleine Pause, und danach beginnen wir wieder etwa 2–3 Minuten zu üben. Wenn Sie es wirklich schon ganz gut können, werden wir den Bildschirm ausschalten, und Sie versuchen, Ihre Gefäße eng zu machen, ohne das Bild zu sehen.“*

Patient: *„Ja, das wollte ich schon fragen, ob ich das Gerät auch mit nach Hause bekomme, wenn ich einen Anfall habe?“*

Therapeut: *„Nein, es ist nicht möglich, dazu ist das Gerät nicht transportabel und das wäre auch nicht das Ziel. Vielmehr möchten wir ja erreichen, daß Sie ohne Gerät in der Lage sind, Ihre Gefäße während einer Attacke zu Hause zu beeinflussen. Aus diesem Grunde werden wir immer weniger – von Sitzung zu Sitzung – das Gerät einsetzen. Sie sollen versuchen, Ihre Übungen, die Sie vorher mit einer entsprechenden Rückmeldung durchgeführt haben, jetzt auch ohne diese Rückmeldung zu machen. Ich kann Ihnen versprechen, daß Sie bereits nach 6–8 Sitzungen, auch ohne das Gerät, Ihre Gefäße beeinflussen können.“*

Patient: *„Was soll ich denn nun konkret zu Hause, wenn ich einen Anfall habe, tun?“*

Therapeut: *„Beim allerersten Anzeichen eines Anfalles, d. h., wenn Sie ein Druckgefühl im Kopf haben, sollen Sie sich systematisch diese Stelle in Ihrem Kopf, wo der pulsierende Schmerz auftritt, vorstellen. Sie können auch diese Stelle mit Ihrem Mittelfinger ertasten. Sie sollen dann die Übungen, die wir hier mit dem Gerät gemeinsam gemacht haben, ohne Gerät durchführen, d. h. alles tun, damit Ihre Gefäße eng werden. Was Sie konkret tun werden, werden wir im Training noch gemeinsam erarbeiten. . . .“* (dieser Therapieausschnitt ist aus dem Buch von Pfaffenrath v. und Gerber W. D. (1992). Chronische Kopfschmerzen. Kohlhammer: Stuttgart, entnommen).

Nachdem der Therapeut dem Patienten ausführlich das Vorgehen beschrieben hat, wird die Therapie eingeleitet. Nach unseren Erfahrungen genügen oftmals nur 10 Sitzungen, bis die Patienten eine willentliche Kontrolle und Steuerung ihrer Gefäße auch im Anfall erlernt haben.

Vor der ersten Trainingssitzung sollte der Patient während eines Migräneanfalls im Labor untersucht werden. Dabei besteht die Möglichkeit, den Migräneanfall systematisch aufzuzeichnen und gleichzeitig auch durch die Gabe des für den Patienten üblicherweise verwendeten Schmerzmittels (z. B. ein Ergotaminpräparat) zu prüfen, wie lange es dauert, bis eine Schmerzlinderung und -befreiung auftritt.

3. Entspannungsverfahren als Bausteine integrativer verhaltensmedizinischer Schmerzbehandlungsprogramme

Häufig werden die genannten Entspannungsverfahren als „Bausteine“ in komplexe Schmerzbewältigungsprogramme integriert. Verfahren wie

- der kognitiv-verhaltenstherapeutische Ansatz (Turk et al., 1983),
- das Schmerzimmunisierungstraining (Bullinger und Turk, 1982),
- das SUNYA-Kopfschmerzprogramm (Blanchard und Andrasik, 1991) und
- die Konkordanztherapie (Gerber et al., 1989)

gehen von einem multimodalem Ansatz der Schmerzbehandlung aus, wonach Schmerz, wie menschliches Verhalten überhaupt, als eine Reaktion definiert wird, die sich auf subjektiv verbale (kognitiv-emotionale), verhaltensmäßig-motorische und physiologische Verhaltenselemente bezieht (Birbaumer, 1987). Entspannungsverfahren sind je nach Art und Ausmaß der Schmerzerkrankung auf die physiologische Ebene des Schmerzgeschehens gerichtet (z. B. Senkung des Muskeltonus bei Spannungskopfschmerzpatienten). Darüber hinaus kommt ihnen auch eine kognitiv-vermittelnde Bedeutung zu. Etwa können Entspannungsverfahren gekoppelt mit Imaginationstechniken bei Patienten mit ausgeprägten Schmerzzuständen (z. B. Krebs) geeignete Schmerz-Ablenkungsstrategien darstellen.

3.1. Kognitiv-verhaltenstherapeutischer Ansatz

Kognitiv-verhaltensorientierten Verfahren liegt die Annahme zugrunde, daß das Auftreten von Schmerzzuständen u. a. auf eine ungenügende kognitive und verhaltensmäßige Bewältigung von Alltagssituationen zurückgeführt werden kann. So werden überhöhte Ansprüche an die eigene Leistungsfähigkeit, Angst vor Mißerfolgen sowie Angst vor dem Auftreten des Anfalls häufig als auffällige psychologische Merkmale bei Migränepatienten beschrieben.

In der Behandlung werden die Patienten zunächst angeleitet zu beobachten und zu protokollieren, in welchen Situationen des Alltags sie nervös, unruhig oder ängstlich sind. Dabei sollen sie insbesondere darauf achten, welche belastende Gedanken kurz vor oder während dieser Situationen auftreten und welche körperlichen Empfindungen sie dabei begleiten. Im weiteren Verlauf der Behandlung erfolgt gemeinsam mit dem Patienten eine rationale Bewertung und Veränderung der belastenden Gedanken, wobei gleichzeitig auf eine Verbesserung der körperlichen Empfindungen mit Hilfe von gezielten Entspannungstechniken geachtet wird.

In einer Reihe von Studien wurden die skizzierten verhaltensmedizinischen Behandlungsprogramme empirisch erprobt. Die methodisch meist sehr sorgfältigen Untersuchungen mit z. T. langjährigen Katamnesen belegen deren Wirksamkeit selbst bei schwerst beeinträchtigten Patienten mit Migräne und kombinierten Kopfschmerzen.

Verhaltensmedizinische Ansätze haben sich in der Therapie chronischer Kopfschmerzen bewährt. Untersuchungen unserer Arbeitsgruppe zeigten, daß die klinischen Effekte mit zunehmender Therapiedauer besser und stabiler werden. Wichtig ist eine möglichst intensive Zusammenarbeit zwischen dem Psychologen und Neurologen. So kann es z. B. bei der Migräne zweckmäßig sein eine anfänglich begleitende medikamentöse Intervallprophylaxe einzuleiten.

Die kognitiv-verhaltensorientierte Perspektive chronischer Schmerzzustände bezieht weiterhin ein multimodales Schmerzmodell mit ein, wonach es sensorische, affektive und kognitive Aspekte der Schmerzerfahrung und -wahrnehmung gibt (Flor und Turk, 1990). Grundlegende Untersuchungen von Turk (1975, 1977) zur Wirksamkeit kognitiver Strategien bei laborinduzierten Schmerzen zeigten, daß es möglich ist, die subjektiv aversiv erlebten Schmerzen durch eine kognitive Umbewertung zu reduzieren und damit eine bessere Schmerzbewältigung zu erreichen. Im wesentlichen liegt der Schwerpunkt dieses Ansatzes in der Vermittlung von Copingstrategien, mit denen der Patient lernen soll, seinen Schmerz aktiv (besser) zu bewältigen.

Im Rahmen der 5 Phasen des Programmes (diagnostische Phase, Aufbau eines neuen Modells der Schmerzerkrankung, Aneignung von Copingstrategien, Verhaltensübung und Generalisierung sowie Rückfallprävention und Aufrechterhaltung) spielen Entspannungsverfahren eine besondere Rolle (Flor und Turk, 1990). Entspannungsverfahren wie die Progressive Muskelentspannung, imaginative Verfahren, meditative Verfahren und Selbsthypnose sollen dazu dienen, schmerzverstärkende Verspannungen zu reduzieren, vom Schmerz abzulenken und ein Gefühl der Kompetenz zu vermitteln. Sie fördern somit die angestrebte Selbstaktivität und -kontrolle.

Kognitiv-verhaltensorientierte Schmerzprogramme wurden als wirksame Verfahren bei chronischen Kopfschmerzen (Holroyd und Andrasik, 1982), bei Rückenschmerzen (Turner und Clancy, 1988), Kiefergelenkschmerzen (Crockett et al., 1986), chronischer Polyarthritis (Bradley et al., 1987) und anderen chronischen Schmerzzuständen (wie z. B. Verbrennungen, Wernick et al., 1981) beschrieben.

3.2. Das Schmerzimmunisierungstraining

Das Ziel der Schmerzbewältigungs- bzw. Immunisierungstechniken ist das Erlernen einer aktiven Schmerzkontrolle und Schmerzregulation bei Patienten mit akuten und chronischen Schmerzzuständen. Das von Bullinger und Turk (1981) beschriebene Verfahren geht auf die Arbeiten von Turk et al. (1983) zurück und besteht aus folgenden Elementen:

1. In Vorbereitung des akuten Schmerzgeschehens sollen alternative neue Bewältigungsstrategien erlernt werden;
2. Kognitive Prozesse werden zur Konfrontation mit dem realen oder imaginativen Schmerz eingeführt;
3. Schmerzinkompatible Verhaltensweisen im Alltag sollen gelernt werden;
4. Selbstbekräftigung für erfolgreiche Schmerzbewältigung soll systematisch eingeführt werden.

Das Training beinhaltet drei Phasen

a) die edukative Phase (Beratung),
b) die übende Phase (Einübung) und
c) die Praxisphase (Umsetzung in die Praxis).

Die **edukative Phase** bezieht eine ausführliche Information des Patienten über neuronale, biochemische und psychologische Mechanismen seiner Schmerzerkrankung mit ein (Vermittlung der Gate-Control-Theorie). Er soll dabei für eine multidimensionale Therapie, die vorwiegend auf eine Selbstregulation bzw. -kontrolle der Schmerzen gerichtet ist, motiviert werden.

In der **Übungsphase** lernt der Patient sich zunächst systematisch zu entspannen (Progressive Muskelentspannung nach Jacobson). Aufmerksamkeitsfokussierung, Ablenkung und Vorstellung sind die wichtigsten Bewältigungsstrategien des Schmerzimmunisierungstrainings. Unter Einbeziehung spezifischer Suggestionsübungen (etwa der Hypnose) soll der Patient üben, seine Aufmerksamkeit nicht mehr auf das Schmerzsymptom selbst zu lenken, sondern auf schmerzlindernde Ereignisse (z. B. Vorstellung eines kühlenden Sees).

Die Aufmerksamkeitsverschiebung kann sowohl imaginativ (durch Vorstellungsbilder, wie etwa langsam in einen See hineingehen und Eintauchen) als auch nicht-imaginativ (Aufmerksamkeitslenkung auf Gegenstände, Objekte, wie z. B. Musikgeräusche) erfolgen. Die Technik der kognitiven Umstrukturierung ist auf die Änderung von ungünstigen belastenden Gedanken und Selbstverbalisationen (Schmerzempfinden, d. h. Gedanken wie „ich werde den Schmerz wohl nie wegbekommen“) gerichtet. Der Patient soll sich dabei auf den Schmerz einlassen und eigene erfolgreiche Schmerzbewältigungstechniken sowie entlastende Selbstverbalisationen versuchen („ja, der Schmerz ist nun mal da, aber ich will versuchen ihn zu „packen'; ich beginne damit mir den See vorzustellen; es klappt super"). Die in der Therapie gelernten Schmerzbewältigungsmechanismen sollen dann systematisch angewendet werden und im Alltag beim Einschießen des Schmerzes versucht werden (**Praxisphase**).

Schmerzimmunisierungsverfahren werden in der Zwischenzeit bei einer Reihe von schweren akuten und chronischen Schmerzzuständen (z. B. auch bei rheumatischen Beschwerden) angewendet (Turk et al., 1988; siehe insbesondere die praxisnahe Beschreibung von Flor, 1991, siehe auch Kasten).

Ratschläge für gute Ablenkungsstrategien (aus Flor, 1991, S. 343)

- viele verschiedene Sinnesreize miteinbeziehen je nach Schmerzintensität einfachere oder komplexere Verfahren verwenden (bei geringen und auch bei starken Schmerzen insbebesondere einfache, bei mittlerer Schmerzstärke eher komplexere Ablenkungsstrategien verwenden)
- auf jeden Fall Reize ausschalten, die an den Schmerz erinnern (z. B. nicht auf die schmerzenden Körperstellen schauen)
- die Patienten sollen selbst Strategien entwickeln. Gut sind einfache Wiederholungen und rhythmische Tätigkeiten, z. B. zu Musik schaukeln.

3.3. Konkordanztherapie

Die beschriebenen Verfahren richten sich vorwiegend auf chronische Schmerzzustände generell. Das nachfolgende Verfahren wurde explizit zur Behandlung von chronischen Kopfschmerzen entwickelt und empirisch evaluiert.

Die Konkordanztherapie ist ein komplexes multidimensionales Therapiekonzept, das insbesondere zur Behandlung chronischer Kopfschmerzen entwickelt wurde (siehe Therapiemanual von Gerber et al., 1989).

Das Behandlungsprogramm umfaßt ca. 30 Sitzungen und ist ein standardisiertes Verfahren für kleine Gruppen (4–6 Migränepatienten). Abbildung 2 verdeutlicht den Ablauf der Therapie (vgl. Gerber, 1986). Nach einer ausführlichen **Interview- und Selbstbeobachtungsphase** wird den Patienten systematisch der Einfluß von emotionalen Belastungen (Streß) auf das Körperempfinden demonstriert (viszerale Phase). Zu diesem Zweck wird Streß unmerklich für den Patienten eingeführt (z. B. Therapeut beginnt aggressive Diskusssion mit dem Patienten, ein Telefon klingelt unaufhörlich etc). Zur Verbesserung der Körperwahrnehmung werden die Patienten immer wieder nach ihrem Körperempfinden befragt, um somit eine zunehmende Körpersensibilisierung zu erreichen (Seismographeneffekt). Es wird ihnen aufgetragen auch im Alltag auf solche Körperprozesse zu achten. Gleichzeitig erhalten die Patienten

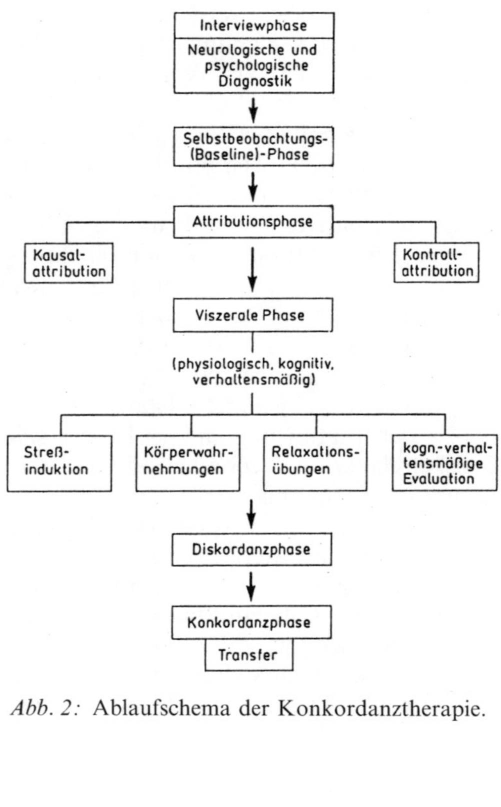

Abb. 2: Ablaufschema der Konkordanztherapie.

in den ersten 10 Sitzungen eine systematische Einweisung in das Jacobsonsche Training und somit erste Strategien, unangenehme Körperprozesse zu steuern und zu bewältigen. Im weiteren Verlauf der Behandlung lernen die Patienten etwaige Diskrepanzen zwischen körperlichen und kognitiven bzw. kognitiv-verhaltensmäßigen Prozessen zu erkennen. Zu diesem Zweck werden standardisierte belastende Situationen (Streit um Stuhl im Kino, extreme Enge im Fahrstuhl etc.) eingeführt und auf Video aufgezeichnet. Unter Zuhilfenahme von verhaltenstherapeutischen Techniken (Desensibilisierung, kognitive Umstrukturierung) sollen die Patienten lernen, diese Diskrepanzen zu erkennen und zu verändern (Konkordanz). Ein wesentlicher Bestandteil dieser Therapiephase ist dabei das Umgehen mit belastenden sozialen Situationen (Aggressivität, Ertragen von Kritik, Partnerschaft etc.).

Einen besonderen Schwerpunkt bildet die **Schmerzbewältigung**. In jeder Sitzung werden die Kopfschmerzanfälle durchgesprochen und anschließend im Rollenspiel „bewältigt". Gemeinsam werden in der Gruppe Bewältigungstrategien erarbeitet und erprobt. Dabei werden sowohl Aufmerksamkeitsverschiebungstechniken (Ablenkung durch schmerzinkompatible Vorstellungen wie z. B. „kühler See"), Selbstregulationstechniken (Wahrnehmung und Veränderung der Temporalisarterie) als auch kognitive Verfahren (besonders Änderung der negativen Gedanken) eingeführt.

In mehreren Studien konnten wir hochsignifikante Besserungen bei Migränepatienten feststellen (siehe Gerber, 1986).

Im Rahmen der Konkordanztherapie wird ein systematisches Streßbewältigungsprogramm durchgeführt. Dabei werden neben der Einführung in die Progressive Muskelrelaxation Techniken der Gegenkonditionierung angewendet.

Das Prinzip der **Gegenkonditionierung** beim Streßbewältigungstraining zielt auf die Bewältigung von induziertem Streß mit Hilfe von Entspannungsverfahren ab. Die Streßinduktion sollte dabei möglichst alltags- bzw. realitätsbezogen sein. Das nachfolgende Therapietranskript zeigt das Vorgehen (aus Pfaffenrath und Gerber, 1992):

Therapeut: *„Frau M., Sie sollen nun lernen, sich in Gegenwart eines unangenehmen und störenden Reizes zu entspannen. Viele Menschen empfinden das eindringliche Geräusch eines Telefons, das permanent läutet, als körperlich schmerzend und belastend. Ich möchte nun mit Ihnen zusammen üben, daß Sie dieses Geräusch durch Entspannung bewältigen sollen."*

Patientin: *„Ich kann mir das gar nicht vorstellen, weil ich grundsätzlich dieses abscheuliche Geräusch sofort beende und den Hörer aufnehme."*

Therapeut: *„Ich kann es gut verstehen, dabei kommen Sie jedoch sicherlich in Hektik... (Patientin nickt)... Ich möchte jedoch mit Ihnen üben, daß Sie dieses gelassener angehen können. Ich darf Sie zunächst einmal bitten, daß Sie sich hier bequem auf den Stuhl setzen, die Augen schließen und das Geräusch eines klingelnden Telefons einmal versuchen in Ihren Körper aufzunehmen.... (Therapeut veranlaßt, daß das Telefon klingelt. Er achtet dabei darauf, daß zunächst eine mittlere Lautstärke eingestellt wird.)... Achten Sie darauf, in welchen Teilen Ihres Körpers das Telefon eindringt. Spüren Sie Spannungen im Magen, im Kopf oder spüren Sie Veränderungen in Ihrer Atmung und dergleichen. Achten Sie genau auf Ihren Körper..."*

Patientin (während das Telefon klingelt): *„Es ist fast unerträglich; es schnürt mir die Kehle zusammen; mein Herz schlägt schneller. Ich habe ein sehr starkes Verlangen den Hörer aufzuheben und das unangenehme Geräusch zu beenden."*

Therapeut: *„Geben Sie diesem Gefühl noch nicht nach, versuchen Sie immer noch deutlich Ihren Körper zu spüren.* (Therapeut beendet das Klingeln). *Versuchen Sie sich jetzt sehr ausführlich zu entspannen. Wenn Ihnen das nicht durch Ihre innere Einstellung gelingt, versuchen Sie, sich durch eine Gesamtentspannung zu entspannen.* (Die Patientin macht eine Gesamtentspannung). *Der ganze Körper wird ruhig und entspannt und gelöst und Sie fühlen sich ruhig und wohl.*

Versuchen Sie jeden Bereich Ihres Körpers besonders diejenigen, die Sie vorhin als angespannt erlebten, zu lockern und zu lösen. Gehen Sie mit Ihren Gedanken einzelne Muskelbereiche durch... (Nach einer Weile). *Ich darf Sie jetzt bitten, sich noch weiter zu entspannen. Ich werde das Telefon wieder läuten lassen und Sie sollen versuchen, ein Gefühl zu entwickeln, als ob das Telefon zunehmend weiter entfernt klingelt. Das Geräusch wird mehr und mehr verschwinden und Sie werden immer weiter entfernt dieses Geräusch erleben und fühlen. Bitte entspannen Sie sich noch einmal ganz ausführlich...* (Der Therapeut schaltet das Telefon wieder ein)... *Lassen Sie nun dieses Geräusch so lange wie möglich auf sich wirken. Sie werden feststellen, daß sich der Körper mehr und mehr lockert und entspannt. Sie werden das Geräusch immer mehr vergessen. Stellen Sie sich, während Sie sich entspannen, nun das Bild wieder vor, das angenehme Bild am Strand zu liegen. Es ist ein Gefühl, wie wenn Sie am Strand in weiter Ferne vielleicht ein Gesang hören, ein Radio und auch irgendwo ein klingelndes Telefon...*"

Patientin berichtet nach einer Weile: „*Es ist ganz erstaunlich, ich bin entspannt und gelöst. Ich habe sogar ein Gefühl, als ob dieses Geräusch mich überhaupt nicht mehr kratzen würde. Es macht mir sogar Spaß festzustellen, daß sich der Anrufer auf der anderen Seite ärgert. Ich nehme es gelassen hin, es ist mir völlig egal, was er denkt, ich fühle mich richtig gut und wohl...*"

Dieser Ausschnitt soll das Prinzip der Gegenkonditionierung verdeutlichen. Demnach wird Streß systematisch eingeführt und mit Hilfe von Entspannungsverfahren bewältigt. In der Therapie können vielfältige Stressoren wie z. B. ein klingelndes Telefon oder aversive Dias und v. a. m. eingeführt werden. Darüber hinaus sollten auch die tatsächlichen Belastungssituationen des Patienten etwa im Rollenspiel eingeführt werden. Beispielhaft könnte eine schwierige Auseinanderstzung im Betrieb, in der Familie aber auch eine Selbstbehauptungsaufgabe im Alltag des Patienten eingeübt werden. Grundsätzlich ist das Prinzip zu beachten, wonach zunächst der Streß eingeführt wird, körperlich erlebt und erst im Anschluß daran durch Entspannungsübungen bewältigt wird.

Manche Patienten erkennen die Belastungen (Stressoren) im Alltag nicht gleich oder zu spät. Da jedoch die Alltagsbewältigung das primäre Ziel des Trainings ist, empfiehlt es sich, Hinweisreize (cues) auf Belastungen zu setzen. Aus diesem Grunde geben wir den Patienten kleine blaue Kleberinge mit, mit denen sie die identifizierten Streßsituationen kennzeichnen können. Blaue Punkte können somit auf dem Telefon, auf dem Lenkrad des Autos, auf der Armbanduhr, sogar auf der Brille der Partnerin oder des Partners kleben. Mit dieser Methode sind die Patienten so gewarnt und, wenn Sie systematisch Entspannung einsetzen, auch geschützt.

Entscheidend ist demnach der Transfer der Übungen im Alltag. Die Patienten

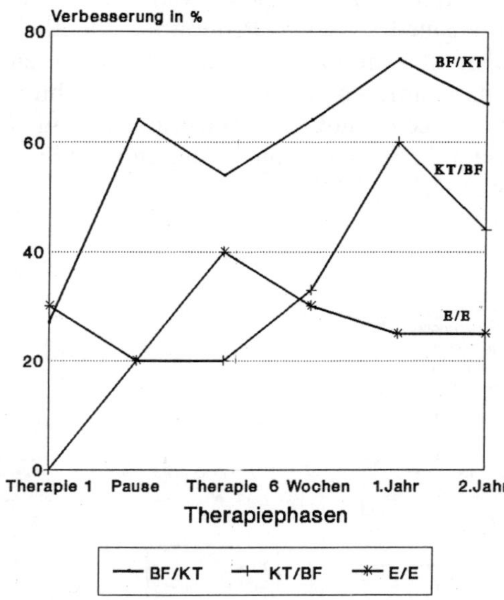

Abb. 3: Zwei-Jahres-Katamnese der Wirksamkeit verhaltensmedizinischer Behandlungsverfahren bei der Migräne (BF/KT = Behandlungsabfolge erst Biofeedback, dann Kognitive Therapie, jeweils 10 Sitzungen; KT/BF = umgekehrte Behandlungsabfolge; E/E = 20 Sitzungen Relaxationstraining; N = 31 Migränepatienten; Verbesserung der Kopfschmerzintensität).

sollen alle während der Therapie durchgeführten Übungen auch in ihrem Alltag anwenden, d. h. es gilt z. B. Entspannung an der Ampel, während der Bürotätigkeit, vor wichtigen kritischen Alltagsereignissen und dergleichen durchzuführen. Das hier skizzierte Streßbewältigungstraining ist besonders wirksam bei jenen Patienten, die angeben, daß sie im Alltag häufig belastet sind.

Der Einsatz von Entspannungsverfahren im Rahmen komplexer Schmerzbehandlungsprogramme ist empirisch gut belegt, die Wirksamkeit durch zahlreiche kontrollierte Untersuchungen nachgewiesen (vgl. z. B. die Übersichten von Knapp, 1982; Gerber, 1986; Basler et al., 1990). Insbesondere zum chronischen Kopfschmerz liegen vergleichende Untersuchungen zur Wirksamkeit von Entspannungsverfahren und komplexeren Schmerzbehandlungsprogrammen vor. Dabei konnte wiederholt gezeigt werden, daß Entspannungsverfahren auch als unimodale Behandlungsformen wirksam sind. Allerdings konnte nachgewiesen werden, daß die Effizienz dieser Verfahren im Rahmen komplexer verhaltensmedizinischer Programme deutlich höher ist (vgl. Gerber, 1988). Wir konnten in langjährigen Follow up-Untersuchungen zeigen, daß die Wirksamkeit auch zwei Jahre nach Behandlungsende anhielt (vgl. Gerber, 1986; vgl. Abb. 3).

3.4. Entspannungstraining im SUNYA-Kopfschmerzprojekt

Ein komplexes Entspannungstraining zur Behandlung von Kopfschmerzpatienten wurde von Blanchard und Andrasik (1985) an der State University of New York in Albany entwickelt (SUNYA-Projekt).

Ausgehend von einem Arbeitsmodell zum chronischen Kopfschmerz (vgl. Abbildung 4) zielt die SUNYA-Kopfschmerzbehandlung primär auf die Reduktion von Streßsituationen und der Verkürzung des physiologischen Erregungsniveaus (z. B. die Verminderung des hohen Muskeltonus bei Spannungskopfschmerzpatienten). Kognitive Strategien (siehe oben) sollen auf psychische Auslöser wirken und den Patienten vor Streß schützen (Blanchard und Andrasik 1991, S. 73). Die Autoren gehen dabei davon aus, daß externe Auslöser (z. B. Streßsituationen), Gedanken und Erfahrungen zu Streß führen, der über die Erhöhung des physiologischen Erregungsniveaus (Autonomes Nervensystem, Skelettmuskulatur, Gefäße) letztendlich den Schmerz bzw. den Kopfschmerz bewirken. Dieses einfache Pathogenesemodell des Kopfschmerzes ist sicherlich unzureichend, kann jedoch dem Praktiker sehr wohl Erklärungshilfe für die Einführung des

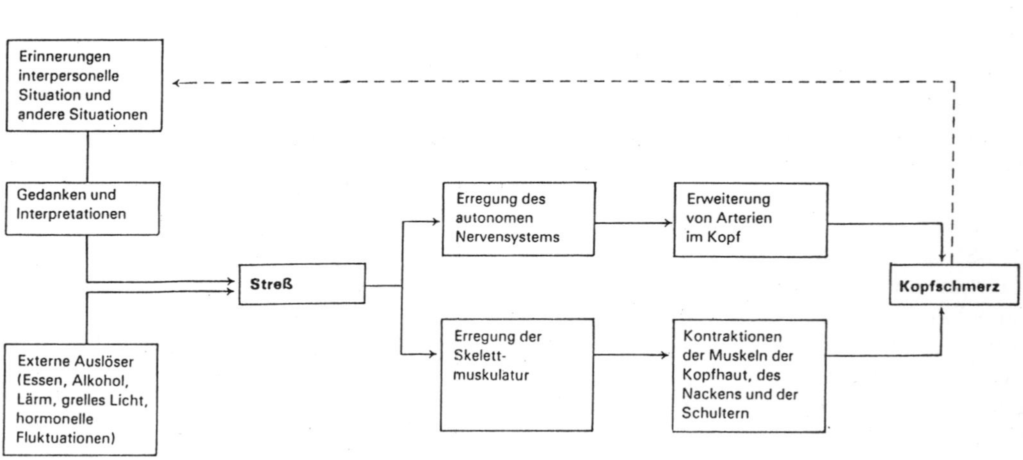

Abb. 4: Psychobiologisches Arbeitsmodell zum chronischen Kopfschmerz (Blanchard & Andrasik 1991, S. 73).

Tabelle 1: Wirksamkeit verhaltensmedizinischer Behandlungsverfahren (SUNYA-Kopfschmerzprojekt; Blanchard & Andrasik 1991, S. 180).

Kopfschmerz-typ	Follow-up-Bedingung	Anzahl der Personen	Prozentuelle Symptomreduktion		
			Kopfschmerz-index	Höchste Kopfschmerz-intensität	Kopfschmerz-tage
Vaskulärer Kopfschmerz	Auffrischungs-behandlung	9	59	41	25
	Regelmäßiger Kontakt	9	67	48	49
Spannungs-kopfschmerz	Auffrischungs-behandlung	8	69	25	57
	Regelmäßiger Kontakt	3	76	3	233

Patienten in das Streßbewältigungstraining geben.

Auch wenn das SUNYA-Behandlungskonzept bei weitem nicht in seiner theoretischen Fundierung und praktischen Umsetzung dem multidimensionalen Ansatz der Konkordanztherapie gleichkommt, sind die von den Autoren in dem Buch „Bewältigung chronischer Kopfschmerzen" beschriebenen praktischen Übungen für den Praktiker sehr hilfreich (siehe z. B. die Anleitungen zum Entspannungstraining auf S. 91ff). Besonders hervorzuheben ist das Bemühen der Autoren die jeweiligen Behandlungsbausteine (Entspannungstraining, kognitive Therapie und Temperaturfeedbacktherapie) empirisch abzusichern. So konnten die Autoren feststellen, daß bereits wenige Sitzungen Entspannung bei nahezu 60% ihrer Kopfschmerzpatienten deutliche Besserungen der Symptomatik bewirkten. Die Besserung korrelierte dabei signifikant mit der Therapiemotivation bzw. der Übungshäufigkeit. Daher empfehlen die Autoren zur Motivationsförderung den Patienten Tonbänder mit Entspannungsinstruktionen mit nach Hause zu geben. Erneut konnten Blanchard und Andrasik (1991) eindrucksvoll nachweisen, daß die von ihnen untersuchten verhaltensmedizinischen Ansätze auch zwei Jahre nach Behandlungsende wirksame Reduktionen der Kopfschmerzen bewirkten (vgl. Tabelle 1).

4. Zusammenfassung

Zusammenfassend konnten zahlreiche Studien die Wirksamkeit von Entspannungsverfahren bei chronischen Schmerzpatienten nachweisen (vgl. Larbig, 1982; Gerber, 1986; Basler et al., 1990). Insbesondere das Relaxationstraining nach Jacobson (1938), Hypnosetechniken, vor allem jedoch komplexe Behandlungsprogramme, die Entspannungsverfahren als Bausteine integriert haben, erwiesen sich als höchst wirksam. Aus diesen Gründen kommen den Entspannungsverfahren ein fester Platz in der Behandlung chronischer Schmerzzustände zu. Die Anwendung von einfachen und komplexen Entspannungsverfahren (Programme) setzt beim klinischen Praktiker eine umfassende Fortbildung und Erfahrung voraus. Neben der Kenntnis der genannten Entspannungsverfahren und deren Anwendung, müssen grundlegende Kenntnisse zur Pathogenese, Diagnose und Therapie von akuten und chronischen Schmerzzuständen vorausgesetzt werden. Schließlich soll noch darauf hingewiesen werden, daß Schmerzpatienten häufig den verhaltensmedizinischen Behandlungsansätzen anfangs skeptisch gegenüber stehen. Geduld ist hier angesagt, insbesondere aber auch der Hinweis an den Patienten, daß die klinischen Effekte aufgrund des Lerncharakters der Programme erst nach mehreren Monaten erkennbar sind.

Ausgewählte Schmerzprogramme in der Literatur

Blanchard E. B. & Andrasik F. (1985). Management of chronic headaches. A psychological approach. Pergamon Press Inc., NY (deutsch: Bewältigung chronischer Kopfschmerzen. Bern: Huber, 1991).

Flor H. (1991). Psychobiologie des Schmerzes. Bern: Huber.

Gerber W. D., Miltner W., Birbaumer N. und Haag G. (1989). Konkordanztherapie. München: Röttger.

Literatur

Attanasio V., Andrasik F. & Blanchard E. B. (1987). Cognitive therapy and relaxation training in muscle contraction headache: Efficacy and cost-effectiveness. Headache, 27, 254–260.

Basler H. D., Franz C., Kröner-Herwig B., Rehfisch H. P. & Seemann H. (1990). (Hrsg.). Psychologische Schmerztherapie. Berlin: Springer.

Benson H., Pomeranz G. & Kutz I. (1984). The relaxation reponse and pain. In P. D. Wall & R. Melzack (Eds.), Textbook of pain. Edingburgh: Churchill Livingstone.

Bernstein D. A. & Borkovec T. D. (1975). Entspannungs-Training. Handbuch der Progressiven Muskelentspannung. München: Pfeiffer.

Blanchard E. B. & Andrasik F. (1985). Management of chronic headaches. A psychological approach. Pergamon Press Inc., NY (deutsch: Bewältigung chronischer Kopfschmerzen. Bern: Huber 1991).

Bradley L. A., Young L. D., Anderson K. O., Turner R. A., Agudelo C. A., McDaniel L. K., Pisko E. J., Semble E. L. & Morgan T. M. (1987). Effects of psychological therapy on pain behavior of rheumatoid arthritis patients. Arthritis and Rheumatism 30.

Bullinger M. & Turk D. C. (1982). Selbstkontrolle: Strategien zur Schmerzbekämpfung. In W. Keeser, E. Pöppel P. & Mitterhusen (Hrsg.), Schmerz. München: Urban und Schwarzenberg.

Cedercreutz C. & Uusitalo E. (1967). Hypnotic treatment of phantom sensations in 37 amputees. In J. Lassner (Ed.), Hypnosis and psychosomatic medicine. New York: Springer.

Chapman S. L. (1986). A review and clinical perspective on the use of EMG and thermal biofeedback for chronic headaches. Pain, 27, 1–43.

Collet L., Cottraux J. & Juenet C. (1986). GSR feedback and Schultz relaxation in tension headaches: a comparative study. Pain, 25, 205–213.

Crockett D. J., Foreman M. E., Alden L. & Blasberg B. (1986). A comparison of treatment modes in the management of myofascial pain dysfunction syndrome. Biofeedaback and Self-Regulation, 11, 279–291.

Ewin D. (1984). Hypnosis in surgery and anesthesio. In W. C. Wester & A. H. Smith (Eds.), Clinical hypnosis. A multidisciplinary approach. Philadelphia: Lippincott.

Finer B. (1980). Hypnosis and anesthesia. In G. D. Burrows & L. Dennerstein (Eds.), Handbook of hypnosis and psychosomatic medicine. Amsterdam: Elsevier/North Holland Biomedical.

Flor H. (1991). Psychobiologie des Schmerzes. Bern: Huber.

Flor H. & Turk D. C. (1990). Der kognitiv-verhaltenstherapeutische Ansatz und seine Anwendung. In H. D. Basler, C. Franz, B. Kröner-Herwig, H. P. Rehfisch & H. Seemann (Hrsg.), Psychologische Schmerztherapie. Berlin: Springer.

Friedmann H. & Taub H. A. (1985). Extended follow-up of the effects of brief psychological procedures in migraine therapy. American Journal of Clinical Hypnosis, 28, 27–33.

Gerber W. D. (1982). Entspannungsverfahren. In W. D. Gerber & G. Haag (Hrsg.), Migräne. Berlin: Springer.

Gerber W. D. (1986). Verhaltensmedizin der Migräne. Weinheim: VCH Verlag.

Gerber W. D. (1988). Verhaltensmedizinische Behandlung chronischer Kopfschmerzen. In W. Miltner, W. Larbig & J. Brengelmann (Hrsg.), Psychologische Schmerzbehandlung. Therapieforschung für die Praxis. München: Röttger.

Gerber W. D., Miltner W., Birbaumer N. & Haag G. (1989). Konkordanztherapie. München: Röttger.

Gerber W. D & Hasenbring M. (1990). Gesichtsschmerzen. In H. D. Basler, C. Franz, B. Kröner-Herwig, H. P. Rehfisch & H. Seemann (Hrsg.), Psychologische Schmerztherapie. Berlin: Springer.

Hilgard E. R. (1980) Hypnosis in the treatment of pain. In G. D. Burrows, L. Dennerstein (Eds.), Handbook of hypnosis and psychosomatic medicine. Amsterdam: Elsevier/North Holland Biomedical.

Holroyd K. A. & Andrasik F. (1982). A cognitive-behavioral approach to recurrent tension and migraine headache. Advances in cognitive-behavioral research and therapy, Vol 1. New York: Academic Press.

Jacobson E. (1938). Progressive relaxation. University of Chicago: Chicago Press.

Kabat-Zinn J., Lipworth L. & Burney R. (1985). The clinical use of mindfulness mediatation for the self-regulation of chronic pain. Journal of Behavioral Medicine, 8, 163–190.

Knapp Th. (1982a,b). Migräne. Weinheim: Beltz.
Knox V. J., Gekoski W. I., Slunn K. & McLaughlin G. M. (1981). Analgesia for experimentally induced pain. Jounal of Abnormal Psychology, 90, 28–34.
Kröner B. & Heiss M. (1982). Der Einsatz von Entspannungsverfahren bei chronischen Kopfschmerzen-eine Studie über die Möglichkeiten einer nicht-medikamentösen Therapie. In H. Huber H. (Hrsg.), Migräne. München: Urban und Schwarzenberg.
Kröner-Herwig B. (1990). Biofeedback. In H. D. Basler, C. Franz, B. Kröner-Herwig, H. P. Rehfisch & H. Seemann (Hrsg.), Psychologische Schmerztherapie. Berlin: Springer.
Larbig W. (1982). Schmerz. Stuttgart: Kohlhammer.
Lea P., Ware P. & Monroe R. (1960). The hypnotic control of intractable pain. American Journal of Clinical Hypnosis, 3, 3–8.
Linton S. J. (1986). Behavioral remediation of chronic pain: a status report. Pain, 24, 125–141.
Linden, W. (1993). Meditation. In F. Petermann & D. Vaitl (Hrsg.), Handbuch der Entspannungsverfahren, Band I. Weinheim: Psychologie Verlags Union.
Linton S. J. & Goetestam K. G. (1984). A controlled study of the effects of applied relaxation and applied relaxation plus operant procedures in the regulation of chronic pain. British Journal of Clinical Psychology, 23, 291–299.
McCauley J. D., Thelen M. H., Frank R. G., Willard R. R. & Callen K. E. (1983). Hypnosis compared to relaxation in the outpatient management of chronic low back pain. Archives of Physical and Medical Rehabilitation, 64, 548–552.
Miller M. E. & Bowers K. M. (1986). Hypnotic analgesia and stress inoculation in the reduction of pain. Journal of Abnormal Psychology, 95, 6–14.
Miltner W. & Larbig W. (1988). Verhaltensmedizinische Aspekte des Schmerzes. In W. Miltner, W. Larbig & J. Brengelmann (Hrsg.), Psychologische Schmerzbehandlung. Therapieforschung für die Praxis. München: Röttger,
Pfaffenrath V. & Gerber W. D. (1992). Chronische Kopfschmerzen. Stuttgart: Kohlhammer.
Rehfisch H. P. & Basler H. D. (1990). Entspannung und Imagination. In H. D. Basler, C. Franz, B. Kröner-Herwig, H. P. Rehfisch & H. Seemann (Hrsg.), Psychologische Schmerztherapie. Berlin: Springer.
Revenstorf D. (1988). Hypnose: Grundlagen und klinische Anwendungen bei Schmerz. In W. Miltner, W. Larbig & J. Brengelmann (Hrsg.), Psychologische Schmerzbehandlung. Therapieforschung für die Praxis. München: Röttger.
Sargent J. D., Green E. E. & Walters E. D. (1972). The use of autogenic feedback training in a pilot study of migraine and tension headaches. Headache, 12, 120–124.
Sherman R., Gall N. & Gormly J. (1979). Treatment of phantom limb pain with muscular relaxation training to disrupt the pain-anxiety-tension cycle. Pain, 6, 47–55.
Tunks E. (1988). Behavioral interventions and their efficacy. In R. Dubner, G. F. Gebhart & M. R. Bond (Eds.), Proceedings of the Vth World Congress on Pain. New York: Elsevier.
Turk D. C. (1975). Cognitive control of pain: A skills-training approach. Unpublished master's thesis, University of Waterloo.
Turk D. C. (1977). A coping-skills training approach for the control of experimentally produced pain. Unveröffentlichte Dissertation, University of Waterloo.
Turk D. C., Meichenbaum D. H. & Genest M. (1983). Pain and behavioral medicine. A cognitive-behavioral perspective. New York: Guilford.
Turner J. A. & Chapman C. R. (1982). Psychological interventions for chronic pain: a critical appraisal-2. Operant conditioning, hypnosis, and cognitive-behavior therapy. Pain, 12, 23–46.
Turner J. A. & Clancy S. (1988). Comparison of operant behavioral and cognitive-behavioral group treatment for chronic low back pain. Behavioral Research and Therapy, 25, 237–249.
Wernick R. L., Jaremko M. E. & Taylor P. W. (1981). Pain management in severely burnt adults: a test of stress-inoculation. Journal of Behavioral Medicine, 4, 103–109.

Schmerzprobleme bei Kindern

BIRGIT KRÖNER-HERWIG

1. Einleitung

In der Behandlung und Prävention psychischer bzw. psychophysiologischer Störungen werden bei Kindern Verfahren zur Entspannungsinduktion weit weniger häufig eingesetzt als bei Erwachsenen. Dies gilt für die klinische Praxis genauso wie für Evaluationsuntersuchungen. Lichstein widmet in seiner umfangreichen 1988 erschienenen Monographie über Entspannungsverfahren nur ganze sieben Seiten der Diskussion dieses Einsatzbereiches. In Anbetracht der eher schmalen Erfahrungsbasis für die Beurteilung der Nützlichkeit von Entspannungsverfahren, kommt Richter (1984) in seiner Übersichtsarbeit zum Schluß, daß aufgrund der vorliegenden, eher zuversichtlich stimmenden Befunde die kontrollierte Anwendung und Evaluation von Entspannungsmethoden in einem breiten Spektrum von kindlichen Problembereichen vorangetrieben werden sollte.

Ein erster Fortschritt in diese Richtung ist beim chronischen Schmerz, insbesondere Kopfschmerz, in den letzten Jahren zu verzeichnen (vgl. McGrath, 1987; Kröner-Herwig, 1992a). Dies läßt sich zunächst einmal darauf zurückführen, daß Schmerz als ein höchst relevantes Problem in der Pädiatrie erkannt worden ist (Bush & Harkins, 1991). Ein zweiter Grund besteht darin, daß Entspannung als Interventionsmethode bei Schmerzproblemen im Erwachsenenalter im Rahmen der Entwicklung der Verhaltensmedizin breite Akzeptanz gefunden hat (Rehfisch & Basler, 1990; Gerber in diesem Band).

Als Methode zur Induktion von Entspannung ist ähnlich wie bei Erwachsenen (vgl. Gerber in diesem Band) vorrangig die **Progressive Muskelrelaxation** zu nennen, die zuerst von Cautela und Groden (1978) auf die Anwendung bei Kindern adaptiert wurde. **Biofeedbackverfahren**, vor allem das EMG-frontalis-Feedback und das autogene Temperaturfeedback, sind die zweithäufigsten Trainingsverfahren. Das besonders in Europa in der Anwendung bei Erwachsenen weit verbreitete **Autogene Training** als klassisches Entspannungsprogramm ist im Problembereich Schmerz bei Kindern noch seltener als bei Erwachsenen angewandt worden (vgl. Kröner & Heiss, 1981; Kröner-Herwig, 1992b). Unmittelbar entspannungsinduzierende Techniken wie die Herbeiführung von bestimmten **Imaginationen** im Zusammenhang mit **Fremd- und Selbstsuggestionen** sowie spezifische **Atemübungen** sind weitere – häufig in die genannten Trainingsformen integrierte – Entspannungsverfahren (vgl. Petermann & Petermann, 1993).

Im folgenden soll ein kurzer Überblick über Einsatzbereiche, Anwendungsformen sowie die Wirksamkeit von Entspannungsverfahren im Bereich des akuten sowie chronischen Schmerzes gegeben werden, wobei klassische Trainings wie die Progressive Muskelrelaxation vor allem im chronischen Bereich von Bedeutung sind.

2. Einsatzbereiche von Entspannung

Nach Varni (1990) lassen sich folgende Schmerzkategorien bei Kindern unterscheiden:

- Schmerz infolge medizinisch-therapeutischer oder diagnostischer Eingriffe
- Schmerz infolge akuter Traumen
- krankheitsbezogener Schmerz
- Schmerz bei psychophysiologischen Funktionsstörungen.

Für die meisten dieser Bereiche gibt es mehr oder weniger gut belegte Beispiele für den Einsatz von Entspannung als Schmerzbewältigungsmethode.

Bei den **medizinischen Eingriffen**, die akuten Schmerz auslösen, handelt es sich um invasive Methoden, bei denen in der Regel auch Angst (kognitiv induzierte Erwartungsangst oder konditionierte Angst bei wiederholtem Eingriff) eine große Rolle spielt. Die Angst verstärkt den Schmerz und trägt zum ‚distress' des Kindes bei (Katz et al., 1980). Der Begriff ‚distress' kennzeichnet zum einen das subjektive Leiden des Kindes, führt aber auch aufgrund der damit verbundenen Disorganisation des Verhaltens des Kindes zu einer mehr oder weniger großen Störung der medizinischen Prozeduren. Analgetische Substanzen, für deren adäquaten Einsatz auch bei Kindern immer nachdrücklicher plädiert wird (vgl. Bush, 1987), bewirken in vielen Fällen keine völlige Schmerzfreiheit, sind z.T. nur eingeschränkt anwendbar bzw. reduzieren nicht die Angstkomponente der Streßreaktion, so daß in ihrer *alleinigen* Anwendung keine Lösung zu sehen ist.

Beipiele für interventionsbedingte akute Schmerzereignisse sind:

- Wechseln der Verbände bei Verbrennungen
- Lumbalpunktionen und Knochenmarkspunktionen bei krebskranken Kindern
- Injektionen
- Zahn- und Kieferbehandlung
- postoperative Schmerzen.

Typischerweise werden zur Verminderung des akuten Schmerz- und Angsterlebens in diesen Fällen keine über mehrere Sitzungen hinweg zu erlernenden Entspannungstrainings, sondern unmittelbar wirksame und am Spontanverhalten des Kindes ansetzende Entspannungsverfahren verwendet. Diese haben das Ziel, zunächst die unmittelbare Schmerzwahrnehmung abzuschwächen und infolgedessen auch das schmerzbezogene Verhalten zu regulieren. So wird ruhiges und tiefes Atmen mit Konzentration auf den Ausatmungsvorgang eingeübt, direkte Entspannungssuggestionen durch den Therapeuten eingesetzt und Imaginationen (Vorstellen angenehmer entspannender Szenen) aufgebaut. Ablenkungsstrategien (z. B. Erzählen von spannenden Geschichten), anaesthetische Suggestionen (‚Zauberhandschuh') und Übertragung von Kontrolle (z. B. Säubern der Einstichstelle, Bestimmung des Zeitpunkts der Injektion durch das Kind selbst) gehören mit zum Bündel von Interventionen zur Verminderung von akuter Angst und Schmerz (Lehn, 1992; Petermann et al., 1992; Kusch, 1992). Zu diesem Bündel von Maßnahmen gehören auch Vorbereitungsstrategien (Ansehen von Modell-Videofilmen, spielerische Aufarbeitung des Eingriffs etc.; Lehn, 1992).

Elliott und Olson (1983) berichten z. B. über die Anwendung von atmungsinduzierter Entspannung, emotional positiven Imaginationen, Aufmerksamkeitablenkungsstrategien und der gezielten Verstärkung von Bewältigungsstrategien beim Wechseln der Verbände brandverletzter Kinder. Alle mit diesem Bewältigungsrepertoire ausgestatteten Kinder konnten ihren ‚distress' erheblich reduzieren. Jay et al. (1986) berichten in ihrem Überblick über ähnliche psychologische Strategien, die bei Knochenmarks- und Lumbalpunktionen an Kindern ab drei bis 13 Jahren erfolgreich angewendet wurden. Nocella und Kaplan (1982) untersuchten in einer randomisierten Kontrollgruppenstudie die Auswirkung von Atemübungen, Muskelentspannung und positiven Selbstinstruktionen auf das Schmerzverhalten bei Zahnbehandlungsprozeduren von fünf- bis 13-jährigen Kindern (*vgl. Kasten*, s. S. 93). Die Kinder, denen diese Selbstkontrolltechniken vermittelt worden waren, zeigten weniger Schmerzverhalten als die Kinder in der Kontrollbedingung. Dieser Befund wird von einer Reihe weiterer Untersuchungen aus diesem Bereich belegt (vgl. McGrath & Unruh, 1987; S. 267 f.)

Ohne jeden Zweifel ist die Information und kognitiv-emotionale Vorbereitung der Eltern, die den Selbstkontrollprozeß der Kinder unterstützen aber auch erheblich stören können, ein wesentlicher Teil des gesamten Interventionsprogramms. Die Anleitung der Kinder und Eltern wiederum kann nur gelingen, wenn das gesamte Behandlungs- und Pflegepersonal auch aufgrund seiner psychosozialen Kompetenz Vertrauen vermitteln kann. Ein erfolgreicher aktiver Einbezug von Kindern und Eltern setzt voraus, daß das Krankenhauspersonal um eine vollständige Transparenz der medizinischen Maßnahmen bemüht ist. Dabei sollte es selbst eine mehr ‚partnerschaftliche' Rolle akzeptieren und die dominante Expertenrolle aufgeben können. Der Erfolg der oben geschilderten Gesamtstrategie äußert sich in der Regel nicht nur in einer deutlich reduzierten Belastung der Kinder sondern auch der Eltern und des Behandlungspersonals (Ross & Ross, 1988), die selbst den Schmerz der Kinder ‚miterleiden' und dessen Konsequenzen (Störung des Behandlungsablaufs) zu ertragen haben. Obwohl sämtliche Einsatzmöglichkeiten von Schmerzkontrollmaßnahmen in Fallberichten und Einzelstudien dokumentiert sind, bleibt unbestritten, daß methodisch einwandfreie, gut kontrollierte Untersuchungen in diesem Bereich noch weitgehend, insbesondere im deutschen Raum, fehlen.

Beispiel für eine positive Selbstinstruktion während der Zahnbehandlung:

„Wenn ich Angst kriege, dann sage ich mir: ‚Entspanne Dich! Dann entspanne ich meinen ganzen Körper. Ich sage mir, der Zahnarzt ist ein wirklich guter Doktor. Und **ich**, ich komme gut zurecht, ich krieg' das hier in den Griff, ich mach's prima."
(nach Nocella & Kaplan, 1982)

Zu einem zweiten von Varni (1990) genannten Bereich von Auslösern akuter Schmerzen gehören **Traumata**. Über den Einsatz psychologischer Interventionen mittels Entspannung in der akuten Phase verletzungsinduzierter Schmerzen ist der Autorin keine Literatur bekannt.

Während es im Bereich schmerzhafter medizinischer Interventionen um das akute, nur Sekunden bis Minuten dauernde, Schmerzerleben und dessen Folgen geht, hat Schmerz, der mit bestimmten **Krankheiten** assoziiert ist, oft akute und chronische Aspekte. Das bedeutet, daß schmerzhafte Episoden über Tage bis Wochen andauern bzw. ihre Häufigkeit so groß sein kann, daß sie zum prägenden Lebensereignis werden können.

In diesem Zusammenhang berichtet Varni (1990) über den Einsatz psychologischer Interventionen hämophilen Kindern. Bei diesen Kindern treten aufgrund des angeborenen Blutgerinnungsdefekts häufiger Blutungen in Gelenken auf, die mit heftigen Schmerzen verbunden sind (Arthropathie). Das Schmerzerleben hämophiler Kinder mit Arthropathie konnte mit Progressiver Muskelrelaxation, ergänzt durch Atemübungen und geleitete Imaginationen, erfolgreich gemindert werden (Varni et al., 1981; Varni et al., 1986). Von der gleichen Arbeitsgruppe wird über die erfolgreiche Anwendung solcher Programme bei rheumatoider Arthritis berichtet (Walco et al., 1987; Thompson et al., 1987).

Zeltzer et al. (1979) behandelten zwei Jugendliche mit Sichelzellenanämie, einer erblichen Störung der Erythrozytenbildung. Die Sichelzellenanämie ist zum Teil mit schweren Schmerzepisoden verbunden, die im wesentlichen auf sogenannte ischämische Infarkte, d. h. einer Verstopfung von feinen Kapillaren durch die sichelförmigen roten Blutkörperchen, zurückgeführt werden. Zeltzer und Mitarbeiter lehrten die Patienten über Selbsthypnose, die Progressive Muskelrelaxation und Imaginationstechniken beinhaltete, die schmerzhaften Krisen besser zu bewältigen. Die Anzahl von Notaufnahmen aufgrund dieser Krisen reduzierte sich von 54 pro Jahr vor der Intervention auf drei im posttherapeutischen Zeitraum.

Bei Erwachsenen sind Schmerzbeschwerden bei Krebserkrankungen relativ häufig und stellen oft eine wesentliche Quelle der Beeinträchtigung dar. Neben den behandlungsbedingten Schmerzen ist ein Teil der Schmerzen unmittelbar tumorbedingt (vgl. Hankemeier et al., 1989). Massiver Krebsschmerz scheint aber bei Kindern anders als bei Erwachsenen ein eher seltenes Phänomen zu sein, so daß über eine gezielte Schmerzbehandlung in dieser Grundkrankheit mittels Entspannung oder anderer Verfahren wenig bekannt ist (Elliott & Jay, 1987; McGrath & Unruh, 1987). Es werden aber auch für diesen Fall die bekannten Kontrolltechniken, wie z. B. Muskelentspannung, positive Selbstintruktionen und Imaginationen empfohlen (Hilgard & LeBaron, 1984).

Kim, 12 Jahre alt, besuchte die siebte Klasse einer Grundschule mit Nachmittags-Unterricht. Sie lebte zusammen mit ihrer alleinerziehenden Mutter, die halbtags arbeitete und einer älteren, von Kim sehr bewunderten Schwester. Kim klagte seit drei Jahren über Kopfschmerzen. Zunächst wurden diese weder von der Mutter noch vom Kinderarzt ernst genommen. Mit zunehmender Häufigkeit der Schmerzen und immer gravierenderen Einschränkungen bei Kopfschmerz bemühte sich die Mutter um fachkundige Hilfe.

In einer vierwöchigen Baseline, während der Kim und ihre Mutter täglich ein Kopfschmerztagebuch ausfüllten, waren nur vier Tage kopfschmerzfrei. Kim litt somit fast täglich unter Kopfschmerzen, deren Stärke sie auf einer 10stufigen Skala mit acht bis zehn angab. Die Dauer der Kopfschmerzen schwankte zwischen vier und 16 Stunden täglich. Häufig versäumte Kim aufgrund ihrer Schmerzen den Unterricht und sie berichtete auch von anderen Einschränkungen ihrer alltäglichen Aktivitäten. Die Kopfschmerzen stellen nach Ansicht der Mutter eine erhebliche Belastung für das Kind dar. Obwohl die Mutter besorgt war, daß Medikamente schädlich für das Kind sein könnten, nahm Kim mindestens 2–3mal in der Woche Aspirin.

Kim wurde in sechs einstündigen therapeutischen Kontakten in Progressiver Muskelrelaxation unterwiesen. Die Entspannung brachte eine deutliche Verbesserung der Kopfschmerzen. In den vier Wochen nach Ende der Entspannungstherapie hatte Kim statt an 24 Tagen wie vor der Behandlung nur noch an zehn Tagen Kopfschmerzen. Medikamente nahm sie gar nicht mehr ein.

Da in der Anamnese eine deutliche Schulangst ermittelt wurde und der Kopfschmerz mit großer Wahrscheinlichkeit eine funktionale Bedeutung für das Versäumen von Schulstunden hatte, wurden weitere therapeutische Schritte geplant (Verhaltensänderung der Eltern, Abbau der Schulangst). Nach sechs weiteren therapeutischen Kontakten reduzierte sich die Anzahl der Kopfschmerzanfälle auf zwei pro Monat.

Acht Monate nach Therapieende wurden Kim und ihre Mutter erneut interviewt. Beide waren weiterhin sehr zufrieden mit dem Erfolg der Behandlung. Kopfschmerzen traten nur sehr selten auf. Kim praktizierte ihre Entspannungsübungen immer noch mehrmals in der Woche.

Zu den im Kindesalter am häufigsten auftretenden **psychophysiologischen Funktionsstörungen**, die mit Schmerzen verbunden sind, gehört der chronische Kopfschmerz (vgl. Abb. 1). Von chronisch wird gesprochen, wenn die Schmerzstörung länger als 6 Monate besteht und durch ihre Häufigkeit, Dauer und Intensität eine erhebliche Beeinträchtigung des Verhaltens und Erlebens für den Betroffenen bedeutet (Pothmann, 1988). Der Schmerz kann attackenweise auftreten, wie bei der Migräne oder über längere Zeit andauern, wie es beim Spannungskopfschmerz die Regel ist. Es gibt sogar Kinder, die über einen nahezu kontinuierlichen Dauerkopfschmerz klagen (vgl. Fallbeispiel). Dabei besteht eine

Abb. 1: Das Kind im Griff des Schmerzes – die ‚Kopfschmerzkrabbe' (nach McGrath et al., 1990).

nur ungenügende medizinische Behandelbarkeit (aufgrund der geringen Wirksamkeit und/oder starker Nebenwirkungen) mittels traditioneller medikamentöser Methoden (Gerber, 1988).

Eine für viele Fachleute überraschend große Anzahl von Kindern zwischen 7–17 Jahren leidet an Kopfschmerz, der mindestens einmal wöchentlich auftritt (4% der Siebenjährigen nach Sillanpää (1976), 17% der zehn- bis 17jährigen Kinder nach Passchier und Orlebke (1985)). Nicht zuletzt wegen dieser hohen und anscheinend wachsenden Zahl von chronisch kopfschmerzkranken Kindern und ermutigt durch die guten Ergebnisse psychologischer Therapien bei Erwachsenen (vgl. Kröner-Herwig & Sachse, 1988; Basler et al., 1990; Blanchard et al., 1987; Gerber in diesem Band) wächst die Zahl von gut kontrollierten Untersuchungen zum Einsatz von Entspannungsverfahren bei Migräne, Spannungskopfschmerz und kombiniertem Kopfschmerz.

Das dem Einsatz von Entspannungsverfahren zugrundeliegende Modell beinhaltet die Annahme, daß Streß zu physiologischen Funktionsveränderungen führt (z. B. Muskelverspannung, vasomotorische Störungen), die die Auslösung von Kopfschmerz begünstigen, wobei der Kopfschmerz selbst wiederum als ein Stressor wirkt. Entspannung soll diesen Streß-Spannung-Schmerz-Zirkel (vgl. Abb. 2) aufbrechen. Ebenso wird angenommen, daß das Erlernen von Entspannung als Streßbewältigungsmethode Hilflosigkeit abbaut und über die Erhöhung der Selbsteffizienzerwartung (Bandura, 1977) positiven Einfluß nimmt. Neben psychophysiologischen Prozessen werden also auch kognitiv-emotionale Wirkwege angenommen.

In verschiedenen Übersichtsartikeln der letzten Zeit (Duckro & Cantwell-Simmons, 1989; Kröner-Herwig & Ehlert, 1992;

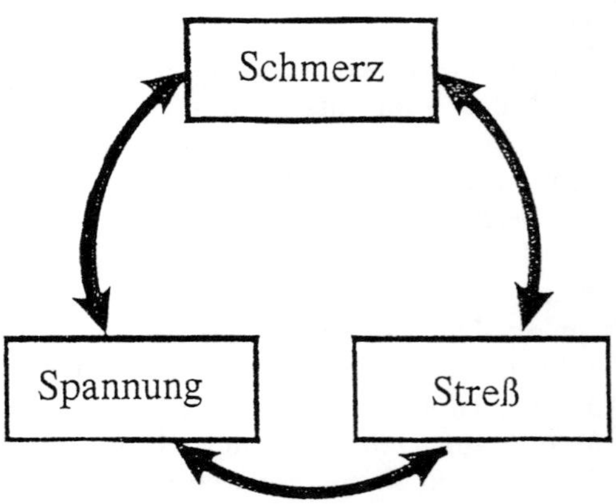

Abb. 2: Der Streß-Spannung-Schmerz-Zirkel. Ein Stressor führt als Teil der Streßreaktion zu einer Erhöhung der Muskelspannung, die wiederum das Auftreten von Schmerz begünstigt. Der Schmerz als Stressor führt wiederum zu einer Muskelspannungserhöhung.

Kröner-Herwig, 1992a) wird über die erfolgreiche Anwendung der Progressive Muskelrelaxation in einer auf Kinder adaptierten Form bei Migräne und anderen Kopfschmerzarten berichtet, wobei die berichteten Studien z.T. gut kontrolliert sind.

Mindestens sechs Untersuchungen mit Kontrollgruppenplänen sind in einem klinischen Setting durchgeführt worden. Dabei wurden 205 Kinder zwischen sieben und 18 Jahren untersucht. Das Relaxationstraining wurde den Kindern in der Regel in Einzelkontakten vermittelt. Die Therapiesitzungszahl lag zwischen fünf und neun ca. einstündigen Kontakten. In allen Therapien wurde besonderer Wert auf die Vertiefung der Trainingsübungen zu Hause gelegt. Die häuslichen Übungen wurden durch Audiokassetten sowie Bild- und Textmaterialien unterstützt (Abb. 3). Die Ergebnisse der Studien sind äußerst vielversprechend (vgl. Abb. 4). So reduzierte etwa die Progressive Muskelrelaxation in der Studie von Fentress et al. (1986) die Kopfschmerzfrequenz um 84% im Vergleich zu einer 5%igen Verringerung bei der Wartegruppe. Die Kopfschmerzreduzierung wurde in allen Untersuchungen mit dem sehr strengen Maßstab der Tagebucherhebungsmethode (4–6 Wochen Erhebung der Schmerzbelastung in der Baseline vor der Behandlung und in der posttherapeutischen Phase) bestimmt. Die Studien zeigen, daß die erzielten Erfolge meist stabil sind (ein Jahr und mehr), ja sich zum Teil nach Ende der Therapie noch weitere Verbesserungen ergeben (Fentress et al., 1986; McGrath et al., 1988; Engel & Rapoff, 1990).

Auch Blanchard und Andrasik (1991) berichten über sehr positive Ergebnisse bei der Kopfschmerzbehandlung mit Progressiver Muskelrelaxation bei 70 bis 80% der in der Kopfschmerzklinik der State University of New York at Albany (SUNYA) behandelten Kinder. Das SUNYA-Projekt stellt weltweit die umfassendste Materialsammlung bezüglich einer Kopfschmerzbehandlung durch Relaxation und Biofeedback bei Erwachsenen dar, die nun auch auf Kinder ausgedehnt wird.

Auch Biofeedback als Methode zur Entspannungsinduktion wird im SUNYA-Projekt untersucht, und zwar in der Form des sogenannten autogenen Feedbacktrainings. Beim autogenen Feedbacktraining ist das Ziel der Übungen die Erhöhung der peripheren Hauttemperatur. Dies geht einher mit einer Vasodilatation, die wiederum Teil der vegetativen Gesamtentspannung ist. Die Meßfühler werden auf die Hand aufgeklebt. Die Hauterwärmung soll, so

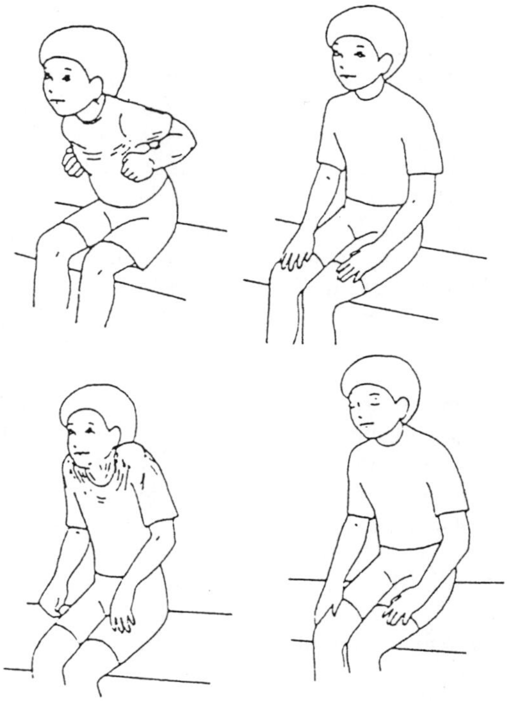

Abb. 3: Beispiel für die Veranschaulichung der Rücken- und Schulterübung der Progressiven Muskelrelaxation für das häusliche Üben (nach Cautela & Groden, 1978).

Abb. 4: Der Sieg über den Kopfschmerz (nach McGrath et al., 1990).

instruieren Blanchard und Mitarbeiter ihre jugendlichen Patienten, mit rein „geistigen Mitteln" erreicht werden. Die Kinder werden angeleitet, die Temperatur-Kurve als Hinweis zu benutzen, welche der „geistigen" Strategien erfolgreich ist. Sie werden angeregt ihrer Phantasie und Kreativität freien Raum zu lassen, und nicht den Erfolg ‚herbeizuzwingen'. Es werden den Kindern Anregungen zur Selbstinstruktion und -suggestion gegeben (*vgl. Kasten*, s. S. 97). Blanchard und Andrasik (1991) berichten sogar von tendenziell noch besseren Ergebnissen bei der Anwendung von autogenem Biofeedback bei migränekranken Kindern als mit Hilfe der Progressiven Muskelrelaxation erzielt werden.

Auch die einzige kontrollierte und randomisierte Gruppenstudie zum autogenen Feedback von Labbé und Williamson (1984) an 28 Kindern (7–16 Jahre) mit Migräne zeigt überragende Erfolgsquoten auf. Nach zehn Sitzungen sind 93% der behandelten Kinder kopfschmerzfrei oder klinisch gebessert (Abnahme ≧50%), während ein ebenso großer Prozentsatz der Wartegruppe keinerlei Verbesserung aufweist.

Biofeedback wird auch in der Form des EMG-Feedback (Rückmeldung der Muskelspannung am Stirnmuskel) insbesondere bei Spannungskopfschmerz und gemischtem Kopfschmerz angewandt. Der Frage nach der komparativen Effizienz von EMG-Feedback und Relaxation gingen Kröner-Herwig et al. (1992) nach. Sie fanden bei 16 Kindern mit Spannungskopfschmerz und gemischtem Kopfschmerz keine Unterschiede, die statistisch absicherbar waren. Allerdings zeigte die Progressive Muskelrelaxation nach einem halben Jahr leichte Vorteile. Während sich die Kinder, die die Progressive Muskelrelaxation erlernt hatten, weiter verbesserten, zeigten die mit EMG-Feedback trainierten Kinder einen leichten Anstieg der Symptomatik nach der Therapie (vgl. Abb. 5).

Autogenes Training wurde nur in der Studie von Engel und Rapoff (1990) untersucht, und zwar im Vergleich zur Pro-

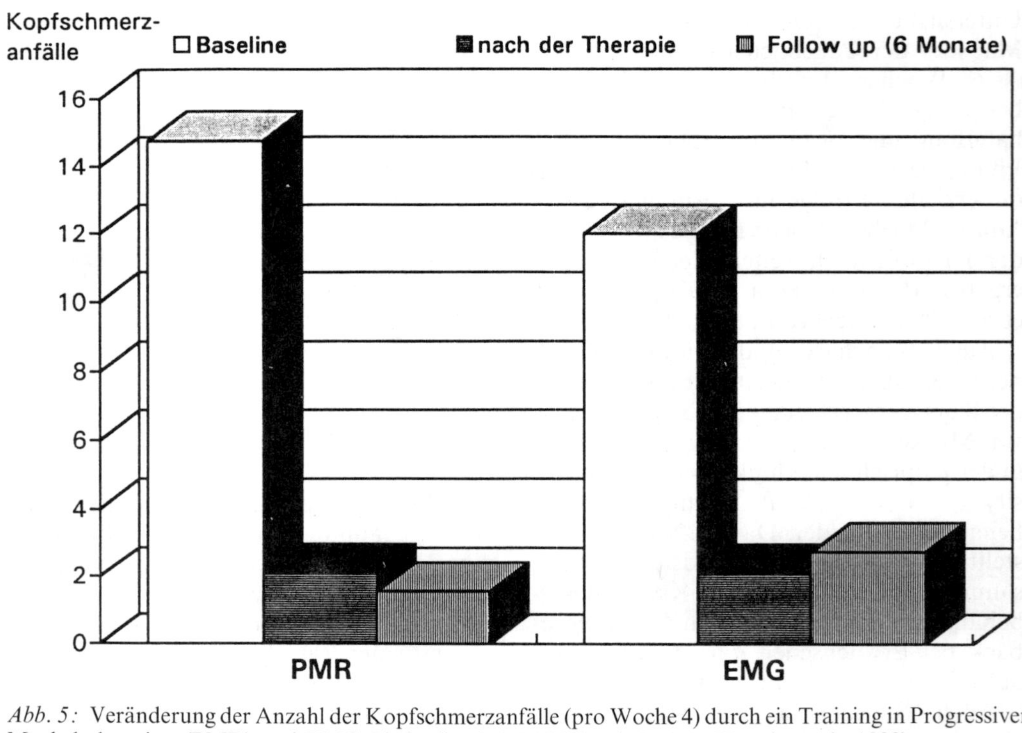

Abb. 5: Veränderung der Anzahl der Kopfschmerzanfälle (pro Woche 4) durch ein Training in Progressiver Muskelrelaxation (PMR) und EMG-Biofeedback (EMG) (nach Kröner-Herwig et al., 1992).

Beispiele für Selbstinstruktionen beim autogenen Feedbacktraining:

* Meine Arme und Hände sind schwer und warm.
* Ich bin ganz ruhig.
* Wärme strömt in meine Hände, sie sind warm, warm.

(nach Blanchard & Andrasik, 1991)

gressiven Muskelrelaxation und einer kombinierten Form beider Trainings. Eine klare Überlegenheit einer der drei Behandlungsformen konnte nicht festgestellt werden. Die vielfach geäußerte Skepsis gegenüber Autogenem Training (vgl. auch Gerber in diesem Band) wurde in dieser Studie somit nicht gestützt.

Insgesamt gesehen sind die bisherigen Befunde zur Entspannungsbehandlung von chronischem Kopfschmerz bei Kindern sehr ermutigend. Es werden deutlich höhere Effizienzen bezüglich des Prozentsatzes der Kinder, die klinisch profitieren (Reduktion der Kopfschmerzaktivität um 50% und mehr) und des mittleren Ausmaßes der Kopfschmerzreduktion berichtet als bei Erwachsenen. Einige Studien legen eine hohe Beständigkeit der erzielten Erfolge nahe. Die relative Effizienz anderer an der Progressiven Muskelrelaxation orientierter Entspannungsmethoden und Biofeedbackverfahren kann noch nicht hinlänglich beurteilt werden, insbesondere nicht in ihrer Wirkung bei verschiedenen Kopfschmerztypen (Migräne, Spannungskopfschmerz, gemischter Kopfschmerz). Es zeichnet sich beim augenblicklich unzureichenden Stand der Forschung eine etwa gleichwertige Wirkung ab, wobei allerdings der Kostenaufwand für eine Biofeedbacktherapie größer ist.

Über das zweithäufigste funktionelle Schmerzsyndrom, dem chronischen Bauchschmerz (vgl. McGrath & Unruh, 1987), sind der Autorin keine Berichte über den Einsatz psychologischer Verfahren bekannt.

3. Indikationsstellung und praktische Umsetzung

Bei **akuten kurzdauernden Schmerzepisoden** (insbesondere aufgrund von medizinischen Eingriffen) scheinen nach den bisherigen Erfahrungen Methoden zur Herbeiführung muskulärer Entspannung nur im Verbund mit anderen Methoden, insbesondere Ablenkung und Imagination, nützlich zu sein. Entspannungstechniken sollten dabei selbst einen vom negativen sensorischen Erleben ablenkenden und emotiven (positive Emotionen anregenden) Charakter haben (z. B. durch die Instruktion, beim ausgedehnten entspannenden Ausatmen ‚bubbles' zu blasen und diese zu beobachten). Vieles weist darauf hin, daß in diesen Situationen Kinder viel besser als Erwachsene ihre Vorstellungskraft einsetzen können, um ihren kognitiv-emotionalen Status im positiven Sinne zu verändern. Auch scheint die physiologische (somato-vegetative) Ruhigstellung nicht die einzige, möglicherweise auch nicht bedeutsamste Wirkkomponente in der Entspannung zu sein. Die Überzeugung der Kinder, Kontrolle auszuüben, ist wahrscheinlich ebenso wichtig. Ebenso ist eine positive Wirkung der Entspannung nur auf der Grundlage der unterstützenden Zuwendung einer Bezugsperson (Eltern oder Therapeut) in der akuten Schmerzsituation möglich.

Die bisherigen Befunde begründen insgesamt die Forderung, das beschriebene Bündel an schmerz- und angstbewältigenden Maßnahmen viel mehr als bisher üblich zur Anwendung zu bringen. Es erscheint gerade in Deutschland notwendig, Studien auf den Weg zu bringen, die solche Interventionsprogramme weiterentwickeln und evaluieren, insbesondere auch in ihrer Kombination mit einer verbesserten analgetischen Medikation.

Das größere Problem scheint aber zu sein, diese Maßnahmen in den Klinikalltag zu integrieren. Aufklärung und Schulung des ärztlichen und sonstigen Pflegepersonals, möglicherweise Umorganisation des Stationsablaufs und verstärkter Einsatz von (u. U. nicht-ärztlichen) Therapeuten, stellen in der augenblicklichen Situation des Gesundheitswesens Hindernisse dar, die einer Implementierung selbst bei erwiesener Effizienz der Maßnahmen im Wege stehen. Es sollten somit nicht nur die Interventionen selbst hinsichtlich ihrer Effizienz, sondern auch Wege zu ihrer Realisierung in der Praxis untersucht werden.

Entspannungsverfahren, die in längerfristigen Trainings erworben werden, können bei **chronischem Schmerz**, der sich in Dauerschmerz bzw. ‚recurrent' (häufig wiederkehrenden) Schmerzepisoden manifestiert, mit zwei Zielrichtungen eingesetzt werden. Zum einen kann mittels Entspannung funktionellen Schmerzstörungen wie etwa Migräneattacken vorgebeugt werden, das heißt, ihre Auftretenshäufigkeit kann verringert werden, zum anderen kann das Anfallsgeschehen in einer frühen Phase (bei Prodromalzeichen oder schwachem, beginnendem Schmerz) mittels Entspannung abgebrochen werden oder, wenn auch weniger wahrscheinlich, gemildert werden. Wissenschaftlich scheint noch nicht geklärt, welche Einsatzmöglichkeit unter welchen Umständen (bei welcher Störung, bei welchen Patienten unter welchen Rahmenbedingungen) günstiger erscheint. Einzelne Patienten mit Migräne haben von der Möglichkeit beider Einsatzformen und Wirkweisen berichtet. Die Literatur scheint allerdings darauf hinzuweisen, daß bei Migräne eher eine präventive Wirkung zu erwarten ist. So zeigt sich in den Studien mit Kindern meistens daß die Anfallshäufigkeit deutlich reduziert werden kann, aber die Intensität- und Dauer pro Anfall nicht oder nur geringfügig verringert werden kann.

Möglicherweise hängt die Wirksamkeit von Entspannung stark von der Intensität des Schmerzes ab. Bei heftigsten Schmerzattacken ist der Einsatz und die Aufrechterhaltung von Entspannung schwer denkbar. Möglicherweise könnten hier bewältigende Selbstinstruktionen (Ruhig bleiben, es geht gleich vorbei!), positive Imaginationen und/oder schmerztransformierende Imaginationen hilfreicher sein (*vgl. Kasten*, s. S. 98; Abb. 6), den Anfall ohne tiefgreifende Traumatisierung zu überstehen.

Kognitive Bewältigungsstrategien bei Schmerzen

‚Dann denke ich zurück an den ersten Tag in unserem Haus am Strand. Ich fange an, mir den Geruch vorzustellen – weißt Du, den Geruch des Meeres – und dann ziehe ich mich an und gehe durch den Sand und dann stecke ich meinen Fuß ins Wasser und er wird ganz naß.' (Bericht eines neunjährigen krebskranken Mädchens)

‚Ich stelle mir vor, ich bin in einem Raumschiff, und der Druck auf meinen Ohren ist so stark, daß es weh tut. Aber ich bin die einzige, die es schafft, zur Erde zurückzukommen.' (Bericht eines neunjährigen Mädchens, schmerzhafte Ohrenbehandlung)

‚Unser Zahnarzt läßt immer Musik laufen, verstehst Du, und dann sag ich ihm: Machen Sie's richtig laut. Dann stelle ich mir vor, ich muß das Stück richtig auswendig lernen oder irgendetwas Schlimmes passiert. Und ich sage mir dann, zuhören, genau zuhören und nach einer Weile hab' ich ganz vergessen, daß der Zahnarzt bohrt.' (Bericht eines elfjährigen Mädchens)
(nach Ross & Ross, 1988)

Ob bei schwachen oder mittelstarken Dauerschmerzen Entspannung hilfreich sein kann, scheint bei Kindern noch nicht ausreichend geprüft. Nur wenige Studien haben sich damit beschäftigt. Möglicherweise ist auch hier Entspannung mit anderen Verfahren anzureichern (vgl. Varni et al., 1986).

Chronischer **Kopfschmerz** in all seinen Formen ist bisher am besten auf seine Behandelbarkeit untersucht. Hier kann man davon ausgehen, daß eine kindgerechte **Progressive Muskelrelaxation** in der Regel gewinnbringend eingesetzt werden kann. Ob dieses Verfahren gleich gut, besser oder schlechter ist als Biofeedback, wobei hier zwischen mindestens zwei Formen zu diffe-

Abb. 6: Cartoons zur Anregung und Ermunterung von schmerzinkompatiblen und ablenkenden Imaginationen (nach McGrath et al., 1990).

renzieren ist, bleibt bisher offen. Ebenso unklar ist die **differentielle** Wirksamkeit der Verfahren in Abhängigkeit von der Art der Störung und von der kognitiv-emotionalen Ausstattung des Kindes. Es scheint, daß insbesondere beim **Biofeedback** attraktivere und kindgerechtere Feedbackformeln entwickelt werden müßten, um die Potenz dieser Verfahren besser abschätzen zu können. Die bisher verwendeten Rückmeldemodi (z. B. Tonfeedback) scheinen motivational eher wenig anregend. Die Länge der Sitzungen mit hohen konzentrativen Anforderungen überfordern sicherlich einen Teil der Kinder. Ob **Autogenes Training** wirklich ungünstig ist, wie vielfach vermutet (siehe Gerber in diesem Band), scheint für die Anwendung bei Kindern noch offen. So berichten Langenkamp et al. (1982) über positive Erfahrungen hinsichtlich der Rezeption von Autogenem Training bei Kindern und ihres Verhaltens und Erlebens in den Übungen. Die einzige Schmerzstudie zum Autogenen Training (Engel & Rapoff, 1990) bringt keine eindeutigen Hilfen zur Beurteilung. Unter Umständen sind Teile der Suggestionen des Autogenen Trainings (Stirn ‚kühl', Arme 'warm') angereichert mit Imaginationen (kühle Brise bläst über die Stirn) durchaus auch in einem prinzipiell an der Progressiven Muskelrelaxation orientierten Ansatz gut nutzbar.

Nicht nur unter ökonomischen Gesichtspunkten scheint es interessant zu überprüfen, ob sich ein Entspnnungstraining in Kleingruppen von Kindern durchführen läßt. Dies wird bisher eher selten praktiziert. Die Erfahrungen anderer Autoren (Wisniewski et al., 1988; Emmen & Passchier, 1987) sprechen für solche Versuche. Gruppenanwendung beeinhaltet die Möglichkeit der positiven Modellübernahme und der Motivationsstärkung.

Eine sehr interessante Anwendungsvariation ergibt sich aus dem Aspekt der Therapieleitung durch einen Therapeuten bzw. der Ausgestaltung des Trainings als Selbsthilfeprogramm. Die bisherigen Befunde über selbstgeleitete Therapien (McGrath et al., 1992; Larsson et al., 1987) stimmen durchaus positiv. Voraussetzung eines Selbst-Hilfe-Trainings sind natürlich Anleitungsmaterialien, die nach allen Regeln der didaktischen Kunst gestaltet sind, also Verständlichkeit und Motivierung vereinigen. Ein Beispiel für ein sehr ansprechendes Manual dieser Art ist das Programm „Help yourself" von McGrath et al. (1990) für die Anwendung bei Kindern mit Migräne (augenscheinlich aber auch anwendbar bei gemischtem Kopfschmerz und Spannungskopfschmerz). Schriftliche mit köstlichen Cartoons (vgl. Abb. 1, 4, 6) ausgestattete Anleitungen werden durch gut aufbereitete Selbstbeobachtungsbögen und Hausaufgabeninstruktionen sowie Audiokassetten ergänzt. Der Therapeut begleitet das achtwöchige Training mit wöchentlichen Telefonanrufen bei den Kindern, um Probleme durchzusprechen. Das Manual kann auch Grundlage eines therapeutengeleiteten Trainings sein. Eine erste Vergleichsuntersuchung beider Anwendungsformen mit einer Auswertung ist von der Forschungsgruppe um McGrath (McGrath et al., 1992) bereits vorgelegt worden. Dabei schnitt die Selbsthilfe-Gruppe genauso gut ab wie die therapeutengeleitete Gruppe.

Es stellt sich die Frage, ob ein Relaxationstraining allein oder in Kombination mit anderen Techniken angewandt werden sollte. Das McGrath – Programm enthält neben der Vermittlung von Entspannung durch Progressive Muskelrelaxation andere Ziele und Lernbereiche (s. im folgendem Themen der acht Sitzungen):

- Grundprinzip und Erklärung der Bewältigungsaufgaben/Entspannung mit Anspannung
- kognitive Umstrukturierung
- Prüfen unrealistischer Einstellungen/ Entspannung ohne Anspannung
- ablenkende Strategien
- Imaginationen, Verhaltensübungen, mentale Aktivitäten/Entspannung mit Imaginationen
- Selbstbehauptung
- Problemlösen
- Zusammenfassung der Bewältingungsstrategien.

Es wäre wünschenswert zu prüfen, ob ein reines, ‚abgespecktes' Entspannungstraining weniger effizient ist als ein komplexes Programm, ähnlich dem von McGrath. Es sollte dabei aber nicht vergessen werden, daß Entspannungstrainings, die nach dem Modell der ‚applied relaxation' (Linton, 1982; siehe auch Hamm, 1992) arbeiten, in der Regel schon ähnliche Ziele berücksichtigen (oft ohne dies genau genug darzulegen). So integrierten Kröner-Herwig et al. (1992) in das Programm der Progressiven Muskelrelaxation, z. B.:

- die Sensibilisierung für ‚Streßgefühle' und Spannung
- Abschluß eines Vertrags zwischen Kind und Therapeut (*vgl. Kasten*, s. S. 101)
- die Anwendung von Kurzformen der Relaxation als Streßbewältigungsmethode
- die Erleichterung und Intensivierung der Relaxation durch Imaginationen (*vgl. Kasten*, s. S. 102)
- genaue Anweisung und Verstärkung für Aufgaben (*vgl. Kasten*, s. S. 102).

Obwohl der psychologische Sachverstand für die Anwendung komplexer Programme spricht, waren doch die wenigen Versuche mit Kurzformen von Behandlungen auch effektiv. Der Frage der Kosten-Nutzen-Relation unterschiedlich aufwendigen Trainings sollte also dringend nachgegangen werden. Selbstverständlich können erfolgreiche Selbsthilfe-Programme im Sinne einer günstigen Kosten-Nutzen-Relation grundsätzlich effizienter (McGrath et al., 1992) sein als therapeutengeleitete Programme.

Auch die Bedeutung von Rahmenbedingungen für die Anwendung von Entspannungsverfahren, seien es Progressive Muskelrelaxation, Biofeedback o. ä., sollte weiter untersucht werden. Das betrifft:

- die optimale Ausgestaltung und Dauer einer Sitzung
- die Rolle der Verstärkung von therapiezielkonformem Verhalten (z. B. häusliches Üben)
- Einbeziehung von Spielen
- die Art und Bedeutung des Einbezugs der Eltern in die Therapie.

VERTRAG

zwischen

Tim und der Trainerin Ulla

Ich darf an einem Training teilnehmen, das mir gegen meine Kopfschmerzen helfen wird. Das Training dauert sechs Wochen. Jede Woche findet ein Treffen statt.

Wir treffen uns immer um 16.00 Uhr

Bei jedem Treffen wird geübt und gespielt. Ich kann lernen, mich ganz und gar zu entspannen. Wieviel ich lerne und trainiere, hängt auch von mir ab.

Damit ich die Entspannung lerne, ist es wichtig, sie wenigstens einmal täglich zu üben. Für jede Entspannungsübung, die ich zu Hause mache, darf ich mir einen bunten Papierschnipsel auf die große schwarze Kopfweh-Krabbe aufkleben.

Wenn ich sechs Wochen lang jeden Tag geübt habe, dann darf ich mir dafür ein schönes Spielzeug aussuchen.

1. Woche	2. Woche	3. Woche
卌 ||	卌 ||	卌 ||
4. Woche	**5. Woche**	**6. Woche**
卌 ||	卌 ||	卌 ||

= etwas Schönes

Außerdem werde ich mein Tagebuch weiterführen, damit wir erkennen können, wie mein Kopfweh besser wird.

Ich ...Tim...... verspreche:

- zu allen Treffen pünktlich zu kommen.
- mein Tagebuch weiterzuführen und regelmäßig zurückzugeben.
- die in den Treffen vereinbarten Hausaufgaben zu machen.
- die Entspannung so gut ich kann, einmal täglich zu trainieren.

Ich ....Ulla..... verspreche:

- immer pünktlich zu den Treffen da zu sein.
- beim Entspannungstraining jede mögliche Unterstützung und Hilfe zu gewähren.
- bei jedem Treffen etwas Neues mitzuteilen.
- ein Spielzeug dann auszuteilen, wenn sechs Wochen regelmäßig geübt worden ist.

Kapitän Nemo:
Geschichte zur Erleichterung und Intensivierung von Entspannung

‚Stelle Dir vor, Du bist von Kapitän Nemo in sein Unterwasserboot Nautilus eingeladen worden. Ihr fahrt gemeinsam durch alle Weltmeere und seht viele wunderschöne Dinge unter Wasser. Die schönsten Stunden sind immer die, wenn Kapitän Nemo Dich auf seine Unterwasserausflüge mitnimmt. Dazu mußt Du Dich vorbereiten, indem Du einen speziellen Taucheranzug anziehst. Er hat eine ganz besondere Wirkung auf Deinen Körper.

Du merkst schon beim Anziehen, daß Du vollkommen ruhig wirst. Du steigst zuerst mit dem rechten Bein in den Taucheranzug und Du denkst dabei: Mein rechtes Bein ist ganz ruhig. Dann kommt das linke Bein an die Reihe, und auch bei Deinem linken Bein bemerkst Du das besondere Gefühl: Mein linkes Bein ist ganz ruhig. Du sagst dann zu Dir: Meine Beine sind vollkommen ruhig. Du ziehst den Tacheranzug nun über den Po und den Rücken herauf. Dann schlüpfst Du mit dem rechten Arm in den Taucheranzug, und auch dabei bemerkst Du: Mein rechter Arm ist ganz ruhig. Du ziehst den linken Arm an und auch hier sagst Du zu Dir: Mein linker Arm ist ganz ruhig. Du denkst für Dich: Meine beiden Arme sind vollkommen ruhig. Du ziehst noch die Kapuze über den Kopf und machst den Reißverschluß vorne zu. Jetzt bist Du vom Taucheranzug rundherum eingehüllt, und er schützt Dich. Du fühlst Dich im Taucheranzug wohl, sicher und vollkommen ruhig.

Zum Schluß ziehst Du noch die Schwimmflossen an, die rechte und die linke Schwimmflosse; Kapitän Nemo hilft Dir, das Sauerstoffgerät auf den Rücken zu setzen, und schließlich nimmst Du noch Deine Taucherbrille. Jetzt bist Du für den Unterwasserausflug mit Kapitän Nemo gerüstet.‘
(Einstiegsbild nach Petermann & Petermann, 1993, S. 318 f.)

(1.) Woche vom ..... bis .....

Was ich in dieser Woche zu tun habe:

1. Das Kopfschmerz-Tagebuch führen [ ]
2. Ein Schild für meine Tür basteln, damit mich keiner während der Entspannungsübungen stört [ ]
3. Einmal täglich eine Entspannungsübung machen [ ]
4. Auf diesem Zettel notieren, wie oft ich jeden Tag die Entspannung geübt habe [ ]
5. Eine Mappe beschaffen, damit ich meine Merkblätter zusammen aufbewahren und nachlesen kann [ ]

Was ich erledigt habe, kann ich abhaken ([ ])

und mir einen Sticker  aufkleben.

Die Bedeutung dieser Variablen müßte jeweils auf dem Hintergrund des Entwicklungsstatus der behandelten Kinder gewichtet werden. Es wäre schon viel gewonnen, wenn in Zukunft in Studien zumindest die gewählten Rahmenbedingungen und Interventionen genauer als bisher üblich beschrieben würden.

Abschließend sollte noch einmal darauf hingewiesen werden, daß Entspannung sowohl mit dem Ziel der Modulation des Schmerzerlebens wie auch zur Bewältigung von Streß eingesetzt wird, wobei die verringerte Streßbelastung zur Reduktion von Schmerzepisoden führen kann. Falls bei einem Kind allerdings sehr deutlich die behaviorale Seite des Schmerzes im Vordergrund steht und operante Aufrechterhaltungsfaktoren eine überwiegende Rolle spielen (vgl. Ross & Ross, 1988), sollten Methoden, die die Kontigenzbedingungen verändern eingesetzt werden. Dabei steht eine Verhaltensänderung der Eltern oft im Vordergrund. Wenn spezifische psychologische Defizite wesentlich zur Auslösung und Aufrechterhaltung des Schmerzes beitragen, müssen auch diese zu einem Fokus der Therapie gemacht werden, da in diesen Fällen Entspannungsverfahren oft nicht ausreichend effektiv sind (vgl. Fallbeispiel).

4. Schlußfolgerungen

Dem Einsatz von Entspannungsverfahren, die ohne längere Übung unmittelbar einsetzbar sind, kommt im Rahmen der akuten Schmerzkontrolle wahrscheinlich nur in Kombination mit anderen Interventionen (Ablenkung etc.) eine Bedeutung bei der Bewältigung von Angst und Schmerz zu. Erste Befunde zum Einsatz dieser Interventionsbündel bei invasiven medizinischen Eingriffen und bei episodenhaften Schmerzstörungen infolge von Krankheit belegen, daß diese Verfahren einen großen Stellenwert in der Pädiatrie gewinnen könnten. Weitere Studien scheinen aber unbedingt nötig, insbesondere um die institutionellen Rahmenbedingungen für die Implementierung dieser Methoden in den klinischen Alltag zu untersuchen.

Der Einsatz von Entspannungsverfahren (insbesondere Progressive Muskelrelaxation und Biofeedback) bei funktionellen Störungen, im wesentlichen bei Kopfschmerz, kann aufgrund vorliegender kontrollierter Studien schon heute als absolut indiziert gelten. Es gibt zum Teil außerordentlich beeindruckende positive Befunde. Fragen der differentiellen Effektivität (bezogen auf Patientenmerkmale und Ausgestaltung des Trainings) sind noch weiter abzuklären.

Literatur

Bandura, A. (1977). Self-efficacy: Toward a unifying theory of behavioral change. Psychological Review, 84, 191–215.

Basler, H. D., Franz, C., Kröner-Herwig, B., Rehfisch, H. P. & Seemann, H. (Hrsg.) (1990). Psychologische Schmerztherapie. Berlin: Springer.

Blanchard, E. B. & Andrasik, F. (1991). Bewältigung chronischer Kopfschmerzen. Bern: Huber.

Blanchard, E. B., Appelbaum, K. A., Guarnieri, P., Morrill, B. & et al. (1987). Five year prospective follow-up on the treatment of chronic headache with biofeedback and/or relaxation. Headache, 27, 580–583.

Bush, J. P. (1987). Pain in children: a review of the literature from a developmental perspective. Psychology and Health, 1, 215–236.

Bush, J. P. & Harkins, S. W. (1991). Conceptual foundations: pain and child development. In J. P. Bush & S. W. Harkins (Eds.), Children in pain (1–32). New York: Springer.

Cautela, H. & Groden, J. (1978). Relaxation: a comprehensive manual for adults, children and children with special needs. Champain, Il.: Research Press.

Duckro, P. N. & Cantwell-Simmons, E. (1989). A review of studies evaluating biofeedback and relaxation training in the management of pediatric headache. Headache, 29, 428–433.

Elliott, C. H. & Jay, S. M. (1987). Chronic pain in children. Behaviour Research and Therapy, 25, 263–271.

Elliott, C. H. & Olson, R. A. (1983). The management of children's distress in response to painful medical treatment for burn injuries. Behaviour Research and Therapy, 21, 675–683.

Emmen, H. H. & Passchier, J. (1987). Treatment of headache among children by progressive relaxation. Cephalalgia, 7, 387–389.

Engel, J. M. & Rapoff, M. A. (1990). A component analysis of relaxation training for children with vascular, muscle contraction, and mixed-headache disorders. In D. C. Tyler & E. J. Krane (Eds.), Pediatric pain (273–290). New York: Raven Press.

Fentress, D. W., Masek, B. J., Mehegan, J. E. & Benson, H. (1986). Biofeedback und relaxation-response training in the treatment of pediatric migraine. Developmental Medicine and Child Neurology, 28, 139–146.

Gerber, D. W. (1988). Verhaltenspädiatrische Aspekte des kindlichen Kopfschmerzes. In R. Pothmann (Hrsg.), Chronische Schmerzen im Kindesalter (90–102). Stuttgart: Hippokrates Verlag.

Hamm, A. (1993). Progressive Muskelentspannung. In D. Vaitl, & F. Petermann (Hrsg.), Handbuch der Entspannungsverfahren (245–271). Weinheim: Psychologie Verlags Union.

Hankemeier, U., Bowdler, & I. Zech, D. (Hrsg.) (1989). Tumorschmerztherapie. Berlin: Springer.

Hilgard, J. R. & LeBaron, S. (1984). Hypnotherapy of pain in children with cancer. Los Altos: Kaufmann.

Jay, S. M., Elliott, C. H. & Varni, J. W. (1986). Acute and chronic pain in adults and children with cancer. Journal of Consulting and Clinical Psychology, 54, 601–607.

Katz, E. R., Kellerman, J. & Siegel, S. E. (1980). Behavioral distress in children with cancer undergoing medical procedures: developmental considerations. Journal of Consulting and Clinical Psychology, 48, 356–365.

Kröner, B. & Heiss, M. (1981). Der Einsatz von Entspannungsverfahren bei chronischen Kopfschmerzen – eine Studie über die Möglichkeiten nicht-medikamentöser Therapie. In H. Huber (Hrsg.), Migräne (156–175). München: Urban & Schwarzenberg.

Kröner-Herwig, B. (1992a). Kopfschmerz bei Kindern und Jugendlichen. Kindheit und Entwicklung, 1, 19–26.

Kröner-Herwig, B. (1992b). Kopfschmerz und psychologische Kopfschmerzbehandlung: Übersicht und kritische Würdigung von Biofeedbackverfahren. In E. Geissner & G. Jungnitsch (Hrsg.), Psychologie des Schmerzes – Diagnose & Therapie (329–349). Weinheim, Psychologie Verlags Union.

Kröner-Herwig, B. & Ehlert, U. (1992). Psychologische Behandlungsverfahren in der Therapie von chronischem Kopfschmerz bei Kindern und Jugendlichen – ein Überblick. Der Schmerz, 6, 171–182.

Kröner-Herwig, B. & Sachse, R. (1988). Biofeedbacktherapie (2. erweiterte Auflage). Stuttgart: Kohlhammer.

Kröner-Herwig, B., Plump, U., Pothmann, R. (1992). Progressive Relaxation und EMG-Biofeedback in der Therapie von chronischem Kopfschmerz bei Kindern – Ergebnisse einer explorativen Studie. Der Schmerz, 6, 121–127.

Kusch, M. (1992). Verhaltensmedizinische Schmerzbehandlung: Vorbereitung auf die Lumbalpunktion. Kindheit und Entwicklung, 1, 53–57.

Labbé, E. L. & Williamson, D. A. (1984). Treatment of childhood migraine using autogenic feedback training. Journal of Consulting and Clinical Psychology, 52, 968–976.

Langenkamp, B., Steinacker, I. & Kröner, B. (1982). Autogenes Training bei 10-jährigen Kindern – Beschreibung des Kursprogramms und des kindlichen Verhaltens während der Übungsstunden. Praxis der Kinderpsychologie und Kinderpsychiatrie, 31, 238–243.

Larsson, B., Daleflod, B., Hakansson, L. & Melin, L. (1987). Therapist-assisted versus self-help relaxation treatment of chronic headaches in adolescents. A school-based intervention. Journal of Child Psychology and Psychiatry, 28, 127–136.

Lehn, B. M. (1992). Schmerzreduktion durch Selbstkontrolle. Kindheit und Entwicklung, 1, 41–47.

Lichstein, K. L. (1988). Clinical relaxation strategies. New York: Wiley.

Linton, S. J. (1982). Applied relaxation as a method of coping with chronic pain: A therapist's guide. Scandinavian Journal of Behaviour Therapy, 11, 161–174.

McGrath, P. J. (1987). The management of chronic pain in children. In G. Burrows, D. Elton & G. Stanley (Eds.), Handbook of chronic pain management (205–216). Amsterdam: Elsevier.

McGrath, P. J., Cunningham, S. J., Lascelles, M. A. & Humphreys, P. (1990). Help yourself. A treatment for migraine headaches. Ottowa: University of Ottawa Press.

McGrath, P. J., Humphreys, P., Goodman, J. T., Keene, D., Firestone, P., Jacob, B. & Cunningham, S. J. (1988). Relaxation prophylaxis for childhood migraine: a randomized placebo-controlled trial. Developmental Medicine and Child Neurology, 30, 626–631.

McGrath, P. J., Humphreys, P., Keene, D., Goodman, J. T., Lascelles, M. A., Cunningham, S. J. & Firestone, P. (1992). The efficacy and efficiency of a self-administered treatment for adolescent migraine. Pain, 49, 321–324.

McGrath, P. J. & Unruh, A. M. (Eds.) (1987). Pain in children and adolescents. Amsterdam: Elsevier.

Nocella, J. & Kaplan, R. M. (1982). Training children to cope with dental treatment. Journal of Pediatric Psychology, 1982, 7, 175–178.

Passchier, J. & Orlebeke, J. F. (1985). Headache and stress in schoolchildren: an epidemiological study. Cephalalgia, 5, 167–176.

Petermann, F., Kusch, M. & Bode, U. (1992). Invasive Prozeduren: Schmerzbewältigung und verhaltensmedizinische Schmerzbehandlung. Kindheit und Entwicklung, 1, 48–52.

Petermann, U. & Petermann, F. (1993). Entspannungsverfahren bei Kindern und Jugendlichen. In Vaitl, D. & Petermann, F. (Hrsg.), Handbuch der Entspannungsverfahren (316–334). Weinheim: Psychologie Verlags Union.

Pothmann, R. (Hrsg.) (1988). Chronische Schmerzen im Kindesalter. Stuttgart: Hippokrates.

Rehfisch, H. P. & Basler, H.-D. (1990). Entspannung und Imagination. In H. D. Basler, C. Franz, B. Kröner-Herwig, H. P. Rehfisch & H. Seemann (Hrsg.), Psychologische Schmerztherapie (448–468). Berlin: Springer.

Richter, N. C. (1984). The efficacy of relaxation training with children. Journal of Abnormal Child Psychology, 12, 319–344.

Ross, D. M. & Ross, S. A. (1988). Childhood pain. Baltimore: Urban & Schwarzenberg.

Sillanpää, M. (1976). Prevalence of migraine and other headache in Finnish children starting school. Headache, 15, 288–290.

Thompson, K. L., Varni, J. W. & Hanson, W. (1987). Comprehensive assessment of pain in juvenile rheumatoid arthritis: an empirical model. Journal of Pediatric Psychology, 12, 241–255.

Varni, J. W. (1990). Behavioral management of pain in children. In D. C. Tyler & E. J. Krane (Eds.), Advances in pain research and therapy: pediatric pain (215–224). New York: Raven Press.

Varni, J. W., Gilbert, A. & Dietrich S. L. (1981). Behavioral medicine in pain and analgesia management for the hemophilic child with factor VIII inhibitor. Pain, 11, 121–126.

Varni, J. W., Jay, S. M., Masek, B. J. & Tompson, K. L. (1986). Cognitive behavioral assessment and management of pediatric pain. In A. D. Holzman & D. C. Turk (Eds.), Pain management (168–192). New York: Pergamon Press.

Walco, G. A., Ilowite, N. T. & Varni, J. W. (1987). Behavioral pain management in children with juvenile rheumatoid arthritis. Chicago: Easter Seal Research Foundation.

Wisniewski, J. J., Genshaft, J. L., Mulick, J. A., Coury, D. L. & Hammer, D. (1988). Relaxation therapy and compliance in the treatment of adolescent headache. Headache, 28, 612–617.

Zeltzer, L. K., Dash, J. & Holland, J. P. (1979). Hypnotically induced pain control in sickle cell anemia. Pediatrics, 64, 533–536.

Herzkreislauferkrankungen

Dieter Vaitl

1. Einführung

Herr M., ein 42 Jahre alter Vertreter, wurde vom Zentrum für Innere Medizin der Universität wegen situativ bedingter Bluthochdruckkrisen, unklarer Schmerzen in der Brustgegend und häufiger Angstzustände in unsere verhaltensmedizinische Ambulanz überwiesen. Die medizinische Diagnostik erbrachte keinerlei Anzeichen für Verengungen der Herzkranzgefäße, die möglicherweise Ursache für die Herzschmerzen hätten sein können. Der Bluthochdruck ließ sich zwar mit Hilfe von blutdrucksenkenden Mitteln auf normale bis leicht erhöhte Druckwerte absenken, doch bestand keine Möglichkeit, damit auch die situativ bedingten starken Blutdruckanstiege unter Kontrolle zu bringen.

Die psychophysiologische Belastungs- und Beanspruchungsdiagnostik in unserem Herzkreislauflabor zeigte, daß es bei Herrn M. unter mentaler und sozialer Belastung (Rechenaufgaben mit steigendem Schwierigkeitsgrad werden vom Untersucher vorgegeben und der Patient dabei gleichzeitig zur Eile angetrieben) zu erheblichen Blutdruckanstiegen kam, die nur langsam wieder abklangen. Gleichzeitig klagte Herr M. über Schmerzen in der Brust, Druckgefühle und Atemnot.

Da die Beschwerden seit einem Jahr deutlich zugenommen hatten und sich seine Angst, plötzlich an einem Herzinfarkt zu sterben, ins Unerträgliche gesteigert hatte, dachte er an die Möglichkeit, seinen Beruf als Vertreter aufzugeben oder sich umschulen zu lassen. Die finanzielle Situation seiner Familie (seit 19 Jahren verheiratet, zwei Söhne im Grundschulalter) erlaubte dies allerdings nicht.

Die Anamnese und Verhaltensanalyse erbrachten eine Auslösersituation für seine Beschwerden. Vor sieben Jahren war er als Vertreter am späten Abend unterwegs und mußte durch einen Gewittersturm fahren; herabgefallene Äste und umgestürzte Bäume versperrten ihm oft den Weg, ein Ort, in dem er hätte Zuflucht finden können, war viele Kilometer entfernt! Er verspürte das erste Mal in seinem Leben Todesangst, seine Arme und Beine wurden eiskalt, er zitterte am ganzen Leib, bekam kaum noch Luft und fürchtete, das Bewußtsein zu verlieren. Auch als er schließlich die nächste Ortschaft erreicht hatte, ließen diese Beschwerden nicht nach, sondern verstärkten sich noch mehr, so daß von den Inhabern des Gasthofs, in dem er Unterschlupf gefunden hatte, der Notarzt gerufen werden mußte. Dieses Erlebnis besprach er, wieder zu Hause, mit einem Freund, der einen Herzinfarkt erlitten hatte und der ihn in der Meinung bestärkte, daß das, was er erlebt hatte, Vorboten eines Herzinfarkts sein könnten. Daraufhin konsultierte er mehrere Ärzte, die ihm jedoch versicherten, daß er lediglich einen leicht erhöhten Blutdruck habe, sonst aber völlig gesund sei. Seit diesem ersten Anfall fielen ihm Fahrten zu seinen Kunden immer schwerer. Bereits beim Einsteigen in seinen PKW fühlte er sich unwohl und beklemmt. Er kaufte sich ein Blutdruckmeßgerät und stellte fest, daß sein Blutdruck, kaum daß er im Auto saß, kräftig angestiegen war. Er vermied daraufhin längere Autofahrten, machte ausgedehnte Pausen dazwischen und kam so zunehmend in Verzug bei seinen täglichen Geschäften. Dies führte zu Auseinandersetzungen mit seinem Vorgesetzten. Zwei Kuraufenthalte brachten zwar kurz-

fristig eine Erleichterung, doch änderte sich an seinen Beschwerden nur wenig. Er versuchte sich dadurch zu entlasten, daß er körperliche Anstrengungen vermied und keinen Sport mehr trieb, auf Alkohol, Zigaretten und Kaffee verzichtete und sich aus seinen zahlreichen sozialen Aktivitäten zurückzog. Dadurch geriet auch seine Frau in immer stärkere soziale Isolierung, weswegen es in der Familie häufiger als vorher zu Vorhaltungen und Auseinandersetzungen kam. Noch zweimal erlitt er, wie er sagte, einen solchen „Herzanfall", wodurch er in seiner Überzeugung bestärkt wurde, schwer herzkrank zu sein. Dazu kam noch, daß sein Freund tatsächlich an einem Hrzinfarkt verstorben ist und er durch gesundheitliche Aufklärungsschriften wußte, daß Bluthochdruck, an dem er tatsächlich litt, einen Risikofaktor für den Herzinfarkt darstellt. Die Zeiten, in denen er krank geschrieben war, nahmen daraufhin zu, für eine frühzeitige Berentung aber reichten die medizinischen Befunde nicht aus. Um ihm in dieser Situation zu helfen, wurde er in unsere Ambulanz überwiesen.

Erkrankungen des Herzkreislaufsystems gehören bekanntlicherweise in den industrialisierten Ländern zu den Spitzenreitern unter den Todesursachen. In den letzten Jahrzehnten wurden große Anstrengungen unternommen, um dieser Herausforderung wirkungsvoll zu begegnen. So hat die Kardiologie neue und bessere Methoden zur Diagnostik und Behandlung von Herzrhythmusstörungen und Koronarstenosen entwickelt, Fortschritte wurden außerdem in der medikamentösen Behandlung von kardiovaskulären Risikofaktoren (z. B. Bluthochdruck, Verengungen der Herzkranzgefäße, Fettstoffwechselstörung, Zuckerkrankheit) gemacht, schließlich erkannte man den zentralen Stellenwert, den risikoreiche Verhaltensweisen, wie z. B. Rauchen, ungesunde Ernährungsgewohnheiten und Bewegungsarmut, auf die Entwicklung von Herzkreislauferkrankungen haben. Dieser letzte Aspekt war es, der zwangsläufig zu einer engen Zusammenarbeit von Psychologen und Medizinern auf dem Gebiet der Prävention, Behandlung und Rehabilitation von Patienten mit Herzkreislauferkrankungen führte. Die aus dieser interdisziplinären Zusammenarbeit erwachsenen Erkenntnisse über prophylaktische, kurative und rehabilitative Interventionsmöglichkeiten trug entscheidend zur Entwicklung einer neuen Disziplin, nämlich der Verhaltensmedizin, bei.

In fast allen heute verwendeten verhaltensmedizinischen Behandlungsprogrammen finden sich Entspannungsverfahren. So dient z. B. das Temperaturfeedback als Methode der Wahl zur Behandlung der Raynaud'schen Erkrankung (s. u.); Entspannungsverfahren können Teil eines Behandlungsprogramms für Herzrhythmusstörungen oder herzbezogene Ängste, z. B. beim Herzangst-Syndrom sein; Entspannungsverfahren finden sich ebenso auch in den verschiedensten verhaltensmedizinischen Behandlungsansätzen zur Senkung des hohen Blutdrucks. Der Stellenwert, den sich dabei haben, leitet sich her

a) aus der klinischen Symptomatik und ihren verhaltensbezogenen pathophysiologischen Anteilen sowie
b) aus der emprischen Befundlage zur prinzipiellen Wirksamkeit der jeweiligen Entspannungsmethoden.

Im folgenden werden jene kardiovaskulären Erkrankungsformen vorgestellt, zu denen kontrollierte Therapieeffekt-Studien vorliegen. Auf anektodische Berichte über erfolgreiche Behandlung von Herzkreislauferkrankungen wird nicht eingegangen. Einige dieser Ergebnisse sind bereits in Band I enthalten (vgl. Vaitl, 1993b).

Der Schwerpunkt dieses Kapitels wird auf der Hypertonie liegen; denn hierzu konnten bislang die meisten praktischen Erfahrungen mit dem Einsatz von Entspannungsverfahren gesammelt werden. Die anderen Störungsformen sind im Vergleich dazu weitaus seltener mit Entspannungsverfahren behandelt worden. Dies spiegelt sich zwangsläufig in einem Mangel an empirischen Befunden und entsprechenden Effektkontrollen wider. Sofern aber in diesen wenigen Untersuchungen ein wichtiges Therapieprinzip verwirklicht worden ist, wird darauf kurz eingegangen.

2. Herzrhythmusstörungen

Unser Wissen über die verhaltensmedizinische Beeinflußbarkeit von Herzrhythmusstörungen ist bislang noch sehr dürftig. Dies liegt nicht zuletzt an der Komplexität des kardioelektrischen Geschehens sowie an der Vielfalt der lokalen und zentralnervösen Faktoren, die an der Entstehung von Herzrhythmusstörungen beteiligt sind.

Frühe Arbeiten, z. B. zur Behandlung von Herzrhythmusstörungen mit dem Autogenen Training, sind bereits in Band I erwähnt worden (Vaitl, 1993b, S. 198f.). Wie aus Tabelle 1 hervorgeht, sind die wenigen neueren empirischen Untersuchungen zur nicht-pharmakologischen Behandlung von Herzrhythmusstörungen größtenteils Einzelfallstudien, deren wichtigster Bestandteil in Feedbackmethoden bestand, z. B. zur Steigerung und Senkung der Herzrate oder zur Einschränkung der Herzschlagvariabilität. Behandelt wurden in dieser Weise folgende Herzrhythmusstörungen (Übersicht in Tabelle 1):

- Tachykardien (supraventrikuläre und Sinus-Tachykardien),
- supraventrikuläre Extrasystolen,
- Vorhof-Flattern,
- Wolff-Parkinson-White-Syndrom.

Es handelt sich bei den meisten Untersuchungen um Studien, die in das Anfangsstadium der Biofeedbackforschung fallen. Es ging damals vor allem um den Nachweis, daß sich selbst ein so autonomes Geschehen wie das der Herzrhythmusstörungen unter die Kontrolle von Feedbacksignalen und Selbstkontrolltechniken bringen läßt. Aus Tierexperimenten zur operanten Kontrolle der Herztätigkeit war seinerzeit bereits bekannt, daß vor allem die Art

Tabelle 1: Übersicht über die Biofeedback-Untersuchungen zur Behandlung von Herzrhythmusstörungen. Die Angaben zur Katamnese bedeuten, daß die Behandlungserfolge anhielten (= positiv), verschwunden waren (= negativ) oder die Studie keine Angaben zur Katamnese enthielt (= ?).

Autoren	Diagnose	Anzahl der Patienten	Behandlungsmethoden	Sitzungen	Katamnese
Weiss & Engel (1971)	Supraventrikuläre Extrasystolen	8	Biofeedback	<47 >47	negativ positiv
Scott et al. (1973)	Sinus-Tachykardie	2	Biofeedback	19	positiv
Bleecker & Engel (1973a)	Vorhof-Flattern	6	Biofeedback	30	?
Bleecker & Engel (1973b)	Wolff-Parkinson-White-Syndrom	1	Biofeedback Beta-Blocker	41	positiv
Bleecker & Engel (1974)	Supraventrikuläre Tachykardie	1	Biofeedback	21	positiv
Vaitl (1975)	Sinus-Tachykardie	1	Biofeedback	12	positiv
Weiss & Brady (1978)	Sinus-Tachykardie	1	Biofeedback Relaxation	20	?
Weiss & Brady (1978)	Supraventrikuläre Tachykardie	1	Biofeedback	30	?
Weiss & Brady (1978)	Vorhof-Flattern	1	Biofeedback Beta-Blocker Relaxation	8	negativ
Janssen & Beckering (1986)	Sinus-Tachykardie	7	Biofeedback	12	positiv

und Weise, wie Sympathikus und Vagus die Herzrate beeinflussen, unter die Kontrolle externer Reize zu bringen ist, d. h. daß sich ein betimmtes neurovegetatives Regulationsmuster erlernen bzw. konditionieren läßt. Mit Hilfe selektiver pharmakologischer Blockaden von Sympathikus und Vagus ließ sich zeigen, daß es sehr spezifische Regulationsmuster sind, die gelernt werden und mit deren Hilfe schließlich eine Steigerung bzw. Senkung der Herzrate erzielt wird. Diese Grundidee wurde dann unmittelbar auf den Menschen übertragen. Mit Hilfe eines visuellen Feedback sollte gelernt werden, die Herzrate zu steigern und zu senken. Da dies, wie aus Tierexperimenten bekannt war, nur gelingen kann, wenn der Einluß von Vagus und Sympathikus am Herzen verändert wird, hoffte man im Einzelfall, ein neurovegetatives Regulationsmuster bzw. eine individuelle sympatho-vagale Interaktionslage zu erzeugen, die die Entstehung von Herzrhythmusstörungen unterbindet. Der wohl wichtigste grundlagenwissenschaftliche Befund ist der, daß Herzrhythmusstörungen tatsächlich unter die Kontrolle von externen Reizen (Feedbacksignalen) zu bringen sind. Da sich die klinische Effizienz eines Verfahrens aber nach seiner Kosten-Nutzen Relation bemißt, sind diese Verfahren unter praktisch-klinischen Gesichtspunkten im Vergleich zu anderen als nicht effizient zu bezeichnen. So ist z. B. die Kosten-Nutzen Relation bei pharmakologischer Behandlung von Herzrhythmusstörungen weitaus günstiger (Cheatle & Weiss, 1982). Außerdem erfordert das Feedbacktraining einen beträchtlichen personellen und zeitlichen Aufwand. So stellten sich Besserungen nur bei den Patienten ein, die über mehr als 47 Sitzungen einem Feedbacktraining unterzogen worden waren; bei geringerer Sitzungszahl profitierten sie nicht davon (Weiss & Engel, 1971). Aus diesen praktischen Erwägungen heraus wurden keine wissenschaftlichen Anstrengungen mehr unternommen, den Einsatz von Entspannungsverfahren, insbesondere des Biofeedback, zur Behandlung von Herzrhythmusstörungen weiter zu verfolgen.

3. Herzangst-Syndrom

Das Herzangst-Syndrom zählt zu jenen somatoformen Störungen, bei denen das Herz und sein Funktionsversagen im Mittelpunkt der Angstproblematik steht (zur Klassifikation, Epidemiologie und Diagnostik vgl. Nutzinger, Pfersmann, Welan & Zapotoczky, 1987). Dieses Syndrom ist gekennzeichnet durch plötzlich auftretende Angstattacken, die mit der Furcht einhergehen, daß eine Herzkrankheit vorliege und das Leben in Gefahr sei. Dies führt zu einer phobischen Einengung der Wahrnehmung auf das Herz und seiner Funktionen. Neben den subjektiven Herzbeschwerden, wie z. B. Herzrasen und Herzstolpern, sind es aber meist die Begleitsymptome eines solchen Anfalles, die für die Patienten die eigentlichen Beunruhigungsmomente darstellen. Dazu zählen Schweißausbrüche, Hitzewallungen und Kältegefühle (vor allem in den Extremitäten), Atembeschwerden, Erstickungsgefühle, Empfindungsstörungen in den Extremitäten, Schwindelattacken und gastrointestinale Beschwerden. Hinzu kommt noch die Angst verrückt zu werden. Gewöhnlich werden diese Erscheinungen von den Patienten als Anzeichen einer schweren Erkrankung des Herzkreislaufsystems interpretiert. Zusammen mit der Erwartungsangst vor einem neuerlichen Anfall führen die auf das Herz bezogenen Befürchtungen zu einem extremen Vermeidungsverhalten, das insgesamt auf eine größtmögliche Schonung des Herzens abzielt und infolgedessen, aufgrund mangelnder physischer Belastung, noch weiter zur Dekonditionierung der kardiovaskulären Funktionstüchtigkeit beiträgt. Die Ähnlichkeiten und Besonderheiten dieser Symptomatik im Vergleich zu Panikattacken ist an anderer Stelle ausführlich diskutiert worden (Nutzinger, Zapotoczky, Cayiroglu & Gatter, 1987).

Die somatoforme Störung des Herzangst-Syndroms kann sehr verschiedene Ursachen haben und sich außerdem in einem sehr heterogenen klinischen Bild manifestieren. Jeder Patient hat sich daher im Laufe seiner Krankheitsgeschichte eine eigene Vorstellung über die Ursachen dieser

Angstattacken gebildet (Kausalattribution) und dementsprechend verschiedene Vermeidungsstrategien entwickelt. Da im allgemeinen eine Grunderkrankung z. B. des Herzkreislaufsystems ausgeschlossen werden kann, bemißt sich das Ausmaß dieser Störungsform ausschließlich nach dem Grad der Beeinträchtigung des eigenen Erlebens und Verhaltens sowie nach den sozialen Konsequenzen, die sich aus diesem Vermeidungsverhalten und seiner Verstärkung ergeben, z. B. Anklammerungstendenzen, soziale Isolation, Ausscheiden aus dem Beruf.

In den letzten Jahren wurden verschiedene verhaltensmedizinische Therapieansätze für diese Patienten entwickelt und klinisch erprobt (z. B. Reinecker, 1987; Eisenack, Hartmann & Schwarz, 1987; Vaitl, Ebert-Hampel & Kuhmann, 1988). Der Schwerpunkt lag dabei im wesentlichen auf zwei verhaltenstherapeutischen Maßnahmen, nämlich auf der Veränderung unangemessener subjektiver Kausalattributionen sowie auf dem Abbau des Vermeidungsverhaltens. Insofern haben diese Behandlungsansätze große Ähnlichkeit mit jenen Therapieformen, die zur Behandlung von Agoraphobikern oder von Patienten mit sozialen Phobien eingesetzt werden. Entspannungsverfahren haben im Rahmen dieser Behandlungsansätze bekanntlich nur eine sehr begrenzte Wirkung. Im Unterschied zu jenen Angstformen aber ist dies bei den Patienten mit Herzangst-Syndrom anders. Die Besonderheit besteht nämlich darin, daß die auf das Herz bezogenen Ängste nur schwer durch in-vivo-Exposition, wie dies bei den anderen Angstformen möglich ist, abzubauen sind. Zwar kann auch bei Patienten mit Herzangst-Syndrom versucht werden, das Vermeidungsverhalten durch in-vivo-Exposition zu ändern, der eigentliche Auslöser der phobischen Reaktion aber, nämlich die Herztätigkeit und die auf sie bezogenen Befürchtungen, entzieht sich weitgehend einer solchen Konfrontation. Aus diesem Grunde schien es sinnvoll, in einem ersten Schritt diese Patienten mit ihrem eigenen Herzen zu konfrontieren, und zwar in einer Weise, die ihnen eine Chance für Reattributions- und Umlernprozesse bietet (Vaitl, Ebert-Hampel & Kuhmann, 1988). Hier bieten sich vor allem Feedbackmethoden an. Der therapeutische Einsatz dieser Verfahren hat natürlich nur einen begrenzten Stellenwert im Hinblick auf die Gesamtproblematik dieser Störungsform, insbesondere in bezug auf das Vermeidungsverhalten. Sie zielen ausschließlich auf die Veränderung der individuellen Kausalattributionen ab. Ob sich daraus auch Veränderungen des Vermeidungsverhaltens ergeben, bleibt weitgehend dem Zufall oder der Initiative der Patienten überlassen. Dennoch stellen sie eine wichtige Voraussetzung für den weiteren Fortgang einer multimodalen Verhaltenstherapie dar.

Die Methode der Rückmeldung der Herztätigkeit orientiert sich an den theoretischen Ansätzen der kognitiven Verhaltenstherapie, wie z. B. an dem der Selbsteffizienz („perceived self-efficacy", Bandura, 1977) und Selbstkontrolle („self-mastery", Meichenbaum, 1976). So wurde das Biofeedback von Eisenack et al. (1987) im Rahmen eines umfassenden Behandlungsprogramms eingesetzt, bei dem die Patienten mit Hilfe des Feedback lernen sollten, daß ein Zusammenhang zwischen Emotionen und körperlichen Reaktionen besteht. Damit zielten sie auf eine Veränderung der Kausal- und Kontrollattributionen ihrer Patienten ab.

Eigene Untersuchungen haben gezeigt, daß Biofeedback allein bereits innerhalb kürzester Zeit (zehn Sitzungen) zu klinisch relevanten Veränderungen der Symptomatik führt (Vaitl, Ebert-Hampel & Kuhmann, 1988). Das Behandlungsprogramm bestand aus mehreren Stufen. Begonnen wurde mit zwei Sitzungen, in denen hauptsächlich Verhaltensanalysen durchgeführt wurden. Daraufhin folgte eine Sitzung, in der das Feedback und der Umgang mit ihm erläutert wurde.

Hier erhielten die Patienten die Möglichkeit, den Zusammenhang zwischen Veränderung ihrer Herztätigkeit – durch das Kardiotachogramm auf einem Bildschirm rückgemeldet –, und bestimmten Aktivitäten (Muskelanspannung,

Atem-Manöver, aufregende Gedanken und körperliche Entspannung) zu entdecken. Damit sollte erreicht werden, daß die Patienten von der prinzipiellen Beeinflußbarkeit ihrer Herztätigkeit überzeugt wurden und sie nicht mehr als eine ihrem Willen völlig entzogene Körperfunktion betrachteten.

Das Feedbacktraining umfaßte insgesamt zehn Sitzungen, in denen die Patienten lernen sollten, die spontanen Schwankungen ihres Herzschlags einzuschränken. Diese Form des Feedback wurde gewählt, da sich eine willentliche Steigerung der Herztätigkeit schlecht Patienten empfehlen läßt, die Angst vor Herzrasen haben; zu empfehlen war ebensowenig, die Herztätigkeit zu verlangsamen, wenn die Patienten fürchteten, ihr Herz könne plötzlich stillstehen. Also wurde ein Kompromiß zwischen beiden Formen gewählt, nämlich die Stabilisation der Herzschlagvariabilität. Dieser Feedbackansatz erfordert permanente Kontrolle geringfügiger Anstiege bzw. Abfälle der Herzrate, ohne daß sich dadurch das mittlere Herzratenniveau verändert (Vaitl, Stark & Gruppe, 1992). Die Erfolge dieses Kurzzeittrainings wurden in Katamnesen sieben Wochen und sechs Monate nach Beendigung des Feedbacktrainings durchgeführt. Es zeigte sich, daß die Information über die Herztätigkeit keineswegs, wie desöfteren vermutet, die angstinduzierende Sensibilität für das Herz und seine Funktionen geführt hatte, sondern klinisch relevante Verbesserungen der Symptomatik bewirkte. So kam es zu einer deutlichen prozentualen Abnahme

- der klaustrophoben Reaktionen (86%),
- der Herzfunktionsstörungen, wie Herzrasen oder Herzklopfen (77%),
- des sozialen Vermeidungsverhaltens (72%) und
- der herzbezogenen Ängste (71%).

Ein Verhältnis von 3:1 zwischen „Verbesserung“ und „Keine Veränderung“ ergab sich für die anderen Verhaltensmerkmale, wie

- Abnahme der Arztbesuche,
- Zunahme der körperlichen Aktivitäten und
- Nachlassen des besorgten Kontrollierens der Herztätigkeit.

Interessant ist in diesem Zusammenhang auch die Tatsache, daß die unterschiedlichen Feedbackformen (z. B. echtes und falsches Feedback, kontinuierliches Schlag-zu-Schlag-Feedback, Summenwerte für die Stabilisierungsleistung) keinen Einfluß auf die Verbesserung der klinischen Symptomatik hatten. Es schien eher so zu sein, daß die Überzeugung, der autonomen Funktion des Herzens nicht mehr hilflos ausgeliefert zu sein und sie in einem gewissen Ausmaß beherrschen gelernt zu haben, das entscheidende therapeutische Mittel gewesen war. Hilfreich war offensichtlich, wie die Verhaltensanalysen zum Zeitpunkt der beiden Katamnesen ergeben haben, daß die Patienten den Eindruck vermittelt bekamen, ihre Herztätigkeit kontrollieren zu können. Freilich waren sie vorher schon mehrfach, z. B. durch die behandelnden Ärzte, versichert worden, daß ihr Herz gesund und ihre Todesfurcht unbegründet sei. Bekanntlich aber hat diese Form der Beeinflussung gar keinen oder nur selten Erfolg. Im Unterschied dazu sind Biofeedbackmethoden Verfahren, in dem die Patienten nicht nur verbal von ihren Selbstkontrollmöglichkeiten überzeugt, sondern durch das Feedback selbst auch objektiv in ihren Kontrollüberzeugungen bestärkt werden.

4. Raynaud'sche Erkrankung

Das Raynaud'sche Syndrom stellt eine Gefäßerkrankung dar. Sie besteht in einer Reduktion oder einer Unterbrechung des peripheren Blutflusses, vorwiegend in den Händen oder in den Füßen (seltener an Nase, Kinn und Gesicht). Es treten plötzlich Gefäßverengungen (Vasospasmen) auf, die durch Kältereize, niedrige Umgebungstemperaturen oder emotionale Belastungen hervorgerufen werden (Übersicht bei Surwit & Jordan, 1987; Freedman, 1987). Diese

Attacken können Minuten oder Stunden andauern und führen in der Regel, wenn sie chronisch auftreten, im Laufe der Jahre zu fressenden Geschwüren in Finger- und Fußspitzen (seltener wiederum im Gesicht und an anderen Körperpartien) bis hin zum Absterben der Gliedmaßen. Die vasospastischen Attacken sind gekennzeichnet durch intensive und unangenehme Kälteempfindungen, die sich bis zu intensiven Schmerzen (ischämischer Schmerz) steigern können. Dies führt gewöhnlich zu Behinderungen bei manuellen Verrichtungen, schlimmstenfalls zur gänzlichen Unterbrechung gewohnter Tätigkeiten.

Man unterscheidet die idiopathische Raynaud'sche Erkrankung, für die es keine bekannte organische Ursache gibt, vom sogenannten Raynaud'schen Phänomen, bei dem die Vasospasmen eine sekundäre Erscheinung einer bekannten Grunderkrankung (z. B. Gefäßverschlüsse, Erkrankungen des rheumatischen Formenkreises, neurologische Läsionen) darstellen. Frauen sind von der idiopathischen Raynaud'schen Erkrankung fünfmal häufiger befallen als Männer. Bei Frauen beginnt die Störung meist schon sehr früh (im zweiten Lebensjahrzehnt), bei Männer kommt sie gehäuft im höheren Alter infolge einer Atherosklerose vor (Porter, Rivers, Anderson & Baur, 1981).

Die medizinischen Behandlungserfolge sind äußerst gering. Neben chirurgischen Interventionen, wie z. B. der Durchtrennung des Sympathikusnerv (Sympathektomie) zur Verhinderung der Vasospasmen, wurden Pharmaka eingesetzt, die ebenfalls auf eine Reduktion des Vasomotoren-Tonus abzielten, wie z. B. Reserpin, Alpha- und Beta-Rezeptorenblockern, Methyldopa und Calcium-Antagonisten. Weder die Sympathektomie noch die Pharmakotherapie konnten die Vasospasmen wirkungsvoll und dauerhaft unterbinden. Um überhaupt positive Effekte zu erzielen, mußte man bei der Pharmakotherapie relativ hohe Dosen an gefäßerweiternden Substanzen verwenden, was zwangsläufig zu stärkeren, meist intolerablen Nebenwirkungen führte (Übersicht bei Surwit & Jordan, 1987). Aus diesem Grund lag es nahe, den Einsatz von Entspannungsverfahren als Methode der Wahl zu versuchen und ihre Effekte klinisch zu überprüfen.

Eingesetzt wurden zwei Formen von Entspannungstechniken: Biofeedbackverfahren (vor allem das Temperaturfeedback zur Erwärmung der Finger und der Hand) und andere Entspannungsmethoden (wie z. B. das Autogene Training und die Progressive Muskelrelaxation nach Jacobson). Beide Gruppen von Entspannungsmethoden sollten die Selbstkontrolle der peripheren Vasomotorik unterstützen (zu Grundlagen und Registriertechniken vgl. Vaitl, 1993c). Als Maß für den Erfolg diente einmal die Zunahme der peripheren Durchblutung, die sich in Form einer Temperaturzunahme registrieren läßt, zum anderen vor allem aber die Abnahme der vasospastischen Attacken insgesamt.

Da einer der sichersten Auslöser solcher Attacken eine niedrige Außentemperatur bzw. ein starker Temperaturabfall ist, war es nötig, die willentliche Kontrolle der Vasomotorik nicht nur unter normalen Temperaturbedingungen zu erlernen, sondern vor allem unter Temperaturverhältnissen, die gewöhnlich einen solchen Vasospasmus hervorrufen. In einer Studie von Surwit, Pilon und Fenton (1978) wurde dieses Behandlungsprinzip verwirklicht und auf seinen therapeutischen Erfolg hin untersucht. Alle Patienten mit einer idiopathischen Raynaud'schen Erkrankung kamen zu Beginn des Trainings in einen Raum, dessen Temperatur von anfänglich 26 °C schrittweise auf 17 °C abgekühlt wurde. Dies lieferte Ausgangswerte für die individuelle Temperaturschwelle, unterhalb deren gewöhnlich bei den Patienten vasospastische Reaktionen auftraten. Das Training selbst bestand für eine Gruppe von Patienten in einem Temperaturfeedback zur Handerwärmung, eine andere Gruppe wurde zusätzlich noch in der Schwere- und Wärmeübung des Autogenen Trainings unterwiesen, welche sie zu Hause weiter üben sollten. Nach einem vierwöchigem Training erfolgte abermals eine Kältereiz-Exposition. Es zeigte sich, daß unabhängig von der jeweiligen Entspannungsmethode (Feedback ohne bzw. mit Autogenem

Training) die Fingertemperatur während des Kältereizes nicht mehr so stark absank wie zum Zeitpunkt der ersten Kältereiz-Exposition vor Beginn der Behandlung. Die Kontrollgruppen, die kein Entspannungstraining durchgeführt hatten, zeigten im Vergleich zu den behandelten Patienten sogar eine Zunahme der Vasokonstriktion während der zweiten Kältereiz-Exposition. Zu einem ähnlichen Ergebnis kamen auch Keefe, Surwit und Pilon (1980), in deren Untersuchung insgesamt viermal eine Kältereiz-Exposition stattfand. Auch hier erwies sich das Handerwärmungfeedback den anderen Entspannungsmethoden (Autogenes Training und Progressive Muskelrelaxation) nicht überlegen. Die Ergebnisse aus den vier aufeinander folgenden Kältereiz-Expositionsphasen zeigten aber deutlich, daß die Patienten schrittweise lernten, ihre Vasomotorik zu beeinflussen und so selbst unter kritischen Temperaturbedingungen einen Vasospasmus zu verhindern. Außerdem berichteten 40% der Patienten, daß durch das Training auch die Häufigkeit ihrer Vasospasmus-Attacken zurückgegangen sei.

Zu ähnlich positiven Resultaten kamen auch Freedman, Ianni und Wenig (1983, 1985). Sie verwendeten verschiedene Feedbackformen (Temperaturfeedback und Stirn-EMG-Feedback) sowie Autogenes Training. Als Erfolgsmaß diente auch ihnen die Verbesserung der peripheren Durchblutung sowie die Abnahme der Vasospasmus-Attacken. Diejenigen Patienten, die das Temperaturfeedback erhielten, wurden weiter unterteilt in eine Gruppe, die unter normalen Temperaturbedingungen trainierten, während eine zweite Gruppe die Feedback-unterstützte Kontrolle der Handerwärmung unter Kältebedingungen erlernen sollte. Das Training umfaßte insgesamt zehn Sitzungen. Jede Sitzung enthielt eine Adaptationphase (10 Minuten), eine Ruhephase (16 Minuten) sowie eine Feedbackphase (16 Minuten). Die Nachuntersuchungen erfolgten eine Woche und ein Jahr nach Beendigung des Trainings. Nach einem Jahr zeigten die Patienten, die unter erschwerten Temperaturbedingungen geübt hatten, die besten Resultate, was die Handtemperatur betrifft. Auch die andere Feedbackgruppe (Temperaturfeedback ohne Kältereiz-Exposition) war nach einem Jahr noch in der Lage, ihre Handtemperatur zu steigern, allerdings nicht in dem Ausmaß wie die andere Feedbackgruppe. Bei der Gruppe, die das Autogene Training erlernt hatte, traten diese Effekte nicht auf. Ein ähnliches Bild zeigte sich auch, wenn man die Symptomverbesserungen betrachtete. 92,5% der Patienten, die unter erschwerten Temperaturbedingungen trainiert hatten, berichteten von einer Abnahme der Häufigkeit der Vasospasmus-Attacken, bei der zweiten Feedbackgruppe waren es dagegen nur 66,8%. Weitaus niedriger lagen die entsprechenden Prozentzahlen bei den anderen beiden Gruppen (Autogenes Training: 32,6%; EMG-Feedback: 17,0%).

Interessanterweise bestand keine Übereinstimmung zwischen der erzielten Handerwärmung, also der objektivierbaren Größe für eine Änderung der Vasomotorik, und den subjektiven Berichten über die Veränderung der Symptomatik, nämlich der Vasospasmen (Keefe, Surwit & Pilon, 1979; Surwit & Jordan, 1987). Selbst wenn die Patienten nach einem längeren Zeitraum, z. B. nach zwei Jahren (Freedman et al., 1983), nicht mehr in der Lage waren, ihre Hände willentlich zu erwärmen, berichten sie dennoch zu einem hohen Prozentsatz, daß sich ihre Symptomatik gebessert habe. Hierfür kommen zwei mögliche Erklärungen in Betracht: Zum einen könnten die Patienten dem Untersucher zuliebe ihre Symptome als weniger gravierend beurteilt haben, zum anderen aber ist ebenso möglich, daß die Patienten dennoch ein gewisses Ausmaß an vasomotorischer Kontrolle unter Kältebedingungen gelernt haben, welches gerade noch ausreichend war, um mögliche vasospastische Prozesse zu unterbinden, ohne daß sich dies in einer deutlichen peripheren Temperatursteigerung bemerkbar machte (Surwit & Jordan, 1987). Eine weitere Erklärung könnte auch die sein, daß die Entspannungsverfahren relativ unspezifisch eine Sympathikolyse (vgl. in Band I Vaitl, 1993a) bewirkt haben, die sich günstig auf die primären Auslöser,

z. B. auf die Kältereize, auswirkt. Dafür spricht die Beobachtung (Mittelmann & Wolff, 1939), wonach nicht unbedingt eine niedrige Hand- oder Fingertemperatur der eigentliche Auslöser eines Vasospasmus sein muß, sondern daß das autonome Erregungsniveau darüber entscheidet, ob es bei einer Kältereiz-Exposition zu einem Vasospasmus kommt oder nicht. Erst wenn das autonome Erregungsniveau entsprechend hoch ist, führen bereits geringe Änderungen der Umgebungstemperatur zu einem Vasospasmus. Die Entspannungsverfahren würden also in diesem Sinne die Schwelle für die Auslösbarkeit einer plötzlichen Vasokonstriktion anheben, indem sie das allgemeine sympathische Erregungsniveau absenken.

Insgesamt betrachtet führten die erwähnten Entspannungsverfahren zu Verbesserungen der Raynaud'schen Symptomatik. Unabhängig davon, welche Methode im einzelnen verwendet worden war, kann man heute davon ausgehen, daß die Besserungsraten zwischen 30% und 40% liegen (eine Ausnahme stellt hier allerdings die Untersuchung von Freedman et al. (1983) dar, s.o.). Zumindest sind diese vorsichtig geschätzten Erfolgsquoten denen vergleichbar, die bei chirurgischen und pharmakologischen Interventionen beobachtet wurden. Die Entspannungsverfahren besitzen den medizinischen Methoden gegenüber zweifellos den Vorteil, daß sie keine Nebenwirkungen erzeugen.

Da sich in der Mehrzahl der kontrollierten Studien die Feedbackmethoden den anderen Entspannungsverfahren gegenüber nicht als vorteilhafter erwiesen haben, ist unter praktischen und finanziellen Gesichtspunkten die Anwendung all jener Entspannungsverfahren zur Behandlung der Raynaud'schen Erkrankung indiziert, die in der Lage sind, eine Sympathikolyse herbeizuführen.

5. Hypertonie

Der Bluthochdruck (Hypertonie) stellt einen ernstzunehmenden Risikofaktor dar, der zu schwerwiegenden Komplikationen führt. Hierzu zählen die kardiovaskulären (z. B. Herzinfarkt), die zerebralen (z. B. transiente ischämische Attacken, Hirnschlag, Hirnmassenblutungen) und renalen (z. B. Niereninsuffizienz) Komplikationen. Zahlreiche multizentrische Langzeitstudien haben gezeigt, daß durch konsequente pharmakologische Behandlung des hohen Blutdrucks das Ausmaß dieser Komplikationen reduziert und unter Umständen die Mortalitätsrate gesenkt werden kann (Einzelheiten zur Pathophysiologie, Psychophysiologie und medikamentösen Behandlung der Hypertonie in Genest, Kuchel, Hamet & Cantin, 1983; Linden, 1984; Ganten & Ritz, 1985).

Darüber hinaus beschäftigt sich die Verhaltensmedizin noch aus anderen Gründen mit dem Risikofaktor „Hypertonie“:

Erstens verhindert die mangelnde Compliance der Hypertoniker, daß objektiv günstige Behandlungschancen nicht in vollem Umfang genutzt werden. Eine Verbesserung dieser Situation wird von verhaltensmedizinischen Zusatzmaßnahmen erwartet.

Zweitens ist bekannt, daß ungesunde Lebensweisen die Entstehung und Chronifizierung des hohen Blutdrucks begünstigen, weshalb verhaltensmedizinische Interventionen zur Änderung des Lebensstils von Hypertonikern immer wichtiger werden.

Drittens ist damit zu rechnen, daß die Nachfrage nach zusätzlichen und/oder alternativen Behandlungsansätzen aufgrund umfangreicher Informations- und Aufklärungskampagnen zunimmt. So stieg z. B. in den USA infolge des „National High Blood Pressure Education Program“ die Zahl derer, denen „Hypertonie“ als Risikofaktor bekannt war, von 50% auf 85% und die Zahl derer, die wußten, daß Hypertonie zum Herzinfarkt führt, sogar von 24% auf 92% an.

Unter den allgemeinen Maßnahmen zur Senkung des hohen Blutdruck, wie z. B. Reduktion des Körpergewichts und Diät, sind Entspannungsverfahren eine wirkungsvolle Behandlungsform. Natürlich sind sie kein Ersatz für die pharmakologische Behandlung, wohl aber stellen sie im Rahmen verhaltensmedizinischer Behandlungsangebote eine Möglichkeit dar, mit der unter bestimmten Umständen und bei entsprechender Motivation der Patienten Blutdrucksenkungen erzielt werden können.

5.1 Blutdrucksenkende Effekte der Entspannungsverfahren

Auf ihre blutdrucksenkende Wirkung wurden folgende Entspannungsverfahren hin untersucht (Einzelheiten zur Registriertechnik, zu den Wirkmechanismen und Effekten dieser Methode finden sich in Vaitl, 1993c):
- Biofeedback (Blutdruck, EMG, Temperatur, elektrodermale Reaktionen),
- Progressive Muskelrelaxation nach Jacobson,
- Autogenes Training,
- Meditationsverfahren und
- Yoga-Übungen.

Es besteht heute kein Zweifel mehr daran, daß diese Verfahren den Blutdruck senken. Allerdings gilt hier eine Einschränkung, die das Stadium der Hypertonie betrifft. Die Effektivität von Entspannungsverfahren wurde nämlich bislang nur für die Stadien I und II (entsprechend den Kriterien der Weltgesundheitsorganisation) nachgewiesen; es handelt sich dabei also um Formen der Grenzwert-Hypertonie und der leichten Hypertonie. Ob Entspannungsverfahren auch bei fortgeschritttenerer Hypertonie-Stadien einen gleichermaßen günstigen Einfluß wie bei den Stadien I und II ausüben, ist bislang unbekannt. Übersichten über die blutdrucksenkende Wirkung von Entspannungsverfahren finden sich bei Vaitl (1982a), Wadden, Luborsky, Greer und Crits-Christoph (1984), Glasgow und Engel (1987) und Jacob, Wing und Shapiro (1987).

Bevor von echten blutdrucksenkenden Wirkungen der Entspannungsverfahren gesprochen werden kann, müssen erst jene Faktoren berücksichtigt und ausgeschlossen werden, die methodenunspezifisch eine Blutdrucksenkung bewirken. Hierzu zählen beispielsweise die Effekte der Jahreszeit. Im Winter liegen die Blutdruckwerte im allgemeinen um 5/3 mmHg höher als im Sommer (Brennan, Greenberg, Miall & Thompson, 1982). Allein schon die Tatsache, daß Patienten an einem Forschungsprojekt zur Hypertonie teilnehmen, kann zu Blutdrucksenkungen führen (Jacob, Wing & Shapiro, 1987). Blutdrucksenkungen treten bereits dann auf, wenn der Blutdruck mehrmals hintereinander, z. B. vom Arzt oder von Hilfspersonen gemessen wird (Pickering, Harshfield, Kleiner, Blank & Laragh, 1982). Dies spricht für einen allgemeinen Adaptationseffekt. So fand Bali (1979), daß bis zu acht Sitzungen erforderlich sind, um annähernd stabile und zuverlässige Blutdruck-Ausgangswerte vor Behandlungsbeginn zu erhalten. Ebenso führt auch die Messung des Blutdrucks durch die Patienten selbst (s. u.) zur Senkung der Blutdruckwerte. Glasgow, Gaardner und Engel (1982) beobachteten an 127 Patienten, die ihren Blutdruck täglich dreimal über einen Zeitraum von sieben Wochen hin selbst gemessen hatten, daß deren Werte im Durchschnitt um 7/4 mmHg gefallen waren. Wenngleich diese Faktoren für einen Großteil der positiven Effekte verantwortlich sind, lassen sich die Effekte, die durch Entspannungsverfahren erzielt werden, nicht einzig und allein damit erklären; denn Studien, die diesen Faktor kontrolliert haben, kamen zu dem Ergebnis, daß die durch Entspannungsverfahren erreichten Blutdrucksenkungen im Durchschnitt größer sind als diejenigen, die durch bloße Adaptation zustande kommen. Dies spricht für einen spezifischen Einfluß dieser Verfahren insgesamt.

Die Frage allerdings, ob und inwieweit die blutdrucksenkenden Effekte verfahrensspezifisch sind, d. h. ob eine Entspannungsmethode größere Blutdrucksenkungen bewirkt als eine andere, läßt sich heute mit einer gewissen Sicherheit beantworten. Zwar liegen Befunde vor, die geringfügige Unterschiede in der blutdrucksenkenden Wirkung der einzelnen Verfahren nachgewiesen haben, im Durchschnitt aber sind diese Unterschiede nicht sehr groß, so daß weitgehend von einer Äquivalenz ihrer Effektivität ausgegangen werden kann.

Allerdings hängt dies wiederum vom jeweiligen Erfolgskriterium ab (s. u.).

Einer der wichtigsten Faktoren jedoch, von dem das Ausmaß an Blutdruckveränderung abhängt, ist nicht so sehr die Behandlungsmethode, als vielmehr der Ausgangswert des Blutdrucks vor der Behandlung. Je höher das Ausgangsniveau ist, umso größer sind auch die Veränderungsbeträge. Dies gilt für Entspannungsverfahren in gleicher Weise wie für die medikamentöse Behandlung der Hypertonie (Vaitl, 1982b), allerdings wiederum mit der Einschränkung, daß es sich hierbei nur um leichte Formen (Stadium I und II), nicht aber um höhere Stadien der Hypertonie handelt.

Wenn verschiedene Entspannungsverfahren in ihrer blutdrucksenkenden Wirkung miteinander verglichen werden, handelt es sich meist um eine Gegenüberstellung von Biofeedbackverfahren und anderen Entspannungsmethoden. Bei den Biofeedbackverfahren muß zudem unterschieden werden, ob es sich um die Rückmeldung des Blutdrucks selbst oder um die Rückmeldung einer anderen Körperfunktion (z. B. Temperatur, EMG, elektrodermale Reaktionen) handelt. Dementsprechend können sich geringfügige Unterschiede in der Senkung des Blutdrucks ergeben. So stellten z. B. Glasgow et al. (1982) fest, daß die Abfolge „Feedback-Relaxation" zu besseren Ergebnissen führte als die Abfolge „Relaxation-Feedback" (Einzelheiten hierzu finden sich in Band I, Vaitl, 1993c). Dieser Effekt läßt sich damit erklären, daß das Blutdruck-Feedback (Selbstmessung des Blutdrucks bei gleichzeitigem Versuch, die Korotkoff-Geräusche dabei zum Verschwinden zu bringen) die Patienten herausfinden läßt, welche subjektiven Kontrollstrategien zur Senkung des systolischen Blutdrucks führen. Diese werden in der dreimonatigen Feedbackphase eingelernt und in der anschließenden dreimonatigen Relaxations-Phase ohne Feedbackkontrolle weiter angewendet. Dies führt womöglich zu einer Generalisierung der individuellen Kontrollstrategien.

5.2 Langzeiteffekte der Entspannungsverfahren

Da Entspannungsverfahren unter sehr verschiedenen Bedingungen und zu verschiedenen Zeitpunkten zu Blutdrucksenkungen führen (vgl. Jacob, Shapiro, O'Hara, Portser, Kruger, Gatsonis & Ding, 1992), ist zu fragen, wie lange diese Effekte überhaupt anhalten. Ihre klinische Bedeutung zeigt sich nämlich erst, sobald ihre Langzeiteffekte untersucht werden. In diesem Zusammenhang stellt sich zugleich die Frage, nach welchen Kriterien diese Langzeiteffekte bestimmt werden. Ein zentrales Kriterium ist hierbei natürlich die Stabilität der Blutdrucksenkung über einen längeren Zeitraum (ein oder mehrere Jahre) hin. Dabei muß unterschieden werden, in welchen Situationen der Blutdruck gemessen wird, z. B. in der Klinik oder am Arbeitsplatz (Kriterium A). Klinische Kriterien für die Langzeiteffekte einer antihypertensiven Behandlung sind ferner die Reduktion der antihypertensiven Medikation, wenn gleichzeitig noch Entspannungsverfahren durchgeführt werden (Kriterium B) sowie die Blutdrucksenkungen, die durch Entspannungsverfahren bei solchen Patienten erzielt werden können, bei denen die medikamentöse Behandlung keine oder nur schwache Effekte hatte (Kriterium C). Da es sich bei der Hypertonie außerdem um einen Risikofaktor handelt, der für verschiedene Komplikationen verantwortlich ist, muß schließlich als letztes, aber entscheidendes Kriterium gelten, inwieweit durch eine Behandlung mit Entspannungsverfahren eine Reduktion eben dieser Komplikationen, z. B. der Linksventrikel-Hypertrophie erreicht wird (Kriterium D). Die wichtigsten Befunde im Hinblick auf diese vier Langzeiteffekt-Kriterien (A–D) sollen im folgenden kurz dargestellt werden.

Kriterium A: Blutdrucksenkung

Therapieziel der pharmakologischen Behandlung einer Hypertonie ist nach derzeit gültigen Kriterien ein diastolischer Blut-

Abb. 1: Zusammenfassung der Veränderungen des diastolischen Blutdrucks aus n = 10 Studien, die mit Biofeedback oder Entspannungsmethoden versucht haben, den Blutdruck von Grenzwert-Hypertonikern zu senken (Einzelheiten bei Jacob et al., 1987). Dargestellt sind die mittleren Blutdruckwerte der Behandlungs- und Kontrollgruppen für die Meßzeitpunkte vor und nach der Behandlung sowie für die Katamnesen 6 Monate und 1 Jahr nach Behandlungsende (modifiziert nach Jacob et al., 1987).

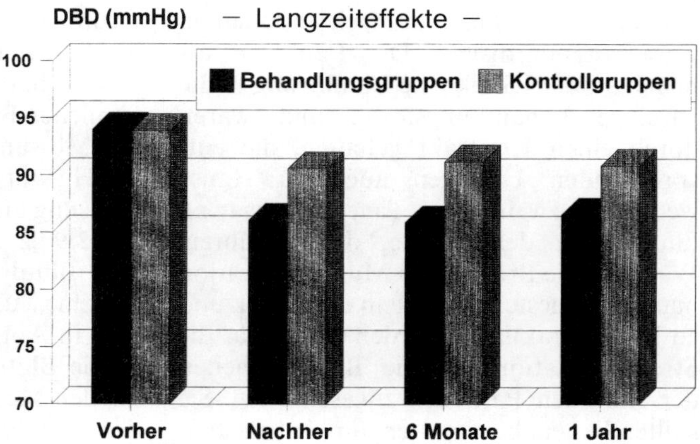

druckwert unter 90 mmHg. Untersucht man daraufhin die Studien (Abb. 1), die als einzige Behandlungsform entweder Biofeedback und/oder Relaxationsmethoden verwendet und mit einer Kontrollgruppe verglichen haben, so zeigt sich innerhalb des Beobachtungszeitraums von einem Jahr, daß dieser kritische Wert im Mittel tatsächlich unterschritten wurde und auch nach einem Jahr noch unter dieser kritischen Schwelle lag (Patel, 1975; Walsh, Dale & Anderson, 1977; Bali, 1979; Agras, Southam & Taylor, 1983; McGrady, Fine & Woerner, 1983; Hatch, Klatt, Supik, Rios, Fisher, Bauer & Shimotsu, 1985; Jacob, Fortmann, Kraemer, Farquhar & Agras, 1985; Patel, Marmot, Terry, Carruthers, Hunt & Patel, 1985; Agras, Taylor, Kraemer, Southam & Schneider, 1987; Chesney, Black, Swan & Ward, 1987). Die durchschnittlichen diastolischen Blutdruckwerte der Kontrollgruppen lagen, nach einer leichten Blutdrucksenkung nach Behandlungsabschluß, dagegen nach wie vor über 90 mmHg. Dies spricht dafür, daß Entspannungsverfahren zu Blutdrucksenkungen führen, die auch durch pharmakologische Behandlung erzielt werden bzw. deren Erfolgskriterien entsprechen (Übersicht bei Jacob et al., 1987).

Der Einsatz von Blutdruckselbstmessung, Entspannungstechniken und verhaltensmedizinischen Maßnahmen am Arbeitsplatz ist ferner ein wichtiger Schritt auf dem Wege von der Klinik oder Praxis hinein in Situationen des Alltags. Ob und inwieweit dieser Transfer des dort Gelernten glückt, ist nicht nur eine theoretische Frage, sondern auch von eminent praktischer Bedeutung.

Mittlerweile liegen aus verschiedenen Studien Erfahrungen vor, die zeigen, daß der Einsatz von Entspannungsverfahren in Kombination mit anderen verhaltensmedizinischen Maßnahmen zu deutlichen Blutdrucksenkungen führt, die nicht nur während der Behandlungsperiode und unmittelbar danach zu beobachten sind, sondern darüber hinaus noch über einen längeren Zeitraum selbst am Arbeitsplatz bestehen bleiben. Chesney et al. (1987) führten eine Behandlung von 158 Hypertonikern im Stadium I durch, bei der sie die Blutdruckveränderungen über ein Jahr hin sowohl in der Klinik als auch am Arbeitsplatz kontrollierten. Verglichen wurden die Blutdruckselbstmessung mit insgesamt fünf verschiedenen anderen Maßnahmen, nämlich

- Entspannungstraining (Progressive Muskelrelaxation nach Jacobson),
- Entspannungstraining plus kognitive Umstrukturierung im Sinne der Streß-Inokulation nach Meichenbaum,
- Entspannungstraining mit Feedbackuntersützung (EMG- und Temperaturfeedback),
- Feedback-unterstützte Entspannung plus kognitive Umstrukturierung,
- Entspannungstraining plus kognitive Umstrukturierung plus Aufklärung über gesundheitsfördernde Verhaltensweisen.

Sämtliche Behandlungskomponenten waren standardisiert. Die Patienten erhielten in der Klinik eine Einführung in die jeweilige Behandlungsform, und waren durch einen Kontrakt gehalten, die entsprechenden Übungen auch zu Hause wenigstens zweimal am Tage, und zwar an fünf Tagen der Woche, durchzuführen. Während die Progressive Muskelrelaxation nach einem festen Schema in der Klinik und zu Hause praktiziert werden sollte, war die Streßinokulation auf die Besonderheiten der einzelnen Patienten zugeschnitten. Sie sollten lernen, bestimmten, für sie belastenden Streßsituationen ihres Alltags mit positiven Gefühlen zu begegnen und durch gleichzeitige körperliche Entspannung in ihrem Belastungsgrad zu mindern. Die Feedback-unterstützte Entspannung sah während der Behandlungsphase den alternierenden Einsatz des Temperaturfeedback und des Schultermuskel-EMG-Feedback vor. Das Behandlungsprogramm umfaßte insgesamt zwölf individuelle Übungssitzungen (jeweils 50 Minuten), die sich über einen Zeitraum von 17 Wochen erstreckten. An diese Behandlungsphase schlossen sich fünf weitere Sitzungen – über eine Zeitraum von 36 Wochen verteilt – an, die der Stabilisierung des Erlernten und der Compliance-Steigerung dienten. In der 54. Woche nach Behandlungsbeginn erfolgte die Abschlußuntersuchung.

Unter allen Behandlungsbedingungen traten Blutdrucksenkungen auf. Die am Arbeitsplatz gemessenen Blutdruckwerte waren dabei allerdings durchgängig höher als die in der Klinik gemessenen. Unter beiden Untersuchungsbedingungen kam es jedoch zu einer kontinuierlichen Abnahme sowohl des systolischen als auch des diastolischen Blutdrucks. Die Blutdruckselbstmessung führte nach einem Jahr in der Klinik zu einer Abnahme von 139,1/94,3 mmHg auf 127,6/88,2 mmHg und am Arbeitsplatz von 136,9/95,1 mmHg auf 134,5/91,6 mmHg. Hier konnte also das allgemeine Erfolgskriterium von 90,0 mmHg (diastolischer Blutdruck) nur bei den Messungen in der Klinik, nicht aber bei denen am Arbeitsplatz erreicht bzw. unterschritten werden. Faßt man die fünf anderen Gruppen, die ein Entspannungstraining mit und ohne zusätzliche Maßnahmen absolviert hatten, zusammen, so ergibt sich ein ähnliches Bild. Hier fiel der Blutdruck bei der Messung in der Klinik von 137,8/94,8 mmHg auf 129,1/89,4 mmHg ab, bei der Messung am Arbeitsplatz dagegen nur von 140,2/97,2 mmHg auf 134,4/92,9 mmHg. Die Blutdruckveränderungen, die durch einzelne Zusatzmaßnahmen erzielt wurden, sind in Abbildung 2 dargestellt.

Die Blutdruckselbstmessung erwies sich bei den Messungen in der Klinik sowohl in den systolischen als auch in den diastolischen Blutdrucksenkungen als ebenso wirksam wie die Entspannungsverfahren mit und ohne Zusatzbehandlung, während die Entspannungsverfahren dagegen zu stärkeren Blutdrucksenkungen bei den Messungen am Arbeitsplatz führten. Dieser Befund läßt sich dadurch erklären, daß die Patienten durch die verhaltenstherapeutischen Zusatzverfahren besser gelernt hatten, ihren Blutdruck unter belastenden Situationen zu kontrollieren als dies den Patienten gelang, die lediglich ihren Blutdruck kontinuierlich gemessen hatten. Dennoch ist der Vorteil der Blutdruckselbstmessung in diesem Zusammenhang nicht zu übersehen. Mit weitaus geringerem Aufwand, sowohl für die Patienten als auch für das klinische Personal, können bereits Blutdrucksenkungen erzielt werden, die unter traditionellen Meßbedingungen, nämlich in der Klinik, Werte erreichen, die dem konventionellen Erfolgskriterium voll und ganz entsprechen. Dazu kommt noch, daß bei dieser Gruppe nach Abschluß der Behandlungsphase kein einziger Patient die Behandlung abgebrochen hatte, während zu diesem Zeitpunkt die Abbrecher-Quote bei den Entspannungsgruppen bereits bei 18,6% lag. Nach einem Jahr betrug das Verhältnis der Abbrecher 10,0% : 21,2% und war damit in den Entspannungsgruppen doppelt so hoch wie in der Blutdruckselbstmessungs-Gruppe. Daraus läßt sich ableiten, daß bei Patienten mit einer Hypertonie im Stadium I zunächst der blutdrucksenkende Effekt der Blutdruckselbstmessung abgewartet werden sollte, ehe mit aufwendigeren Methoden behandelt wird. Sollte sich hierdurch aller-

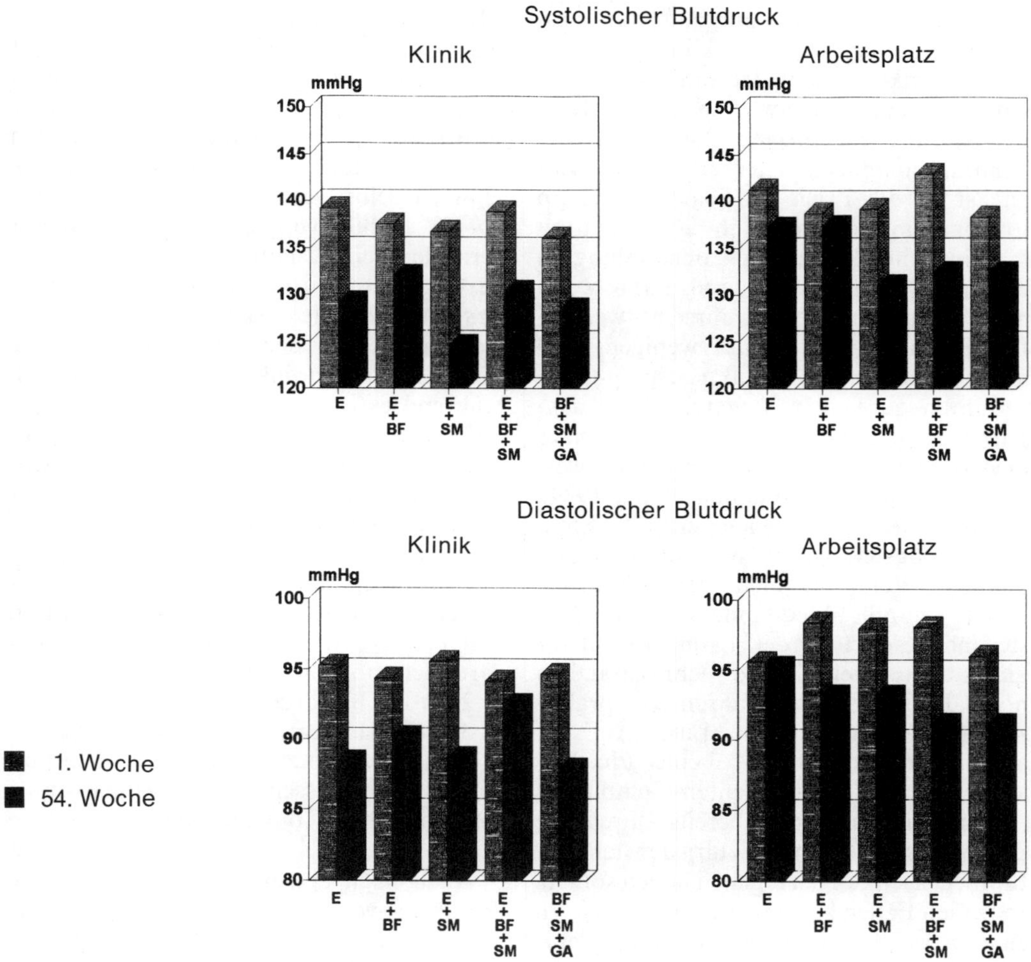

Abb. 2: Veränderungen der systolischen und diastolischen Blutdruckwerte, die entweder in der Klinik oder am Arbeitsplatz gemessen wurden. Als Behandlungsmethoden wurden eingesetzt:
Entspannungsmethode (Progressive Muskelrelaxation) (E)
Entspannungsmethode und Biofeedback (E + BF)
Entspannungsmethode und Streßmanagement (nach Meichenbaum) (E + SM)
Entspannungsmethode, Biofeedback und Streßmanagement (E + BF + SM)
Biofeedback, Streßmanagement und Gesundheitsaufklärung (BF + SM + GA)
(modifiziert nach Chesney et al., 1987).

dings keine zufriedenstellenden Blutdrucksenkungen erreichen lassen, kann auf zusätzliche verhaltensmedizinische Maßnahmen übergegangen werden. Diese aber sollten, nimmt man die vorliegende Studie zum Anhaltspunkt, in einer Kombination von Entspannungsverfahren und Streßbewältigungstraining bestehen. Denn es hat sich gezeigt, daß hiermit im Laufe eines Jahres die größten Veränderungen sowohl im systolischen als auch im diastolischen Blutdruck erzielt werden, wenn die Blutdruckmessung nicht wie sonst in der Klinik, sondern am Arbeitsplatz erfolgte.

Kriterium B: Medikamentenreduktion

Die Frage, ob und inwieweit die antihypertensiven Medikamente während oder nach einer Behandlung mit Entspannungsverfahren reduziert werden können, ist von großer praktischer Bedeutung, vor allem dann, wenn die Nebenwirkungen der Medikamente die Suche nach alternativen Behandlungsmöglichkeiten erfordern. Zunächst ist die Frage zu beantworten, ob Entspannungsverfahren in Kombination mit einer medikamentösen Behandlung zu besseren Resultaten führen als dann, wenn nur Antihypertonika verabreicht werden. Die Befunde sprechen mit wenigen Ausnahmen (s. u.) dafür, daß Entspannungsverfahren zu keinen weiteren Blutdrucksenkungen führen, wenn sie mit einer medikamentösen Therapie kombiniert werden (Übersicht bei Wadden et al., 1984). Hierfür gibt es verschiedene Gründe. Einer der wichtigsten ist die veränderte Compliance. Wenn nämlich der Blutdruck bereits durch Medikamente zufriedenstellend gesenkt werden kann, besteht für die Patienten kein Grund mehr, zusätzlich noch Entspannungsverfahren zu praktizieren: sie verlieren die Lust. Auf der anderen Seite aber kann bei einer Pharmakotherapie die Medikamenten-Compliance nachlassen, wenn sich bereits durch die Entspannungsverfahren zufriedenstellende Blutdrucksenkungen ergeben haben sollten. In beiden Fällen kommt es infolgedessen zu einer Abschwächung des Wirkungsprofils der einen oder anderen Behandlungsmethode. Als Netto-Effekt läßt sich dann kein zusätzlicher Vorteil der Kombinationstherapie mehr feststellen.

Durch Entspannungsverfahren läßt sich jedoch die Anzahl der blutdrucksenkenden Medikamente reduzieren, ohne daß es dadurch zu einem erneuten Blutdruckanstieg kommt. Allerdings gibt es nur wenige Langzeitstudien, die dieser Fragestellung explizit nachgegangen wären (Goldstein, Shapiro & Thanaopavaran, 1984; Blanchard, McCoy, Musso, Maryrose, Pallmeyer, Gerardi, Cotch, Siracusa & Andrasik, 1986; Hatch et al., 1985). Goldstein et al. (1984) berichten, daß es bei 45% ihrer Hochdruckpatienten, die mit einer EMG-Feedback-unterstützten Entspannungsmethode behandelt worden waren, das Absetzen oder die Reduktion (30%) der Medikamente gelang, ohne daß der Blutdruck wieder angestiegen ist. In einer mit Progressiver Muskelrelaxation behandelten Gruppe waren es dagegen nur 17%. Keine Reduktion der Medikamente war bei den Patienten möglich, die ihren Blutdruck lediglich selbst gemessen haben. Blanchard et al. (1986) verglichen anhand dieser Kriterien bei 111 Patienten die Effekte der Progressiven Muskelrelaxation mit denen des Temperaturfeedback. Nach einem Jahr brauchten 35% der Biofeedback-Gruppe keine Antihypertonika mehr einzunehmen, während es in der Relaxationsgruppe nur 15% waren. Hatch et al. (1985) untersuchten 52 medikamentös behandelte Hypertoniker, die zusätzlich entweder mit Progressiver Muskelrelaxation, Blutdruckfeedback oder einfacher Selbstentspannung (Kontrollbehandlung) behandelt worden waren. Es zeigte sich, daß eine Reduktion (30%) der Medikamente in allen drei Gruppen möglich war:

- 20% bei Blutdruckfeedback,
- 38% bei Progressiver Muskelrelaxation,
- 38% bei Selbstentspannung, jedoch nur
- 8% in der ausschließlich medikamentös behandelten Kontrollgruppe.

Auch nach einem Jahr hatten sich die Blutdruckwerte der Patienten nicht wesentlich verändert. Dies sind Hinweise darauf, daß eine Reduktion antihypertensiver Medikamente sehr wohl möglich ist, wenn zusätzlich zu dieser Basisbehandlung noch Entspannungverfahren, wie die eben geschilderten, eingesetzt werden (vgl. hierzu auch Abschnitt 5.3).

Kriterium C: Unterstützung der medikamentösen Behandlung

Die relativ günstigen Effekte einer psychologischen Behandlung des hohen Blutdrucks im Stadium I waren Anlaß, die Interaktion zwischen pharmakologischer und psychologischer Blutdruckbehandlung unter einem ganz anderen Gesichtspunkt auf ihre Langzeiteffekte hin zu untersuchen. Von praktisch-klinischem Interesse war hier die Frage, inwieweit ein Entspannungstraining oder die einfache Blutdruckselbstmessung einen günstigen Einfluß auf den Blutdruck derjenigen Patienten hat, die auf die pharmakologische Behandlung gar nicht oder nur schwach ansprechen. Agras et al. (1987) untersuchten 30 Monate lang 137 Hypertoniker (81,5% Männer), die älter als 50 Jahre waren und die bereits länger als vier Jahre mit Antihypertonika behandelt worden sind, deren Blutdruckwerte aber immer noch im Grenzwertbereich lagen (s. u.). Als zusätzliche Maßnahmen wurden die Progressive Muskelrelaxation und die Blutdruckselbstmessung eingeführt. Das Entspannungstraining umfaßte acht Trainingssitzungen, die sich über einen Zeitraum von zehn Wochen erstreckten. Danach wurden die Patienten über den gesamten Zeitraum der 30 Monate dauernden Behandlung jeden zweiten Monat zu Sitzungen einbestellt, in denen die Vorteile bzw. Schwierigkeiten, die das Entspannungstraining mit sich brachte, besprochen wurden. Jede dieser Sitzungen endete mit einer Entspannungsübung. Sämtliche Untersuchungen fanden am Arbeitsplatz der Patienten während der Mittagspause oder beim Schichtwechsel statt. Wie bereits in der Studie von Chesney und Mitarbeitern (1987), stellten sich auch hier im Laufe der 30 monatigen Behandlung in beiden Gruppen von Patienten deutliche Blutdrucksenkungen ein. Allerdings fand sich kein Unterschied zwischen der Gruppe, die lediglich ihren Blutdruck selbst gemessen hat, und der Entspannungsgruppe. In der Blutdruckselbstmessungs-Gruppe gingen die Blutdruckwerte im Laufe der 30 Monate von 145,5/98,8 mmHg auf normotone Werte von 137,6/88,9 mmHg zurück, ebenso auch bei der Entspannungsgruppe, nämlich von 146,6/97,1 mmHg auf normotone Werte von 139,1/87,1 mmHg. Unter beiden Behandlungsbedingungen stellten sich die größten Effekte bei den Patienten ein, die zu Beginn der Studie die höchsten Blutdruckwerte hatten (vgl. hierzu Vaitl, 1982b). Nimmt man dagegen als Erfolgskriterium nicht allein das Blutdruckniveau, sondern die Anzahl der Patienten, deren Blutdruck durch die zusätzliche Behandlung unter dem Kriteriumswert von 90,0 mmHg diastolischer Blutdruck abgesenkt werden konnte, zeigt sich eine deutliche Überlegenheit des Entspannungstrainings. Noch nach zwei Jahren waren es in dieser Gruppe 63,9% der Patienten, deren Blutdruckwerte unter dieser Grenze, d. h. im normotonen Bereich lagen, während es in der Gruppe der Blutdruckselbstmessung nur 47,7% waren. Nach 30 Monaten allerdings waren diese Prozentzahlen annähernd gleich (75,5% gegenüber 70,8%). Was die Einnahme der Medikamente betrifft, konnten in der Entspannungsgruppe keine Veränderungen im Laufe der Behandlung festgestellt werden, die für die Blutdrucksenkungen verantwortlich zu machen gewesen wären.

Nach diesen Befunden scheint es angebracht, Hypertoniker, deren Blutdruck seit längerer Zeit bekannt ist, sich aber pharmakologisch nicht zufriedenstellend senken läßt, zusätzlich mit einem Entspannungsverfahren zu behandeln. Die Blutdruckselbstmessung ist bei dieser Gruppe von Patienten offensichtlich nicht so wirkungsvoll, wie bei jenen Hypertonikern, deren Bluthochdruck gerade erst entdeckt worden ist (s. o.). Hier kann sie zunächst als Eingangsmaßnahme, wie die Untersuchung von Chesney et al. (1987) gezeigt hat, eine Methode der Wahl darstellen.

Kriterium D: Reduktion der kardiovaskulären Komplikationen

Klinisch von entscheidender Bedeutung ist natürlich die Frage, inwieweit sich bei einer Langzeitbehandlung mit Entspannungsverfahren auch Verbesserungen von Risikofaktoren, die durch die Hypertonie hervorgerufen worden sind. Eine dieser Risikobedingung ist die Linksventrikel-Hypertrophie. Die überzeugendsten Befunde stammenaus einer amerikanisch-sowjetischen Verbundstudie (Aivazyan, Zaitsev, Salenko, Yurenev & Patrusheva, 1988a, Aivazyan, Zeitsev & Yurenev, 1988b; Blanchard, Khramelashvili, McCoy, Auvazyan, McCaffrey, Salenko, Musso, Wittrock, Berger, Gerardi & Pangburn, 1988). Untersucht wurden hier die Langzeiteffekte des Autogenen Trainings. Natürlich wurde dabei nicht das volle Trainingsprogramm eingesetzt, sondern lediglich die Schwere- und Wärmeübung. Bei den Nachuntersuchungen nach fünf Jahren war bei denjenigen Patienten, die regelmäßig geübt hatten, der systolische Blutdruck um 13,2 mmHg und der diastolische um 5,8 mmHg gesunken. Der klinisch aber bedeutsamste Befund ist, daß bei der behandelten Gruppe die Linksventrikel-Hypertrophie nach dem fünfjährigen Beobachtungszeitraum geringer war als bei der Kontrollgruppe. Das Autogene Training scheint also, wenn es regelmäßig durchgeführt wird, einen günstigen Einfluß auch auf jene Komponenten auszuüben, aufgrund deren der hohe Blutdruck ein Risikofaktor für die Myokardischämie ist.

5.3 Kombination von Entspannungsverfahren mit anderen verhaltensmedizinischen Maßnahmen

Sinnvoll scheint auf alle Fälle eine Kombinationstherapie zu sein, bei der sowohl eine medikamentöse als auch eine verhaltensmedizinische Behandlung erfolgt. Lehnert, Kaluza, Vetter, Losse und Dorst (1987) haben dieses Vorgehen gewählt und die antihypertensive Wirkung einer solchen Kombinationstherapie an 108 Hochdruck-Patienten einer Rehabilitationsklinik untersucht. Die verhaltensmedizinische Intervention bestand darin, daß die Patienten in zwei wöchentlichen Gruppensitzungen (Dauer etwa 2 Stunden, 8–10 Teilnehmer), über fünf Wochen verteilt, Informationen über gesunde Lebensführung erhielten, in Entspannungsverfahren (Progressive Muskelrelaxation nach Jacobson, Übungsteile des Autogenen Trainings) unterwiesen wurden, die Selbstmessung des Blutdrucks erlernten und ein Training zur Steigerung der Selbstsicherheit mitmachten. Sämtliche Teilaspekte dieser Kombinationstherapie waren auf den einzelnen Patienten zugeschnitten. Dies betraf vor allem das Selbstsicherheitstraining und die Entspannungsverfahren. Bei letzteren ging es einmal um das Erlernen der Methoden selbst – was in der Regel rasch gelang – und zum anderen auch darum, herauszufinden, wann die körperliche Entspannung am sinnvollsten – und natürlich auch am unauffälligsten – in die Routine täglicher Aufgaben und Beschäftigungen einzubauen war. Prüfen konnten die Patienten die Effekte dieser Maßnahmen, indem sie ihren Blutdruck selbst kontrollierten. Die blutdrucksenkenden Effekte dieser Form der Kombinationstherapie ließen sich empirisch bestätigen. Die sechswöchige Behandlung führte zu Blutdrucksenkungen von anfänglich 153,8/92,5 mmHg auf 138,2/87,7 mmHg nach Abschluß der Behandlung in der Rehabilitationsklinik. Bei den Nachuntersuchungen nach einem Jahr betrugen die Blutdruckwerte noch 139,5/86,6 mmHg und lagen somit im normotonen Bereich. Bei der Kontrollgruppe dagegen, die keine Kombinationstherapie erhalten hatte, sondern lediglich medikamentös behandelt worden war, traten keine vergleichbaren positiven Effekte auf. Ihr Blutdruck sank von anfänglich 152,3/96,6 mmHg nach sechswöchiger medikamentöser Therapie auf 136,8/86,2 mmHg, stieg allerdings bei den Nachuntersuchungen nach einem Jahr wieder auf 144,5/90,9 mmHg an.

Die verhaltensmedizinische Zusatzbehandlung hatte auch einen günstigen Effekt auf die Anzahl der eingenommenen antihypertensiven Medikamente. Nach einem Jahr nahmen von den so behandelten Patienten noch 51,4% (gegenüber 60,2% vor der Behandlung) blutdrucksenkende Mittel ein, während der entsprechende Prozentsatz an Patienten in der Kontrollgruppe bei 77,8% und damit deutlich über den Anfangswerten von 68,0% lag. Um den Blutdruck im Normbereich zu halten, mußten also in der Kontrollgruppe weitaus mehr Patienten medikamentös weiterbehandelt werden als in der verhaltensmedizinisch betreuten Patientengruppe. Interessant ist in diesem Zusammenhang auch die Beobachtung, daß von den nachuntersuchten Patienten nach einem Jahr immerhin noch 53 die einmal erlernte Entspannungsmethode praktizierten. Auch nahm in dieser Gruppe die Zahl an Patienten zu, die eine salzarme Diät konsequent einhielten und sich körperlich mehr als früher betätigten. Natürlich läßt sich auf Grund dieser Effekte nicht sagen, welche der einzelnen Maßnahmen hauptsächlich zur Blutdrucksenkung beigetragen hat. Es kann jedoch, wie Andrews, MacMehan, Austin und Byrne (1982) in einer Übersichtsarbeit festgestellt haben, damit gerechnet werden, daß zumindest der systolische Blutdruck in relativ kurzer Zeit um 10–15 mmHg abnimmt, wann immer in einem Behandlungsprogramm ein oder zwei verhaltensbezogene Maßnahmen enthalten sind.

5.4 Differentielle Effekte von Entspannungsverfahren

Verhaltensmedizinische Maßnahmen haben selbstverständlich nicht bei allen Patienten die gleiche Wirkung. Dies gilt auch für die Entspannungsverfahren, wenn sie zur Senkung des hohen Blutdrucks eingesetzt werden. Hier stellt sich die Frage nach den besonderen Merkmalen von Patienten, die bei Einsatz von Entspannungsverfahren entweder mit einer Blutdrucksenkung reagieren (Responder) oder deren Blutdruck weitgehend unbeeinflußt bleibt (Non-Responder). Cottier, Shapiro und Julius (1984) fanden, daß jene Hypertoniker am besten z. B. auf die Progressive Muskelrelaxation ansprachen, die bereits unter Ruhebedingungen Anzeichen eines erhöhten Sympathikotonus aufwiesen. Jüngst haben McGrady und Higgins (1989) versucht, ein psychophysiologisches Persönlichkeitsprofil dieser sogeannnten Responder zu entwerfen. Als Entspannungsmethode verwendeten sie das Frontalis-EMG-Feedback und das Temperatur-Feedback (16 Sitzungen, 39 Patienten). Diejenigen Patienten, die auf diese Behandlung mit deutlichen Blutdrucksenkungen reagierten, waren durch folgende Merkmale gekennzeichnet:

- periphere Vasokonstriktion,
- erhöhte Herzrate,
- erhöhte Cortisol-Werte im Urin,
- erhöhte Angstwerte (sowohl Zustands- als auch Eigenschaftsangst).

Dies sind Anzeichen einer neurovegetativen Hyperreagibilität. Möglicherweise fallen hier, aufgrund eines erhöhten Ausgangsniveaus, die durch die Entspannungsverfahren bewirkten Effekte einer Sympathikolyse stärker aus als bei geringerer oder durchschnittlicher neurovegetativer Reagibilität.

5.5 Praktische Überlegungen zu Entspannungsverfahren als Zusatztherapie

Zunächst ist festzuhalten, daß Entspannungsverfahren prinzipiell keine Alternative zur medikamentösen Bluthochdruck-Behandlung darstellen. Selbst wenn man davon ausgeht, daß die berichteten Blutdrucksenkungen einen Langzeiteffekt haben – wofür einiges spricht –, liegt bei entsprechender Extrapolation die Senkung des morbiditäts- und mortalitätssteigerndem Risiko einer Hypertonie im Stadium I und II nicht über 15% gegenüber 67% bei konsequenter Behandlung mit blutdrucksenkenden Medikamenten (dies gilt für einen diastolischen Blutdruck von 90–114 mmHg; vgl. Veterans Administration Cooperative Study, 1967, 1970).

Neben dieser geringen Effizienz gilt es noch einen anderen Aspekt zu berücksichtigen, nämlich den Mangel an Compliance, der gerade für Hypertoniker aufgrund eines fehlenden Leidensdrucks charakteristisch ist. Dies gilt nicht nur für die Medikamenten-Compliance, sondern auch für den Einsatz von Entspannungsverfahren. In einer Übersichtsarbeit untersuchten Jacob und Mitarbeiter (1987) die mittleren Abbrecher-Quoten, über die in verschiedenen Studien überhaupt berichtet worden war. Danach beträgt die prozentuale Abbrecher-Quote 12% nach Abschluß des Entspannungstrainings, 18% nach weiteren sechs Monaten und schließlich 27% in den Katamnesen nach einem Jahr. Auffällig war außerdem, daß die Abbrecher-Quoten in den behandelten Patientengruppen stets höher lagen als in den unbehandelten Kontrollgruppen.

Trotz dieser Vorbehalte können Entspannungsverfahren unter gewissen Umständen in eine Hochdruck-Therapie sinnvoll integriert werden. Folgende Überlegungen sprechen dafür:

a) Mit Entspannungsverfahren lassen sich Blutdrucksenkungen erzielen, die denen einer bloßen Placebo-Behandlung überlegen sind.
b) Es ist außerdem mit Langzeiteffekten zu rechnen, sofern die Entspannungsverfahren konsequent eingesetzt werden.
c) Studien, in denen die Patienten angehalten worden sind, konsequent zu Hause zu üben, erbrachten bessere Ergebnisse als jene Studien, in denen darauf kein Wert gelegt wurde (Wadden et al., 1984).
d) Entspannungsverfahren sind leicht zu erlernen und, außer den Biofeedback-Verfahren, äußerst kostengünstig. Ihre Kontraindikationen sind gering.
e) Sie sollten probeweise vor allem dann eingesetzt werden, wenn Hypertoniker im Stadium I und II nicht auf Antihypertonika ansprechen bzw. deren Nebenwirkungen eine konsequente medikamentöse Behandlung erschweren oder sogar verhindern.
f) Sie stellen einen wichtigen Baustein in verhaltensmedizinischen Behandlungsansätzen dar, bei denen es neben der Veränderung der Lebensweise auch um Streßbewältigung geht.

Unter diesen Gesichtspunkten erscheint es legitim, Entspannungsverfahren einen klar umrissenen Stellenwert innerhalb mehrstufiger Behandlungsansätze einzuräumen.

Aufgrund der bisherigen Erfahrungen haben sich verschiedene Behandlungsmodalitäten als sinnvoll und effektiv erwiesen. Sie betreffen einmal die praktische Gestaltung der Einführung und Durchführung der Entspannungsverfahren bei Hypertonikern sowie die stufenweise Kombination von verschiedenen Behandlungskomponenten.

5.6 *Einführung und Durchführung von Entspannungsverfahren: Praktische Aspekte*

Der praktische Einsatz von Entspannungsverfahren in der Hochdrucktherapie umfaßt mehrere Schritte und gliedert sich in verschiedene Phasen (vgl. Vaitl, 1982a, sowie Vaitl, „Materialien zur Durchführung eines Entspannungstrainings für Hypertoniker“ in diesem Band).

I. Der erste Schritt besteht in der Aufklärung der Patienten. Sie müssen über die Zusammenhänge zwischen Blutdrucksteigerungen und psychohysiologischer Belastung informiert sein, um überhaupt einzusehen, daß bestimmte Gegenmaßnahmen erforderlich sind. Hierzu zählt vorallem der Hinweis, daß die Entspannungsverfahren prinzipiell leicht erlernbar und ungefährlich sind. Ihre physiotrope Wirkung muß überzeugend dargestellt werden. Dies gelingt in der Regel nur, wenn die behandelnden Personen über die Basismechanismen, sowohl der Hypertonie als auch der Entspannungsverfahren, ausreichende Kenntnisse besitzen und diese auch in einer verständlichen Weise vermitteln können (pragmatisches Vorgehen vs akademisches Dozieren).

II. Die zweite Phase ist als Probe-Phase zu bezeichnen; denn hier muß den Patienten objektiv demonstriert werden, daß der Blutdruck eine variable Größe ist, die durch verschiedene Faktoren zu beeinflussen ist. Mit welchen Methoden man den Blutdruck zu verändern versucht, z. B. mit Entspannungsinstruktionen, ruhigem Liegen oder bestimmten Vorstellungsbildern, ist dabei von untergeordneter Bedeutung. Wichtig ist nur, daß die Patienten davon überzeugt sind, daß der Blutdruck eine veränderbare Größe ist, die durch bestimmte Maßnahmen auch gesenkt werden kann. Hierzu genügt die Selbstmessung des Blutdrucks (s. u.). Im günstigsten Falle werden die Patienten die Erfahrung machen, daß der Blutdruck nur dann zu senken ist, wenn sie sich körperlich entspannen. Ist diese Überzeugung gefestigt, kann zur nächsten Stufe übergegangen werden.

III. In dieser Phase sollte der Aufbau einer Entspannungsreaktion versucht werden (vgl Vaitl, 1993a). Welches Verfahren hierzu verwendet wird, hängt von der Ansprechbarkeit der Patienten ab. Nach dem „Baukasten-Prinzip" können verschiedene Komponenten miteinander kombiniert werden. Als Auswahlkriterium sollte gelten: das Wohlbefinden der Patienten sowie die Compliance. Es genügt hier nicht, die Patienten in Kurse, z. B. zum Autogenen Training oder zu Meditationsverfahren, zu schicken, wichtig ist vor allem das persönliche Engagement der Therapeuten und Therapeutinnen. Dies ist einer der wichtigsten Faktoren, die die Compliance unterstützen und verbessern helfen (Patel, 1975; 1984).

IV. Erst in dieser Phase kann entschieden werden, ob Entspannungsverfahren auf lange Sicht hin blutdrucksenkende Effekte haben oder nicht. Die erfolgversprechenden Behandlungskomponenten sind hier: (a) die Selbstmessung des Blutdrucks, (b) die konstante und zuverlässige Durchführung der Entspannungsübungen, vor allem zu Hause, sowie (c) die Integration der Entspannungsübungen in die alltäglichen Aktivitäten und ihre Kombination mit anderen, nicht-medikamentösen Maßnahmen zur Senkung des hohen Blutdrucks.

a) Selbstmessung des Blutdrucks

Trotz vielfacher Einwände gegen dieses Vorgehen sprechen die empirischen Befunde dafür, daß Patienten nach entsprechender Anleitung sehr wohl in der Lage sind, ihren Blutdruck zuverlässig selbst zu messen und damit eine Datenbasis zu schaffen, auf die weder in der Diagnostik noch bei Therapieverlaufskontrollen verzichtet werden sollte (Engel et al., 1981). Da sich die Blutdruckwerte im Laufe des Tages verändern, ergibt sich nach mehrwöchiger Blutdruckselbstmessung ein durchschnittliches Tagesprofil, an dem abgelesen werden kann, wann im individuellen Fall Blutdruckmaxima zu erwarten sind (das Maximum liegt im Durchschnitt am Nachmittag). Die Patienten lernen auf diese Weise, einen Zusammenhang herzustellen zwischen Blutdruckverhalten und besonderen Belastungen bzw. Entlastungen im Alltag. Diese Daten können darüber hinaus als Grundlage für weitere Explorationen dienen, besonders im Hinblick auf jene Situationen, in denen besondere Blutdruckanstiege, d. h. vom mittleren Tagesprofil deutlich abweichende Werte, aufgetreten sind.

b) Konstantes Üben

Wie bereits erwähnt, sind die durch Entspannungsverfahren erzielten Blutdrucksenkungen größer, wenn darauf geachtet wurde, daß die Patienten die Entspannungsübungen auch zu Hause durchführen, als dann, wenn in den entsprechenden Studien darauf kein Wert gelegt wurde bzw. darüber keine genauen Angaben gemacht worden sind. Es liegt im Prinzip der Entspannungsverfahren, daß sie ihre physiotrope Wirkung erst nach längerem und beharrlichem Üben entfalten.

c) Integration in alltägliche Aktivitäten

Die Untersuchungen von Patel et al. (1985) und Lehnert et al. (1987) haben gezeigt, wie wichtig es ist, die Entspannungsübungen in Alltagssituationen einzubauen. Dies allerdings sollte nicht dem Zufall oder gar dem sporadischen Einfall der Patienten überlassen bleiben, sondern es bedarf hierzu einer systematischen Strukturierung (beispielsweise den „Streßbewältigungsmethoden" entsprechend). In welchen Situationen der „Abruf" einer bereits erlernten Entspannungsreaktion erfolgen sollte, ergibt sich aus den individuellen Tages- bzw. Situationsprofilen besonderer Blutdruckanstiege

(s. o.). Ob und inwieweit dies gelingt, ist in der Praxis oft eine schwierige Frage, wobei stets damit gerechnet werden muß, daß sich nicht immer eine zufriedenstellende Integration in den Ablauf alltäglicher Aktiviäten herstellen läßt.

5.7 Mehrstufen-Behandlungsprogramme

Wie die oben dargestellten Untersuchungen gezeigt haben, sind flexible Behandlungsprogramme vor allem für Patienten mit grenzwertigem Hypertonus oder labiler Hypertonie angezeigt; denn bei ihnen bestimmen vor allem die situativ bedingten Blutdruckanstiege und der vorübergehende Charakter der Symptomatik das klinische Bild. Pharmakologische Behandlung wäre in diesen Fällen eher eine flankierende Maßnahme zu den verhaltenstherapeutisch konzipierten Behandlungsansätzen. Anders verhält es sich bei Patienten mit Hochdruckformen, die Stadium II zuzuordnen sind. Hier sollte zunächst eine medikamentöse Behandlung eingeleitet werden, um den Blutdruck auf ein weniger risikobehaftetes Niveau zu senken. Sofern Entspannnungsverfahren als zusätzliche Maßnahmen dienen, kann versucht werden, die blutdrucksenkenden Medikamente schrittweise zu reduzieren, wenn sich zeigen sollte, daß der Blutdruck allein schon damit zuverlässig im risikofreien Normbereich gehalten werden kann. Auf jeden Fall muß dem Patienten der Grundgedanke einer solchen kombinierten Behandlungsstrategie klar gemacht werden, damit er selbst das dafür nötige Ausmaß an Kooperationsbereitschaft aufbringt und etwaige Mißerfolge zu tolerieren bereit ist. Allerdings darf dabei nicht übersehen werden, daß die bisherigen Erfahrungen, mögen sie nun positiv oder negativ sein, vorwiegend an ausgelesenen Stichproben von Patienten gewonnen worden sind, die sich für derartige Studien zur Verfügung gestellt haben und bei denen ein erheblicher Aufwand getrieben wurde, um ihre Compliance aufrecht zu erhalten. Für die Generalisierbarkeit der Befunde auf unausgelesene Gruppen von Patienten fehlt bis heute jegliche empirische Grundlage.

Dennoch hat sich inzwischen ein mehrstufiges Vorgehen als praktikabel und im klinischen Alltag als günstig herausgestellt. Hierbei spielen insbesondere Kosten-Nutzen-Überlegungen eine Rolle. Unter Kosten sind hier nicht nur die finanziellen Aufwendungen zu verstehen, sondern vor allem auch der Aufwand, den eine bestimmte Kombinationstherapie für den Patienten und seine Umgebung bedeutet. Unter dieser Prämisse scheint folgendes Vorgehen praktikabel und erfolgversprechend.

Stufe I

Begonnen werden sollte auf alle Fälle mit der Blutdruckselbstmessung, da sich in einem gewissen Prozentsatz von Grenzwert-Hypertonikern bereits dadurch eine Blutdrucksenkung auf das Normniveau (diastolischer Blutdruck unter 90 mmHg) erzielen läßt.

Stufe II

Sollte dies allerdings nicht gelingen, empfiehlt sich der Einsatz der einfachsten Feedbackmethode zur Senkung des Blutdrucks, wie sie in der Studie von Glasgow et al. (1982) beschrieben worden ist, nämlich während der Selbstmessung des Blutdrucks die Korotkoff-Geräusche auf immer niedrigerem systolischen Druckniveau zum Verschwinden zu bringen. Kombiniert werden kann dieses Vorgehen mit einem Entspannungsverfahren, wobei es vom individuellen Fall abhängt, welche Komponenten aus welchen Entspannungsverfahren hierfür herangezogen werden.

Stufe III

Sollte sich auch hiermit der Blutdruck nicht senken lassen, können blutdrucksenkende Medikamente zum Einsatz kommen, wobei wichtig ist, daß dem Patienten der Grund für diesen Wechsel im Behandlungsansatz erläutert wird und ein Rekurs auf Entspannungsverfahren jederzeit wiederum erwogen werden kann. Zumindest sollte der Patient angehalten werden, die Entspannungsverfahren weiter zu praktizieren, da sie einen potientell günstigen Einfluß nicht allein auf den Blutdruck haben, sondern auch in anderen Lebenslagen von Vorteil sein können. Beruhigung und körperliche Entspannung sind als sogenannte Anti-Streß-Methoden nicht schwer zu begreifen, allerdings setzen auch sie motivierte Patienten voraus.

Stufe IV

Die folgenden Maßnahmen erfordern im Vergleich zu den vorgenannten einen wesentlich größeren Aufwand. Zu ihnen zählen verhaltensmedizinische Interventionen wie z. B. jene zur Änderung der Eßgewohnheiten, zur Reduktion des Körpergewichts, Einschränkung des Alkoholgenusses und Intensivierung körperlicher Betätigung. So sind z. B. Widerstände gegen Enthaltsamkeit im Essen und Trinken oder gar Veränderungen in der herkömmlichen Zubereitung der Speisen (z. B. salzarme Diät) mitunter nur schwer einzuhaltende Vorschriften, die nicht nur die Kooperation des Patienten allein, sondern auch die seiner Angehörigen erfordern. Dennoch sind die blutdrucksenkenden Effekte dieser Maßnahmen unbestritten. So führt z. B. die durchschnittliche Reduktion des Körpergewichts um nur ein Kilogramm nach fünf Jahren zu einer durchschnittlichen Blutdruckabnahme von 2,5/1,8 mmHg (Stamler, Farinaro, Mojonnier, Hall, Moss & Stamler, 1980; Jacob et al., 1987).

6. Zusammenfassung

Entspannungsverfahren können im Rahmen der Behandlung von Patienten mit Herzkreislauferkrankungen mit Erfolg bei der Raynaud'schen Erkrankung und bei der Hypertonie im Stadium I und II eingesetzt werden. Bei Herzrhythmusstörungen sind dagegen Entspannungsverfahren, in der Regel Biofeedback-Methoden, aus Kosten-Nutzen-Erwägungen heraus nicht zu empfehlen. Wohl aber eignen sie sich zur Behandlung von Patienten mit einem Herzphobie-Syndrom zur Verbesserung von Selbstkontrolle und Kontrollüberzeugung.

Die weitaus breiteste Erfahrung mit dem Einsatz von Entspannungsverfahren liegt für die Hypertonie vor. Hier hat sich gezeigt, daß, je nach Stadium der Hypertonie, mit guten Erfolgen zu rechnen ist, wenn sie in ein übergeordnetes Behandlungsprogramm eingebunden sind und die Patienten außerdem ein hohes Ausmaß an Compliance besitzen. Dies vorausgesetzt, muß im individuellen Fall entschieden werden, mit welcher Entspannungsmethode begonnen wird und welche zusätzlichen Maßnahmen – jeweils unter dem Kosten-Nutzen-Gesichtspunkt – ergriffen werden. Eine solche Kombinationstherapie kann aus medikamentöser Behandlung und verhaltensmedizinischer Intervention im weitesten Sinne bestehen. Heute stellt sich nicht mehr die Frage, ob dies überhaupt sinnvoll ist, sondern für welche Gruppe von Hochdruckpatienten dies unbedingt erforderlich ist. Zu denken ist hierbei an Risikopatienten, die sowohl aus medizinischer als auch aus verhaltenspsychologischer Sicht gefährdet sind, z. B. Patienten aus Familien, in denen gehäuft Herzkreislauferkrankungen vorgekommen sind. Einem Risikofaktor, der wie der Bluthochdruck eine multifaktorielle Genese aufweist und sich aus unvermeidlichen (Alter, Geschlecht, genetische Belastung) und vermeidbaren Risikodeterminanten aufbaut, kann konsequenterweise in der Praxis therapeutisch auch nur multimethodal begegnet werden, indem vor allem die vermeidbaren Risikodeterminanten angegangen werden.

Literatur

Agras, W. S., Southam, M. A. & Taylor, C. B. (1983). Long-term persistence of relaxation induced blood pressure lowering during the working day. Journal of Consulting and Clinical Psychology, 51, 792–794.

Agras, W. S., Taylor, C. B., Kraemer, H. C., Southam, M. A. & Schneider, J. A. (1987). Relaxation training for essential hypertension at the worksite: II. The poorly controlled hypertensive. Psychosomatic Medicine, 49, 264–273.

Aivazyan, T. A., Zaitsev, V. P., Salenko, B. B., Yurenev, A. P. & Patrusheva, I. F. (1988a). Efficacy of relaxation techniques in hypertensive patients. Health Psychology, 7, 193–200.

Aivazyan, T. A., Zaitsev, V. P. & Yurenev, A. P. (1988b). Autogenic training in the treatment and secondary prevention of essential hypertension: Five-year follow-up. Health Psychology, 7, 201–208.

Andrews, G., MacMehan, S. W., Austin, A. & Byrne, D. G. (1982). Hypertension: Comparison of drug and non-drug treatments. British Medical Journal, 284, 1523–1526.

Bandura, A. (1977). Self-efficacy: Toward a unifying theory of behavioral change. Psychological Review, 84, 191–215.

Bali, L. R. (1979). Long-term effect of relaxation on blood pressure and anxiety levels of essential hypertensive males: A controlled study. Psychosomatic Medicine, 41, 637–646.

Blanchard, E. B., McCoy, G. C., Musso, A., Maryrose, A. G., Pallmeyer, T. P., Gerardi, R. J., Cotch, P. A., Siracusa, K. & Andrasik, F. (1986). A controlled comparison of thermal biofeedback and relaxation training in the treatment of essential hypertension: I. Short-term and long-term outcome. Behavior Therapy, 17, 563–579.

Blanchard, E. B., Khramelashvili, V. V., McCoy, G. C., Aivazyan, T. A., McCaffrey, R. J., Salenko, B. B., Musso, A., Wittrock, D. A., Berger, M., Gerardi, M. A. & Pangburn, L. (1988). The USA-USSR collaborative cross-cultural comparison of autogenic training and thermal biofeedback in the treatment of mild hypertension. Health Psychology, 7, 175–192.

Bleecker, E. R. & Engel, B. T. (1973a). Learned control of ventricular rate in patients with atrial fibrillation. Psychosomatic Medicine, 35, 161–175.

Bleecker, E. R. & Engel, B. T. (1973b). Learned control of cardiac rate and cardiac conduction in the Wolff-Parkinson-White syndrome. New England Journal of Medicine, 288, 560–562.

Brennan, P. J., Greenberg, G., Miall, W. E. & Thompson, W. G. (1982). Seasonal variation in arterial blood pressure. British Medical Journal, 285, 919–923.

Cheatle, M. D. & Weiss, T. (1982). Biofeedback in heart rate control and the treatment of cardiac arrhythmias. In L. White & B. Tursky (Eds.), Clinical biofeedback: Efficacy and mechanisms (164–194). New York: Guilford.

Chesney, M. A., Black, G. W., Swan, G. E. & Ward, M. M. (1987). Relaxation training for essential hypertension at the worksite: I. The untreated mild hypertensive. Psychosomatic Medicine, 49, 250–263.

Cottier, C., Shapiro, K. & Julius, S. (1984). Treatment of mild hypertension with progressive muscle relaxation: Predictive value of indexes of sympathetic tone. Archives of Internal Medicine, 144, 1954–1958.

Eisenack, P., Hartmann, K. & Schwarz, D. (1987). Biofeedback bei funktionellen Herz-Kreislaufstörungen. In D. O. Nutzinger, D. Pfersmann, T. Welan & H. G. Zapotoczky (Hrsg.), Herzphobie. Klassifikation, Diagnostik und Therapie. (166–171). Stuttgart: Enke.

Engel, B. T. & Bleecker, E. R. (1974). Application of operant conditioning techniques to the control of cardiac arrhythmias. In P. A. Obrist, A. H. Black, J. Brener & L. V. DiCara (Eds.), Cardiovascular psychophysiology. (456–476). Chicago: Aldine.

Engel, B. T., Gaarder, K. R. & Glasgow, M. S. (1981). Behavioral treatment of high blood pressure. I. Analyses of intra- and interdaily variations of blood pressure during a one-month, basline period. Psychosomatic Medicine, 43, 255.

Freedman, R. R. (1987). Long-term effectiveness of behavioral treatments for Raynaud's disease. Behavior Therapy, 18, 387–399.

Freedman, R. R., Ianni, P. & Wenig, P. (1983). Behavioral treatment of Raynaud's disease. Journal of Consulting and Clinical Psychology, 51, 539–549.

Freedman, R. R., Ianni, P. & Wenig, P. (1985). Behavioral treatment of Raynaud's disease: Long-term follow-up. Journal of Consulting and Clinical Psychology, 53, 136.

Ganten, D. & Ritz, E. (Hrsg.) (1985). Lehrbuch der Hypertonie. Stuttgart, New York: Schattauer.

Genest, J., Kuchel, O., Hamet, P. & Cantin, M. (1983). Hypertension. New York: McGraw-Hill.

Glasgow, M. S. & Engel, B. T. (1987). Clinical issues in biofeedback and relaxation therapy for hypertension. In J. P. Hatch, J. G. Fisher & J. D. Rugh (Eds.), Biofeedback. Studies in clinical efficacy. (81–121). New York, London: Plenum.

Glasgow, M. S., Gaardner, K. R. & Engel, B. T. (1982). Behavioral treatment of high blood pressure. II: Acute and sustained effects of relaxation and systolic blood pressure biofeedback. Psychosomatic Medicine, 44, 155–170.

Goldstein, I. B., Shapiro, D. & Thananopavaran, C. (1984). Home relaxation techniques for essential hypertension. Psychosomatic Medicine, 46, 399–414.

Hatch, J. P., Klatt, K. D., Supik, J. S., Rios, N., Fisher, J. G., Bauer, R. L. & Shimotsu, G. W. (1985). Combined behavioral and pharmacological treatment of essential hypertension. Biofeedback and Self-Regulation, 10, 119–138.

Jacob, R. G., Fortmann, S. P., Kraemer, H. C., Farquhar, J. W. & Agras, W. S. (1985). Combining behavioral treatments to reduce blood pressure: A controlled outcome study. Behavioral Medicine, 9, 32–54.

Jacob, R. G., Shapiro, A. P., O'Hara, P., Portser, S., Kruger, A., Gatsonis, C. & Ding, Y. (1992). Relaxation therapy for hypertension: Setting-specific effects. Psychosomatic Medicine, 54, 87–101.

Jacob, R. G., Wing, R. & Shapiro, A. P. (1987). The behavioral treatment of hypertension: Long-term effects. Behavior Therapy, 18, 325–352.

Janssen, K. H. L. & Beckering, R. (1986). Spectral analysis of biofeedback induced heart rate decreases in sinus tachycardia. In P. Grossman, K. H. L. Jannsen & D. Vaitl (Eds.), Cardiorespiratory and cardiosomatic psychophysiology. (263–277). New York, London: Plenum.

Keefe, F. J., Surwit, R. S. & Pilon, R. N. (1979). A one-year follow-up of Raynaud's patients treated with behavioral therapy techniques. Journal of Behavioral Medicine, 2, 385–391.

Keefe, F. J., Surwit, R. S. & Pilon, R. N. (1980). Biofeedback, autogenic training and progressive relaxation in the treatment of Raynaud's disease. Journal of Applied Behavior Analysis, 13, 3–11.

Lehnert, H., Kaluza, K., Vetter, H., Losse, H. & Dorst, K. (1987). Long-term effects of a complex behavioral treatment of essential hypertension. Psychosomatic Medicine, 49, 422–430.

Linden, W. (1984). Psychological perspectives of essential hypertension. Basel, München: Karger.

McGrady, A., Fine, T. & Woerner, M. (1983). Maintenance of treatment effects biofeedback-assisted relaxation on patients with essential hypertension. American Journal of Clinical Biofeedback, 6, 34–39.

McGrady, A. & Higgins, J. T. Jr. (1989). Prediction of response to biofeedback-assisted relaxation in hypertensives: Development of a Hypertensive Predictor Profile (HYPP). Psychosomatic Medicine, 51, 277–284.

Meichenbaum, D. (1976). Cognitive factors in biofeedback therapy. Biofeedback and Self-Regulation, 1, 201–216.

Mittelmann, B. & Wolff, H. G. (1939). Affective states and skin temperature: Experimental study of subject with „cold hands" and Raynaud's syndrome. Psychosomatic Medicine, 1, 271–191.

Nutzinger, D. O., Pfersmann, D., Welan, T. & Zapotoczky, H.-G. (1987). Herzphobie. Klassifikation, Diagnostik und Therapie. Stuttgart: Enke.

Nutzinger, D. O., Zapotoczky, H. G., Cayiroglu, S., & Gatter, G. (1987). Panikattacken und Herzphobie. Wiener Klinische Wochenschrift, 99, 554–560.

Patel, C. (1975). 12-month follow-up of yoga and bio-feedback in the management of hypertension. Lancet, 1, 62–64.

Patel, C. (1984). A relaxation-centered behavioral package for reducing hypertension. In J. D. Matarazzo, S. M. Weiss, J. A. Herd, N. E. Miller & S. M. Weiss (Eds.), Behavioral health. (846–861). New York, Chicester: Wiley.

Patel, C., Marmot, M. G., Terry, D. J., Carruthers, M., Hunt, B. & Patel, M. (1985). Trial of relaxation in reducing coronary risk: Four year follow up. British Medical Journal, 290, 1103–1106.

Pickering, T. G., Harshfield, G. A., Kleinert, H. D., Blank, S. & Laragh, J. (1982). Blood pressure during normal daily activities, sleep, and exercise. Journal of the American Medical Association, 247, 992–996.

Porter, J. M., Rivers, S. P., Anderson, C. J. & Baur, G. M. (1981). Evaluation and management of patients with Raynaud's syndrome. The American Journal of Surgery, 142, 183–189.

Reinecker, H. (1987). Differentielle Effekte der Vermittlung plausibler Ätiologie- und Änderungsmodelle. In D. O. Nutzinger, D. Pfersmann, T. Welan, & H. G. Zapotoczky (Hrsg.), Herzphobie. Klassifikation, Diagnostik und Therapie. (126–135). Stuttgart: Enke.

Scott, R. W., Blanchard, E. B., Edmunson, E. D. & Young, L. D. (1973). A shaping procedure for heart-rate control in chronic tachycardia. Perceptual and Motor Skills, 37, 327–338.

Stamler, J., Farinaro, E., Mojonnier, L. M., Hall, Y., Moss, D. & Stamler, R. (1980). Prevention and control of hypertension by nutritional-hygienic means. Journal of the American Medical Association, 243, 1819–1823.

Surwit, R. S. & Jordan, J. S. (1987). Behavioral treatment of Raynaud's syndrome. In J. P. Hatch, J. G. Fisher & J. D. Rugh (Eds.), Biofeedback. Studies in clinical efficacy. (255–279). New York: Plenum.

Surwit, R. S., Pilon, R. N., & Fenton, C. H. (1978). Behavioral treatment of Raynaud's disease. Journal of Behavioral Medicine, 1, 323–335.

Vaitl, D. (1975). Biofeedback-Einsatz in der Behandlung einer Patientin mit Sinus-Tachykardie. In H. Legewie & L. Nusselt (Hrsg.), Biofeedback-Therapie. Lernmethoden in der Psychosomatik, Neurologie und Rehabilitation (205–217). München, Berlin, Wien: Urban & Schwarzenberg.

Vaitl, D. (1982a). Essentielle Hypertonie. Berlin: Springer.

Vaitl, D. (1982b). Psychological management of essential hypertension. Contributions to Nephrology, 30, 87–91.

Vaitl, D. (1993a). Psychophysiologie der Entspannung. In Vaitl, D. & Petermann, F. (Hrsg.). Handbuch der Entspannungsverfahren. Band I. (25–63). Weinheim: Psychologie Verlags Union.

Vaitl, D. (1993b). Imagination und Entspannung. In Vaitl, D. & Petermann, F. (Hrsg.). Handbuch der Entspannungsverfahren. Band I. (65–83). Weinheim: Psychologie Verlags Union.

Vaitl, D. (1993c). Psychophysiologie der Interozeption. In Vaitl, D. & Petermann, F. (Hrsg.). Handbuch der Entspannungsverfahren. Band I. (85–109). Weinheim: Psychologie Verlags Union.

Vaitl, D., Ebert-Hampel, B. & Kuhmann, W. (1988). Cardiac feedback training in patients with cardiophobia. In T. Elbert, W. Langosch, A. Steptoe & D. Vaitl (Eds), Behavioural medicine in cardiovascular disorders (307–323). New York, London: Wiley.

Vaitl, D., Stark, R. & Gruppe, H. (1993). Biofeedback: A methodology for changing cardiorespiratory coupling. Journal of Ambulatory Monitoring (in press).

Veterans Administration Cooperative Study Group on Antihypertensive Agents (1970). Effects of treatment on borbidity in hypertension: II. Results in patients with diastolic blood pressure averaging 90 through 114 mmHg. Journal of the American Medical Association, 213, 1143.

Veterans Administration Cooperative Study on Antihypertensive Agents (1967). Effects of treatment on morbidity in hypertension. Journal of the American Medical Association, 202, 1028.

Wadden, T. A., Luborsky, L., Greer, S. & Crits-Christoph, P. (1984). The behavioral treatment of essential hypertension: An update and comparison with pharmacological treatment. Clinical Psychology Review, 4, 403–429.

Walsh, P., Dale, A., & Anderson, D. E. (1977). Comparison of biofeedback pulse wave velocity and progressive relaxation in essential hypertensives. Perceptual Motor Skills, 44, 839–843.

Weiss, T. & Brady, J. P. (1978). Experience with biofeedback and relaxation training for cardiac arrhythmias. Unpublished manuscript. University of Pennsylvania.

Weiss, T. & Engel, B. T. (1971). Operant conditioning of heart rate in patients with premature ventricular contractions. Psychosomatic Medicine, 33, 301–321.

Asthma bronchiale

Franz Petermann und Martina Beys

1. Einführung

Christian, 13 Jahre, leidet seit seinem dritten Lebensjahr an Asthma. Die medikamentöse Therapie besteht aus einem DNCG, einem Betamimetikum, einem Kortison-Dosieraerosol und Theophyllin-Tabletten. Einmal im Monat geht er zu einer ärztlichen Kontrolluntersuchung.

Christian und seine Eltern haben gelernt, mit dem Asthma zu leben. Früher waren die Eltern sehr besorgt und hatten Angst um ihren Sohn, heute jedoch können sie beruhigend auf Christian einwirken. Probleme bereiten Christian jedoch die spät abends auftretenden Atembeschwerden, aufgrund derer er schlecht einschlafen kann. In der Nacht wacht er zudem häufig auf, weil er husten muß. Er verspürt dabei häufig ein Kratzen im Hals, steht auf und trinkt etwas. Kann er nicht einschlafen, so greift er oft zum Inhaliergerät, wobei sein Arzt dies für nicht erforderlich hält, da Christian medikamentös gut eingestellt sei. Aufgrund der nächtlichen Aktivität ist Christian am Morgen und in der Schule müde. Im Rahmen einer Patientenschulung lernte Christian eine bildgetragene Kurzentspannung kennen, einer Kombination aus Autogenem Training und Imagination (vgl. U. Petermann, in diesem Buch). Christian lernte, mit Unterstützung der Eltern, die Entspannung zu Hause selbständig herbeizuführen. Wenn er z. B. nicht einschlafen konnte, instruierte er sich selbst, woraufhin er einschlief. Die nächtlichen Probleme verschwanden mit der Zeit ganz, so daß Christian heute ohne aufzuwachen und zu inhalieren durchschläft, was für alle Familienmitglieder beruhigend ist. Ein halbes Jahr nach dem Erlernen des Entspannungsverfahrens zeigte es sich, daß Christian in verschiedenen Situationen auf die Kurzentspannung zurückgreift, z. B. um ruhiger an schulische Anforderungen heranzugehen, aber auch bei Atemnot, „da sie sonst schlimmer wird, wenn man aufgeregt ist“.

Nolte (1991) definiert Asthma als „eine variable und reversible Atemwegsobstruktion infolge Entzündung und Hyperreaktivität der Atemwege“ (S. 3), wobei die Hyperreaktivität das zentrale Symptom des Asthmas darstellt. Das überempfindliche Bronchialsystem reagiert bereits auf innere oder äußere Reize, die beim gesunden Menschen keinerlei Reaktionen auszulösen vermögen. Wegen dieser Hyperreaktivität kommt es anfallsartig zu einer Verengung der Atemwege, so daß der Patient nur noch erschwert atmen kann.

Für die Atemnot sind drei Vorgänge verantwortlich:

1. Die Bronchien verkrampfen sich und die Atemwege werden verengt, es entsteht ein pfeifendes Geräusch.
2. Die Schleimhaut in den Bronchien schwillt an und verengt die ohnehin schon eingeschränkte Lichtung der Bronchien.
3. Die Schleimdrüsen produzieren übermäßig viel Schleim, der durch das forcierte Atmen eingedickt wird und nicht mehr beseitigt werden kann. Dieser Vorgang führt zu einem verstärkten Hustenreiz.

Auslöser von Asthmaanfällen können sein:

- körperliche Anstrengung,
- Allergien (z. B. auf Pollen, Tierhaare, Hausstaubmilben, Schimmelpilze, Nahrungsmittel),

- Infektionen der Nasennebenhöhlen, der Atemwege und der Lungen,
- starke Emotionen (z. B. Angst, Ärger, angenehm empfundene Erregtheit),
- Witterungswechsel und starke Temperaturschwankungen,
- Reizstoffe (Zigarettenrauch, Auspuffgase, Küchendünste, Farbstoffe, Konservierungsmittel, Alkohol u. a. m.),
- Medikamente (u. a. fieber- und schmerzlindernde Präparate) und
- Hyperventilation.

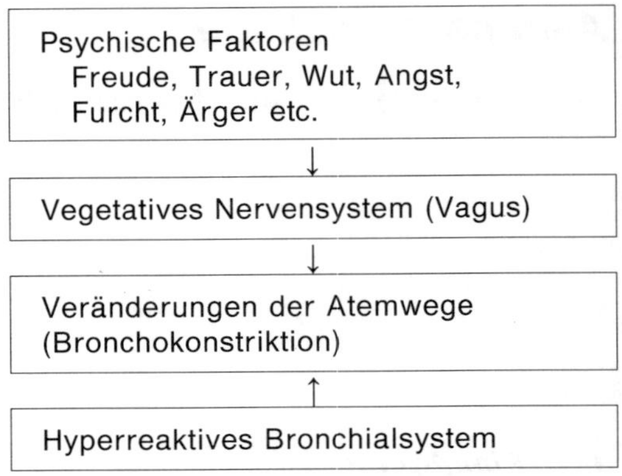

Abb. 1: Asthma und psychische Faktoren.

Trotz des überempfindlichen Bronchialsystems kann ein Asthmakranker symptomfrei ein zufriedenes und aktives Leben führen. Neben der medikamentösen Behandlung sollten auch Sporttherapie und Entspannungsübungen berücksichtigt werden.

Wenn Asthma auch primär eine körperliche Krankheit ist, so lösen bei 20 bis 40% der Patienten psychische Faktoren vielfach Asthma aus (vgl. Isenberg et al., 1992). So berichten Patienten oft, daß ein Asthmaanfall kurz nach emotionaler Erregung auftritt, was sich anhand einer deutlichen Einschränkung der Lungenfunktion zeigen läßt (Isenberg et al., 1992). Psychische Faktoren wirken über das vegetative Nervensystem, konkret über den Vagus, auf die glatte Bronchialmuskulatur und können so eine Verengung der Atemwege (Bronchokonstriktion) auslösen. Ferner führen die psychischen Faktoren auf der physiologischen Ebene auch zu Anspannung (vgl. Noeker, 1991). Gefühlsregungen und starke Emotionen wie Freude, Angst, Traurigkeit, Furcht, Ärger, Wut und unangenehme Erwartungen können das vegetative Nervensystem reizen und so die Bronchien verengen. Wesentlich ist jedoch, daß das hyperreaktive Bronchialsystem bei diesen Wechselwirkungen eine entscheidende Rolle spielt, denn ein gesundes Bronchialsystem reagiert nicht auf diese psychischen Faktoren mit einer Bronchokonstriktion.

Über welche Mechanismen psychische Faktoren auf die Atemwege einwirken können verdeutlicht Abbildung 1. Freude, Ärger, Wut, Angst u. ä. weisen physiologische Begleitreaktionen auf (z. B. Anspannung), die die Verengung der Atemwege zur Folge haben. Es existieren Wechselwirkungen von Psyche und vegetativem Nervensystem, wobei die Stimulation des Parasympathikus zur Freisetzung von Acetylcholin, einer Überträgersubstanz (Neurotransmitter), führt und damit zur Verengung der Atemwege (Bronchokonstriktion), die sich in den veränderten physiologischen Kennwerten, wie dem Atemwegswiderstand, zeigt (Schüffel et al., 1990).

Die sensiblen Nervenendigungen des Parasympathikus („irritant receptors"), die auf Reize unterschiedlichster Art reagieren, verlaufen bis zur glatten Bronchialmuskulatur. Von diesen Nervenendigungen aus verläuft ein Reflexbogen über den afferenten Vagus zum Zentralen Nervensystem (ZNS), zu den zentralen Vaguskernen in der Medulla oblongata. Der Reflex wird im ZNS insbesondere durch das limbische System in seiner Intensität verändert. Über das limbische System können psychische Faktoren asthmatische Beschwerden auslösen, verschlimmern, aber auch lindern. Der Reflexbogen verläuft über den efferenten Vagus schließlich zum Bronchialsystem, wo es durch die Freisetzung von Acetylcholin zu einer Bronchokonstriktion kommt (Nolte, 1991).

Abbildung 2 illustriert noch einmal konkret wie es zur Reflexbronchokonstriktion kommt.

Vielfach ist das Wissen über spezifische Wechselwirkungen zwischen Atemwegsveränderungen und psychischen Faktoren für

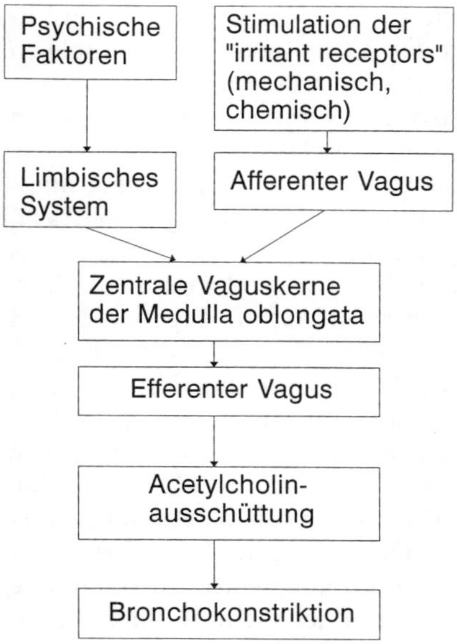

Abb. 2: Reflexbronchokonstriktion (modifiziert nach Nolte, 1991).

die Bewältigung des Asthmas wichtig. Atemwegsveränderungen sind nach Kotses et al. (1989) eine Funktion der Schwankung des generellen Aktivitätsniveaus, wobei Gesunde ähnliche psychologisch herbeigeführte Atemwegsveränderungen zeigen wie sie bei Asthmakranken zu beobachten sind. Entspannung führt zu einer Erweiterung der Bronchien, wohingegen Streß zu einer Verkrampfung führt. Bei Asthma ist der Luftdurchfluß behindert, und damit steigt bei verkrampften Bronchien der Atemwegswiderstand, welcher mit der Zunahme physiologischer, d. h. vagal-efferenter, Aktivität aufgrund Streßreizen verbunden ist.

Isenberg et al. (1992) bieten einen guten Überblick über die Beziehung zwischen Asthma, Suggestion und Emotion, wie Furcht, Wut oder Erregung. Sie gehen von der Annahme aus, daß die psychisch vermittelten Einflüsse auf die Atemwege und damit auf die Lungenfunktion parasympathisch moduliert sind. Die Atemwege werden sympathisch und parasympathisch innerviert, wobei eine Zunahme der Aktivität des Vagus zu einer Bronchokonstriktion der oberen, großen Atemwege führt. Die unteren Atemwege reagieren eher auf eine sympathische Stimulation. Eine parasympathische Innervierung geht somit mit einer Bronchokonstriktion einher und eine sympathische mit einer Dilatation. Asthmatiker, die mit einer Konstriktion der oberen Atemwege reagieren, neigen eher zu emotional ausgelösten Anfällen. Solche Asthmatiker profitieren von Entspannungsverfahren wie der Progressiven Muskelentspannung und dem Biofeedback (Lehrer et al., 1986). Es zeigte sich, daß Asthmatiker, die positiv auf Entspannungsübungen reagierten, eher Obstruktionen in den oberen Atemwegen aufwiesen, was sich anhand von Fluß-Volumen-Messungen zeigte (vgl. Isenberg et al., 1992). Die parasympathische Reaktivität wurde somit herabgesetzt. Psychische Faktoren können den Verlauf und die Schwere des Asthmas sowohl positiv als auch negativ beeinflussen. Wie die Literaturübersicht von Isenberg et al. (1992) zeigt, kann Suggestion im Vergleich zu Streß sowohl zu einer Bronchokonstriktion als auch zu einer Bronchodilatation führen.

Die Konstriktion der Atemwege löst in der Regel eine Reihe von körperlichen Symptomen aus, wie Husten. Diese müssen vom Patienten wahrgenommen und in eine kausale Verbindung mit dem Asthma gebracht werden. Dies ist Gegenstand der Interozeptionsforschung (vgl. Pennebaker, 1982; Noeker, 1991). Bei der Wahrnehmung körpereigener Vorgänge handelt es sich um einen äußerst komplexen Prozeß, wobei es sich bei der Beurteilung der körperlichen Situation nicht um eine objektive, sondern eine subjektive Einschätzung handelt. Bei der Interozeption von Atemwegsobstruktionen sind die Patienten oft unsicher und unterschätzen den Atemwegswiderstand.

Nach Vaitl (1993c) ist die respiratorische Interozeption bei Entspannnungsverfahren nur dann von Bedeutung, wenn während der Entspannungsübung die Aufmerksamkeit auf die Atmung gelenkt wird. Nimmt der Patient jedoch Anzeichen einer Atemwegsobstruktion wahr, so ist die Entspannungsübung abzubrechen, damit sich die Beschwerden nicht verschlimmern.

2. Indikationsstellung von Entspannungsverfahren bei der Behandlung des Asthmas

Bei der Anwendung von Entspannungsverfahren geht man davon aus, daß alle Verfahren eine positive Wirkung zeigen. So steigern sie in der Regel die Selbstregulationsfähigkeit des Patienten. Entspannungsverfahren sind vor allem beim Angst-Management wichtig; denn Angst löst oft akute Anfälle aus. Mit Hilfe von Entspannung kann z. B., wie im Fallbeispiel, ein asthmakrankes Kind einem drohenden Anfall entgegenwirken.

In bezug auf die Kontrolle des Asthmas ist die Evaluation der Effekte spezifischer Entspannungsverfahren erforderlich (Finley & Jones, 1992).

Bei der Behandlung des Asthmas können folgende fünf Entspannungsverfahren angewandt werden:

- Progressive Muskelentspannung nach Jacobson,
- Autogenes Training,
- Meditationstechniken,
- Imaginative Verfahren und
- Biofeedback.

2.1 Progressive Muskelentspannung

Die Progressive Muskelentspannung nach Jacobson ist ein Entspannungsverfahren auf der Grundlage körperlich herbeigeführten Erlebens, bei dem es um den Kontrast von muskulären Spannungs- und Entspannungszuständen geht. Progressive Muskelentspannung bietet somit über den körperlich wahrnehmbaren Kontrasteffekt einen leichten Zugang zur Entspannung. Ziel ist die Erschlaffung der willkürlichen Muskulatur, schließlich äußert sich jede psychische Anspannung auch in einer Zunahme des Muskeltonus (Hamm, 1993). Mit Hilfe der Progressiven Muskelentspannung wird der erhöhte Muskeltonus reduziert. Die Patienten erleben ein Gefühl der Entspannung.

Durch die Progressive Muskelentspannung kommt es zu einer allgemeinen Ruhigstellung. Das körperbetonte Verfahren bietet den Vorteil, daß es im Vergleich zum kognitiv ausgerichteten Autogenen Training auch jüngeren Kindern zugänglich ist (vgl. Gröller, 1991).

Untersuchungen (vgl. Cluss, 1986; Steptoe, 1984; Alexander, 1972) zeigten, daß sich die Lungenfunktion, gemessen anhand des Atemwegswiderstandes oder des Peak-flow, konsistent verbesserte; die Ergebnisse sind jedoch selten klinisch signifikant. Die Progressive Muskelentspannung führte zu einer Zunahme des Luftdurchflusses, welche durch offene und unverkrampfte Atemwege möglich wird (Kotses et al., 1989); sie bewirkt also eine positive Atemwegsveränderung. Diese unmittelbare Erleichterung der Ausatmung wurde insbesondere bei Kindern mit leichtem Asthma beobachtet oder bei solchen, deren Atembeschwerden an emotionale Ereignisse gebunden waren. Kinder mit schwerem Asthma können ihre Lungenfunktion verbessern, wenn man zur Vermittlung der Entspannungsreaktionen Varianten des Jacobson-Trainings durch Frontalis-EMG-Biofeedback unterstützt. Isenberg et al. (1992) vermuten, daß psychische Faktoren überhaupt eine geringere Rolle bei der Auslösung des schweren Asthmas spielen und eher bei leichtem Asthma Einfluß haben. Es bedarf jedoch noch weiterer Studien, um zu klären, ob ein derartiger Zusammenhang tatsächlich besteht.

Übungen in muskulärer Entspannung tragen dazu bei, daß Asthmaanfälle reduziert werden; sind jedoch nicht in der Lage, generalisiert oder zeitlich stabil Asthmaanfälle zu beeinflussen. Nützlich ist die Progressive Muskelentspannung zumindest deshalb, weil es zu einer fortschreitenden Körperwahrnehmungsfähigkeit kommt, die gerade bei Asthmatikern oft unzureichend ausgebildet ist.

Indikationsbereiche von Progressiver Muskelentspannung:

- leichtes Asthma
- durch Emotionen ausgelöstes Asthma

2.2 Autogenes Training

Das Autogene Training kann sich bei Asthmatikern hilfreich auswirken. J. H. Schultz, der Begründer des Autogenen Trainings, litt selbst unter Asthma und lernte, seine Asthmaanfälle mit Hilfe des Autogenen Trainings zu bewältigen (Krampen, 1992; Lebzeltern, 1983). Bei der Entspannung handelt es sich um ein Lernen, das dem Patienten für die Bewältigung seiner Probleme mit der Krankheit von Bedeutung ist.

Es kommt zu einer Selbstberuhigung, zur Selbstregulierung sonst unwillkürlicher Körperfunktionen (Gefäßerweiterung, Tonuserniedrigung, Herz- und Atemfrequenz) und zur Entspannung der willkürlichen Muskulatur, wobei die einzelnen Stufen der Entspannung (z. B. Wärme, Schwere) sich lediglich durch die Vorstellung herbeiführen lassen und nicht willentlich kontrollierbar sind. Dies erklärt ebenfalls, daß ein Anfall nicht willentlich zu beeinflussen ist.

Bei Asthma ist der Einsatz der Atemübung sinnvoll, ebenso der der Sonnengeflechtsübung. Die Übungsformel „es atmet mich“ oder Modifikationen derselben sollen den Patienten dazu bringen, die Ausatmungsphase passiv ablaufen zu lassen (Vaitl, 1993a). Dies erfordert, daß er sich entspannen lernt. Die Lippenbremse, eine Atemtechnik, kann dabei zu Hilfe genommen werden, so daß das Autogene Training zu einer regelmäßigen, verlangsamten Atmung führt. Das Erleben der ruhigen Atmung vertieft wiederum die Entspannung.

Mit Hilfe des Autogenen Trainings können auch bestimmte Organe, wie Luftröhre, Bronchien und Lungenraum, erwärmt werden (Lebzeltern, 1983; Vaitl, 1993a). Hilfreich erscheint die Anwendung des Autogenen Trainings auch langfristig im Rahmen einer Gruppentherapie mit Asthmatikern, wobei sich der spezifische Erfolg des Autogenen Trainings nicht herauskristallisieren läßt (vgl. Deter & Allert, 1983). Im Rahmen der Studie von Deter und Allert (1983) wurde der Gebrauch der Medikamente, die Anzahl der Arztbesuche sowie das psychische Allgemeinbefinden der Patienten untersucht. Die Medikamente konnten reduziert werden und ebenso die Krankenhaustage. Zudem konnten die Patienten besser mit dem Asthma umgehen, was auch positive Auswirkungen auf die soziale Umwelt hatte.

Verschiedene Biofeedbackmethoden können das Erlernen des Autogenen Trainings anfänglich unterstützen (Krampen, 1992), wenn es um die Auslösung physiologischer Entspannungsreaktionen geht.

Das Autogene Training hat sich als Ergänzung zur medizinischen Behandlung des Asthmas als förderlich erwiesen und wird für die begleitende und rehabilitative Behandlung empfohlen (vgl. Krampen, 1992). Die Sympathikusaktivität wird reduziert, ohne daß es zu einer parasympathischen Aktivierung kommen muß, was durch positive Effekte des Autogenen Trainings bestätigt wird. Vaitl (1978) sieht dessenungeachtet die Indikation bei Asthma als nicht gegeben an, da Asthma parasympathisch innerviert ist. Zumindest ist unklar, welche Komponenten einen positiven Behandlungserfolg bewirken (vgl. Vaitl, 1993a).

Eine medizinische Abklärung, was die Anwendung des Autogenen Trainings angeht, ist aufgrund dieser widersprüchlichen Erkenntnisse notwendig.

2.3 Meditationstechniken

Meditation ist von ihrem Ursprung her nicht als Entspannungsübung konzipiert, obwohl u. a. ein Ziel der Meditation in der Herstellung von tiefer innerer Ruhe besteht. Der Meditierende lernt, sich zu konzentrieren.

Eine sehr bekannte und wirkungsvolle Meditationstechnik ist die Transzendentale Meditation, die einen besonderen Einfluß auf das vegetative Nervensystem ausübt (vgl. Linden, 1993). Über die Vorstellung eines Mantras wird bei dieser Technik Entspannung bewirkt. Bei der Transzendentalen Meditation wird die Anspannung der Bronchialmuskulatur verringert, und wegen des geringeren Sauerstoffverbrauchs wird weniger Atemluft benötigt; der Atem wird flacher. Ein Nachweis, daß Meditation einen direkten Effekt auf den Vagus hat, existiert bisher nicht. Es scheint sich jedoch um eine effektive Methode zu handeln, um Angst abzubauen (vgl. Linden, 1993).

In Untersuchungen von Honsberger und Wilson (1973) und Wilson et al. (1975) wurden Asthmatiker in Transzendentaler Meditation angeleitet und nach drei Monaten Meditationspraxis untersucht. Es kam bei 94% der Meditierenden zur Abnahme des Atemwegswiderstandes und nach Einschätzung der Ärzte verbesserte sich bei 53% die Asthma-Symptomatik. In keinem der Fälle kam es zu einer Symptomverschlechterung. Meditation führte nach dreimonatiger Meditationspraxis zu einer Veränderung der Lungenfunktion: Der Atemwegswiderstand wird kleiner und die Menge der in einer Minute ausgeatmeten Luft sowie die Höchstmenge der insgesamt ausgeatmeten Luft werden größer. Außerdem wurde der Bedarf an bronchienerweiternden Medikamenten geringer. Bei einer Untersuchungsgruppe kam es anfänglich zu einer Verschlechterung der Symptomatik. Es trat jedoch bis zum Ende der Meditationsphase eine stetige Besserung ein.

Andere Meditationstechniken bedienen sich z. B. der Konzentration auf die Atmung; mit diesem Vorgehen soll die vegetative Regulation verändert werden. Bei Asthma ist jedoch eine Konzentration auf den Atem gefährlich, da sich dadurch Asthmaanfälle verschlimmern können.

Dua (1990) betrachtet Meditation als eine Technik der kognitiven Verhaltenstherapie, die, wie das Autogene Training, die Aktivität des sympathischen Nervensystems reduziert. Er berichtet über Studien bei Erwachsenen, in denen die Lungenfunktionsparameter positiv beeinflußt wurden, die Meditation jedoch anderen Verfahren, wie der Progressiven Muskelentspannung, nicht überlegen war. Zum Vergleich führten die Patienten ein Asthma-Tagebuch über die Häufigkeit, Schwere und Dauer ihrer Asthmaanfälle. Meditation kann allerdings, wenn sie mit einer Systematischen Desensibilisierung gekoppelt wird, angsterregende Gedanken verringern (vgl. kritisch dazu Deuchert & Petermann, in diesem Buch). Die Meditation blendet hemmende Gedanken aus. Da Asthma oft von unangemessenen Kognitionen begleitet wird, kann der Einsatz von Meditationstechniken sinnvoll sein. Nützlich ist das Vorgehen auch, wenn innere Ruhe hergestellt werden soll.

Kontraindiziert kann Meditation bei ängstlichen Patienten sein, da sich bei diesen die Angstgefühle verstärken, wenn es an Außenreizen mangelt (vgl. Heide & Borkovec, 1983).

2.4 *Imaginative Verfahren*

Mit imaginativen Verfahren werden bestimmte Vorstellungen hergestellt bzw. verändert (vgl. Vaitl, 1993b; Petermann & Kusch, 1993), die perzeptive, motorische, kognitive und affektive Komponenten enthalten. Vorstellungen sind handlungsanleitend, jedoch spielt die Lebhaftigkeit einer Vorstellung eine wichtige Rolle (vgl. Vaitl, 1993b). So kann bereits die Vorstellung einer einen Asthmaanfall auslösenden Situation genügen, um einen Anfall herbeizuführen. Ebenso kann die Imagination einer angstauslösenden Situation psychophysiologische Veränderungen hervorrufen, die denen in einer realen Angstsituation vergleichbar sind. Während einer Imaginations-Instruktion werden dem Patienten u. a. visuelle, emotionale oder motorische Informationen dargeboten, die ein realistisches Bild einer konkreten Situation ergeben. Letztendlich soll der Patient sich vorstellen, wie er eine bestimmte Situation bewältigt. Wesentlich ist jedoch, daß der Patient Imaginationsfähigkeiten besitzt.

Imaginative Verfahren erzielen die Entspannungsreaktion auf einem indirekten Weg, da sich diese erst während der Imagination einstellt und nicht die Hauptwirkung der Imagination darstellt. Das Ziel der Imagination ist zunächst die Verhaltensänderung oder die Änderung von Emotionen (vgl. Petermann & Kusch, 1993).

Ein Beispiel für die Anwendung eines imaginativen Verfahrens im Rahmen einer verhaltenstherapeutischen Technik stellt die Systematische Desensibilisierung (vgl. Deuchert & Petermann, in diesem Buch) dar, bei der schrittweise Angstreaktionen, wie sie bei Asthmapatienten auftreten können, abgebaut werden. Vom Patienten, der Angst hat, wird verlangt, sich in tiefer Entspannung immer stärker Angst auslösende Situationen vorzustellen. Die Darbietung der angstauslösenden Situationen wird so lange wiederholt, bis die vorgestellte Situation ihre angstauslösende Wirkung verliert. Die beiden Reaktionen der Entspannung und der Angst sind miteinander nicht vereinbar und die Angst wird so vermindert.

Innerhalb des Asthma- und Anfallsmanagements spielen Panik und Entspannung neben Symptomdiskrimination und Anwendung der Medikamente eine bedeutende Rolle. So neigen Asthmapatienten, die ihren Atemwegswiderstand nur ungenau einschätzen können, zu größerer Angst vor einem Asthmaanfall (vgl. Vaitl, 1993c). Creer (1991) führt die Systematische Desensibilisierung durch reziproke Hemmung als eine hilfreiche Technik an, um mit der Panik fertig zu werden. Positive Selbstaussagen, Entspannung und Selbstinstruktionen sowie Entspannung, die an vorgestelltes Üben von Bewältigungsschritten gekoppelt ist, gehören ebenso dazu.

Gerade bei Kindern werden häufig „Phantasiereisen" eingesetzt, um den Vorteil eines kombinierten Einsatzes von Imagination und anderen Entspannungsverfahren (Autogenes Training oder Progressive Muskelentspannung), zu nutzen. Die „Kapitän-Nemo-Geschichte" (Petermann & Petermann, 1993a, 1993b; siehe auch Materialien zu Imaginationsverfahren für Kinder in diesem Buch) ist ein Beispiel hierfür. Bei der bildgetragenen Kurzentspannung werden Elemente des Autogenen Trainings mit imaginativen Verfahren kombiniert. Mit Hilfe geeigneter Bilder aus der Unterwasserwelt werden bei den Kindern Ruhe und Entspannung induziert sowie Erregung abgebaut. Die Geschichte hat den Charakter einer Fortsetzungsgeschichte und besteht aus Einstiegs- und Erlebnisbildern. Die Einstiegsbilder sind gleichbleibend und wiederkehrend, so daß die Kinder immer in der gleichen Weise Ruhe erfahren. Für die Entspannungsinstruktion, eingebaut in die Erlebnisbilder, werden lediglich die Schwere- und Wärmeübung angewandt, wobei die Übungen dem Abbau von Angst und Spannung dienen und vorrangig zu einem verbesserten Anfallsmanagement beitragen sollen; die Lungenfunktionsparameter sollen dabei nicht beeinflußt werden. In die Imagination können ganz spezifische, auf die Probleme der Kinder abgestimmte Instruktionen, im Sinne von Vorsatzformeln, eingebaut werden. Diese Instruktionen sollten derart gestaltet sein, daß sie die Kinder zu Handlungen anleiten (vgl. Petermann & Kusch, 1993). Die Kinder erlangen Kontrolle über ihre Vorstellungen und erleben, daß sie diese selbst beeinflussen können und selbst wirk-

Abb. 3: Selbstinstruktionskarte.

sam sind (vgl. U. Petermann, in diesem Buch).

Autogenes Training und Progressive Muskelentspannung reduzieren die Aktivität, wodurch die Imagination erst ermöglicht wird und Selbstinstruktionen effektiv eingebaut werden können. Es ist beabsichtigt, die Aufmerksamkeit der Kinder sowohl auf der physiologischen, motorischen als auch affektiven Ebene zu lenken.

Leider fehlen bislang experimentelle Untersuchungen zur Effektivität imaginativer Verfahren bei Asthma.

2.5 Biofeedback

In der bisherigen Forschung wurden mehrere Biofeedbackmethoden zur Behandlung von Asthma bronchiale untersucht, wobei die durch die Bronchokonstriktion verursachte Atemnot reduziert und der Atemwegswiderstand gesenkt werden soll (Maß et al., 1989; 1993). Ist die Muskelspannung der Bronchien gering, so ist der Durchmesser der Atemwege groß und der Atemwegswiderstand gering. Die Patienten erwerben über das Prinzip des operanten Lernens Selbstkontrolle über die spezifischen physiologischen Reaktionen, wobei die Änderung der vegetativen Größen im gewünschten Sinne rückgemeldet wird. Somit werden physiologische Reaktionen, die normalerweise nicht wahrgenommen werden können, in wahrnehmbare (akustische oder visuelle) Signale modifiziert (Vaitl, 1993d). Autonome Funktionen lassen sich auf diese Weise willentlich beeinflussen. Ein Überblick über die unterschiedlichen Biofeedback-Methoden, deren theoretischen Grundlagen sowie deren Effektivität findet sich bei Vaitl (1993d).

Asthmakranke Kinder, Jugendliche und Erwachsene werden durch Biofeedback in genauer Körperwahrnehmung geschult. Sie lernen, ihre Körpersignale gezielt zu erkennen und zu beeinflussen.

Da der Vagus für die Konstriktion der Bronchien verantwortlich ist, wird das Biofeedback eingesetzt, um den vagalen Tonus zu senken.

Biofeedback führt allgemein schneller zur Entspannung als Progressive Muskelentspannung oder Autogenes Training, d. h. sich zu entspannen, kann in kürzerer Zeit erlernt werden. Biofeedback-unterstützte Entspannung kann als Selbstregulationsstrategie betrachtet werden. Meldet man einem Asthmapatienten den aktuellen Atemwiderstand über ein Oszilloskop zurück, lernt er im Laufe der Zeit so zu atmen, daß der ihm rückgemeldete Wert möglichst gering ist.

Durch die Ergebnisse Alexanders et al. (1972) ermutigt, wurde das Biofeedback im wesentlichen zur Unterstützung genereller Entspannung eingesetzt. Davis et al. (1973) verglichen die Progressive Muskelentspannung nach Jacobson mit der Muskelentspannung plus Frontalis-EMG-Feedback bei asthmakranken Kindern. Nur bei Kindern mit leichtem Asthma kann man einen erhöhten Peak-flow-Wert (+ 2,3 Liter/Minute) feststellen. Zudem erbrachte die Biofeedback-Bedingung deutlichere Verbesserungen als das Jacobson-Training alleine. Es traten keine Generalisierungseffekte über die Zeit auf. Wie Cluss (1986) anmerkt, werden keine Daten über die Muskelspannung berichtet, so daß der darüber vermittelte Biofeedback-Effekt letztlich nicht beurteilt werden kann.

Maß et al. (1993) unterscheiden direkte Biofeeddback-Ansätze von indirekten. Das EMG-Feedback, die verbreiteteste Methode, ist ein Beispiel für einen indirekten Ansatz, bei dem Signale von anderen Organen als dem Bronchialsystem stammen. Es läßt sich z. B. die Stirnmuskelspannung (Frontalis-EMG) rückmelden. Im Gegensatz dazu werden bei den direkten Ansätzen Obstruktionsparameter, wie der Atemwegswiderstand, die Atemgeräusche oder der Peak-flow, rückgemeldet.

EMG-Feedback

Statistisch und klinisch signifikante Resultate eines Entspannungstrainings unterstützt durch Frontalis-EMG-Feedback berichten Scherr et al. (1975). In einem zweimonatigen Sommer-Camp verbesserten sich die asthmakranken Kinder hinsichtlich ihrer Peak-flow-Werte; die Asthmaanfälle und der Corticoidverbrauch verringerten sich.

Vor allem die Forschergruppe um Kotses und Glaus differenziert in einigen Studien die Einsatzbedingungen des EMG-Feedbacks (vgl. Kotses et al., 1976; 1978; Scherr & Crawford, 1978; Kotses & Glaus, 1981; Glaus & Kotses, 1983). So untersuchten Glaus und Kotses (1983) den Einfluß von EMG-Feedback auf die Lungenfunktion von Gesunden und Asthmatikern. Bei beiden Gruppen führt Entspannung der Facialismuskulatur zu abnehmendem Atemwegswiderstand. Steigert man die Facialismuskelspannung, dann erhöht sich bei Nicht-Asthmatikern der Atemwegswiderstand. Die Facialismuskelspannung beeinflußt den Atemwegswiderstand, die Armmuskelspannung wirkt sich nicht so aus. Dies spricht gegen die Annahme, das EMG-Feedback bei Asthmatikern unspezifisch einzusetzen, um generell Entspannung zu unterstützen. Kotses und seine Mitarbeiter versuchten den Nachweis zu erbringen, daß die Wirkung von Frontalis-EMG-Feedback über einen „neuralen Reflex“, d. h. über eine spezifische Reflexverbindung zwischen Stirn- und Bronchialmuskulatur, läuft. Danach soll trigeminale-afferente Aktivität (Innervation der Frontalismuskulatur) den Atemwegswiderstand über die Modifikation der vagal-efferenten Aktivität (Innervation der Bronchialmuskulatur) beeinflussen. Diese Annahme sehen Glaus und Kotses (1983) in Übereinstimmung mit dem aktuellen Wissensstand der Hirnnervenanatomie und deren funktionaler Beziehung untereinander. Emotionaler Streß führt z. B. zu einer erhöhten Gesichtsmuskelspannung, wobei über einen Reflexbogen die Vagus-Aktivität stimuliert wird und somit zur Konstriktion der oberen Atemwege führt.

Darüber hinaus fanden Kotses et al.(1988) in einer Untersuchung, daß Biofeedback die Fähigkeiten zum Asthma-Management erhöhen kann und das Auseinanderklaffen von Asthma-Parametern auf der Verhaltensebene und der physiologischen Ebene verringert.

Nach Nolte (1986) kann das Frontalis-EMG-Feedback in der Asthmabehandlung als der am besten abgesicherte Biofeedback-Ansatz gelten. Es traten in der Regel signifikante Effekte hinsichtlich der Atemwegsparameter auf. Die Bronchialmuskulatur entspannte sich und der Atemwegswiderstand wurde geringer. Da jedoch in diesen Untersuchungen kaum differentielle Indikationen berücksichtigt wurden, kann man die klinische Bedeutsamkeit der Ergebnisse schlecht beurteilen. Lediglich Davis et al. (1973) unterteilen in leichte und schwere Asthmatiker. Maß und Ritz (1992) weisen darauf hin, daß die Hypothese des „neuralen Reflexes“ kaum belegt ist und vor allem die EMG-Feedback-Wirksamkeit in einem wichtigen validen Parameter, dem Atemwegswiderstand, bisher nicht nachgewiesen werden konnte und der Peak-flow ein motivationsabhängiger Parameter ist (vgl. Erskine-Milliss & Cleary, 1987). Sie prüften die Ergebnisse und die Hypothese des „neuralen Reflexes“ der Kotses-Gruppe unter Doppelblindbedingungen und unter Verwendung eines objektiven Obstruktionskennwertes, dem Atemwegswiderstand, um weiteren Aufschluß über das Verfahren zu erhalten. Ergebnis ihrer Studie ist die Widerlegung des „neuralen Reflexes“. Man kann sogar entgegengesetzte Effekte erwarten, so daß sich die Stirnmuskelspannung erhöht und der Atemwegswiderstand reduziert und umgekehrt. Maß und Ritz (1992) folgern daraus, daß die Effektivität des Stirnmuskel-EMG-Feedbacks bei Asthma bronchiale nicht hinreichend begründet ist.

Kotses et al. (1991) untersuchten die Langzeiteffekte des EMG-Biofeedback und seine Auswirkung auf die Schwere des Asthmas bei Kindern im Alter von sieben bis 16 Jahren, wobei die erzielten Ergebnisse jedoch nicht sehr überzeugend ausfielen. Die Kinder erhielten ein Biofeedback-Training, um ihre Gesichtsanspannung zu reduzieren. Veränderungen in der Gesichtsspannung werden mit Veränderungen des Atemwegswiderstandes in Verbindung gebracht. Gesichtsanspannung und Atemwegswiderstand stehen in direktem Zusammenhang zueinander. Durch

Biofeedback induzierte Entspannung der Gesichtsmuskeln senkt den Atemwegswiderstand innerhalb kurzer Zeit. Wird die Anspannung der Gesichtmuskeln erhöht, so beeinflußt dies den Atemwegswiderstand in umgekehrter Weise: der Atemwegswiderstand erhöht sich. Dies zeigte sich jedoch nicht anhand der Peakflow-Werte. Die Beziehung von Gesichtsanspannung und Atemwegswiderstand wirkt sich auf das Asthma-Management aus.

Die Kinder, die in Gesichtsentspannung trainiert wurden, zeigen eine positivere Haltung gegenüber dem Asthma und eine geringere chronische Angst. Eine Verbesserung der Lungenfunktion, die über die Gesichtsentspannung erreicht wird, hat damit einen Einfluß auf die Einstellung gegenüber dem Asthma und auf das Angst-Niveau. Langzeiteffekte kommen in diesem Fall aufgrund des Trainings und der Übungen, die die Kinder zu Hause durchführen, zustande. Die Gesichtsentspannung wurde bei dieser Studie zur Prophylaxe eingesetzt; sie kann aber auch genutzt werden, um die Ereigniskette zu unterbrechen, die zum Asthma führt, um so einen Asthmaanfall abzuschwächen oder ihn zu verhindern. So lernen die Kinder z. B. auf frühe Warnsymptome direkt mit Entspannungsübungen zu reagieren, wobei die induzierte Entspannung den Atemwegswiderstand senkt. Aus den Ergebnissen läßt sich schließen, daß das Biofeedback-Training der Gesichtsentspannung den bronchomotorischen Tonus reduziert und so zu einer Selbstkontrolle des Asthmas beiträgt und das Asthma-Selbstmanagement unterstützt.

Mit dem Biofeedback kann man auch angemessene Atemtechniken unterstützen. Peper (1988) stellt fest, daß Asthmatiker während eines Anfalls zu paradoxer Atmung, d. h. Brustatmung, neigen. Diese Atmung tritt als Reaktion auf alle möglichen Reize ein. Um das Erlernen der Zwerchfellatmung zu erleichtern, hat Peper eine Biofeedbackmethode entwickelt, die das EMG der Pectoralis-Muskeln des oberen Brustkorbs, der Trapezius- oder Pectoralismuskeln kontrolliert.

Ein ähnliches Vorgehen untersuchten Johnston und Lee (1976) mit dem „Myofeedback". Die Autoren beschreiben ein EMG-Feedback der abdominalen Muskeln, mit dem zwölf Emphysematiker lernten, ihre Atemtechnik zu verändern, indem sie die abdominalen Muskeln stärker einsetzten. Zusätzlich lernten sie über EMG-Feedback die Atemhilfsmuskulatur zu entspannen. Dieser Ansatz spricht mit der Atemtechnik einen wichtigen Interventionsbereich im Rahmen der Asthmabehandlung an und kann dem Patienten gute Hilfestellung beim Erlernen entsprechender Techniken bieten.

Direkte Biofeedback-Ansätze

Einen problematischen Ansatz stellt das *Biofeedback auf der Basis von Fluß-Volumen-Messungen* dar. Hier werden typischerweise das FEV1 (forciertes Exspirationsvolumen in der ersten Sekunde der Ausatmung) oder das PEFR (Peak-flow, exspiratorischer Spitzenfluß, d. h. die maximale Atemstromstärke) als rückzumeldende Parameter verwendet. Beide Werte sind ein Maßstab für das Ausmaß der Atemwegsverengung. Je enger die Bronchien sind, desto geringer ist der Atemstrom.

Khan (1977) benutzte das FEV1-Feedback im Sinne einer Gegenkonditionierung. Asthmakranke Kinder wurden zuerst mit FEV1-Feedback trainiert; anschließend wurde eine Bronchokonstriktion herbeigeführt, die sie mit Hilfe des FEV1-Feedbacks reduzieren sollten. Häufigkeit, Dauer und Schweregrad von Asthmaanfällen konnten mit diesem Vorgehen über die Dauer von einem Jahr reduziert werden.

In einem ähnlichen Experiment benutzten Danker et al. (1975) Biofeedback im Sinne einer operanten Konditionierung. Die Versuchspersonen sollten ihren Peakflow-Wert so verbessern, daß ein rotes Licht aufleuchtete. Die Feedback-Kriterien wurden anhand der Ausgangswerte festgelegt. Die Autoren konnten keine Belege dafür finden, daß sich bei verschiedenen Asthma-Schweregrad-Maßen Verbesserungen zeigen. Sie kritisieren FEV1 und PEFR als

Feedback-Parameter, da diese einerseits stark vom Bemühen und der Motivation der Kinder abhängig sind und andererseits durch die Atemstoßmanöver als unspezifische Reize sogar Asthmaanfälle auslösen können (vgl. Maß et al., 1993). Ähnlich zurückhaltend äußern sich zu dieser Methode Kotses und Glaus (1981). Einen Nachteil der Methode sehen Basler et al. (1979) darin, daß Änderungen des Atemwegswiderstandes nicht kontinuierlich zurückgemeldet werden können.

Einige Autoren untersuchten die direkte Rückmeldung des *Atemwegswiderstandes.* In einigen Arbeiten konnte belegt werden, daß man mit dieser aufwendigen Methode signifikant den Atemwegswiderstand verbessern konnte (Feldman, 1976; Vachon & Rich, 1976; Janson-Bjerklie & Clark, 1982). In einer Untersuchung von Steptoe et al. (1981) wurde auf diesem Wege der Atemwegswiderstand von Personen, die kein Asthma hatten, verbessert. Für Asthmatiker konnten keine Aussagen getroffen werden, da hier die Variabilität der Ergebnisse zu groß war; es kam sowohl zu Verbesserungen als auch zu Verschlechterungen. Die Unterschiede konnten über erhobene Zusatzvariablen (Geschlecht, Alter, Krankheitsdauer, Sensibilität für Auslöser, Medikation) nicht weiter geklärt werden. Die Autoren fordern eine sorgfältige Patientenauswahl für das Asthma-Biofeedback, wobei die Auswahlkriterien bisher unklar sind.

Nolte (1986) und Leplow et al. (1986) weisen darauf hin, daß Versuchspersonen ihren Atemwegswiderstand willentlich durch eine Verschiebung der Atemmittellage nach oben (Überblähung) induzieren können; es handelt sich um ein Artefakt, das für Asthmatiker, deren Lungen ohnehin oft schon überbläht sind, gefährlich ist.

Richter (1988) weist daraufhin, daß noch nicht bekannt ist, ob ein derartiges Verfahren zu klinisch bedeutsamen Symptombesserungen führt, wie Medikamentenreduktion oder Verringerung von Asthmaanfällen. Des weiteren dürfte seiner Meinung nach diese Methode keineswegs für alle Asthmapatienten einsetzbar sein. Leplow et al. (1986) heben hervor, das Ziel eines Biofeedback-Trainings bestehe nicht in erster Linie darin, den Atemwegswiderstand zu reduzieren, sondern die verbesserte Einschätzung der tatsächlichen Atemwegsobstruktion durch die Nutzung eines validen Feedbacksignals. Das Verfahren sei daher gerade auch im anfallsfreien Intervall indiziert.

Schließlich ist in den letzten Jahren mit der Untersuchung eines Atemgeräusche-Feedback begonnen worden, ein Ansatz, der nach Kotses und Glaus (1981) wegen seiner Einfachheit und des vor allem für den Patienten relativ geringen Aufwandes weitere Erforschung verdient. Tiep et al. (1976; 1985) fanden, daß das Atemgeräusche-Feedback (TNBF = Trachea-Noise-Biofeedback) genauso effektiv den Bronchospasmus reduziert wie bronchodilatierende Medikamente.

Untersuchungen von Hallgren et al. (1982) und Fenton et al. (1985) ergaben, daß die Trachea der optimale Ort für die Ableitung von Atemgeräuschen ist. Die Autoren nahmen den Anteil der In- und Exspiration, der giemend verlief, als Indikator für die Schwere einer Bronchialobstruktion; mit dem Giemen veränderte sich parallel die Lungenfunktion (FEV1). Diese Ergebnisse führten Mussel und Hartley (1988) dazu, die Rückmeldung von Trachea-Atemgeräuschen (TNBF) genauer zu untersuchen. Als hypothetischen Wirkmechanismus nennen diese Autoren die Beeinflussung vagaler Efferenzen. Gemessen wurde die Geschwindigkeit, mit der eine provozierte Bronchialobstruktion zurückging. Emotional stabile Asthmatiker erholten sich mit Hilfe von Biofeedback besser von einer Bronchokonstriktion.

Beim Respiratorischen Feedback (vgl. Leuner, 1984) und dessen Anwendung bei Asthma sind nach Ansicht von Maß et al. (1989) Zweifel angebracht, da es keine wissenschaftlichen Beweise für dessen Effektivität gibt. Das Respiratorische Feedback kombiniert die Atemübungen des Autogenen Trainings und das Biofedback-Prinzip und ist einfach und unkompliziert in seiner Anwendung (Wätzig, 1988). Dem Patienten werden auf elektronischem Wege seine eigenen Atembewegungen optisch und akustisch wahrnehmbar gemacht. Man geht davon aus, daß zwischen Atmung und Entspannung eine korrelative Beziehung besteht.

Indikation

Verschiedene Autoren (Mussel & Hartley, 1988; Steinhausen, 1981) gehen der Frage der Indikation des Biofeedbacks nach. Einige Untersuchungsergebnisse legen mögliche Differenzierungen sowohl hinsichtlich physiologischer als auch psychologischer Variablen nahe: Burdon et al. (1982) fanden, daß Personen mit hoher bronchialer Reagibilität über weniger subjektive Atemnot berichteten; hier könnten Wahrnehmungsprozesse Zielvariable für ein Biofeedback sein. Alexander et al. (1972) belegten positive Entspannungseffekte bei Kindern, deren Asthmaanfälle von emotionalen Ereignissen ausgelöst wurden. Davis et al. (1973) berichteten von EMG-Feedback- und Entspannungswirkung nur bei Kindern mit leichtem Asthma. Richter (1985, nach Schüffel et al., 1990) konnte Extremgruppen von hyper- und hyposensiblen Wahrnehmern bei Atemwegsobstruktion identifizieren. Lehrer et al. (1986) wiesen positive Effekte eines EMG-Feedback-unterstützten Entspannnungstrainings bei Patienten mit large airway Asthma, nicht jedoch bei solchen mit small airway Asthma nach. Beim large airway Asthma sind die großen Atemwege von der Obstruktion betroffen, beim small airway Asthma die kleinen. Sterzer-Breitenbücher (1987) weist darauf hin, daß in den Bronchiolen keine glatte Muskulatur vorhanden ist, die sich verkrampfen könnte. Large airway Asthma korrelierte zudem mit psychologischen Kenngrößen, wie emotinalem Streß, Panik oder Angst.

Lehrer et al. (1986) nennen weitere wichtige differentielle Variablen: intrinsisches versus extrinsisches Asthma, Kinder versus Erwachsene, Asthma-Schweregrad und Medikation. Nähere Angaben zu diesen Variablen finden sich bei Isenberg et al. (1992). Sie zeigen in ihrer Übersicht, daß Patienten mit schwerem Asthma weniger auf Suggestion reagieren als Patienten mit leichtem Asthma, wobei weitere Studien klären müssen, ob tatsächlich ein Zusammenhang zwischen der Asthma-Schwere und der durch Suggestion induzierten Atemwegsreaktion existiert. Ebenso reagieren intrinsische Asthmatiker eher auf Suggestion als Extrinsiker. In bezug auf das Alter lassen sich keine bedeutsamen Unterschiede in der Reaktion auf Suggestion feststellen. Dies gilt auch in bezug auf das Geschlecht. Die Auswirkung der Suggestion auf die Lungenfunktion läßt sich nur dann bestimmen, wenn die Medikamente abgesetzt oder zumindest konstant gehalten werden.

In zukünftigen Untersuchungen zur Effizienz von Biofeedback bei Asthma ist die differentielle Indikation ein wichtiger Aspekt.

Vergleicht man die entsprechenden Übersichtsartikel (Steinhausen, 1981; Kotses & Glaus, 1981; Cluss, 1986; Basler et al., 1979; Miltner, 1986; Köhler, 1989), dann läßt sich feststellen, daß man die Einsatzmöglichkeiten von Biofeedback bei Asthma noch nicht abschließend beurteilen kann. Nachgewiesen sind meist kurzfristige Verbesserungen in jeweils einzelnen asthmaspezifischen Merkmalen. Langzeit-, Transfer- und Generalisierungseffekte sind bisher hingegen noch zu wenig untersucht und werden in Frage gestellt. Die psychophysiologischen Wirkmechanismen sind bislang hypothetisch; man geht weg von allgemeiner

Tabelle 1: Indikationsbereiche von Biofeedback.

Biofeedback-Methode	**Indikationsbereich**
Biofeedback allgemein	Patienten mit hoher Reagibilität
	Patienten, bei denen das Asthma emotional ausgelöst wird
EMG-Biofeedback	Kinder mit leichtem Asthma
	Patienten mit large airway Asthma (Obstruktion in den oberen Atemwegen)
Atemgeräusche-Feedback	Emotional stabile Asthmatiker

Entspannung hin zu spezifischen Wegen der Beeinflussung (z. B. neuraler Reflex, Atemtechniken) bzw. dem Erlernen von Fertigkeiten zum Selbstmanagement (z. B. Wahrnehmungsverbesserung). Die Wirksamkeit verschiedener Ansätze wurde bisher kaum miteinander verglichen; es wurden lediglich Entspannungsverfahren und EMG-Parameter gegenübergestellt. Ein wesentliches bisher nicht gelöstes Problem ist die differentielle Indikation; somit bleibt offen, welche Asthmatiker vom Biofeedback besonders profitieren.

Zusammenfassend läßt sich feststellen, daß der Vorteil des Biofeedbacks sicherlich darin liegt, daß es schon geringe physiologische Veränderungen wahrnehmbar werden läßt und damit objektive Anhaltspunkte für den erreichten Erfolg, d. h. für An- bzw. Entspannung bietet. Somit kann Selbstkontrolle aufgebaut werden. Die Effekte des Biofeedbacks, vegetativ geregelte Prozesse zu verändern, sind jedoch wenig überzeugend und eher unspezifisch. Biofeedbackverfahren können auch mit verschiedenen anderen Entspannungsverfahren kombiniert werden.

Das Biofeedback erscheint aufgrund der geringen Übertragbarkeit auf Alltagssituationen für den Patienten weniger praktikabel. Andere Entspannungsverfahren können im Vergleich zum Biofeedback leichter zu Hause angewendet werden. Nachteilig ist sicherlich auch der apparative Aufwand.

3. Entspannungsverfahren als Bausteine integrativer verhaltensmedizinischer Asthmabehandlungsprogramme

Entspannungsverfahren können als Bausteine in komplexe Asthmabewältigungsprogramme integriert werden. Das Prinzip der Asthmabewältigungsprogramme besteht darin, den Patienten Wissen über ihre Krankheit und spezifische Verhaltensfertigkeiten zu vermitteln. Die Patienten lernen, ihr Asthma zu beobachten und zu bewältigen sowie Selbstvertrauen zu entwickeln.

Patientenschulungsprogramme, i. S. von Selbstmanagement (vgl. Petermann & Lecheler, 1992; Baumann, 1993), erwiesen sich in den letzten Jahren als sehr hilfreich in der Prävention und bei der Bewältigung von Asthmaanfällen, wobei der Patient aber auch eine größere Verantwortung trägt. Es lassen sich hierbei sehr facettenreiche Programme unterscheiden, die auf das Selbstmanagement des Patienten abzielen, d. h. die ihm helfen sollen, sein Asthma zu bewältigen. Derartige psychologische Behandlungsansätze stellen eine Ergänzung der medizinischen Behandlung dar. In der Asthma-Patientenschulung lernen Kinder und Jugendliche sowie Erwachsene sich zu entspannen und bei Anfällen und in kritischen Situationen ruhig zu bleiben.

Eine verhaltensorientierte Patientenschulung sollte auch dazu dienen, Fertigkeiten der Krankheitsbewältigung zu erwerben oder zu optimieren. Patientenschulungsprogramme setzen die Kooperation mit der Familie oder den Ehepartnern der Patienten voraus. Die Patientenschulung findet in erster Linie in Gruppen statt, was die Chance beinhaltet, daß Verhaltensänderungen in bezug auf den Umgang mit der Krankheit leichter einzuüben sind, z. B. durch den Einsatz von Rollenspielen. Die Gruppe hat einen förderlichen Einfluß auf die Entwicklung des Selbstvertrauens des Patienten, und die Patienten lernen, daß sie selbst etwas tun können, daß sie versuchen können, Probleme selbst zu lösen.

Das Asthma-Verhaltenstraining für Kinder und Jugendliche (AVT) ist ein Beispiel für obengenannte Programme. Eine ausführliche Darstellung findet sich bei Petermann et al. (1993). Innerhalb des AVT lernen die Kinder und Jugendlichen die „Kapitän-Nemo-Geschichte“ (Petermann & Petermann, 1993a, 1993b) kennen, die bereits im Rahmen der imaginativen Verfahren erläutert wurde. Diese Geschichte hat sich auch bei den asthmakranken Kindern sehr bewährt. Auf die Bedürfnisse der Kinder abgestimmt, werden Vorsatz-Formeln, im Sinne von Selbstinstruktionen, eingebaut. Die Kinder lernen, wie Christian in unserem Fallbeispiel, die Ruheinstruktionen in Alltagssituationen zu benutzen, z. B. bei Atemnot.

Selbstmanagement-Programme sind, wie dargestellt, in der Lage, Angst und Anspannung zu reduzieren. Atemnot führt zu Anspannung und Angst. Und wie bereits zu Beginn dargestellt, sind Angst und Streß Asthma-Auslöser. Daraus kann ein Teufelskreis entstehen, und das nachhaltigste Mittel, den Teufelskreis zu unterbrechen, ist mit Hilfe von Selbstmanagement-Programmen Sicherheit im Umgang mit dem Asthma zu gewinnen.

Bei Studien von Vazquez und Buceta (1993) wurden durch Emotionen ausgelöste Anfälle und solche ohne diese Auslöser bei Hochängstlichen und Niedrigängstlichen verglichen. Zudem wurde geprüft, ob Selbstmanagement-Programme bei nicht durch Emotionen ausgelösten Anfällen und Niedrigängstlichen effektiv sind. Zwischen Hochängstlichkeit und emotional ausgelöstem Asthma besteht keine Korrelation ($phi = 0.20$; $p > 0.05$). Vazquez und Buceta (1993) zeigen, daß Selbstmanagement-Programme hinsichtlich der Reduktion der Anfallsintensität und -schwere zu signifikanten Ergebnissen führen und damit effektiv sind. In einer Gruppe, in der sowohl Selbstmanagement als auch Entspannung geschult wird, zeigt sich, daß die durch Emotionen ausgelösten Anfälle und die Anfallsdauer reduziert werden ($F = 7.03$; $p = 0.0055$) und der Peak-flow-Wert verbessert ($F = 5.98$; $p = 0.0013$) werden kann. Entspannung ist demnach nur für die Kinder sinnvoll und effektiv, deren Asthma emotional ausgelöst ist.

In einer Studie von Gröller (1991) ging es zum einen um die Effektivität eines kombinierten Trainings von Entspannungs-, Atem- und Sportübungen und zum anderen darum, wie asthmakranke Kinder im Alter von fünf bis elf Jahren einzelne Teile eines Entspannungstrainings akzeptieren und wie sich Kombinationen daraus bewähren. Elemente der Entspannungsübungen waren Progressive Muskelentspannung, Autogenes Training, Phantasiereisen, Ruhewörter und ruhige Musik, wobei jede dieser Entspannungstechniken Vor- und Nachteile hat, was durch eine Kombination vermutlich ausgeschaltet werden kann. Die Entspannungsübungen liefen sehr strukturiert und ritualisiert ab, was die Erlernbarkeit seitens der Kinder erleichterte. Die älteren Kinder, Acht- bis Zwölfjährige, hatten insgesamt weniger Schwierigkeiten und waren ruhiger. Konzentrationsmängel führten eher zu Unruhe. Als positiv wurden der Muskelentspannungsteil, die Phantasiereisen und die Musik empfunden. Mit Hilfe derart kombinierter Entspannungsübungen läßt sich unter anderem die Selbsthilfefähigkeit asthmakranker Kinder erhöhen und die Asthma-Bewältigung verbessern sowie das Körperbewußtsein schulen und die Konzentrationsfähigkeit fördern. Dies ist das Ergebnis von Verhaltensbeobachtungen und halbstrukturierten Interviews mit den Kindern. Zur Bewältigung der Asthma-Beschwerden trugen vor allem Bauchatmung und Atemtechniken bei. Signifikante Verbesserungen ergaben sich für folgende Lungenfunktionsparameter:

- Atemwegswiderstand,
- forciertes exspiratorisches Volumen (FEV1),
- forcierte Vitalkapazität (FVC) und
- maximale exspiratorische Strömungsgeschwindigkeit der Luft (PEFR).

Die Ergebnisse der katamnestischen Befragung drei Jahre nach dem Training belegen die positiven Auswirkungen der Entspannungsübungen. Es profitieren vor allem jene, die die Entspannungsübungen weiterhin durchführten.

Cionini und Mattei (1985) wenden Biofeedback in Verbindung mit anderen Therapieformen an. Die Patienten können lernen, mit Streß umzugehen und krankheitsunangemessene Gewohnheiten zu korrigieren sowie selbst mehr Einfluß auf ihre Krankheit auszuüben. Biofeedback ist nützlich, damit sich die Patienten ihres körperlichen Zustandes bewußt werden, die inneren physiologischen Abläufe wahrnehmen und Kontrolle über sie ausüben können.

Tabelle 2: Übersicht über die Methoden und Ziele der Entspannung innerhalb der Asthmabehandlung.

Entspannungsverfahren	Ziele bei der Asthmabehandlung
Progressive Muskelentspannung	• Erschlaffung der willkürlichen Muskulatur, d. h. Reduktion des Muskeltonus • allgemeine Ruhigstellung • Gefühl der Entspannung • Verbesserung der Lungenfunktion • Verbesserung der Körperwahrnehmung • Bei Kindern mit leichtem Asthma und deren Asthma emotional ausgelöst wird
Autogenes Training	• Selbstberuhigung • Selbstregulierung unwillkürlicher Körperfunktionen • Entspannung der willkürlichen Muskulatur • Reduktion der Sympathikusaktivität • regelmäßige, verlangsamte Atmung • Bewältigung der Asthmaanfälle
Meditationstechniken	• Herstellung tiefer innerer Ruhe • Gefühl der Entspannung • Verringerung der Anspannung der Bronchialmuskulatur • Abbau von Angst bzw. angsterregender Gedanken • Abnahme des Atemwegswiderstandes • Verbesserung der Asthma-Symptomatik • Reduktion der Aktivität des sympathischen Nervensystems
Imaginative Verfahren	• Herstellung bzw. Veränderung bestimmter Vorstellungen • Veränderung des Verhaltens und Erlebens in einer realen Situation (handlungsanleitend) • Verbesserter Umgang mit Panik
Biofeedback	• Senkung des Atemwegswiderstandes • Senkung des vagalen Tonus • Selbstkontrolle über spezifische physiologische Reaktionen
Biofeedback	• Schulung der Körperwahrnehmung • generelle Entspannung • Verbesserung des Peak-flow • Verringerung der Anfälle • Verringerung der Medikation • Erhöhung und Unterstützung der Asthma-Management-Fähigkeiten • Selbstkontrolle des Asthmas • Reduktion des Bronchospasmus • Verbesserte Einschätzung der tatsächlichen Atemwegsobstruktion
Als Bausteine in Asthmabehandlungsprogrammen	• Prävention und Bewältigung von Asthmaanfällen • Bei Anfällen und in kritischen Situationen Ruhe bewahren, Bewältigung der Panik • Reduktion der durch Emotionen ausgelösten Anfälle • Erhöhung der Selbsthilfefähigkeiten • Schulung des Körperbewußtseins

4. Schlußfolgerungen

Entspannungsverfahren haben in bezug auf das Asthma allgemein das Ziel, den bronchialen Atemwegswiderstand, der auf die Konstriktion der glatten Bronchialmuskulatur zurückgeht, zu reduzieren. Sie werden aber auch eingesetzt, um eine Verschlimmerung des Anfalls zu verhindern und um die Ruhe zu bewahren. Es ist zu bezweifeln, daß mit Entspannung Ängste reduziert werden können, vermutlich kann man nur die Erregung reduzieren.

Studien zu Entspannungsverfahren weisen im allgemeinen leider häufig methodische Mängel auf (Isenberg et al., 1992), wie die Untersuchung zu kleiner Stichproben und methodischer Unterschiede, die einen Vergleich erschweren. Außerdem fehlt eine systematische Kontrolle verschiedener obengenannter Variablen (Medikamentenverbrauch, Alter, Geschlecht, Asthma-Schwere u. a.). Obwohl es signifikante Effekte gibt, so ist doch unklar, welche Art der Entspannung wirksam ist. Entspannungsverfahren sind zweifellos eine nützliche Ergänzung der medizinischen Behandlung; Alexander et al. (1979) weisen jedoch schon darauf hin, daß eine physiologische Entspannung bei Asthmatikern kontraindiziert sein kann. Über die Komplexität von Asthma und Entspannung wissen wir immer noch wenig. So profitieren die großen Atemwege von einer Entspannung, was sich am Peak-flow und dem forcierten exspiratorischen Lungenvolumen ablesen läßt. Zukünftig wird es darauf ankommen, jene Patienten zu identifizieren, die einer psychologischen Intervention zugänglich sind. Eine unreflektierte Anwendung von Entspannungsverfahren ist somit zu vermeiden. Sinnvoll ist der Einsatz von Entspannungsverfahren sicherlich, wenn die psychologischen Komponenten bei der Auslösung des Asthmas modifiziert werden können und sich z. B. der Medikamentenverbrauch reduzieren ließe.

Literatur

Alexander, A. B. (1972). Systematic relaxation and flow rates in asthmatic children: relationship to emotional precipitants and anxiety. Journal of Psychosomatic Research, 16, 405–410.

Alexander, A. B., Cropp, G. J. A. & Chai, H. (1979). Effects of relaxation training on pulmonary mechnanics in children with asthma. Journal of Applied Behavior Analysis, 12, 27–35.

Basler, H. D., Otte, H., Schneller, T. & Schwoon, D. (1979). Verhaltenstherapie bei psychosomatischen Erkrankungen. Stuttgart: Kohlhammer.

Bauman, A. (1993). Effects of asthma patient education upon psychological and behavioural outcomes. In S. Maes, H. Leventhal & M. Johnston (Eds.), International review of health psychology. Chichester: Wiley.

Burdon, J. G. W., Juniper, E. F., Killian, K. J., Hargreave, F. E. & Campbell, E. J. M. (1982). The perception of breath lessness in asthma. American Review of Respiratory Diseases, 126, 825–828.

Cionini, L. & Mattei, D. (1985). Biofeedback e terapia cognitivo-comportamentale. Medicina Psicosomatica, 30, 151–161.

Cluss, P. A. (1986). Behavioral interventions as adjunctive treatments for chronic asthma. In M. Hersen, R. M. Eisler & P. M. Miller (eds.). Progress in behavior modification. New York: Academic Press.

Creer, T. L. (1991). The application of behavioral procedures to childhood asthma: Current and future perspectives. Patient Education and Counseling, 17, 9–22.

Danker, P. S., Miklich, D. R., Pratt, C. & Creer, T. L. (1975). An unsuccessful attempt to instrumentally condition peak expiratory flow rates in asthmatic children. Journal of Psychosomatic Research, 19, 209–213.

Davis, M. H., Saunders, D. R., Creer, T. L. & Chai, H. (1973). Relaxation training facilitated by biofeedback apparatus as a supplemental treatment in bronchial asthma. Journal of Psychosomatic Research, 17, 121–128.

Deter, H.-C. & Allert, G. (1983). Group psychotherapy for asthma patients. Psychotherapy and Psychosomatics, 40, 95–105.

Dua, J. (1990). Meditation und kognitive Verhaltenstherapie. Report Psychologie, 15, 32–39.

Erskine-Milliss, J. M. & Cleary, P. J. (1987). Respiratory resistance feedback in the treatment of bronchial asthma in adults. Journal of Psychosomatic Research, 31, 765–775.

Feldman, G. M. (1976). The effect of biofeedback training on respiratory resistance of asthmatic children. Psychosomatic Medicine, 38, 27–34.

Fenton, T. R., Pasterkamp, H., Tal, A. & Chernik, V. (1985). Automated spectral characterization of wheezing in asthmatic children. IEEE Transactions on Biomedical Engineering, 32, 50–54.

Finley, W. W. & Jones, L. (1992). Biofeedback with children. In C. E. Walker & M. C. Roberts (eds.), Handbook of clinical child psychology. New York: Wiley, 2. Auflage.

Glaus, K. D. & Kotses, H. (1983). Facial muscle tension influences lung airway resistance; limb muscle tension does not. Biological Psychology, 17, 105–120.

Gröller, B. (1991). Zur Effektivität von kombinierten Entspannungsübungen für Kinder mit Asthma bronchiale. Rehabilitation, 30, 85–89.

Hallgren, R. C., Huang, S. M., McMahon, S. M. & Shockey, T. P. (1982). Breath sounds: development of a system for measurement and analysis. Journal of Clinical Engineering, 7, 135–141.

Hamm, A. (1993). Progressive Muskelentspannung. In D. Vaitl & F. Petermann (Hrsg.), Handbuch der Entspannungsverfahren, Band 1: Grundlagen und Methoden. Weinheim: Psychologie Verlags Union.

Heide, F. J. & Borkovec, T. D. (1983). Relaxation-induced anxiety: Paradoxical anxiety enhancement due to relaxation training. Journal of Consulting and Clinical Psychology, 51, 171–182.

Honsberger, R. W. & Wilson, A. F. (1973). Transcendental Meditation in treating asthma. Respiration Therapy, 3, 79–80.

Isenberg, S. A., Lehrer, P. M. & Hochron, S. (1992). The effects of suggestion and emotional arousal on pulmonary function in asthma: a review and a hypothesis regarding vagal mediation. Psychosomatic Medicine, 54, 192–216.

Janson-Bjerklie, S. & Clark, E. (1982). The effects of biofeedback-training on bronchial diameter in asthma. Heart and Lung, 11, 200–207.

Johnston, R. & Lee, K. H. (1976). Myofeedback. A new method of teaching breathing exercises in emphysematous patients. Physical Therapy, 56, 826–829.

Khan, A. U. (1977). Effectiveness of biofeedback and counterconditioning in the treatment of bronchial asthma. Journal of Psychosomatic Research, 21, 97–104.

Köhler, T. (1989). Psychosomatische Krankheiten. Stuttgart: Kohlhammer, 2. Auflage.

Kotses, H. & Glaus, K. D. (1981). Applications of biofeedback to the treatment of asthma: a critical review. Biofeedback and Self-Regulation, 6, 573–593.

Kotses, H., Glaus, K. D., Bricel, S. K., Edwards, J. E. & Crawford, P. L. (1978). Operant muscular relaxation and peak expiratory flow rate in asthmatic children. Journal of Psychsomatic Research, 22, 17–23.

Kotses, H., Glaus, K. D., Crawford, P. L., Edwards, J. E. & Scherr, M. S. (1976). Operant reduction of frontalis EMG-activity in the treatment of asthma in children. Journal of Psychosomatic Research, 20, 453–459.

Kotses, H., Harver, A., Creer, T. L. & Baker, A. D. (1988). Measures of asthma severity recorded by patients. Journal of Asthma, 25, 373–376.

Kotses, H., Harver, A., Segreto, J. & Glaus, K. D. (1991). Long-term effects of biofeedback-induced facial relaxation on measures of asthma severity in children. Biofeedback and Self-Regulation, 16, 1–21.

Kotses, H., Hindi-Alexander, M. & Creer, T. L. (1989). A reinterpretation of psychologically induced airway changes. Journal of Asthma, 26, 53–63.

Krampen, G. (1992). Einführungskurse zum Autogenen Training. Ein Lehr- und Übungsbuch für die psychosoziale Praxis. Stuttgart: Verlag für Angewandte Psychologie.

Lebzeltern, G. (1983). Wie es zum Autogenen Training kam. Praxis der Psychotherapie und Psychosomatik, 28, 240–249.

Lehrer, P. M., Hochron, S., McCann, B., Swartzman, L. & Reba, P. (1986). Relaxation decreases large airway but not small airway asthma. Journal of Psychosomatic Research, 30, 13–25.

Lehrer, P. M., Sargunaraj, D. & Hochron, S. (1992). Psychological approaches to the treatment of asthma. Journal of Consulting and Clinical Psychology, 60, 639–643.

Leplow, B., Kramer, C., Dahme, B. & Richter, R. (1986). Biofeedback-Training des Atemwiderstandes. In V. Sill (Hrsg.), Kongreßbericht der 19. wissenschaftlichen Tagung der norddeutschen Gesellschaft für Lungen- und Bronchialheilkunde. Frankfurt: Universimed.-Verlag.

Leuner, H. (1984). Zur Indikation und wissenschaftlichen Fundierung des Respiratorischen Feedback (rfb). Allgemeinarzt, 6, 344.

Linden, W. (1993). Meditation. In D. Vaitl & F. Petermann (Hrsg.), Handbuch der Entspannungsverfahren, Band 1: Grundlagen und Methoden. Weinheim: Psychologie Verlags Union.

Maß, R., Richter, R. & Dahme, B. (1989). Zur Biofeedback-Therapie des Asthma bronchiale. Praxis der Klinischen Verhaltensmedizin und Rehabilitation, 6, 68–73.

Maß, R., Richter, R. & Dahme, B. (1993). Zur Effektivität von Biofeedbackverfahren bei der Reduktion des Atemwegswiderstandes. Zeitschrift für Klinische Psychologie, 22, 1–21.

Maß, R. & Ritz, T. (1992). Biofeedback der Stirnmuskelspannung als verhaltensmedizinische Intervention zur Reduktion des Atemwiderstandes? Verhaltenstherapie, 2, 309–313.

Miltner, W., Birbaumer, N. & Gerber, W. D. (1986). Verhaltensmedizin. Berlin: Springer.

Mussel, M. J. & Hartley, J. P. R. (1988). Tracheanoise biofeedback in asthma: a comparison of the effect of trachea-noisse biofeedback, a bronchodilator, and no treatment on the rate of recovery from exercise- and eucapanic hyperventilation-induced asthma. Biofeedback and Self-Regulation, 13, 219–234.

Noeker, M. (1991). Subjektive Beschwerden und Belastungen bei Asthma bronchiale im Kindes- und Jugendalter. Frankfurt: Lang.

Nolte, D. (1986). Psyche und Bronchialasthma. Allergologie, 9, 114–118.

Nolte, D. (1991). Asthma: das Krankheitsbild, der Asthmapatient, die Therapie. München: Urban & Schwarzenberg, 5., neubearbeitete und erweiterte Auflage.

Pennebaker, J. W. (1982). The psychology of physical symptoms. New York: Springer.

Peper, E. (1988). Biofeedback systems teaching: Die Kombination von Selbstregulationsstrategien und Familientherapie bei der Selbstheilung von Asthma. Biofeedback Aktuell, 1, 3–8.

Petermann, F. & Kusch, M. (1993). Imaginative Verfahren. In D. Vaitl & F. Petermann (Hrsg.), Handbuch der Entspannungsverfahren, Band 1: Grundlagen und Methoden. Weinheim: Psychologie Verlags Union.

Petermann, F. & Lecheler, J. (Hrsg.) (1992). Patientenschulung. München: Dustri.

Petermann, F. & Petermann, U. (1993a). Training mit aggressiven Kindern. Weinheim: Psychologie Verlags Union, 6., überarbeitete Auflage.

Petermann, F., Walter, H.-J., Köhl, C. & Biberger, A. (1993). Asthma-Verhaltenstraining mit Kindern und Jugendlichen. München: Quintessenz.

Petermann, U. & Petermann, F. (1993b). Entspannungsverfahren bei Kindern und Jugendlichen. In D. Vaitl & F. Petermann (Hrsg.), Handbuch der Entspannungsverfahren, Band 1: Grundlagen und Methoden. Weinheim. Psychologie Verlags Union.

Richter, R. (1988). Auslösung und Unterhaltung des Asthmas durch psychologische Faktoren. In G. Schultze-Werninghaus & M. Debelic (Hrsg.), Asthma – Grundlagen, Diagnostik, Therapie. Berlin: Springer.

Scherr, M. S. & Crawford, P. L. (1978). Three year evaluation of biofeedback techniques in the treatment of children with chronic asthma in a summer camp environment. Annals of Allergy, 38, 288–292.

Scherr, M. S., Crawford, P. L., Sergent, C. B. & Scherr, C. A. (1975). Effect of biofeedback techniques on chronic asthma in a summer camp environment. Annals of Allergy, 35, 289–295.

Schüffel, W., Herrmann, J. M., Dahme, B. & Richter, R. (1990). Asthma bronchiale. In T. Uexkuell (Hrsg.), Lehrbuch der psychosomatischen Medizin. München: Urban & Schwarzenberg, 4. Auflage.

Steinhausen, H.-C. (Hrsg.) (1981). Psychosomatische Störungen und Krankheiten bei Kindern und Jugendlichen. Stuttgart: Kohlhammer.

Steptoe, A. (1984). Psychological aspects of bronchial asthma. In S. Rachman (Ed.), Contributions to medical psychology, Vol. 3. New York: Pergamon.

Steptoe, A., Phillips, J. & Harling (1981). Biofeedback and instructions in the modification of total respiratory resistance: an experimental study of asthmatic and non-asthmatic volunteers. Journal of Psychosomatic Research, 25, 541–551.

Sterzer-Breitenbücher, G. (1987). Klinisch-psychologische Intervention bei Patienten mit Asthma bronchiale. Entwicklung und Überprüfung eines Therapieprogramms. Frankfurt: Lang.

Tiep, B. L., Alaniz, J. & Cordell, J. (1976). Respiratory biofeedback: two non-invasive approaches in the treatment of patients with chronic obstructive disease. Proceedings of San Diego Biomedical Symposion, 15, 371–376.

Tiep, B. L., Belman, M. J. & Trippe, M. (1985). Biofeedback reverses exercise induced bronchospasm. Biofeedback and Self-regulation, 10.

Vachon, L. & Rich, E. (1976). Visceral learning in asthma. Psychosomatic Medicine, 38, 122–130.

Vazquez, M. I. & Buceta, J. M. (1993). Effectiveness of self-management programmes and relaxation training in the treatment of bronchial asthma: relationships with trait anxiety and emotional attack triggers. Journal of Psychosomatic Research, 37, 71–81.

Vaitl, D. (1978). Entspannungstechniken. In L. J. Pongratz (Hrsg.), Handbuch der Psychologie, Band 8/2. Halbband: Klinische Psychologie. Göttingen: Hogrefe.

Vaitl, D. (1993a). Autogenes Training. In D. Vaitl & F. Petermann (Hrsg.), Handbuch der Entspannungsverfahren, Band 1: Grundlagen und Methoden. Weinheim: Psychologie Verlags Union.

Vaitl, D. (1993b). Imagination und Entspannung. In D. Vaitl & F. Petermann (Hrsg.), Handbuch der Entspannungsverfahren, Band 1: Grundlagen und Methoden. Weinheim: Psychologie Verlags Union.

Vaitl, D. (1993c). Psychophysiologie der Interozeption. In D. Vaitl & F. Petermann (Hrsg.), Handbuch der Entspannungsverfahren, Band 1: Grundlagen und Methoden. Weinheim. Psychologie Verlags Union.

Vaitl, D. (1993d). Biofeedback. In D. Vaitl & F. Petermann (Hrsg.), Handbuch der Entspannungsverfahren, Band 1: Grundlagen und Methoden. Weinheim: Psychologie Verlags Union.

Wätzig, H. (1988). Das Respiratorische Feedback. Eine Entspannungsbehandlung im Vorfeld der Psychotherapie. Psycho, 14, 159–167.

Wilson, A. F., Honsberger, R. W., Chiu, J. T. & Novey, H. S. (1975). Transcendental Meditation and asthma. Respiration, 32, 74–80.

Gastrointestinale Störungen

Heinrich Berbalk und Jürgen Kempkensteffen

1. Einführung

Jacobson (1948) beschreibt eine 34jährige Frau mit Colitis mucosa, deren Mutter ebenfalls über mehrere Jahre unter einer Colitis gelitten hatte. Die Krankheit begann bereits im Alter von 20 Jahren mit Durchfällen nach den Mahlzeiten. Die Störungen traten besonders stark im Zusammenhang mit problematischen Liebesbeziehungen auf. Gelegentlich litt die Patientin auch unter Übelkeit und Erbrechen. Durchfälle traten in der Vergangenheit regelhaft im Zusammenhang mit aufregenden Lebensveränderungen, Sorgen und Überbeanspruchung auf.

Roentgenuntersuchungen zeigten ausgeprägte Colonspasmen. Diät und Progressive Muskelentspannung wurden als Behandlung eingesetzt. Erst nach 45 Tagen kam die Patientin mit den Beobachtungs- und Entspannungsübungen zurecht. Zu dieser Zeit schwächten sich die Durchfälle ab. Durchfälle wurden in dem ersten Behandlungsjahr immer seltener und wenn sie auftraten, waren sie im Gegensatz zu früher von kurzer Dauer.

Nach einjähriger Behandlung bot der Grimmdarm über seinen gesamten Verlauf ein normales Erscheinungsbild. Besonders interessant im Falle dieser Patientin ist die gesteigerte Empfindsamkeit im gesamten Ernährungssystem und die Prädisposition auf Belastungen mit Störungen in diesem System zu antworten.

Platanov (1959) berichtet von einer 46jährigen Patientin mit Magenschmerzen und zeitweise Durchfällen im Wechsel mit Verstopfung. Die Symptome bestanden seit 1 1/2 Jahren. Mit der Furcht vor Nahrungsaufnahme, die sich daraus ergab, führten ihre Störungen zu Gewichtsverlust, Reizbarkeit und Schlaflosigkeit. Der Zustand der Patientin verschlimmerte sich noch durch eine fälschliche Magenkrebsdiagnose. Die Beschwerden der Patientin hatten ihren Ausgang nach einem Überfall ihrer Wohnung genommen. In acht Sitzungen wurde die Patientin während suggerierten Schlafs beruhigt und aufgefordert, sich das negative Erlebnis nicht mehr zu Herzen zu nehmen. Abklingen der Schmerzen, normales Funktionieren der Eingeweide, Wiederkehr des früheren Wohlbefindens, Appetit und guter Schlaf wurden suggeriert. Nach acht Sitzungen war die Gesundheit der Patientin wiederhergestellt. Die Magenschmerzen waren schon nach der ersten Sitzung verschwunden. Wiederum war nach jeder Sitzung anhaltende vollständige Ruhe suggeriert worden.

Im Grundlagenartikel über die Psychophysiologie der Entspannung im Band 1 dieses Handbuches schreibt Vaitl (1993), „jedes Entspannungsverfahren ruft körperliche Veränderungen hervor". Entsprechend dem Stand der Forschung und der Literatur werden neuromuskuläre, kardiovaskuläre, respiratorische, elektrodermale und zentralnervöse Veränderungen ausführlich dargestellt. Gastrointestinale Veränderungen als Teil der Entspannungsreaktion werden im Rahmen einer „Restkategorie" zusammen mit Veränderungen des Cholesterin, der Schilddrüsenfunktion, des Blutzuckerspiegels und des Cortisols lediglich benannt.

Die Entspannungsreaktion wird häufig der Streßreaktion gegenübergestellt (Benson, 1975). Dies soll zunächst auch für den gastrointestinalen Bereich – die Nahrungsaufnahme, -verarbeitung und -ausscheidung – geschehen. Für Informationen zur Physiologie des gastrointestinalen Systems wird auf die Darstellungen von Birbaumer (1986), Birbaumer und Schmidt (1989), Davis (1986) und Ewe (1987) verwiesen. Detaillierte Abhandlungen der Psychophysiologie einzelner Abschnitte finden sich in dem von Hölzl und Whitehead (1983) herausgegebenen Buch „Psychophysiology of the gastrointestinal tract".

2. Gastrointestinale Anteile der Streßreaktion und der Entspannungsreaktion

Nach Green und Shellenberger (1991) zeigt der Gastrointestinaltrakt zumindest fünf Arten von Streßreaktionen:

- Reduktion der vor Selbstverdauung schützenden Schleimhautsekretion
- Vasokonstriktion der Blutgefäße in den Schleimhäuten von Magen und Darm
- Hemmung der Peristalsis und anderer Bewegungen
- verstärkte Konstriktion und Abnahme normaler Bewegung im Dickdarm
- ein paradoxer Rebound-Effekt mit gesteigerter parasympathischer Aktivität
- gesteigerter Motilität und Säureproduktion.

Im Bereich der Nahrungsaufnahme und des Weitertransportes zum Magen sind zu nennen (Bykow & Kurtsin, 1966):

- trockener Mund
- Erschwerung des Schluckens
- spastische Kontraktionen der Speiseröhre und
- Hemmung des Öffnungsreflexes im Speiseröhren-Magenübergang (Kardia) nach dem Schlucken.

Gastrointestinale Entspannungsreaktionen sind nach Green und Shellenberger (1991):

- vermehrter Speichelfluß
- Zunahme der Durchblutung des Gastrointestinaltraktes
- Entspannung der Muskulatur von Speiseröhre, Magen und Darm sowie Rückkehr zu normaler Peristalsis und
- Abnahme der Säureproduktion.

Hinzuzufügen sind regenerative Vorgänge in den Schleimhäuten und Verbesserung von protektiven Faktoren für die Peripherie des Gastrointestinaltraktes. Dabei spielt vermutlich die unter Entspannung verringerte Ausschüttung von Corticosteroiden eine Rolle (Robert & Szabo, 1983).

3. Stressbezogene und konditionierte gastrointestinale Störungen

Das gastrointestinale System ist wie das Herz-Kreislauf-System selbstregulierend angelegt. Transport und Verarbeitung von Nahrung, Schutz vor Unverdaulichem, Selbsternährung, Schutz vor Selbstverdauung und Absonderung sowie Ausstoßung von Nichtverwertbarem stellen ein komplexes, zeitlich abgestimmtes und bedarfgerechtes

- reflektorisches Geschehen von Muskeln und Drüsen für den eigentlichen Zweck des Transports und der Verdauung dar.
- Das System gewährleistet die Ernährung der eigenen Zellen durch differenzierte Durchblutung.
- Es werden Schutzmechanismen gegen Selbstverdauung durch Bildung und Zusammensetzung von Schleim aufrechterhalten sowie immunologische Prozesse bereitgestellt.

Als Teil des Gesamtorganismus wird das gastrointestinale System in seiner Selbstregulation eingeschränkt. So erfüllt z. B. der Gesamtorganismus die Funktion der Nahrungsbeschaffung und – aufnahme in den Mund sowie die Ausscheidung von Abfallprodukten nicht nur nach dem Bedarf des gastrointestinalen Systems, sondern nach Abstimmung mit Bedingungen, die er in seiner Umgebung antrifft. Diese Abstimmung erfolgt situationsspezifisch und hängt

häufig von inter- und intrapersonalen Bedingungen ab:
- So treten für eine Person, z. B. bei Bedrohung der körperlichen Unversehrtheit oder der persönlichen Integrität, Flucht und Vermeidung oder Verteidigung und Angriff in den Vordergrund, und die Verhaltensausrichtung auf Ernährung und Erholung tritt zurück (Cannon, 1936).
- Ernährungs- und Lebensgewohnheiten fördern oder behindern den „reibungslosen" Ablauf.
- Äußere und innere traumatische Ereignisse bewirken spezifische Störungen.
- Überforderungen der höheren Gehirnabschnitte bei der Lebensanpassung zeigen Resonanz in dysfunktionaler Muskel- und Drüsentätigkeit, in der Durchblutung sowie in den immunologischen Vorgängen im Gastrointestinaltrakt (Selye, 1950; Kurtsin, 1976).

Die Störungen im Gastrointestinaltrakt können akut und vorübergehend oder chronisch sein und unter Umständen zu lebensbedrohlichen Prozessen und Zuständen führen, wie Verhungern (z. B. beim nicht behandelten Kardiospasmus), entzündliche Prozesse oder Störungen des Wasser-Elektrolyt-Haushaltes bei anhaltenden Durchfällen. Chronische Verstopfungen mit steigendem exzessiven Laxanziengebrauch können je nach Medikation sekundär Vitaminmangelzustände oder Störungen des Wasser-Elektrolyt-Haushaltes hervorrufen und zu morphologischen Änderungen des Dickdarms führen oder wegen der veränderten kanzerogenen Zusammensetzung des Darminhaltes die Entstehung von Krebs begünstigen.

Störungen im Gastrointestinaltrakt können sich in einem Spiralprozeß verschärfen, wenn die Afferenzen der beteiligten Reaktionen zur weiteren Überlastung der höheren Gehirnabschnitte führen, die ihrerseits verstärkte Resonanz des Eingeweidesystems hervorrufen.

Zusammengefaßt ist das anzutreffende Reaktionsmuster des auf Selbstregulation angelegten gastrointestinalen Systems ein sich ständig durch klassische (Razran, 1971) und operante (Miller, 1975) Konditionierung veränderndes Muster, das auch durch die Verarbeitung der aktuellen oder anhaltenden Lebensbedingungen in den höheren Gehirnabschnitten beeinflußt wird.

Störungen im gastrointestinalen System können selbst zu Lebensbedingungen werden, an die sich eine Person zunehmend versucht anzupassen, und die ihrerseits die Lebensführung einschränken. Die aus diesen Störungen resultierenden Folgen wirken sekundär verschärfend auf den Bereich der Arbeitsfähigkeit und der Lebensgestaltung (Groen, 1981), insbesondere im Bereich der zwischenmenschlichen Interaktion (Hufnagel et al., 1993; Malatesta & Culver, 1993; Pennebaker & Traue, 1993).

Es ist somit keine Übertreibung, die Leistungen und Fehlleistungen sowie den Zustand des gastrointestinalen Systems als Abbild der Lebensbedingungen und Lebensweisen einer Person zu bezeichnen. Gastrointestinales Geschehen erfordert daher, wie dies bereits für das Herz-Kreislauf-System geschieht, eine bio-psycho-soziale Betrachtung.

4. Auswirkungen von Entspannung auf gastrointestinale Störungen nach Jacobson

Jacobson (1948) behandelte nach sorgfältiger Differentialdiagnose eine Reihe von Patienten mit funktionalen Störungen oder den Folgen funktionaler Störungen im gastrointestinalen System ausschließlich mit der von ihm entwickelten Methode der Progressiven Muskelentspannung.

Für Jacobson ist „Ruhe" das Allheilmittel schlechthin. Die systematisch herbeigeführte „Ruhe" – die Entspannung – betrachtet er als Heilmittel insbesondere für Störungen „nervösen" oder „emotionalen" Ursprungs. Störungen solchen Ursprungs im gastrointestinalen Bereich können nach Jacobson z. B. Übelkeit, Erbrechen, Durchfälle oder Inkontinenz von Blase und Darm durch verstärkte Kontraktion der Wände und daraus resultierender Erschlaffung der Schließmuskeln, sowie Geschwüre und Entzündungen als Folge gastrointestinaler

Dysfunktionen sein. Im Gegensatz zu Lehrbüchern der Psychophysiologie der Gegenwart hält Jacobson gastrointestinale Auswirkungen von emotionalen Zuständen für die am besten aufgeklärten physiologischen Anteile emotionaler Reaktionen.

Für den Heilerfolg der Progressiven Entspannung bei gastrointestinalen Störungen betont Jacobson die Entspannung über den Zustand der „Restspannung" hinaus. Nach seinen Beobachtungen lösen sich keine Spasmen in Speiseröhre und Dickdarm, solange noch „Restspannung" in der Skelettmuskulatur besteht. Erst wenn die „Restspannung" aufgelöst ist, können sich die Spasmen in den inneren Organen lösen. Nach Auflösung der „Restspannung" entspannt sich z. B. die Speiseröhre vollständig. Für die Anwendung und Gestaltung des Entspannungsverfahrens muß dabei berücksichtigt werden, daß gerade für Patienten mit spastischen Störungen im gastrointestinalen Bereich besonders lange Trainingszeiten zu veranschlagen sind.

Nachfolgend werden Fallbeispiele und eine Zusammenfassung der Behandlungen von gastrointestinalen Störungen mit Progressiver Muskelentspannung gekürzt wiedergegeben. Für drei Fälle mit Spasmen der Speiseröhre werden Verlauf und Ergebnis der Entspannungstherapie dargestellt.

Der erste Patient, ein Student, klagte zu Behandlungsbeginn über krampfartige, brennende Schmerzen im Oberbauch, die täglich über Stunden anhielten. Die Beschwerden traten auf, wenn sich der Patient besonders belastet fühlte. Die herausragenden Belastungen waren für diesen Studenten, im Unterricht abgefragt zu werden, in großen Versammlungen sein und Kontakt mit Frauen zu haben. Er berichtete auch, besonders irritierbar zu sein und Konzentrationsschwierigkeiten zu haben. Drei Jahre vor Behandlungsbeginn hatten sich 2 1/2 Stunden nach dem Frühstück krampfartige Schmerzen eingestellt, die sich abgeschwächt nach dem Mittagessen wiederholten und stärker nach dem Abendessen für eine Stunde wieder aufgetreten waren.

Eine fünftägige Bettruhe brachte keine wesentliche Änderung. Der Patient erwachte jeden Morgen mit Schmerzen. In der folgenden Zeit mußte er oft wegen starker Schmerzen Mahlzeiten abbrechen. Nach drei Wochen hatte er zehn Pfund abgenommen. Der internistische Befund war bis auf eine festgestellte Hyperazidität (Übersäuerung des Magensaftes) negativ. Der Patient wurde zweimal in Erholung geschickt. Der letzte Aufenthalt wurde wegen Durchfällen und Schmerzen abgebrochen, die Beschwerden dauerten an.

Zwei Jahre nach Beschwerdebeginn behandelte ein Neurologe den Patienten mit suggestiven Verfahren, danach hatte er zwar keine Angst mehr vor dem Kontakt mit Frauen, aber eine Linderung der anderen Befürchtungen und der körperlichen Beschwerden erbrachten sie nicht. Zu Beginn der Entspannungstherapie erschien der Patient etwas unterernährt. Röntgenuntersuchungen ergaben Speiseröhrenspasmen als mögliche Ursache seiner Beschwerden; Spasmen zeigten auch Magenpförtner und Colon. Zu Behandlungsbeginn gab es keine Zeichen für Geschwürbildungen. Die folgende regelmäßige Entspannungstherapie dauerte ca. zwei Jahre und sieben Monate. Für ca. ein Jahr wurden die Entspannungssitzungen durchschnittlich dreimal wöchentlich, für ein weiteres Jahr zweimal wöchentlich und für sieben Monate einmal wöchentlich abgehalten. Zu den Entspannungssitzungen kamen tägliche häusliche Übungen des Patienten in Progressiver Muskelentspannung hinzu.

In der ersten Entspannungssitzung beschreibt Jacobson den Patienten als verlegen und furchtsam, mit weit geöffneten Augen, Stirnfalten und unruhigem Wechsel der Position; den Kopf hielt er steif. Der Patient gab an, er habe schon oft die Oberbauchregion zu entspannen versucht, um Schmerzlinderung zu erreichen. Es sei ihm aber nicht gelungen.

In der fünften Sitzung zeigte sich, daß der Patient durch Gedanken von der Beobachtung und Entspannung der Muskeln abgelenkt wurde. Bei den häuslichen Übungen war er deshalb von Beobachtung und Entspannung zur Selbstsuggestion entspannter Muskeln übergegangen. Diese Vorgehensweise wurde in der Sitzung korrigiert. In der sechsten Sitzung berichtete der

Patient über eine leichte Abschwächung seiner Symptome. In der achten Sitzung folgte der Bericht deutlicher Symptomschwächung. Dazu kam eine kleine Gewichtszunahme. In dieser Sitzung wurde die Entspannung der Bauchmuskulatur trainiert. Der Patient beobachtete dabei, daß er in der Vergangenheit, insbesondere im Stehen, die Bauchmuskeln zu stark angespannt hatte. Sitzung 11 bis 14 wurden zur Entspannung der Nackenmuskulatur verwendet, die besonders stark verkrampft war.

In Sitzung 15 gab der Patient an, seit nunmehr zehn Tagen anhaltend verminderte Schmerzen zu haben. In der 16. Sitzung berichtete er, daß er am Vortag nach einem Aufruf im Physikunterricht für zwei Stunden unter Furcht und Schmerzen gelitten habe. Nach dem Abendessen hätten sich fürl 1/2 Stunden brennende Oberbauchschmerzen eingestellt. In Sitzung 22 war der Patient deutlich weniger angespannt als je zuvor und er berichtete, daß die Schmerzen stark zurückgegangen wären. In Sitzung 25 berichtete der Patient, daß er weder Furcht noch Schmerz empfände und kaum durch Gedanken gestört sei, wenn er die Augenmuskeln vollständig entspannt hätte. Für die 27. Sitzung hielt Jacobson fest, daß der Patient im Gegensatz zu früher eine gute Gesichtsfarbe und einen ruhigen Blick hätte. Der Patient wirkte selbstsicher. In der 40. Sitzung konnte der Patient erstmals seinen Kopf frei bewegen, die Nackenmuskeln waren erstmals schlaff. Der Patient selbst empfand die deutlichste Entspannung bisher und berichtete, zeitweise von störenden Gedanken befreit zu sein. In Sitzung 42 wurde mit der „Differentiellen Entspannung“ begonnen. In Sitzung 46 berichtete der Patient, er hätte begonnen, „Differentielle Entspannung“ gewohnheitsmäßig beim Laufen einzusetzen. Bemerkenswerte Schmerzen waren selten geworden.

Zu diesem Zeitpunkt wollte Jacobson die Annahme überprüfen, daß Entspannung nicht nur das subjektive Befinden seines Patienten verbesserte, sondern tatsächlich auch spastische Erscheinungen der Speiseröhre beseitigte. Zwei Tests wurden mit Hilfe von Röntgenuntersuchungen durchgeführt.

Beim ersten Test setzte sich der Patient freiwillig für einen Tag und für die ganze folgende Nacht starken Belastungen aus. Am folgenden Tag wurde die Untersuchung durchgeführt. Es zeigte sich bei einstündiger Beobachtung des Kontrastmittels ein anhaltender Spasmus der Speiseröhre. Jetzt wurde der Patient aufgefordert, sich für 20 Minuten zu entspannen und danach wieder das Kontrastmittel zu schlucken. Diesmal war kein Spasmus sichtbar, die Speiseröhre erschien breit und über die ganze Länge offen. Drei Monate später wurde der „Entspannungstest“ nach einem Spontanrückfall mit demselben Ergebnis wiederholt. Eine anfänglich spastische Speiseröhre zeigte nach 20 Minuten Entspannung keinerlei Spasmen mehr und das Kontrastmittel konnte die Speiseröhre ungehindert passieren.

In Sitzung 75 berichtete der Patient, er könne sich jetzt auch mit offenen Augen so weit entspannen, bis die Schmerzen verschwänden. Nach ca. neun Monaten der Behandlung verschwanden die Schmerzen, wenn sich der Patient allgemein entspannt fühlte. Nach zehn Monaten erwachte der Patient morgens durchgehend ohne Schmerzen. Nach elf Monaten berichtet der Patient, er müsse nicht mehr den ganzen Tag darauf achten, um entspannt zu bleiben. Nach 1 1/2 Jahren gab er an, er hätte sich noch nie in seinem Leben so wohl gefühlt. Kurzdauernde Rückkehr der Symptomatik stand jeweils mit besonderen Belastungen oder Vernachlässigung der Entspannungsübungen in Verbindung. Nach 2 1/2 Jahren wurden die regelmäßigen Kontakte beendet.

In einem zweiten Fall – der Behandlung einer 49jährigen Frau – stellten sich die Beschwerden ebenfalls als Folge von Spasmen der Speiseröhre heraus. Die Patientin, die seit dem 31. Lebensjahr epileptische Episoden erlitt, klagte seit sechs Wochen über anhaltende Erstickungsgefühle, die nach Mahlzeiten besonders stark ausgeprägt waren. Bei der Untersuchung zeigten sich Spasmen der Speiseröhre. Nachdem das Kontrastmittel 25 Minuten in der Speiseröhre verweilte, wurde die Patientin aufgefordert, sich so weit als möglich zu entspannen. Nach 20 Minuten hatte das Kontrastmittel die Speiseröhre passiert und gleichzeitig waren die Erstickungsgefühle vermindert.

Im Gegensatz zu dem ersten Patienten reichten bei dieser Patientin vier Entspannungssitzungen zum vollständigen Abklingen der Symptomatik aus. Der wesentliche Unterschied zwischen den beiden lag darin, daß sich die Patientin schon bei der Voruntersuchung gut entspannen konnte, die folgenden Übungen sehr schnell erlernte und die Symptomatik noch nicht lange bestand. Im Gegensatz dazu fiel es dem ersten Patienten schwer, seine Aufmerksamkeit auf Muskelempfindungen zu richten, ferner wurde er durch störende Gedanken an den Übungen behindert und erreichte bei extremen Verspannungen nur langsam Entspannung. Außerdem hatte bei ihm die Symptomatik schon drei Jahre vor Behandlungsbeginn eingesetzt.

In einem dritten Fall, der ebenfalls auf Spasmen der Speiseröhre zurückgeführt wurde, litt eine 39jährige Frau unter einem ständig unangenehmen Gefühl im Hals, als hätte sie einen Kloß oder einen Ball verschluckt. Auch bei ihr verweilte während der Untersuchung das Kontrastmittel in der Speiseröhre; sie entleerte sich jedoch rasch nach Entspannung. Die Dauer der Entspannungstherapie, die für das vollständige Verschwinden der Spasmen und der „Kloßgefühle" erforderlich waren, sind von Jacobson leider nicht angegeben worden.

Im Bereich funktioneller Störungen des Grimmdarms (Colitis mucosa, Colon Spasmen) schildert Jacobson zwei Fälle, in denen ebenfalls Progressive Muskelentspannung als Behandlungsverfahren eingesetzt wurde. Jacobson gibt an, daß die Behandlungen dieser Störungen in der Regel länger als ein Jahr dauerten.

Im ersten Fall wurde eine 58jährige Frau behandelt, deren Zustand sich durch keine Maßnahmen, die einschließlich Suggestion angewendet wurden, verändern ließ. Daher war bei ihr ein chirurgischer Eingriff erwogen worden. Die Symptome einer Colitis mucosa bestanden seit 30 Jahren und hatten sich über die letzten Jahre noch weiter verstärkt. Zu den schleimigen Stühlen, in denen nach Angaben der Patientin manchmal Blut und Eiter enthalten waren, kamen zuletzt mindestens dreimal im Monat heftige Schmerzattacken im gesamten Bauchbereich, die einschließlich der Nächte jeweils zwei Tage durchgehend andauerten. Wenn die Patientin etwas aß oder trank, traten fünf bis zehn Minuten später heftige Darmbewegungen mit krampfartigen Bauchschmerzen auf, die ein bis zwei Stunden nach dem Essen spontan aussetzten. Weitere Beschwerden der Patientin waren Verstopfung, häufige Harnentleerung, Schmerzen in der Brust und manchmal Kurzatmigkeit. Röntgenuntersuchungen zeigten Spasmen im Colon. Mehrere Bereiche des Colons waren erheblich verengt und während der fünfstündigen Passage des Kontrastmittels zeigte der Grimmdarm extreme Hypermotilität.

Bereits ca. einen Monat nach Beginn der Entspannungsübungen waren die Stühle der Patientin nicht mehr schleimig. Im weiteren Verlauf nahmen die allgemeinen Symptome kontinuierlich und allmählich ab, sowohl die Spasmen als auch die Darmerschlaffungen in den jeweiligen Colonabschnitten gingen zurück, bis der Speisebrei wieder ungehindert passieren konnte. Die stationäre Entspannungstherapie konnte nach ca. vier Monaten beendet und die Patientin entlassen werden. Der Behandlungserfolg hatte bei einer Nachbefragung nach fünf Jahren angehalten, abgesehen von kurzzeitigen kleineren Rückfällen.

Die Röntgenaufnahmen zum Beleg der Behandlungseffekte sind für die bisher beschriebenen Fallbeispiele in der Monographie von Jacobson abgebildet und werden zur Betrachtung empfohlen.

Für seine ersten Behandlungsversuche unterscheidet Jacobson die Ergebnisse der Entspannungstherapie bei medizinischen Störungsbildern nach zwei Gesichtspunkten: ausschließliche und vorwiegende Behandlung mit Progressiver Muskelentspannung. Bei der „vorwiegenden Entspannungsbehandlung" wurden auch Ernährungsvorschriften, Medikation oder notwendige chirurgische Eingriffe vorgenommen, der funktionale Aspekt der Erkrankung jedoch nur mit Entspannung behandelt.

Unter dem ersten Gesichtspunkt wurden fünf Patienten mit gastrointestinalen Störungen behandelt – drei mit Speiseröhrenspasmen und zwei mit Colitis mucosa. Alle fünf Behandlungen waren erfolgreich. Unter dem zweiten Gesichtspunkt wurden fünf von sieben Colitis-Patienten erfolgreich behandelt.

In einer späteren Untersuchung von 105 vorwiegend mit Progressiver Muskelentspannung behandelten Patienten werden auch die Ergebnisse für 25 Patienten mit chronischer Colitis und weitere fünf Patienten mit Speiseröhrenspasmen berichtet. Für zwei der Colitis-Patienten waren nur leichte, für sechs bedeutsame und für 16 sehr bedeutsame Verbesserungen erzielt worden. Für vier der fünf Patienten mit Speiseröhrenspasmen ergaben sich sehr bedeutsame Verbesserungen.

5. Auswirkungen von Ruhesuggestion auf gastrointestinale Störungen nach Platonov

Platanov (1959) schlägt eine Psychotherapie vor, die auf individuelle Patientenbedürfnisse abgestimmt ist und eine Kombination darstellt von Beruhigung, Erklärung, Überzeugung und Suggestion im Wachzustand, Suggestion während suggeriertem Schlaf und vollständiger Ruhe als Vertiefung suggerierten Schlafs. Die somatischen Auswirkungen von suggeriertem Schlaf sind mit denen vergleichbar, die mit dem Training der „Allgemeinen Entspannung" mit Hilfe der Progressiven Muskelentspannung nach Jacobson erreicht werden können. Die Suggestion „vollständiger Ruhe" als Vertiefung suggerierten Schlafs bewirkt vergleichbare körperliche Auswirkungen wie bei der „Auflösung von Restspannung" im Rahmen der Progressiven Muskelentspannung. Jacobson (s. o.) hatte beobachtet, daß sich Spasmen der Eingeweide erst lösen, wenn die „Restspannung" beseitigt wird. Über ähnliche Beobachtungen berichtet auch Platonov.

Bei einer Patientin, die sich einer Speiseröhrenoperation unterzogen hatte, wurden während des suggerierten Schlafes Skelettmuskelspannung, Atmung, Puls und Magensekretion registriert. Der Zustand der „vollständigen Ruhe" wurde bei der Patientin während des suggerierten Schlafes durch die Suggestion „Sie sind jetzt in einem Zustand tiefer Ruhe" induziert. Erst die Suggestion „vollständiger Ruhe" führte zur vollständigen Entspannung der Skelettmuskulatur, die Atmung wurde gleichmäßig, der Puls rhythmisch und langsam, und die Magensekretion, die bereits während des suggerierten Schlafes zurückgegangen war, wurde vollständig unterbrochen. Wenn der Zustand der „vollständigen Ruhe" durch die Suggestion einer schmackhaften Mahlzeit (z. B. „Sie essen ein mit Zwiebeln geschmortes Steak") unterbrochen wurde, dann setzte unmittelbar heftige Magensekretion mit hoher Azidität (Säuregrad) ein.

Platonov (1959) betont, daß natürlicher Schlaf beim Menschen keineswegs immer alle Organe und Systeme in einen Zustand vollständiger Ruhe versetzt. Die allgemeine Verordnung von Ruhe und Schlaf, z. B. bei der Behandlung von funktionellen Störungen im Gastrointestinaltrakt, dürften daher häufig eine unzureichende Behandlung darstellen. Die Breite der Anwendung und die Wirksamkeit der beschriebenen Therapiemethoden im gastrointestinalen Bereich soll wieder mit Fallbeispielen belegt werden. Dies halten wir auch deshalb für wichtig, da das Buch von Platonov vergriffen ist und daher schwer zugänglich sein dürfte.

Eine Vergleichsmöglichkeit mit den von Jacobson geschilderten Fällen, in denen Speiseröhrenspasmen mit Progressiver Muskelentspannung behandelt wurden, bietet der Fall eines 35jährigen Patienten, dessen Beschwerden Druck und Schmerz in der Brust nach dem Schlucken sowie Erbrechen nach Mahlzeiten waren. Die ursprüngliche Diagnose eines Tumors in der Speiseröhre wurde nach der Röntgenuntersuchung revidiert, statt dessen wurde ein Speiseröhrenspasmus festgestellt. Die Anamnese ergab, daß der Patient in den vergangen 2 1/2 Jahren in schwerwiegende familiäre Auseinandersetzungen verwickelt gewesen war. Parallel zu dieser belastenden Lebenssituation hatten sich seine Beschwerden entwickelt. Die Störung wurde mit fünf Sitzungen Psychotherapie (s. o.) während suggerierten Schlafes erfolgreich behandelt; in den folgenden drei Jahren hatte der Patient keinerlei Rückfälle. Die relativ lange Dauer der Störung steht im Kontrast zur Kürze der erforderlichen Behandlungszeit. Auch in den Fallbeschreibungen von Jacobson kamen kurze Behandlungszeiten vor, lange Behandlungsdauer war allerdings die Regel.

Die Symptomatik einer 30jährigen Patientin bestand in anhaltendem schmerzhaft-spastischen Stuhldrang, schleimigen flüssigen Stühlen, Gewichtsverlust und allgemeiner Schwäche. Die Patientin, Tänzerin von Beruf, war seit fünf Monaten arbeitsunfähig geschrieben. Die Störungen hatten einen Tag nach einem Unfall eingesetzt. Die Patientin war in ein knietiefes, mit kaltem Wasser gefülltes Loch gestürzt und dabei fürchterlich erschrocken. Die Patientin wurde beruhigt und ihr suggeriert, den Unfall zu vergessen. Danach wurde sie während suggerierten Schlafes für eine Stunde in vollständige Ruhe versetzt. Im Anschluß an die Sitzung verbrachte die Patientin die erste ruhige Nacht seit fünf Monaten ohne Stuhldrang. Am folgenden Tag hatte sie nur zwei Stuhlgänge (während ihrer Erkrankung hatte sie zwischen fünf und zehn Stuhlgängen täglich). Der Stuhl war in beiden Fällen nur wenig schleimig. Nach der zweiten Sitzung, der wiederum eine einstündige vollständige Ruhe folgte, hatte sich ihr Stuhlgang normalisiert. Die Patientin erholte sich schnell. Eine fünfjährige Katamnese ergab keine Rückfälle.

Ein 21jähriger Patient wurde mit Verdacht auf Magengeschwüre überwiesen. Über einen Zeitraum von vier Monaten hatte er sowohl tagsüber als auch nachts Durchfälle. Die Aufnahme schon geringer Nahrungsmenge erzeugte Magenschmerzen. Die Störungen hatten begonnen, nachdem er beim Abendessen durch einen lauten Gewehrschuß erschreckt wurde, der in der Nähe seines Fensters abgefeuert wurde. Im Zustand tiefer Schläfrigkeit wurde dem Patienten folgende Suggestion gegeben: „Sie haben Ihr Erlebnis vergessen, Ihre Eingeweide funktionieren normal. Die normale Funktion ist wiederhergestellt, es geht Ihnen gut." Der ersten Sitzung folgte eine ungestörte Nacht und der Patient hatte nur einen Stuhlgang am nächsten Morgen. Nach der zweiten Sitzung hatten sich die Darmbewegungen über den ganzen Tag normalisiert, der Patient wurde entlassen. Eine fünfjährige Katamnese ergab keine Rückfälle.

Weiter erwähnt Platonov als Beispiel der Therapie bei Verstopfung den Fall einer Patientin, die lange Zeit nach einer Unterleibsoperation nur mit Hilfe eines Klistiers Stuhlgang haben konnte. Auch bei ihr wurde die Kombination von Ruhezustand und Suggestion als erfolgreiche Therapie eingesetzt. Die Suggestion lautete: „Beginnend mit morgen werden Sie regelmäßig zwischen 10.00 Uhr und 11.00 Uhr Stuhlgang haben."

Eine weitere Fallbeschreibung wird als Beispiel für die Behandlung psychogenen Erbrechens angeführt. Eine 19jährige Frau litt unter Übelkeit und Erbrechen, welche nicht mit Mahlzeiten in Verbindung standen. Hinzu kamen Appetitmangel und depressive Verstimmung. Die Beschwerden bestanden seit 1 1/2 Jahren; die Patientin hatte acht Kilogramm abgenommen. Es stellte sich heraus, daß sich sie in einer traumatischen Situation, für die eine Nachbarin verantwortlich war, erbrochen hatte. Fortan mußte sie sich immer übergeben, wenn sie der Nachbarin begegnet war. Vier Sitzungen mit Suggestionen während suggerierten Schlafess ließen die Symptome anhaltend verschwinden. So wie suggerierte Übelkeit und Erbrechen die Kontraktion des gesamten Magens und damit seine Anhebung sowie Antiperistalsis hervorrufen, können diese Reaktionen durch entsprechende Suggestion unterbunden und dadurch normale Peristalsis wiederhergestellt werden.

Platanov berichtet auch über die bisher aufgeführten Störungsbilder hinaus von der psychotherapeutischen Behandlung bei Geschwüren. Mit 65 Geschwür-Patienten wurde Gruppenhypnotherapie durchgeführt. Bei dieser Behandlung wurden über 20 Tage jeweils 15–17 Stunden dauernde suggerierte Schlafphasen mit Ruhesuggestion eingesetzt. Die Symptome der Patienten waren hohe Azidität des Magensaftes, Ulcusnischen, Blähungen, Durchfälle und starke Schmerzen. Am dritten Tag der Behandlung nahmen bei den meisten Patienten die Schmerzen ab und verschwanden zwischen dem 7. und 9. Behandlungstag. Die dyspeptischen (nicht organisch bedingte Verdauungsstörungen) Symptome verschwanden mit den Schmerzen. Die Azidität des Magensaftes normalisierte sich und bei 35 der 56 Patienten verschwanden auch die Ulcusnischen.

6. *Entspannung und gastrointestinale Störungen: Neuere Ansätze*

Jacobson (1948) und Platonov (1959) haben bedeutsame Beiträge zur Behandlung gastrointestinaler Störungen mit Hilfe von Entspannung und vollständiger Ruhe geliefert. Sie stellten zwar Entspannung und Ruhe als die wesentlichen Heilfaktoren heraus, beide bedienten sich aber der Kombinationsbehandlung. Ebenso analysierten beide Autoren vor der „Hauptbehandlung" die beteiligten psychologischen Faktoren. Die Gestaltung der therapeutischen Beziehung, Ermutigung, Ernährungsumstellung, Medikation, chirurgische Eingriffe sowie Suggestion (entweder bezüglich der Störung vorausgegangener oder sie begleitender traumatischer oder chronisch belastender Faktoren oder bezüglich der gastrointestinalen Dysfunktion selbst) ergänzten die „Hauptbehandlung", so daß in vielen Fällen die tatsächliche Heilungsursache unklar bleiben muß.

Die gastrointestinalen Störungen vor und nach der Therapie werden sowohl von Jacobson als auch von Platonov objektiv beschrieben. Die Störungen werden nach den Beschreibungen der physiologischen Abweichungen benannt. Neuere Untersuchungen benennen Störungen nach den vom Patienten berichteten Beschwerden. Die daraus resultierenden „funktionellen gastrointestinalen Syndrome" sagen dann häufig mehr über den Diagnostiker als etwas über die Dysfunktion selbst aus. So können Allgemeinärzte, Gastroenterologen, Chirurgen oder Psychotherapeuten zu vollkommen abweichenden Diagnosen kommen (Read, 1987).

Latimer (1981) fordert z. B. für das „Reizdarmsyndrom", daß in jedem Fall verbales, motorisches und physiologisches Patientenverhalten analysiert werden muß, da sich die drei Bereiche voneinander unabhängig entwickeln könnten.

So konnten wir z. B. in der Therapie eines phobischen Jungen, der über Bauchschmerzen klagte und häufig Durchfall hatte, entsprechend der Therapieanordnung feststellen, daß als erster Behandlungserfolg kein Vermeidungsverhalten mehr, sondern sogar Annäherung an die phobischen Situationen gezeigt wurde. Er berichtete aber noch über Angst. Als nächstes wurde nicht mehr von Bauchschmerzen berichtet, dann auch nicht mehr von Angst. Schließlich verschwanden auch die Durchfälle. Ein Verhalten, das der Patient vor der Behandlung zeigte, wenn er starke Bauchschmerzen hatte, blieb bestehen: Bei unerwarteten Ereignissen hielt er sich z. B. den Bauch. Daraus folgerte die Mutter, daß der Junge immer noch Bauchschmerzen habe. Da der Junge dies verneinte, lernte er mit unserer Unterstützung rasch diese Gewohnheit, die zu seinem „Syndrom" gehörte, aufzugeben. Entspannungsübungen, die er zusammen mit seiner gleichfalls leicht irritierbaren Mutter regelmäßig einübte, stabilisierten den Behandlungserfolg.

So wie nach der Meinung Latimers beim Reizdarm-Syndrom verbales und motorisches Verhalten zu wenig beachtet werden, bleiben bei Patienten mit „psychologischen Diagnosen" oft physiologische Dysfunktionen unbeachtet. Gastrointestinale Störungen sind häufig anzutreffende Probleme bei Patienten mit psychischen Beeinträchtigungen. Ob bei den Patienten eine Psychotherapie oder eine medizinische Behandlung durchgeführt wird, hängt häufig von ihrer Schichtzugehörigkeit ab.

Die Berichte der Abschnitte 3 und 4 enthielten aus forschungsmethodischer Sicht keine kontrollierten Untersuchungen zur Wirksamkeit von Entspannung oder Ruhe, auch wenn die Kontrolle des Einzelfalls und die katamnestischen Ergebnisse beeindruckend waren. In der neueren verhaltensmedizinischen Literatur finden sich wiederum Einzelfallbeschreibungen zu gastrointestinalen Störungen, darüber hinaus aber auch eine Reihe kontrollierter Studien. Die Aspekte, unter denen die Störungen abgehandelt werden, sind

- Erbrechen,
- Reizdarmsyndrom,
- chronische Verstopfung,
- Geschwüre und
- Colitis.

6.1 Erbrechen

Für psychogenes Erbrechen bei sonst körperlich gesunden Personen liegen unseres Wissens nur Fallberichte vor. Die verwendeten Verfahren reichen von Aversionstherapie über operante Löschung bis hin zur Systematischen Desensibilisierung im Falle äußerer Auslöser des Erbrechens. Die Aversionstherapie soll durch Strafreize das schädigende Reflexgeschehen selbst hemmen. Bei operanter Löschung soll der sekundäre Gewinn des Erbrechens, wie fürsorgliche Zuwendung oder erfolgreiche Vermeidung von Verpflichtungen oder Anforderungen beseitigt werden. Die Systematische Desensibilisierung stellt mit dem Einsatz der Progressiven Muskelentspannung die körperlichen Bedingungen bereit, unter denen Patienten mit auslösenden Reizen konfrontiert werden können. Gleichzeitig wird durch die gastrointestinale Entspannungsreaktion die Assoziation zwischen konditionierten Auslösern und dem dazugehörigen dysfunktionalen Reflexgeschehen gehemmt (Löschung/Gegenkonditionierung eines klassisch konditionierten Reflexes). In eigenen Therapien haben wir mit der Progressiven Muskelentspannung als Grundlage „paradoxe Intention“ (die Patienten werden nach weitgehender Entspannung unter Auslösebedingungen gestellt und aufgefordert sich zu übergeben, was ihnen in aller Regel nicht gelingt) für die körperliche Symptomatik eingesetzt. Je nach Fall wurden Verhaltensdefizite mit entsprechender verhaltenstherapeutischer Intervention ausgeglichen oder überschiessendes Verhalten durch Aufbau günstiger Verhaltensalternativen gemindert.

Bei einer Patientin war das Erbrechen im Zusammenhang mit einer Kränkung durch ihren Schwiegervater aufgetreten, der ihr sagte, sie sei so fett, daß sie schon nicht mehr aus den Augen schauen könne. Nach einem erfolglosen Krankenhausaufenthalt wurde die Patientin mit der Progressiven Muskelentspannung als Grundlage und paradoxer Intention („Nehmen Sie ein wenig Nahrung auf, gehen Sie in die Toilette und versuchen Sie, sich zu übergeben“) für die körperliche Symptomatik erfolgreich behandelt. Ein Selbstsicherheitstraining und die Beratung ihres Mannes, wie er seine Frau dem Vater gegenüber besser unterstützen könne, erbrachten eine positive Klärung der familiären Beziehungen.

Kontrollierte Untersuchungen wurden mit Krebspatienten durchgeführt, bei denen Übelkeit und Erbrechen mit ihrer Chemotherapie in Verbindung standen. Mit diesen Folgen der Krebsbehandlung hat sich besonders Burish mit seinen Mitarbeitern beschäftigt (Burish & Redd, 1983). Zu den bisher verfolgten Behandlungsansätzen liegen zwei neuere Überblicksarbeiten vor (Carey & Burish, 1988; Watson & Marvell, 1992).

Ausgehend von einem Einzelfall hat Burish eine Reihe von Interventionsstudien durchgeführt. Burish und Lyles (1979) berichteten von einer 30jährigen Patientin, die mit Hilfe der Progressiven Muskelentspannung während der Chemotherapie die Häufigkeit des Erbrechens deutlich reduzieren konnte. Die günstigen Effekte der Entspannung ergaben sich sowohl bei der Entspannungsinduktion durch den Therapeuten als auch bei der Selbstentspannung durch die Patientin.

In einer nachfolgenden kontrollierten Studie (Burish et al., 1987) zur Prävention von Übelkeit und Erbrechen wurden 24 Krebspatienten mit Zufallszuweisung auf eine Behandlungsgruppe und eine Gruppe ohne Behandlung verteilt. Die Behandlung bestand aus dem Training der Progressiven Muskelentspannung vor der ersten Chemotherapie und zusätzlich aus angeleiteten Vorstellungen zur Vertiefung der Entspannung. Beide Vorgehensweisen wurden auch während den ersten drei Durchgängen der Chemotherapie eingesetzt.

Die Behandlung sollte sowohl eventuelle Folgeerscheinungen der Chemotherapie unterdrücken als auch eine Konditionierung von Übelkeit und Erbrechen verhindern. Damit sollte der Beobachtung entsprochen werden, daß Patienten nach einer ersten Chemotherapie bereits Übelkeit und Erbrechen zeigen können, wenn sie nur an die Chemotherapie denken oder wenn sie auf eine solche Therapie vorbereitet werden. Zu der rein physiologisch ausgelösten Reaktion treten dann oft Steigerungen des Brechreizes durch konditionierte Effekte. Der Vergleich der beiden Gruppen zeigte geringere Übelkeit und selteneres Erbrechen bei den Patienten der Behandlungsgruppe; sie wiesen auch geringere Blutdruckwerte und Pulsraten auf. Subjektiv entsprach dem eine geringere emotionale Belastung durch die Chemotherapie. Diese Beobachtungen wurden zusätzlich durch das Behandlungspersonal bestätigt.

Eine neuere Untersuchung (Burish et al., 1991) wurde mit 60 Patienten durchgeführt, die ebenfalls an Krebs erkrankt waren und Chemotherapie erhalten sollten. Die Patienten wurden zufällig vier Behandlungsformen zugeteilt. Variiert wurde die Intensität der Chemotherapievorbereitung und der Einsatz von Progressiver Muskelentspannung mit entspannungsvertiefenden Vorstellungen.

Die aus dem Untersuchungsplan resultierenden Gruppen erhielten:

1. Routineversorgung während der Chemotherapie (weder intensive Vorbereitung noch Progressive Muskelentspannung mit Vorstellungen).
2. Intensive Vorbereitung (coping preparation package; keine Progressive Muskelentspannung).
3. Progressive Muskelentspannung mit entspannungsvertiefenden Vorstellungen (keine intensive Vorbereitung auf die Chemotherapie).
4. Intensive Vorbereitung auf die Chemotherapie *und* Progressive Muskelentspannung mit entspannungsvertiefenden Vorstellungen.

Die intensive Chemotherapievorbereitung hatte vier Bestandteile:

1. Eine Führung durch die Klinik und die genaue Darstellung des zeitlichen und räumlichen Ablaufs der Behandlung von der Aufnahme bis zur Entlassung.
2. Eine 20-minütige Videopräsentation eines Patienten, der zunächst eine gewisse Anspannung zeigte, dann aber gut mit der Chemotherapie umging und zurechtkam.
3. Diskussion über das Erlebte, die Krankheit, die Chemotherapie, Fragen und Antworten; und
4. eine Informationsbroschüre für Patient und Familie.

Das Entspannungstraining wurde 45 Minuten vor Beginn der Chemotherapie aufgenommen. Mit den Infusionen wurde noch in entspanntem Zustand begonnen. Am Ende der Infusion wurde auch die Entspannung beendet. Der Patient wurde aufgefordert, die Entspannung zu Hause weiter zu üben. Bis zur dritten Infusionssitzung wurde die Entspannung vom Therapeuten angeleitet, in der vierten und fünften Sitzung wendeten die Patienten die Entspannung ohne Anleitung an. Verglichen mit dem Vorgehen von Jacobson erscheint das von Burish verwendete Entspannungstraining rudimentär, Angaben über den Grad der Entspannung wurden nicht gemacht.

Entgegen den Ergebnissen der Untersuchung, in der die Entspannungsgruppe nur einer nicht behandelten Kontrollgruppe gegenübergestellt wurde (Burish et al., 1987), war die Entspannungsgruppe nicht erfolgreich bei der Unterdrückung von Übelkeit und Erbrechen während der Infusionen. Über die Infusionssitzungen hinweg hatte die „Vorbereitungsgruppe“ das geringste Niveau antizipatorischer Übelkeit, und das Erbrechen wurde von Sitzung zu Sitzung nicht häufiger. Im Gegensatz zu den anderen Gruppen sank in der Entspannungsgruppe die Angst von der ersten zur zweiten Sitzung, und sie berichtete in allen Sitzungen von weniger Angst.

Eine Wechselwirkung der Faktoren „Vorbereitung" und „Entspannung" zeigte sich darin, daß nur die Angehörigen der Patienten, bei denen beide Interventionen angewendet wurden, deutlich besser mit der Erkrankung des Patienten zurechtkamen als die Angehörigen aller anderen Gruppen. Am ersten Tag nach der Infusion trat sowohl bei der „Vorbereitungsgruppe" als auch bei der „Entspannungsgruppe" seltener Erbrechen auf als bei der „Routineversorgungsgruppe". Die „Kombinationsgruppe" (Vorbereitung und Entspannung) zeigte ebenfalls seltener Erbrechen als die „Vorbereitungsgruppe" und die „Entspannungsgruppe", d. h. sie zeigte im Vergleich mit diesen Gruppen häufiger Erbrechen.

Insgesamt zeigte sich, daß die Entspannung chemisch ausgelöste Übelkeit und Erbrechen unterdrückte. Nur für die erste Untersuchung konnte angenommen werden, daß konditionierte Übelkeit und Erbrechen durch Entspannung verhindert wird. Wichtig erscheint uns der Hinweis, daß der beschriebene Einsatz der Entspannung gerade hinsichtlich der chemisch ausgelösten Störungen inadäquat ist. Wir haben in der Vergangenheit Krebspatienten lange vor Beginn einer Chemotherapie eine sehr viel gründlichere Progressive Muskelentspannung vermittelt und die Patienten jeweils zwischen zwei Infusionssitzungen aufgefordert, eventuell entstandene Konditionierungen im Sinne einer Desensibilisierung mit Hilfe der sehr gut eingeübten Entspannung wieder abzubauen. Übelkeit und Erbrechen konnten so vor anstehenden Infusionen und in behandlungsfreien Zeiträumen kontrolliert werden. Bei jedem Patienten muß darüber hinaus geprüft werden, ob die konditionierten Reaktionen nicht eher einer vasovagalen Ohnmacht ähneln. In diesem Fall wäre Entspannung kontraindiziert und würde die Symptomatik verschärfen. Stattdessen wäre körperliche Anspannung zur Kreislaufstabilisierung und zur Gegenkonditionierung angezeigt.

6.2 *Motalitätsstörungen (Verstopfung, Reizdarm-Syndrom)*

Ca. 50% der gastrointestinalen Störungen stellen sich als Motilitätsstörungen des Dünn- und/oder Dickdarms heraus. Wenn der Inhalt des Dünndarms zu schnell in den Grimmdarm befördert wird, Säure nicht neutralisiert und unverdaute Nahrung weitertransportiert wird, sind Durchfälle die Folge. Verstopfungen treten auf, wenn die Peristalsis des Grimmdarms zu träge ist oder zum Erliegen kommt. Auch erhöhte Sensibilität und Ausweitungen des Darmtraktes durch Überfüllung sowie Blähungen können zu Schmerzen führen. Reizdarm, Colonspasmen, Reizcolon sind u. a. Bezeichnungen, die für diese Störungen verwendet werden, wenn keine organischen Ursachen gefunden werden.

Zu diesem „Reizdarm-Syndrom" wurden von der Arbeitsgruppe um Blanchard viele Therapiestudien und katamnestische Untersuchungen durchgeführt (Blanchard et al., 1987, 1988; Schwarz et al., 1990). Die Behandlung bestand jeweils aus einer Kombination von

- Information über die Störung mit dem Ziel der Auflösung falscher Krankheitskonzepte, der Beruhigung und der Erzeugung realistischer Therapieerwartungen,
- Progressiver Muskelentspannung,
- Streßbewältigungshilfen und
- Handtemperatur-Feedback mit dem Ziel der Entspannungsvertiefung.

Da keine Untersuchungen zur Wirksamkeit der Einzelkomponenten durchgeführt wurden, können nur Aussagen über die Wirksamkeit des „Behandlungspaketes" gemacht werden. Wichtige Informationen über Wechselwirkungseffekte von Behandlungselementen bleiben so verborgen. Es muß aber festgehalten werden, daß in zehn der zwölf Behandlungssitzungen Entspannung in Form der Progressiven Muskelentspannung oder des Temperaturfeedbacks eine tragende Rolle spielte.

Die Auswirkungen der Behandlung wurden vornehmlich mit Einschätzskalen zur Beurteilung der Beschwerden, wie Schmerzen, Durchfall, Verstopfung, Blähungen usw. in den vier Stufen schwache, erträgliche, beträchtliche und quälende Probleme erhoben.

In einer ersten kontrollierten Untersuchung, in der zehn Patienten wie beschrieben behandelt wurden und neun Patienten einer Kontrollgruppe angehörten, die lediglich auf den Einschätzskalen die Beschwerden registrierten, zeigten sechs der behandelten Patienten und kein Patient der Kontrollgruppe eine bedeutsame Minderung der Beschwerden. Bei der späteren Behandlung der Kontrollgruppe zeigten wiederum sechs Patienten deutliche Verbesserungen.

Einjährige (Schwarz et al., 1986), zweijährige (Blanchard et al., 1988) und vierjährige (Schwarz et al., 1990) Katamnesen zeigten für die meisten Patienten, daß die Minderung der Beschwerden durch die Therapie anhielt. Der Wert der Katamnesen ist aber jedoch eingeschränkt zu betrachten, da Vergleiche mit einer Kontrollgruppe fehlen. Die spezifische Wirksamkeit der Behandlung läßt sich darüber hinaus schwerlich durch den Vergleich mit einer „Registrierkontrollgruppe" anstelle einer aussagekräftigeren „Placebokontrollgruppe" oder Gruppe mit alternativer „echter" Behandlung beurteilen.

Blanchard et al. (1987) haben ihr zunächst in Einzeltherapie eingesetztes Verfahren auch als Gruppentherapie erprobt. Ohne Vergleichsmöglichkeit mit einer Kontrollgruppe zeigten sich für neun von 14 Patienten bedeutsame Abschwächungen von Schmerzen und Durchfällen.

Das Fehlen einer angemessenen Kontrollgruppe für die Bewertung der spezifischen Behandlungseffekte wurde durch zwei weitere Untersuchungen (Blanchard et al., 1992) ausgeglichen. 30 Patienten wurden der eigentlichen Behandlung, einer Placebooder einer Registrierkontrollgruppe zugewiesen. Die Behandlungsgruppe war dabei der Placebokontrollgruppe bezüglich der Beschwerdenreduktion *nicht* überlegen. In einer weiteren Untersuchung mit 60 Patienten, die je zur Hälfte auf eine Behandlungs- und eine Placebokontrollgruppe verteilt wurden, brachte ebenfalls keine Vorteile für die Behandlungsgruppe. Beide Gruppen zeigten einen bedeutsamen Rückgang der Beschwerden, die auch für beide Gruppen nach sechs Wochen erhalten blieben. Anzumerken ist, daß vermutlich auch die Placebobehandlung Entspannungselemente enthielt („Pseudo-Meditation" und EEG-alpha-Feedback), was als ein indirekter Hinweis auf die Wirksamkeit der Entspannung gelten kann.

Einen wichtigen und überzeugenden Beitrag zur Behandlung des Reizdarm-Syndroms liefern Whorwell et al. (1984, 1987). Dabei wurde die Wirksamkeit von Hypnotherapie mit der Suggestion von Wärme in der Bauchregion und Normalisierung der Darmfunktionen mit einer Kontrollgruppe verglichen, wobei die eine Gruppe ein Placebo erhielt *und* die andere Gruppe unterstützende Psychotherapie (für 15 Patienten). Beide Therapieformen nahmen die gleiche Therapiezeit in Anspruch, nämlich sieben ca. halbstündige Sitzungen. Die Hypnotherapie, deren Hauptbestandteil die Entspannung der Bauchdecke war, zeigte sich als deutlich überlegen hinsichtlich aller Beschwerden. Die Kontrollgruppe zeigte keine Veränderung von Durchfällen und Verstopfung. Über die Behandlung mit weiteren 35 Patienten (Whorwell et al., 1987) wird berichtet, daß alle Patienten unter 50 Jahren, 95 % der „klassischen Fälle", 43 % „atypischer Syndrome" und 60 % der Fälle, in denen auch bedeutende psychische Beeinträchtigungen bestanden, erfolgreich mit der beschriebenen Hypnotherapie behandelt wurden.

Zur chronischen Verstopfung haben wir selbst umfangreiche Therapieerfahrungen gemacht und auch eine Untersuchung mit älteren Patienten durchgeführt, bei denen durch altersbedingte Funktionsänderung (Bannister et al., 1987) chronische Verstopfungen sehr häufig auftraten und therapieresistenter waren. Bei jüngeren, vorwiegend weiblichen Patienten hatten wir durchgehend erfolgreiche Therapien mit einer von Quarti und Renund (1964) vorgestellten Konditionierungsmethode erzielt. Vermutliche Ursachen der chronischen Verstopfung waren bei diesen Patienten ungünstige Stuhlgewohnheiten, Lebensführung mit großer Hektik, abstoßende Toiletten, frühere Schwangerschaften oder Operationen, nach denen sich Laxanzienmißbrauch entwickelt hatte.

Bei dieser Methode wurde die Medikamentenwirkung selbst als natürlicher Auslöser für den Ausscheidungsvorgang eingesetzt und durch zeitliche Assoziation ein akustisches Signal (Summton) sowie ein elektrisches Signal (angenehmes Kribbeln am unteren Rücken) als konditionierte Auslöser benutzt. Nach einem Monat bzw. 30 Konditionierungsdurchgängen wurden dann die Medikamente schrittweise redu-

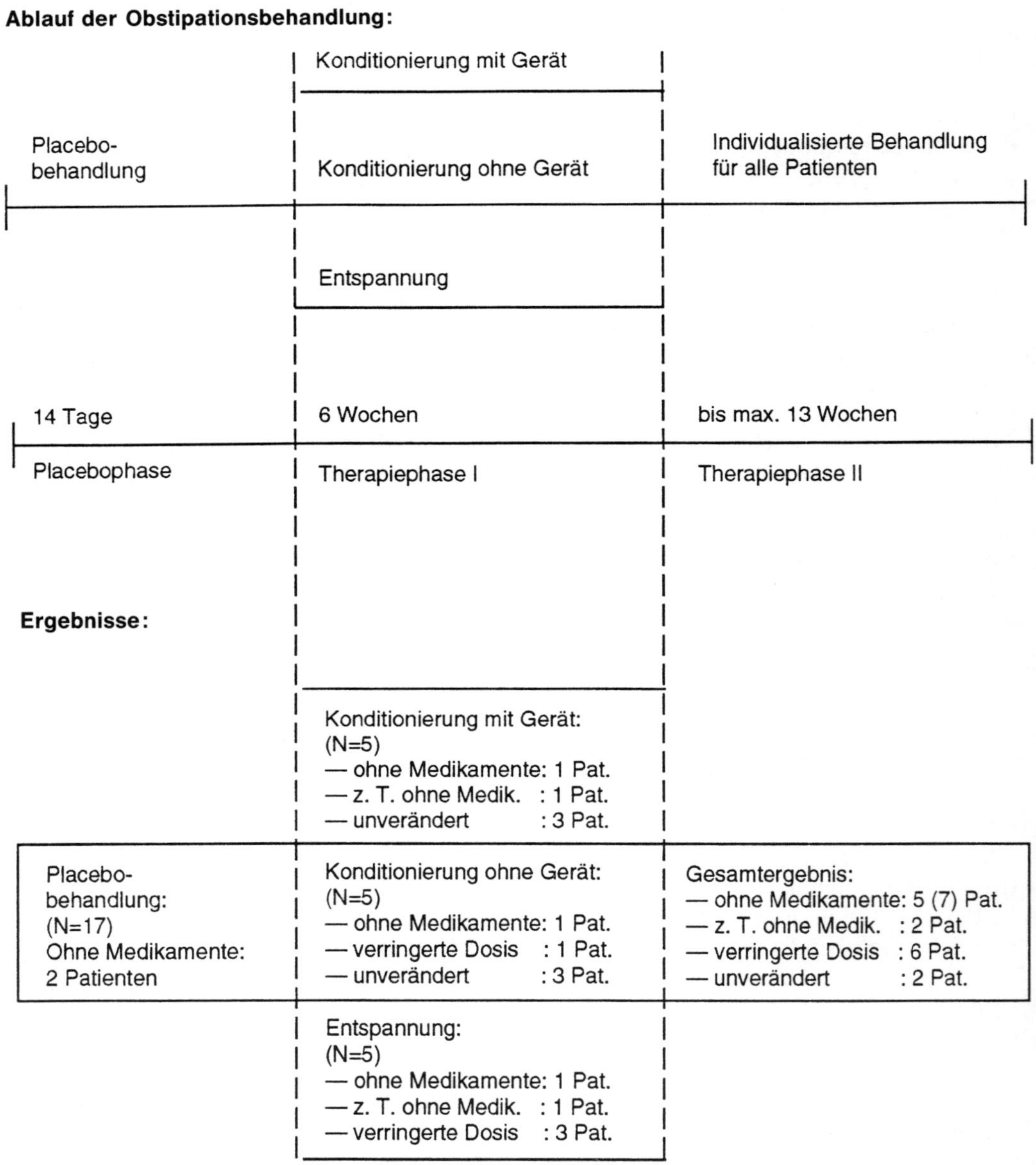

Abb. 1: Zeitlicher Ablauf und Ergebnisse von drei Verstopfungstherapien.

ziert. Dieses Verfahren und ein Konditionierungsverfahren, das auf den Einsatz des akustischen und elektrischen Signals verzichtete (statt dessen sollte der „intensive Gedanke“ an den Ausscheidungsvorgang als konditionierter Auslöser ausgebildet werden), wurden der Progressiven Muskelentspannung mit besonderer Betonung einer Übung zur Entspannung der Beckenbodenmuskulatur gegenübergestellt. 17 Patienten nahmen an der Untersuchung (Berbalk & Volk, 1985) teil. Der Ablauf und die Ergebnisse sind in Abbildung 1 dargestellt.

Eine Besonderheit im Untersuchungsplan war die vorangestellte Placebobehandlung dar. Die Störung, die bei allen Patienten sehr lange bestanden hatte, sollte während der Therapiephase nicht für einen Teil mit einer Placebotherapie angegangen werden, die nur geringe Aussichten auf Erfolg gehabt hätte. Dies wollten wir gerade den älteren Patienten nicht zumuten. Deshalb wurden alle 17 Patienten einer der eigentlichen Therapie vorangestellten Placebobehandlung unterzogen, in der ungünstige Ernährungs- und ungünstige Stuhlgewohnheiten verändert und gleichzeitig der Versuch unternommen wurde, die Medikamente zu reduzieren. Bei zwei Patienten konnte mit dieser Behandlung die Verstopfung beseitigt werden, die anderen 15 blieben unverändert, jeweils fünf Patienten wurden den Behandlungsgruppen Konditionierung mit oder ohne äußere Signale sowie Progressive Muskelentspannung zugewiesen.

Die Einschätzung des Erfolgs wurde über die Kategorien Stuhlgang „ohne Medikamente“, „zum Teil ohne Medikamente“, „verringerte Dosis“ und „unverändert“ vorgenommen. Danach ergab sich nach der „Hauptbehandlung“ für alle Patienten der Entspannungsgruppe eine günstige Veränderung, in den Konditionierungsgruppen zeigten nur jeweils zwei Patienten eine positive Änderung. Patienten, die nach der „Hauptbehandlung“ keinen Stuhlgang ohne Medikamente hatten, erhielten eine zusätzliche Behandlung, in der die verwendeten Behandlungsformen kombiniert wurden. Nach dieser individualisierten Behandlung blieben zwei der ursprünglich 17 Patienten unverändert, vier von sechs Patienten hatten nach erfolgloser Konditionierungstherapie durch das Entspannungstraining Verbesserungen erzielt. Das Ergebnis dieser zahlenmäßig kleinen Untersuchung hat uns ermutigt, auch älteren Menschen mit chronischer Verstopfung verhaltenstherapeutische Hilfen anzubieten und dabei Entspannungstrainings zu bevorzugen.

6.3 Geschwüre

Peptische Geschwüre im Magen und Zwölffingerdarm (Robert & Szabo, 1983) werden häufig als streßbezogene Schädigungen im Gastrointestinaltrakt angesehen. Im Zwölffingerdarm, in den der Nahrungsbrei unmittelbar aus dem Magen eintritt, ist die Säure- und Pepsinkonzentration besonders hoch. Auch wenn die Physiologie der Ulcusentstehung noch nicht geklärt ist, scheinen aber einige Faktoren hierbei eine wichtige Rolle zu spielen:

- Hypersekretion von Säure und Pepsin bei leerem Magen,
- Vasokonstriktion der Blutgefäße in den Magen- und Darmwandungen sowie
- verminderte und für den Schutz der Wandungen ungünstig zusammengesetzte Schleimproduktion.

Die Berichte Platonovs (s. o.) zum Einsatz von vollständiger Ruhe als Therapie bei Ulcuspatienten können durch kontrollierte Untersuchungen ergänzt werden, in denen Entspannung zumindest ein Behandlungsfaktor war. Dabei richteten sich die Maßnahmen teils auf Ulcusbeschwerden, in der Hauptsache aber auf die Rückfallprophylaxe.

Colgan, Faragher und Whorwell (1988) berichten von erfolgreicher Rückfallprophylaxe bei Zwölffingerdarmgeschwüren mit einer Hypnotherapie (s. o). Nach der medikamentösen Behandlung wurden 30 Patienten je zur Hälfte auf eine Behandlungs- und eine Kontrollgruppe verteilt. Ein Jahr nach der Behandlung hatten „nur“ acht der 15 mit Hypnotherapie behandelten Patienten Rückfälle erlitten, während alle Patienten der Kontrollgruppe wegen erneuter Geschwüre in Behandlung waren.

In einem Trainingsprogramm zur Entwicklung emotionaler Fertigkeiten von Brooks und Richardson (1980) war auch ein Entspannungstraining als ein Behandlungselement enthalten. Die Gesamtbehandlung bestand zusätzlich aus einem Angstbewältigungs- und Selbstbehauptungstraining. Elf Patienten wurden mit dem Programm zur Entwicklung emotionaler Fertigkeiten behandelt (acht 60–90 minütige Sitzungen in zwei Wochen), weitere elf Patienten erhielten eine zeitlich gleich ausgedehnte Placebobehandlung. 60 Tage nach der Behandlung zeigten die Patienten der Trainingsgruppe signifikant weniger „symptomatische Tage" und gebrauchten signifikant weniger Antazida (Magensäure bindende Mittel). Ein Vergleich der Gruppen nach 3 1/2 Jahren ergab eine signifikant geringere Rückfallrate in der Trainingsgruppe. Aussagen über den Beitrag der Entspannung zu diesem Behandlungseffekt sind allerdings nicht möglich.

Günstige Effekte im Rahmen der Rückfallprophylaxe von peptischen Geschwüren berichten auch Kawakami et al. (1977) für die regelmäßige Anwendung des Autogenen Trainings. Die Patienten, die medizinisch erfolgreich behandelt worden waren und im Anschluß Autogenes Training erlernten, hatten eine geringere Rückfallquote als Patienten ohne Schulung des Autogenen Trainings. Von der unterrichteten Patientengruppe hatten wiederum die Patienten, die die Entspannungsübungen im Laufe des fogenden Jahres abbrachen, eine höhere Rückfallneigung als die Personen, die regelmäßig und anhaltend Autogenes Training praktizierten.

In einer eigenen Untersuchung (Berbalk, Kollenbaum & Völkel, 1984) zur Rückfallprophylaxe bei Patienten mit medizinisch behandelten Zwölffingerdarmgeschwüren verglichen wir „kognitive Therapie" und „Entspannungstherapie". Die kognitive Therapie war an Meichenbaum, die Entspannungstherapie an Jacobson orientiert. 25 Patienten nahmen an der vollständigen Behandlung teil. Die vier daraus resultierenden Behandlungsgruppen waren:

1. Placebogruppe (in gleicher zeitlicher Verteilung wie die Behandlungsgruppen wurden Alltagsprobleme analog einer üblichen Gruppentherapie bearbeitet)
2. Entspannungsgruppe (gründliche Vermittlung der Progressiven Muskelentspannung, einschließlich Übertragung in den Alltag)
3. Kognitive Gruppe (Veränderung der Selbstinstruktionen vor, während und nach alltäglichen Belastungssituationen, sowie bei außergewöhnlich bedrohlichen Ereignissen)
4. Gruppe mit Entspannungs- und kognitiver Therapie.

Das letzte Gruppenbehandlungsverfahren entspricht der Streßimpfungstherapie von Meichenbaum. Dieses Vorgehen sollte es ermöglichen, die Auswirkungen von kognitiver Therapie und Entspannungstherapie getrennt und in Kombination zu prüfen. Acht wöchentliche Gruppensitzungen wurden jeweils zweistündig von je zwei Therapeuten durchgeführt. Die abhängigen Variablen, die vor und nach der Therapie erhoben wurden, sollten sowohl subjektives Befinden als auch physiologisches Streßgeschehen erfassen. Verwendet wurde eine Beschwerdeliste (von Zerssen, 1976) und eine Messung der Plasmacortisolwerte (jeweils morgens und abends). Plasmacortisol als Streßindikator erschien auch deshalb bedeutsam, weil eine Absenkung der Cortisolwerte möglicherweise mit einer Verbesserung des Schutzes der Magen- und Darmwandungen einhergeht.

Obgleich die Bezeichnung „Streßimpfungstraining" des kombinierten Verfahrens von Meichenbaum eine Überprüfung gerade physiologischer Veränderungen nahelegt, ist uns bis heute (ca. 20 Jahre nach der „Erfindung") keine Untersuchung bekannt, in der eine vergleichbare Prüfung der körperlichen Auswirkungen differenziert nach den einzelnen Komponenten erfolgte.

Abbildung 2 zeigt die Auswirkungen der Behandlungen auf die Cortisolausschüttung. Der Darstellung der Ergebnisse sei

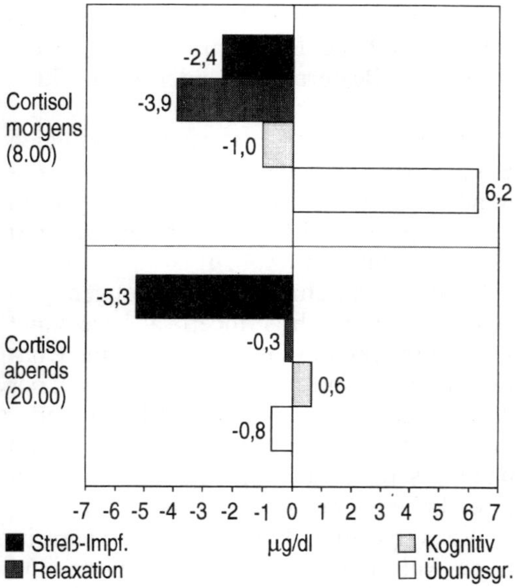

Abb. 2: Veränderungen der Plasmacortisolwerte bei Patienten mit Zwölffingerdarmgeschwüren (Differenzwerte vor – nach der Therapie: Werte links der Mittellinie = Abnahme; Werte rechts der Mittellinie = Zunahme).

vorausgeschickt, daß die Werte unserer Patienten-Gesamtgruppe zu Beginn der Therapie deutlich über dem Mittelwert der Stichprobe lag und daß nach der Behandlung der Morgenwert der Streßimpfungs- und der Entspannungsgruppe nicht mehr bedeutsam von dem Mittelwert der Klinik abwich. Der Mittelwert der abendlichen Blutabnahme nach der Behandlung ist nur für die Streßimpfungsgruppe deutlich abgesenkt, erreicht aber dennoch nicht das mittlere Niveau der Klinik.

Abbildung 2, die die Ergebnisse einer dreifaktoriellen Varianzanalyse veranschaulicht (Faktor 1: kognitiv ja/nein, Faktor 2: Entspannung ja/nein, Faktor 3: Blutentnahme vormittags/abends), zeigt deutlich eine „dreifache Interaktion": Die Verfahren, die als Element oder einziges Vorgehen Progressive Muskelentspannung enthielten, erbrachten deutliche Absenkungen der Plasmacortisolwerte am Morgen und nur die Kombination aus kognitver Therapie und Entspannung erbrachte auch eine Absenkung der Abendwerte. Entspannung und bessere Streßbewältigung im Alltag sind demnach erforderlich, um die körperlichen Streßindikatoren über den Tag hinweg zu normalisieren. Die Placebokontrollgruppe zeigte zudem, was auch dem Ergebnis der Analyse der Beschwerden entsprach, eine deutliche Zunahme der morgendlichen Plasmacortisolwerte, obwohl die subjektive Bewertung der Behandlung in dieser Gruppe am günstigsten ausfiel.

Die Plasmacortisolergebnisse haben wir mit der Kombinationsbehandlung – kognitive Intervention und Progressive Muskelentspannung – sowohl bei Hochleistungssportlern, von denen 1/3 über gastrointestinale Störungen klagten, als auch bei Frauen, die in der Fertigung eines Schreib- und Zeichengeräteherstellers tätig sind (Abb. 3), belegen können. Abbildung 4 zeigt die Veränderungen für die Frauen, die starke gastrointestinale Beschwerden angaben.

Abbildung 5 illustriert die Auswirkungen der Kombinationsbehandlung auf Magenbeschwerden, wie sie mit dem Gießener Beschwerdebogen (Brähler & Scheer, 1983) erfaßt werden, im Vergleich mit anderen Beschwerdebereichen für alle Frauen. Die Veränderungen der Magenbeschwerden im

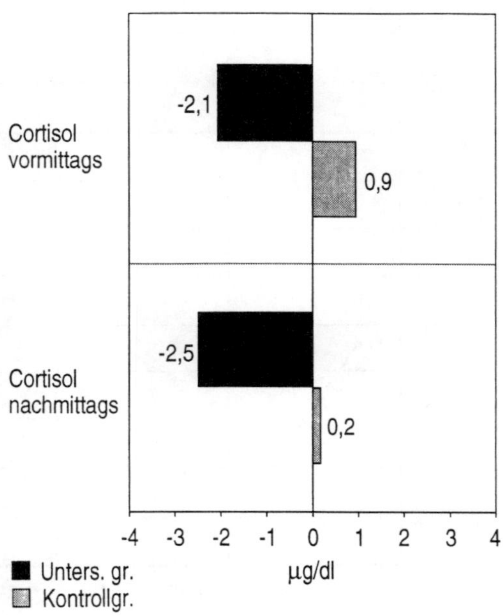

Abb. 3: Veränderungen der Plasmacortisolwerte bei berufstätigen Frauen.

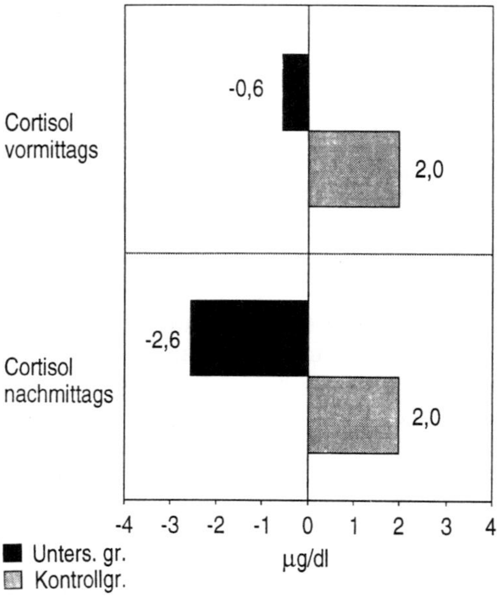

Abb. 4: Veränderungen der Plasmacortisolwerte bei Frauen mit starken gastrointestinalen Beschwerden.

Vergleich zur Kontrollgruppe weisen zusammen mit der Erschöpfungsneigung die deutlichste Besserung nach der Behandlung auf.

Bei den Frauen mit gastrointestinalen Beschwerden ergaben sich nach der Behandlung signifikante Verbesserungen in den Bereichen Magenbeschwerden und Gliederschmerzen (Abb. 6).

Colitis bezeichnet Entzündungen im Grimmdarm. Colitis ulcerosa bezeichnet Entzündungen mit Geschwürbildung. Charakteristisch sind blutige Durchfälle. Über die körperlichen Beschwerden hinaus oder durch die körperlichen Beschwerden sind nach unserer Erfahrung Colitispatienten in ihrer Lebensführung stark behindert.

Wir versorgten Patienten, die einerseits hohe Anforderungen an sich stellten und andererseits gerade bei hohen Anforderungen unter verstärkten Durchfällen litten. Entspannungstherapie, Förderung von mehr

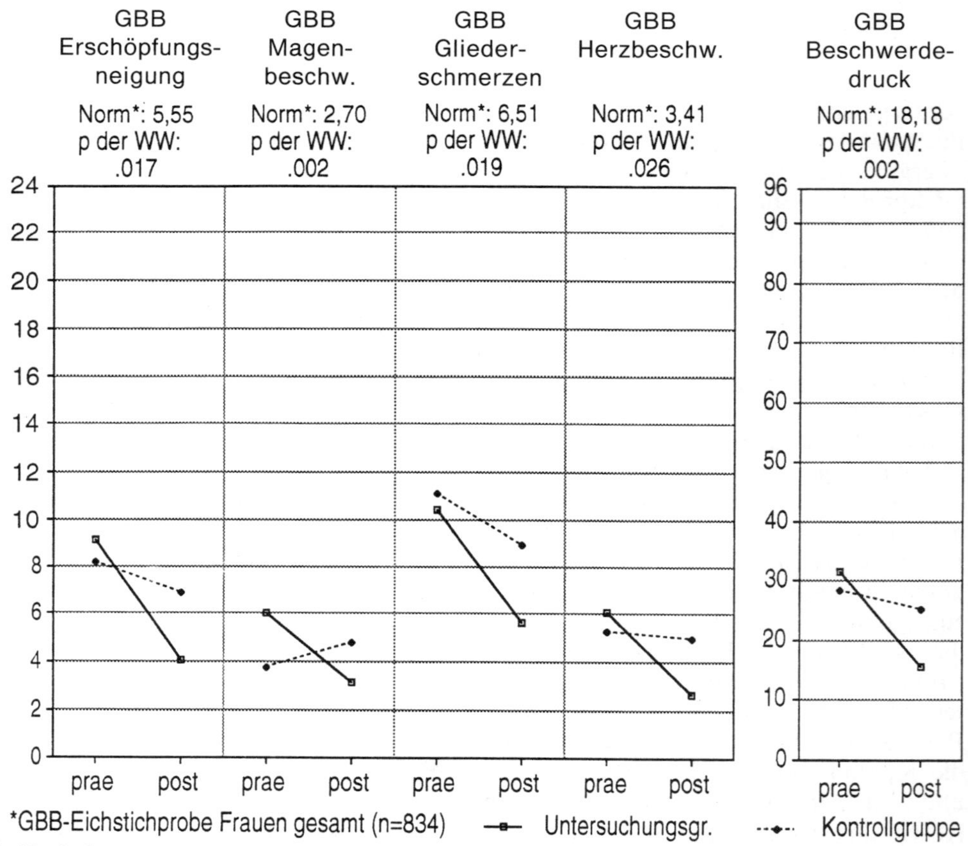

Abb. 5: Veränderungen im Gießener Beschwerdebogen bei berufstätigen Frauen.

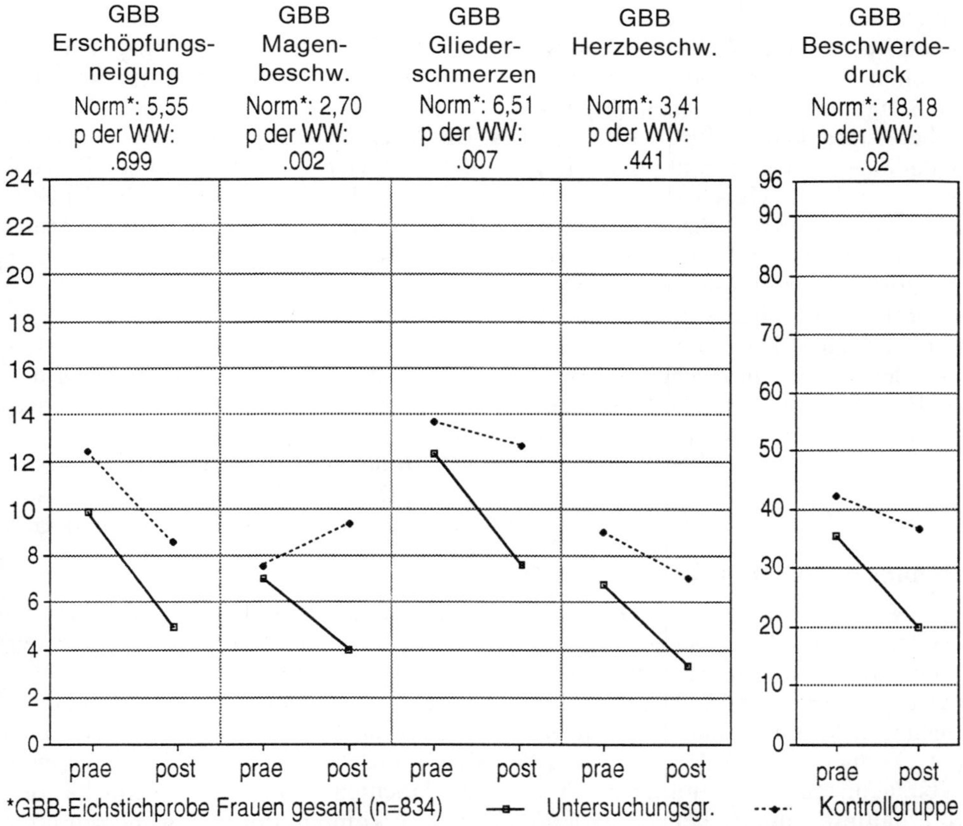

Abb. 6: Veränderungen im Gießener Beschwerdebogen bei Frauen mit starken gastro-intestinalen Beschwerden.

Gelassenheit im Umgang mit Hindernissen und Harmonisierung des Verhältnisses von „Kräften" zu „Ansprüchen" könnten eine Kurzbeschreibung dieser Therapien sein.

Shaw und Ehrlich (1987) berichten über die Auswirkungen eines Entspannungstrainings, welches über sechs Wochen mit einer wöchentlichen Sitzung für 20 Patienten durchgeführt wurde, die an Colitis Ulcerosa erkrankt waren. Ziel der Behandlung war, die Schmerzen zu lindern. Die Ergebnisse der Behandlungsgruppe wurden mittels eines Schmerzfragebogens mit den Antworten einer Kontrollgruppe, bestehend aus 20 nichtbehandelten Colitis Ulcerosa Patienten, verglichen.

Unmittelbar nach der Behandlung und sechs Wochen später zeigte die Gruppe, mit der das Entspannungstraining durchgeführt wurde, signifikant geringeres Schmerzerleben und Schmerzverhalten auf. Einflüsse auf das pathophysiologische Geschehen werden nicht berichtet. Ein ähnliches Kombinationsverfahren mit Entspannung, wie es auch bei der Behandlung von Patienten mit „Reizdarm-Syndrom" verwendet wurde, wird neuerdings von der Arbeitsgruppe um Blanchard auch für Patienten mit entzündlichen Darmstörungen eingesetzt. (Schwarz & Blanchard, 1991). Die Ergebnisse einer kontrollierten Studie mit Patienten, die an Morbus Crohn und an Colits Ulcerosa erkrankt waren, liefern keine überzeugenden Hinweise auf die Nützlichkeit dieser Behandlung.

Sollten unsere Erfahrungen zutreffen, so könnte sich eine Behandlung für die Colitis als ein die medizinische Versorgung unterstützendes Verfahren bewähren, wenn es über sehr intensive Entspannung hinaus auch eine veränderte generelle Lebensführung vermittelte. Diese veränderte Lebensführung würde für eine Reihe von Patienten auch Verzicht auf Verwirklichungsmöglichkeiten in Arbeit und Privatleben beinhalten, die ihre „körperlichen Kapazitäten“ übersteigen. Gerade für den Bereich der entzündlichen Darmerkrankungen sind dringend kontrollierte Untersuchungen zur Nützlichkeit von psychotherapeutischen Interventionen durchzuführen. Dabei werden vermutlich nur Kombinationsbehandlungen zur Besserung der Situation dieser Patienten beitragen. Die Untersuchungen sollten es gleichwohl ermöglichen die Wirkung der Einzelkomponenten und vor allem deren Kombinationswirkung zu bestimmen.

7. Zusammenfassung

Wir haben in unserer Arbeit aufgezeigt, wie sich Entspannung und vollständige Ruhe vorbeugend, lindernd oder heilend auf funktionelle gastrointestinale Störungen auswirken können.

Als Überlegungen für die Entstehung und Aufrechterhaltung funktioneller gastrointestinaler Störungen lassen sich aus unserem Bericht die folgenden Konzepte herauslösen:

- Das **Schwachstellenkonzept**: Ein Organ kann für die Entwicklung einer funktionellen Störung prädisponiert sein
  - durch heriditäre Anfälligkeit,
  - durch Affizierung während einer vorübergehenden Erkrankung und
  - bei situationsbedingter starker Aktivierung in Situationen des Essens, Verdauens und Ausscheidens.
- Das **Resonanzkonzept**: Intrapersonale und/oder extern induzierte Belastungen, die zu einer Überforderung der Verarbeitung in den höheren Gehirnabschnitten führen, lösen Dysregulationen im Gastrointestinaltrakt aus.
- Das **Konditionierungskonzept**: Durch „zufällige“ Assoziation werden Hemmungs- oder Aktivierungsmuster zu „unnatürlichen“ Zeitpunkten und im Übermaß ausgelöst, so daß die normalen Verdauungsprozesse gestört werden.
- Das **Funktionalitätskonzept**: Gastrointestinale Störungen erbringen einen Vorteil und werden damit operant verstärkt.
- Das **Lernbegünstigungs- bzw. -verhinderungskonzept**: Biochemische Prozesse im Gehirn begünstigen die Entstehung dysfunktionaler Konditionierungen und behindern deren Löschung (Eysenck, 1987).
- Das **Lebensstilkonzept**: Hektik, Überforderung und ungünstiges Gesundheitsverhalten verhindern die Anpassung der Ernährungs-, Verdauungs- und Ausscheidungsprozesse.
- Das **Kommunikationskonzept**: Interpersonale Defizite führen zu Belastungen, die sich auch auf den Gastrointestinaltrakt störend auswirken.

Aus den Fallbeschreibungen ging hervor, daß jede Kombination der aufgeführten Konzepte bei der Entstehung und Aufrechterhaltung einer Störung im Einzelfall denkbar ist. Dementsprechend ist zu erwarten, daß im Einzelfall oder für Untergruppen von Patienten sehr unterschiedliche Behandlungskombinationen angemessen sind. Bei den meisten der aufgeführten Faktoren sollten nach unserer Erfahrung Entspannung und Ruhe tragende und bei anderen ergänzende Therapiebestandteile sein. Forschung zur Wirksamkeit von Ruhe und Entspannung bei gastrointestinalen Störungen wären nützlich, wenn prospektive Studien mit angemessenen Operationalisierungen der aufgeführten Faktoren mit Interventionsstudien zur Prävention kombiniert würden.

Entspannungstraining, Verhaltenstraining, Schulung im Umgang mit Belastungen und Verbesserung des Gesundheitsverhaltens könnten jeweils als Hauptintervention oder in Kombination durchgeführt werden. Es ist dabei zu erwarten, daß für manche Gruppen eine Kombinationsbehandlung über die Effekte der Einzelmaßnahmen hinaus zusätzliche günstige Wirkungen zeigt, für andere Gruppen die Kombination eher hinderlich ist.

Die gegenwärtige geringe Investition und das geringe Interesse für die Forschung zu bio-psycho-sozialen Konzepten des Gastrointestinaltraktes ist insofern unverständlich als unser Wohlbefinden und Glück in hohem Maße mit dem normalen und anpassungsfähigen Funktionieren unserer Eingeweide verbunden ist.

Literatur

Bannister, J. J., Abouzekry, L. & Read, N. W. (1987). Effect of aging on anorectal function. Gut, 28, 353–357.

Benson, H. (1975). The relaxation response. New York: William Morrow.

Berbalk, H. (1978). Psychosomatik. In U. Baumann, H. Berbalk & G. Seidenstücker (Hrsg.), Klinische Psychologie – Band 1 (304–342). Bern: Huber.

Berbalk, H. & Volk, H.-P. (1985). Der Einsatz einer der Therapie vorangestellten Placebobehandlung als Alternative zur Placebokontrollgruppe. Zeitschrift für Klinische Psychologie, 14, 85–89.

Berbalk, H., Kollenbaum, V.-E. & Völkel, H. (1984). Biochemische Effekte der „Streßimpfung" – Ein vernachlässigter bedeutsamer Weg zur Therapiekontrolle am Beispiel einer Rehabilitationsmaßnahme bei Ulcuspatienten. Zeitschrift für Klinische Psychologie, 13, 276–287.

Berbalk, H., Hacks, W., Kempkensteffen J & Steußloff, B. (1991). Psychologische Gesundheitsvorsorge für berufstätige Frauen. Persönlichkeitsänderungen, Rückgang des Beschwerdedrucks, Absenkung physiologischer Streßreaktionen und Verbesserung der Abwehrlage. Trier: Kongreß der Deutschen Gesellschaft für Verhaltensmedizin und Verhaltensmodifikation.

Birbaumer, N. (1986). Gastrointestinaltrakt. In W. Miltner, N. Birbaumer, W.-D. Gerber (Hrsg.), Verhaltensmedizin (238–261). Berlin: Springer.

Birbaumer, N. & Schmidt, R. F. (1989). Biologische Psychologie (Kap. 8, Ernährung und Verdauung). Berlin: Springer.

Blanchard, E. B. & Schwarz, S. P. (1987). Adaptation of a multi component treatment for irritable bowel syndrome to a small-group format. Biofeedback and Self-Regulation, 12, 63–69.

Blanchard, E. B., Schwarz, S. P. & Neff, D. F. (1988). Two-year follow-up of behavioral treatment of irritable bowel syndrome. Behavior Therapy, 19, 67–73.

Blanchard, E. B., Schwarz, S. P. & Suls, J. M. (1992). Two controlled evaluations of multi component psychological treatment of irritable bowel syndrome. Behavior Research and Therapy, 30, 175–189.

Brähler, E. & Scheer, J. (1983). Der Gießener Beschwerdebogen – Handbuch Bern: Huber.

Brooks, G. R. & Richardson, F. C. (1980). Emotional skills training: A treatment program for duodenal ulcer. Behavior Therapy, 11, 198–207.

Burish, T. G. & Lyles, J. N. (1979). Effectiveness of relaxation training in reducing the aversiveness of chemotherapy in the treatment of cancer. Journal of Behavior Therapy and Experimental Psychiatry, 10, 357–361.

Burish, T. G. & Redd, W. H. (1983). Behavioral approaches to reducing conditioned responses to chemotherapy in adult cancer patients. Behavioral Medicine Update, 5, 12–16.

Burish, T. G., Carey, M. P., Krozely, M. G. & Greco, F. A. (1987). Conditioned side effects induced by cancerr chemotherapy: Prevention through behavioral treatment. Journal of Consulting and Clinical Psychology, 55, 42–48.

Burish, T. G., Snyder, S. & Jenkins, R. A. (1991). Preparing patients for cancer chemotherapy: Effects of coping preparation and relaxation interventions. Journal of Consulting and Clinical Psychology, 59, 518–525.

Bykow, K. M., Kurtsin, I. T. (1966). Kortikoviszerale Pathologie. Berlin: VEB Verlag Volk und Gesundheit.

Cannon, W. B. (1975, dtsch. Übersetzung, 1936, 2. engl. Ausgabe). Wut, Hunger, Angst und Schmerz, eine Physiologie der Emotionen. München: Urban & Schwarzenberg.

Carey, M. P. & Burish, T. G. (1988). Etiology and treatment of the psychological side effects associated with cancer chemotherapy: A critical review and discussion. Psychological Bulletin, 104, 307–325.

Colgan, S. M., Faragher, E. B. & Whorwell (1988). Controlled trial of hypnotherpapy in relapse prevention of duodenal ulcer. The Lancet, 6, 1299–1300.

Davis, C. (1986). The gastrointestinal system. In M. G. H. Coles, E. Donchin & S. W. Porges (Eds.), Psychophysiology (166–171). New York: The Guilford Press.

Ewe, K. & Karbach, U. (1987). Funktionen des Magen-Darm-Kanals. In R. F. Schmidt & G. Thews (Hrsg.), Physiologie des Menschen (733–777). Berlin: Springer.

Eysenck, H. J. (1987). Behavior therapy. In H. J. Eysenck & J. Martin (Eds.), Theoretical foundations of behavior therapy. New York: Plenum Press.

Green, J. & Shellenberger, R. (1991). The dynamics of health and wellness. Forth Wort: Holt, Rinehart & Winston.

Grings, W. W. & Dawson, M. E. (1978). Emotions and bodily responses. New York: Academic Press.

Groen, J. J. (1981). Work and peptic ulcer. In L. Levi (Ed.), Society, stress, and disease-volume 4 working life (201–211). Oxford: Oxford University Press.

Hölzl, R. & Whitehead, W. E. (Eds.) (1983). Psychophysiology of the gastrointestinal tract. New York: Plenum Press.

Hufnagel, H., Steimer-Krause, E., Wagner, G. & Krause, R. (1993). Facial expression and introspection within different groups of mental disturbance. In H. C. Traue & J. W. Pennebaker (Eds.), Emotion, inhibition, and health (164–178). Seattle: Hogrefe & Huber Publishers.

Jacobson, E. (1948). Progressive relaxation. Chicago: The University of Chicago Press, 5. Auflage.

Quarti, C. & Renaud, J. (1964). A new treatment of constipation by conditioning. In C. M. Franks (Ed.), Conditioning techniques in clinical practice and research. London: Tavistock Publications.

Kawakami, K., Kuroda, M., Sasaki, D., Soma, S. & Matsunaga, F. (1977). Autogenic training in relapsing peptic ulcer. In W. Luthe & F. Antonelli (Eds.), Therapy in psychosomatic medicine: Autogenic therapy (48–53). Rome: Edizioni L. Pozzi.

Kurtsin, I. T. (1976). Theoretical principles of psychosomatic medicine. New York: Wiley.

Lang, P. J., Rice, D. G. & Sternbach, R. A. (1972). The psychophysiology of emotion. In N. S. Greenfield & R. A. Sternbach (Eds.), Handbook of psychophysiology (623–643). New York: Holt, Rinehart & Winston.

Latimer, P. R. (1981). Irritable bowel syndrome: a behavioral model. Behaviour Research and Therapy, 19, 475–483.

Lichstein, K. L. (1988). Clinical relaxation strategies. New York: Wiley.

Malatesta, C. Z. & Culver, C. (1993). Gendered health: Differences between men and women in the relation between physical symptoms and emotion expression behavior. In H. C. Traue & J. W. Pennebaker (Eds.), Emotion, inhibition, and health (116–144). Seattle: Hogrefe & Huber Publishers.

Miller, N. (1975). Learning of visceral and glandular responses. In Th. Millon (Ed.), Medical behavioral science (221–240). Philadelphia: Saunders Company.

Pennebaker, J. W. & Traue, H. C. (1993). Inhibition and psychosomatic processes. In H. C. Traue & J. W. Pennebaker (Eds.), Emotion, inhibition, and health (146–163) Seattle: Hogrefe & Huber Publishers.

Platonov, I. K. (1959). The word as a physiological and therapeutic factor. Moscow: Foreign Languages Publishing House.

Razran, G. (1971). The observable unconscious and the inferable conscious in current soviet psychophysiology. In J. Kamiya, T. Berber, L. DiCara, N. Miller, D. Shaprio & J. Stoyva (Eds.), Biofeedback and self-control (479–545). Chicago: Aldine.

Read, N. W. (1987). Functional gastroenterological disorders: the name's the thing... Gut, 28, 1–4.

Schwarz, S. P., Taylor, A. E., Scharff, L. & Blanchard, E. B. (1990). Behaviorally treated irritable bowel syndrome patients: A four-year follow-up. Behavior Research and Therapy, 28, 331–335.

Schwarz, S. P., Blanchard, E. B. (1991). Evaluation of a psychological treatment for inflammatory bowel disease. Behaviour Research and Therapy, 29, 167–177.

Selye, H. (1956). The stress of life. New York: McGraw-Hill.

Shaw, L. & Ehrlich, A. (1987). Relaxation training as a treatment for chronic pain caused by ulcerative colitis. Pain, 29, 287–293.

Sternbach, R. A. (1964). The effects of instructional sets on autonomic reactivity. Psychophysiology 1, 67–72.

Vaitl, D. (1993). Psychophysiologie der Entspannung. In D. Vaitl & F. Petermann (Hrsg.), Handbuch der Entspannungsverfahren, Band 1 (3–35). Weinheim: Psychologie Verlags Union.

Vaitl, D. (1978). Entspannungstechniken. In L. J. Pongratz (Hrsg.), Handbuch der Psychologie – Klinische Psychologie, 2. Halbband (2104–2143). Göttingen: Hogrefe.

Von Zerssen, D. (1976). Die Beschwerdeliste. Weinheim: Beltz.

Watson, M. & Marvell, C. (1992). Anticipatory nausea and vomiting among cancer patients: A review. Psychology and Health, 6, 97–106.

Whorwell, P. J., Prior, A. & Faragher, E. B. (1984). Controlled trial of hypnotherapy in the treatment of severe refractory irritable-bowel syndrome. The Lancet, December 1, 1984, 1232–1233.

Whorwell, P. J., Prior, A. & Colgan, S. M. (1987). Hypnotherapy in severe irritable-bowel syndrome: further experience. Gut, 28, 423–425.

Wolf, S. & Welsh, J. D. (1972). The gastrointestinal tract as a response system. In N. S. Greenfield & R. A. Sternbach (Eds.), Handbook of psychophysiology (419–456). New York: Holt, Rinehart & Winston.

Rheumatische Erkrankungen

GEORG JUNGNITSCH

1. Einführung

Die 41jährige Frau S. sucht während eines Aufenthaltes in einer Rheumaklinik auch deren psychologische Abteilung auf. Sie berichtet, daß sie zum ersten Mal in einer solchen Klinik sei. Daher sei sie auch sehr erschrocken über die Patienten, die ihr begegnet seien und die teilweise sehr schlecht laufen konnten oder sogar im Rollstuhl säßen. Auch die verkrüppelten Hände, vor allem bei den Frauen, die sie inzwischen kennengelernt habe, hätten sie sehr erschreckt. Bei ihr selbst sei vor einem Jahr die Diagnose „chronische Polyarthritis" gestellt worden. Davor habe sie fast ein halbes Jahr mit unklaren Beschwerden vor allem in den Fingern und einem beständigen Mattigkeitsgefühl und großen Anlaufschwierigkeiten am Morgen gekämpft. Die Tabletten und die Spritzen, die ihr ihr Hausarzt zu der damaligen Zeit gegeben habe, hätten ihr nichts gebracht. Sie habe eher das Gefühl gehabt, daß er mit ihren Beschwerden nicht zurecht komme und er sie gar nicht so recht ernst nähme, da er ihre Beschwerden oft mit Aussprüchen wie: „Das kommt halt mit den beginnenden Wechseljahren!" kommentierte. Auch sie selbst habe ihren eigenen Beobachtungen daraufhin oft gar nicht mehr so recht getraut und schon Angst gehabt, sie bilde sich das alles nur ein. Die Schmerzen und ihre gesamte Unbeweglichkeit seien auch ganz schleichend gekommen, oft wieder gar nicht vorhanden gewesen. Insgesamt sei es aber schließlich immer schlimmer geworden. Außerdem sei ihr aufgefallen, daß immer dann, wenn sie Ärger im Büro oder auch in der Familie gehabt habe, es ihr anschließend viel schlechter gegangen sei. Erstmalig aufgetreten waren die Beschwerden, als sie mit dem Hausbau fertig waren und endlich der Umzug abgeschlossen war. Daher hatte sie zunächst auch angenommen, daß die Schmerzen noch von den Strapazen des Baues herrührten.

Jetzt habe sie von einem Rheumatologen zusätzlich zu ihren Schmerzmitteln noch ein Medikament verschrieben bekommen. Seit kurzer Zeit verspüre sie auch eine gewisse Besserung. Dennoch sei ihr angeraten worden, die Wirkung des Medikamentes noch einmal in einer Spezialklinik überprüfen zu lassen und vor allem eine intensive krankengymnasiastische Behandlung durchzuführen. Zum Psychologen sei sie gekommen, da sie sich zwar in der Zwischenzeit an ihre Schmerzen immer mehr gewöhnt habe, aber von Mitpatienten darauf aufmerksam gemacht worden sei, daß sie dort auch noch ein paar Möglichkeiten kennenlernen könne, um noch besser mit den Schmerzen fertig zu werden. Dabei seien die Schmerzen aber gar nicht mehr ihr Hauptproblem, vielmehr beschäftige sie die ständige Medikamenteneinnahme und ihre Sorgen um die Zukunft. Diese seien noch mehr angewachsen, als sie in der Klinik all die schwer betroffenen Patienten gesehen hätte. Sie selbst sei darauf angewiesen, weiter ihrem Beruf als Sekretärin nachzugehen, da ihre beiden Kinder noch ins Gymnasium gingen und sie noch große Schulden aus dem Hausbau hätten. Außerdem hätten sie die Gespräche mit anderen Patienten sehr verunsichert, da diese sie sehr davor gewarnt hätten, solch scharfe Mittel zu nehmen, die sie zum Teil selbst auch schon genommen hätten und davon nur Nebenwirkungen gehabt hätten. Dies habe ihr Gefühl bestärkt, eigentlich nur Versuchs-

kaninchen und ansonsten ihrer Krankheit hilflos ausgeliefert zu sein. Darüber sei sie manchmal schon sehr deprimiert und verzweifelt. Auch frage sie sich oft, warum die Krankheit ausgerechnet bei ihr aufgetreten sei.

Den Klinikaufenthalt wolle sie nun aber dazu nutzen, wirklich alle Behandlungsmöglichkeiten kennenzulernen und auszuschöpfen. Daher wolle sie auch ausprobieren, was sie mit psychologischen Methoden in ihrem Fall erreichen könne. Irgendwo habe sie auch die Hoffnung, daß bei dieser Krankheit auch „eine psychische Komponente" dabei sei, so daß sie die Erkrankung auch damit bekämpfen könne, wenn sie sich „psychisch besser fühle".

1.1 Der Rheumabegriff

Der Begriff Rheuma hat seinen Ursprung in dem griechischen Wort „rheo", das heißt „ich fließe". Damit ist eines der Hauptsymptome der Erkrankungen bezeichnet, die unter ihm zusammengefaßt sind, nämlich das des wandernden, fließenden Schmerzes (Miehle, 1989). Diese Bezugnahme des Begriffes auf nur ein – wenn auch zentrales – Krankheitssymptom bedingt auch, daß es sich bei der Bezeichnung „rheumatische Erkrankung" nur um eine scheinbar eindeutige Zuordnung oder Diagnose handelt. Tatsächlich ist es jedoch so, daß der Begriff „rheumatische Erkrankung" oder „Rheuma" kein einheitliches Krankheitsbild kennzeichnet, sondern daß sehr viele und dabei grundverschiedene Erkrankungen darunter fallen (Miehle, 1989; vgl. Fehr & Böni, 1989). Dies macht es notwendig, eine Klassifikation der verschiedenen Krankheiten aufzustellen. Am gebräuchlichsten ist eine Klassifikation, die vier unterschiedliche Hauptgruppen rheumatischer Erkrankungen beinhaltet (Müller & Schilling, 1982). Dabei handelt es sich um die in Tabelle 1 zusammengefaßten Gruppen.

Sie sind in etwa wie folgt zu beschreiben:

- Entzündliche Gelenk- und Wirbelsäulenerkrankungen

Tabelle 1: Klassifikationsmöglichkeit rheumatischer Erkrankungen (Müller & Schilling, 1982).

- **Entzündliche Gelenk- und Wirbelsäulenerkrankungen**
  Beispiele:
  – chronische Polyarthritis
  – ankylosierende Spondylitis
  – Kollagenkrankheiten
- **Degenerative Gelenk-und Wirbelsäulenerkrankungen**
  Beispiele:
  – Arthrosen der Extremitätengelenke
  – Arthrosen der Wirbelsäulengelenke
  – Schädigungen der Bandscheibe
- **Extraartikulärer (Weichteil-) Rheumatismus**
  Beispiele:
  – Fibromyalgie
  – Halswirbelsäulensyndrom
  – Lendenwirbelsäulensyndrom
  – chronischer Rückenschmerz
- **Pararheumatische Erkrankungen**
  Beispiele:
  – Gicht
  – Tumorerkrankungen
  – Gefäßentzündungen

Unter diese erste Gruppe werden insbesondere die chronische Polyarthritis, die ankylosierende Spondylitis sowie andere Gelenk- und Wirbelsäulenentzündungen und die Kollagenkrankheiten gefaßt. Unter der chronischen Polyarthritis ist eine systemische Erkrankung mit ungeklärter Ätiologie, die meist in Schüben und progredient verläuft, zu verstehen. Die Fortentwicklung der Erkrankung ist dabei völlig ungewiß, wobei noch in 18 bis 20% der Fälle Spontanremissionen beobachtet werden (Rave & Hagmann, 1984). Etwa 5 bis 10% der von dieser Krankheit Betroffenen müssen mit einem Verlauf rechnen, der sie schließlich an Rollstuhl oder Bett fesselt (Raspe, 1986).

Die ankylosierende Spondylitis oder der Morbus Bechterew ist durch eine entzündliche Erkrankung vorwiegend der Kreuzdarmbeingelenke (Iliosakralgelenke) sowie der Wirbelsäule gekennzeichnet (Hettenkofer, 1984). Das klinische Bild zeigt vor allem einen überwiegend nächtlich auftretenden, tiefsitzenden Kreuzschmerz, der teilweise in Ischialgieform bis in die Wade ausstrahlt. Auch hier ist der Verlauf meist progredient. Die Häufigkeit der Erkrankung ist eher niedrig, die Morbiditätsrate in der Bevölkerung schwankt zwischen 0,1 und 0,4% (Zink, Zink & Hoffmeister, 1981). Während in seltenen Fällen auch die Gelenke der Extremitäten und die Sehnenansätze betroffen sind (Hettenkofer, 1984), können in 25% der Fälle die Entzündungsprozesse der Wirbelsäule bis zu einer vollständigen knöchernen Versteifung derselben auch in ungünstigen Positionen führen (Hettenkofer, 1984).

Neben diesen viele Gelenke und oft auch innere Organe in Mitleidenschaft ziehenden entzündlich-rheumatischen Erkrankungen kann es aber auch zu Krankheitsbildern, die nur einzelne Extremitätengelenke oder auch einzelne Wirbelkörper befallen, sogenannte Monarthritiden, kommen.

Eine weitere, unter diese erste Klassifikationskategorie gefaßte Krankheitsgruppe betrifft die „Kollagenkrankheiten". Hier ist das gesamte Bindegewebe vom entzündlichen Prozeß betroffen. Dies führt zu einer deutlichen Einschränkung der Beweglichkeit sowie einer Gestaltveränderung der betroffenen Person. Diese findet sich in erster Linie an den Fingern, die wurstförmig anschwellen, und im Gesicht, das vor allem eine Veränderung um die Mundpartie, nämlich eine auffallende Auffältelung, zeigt. Im Rahmen solcher Erkrankungen kommt es auch zu einer Beteiligung innerer Organe. Dadurch können sie lebensbedrohlichen Charakter annehmen, da Herz, Lunge, aber z. B. auch das zentrale Nervensystem befallen werden können (Berlit, 1989). Letzteres führt dann auch häufig zu psychischen Veränderungen oder gar psychotischen Erlebnissen.

- Degenerative Gelenk- und Wirbelsäulenerkrankungen

In diese zweite Klassifikationsgruppe fallen die Arthrosen der Extremitäten- und Wirbelsäulengelenke sowie die Schädigungen der Bandscheiben. Dies sind Erkrankungen, die zumeist im höheren Lebensalter auftreten und in erster Linie durch eine Zerstörung der entsprechenden Gelenkknorpelmasse zu Schmerz und Bewegungseinschränkung führen. Spezifisch dabei ist, daß in der Regel ausschließlich umschriebene Gelenke betroffen sind, während der Gesundheitszustand der übrigen Organsysteme der Person nicht in Mitleidenschaft gezogen ist. Sie sind durch funktionell-mechanische Einflüsse gesteuert und ihr Verlauf ist chronisch (Hackenbroch, 1989).

- Weichteilrheumatische Erkrankungen

Die dritte Gruppe betrifft die sogenannten extra-artikulären oder „weichteilrheumatischen" Erscheinungsbilder. Darunter werden Erkrankungen der übrigen zum Bewegungsapparat gerechneten Strukturen, wie etwa Muskulatur, Sehnen, Bänder und andere gerechnet. Diese verlaufen gelegentlich so, daß sie den gesamten Menschen betreffen, bieten oft aber kein faßbares organisches Korrelat zum erlebten Schmerz. Hier ist vor allem das „Fibromyalgiesyndrom" zu nennen, das durch weit verbreitete, ständig vorhandene Schmerzen, spezifische Druckschmerzpunkte und meist auch einen nicht erholsamen Schlaf und ein Gefühl beständiger Müdigkeit gekennzeichnet ist (Hug & Gerber, 1990; Kaluza, Basler & Raspe, 1990; Yunus, Ahles, Aldag & Masi, 1991; Yunus, Masi & Aldag, 1989).

- Pararheumatische Erkrankungen

In die vierte Gruppe fallen Erkrankungen, die verhältnismäßig selten sind. Unter diese sogenannten pararheumatischen Erkrankungen werden rheumatische Affektionen, die im allgemeinen mit Krankheiten anderer Organsysteme verknüpft sind, subsumiert. Die rheumatische Symptomatik stellt dabei nur ein ganz unspezifisches Teilsymptom des gesamten Krankheitsprozesses dar. Ein Beispiel für solche Krankheiten wären die Gicht oder aber auch Knochenschmerzen, wie sie im Verlauf von malignen Tumorerkrankungen auftreten.

Zusammenfasssend ist festzuhalten, daß es sich bei „rheumatischen Erkrankungen" um vielgestaltige Krankheitsformen unterschiedlichster Schwere und Prognose handelt. Als gemeinsames Kennzeichen haben sie, daß sich ihre Symptome in erster Linie am Bewegungsapparat finden, sie chronischer Natur sind und als eines der Hauptmerkmale ein oft alle Gelenke betreffender chronischer Schmerz deutlichen Ausmaßes auftritt, der ebenfalls das Muskel- und Sehnensystem miteinbezieht oder sich ganz darauf konzentrieren kann. Bei allen diesen Erkrankungen resultieren mehr oder weniger gravierende Einschränkungen in der Lebensführung. Hauptaufgabe der Betroffenen ist zumeist nicht, alles für eine Heilung mögliche zu unternehmen, sondern sich auf die Erkrankung einzustellen und diese zu bewältigen, um damit ein vom Gesundheitszustand unabhängiges, befriedigendes Leben führen zu können.

1.2 Behandlungsansätze bei rheumatischen Erkrankungen

Das Gesamt der rheumatischen Erkrankungen ist nicht nur in vielfältige und abgrenzbare Gruppen zu gliedern, sondern selbst innerhalb einer solchen Gruppe finden sich noch große interindividuelle Unterschiede hinsichtlich Ausprägung, Verlauf und Prognose. So läßt sich zum Beispiel ebenso wie bei den Karzinomen bei der chronischen Polyarthritis von ganz individuumspezifischen Krankheitsformen und auch individuumspezifischen Krankheitsverläufen sprechen. Dies führt zwangsläufig zu der Frage, ob der als diagnostische Zuordnung gedachte Krankheitsbegriff tatsächlich auch eine einheitliche Erkrankungsgruppe beinhaltet. Entsprechend der Vielfalt der Krankheitsbilder, ihrer häufig ungeklärten Ätiologie sowie ihren vielgestaltigen Auswirkungen ist ihre Behandlung ebenfalls durch ein Zusammenwirken der unterschiedlichsten Disziplinen gekennzeichnet (Fehr & Böni, 1989; Zeidler, 1990).

1.2.1 Medizinische Behandlung

Bei den *medizinischen Behandlungen* kommen in erster Linie medikamentöse und operative in Betracht. Die medikamentöse Behandlung ist ein Schwerpunkt in der Therapie der entzündlich rheumatischen Erkrankungen. Sie besteht dort vor allem in der Gabe nichtsteroidaler Antirheumatika (NSAR), die gleichzeitig einen schmerzlindernden und entzündungshemmenden Effekt haben sollen sowie in der Gabe entzündungshemmender Steroide, d. h. Kortisonpräparate. Darüber hinaus werden in der Regel sogenannte Basismedikamente verabreicht. Bei diesen handelt es sich um solche Substanzen, von denen angenommen wird, daß sie auf den Krankheitsprozeß selbst einwirken. Ihre Wirksamkeit ist rein empirisch bestimmt. Daher handelt es sich hierbei auch um solch unterschiedliche Präparate wie z. B. Antimalariamittel, Mittel zur Bekämpfung von Darmentzündungen, Goldpräparate oder immunsuppressive Substanzen. Eine Schwierigkeit gerade dieser Behandlung liegt darin, daß aufgrund der bislang ungelösten Ätiologiefrage Behandlungen ohne sicheres Wissen über ihren Wirkmechanismus und ohne eine sichere Prognose über ihre individuelle Wirkung eingesetzt werden müssen. Bei degenerativen Erkrankungen werden dagegen vor allem solche Medikamente eingesetzt, die ausschließlich schmerzlindernde Wirkung haben. Zur medizinischen Behandlung zählt weiter die operative Therapie. Sie kommt bei entzündlich rheumatischen Erkrankungen sowohl rekonstruktiv als auch in das Krankheitsgeschehen eingreifend in Betracht, wie dies bei den Synovektomien, d. h. der Entfernung der Gelenkinnenhaut, der Fall ist. Ihr Haupteinsatzgebiet liegt jedoch in der Wiederherstellung von Funktionen durch Gelenkersatz.

Neben diese medizinische Behandlung im eigentlichen Sinn treten noch die physikalische Therapie, die Ergotherapie und nicht zuletzt auch die psychologische Therapie.

1.2.2 Psychologische Behandlung

Zwei grundsätzlich verschiedene Ansätze sind hier zu unterscheiden:
a) Psychologische Trainingsangebote
b) Psychologische Therapie

zu a). Mit **„Psychologische Trainingsangebote“** werden standardisierte Programme für Patienten mit rheumatischen Erkrankungen bezeichnet. Je nachdem, für welche medizinische Diagnosegruppe sie konzipiert sind, haben sie unterschiedliche Schwerpunkte und Themen zum Inhalt. Ihr Grundaufbau entspricht aber zumeist dem, wie er als kennzeichnend für kognitiv-behaviorale Gruppenprogramme anzusehen ist, d. h., es werden Informations- und Handlungselemente miteinander verknüpft. Für die Teilnahme an einem solchen Angebot bedarf es keiner spezifischeren Indikationsstellung als die der Zugehörigkeit zu einer bestimmten Gruppe der rheumatischen Erkrankungen, insbesondere keiner spezifischen psychologischen Indikation wie etwa „Depression, mangelnde Krankheitsverarbeitung, soziale Kompetenzmängel“ o.ä. Bei diesen Trainingsangeboten handelt es sich daher um Routineangebote im Behandlungsprogramm für Patienten mit rheumatischen Erkrankungen. Sie sind als „vierte Säule“ in der Behandlung neben den medizinischen, den physikalischen und den ergotherapeutischen Maßnahmen als notwendiger und selbstverständlicher Bestandteil in der Rheumatherapie anzusehen. Solche Trainingsangebote beschränken sich nicht auf Gruppenangebote. Gerade zu Beginn des Rehabilitationsprozesses kann es sinnvoll und notwendig sein, sie auch individuell zu gestalten und anzubieten (vgl. Jungnitsch, 1992a).

zu b). Eine **psychotherapeutische Vorgehensweise** ist dagegen immer ein auf einer individuellen Bedingungs- und Verhaltensanalyse aufgebautes Vorgehen. Dabei werden soweit als möglich alle relevanten Problemfelder in ihrer unterschiedlichen Wertigkeit einbezogen und mit entsprechend spezifischen Mitteln behandelt. Dies bedeutet, daß z. B. Verfahren zum Angstabbau, zum Erwerb sozialer Kompetenz und Techniken zur Schmerzbewältigung in einer von der Problemlage des Patienten abhängigen Reihenfolge zu einem gesamten Therapieplan verknüpft werden. Grundvoraussetzung für diese Vorgehensweise ist daher, daß auch tatsächlich eine positive psychologische Diagnose gegeben ist. Diese könnte z. B. im Hinblick auf Verhaltensexzesse wie bei exzessiver Medikamenteneinnahme, ausschließlichem sozialen Rückzug oder überdauernder depressiver Gestimmtheit oder bei Verhaltensdefiziten wie fehlender Möglichkeiten, seine Wünsche und Bedürfnisse gegenüber praktisch allen Sozialpartnern auszudrücken, der Fall sein. Solche Verhaltensweisen können dabei sowohl im Gefolge der Erkrankung aufgetreten sein, als auch Faktoren für ihre Auslösung und/oder Aufrechterhaltung darstellen. Gerade dann, wenn sich ein Zusammenhang zwischen solchen oder anderen psychologischen Faktoren, wie beispielsweise Belastungen durch nicht bewältigte anderweitige Lebenskrisen, und dem Krankheitsverlauf zeigt, ist der psychotherapeutische Ansatz indiziert. Dies bedeutet aber gleichzeitig, daß er auch auf diese Indikationen beschränkt werden sollte. Er ist keinesfalls dann zu wählen, wenn bei Erkrankungen aus dem rheumatischen Formenkreis selbst bei sorgfältig durchgeführten medizinischen Untersuchungen kein erkennbarer organischer Befund resultiert, die psychologische Diagnostik aber ebenfalls keine im obigen Sinne positiven Befunde liefert (Jungnitsch, 1992 a).

Die Grundlage der hier vertretenen Auffassung eines psychologischen Ansatzes bei rheumatischen Erkrankungen besteht darin, daß nicht von einem Modell grundsätzlicher psychischer Defizite als Hintergrund solcher Erkrankungen, wie z. B. noch bei Alexander (1977), ausgegangen wird. Die theoretische Fundierung besteht vielmehr in einem rehabilitationspsychologischen Konzept. Ein solches Konzept besagt, daß die Erlebens- und Verhaltensweisen von Personen, die von einer chronischen Erkrankung betroffen sind sowie deren psychischen und physischen Bedingungen im Hinblick auf die unterschiedlichen

Stufen von Behinderung und deren Bewältigung zu betrachten sind. Diese Stufen betreffen die Ebene der Schädigung, der Behinderung und des Handicaps sowie auch die hierfür notwendigen Bewältigungsschritte des Individuums (Shontz, 1975; WHO, 1980). Diese „Stufen der Behinderung" sind folgendermaßen zu beschreiben:

- „Schädigung" bedeutet eine Abweichung physiologischer oder psychologischer Strukturen von der Norm.
- „Behinderung" meint in diesem Zusammenhang, daß komplexe Funktionen eingeschränkt oder nicht mehr möglich sind.
- „Handicap" bezieht sich auf komplexe Lebensbereiche. Ein Handicap liegt dann vor, wenn solche Bereiche im Vergleich zu relevanten Bezugsgruppen (Alter, Geschlecht, Status) nicht ausgefüllt werden können (für eine ausführlichere Beschreibung vgl. etwa Budde, 1984; Jungnitsch, 1992a; zum Konzept der Behinderten- und Rehabilitationspsychologie Brackhane, 1984; Koch, Lucius-Hoene & Stegie, 1988; Witte, 1988).

Dieses behinderten- und rehabilitationspsychologische Konzept impliziert einerseits, daß bei chronisch Kranken oder behinderten Personen primär keine psychischen Auffälligkeiten gegeben sind. Damit besteht auch keine Notwendigkeit, psychotherapeutisch zu handeln. Andererseits können in Abhängigkeit von den Problemfeldern, wie sie in unterschiedlicher Weise bei den verschiedenen rheumatischen Erkrankungen bestehen, und in Abhängigkeit von der Behinderungsebene, auf denen konkrete Probleme bestehen, psychologische Vorgehensweisen angegeben werden, die jeweils für eine bestimmte Krankheitsgruppe und eine bestimmte Ebene der Behinderung geeignet erscheinen. Den Schwerpunkt der psychologischen Interventionen jeweils auf eine bestimmte Ebene auszurichten, bedeutet gleichzeitig, Strategien für umschriebene Problembereiche anzubieten. Damit läßt sich auch innerhalb eingegrenzter Zeitspannen, wie sie bei stationären Behandlung vorzufinden sind, die Handlungskompetenz der Betroffenen fördern. Damit einher geht eine verbesserte Bewältigung der Krankheit oder der Behinderung (Geissner, 1988).

Gleichzeitig läßt sich aus der Tatsache, daß für jede Behinderungsebene auch psychologische Verfahren vorhanden sind ableiten, daß psychologische Trainingsangebote zu jedem Zeitpunkt im Krankheitsverlauf und für jede Krankheitsgruppe indiziert sind.

Einen Überblick über solche psychologische Angebote für die drei Hauptgruppen rheumatischer Erkrankungen, geordnet nach den Ebenen der Behinderung, auf die sie abzielen, gibt Tabelle 2.

Bei den in der Tabelle 2 beschriebenen psychologischen Verfahren handelt es sich zumeist um standardisierte Trainingsprogramme, die für die entsprechenden Krankheitsbilder zu modifizieren sind. Vorgehensweisen, wie sie bereits spezifisch für Patienten mit rheumatischen Erkrankungen konstruiert wurden, sind einmal die Patientenschulung, dargestellt z. B. bei Lamparter-Lang (1992) oder auch Mattussek (1989). Köhler (1982) sowie Rehfisch, Basler und Seemann (1989) beschreiben ein Schmerzbewältigungstraining bei Patienten mit rheumatischen Erkrankungen. Detaillierte Anleitungen zum Schmerz- und Krankheitsbewältigungstraining sowie zum Visualisierungstraining sind bei Jungnitsch (1992a) gegeben. Für eine weitere Beschreibung der in Tabelle 2 angegebenen Interventionen sowie zur Begründung ihrer Zuordnung zu den jeweiligen Interventionsebenen sei außerdem auf Jungnitsch (1992b) verwiesen.

1.2.3 Entspannungsverfahren als Bestandteil psychologischer Behandlung bei Rheuma

In Tabelle 2 ist Entspannung an keiner Stelle explizit genannt. Betrachtet man die dort aufgeführten Verfahren jedoch genauer, so ist festzustellen, daß sie oft sogar wesentlicher Bestandteil fast der meisten Techniken sind. Dies bedeutet, daß Entspannungsverfahren bei psychologischen

Tabelle 2: Interventionsebenen und psychologische Verfahren bei verschiedenen Gruppen rheumatischer Erkrankungen.

Inter-ventions-ebene	**Krankheitsgruppe**		
	entzündlich-rheumatische Erkrankungen	**Degenerative Erkrankungen**	**nicht-entzündliche und nicht-degenerative Erkrankungen**
Primär-prävention	– Patientenschulung – Biofeedback – Visualisierungs-training	– Operationsvor- und -nachbereitung – mentales Training	– Biofeedback – Progressive Relaxation – Fitneßtraining – Schmerztherapie
Sekundär-prävention	– themenzentrierte Gruppenarbeit zur Förderung von Hilfsmittelgebrauch, Krankengymnastik usw.	– themenzentrierte Gruppe zur orthopädischen Versorgung – Hilfsmittelgebrauch – Schmerzbewältigungs-training	– Schmerzbewältigungs-training – operante Schmerz-therapie
Tertiär-prävention	– Anleitung von Selbst-hilfegruppen – Krankheitsbewältigungs-training	– Anleitung von Selbsthilfegruppen – Training in sozialer Kompetenz	– Training in sozialer Kompetenz
Rehabili-tation	– Prüfungstraining – Gedächtnistraining – themenzentrierte Arbeit: Hilfen zur Umorientierung, Training in sozialer Kompetenz	– Streßbewältigung – Prüfungstraining usw. – themenzentrierte Arbeit: Hilfen zur Umorientierung	– operante Verfahren zum Arbeitsverhalten – Training zur Aktivitäts-steigerung – Arbeitsplanungs-techniken – Hilfen zur Um orientierung

Angeboten in der Behandlung rheumatischer Erkrankungen immer ihre Berechtigung haben werden. Sowohl im Trainingsprogramm für Patienten mit rheumatischen Beschwerden als auch innerhalb psychotherapeutisch ausgearbeiteter Einzelfallpläne hat Entspannung ihren unbestreitbar wichtigen Platz. Im Grunde genommen können Entspannungstechniken innerhalb aller Behandlungsebenen eingesetzt werden. Sie sind ein wiederkehrender Bestandteil bei den meisten psychologischen Vorgehensweisen. So können sie Baustein eines aus verschiedenen Elementen zusammengesetzten Trainings zur Schmerz- und Krankheitsbewältigung sein (vgl. Jungnitsch, 1992a) oder stellen sogar den Hauptbestandteil eines solchen Programmes dar (Rehfisch, Basler & Seemann, 1989; Winkler, 1990). Auch apparativ unterstützte Vorgehensweisen in Form unterschiedlicher Biofeedbackverfahren werden eingesetzt (vgl. Flor & Hermann, 1992). Ihr Einsatz findet sich bei allen Krankheitsgruppen und ist damit ganz unabhängig von der jeweiligen medizinischen Diagnose. Daher ist die Behauptung, die Kanfer, Reinecker und Schmelzer (1991) aufstellen, daß Entspannung als „Aspirin der Psychotherapie" bezeichnet werden kann, gar nicht so abwegig. Gerade weil aber „Schmerz" bei allen rheumatischen Krankheiten einen zentralen Stellenwert einnimmt, ist es über alle Differentialdiagnosen hinaus offensichtlich auch sinnvoll, Entspannung bei diesen Erkrankungen einzusetzen. Dies leitet sich sowohl aus der theoretischen Betrachtung des Schmerzes ab, die man in der sicherlich physiologisch, aber auch in manchen Teilen psychologisch nicht stimmigen Gate-control-Theorie (Melzack & Wall, 1982) finden kann, als auch aus differenzierteren Theorien chronischer Schmerzen, wie zum Beispiel bei Geissner (1992) dargestellt.

Bei der Bewertung und auch beim Einsatz von Entspannungsverfahren bei rheumatischen Erkrankungen muß besonders darauf geachtet werden, für welche Ziele diese Techniken geeignet sind. Entspannung *allein* kann in der Regel weder den Schmerz noch die Erkrankungsverarbeitung verändern (vgl. Jungnitsch & Schmitz, 1990). Wird sie jedoch als eine Strategie zur Krankheits- und Schmerzbewältigung angeboten, kann sie wertvolle Effekte zeigen.

Bei rheumatischen Erkrankungen ist der chronische Schmerz eines der Hauptsymptome, daher kommen als Entspannungsverfahren vorrangig diejenigen in Betracht, die sich für das Vorgehen bei chronischen Schmerzen anbieten:

- die progressive Muskelrelaxation,
- das autogene Training sowie
- imaginative Verfahren und Hypnose (vgl. Jungnitsch & Köhler, 1992).

Der Haupteffekt der vorgenannten Verfahren liegt dabei auf der (a) physiologischen, (b) der Wahrnehmungs- und (c) der kognitiven Ebene (Rehfisch & Basler, 1990).

a) Auf der physiologischen Ebene steht die Förderung des tropotrophen Reaktionszustandes im Vordergrund. Außerdem soll Entspannung auf eine für die Erfahrung der Schmerzintensität wichtige Variable, nämlich die muskuläre Anspannung, wirken sowie auf die für die Modifikation der Schmerzempfindung so wesentliche Endorphinproduktion (Rehfisch & Basler, 1990). Entspannung beeinflußt zum einen hierbei direkt mit dem Schmerzgeschehen verbundene physiologische Prozesse, zum anderen ist sie als Streßbewältigungsstrategie anzusehen, die gegen den Aspekt des Schmerzes als Stressor gerichtet werden kann. Damit werden dessen physiologische Komponenten zumindestens zeitweilig eliminiert. Auf der kognitiven Ebene verändert das Erlernen von Entspannungstechniken die wahrgenommene Handlungskompetenz des Betroffenen. Hierin liegt nach Ergebnissen, die sich insbesondere auf die sehr sorgfältigen Untersuchungen von Biofeedbackverfahren bezogen (Flor & Hermann, 1992), eine entscheidende Wirkvariable aller Verfahren.

b) Auf der Wahrnehmungsebene fördert Entspannung die Zentrierung auf alle sowohl angenehme als auch unangenehme Körperprozesse. Damit wirkt sie einer Wahrnehmungseinengung auf Schmerzempfindungen entgegen. Außerdem kann sie neben der Wahrnehmungsflexibilisierung auch dazu dienen, die Konzentration auf Ressourcen wie genußvolles Wahrnehmen via Ablenkung über angenehme und jederzeit zur Verfügung stehende Verhaltens- und Erlebensbereiche zu fördern. Eine solche Wahrnehmungsumlenkung geht dabei über deren reinen Ablenkungseffekt hinaus (Jungnitsch, 1992a).

c) Auf der kognitiven Ebene verändert das Erlernen von Entspannungstechniken die wahrgenommene Handlungskompetenz des Betroffenen. Hierin liegt nach Ansicht mehrerer Untersucher, die sich vor allem auf den Ansatz der „self-efficacy" im Sinne Banduras (1977) beziehen, eine entscheidende Wirkvariable der unterschiedlichsten psychologischen Verfahren auch in der Schmerzkontrolle (Bandura, Taylor, Williams, Mefford & Barchas, 1985; Bandura, O'Leary, Taylor, Gauthier & Gossard, 1987; Holroyd, Penzien, Hursey, Tubin, Rogers, Holm, Marcille, Hall & Chila, 1984).

2. Ergebnisse zum Einsatz von Entspannungsverfahren

Zum Einsatz von Entspannungsverfahren bei rheumatischen Erkrankungen liegen mittlerweile eine ganze Reihe von Arbeiten zur Überprüfung ihrer Effektivität vor. Diese werden im folgenden berichtet. Viele der Studien beziehen sich gleichzeitig auf verschiedene Entspannungsverfahren und wären daher prinzipiell unter mehrere Punkte einzuordnen. Für die Zuordnung der Arbeiten zu den Gliederungspunkten wurde daher als Anhaltspunkt gewählt, auf welches der Verfahren die jeweiligen Autoren bei der Effektivitätsprüfung ihren Schwerpunkt legten.

2.1 *Hypnose und Imagination*

Hypnotische und imaginative Verfahren werden bei rheumatischen Erkankungen häufig nicht nur unter der Zielsetzung der Schmerzreduktion eingesetzt, sondern sollen darüber hinaus den Krankheitsprozeß insgesamt beeinflussen. Daher sind sie wohl, wie sich an den wenigen, überhaupt berichteten Studien zeigt, fast ausschließlich bei entzündlich-rheumatischen Erkrankungen eingesetzt worden. So untersuchten Domangue, Margolis, Liebermann und Kaji (1985) die Wirksamkeit von Hypnose bei insgesamt 19 Patienten mit chronischer Polyarthritis. Gemessen wurden Schmerzintensität, Angst, Depression sowie verschiedene Laborparameter wie β-Endorphin, Epinephrin, Norepinephrin, Dopamin und Serotonin. Die Behandlung bestand in einer Standardtranceinduktion sowie der Suggestion von Bildvorstellungen und der Suggestion von Entspannung, Wohlgefühl und Schmerzreduktion. Es wurde jeweils eine Einzelsitzung durchgeführt, die post-hoc-Messung erfolgte unmittelbar nach dieser Sitzung. Als Ergebnis zeigte sich, daß Schmerz, Angst und Depression gegenüber den Ausgangswerten der Patienten hoch signifikant erniedrigt waren. Bei den physiologischen Parametern war ß-Endorphin signifikant erhöht, Norepinephrin signifikant erniedrigt. Von ß-Endorphin und Norepinephrin wurde auch eine entsprechende Korrelation zu Schmerz, Angst und Depression berichtet.

Jungnitsch, Geissner und Schmitz (1990) untersuchten eine Visualisierungstechnik, die das Einführen von krankheitsbezogenen Bildern auf der Grundlage von Tranceinduktionen beinhaltete, im Unterschied zu einem multimodal angelegten Training und progressiver Muskelrelaxation bei insgesamt 46 Patienten. Hier zeigte sich, daß sich in den Skalen zur Schmerzbewältigungskompetenz für die Bereiche Ruhe und Entspannung, Handlungsplanung und der Skala Ablenkung/Imagination deutliche Verbesserungen ergaben. Insgesamt schneidet die Visualisierungsgruppe jedoch nicht besser ab als die multimodale Gruppe. In klinischen Parametern wie Blutsenkungsgeschwindigkeit und Gelenkstatus waren keine Veränderungen zu beobachten.

Einen Einzelfall berichtet Yousufzai (1989). Eine 36jährige Patientin, die seit einem Jahr an einer chronischen Polyarthritis litt, wurde mit hypnotischen Übungen behandelt. Diese bestanden in erster Linie aus einer Konzentration auf die befallenen Gelenke und einer Suggestion von Schmerzverringerung, Schwellungsreduktion und Erleichterung der Bewegung, deren Wirkung sich über die Wärmeempfindung in den Gelenken anzeigen sollte. Es wurden insgesamt fünf Sitzungen durchgeführt, die zwei letzten Sitzungen beinhalteten Suggestionen zur Autohypnose. Die Patientin mußte die Selbsthypnose täglich fünf bis zehn Minuten durchführen. Es zeigte sich eine deutliche Schmerzreduktion, bzw. es wurde von der Patientin Schmerzfreiheit berichtet. Die Beweglichkeit verbesserte sich ebenfalls deutlich, und zwar bereits nach der zweiten Sitzung. Gleichzeitig konnten aber bei medizinischen Untersuchungen keine Verbesserungen der Gelenksbefunde festgestellt werden. Über den Beobachtungszeitraum von drei Jahren hatten sich insgesamt mehr Gelenkserosionen gezeigt, obwohl alle Gelenke klinisch weniger geschwollen erschienen. Ebenfalls über diesen Zeitraum wurde auch der Verlauf der Blutsenkungsgeschwindigkeit festgehalten. Dieser ging von 44 Millimetern in der ersten Stunde bei der ersten Messung bis auf acht Millimeter in der ersten Stunde bei der Messung drei Jahre später zurück. Der Rheumafaktor war bei einer positiven Bestimmung zu Beginn der Erkrankung bei allen weiteren folgenden Untersuchungen negativ.

Kopp (in Vorbereitung) verglich eine Visualisierungstechnik bei Patienten mit chronischer Polyarthritis mit über Bildvorstellungen induzierter Entspannung und einer unbehandelten Kontrollgruppe. Nach den bislang vorliegenden Ergebnissen scheinen sich die positiven Effekte der Visualisierung auf die psychische Befindlichkeit zu bestätigen. Hinsichtlich der Veränderung der Blutsenkungsgeschwindigkeit zeichnet sich als Tendenz ab, daß solche Personen, die die Visualisierung über einen längeren Zeitraum hinweg konsequent durchführen und weiter einüben, eine Verbesserung in diesen Werten gegenüber den Kontrollgruppen erreichen. Auch die ersten Auswertungen einer Studie bei Patienten mit Arthritis psoriatika sowie Spondylarthritis psoriatika weisen in dieselbe Richtung (Del Monego, 1993).

Im Sinne einer krankheitsspezifischen Vorgehensweise erscheint es aufgrund dieser bisher nur sehr geringen Anzahl von Untersuchungen, die aber einheitlich positive Ergebnisse zeigen, sicherlich sinnvoll, gerade bei der Gruppe entzündlich-rheumatischer Erkrankungen Hypnose oder imaginative Verfahren weiter zu untersuchen. Hierbei ist sicherlich besonders auch auf die Frage differentieller Effizienz innerhalb der Diagnosegruppen einzugehen. Gerade bei der Hypnose ist immer noch nicht endgültig geklärt, ob hier nicht nur ein geringer Teil von Patienten, der für diese Verfahren empfänglich ist, profitiert (Kossak, 1989; Revenstorf, 1988).

Zur Anwendung von Hypnose bei Rheuma-Patienten, die nicht-entzündliche Erkrankungen haben, liegt eine Untersuchung von McCauley, Thelen, Frank, Willard und Callen (1983) vor. Hier wurden Hypnose und Entspannung miteinander verglichen. Es wurden insgesamt 17 Personen untersucht, die an gutartigen chronischen Rückenschmerzen über einen durchschnittlichen Zeitraum von ca. zehn Jahren litten. Neun von diesen Personen wurden in Selbsthypnose unterrichtet, acht in der Methode der progressiven Muskelentspannung trainiert. Messungen erfolgten vor, unmittelbar und drei Monate nach Abschluß des Trainings. Das Vorgehen bestand aus jeweils acht 50minütigen Sitzungen, die individuell einmal pro Woche durchgeführt wurden. Es wurde in beiden Gruppen das jeweilige Verfahren in seiner Wirksamkeit bei Schmerzen begründet sowie verschiedene Vorgehensweisen besprochen und eingeübt und auf die Übertragbarkeit in den Alltag der Patienten geachtet. Es zeigte sich, daß sich in den abhängigen Variablen „Schmerzeinschätzung", „Lebensqualität" und „Depression" in beiden Gruppen eine Verbesserung über den gesamten Beobachtungszeitraum von drei Monaten hinweg ergab, wobei sich beide Vorgehensweisen nicht voneinander unterschieden. Bei der Nachbefragung nach drei Monaten fiel das Ergebnis jedoch unterschiedlich aus. Die Gruppe, die die progressive Muskelrelaxation erlernt hatte, war im Hinblick auf die Schmerzeinschätzung sowohl in den Werten für die tägliche Dauer als auch der Gesamtintensität der hypnotherapeutischen Gruppe überlegen. Durch die gewählte Vorgehensweise in den Gruppen kann mit dieser Untersuchung aber nicht die Frage beantwortet werden, ob tatsächlich die angebotenen Techniken zu den berichteten Effekten führten. Diese könnten allein dadurch erzielt worden sein, daß ein schlüssiges Kontrollmodell dargelegt und damit die Erhöhung der Selbstkontrollkompetenz erreicht wurde. Eine solche Vermutung ergibt sich aus der Katamnese, da bei den Anwendungen der progressiven Muskelentspannung noch mehr als bei den Verfahren der hypnotischen Schmerzreduktion auf ihre Umsetzbarkeit und Anwendung für Alltagssituationen Wert gelegt wurde.

2.2 Progressive Relaxation und autogenes Training

Wie Ohm (1992) insgesamt für die progressive Relaxation anmerkt, hat diese in der Praxis weit verbreitete Methode der Entspannung bislang, was ihre empirische Überprüfung anbelangt, eher ein Schattendasein geführt. Dies spiegelt sich auch in der Anzahl der Arbeiten wider, in der explizit diese Entspannungsform mit anderen psychologischen Verfahren bei rheumatischen Erkrankungen verglichen wurde. Eine Reihe von Untersuchungen beschäftigt sich dabei mit Patienten, die unter gutartigen Rücken- und Gelenkschmerzen leiden.

Linton und Melin (1983) untersuchten insgesamt 19 Rückenschmerzpatienten, die sie in drei Gruppen, nämlich eine „Warteliste-Kontrollgruppe", eine Gruppe mit einer Normalbehandlung in einer Tagesklinik und eine Gruppe mit einer Normalbehandlung plus der sogenannten angewandten Entspannung aufteilten. Untersucht wurden die Effektivität bezüglich „Schmerzintensität", „Medikamentengebrauch" und „Aktivität" sowie der „Einschätzung des Gesamtbehandlungserfolges". Die „angewandte Entspannung" bestand aus einer intensiven Einübung der progressiven Muskelentspannung, die durch Hausaufgaben unterstützt wurde, einem Informationsmaterial zur Reduktion der Medikation sowie zur Erhöhung von Aktivitäten und der Einübung der progressiven Muskelentspannung innerhalb kürzester Zeit. Die progressive Muskelentspannung sollte dabei mit Hilfe von Ausatmung und einem konditionierten Entspannungswort innerhalb weniger Sekunden durchgeführt werden. Außerdem ist ein wesentlicher Bestandteil dieser „angewandten Entspannung", daß sie sowohl im Sitzen, im Stehen und im Gehen eingeübt wird. Ein weiteres wichtiges Element des Trainings besteht darin, daß Situationen herausgefunden werden wie sie im Alltag gegeben sind, in denen Schmerzveränderungen oder Spannungsveränderungen eintreten. In diesen Situationen wird die Anwendung der Entspannung eingeübt (Tabelle 3).

Das Training ist so angelegt, daß es im allgemeinen zwei- bis dreimal wöchentlich über einen Gesamtzeitraum von fünf Wochen ambulant durchgeführt wird (Linton 1982, S. 163). Die Studie zeigte, daß die mit der Normalbehandlung kombinierte angewandte Entspannung in den oben genann-

Tabelle 3: Übungsschritte des Trainings für „Angewandte Entspannung" für Patienten mit chronischen Schmerzen (nach Linton, 1982).

Übungsschritte	**Übungen**	**Hausaufgaben**
1	Information	Beschreibung des Trainingsprogramms lesen
2	Standardentspannung (lange Version)	2× am Tag üben
3	Standardentspannung (kurze Version) und konditionierte Entspannung (= Entspannung durch Ruhewort)	Die kurze und die konditionierte Variante 2× am Tag einüben
4	Konditionierte Entspannung und differentielle Entspannung (= Entspannung unter variablen Umsetzungsbedingungen)	Die Entspannung an unterschiedlichen Orten, in verschiedenen Positionen, mit offenen Augen usw. einüben
5	Schnelle Entspannung (= Entspannung durch Atemtechnik in 10–15 Sekunden) und differentielle Entspannung	Die schnelle Variante 10–15× am Tag üben, Spannungs- und Schmerzintensität 10–15× am Tag überprüfen
6	Anwendung I (in einfachen Situationen)	Schmerzsituationen suchen und die Angewandte Entspannung in einer einfachen Situation einüben
7	Anwendung II (in mehreren Situationen, falls Desensibilisierung notwendig usw.)	In mehreren spezifischen Situationen die Angewandte Entspannung üben, bis sie in allen Situationen eingesetzt werden kann

ten abhängigen Variablen den beiden anderen Gruppen überlegen war.

In einer Nachfolgestudie (Linton & Goetestam, 1984) wurden insgesamt 15 Patienten mit chronischen Rücken- und Gelenkschmerzen untersucht, die in die drei Gruppen „Wartekontrollgruppe", „angewandte Entspannung" und „angewandte Entspannung plus operante Techniken" aufgeteilt wurden. Bei diesen operanten Verfahren handelte es sich um den Einsatz eines „pain cocktails", d. h., die wirksamen Medikamentenanteile werden in einer an Menge immer gleichbleibenden Flüssigkeit stetig verringert, das Einführen einer zeitkontingenten Medikation sowie den Einsatz eines Planes zur Aktivitätssteigerung und die Verstärkung von gesundem Verhalten (vgl. Fordyce, 1976). Als Ergebnis zeigte sich, daß die therapeutischen Gruppen effektiv auf Schmerzintensität, Schmerzmittelgebrauch, Aktivität und Depression einwirkten. Unterschiede zwischen den Gruppen bestanden darin, daß durch den alleinigen Einsatz der angewandten Entspannung bei der Schmerzintensität die größte Verbesserung resultierte, während das Hinzufügen der operanten Techniken die größere Medikamentenreduktion bewirkte. Bei einer Nachuntersuchung, die in einem Zeitraum zwischen sechs und zwölf Monaten stattfand, zeigten sich stabile Effekte.

Sanders (1983) untersuchte ebenfalls Patienten mit chronischen Rückenschmerzen. Mit vier stationär behandelten Patienten führte er hierzu Einzelfallstudien (vgl. methodisch Petermann, 1992) durch. Es wurde so vorgegangen, daß insgesamt vier Verfahren in ihrer Abfolge variiert wurden: Progressive Muskelentspannung; Selbstsicherheitstraining; funktionelle Schmerzanalyse und soziale Unterstützung bei Aktivitätssteigerungen. Jedes dieser Verfahren wurde in insgesamt fünf Sitzungen vermittelt, die jeweils ca. 50 Minuten dauerten.

Die progressive Muskelrelaxation verbesserte am nachhaltigsten den Medikamentenverbrauch, die subjektive Einschätzung der Schmerzintensität und die Gesamtzeit, in denen die Patienten aktiv waren. Einen etwas geringeren Effekt erbrachte die soziale Unterstützung von Aktivitäten, während mit dem Selbstsicherheitstraining und der funktionalen Analyse des Schmerzes keinerlei Effekte erzielt werden konnten.

Eine kontrollierte Studie mit insgesamt 27 Patienten, die unter therapieresistenten weichteilrheumatischen Beschwerden litten (Diagnose „Fibromyalgie", vgl. Hug & Gerber, 1990), führte Keel (1990) durch. Er verglich ein multimodales Gruppenbehandlungsprogramm, das aus den drei Hauptelementen „Information", „Aussprache" und „Instruktion in Selbsthilfestrategien" bestand, mit einem Gruppenkurs in autogenem Training. Als abhängige Variablen wurden die Beschwerdenliste (v. Zerssen & Koeller, 1976), eine visuelle Analogskala der Schmerzintensität sowie ein Schmerztagebuch, in dem in 14tägigem Abstand Aktivität, Ruhe, Schlaf und Schmerzintensität viermal täglich erhoben wurden, gewählt. Die Gruppe mit dem multimodalen Programm umfaßte 14, die Kontrollgruppe 13 Patienten. Im Vergleich zum autogenen Training erzielten die 14 Teilnehmer der multimodalen Vorgehensweise in der Nachuntersuchung und im Vier-Monats-Follow-up signifikant größere Fortschritte.

Im Unterschied zu den vorstehenden Untersuchungen ist der alleinige Einsatz der progressiven Muskelentspannung bei entzündlich-rheumatischen Erkrankungen bislang jedoch ohne wesentliche Effektivität geblieben. So wurden sowohl bei Patienten mit Morbus Bechterew (Jungnitsch & Stöveken, 1993) als auch bei Patienten mit chronischer Polyarthritis (Jungnitsch & Schmitz, 1990) strukturierte Gruppen mit progressiver Muskelentspannung als Kontrollgruppen eingesetzt. Dabei war die Gruppe zur progressiven Muskelrelaxation so aufgebaut, daß sie über das Modell des Schmerz-Spannungs-Schmerz-Kreislaufes eingeführt wurde. Damit sollte plausibel gemacht werden, daß diese Methode zur Beeinflussung von Schmerzen geeignet ist. Im nächsten Schritt wurden sowohl die grundlegenden Techniken als auch Umsetzungsmöglichkeiten für den Alltag vermittelt. Das entsprechende Entspannungstraining fand über sechs Stunden zu jeweils 50 Minuten im Zeitraum von zwei Wochen statt. Bei den Patienten mit chronischer Polyarthritis resultierte kein Effekt, der über den mit der Routinebehandlung erreichten hinausging. Bei den Patienten mit Morbus Bechterew konnte zumindest in drei unmittelbar mit Schmerz zusammenhängenden Maßen – Schmerzdauer, Einsatz von Ruhe und Entspannung zur Schmerzbewältigung, Analgetikakonsum – in den Entspannungsgruppen ein zu den Therapiegruppen vergleichbarer Effekt beobachtet werden. Ansonsten blieben die Ergebnisse, die bei dieser Vorgehensweise resultierten, gegenüber denen der Vergleichsgruppen, die aus einem multimodalen Programm zur Schmerzbekämpfung sowie Visualisierungstrainings bzw. einem speziell auf Bechterew-Patienten ausgerichtetem Training bestanden, signifikant zurück.

Ein multimodal aufgebautes Programm, in dem progressive Relaxation ein zentrales Behandlungselement bildete, überprüften Basler und Rehfisch (1989). Sie behandelten damit 33 Rheumakranke, die bezüglich der Rheumadiagnose eine heterogene Gruppe bildeten. Durchgeführt wurde die psychologische Gruppe ambulant. Als Vergleich diente eine Kontrollgruppe, die erst zu einem späteren Zeitpunkt an der psychologischen Gruppe teilnehmen sollte. Es ergab sich eine Verringerung der Schmerzen; Ängstlichkeit und Allgemeinbeschwerden waren reduziert und Schlafprobleme hatten abgenommen. In einer Nachkontrolle nach sechs Monaten zeigten sich die Effekte in den Bereichen Depression, Angst und körperlichen Symptomen stabil. Die Schmerzen wurden jedoch nur von den Patienten als weiterhin gebessert eingeschätzt, die regelmäßig die entsprechenden Übungen durchführten (Basler & Rehfisch, 1990).

Aus den berichteten Studien läßt sich folgende Schlußfolgerung ziehen: Wird die progressive Muskelrelaxation als *alleiniges* Verfahren eingesetzt, zeigt sie sich allenfalls bei Patienten mit nicht-entzündlichen rheumatischen Beschwerden als erfolgreich. Bei Patienten mit entzündlich-rheumatischen Erkrankungen ist dies wohl eher nicht der Fall, obwohl für diese Patientengruppe bislang zu dieser Frage nur wenige Untersuchungen vorliegen.

Meist ist die progressive Muskelrelaxation in ein multimodales Programm eingebunden. Ihr Stellenwert innerhalb einer solchen Konzeption bestimmt sich bislang aus theoretischen Überlegungen und Erfahrungswerten (vgl. Jungnitsch, 1992a). Welchen Beitrag zur Gesamteffektivität sie dort leistet, ist aber bislang empirisch noch weitgehend ungeklärt.

2.3 Biofeedback

Zur Behandlung rheumatischer Erkrankungen mit Biofeedback liegt eine ganze Reihe von Studien vor. Flor und Hermann (1992) geben in ihrer Übersicht folgende drei insbesondere für den Einsatz bei chronischen Wirbelsäulensyndromen relevante Ansätze an:

a) Biofeedback als unterstützende Maßnahme zur Erleichterung einer generalisierten Muskelentspannung,
b) EMG-Biofeedback zur Korrektur von Haltungs- oder Bewegungs-Asymmetrien,
c) EMG-Biofeedback im Sinne eines Streßbewältigungstrainings.

zu a) In der Regel sollte EMG-Biofeedback bei Patienten mit chronischen Rückenschmerzen nur lokal, also am „relevanten Muskel", angewendet werden, da bei diesen keine allgemeine Übererregung vorliegt, sondern die Muskelspannung nur am Schmerzort erhöht ist (Flor & Hermann, 1992).

Handelt es sich jedoch um hochängstliche Patienten oder um solche, bei denen das Biofeedback nicht am relevanten Schmerzort durchgeführt werden kann, wird Biofeedback entsprechend den Arbeiten von Keefe, Block, Williams und Surwit (1981) sowie Keefe, Schapira, Williams, Brown und Surwit (1981) als unterstützende Maßnahme zur Erleichterung einer generalisierten Muskelentspannung empfohlen.

zu b) Wolf, Nacht und Kelly (1982) haben vorgeschlagen, das EMG-Biofeedback zur Korrektur von Haltungs- oder Bewegungsasymmetrien zu verwenden. Diese Autoren betonen, daß gerade die Anpassung des EMG's bei Bewegungsabläufen oder einer statischen Körperhaltung an das von gesunden Kontrollpersonen Ziel der Behandlung sein soll. Dies gründet auf der Feststellung, daß sich abnorme EMG-Muster nicht nur in statischen Körperpositionen, sondern auch bei dynamischen Bewegungen feststellen lassen (Cram, 1990; Cram & Steger, 1983). Wie Flor und Hermann (1992) hierzu ausführen, erfordert eine diesem Ansatz verpflichtete Biofeedbacktherapie eine sorgfältige diagnostische Abklärung, um zu ermitteln, in welchem Ausmaß EMG-Veränderungen (in Ruhe, bei Bewegungen oder unter Belastung) überhaupt vorliegen. Hierzu sind entsprechende diagnostische Prozeduren und Interventionsverfahren bei Cram (1988, 1990) im einzelnen dargestellt.

Flor und Hermann (1992) geben zu dieser Vorgehensweise aber einschränkend zu bedenken, daß bei der EMG-Biofeedbackbehandlung von Bewegungs- oder Haltungsasymmetrien das paralumbale Oberflächen-EMG nicht immer die tatsächliche Aktivität der Erectores spinae exakt widerspiegelt (Wolf, Wolf & Segal, 1989). Daraus folgt, daß eine muskuläre „Erziehung" zu richtigen Bewegungsabläufen nur auf der Grundlage einer genauen Planung unter Berücksichtigung der individuellen Gegebenheiten durchgeführt werden sollte. Zusätzlich ist zu bedenken, daß Haltungs- und Bewegungsasymmetrien vermutlich nicht ursächlich für den Schmerz sind, sondern in Reaktion auf ihn entstehen. Daher kann eine solche Behandlung z. B. im Falle einer streßbedingten Spannungserhöhung nicht als kausale Therapie eingesetzt werden (Flor & Hermann, 1992).

zu c) Als dritte Möglichkeit wird EMG-Biofeedback auch als Training zur Streßbewältigung eingesetzt. Dieser Ansatz fußt auf den Beobachtungen, die zur Formulierung des sogenannten Diathese-Streß-Modells (Flor, Birbaumer & Turk, 1990) führten. In diesem Modell wird davon ausgegangen, daß chronische Rückenschmerzen in vielen Fällen das Ergebnis einer Interaktion von persönlich bedeutsamen Streßereignissen und einer organischen und psychologischen Prädisposition sind. Diese bewirkt, daß bei einem prädisponierten Individuum extensive und verlängerte Reaktionen auf solche Ereignisse hin auftreten. Dies betrifft vor allem eine erhöhte muskuläre Reagibilität sowie eine verzögerte Rückkehr zum Baseline-Wert (Flor, Turk & Birbaumer, 1985). Dies zeigt sich nur dann, wenn der Stressor persönliche Relevanz für die Person hat, nicht aber bei allgemeinen Stressoren wie z. B. Rechenaufgaben. Diese Vorstellung ist durch die Ergebnisse zahlreicher Studien gestützt (zusammenfassend Flor & Turk, 1984; Dickson-Parnell & Zeichner, 1988). Einer solchen symptomspezifischen Reagibilität wird in der Behandlung dadurch Rechnung getragen, daß die Rückmeldung im Rahmen einer Biofeedbacktherapie jeweils vom betroffenen Muskel, also beim chronischen Wirbelsäulensyndrom vom lumbalen Erector spinae oder Musculus trapezius erfolgt. Eine typische Behandlungssitzung läßt sich nach Flor und Hermann (1992) folgendermaßen beschreiben: Der Patient erhält Informationen über den Zusammenhang von Streß, Schmerz und Muskelspannung. Innerhalb der einzelnen Biofeedbackintervalle werden kurze Streßphasen in Form von Vorstellungen von subjektiv belastenden Situationen integriert. Dies soll dem Patienten ermöglichen, seine muskuläre Streßreagibilität besser zu kontrollieren (vgl. Tabelle 4, S. 188).

Zur Effizienz von EMG-Biofeedback bei chronischen Rückenschmerzen wurde eine Vielzahl von Studien durchgeführt. In der Mehrzahl zeigten sich positive Effekte auf die Schmerzstärke oder Schmerzdauer, während nur wenige Studien keine Veränderung der Schmerzintensität aufzeigen konnten (zusammenfasssend siehe Flor & Hermann, 1992).

Hervorzuheben sind für diese Patientengruppe die umfassenden Studien von Flor, Haag, Turk und Köhler (1983) sowie Flor, Haag und Turk (1986). 1983 untersuchten Flor et al. zunächst insgesamt 24 Patienten, die an chronischen Rückenschmerzen litten. Sie wurden in drei Gruppen, nämlich EMG-Biofeedback, Pseudotherapie und eine Kontrollgruppe, die eine standardmäßige stationäre medizinische Behandlung erhielt, aufgeteilt. Als abhängige Variable wurden Schmerzintensität, Kognitionen und Verhaltensmaße in bezug auf Medikation sowie auf die Inanspruchnahme ärztlicher Behandlung erhoben.

Als Ergebnis zeigte sich in der Biofeedbackgruppe in allen Maßen sowohl direkt nach der Behandlung als auch nach einem Zeitraum von vier Monaten eine signifikante Verbesserung. Keine Veränderungen waren dagegen in der Pseudotherapiegruppe und in der ausschließlich medizinisch behandelten Kontrollgruppe festzustellen. Mit den Patienten dieser ersten Untersuchung führten Flor et al. (1986) eine Katamneseerhebung zweieinhalb Jahre nach Therapieende durch. Hier nahmen 22 der ursprünglich 24 Patienten teil. Sowohl in der postalischen als auch in der telefonischen Befragung zeigte es sich, daß in den Verhaltens- sowie in den kognitiven Maßen weiterhin ein signifikanter positiver Unterschied zu den Kontrollgruppen aufrecht erhalten wurde. In ihren Angaben zur Schmerzintensität hatten sich die behandelten Patienten jedoch denen der Kontrollpersonen nach dem genannten Katamnesezeitraum angeglichen.

Um die spezifischen Wirkkomponenten des EMG-Feedbacks zu differenzieren, führten Biedermann, McGhie, Monga und Shanks (1987) eine Studie mit 24 Patienten durch, bei denen ein Rückenleiden vorlag, das nicht auf offensichtlich organische Ursachen zurückzuführen war. Es zeigte sich, daß bei allen drei Gruppen, nämlich einer Gruppe, der ein geringer Erfolg, einer Gruppe, der großer Erfolg und einer Gruppe, der die wirklichen Meßwerte zurückgemeldet wurden, signifikante Behandlungseffekte erzielt werden konnten. Die Effekte waren sowohl in den Raten der Schmerzeinschätzung als auch in der Muskelanspannung zu sichern. Dieses Ergebnis führen Biedermann et al. (1987) darauf zurück, daß der Hauptwirkungspunkt der Biofeedbacktherapie nicht in der Förderung der Muskelentspannung liegt. Vielmehr wird damit eine anwendbare Bewältigungsstrategie vermittelt, die auf einem dem Patienten plausiblen und mit seinem Empfinden eng verbundenen Erklärungsmodell beruht.

Auch Stuckey, Jacobs und Goldfarb hatten 1986 eine Studie mit 24 Patienten mit chronischen Rückenschmerzen durchgeführt. Diese waren in die drei Gruppen EMG-Biofeedback, Entspannung (progressive Muskelentspannung) sowie eine Placebo-Kontrollgruppe aufgeteilt. Bei der Placebokontrolle wurden die Personen in die gleiche Entspannungsposition mit einer speziellen Entspannungsmatratze, die auch bei den anderen drei Gruppen verwendet wurde, gebracht, erhielten aber kein Feedback. Ihre einzige Instruktion bestand darin, daß Entspannung wertvoll für Schmerzreduzierung sei und sie sich auf dieser für die Entspannung günstigen Matratze nach ihren Möglichkeiten gut entspannen sollten. In den Ergebnissen zeigte sich, daß unter den 14 erhobenen Maßen, nämlich Schmerz während eines Funktionstests, Aktivitäten des täglichen Lebens, allgemeine Entspannungsangabe, Veränderungen in den EMG-Maßen des Trapezius sowie des spinalen EMGs, der Schmerzintensität und des Effektes auf den Lebensstil allgemein in insgesamt acht Variablen für die Gruppe, die die progressive Muskelentspannung erlernte, Verbesserungen resultierten. Das EMG-Biofeedbacktraining erbrachte dagegen nur zwei signifikante Ergebnisse, während die Personen unter der Placebobedingung in keinem Maß profitierten. Dies bedeutet, daß unter den Bedingungen dieser Studie, in der Entspannungstraining und EMG-Biofeedback rein als Techniken, ohne daß gleichzeitig ein bestimmtes Modell der spezifischen Wirkung auf Schmerz vermittelt wurde, angeboten worden war, sich die progressive Muskelentspannung gegenüber dem Biofeedback als wirkungsvoller erwies.

Eine EMG-Studie widmete sich auch Patienten mit Fibromyalgiesyndrom (Ferraccioli, Ghirelli, Seita, Nolli, Mozzani, Fontana, Scorsonelli, Tridenti & DeRisio, 1987). Es wurden 15 Patienten untersucht, die eine sichere Diagnose einer Fibromyalgie hatten und ambulant behandelt wurden. Untersucht wurden Einflüsse auf die Druckpunkte, die Griff-Festigkeit, die Dauer der Morgensteifigkeit, die Einschätzung von Schmerzen (gemessen mit einer visuellen Analogskala), Angst (gemessen mit dem Fragebogen STAI von Spielberger, Yorsuch & Lushene, 1980) und die Werte im Persönlichkeitsfragebogen MMPI. Als Feedbackverfahren wurde ein Biofeedback des Frontalis-Muskels als unspezifische Behandlung durchgeführt. Dieses bestand aus 15 Sitzungen, die zweimal wöchentlich abgehalten wurden. Die Teilnehmer wurden insgesamt über zwölf Monate in einem jeweils dreimonatigen Abstand untersucht. Sie waren untereinander noch einmal in zwei Untergruppen aufgeteilt. Eine erhielt ein reales, die andere ein nicht-kontingentes Feedback. Alle Patienten der Studie wurden während des gesamten Zeitraums weder mit Antirheumatika noch mit sonstigen Medikamenten behandelt. Es zeigte sich, daß bei den Teilnehmern auch noch nach sechs Monaten die Druckpunkte von 13 auf sieben reduziert blieben sowie die Morgensteifigkeit von drei auf eine Stunde und die Schmerzintensität von einem mittleren Punktwert von sieben auf einen Punktwert von drei zurückging. Diese Ergebnisse waren alle im Vergleich zu den Ausgangswerten eindeutig.

Betrachtet man die Ergebnisse genauer, so zeigt sich, daß unter den 15 Patienten sechs waren, die sich nicht verändert hatten. Die hoch signifikanten Ergebnisse der Studie hatten sich also ergeben, obwohl sich insgesamt ein Drittel der Gruppe als therapieresistent erwies. Die Autoren führten daher eine zweite kontrollierte Studie mit insgesamt 12 Patienten durch. Diese erbrachte, daß in der Gruppe des „richtigen Feedbacks" ebenfalls in all den bereits für die vorgenannte Gruppe erhobenen Merkmalen signifikante Verbesserungen resultierten. So reduzierte sich die Zahl der Druckpunkte von 15 auf vier, bei der Schmerzintensitätseinschätzung verringerte sich der angegebe Wert von sechs auf zwei. Diese Ergebnisse blieben konstant, wenn die Patienten die Entspannung auch zuhause fortführten. Nur drei Patienten zeigten keine Verbesserung. Diese zeichneten sich dadurch aus, daß sie eine von der Fibromyalgie unabhängige Depression aufwiesen – dies war bei zwei Patienten der Fall – während ein Patient, bei dem eine klare psychosomatische Störung vorlag, fälschlicherweise als Fibromyalgiepatient klassifiziert worden war.

Eine Reihe von Untersuchungen liegt auch für Patienten mit chronischer Polyarthritis vor. Flor und Hermann (1992) stellen hierzu fest, daß bei dieser Patientengruppe in erster Linie das EMG-Feedback vom Musculus frontalis sowie das Hauttemperatur-Biofeedback untersucht wurde, da auch für diese Personengruppe von einer spezifischen Feedbackwirkung ausgegangen wird. Daher werden in der Regel die am meisten betroffenen Gelenke behandelt. Insgesamt wurde Biofeedback bisher meist mit dem Ziel eingesetzt, eine allgemeine Entspannung der betroffenen Regionen zu erreichen (Keefe & Hoelscher, 1987), obwohl auch hier ein Einsatz im Sinne der Streßbewältigung möglich und sinnvoll erscheint (vgl. Walker & Sandman, 1977; Flor, 1990).

In den ersten, unkontrollierten Studien (Parker, Singsen, Hewett, Walter, Hazelwood, Hall, Holston & Rodon, 1984; Wickramasekera, Truong, Bush & Orr, 1976) wurde festgestellt, daß ein Temperaturbiofeedback zu einer signifikanten Verringerung der subjektiv erlebten Schmerzintensität, der Beeinträchtigung und des Gelenkbefalls führte.

Für ihre kontrollierte Studie wählten Achterberg, McGraw und Lawlis (1981) aus insgesamt ca. 200 Patienten solche aus, deren Diagnose gesichert war und bei denen während des gesamten Untersuchungzeitraumes keine Veränderung in der Medikation oder den sonstigen therapeutischen Maßnahmen durchgeführt wurde. Es resultierte eine Gruppe mit 24 Patienten, die Entspannung und Temperaturveränderung erlernten sowie eine Gruppe mit 23 Patienten, von denen 15 mit Entspannung und Temperaturfeedback und acht mit traditioneller Physiotherapie behandelt wurden. Zur Einführung erhielten alle Gruppen standardisierte Informationen zur Krankheit. Die Biofeedbackbehandlungen wurden zwölfmal jeweils 30 Minuten lang, verteilt auf einen Zeitraum von sechs Wochen, individuell durchgeführt. 12 Patienten erhielten ein Feedback zur Temperaturerhöhung, 12 zur Temperaturerniedrigung. Diese Verfahren wurden mit einem Entspannungsverfahren, das aus progressiver Muskelentspannung und geleiteten Vorstellungen bestand, kombiniert. Die Patienten, die nur physikalische Therapiemaßnahmen erhielten, dienten als Kontrollgruppe. Bei den Behandlungsgruppen resultierten eine Reihe positiver Ergebnisse, die signifikant gegenüber der Kontrollgruppe ausfielen: Die Aktivitäten des täglichen Lebens nahmen zu, die subjektiven Schmerzmaße verringerten sich, die Schlafqualität war gebessert und die funktionelle Behinderung gemessen an der Gehzeit hatte abgenommen. Auch die Blutsenkungsgeschwindigkeit hatte sich über den Meßzeitraum hinweg verbessert. Letztendlich konnten auch in psychologischen Skalen, wie z. B. der zur Erfassung der Kontrollüberzeugung bezüglich der Gesundheit und der Stimmung, Verbesserungen beobachtet werden. Bemerkenswert ist hier außer der Vielzahl der positiven Ergebnisse, daß diese unabhängig von der Richtung des Temperaturfeedbacks aufgetreten waren. Demnach scheint hier kein Effekt vorzuliegen, der über die Beeinflussung eines der für die chronische Polyarthritis typischen Symptome, nämlich der Erwärmung über den Gelenken, erreicht wurde. Die Ergebnisse deuten vielmehr auf unspezifische Wirkmechanismen hin.

Eine eher hypothesengenerierende Studie stellten Burke, Hickling, Alfonso und Blanchard (1985) vor. Hier wurde bei Patienten mit chronischer Polyarthritis der schwersten Behinderungsstufe ein Temperaturfeedback durchgeführt. Zur Auswertung konnten nur die Daten von zwei Patienten herangezogen werden. Bei diesen zeigten sich sowohl in der Schmerzeinschätzung als auch in den Maßen zur Depression, der State-Trait-Angst-Skala und dem MMPI positive Veränderungen. Die Ergebnisse dieser Studie sind aufgrund der geringen Patientenzahl kaum generalisierbar, bestätigen aber die positiven Befunde von Achterberg et al. (1981).

Mitchell (1986) führte ein Temperaturfeedback bei insgesamt 18 Patienten mit chronischer Polyarthritis durch. Er hatte die Vorgehensweise des Temperaturfeedbacks bei dieser Personengruppe gewählt, da eine Temperatursenkung, die ja gerade für diese Diagnose wertvoll erscheint, leichter und ausgeprägter zu erreichen ist als eine Temperaturerhöhung. Die Teilnehmer an dieser Studie erhielten während des Studienzeitraums eine konstante Medikation und waren mindestens seit einem Jahr eindeutig an chronischer Polyarthritis erkrankt. Gemessen wurden Gelenkschmerzen, die Gelenksteifigkeit und die Patienteneinschätzung der Gesamtverbesserung des Gesundheitszustandes. Mitchell (1986) verteilte die Patienten gleichmäßig auf drei unterschiedliche Gruppen: Gruppe 1 erhielt ein Feedback zur Temperaturerhöhung, Gruppe 2 eines zur Temperaturerniedrigung über jeweils ein ausgewähltes Gelenk. Gruppe 3 diente als Wartekontrolle. Mit den Feedbackgruppen wurden insgesamt sechs Trainingssitzungen zu je 60 Minuten durchgeführt. Anschließend sollten die Patienten die Temperaturveränderung ohne entsprechendes Feedback über weitere sechs Wochen einüben. Daten wurden sowohl nach der Trainingsphase als auch nach der Übungszeit ohne Feedback erhoben. Als Ergebnis zeigte sich, daß die Gruppen lernten, die Temperatur signifikant in die jeweils vorgegebene Richtung abzuändern. Die Gelenksteifigkeit, der Schmerz sowie die allgemeine Einschätzung ergab für beide Richtungen des Temperaturfeedbacks eindeutige Verbesserungen über die Meßzeitpunkte hinweg. In der Wartekontrollgruppe ergaben sich dagegen keine Änderungen. Als Nebenergebnis zeigte sich, daß das Temperaturfeedback, wie es bei Mitchell und Munnings (1984) sowie Mitchell (1985) dargestellt wurde, auch bei Patienten mit Arthrose vielversprechende Verbesserungen erbrachte. Es ist aber hervorzuheben, daß auch hier, wie schon in der Studie von Achterberg et al. (1981), die positiven Befunde trotz der signifikanten Temperaturveränderungen unabhängig von der Richtung dieser Veränderungen resultierten. Dies spricht dafür, daß mit dem Temperaturfeedback keine spezifischen, für das Krankheitsgeschehen direkt relevanten Faktoren angesprochen werden, sondern eher solche, wie sie sich etwa in einer Veränderung der Handlungseffizienz (Bandura, 1977) finden.

Die eigentliche Stärke der Biofeedbackverfahren, wie sie sich etwa in den überzeugenden Katamnesedaten von Flor et al. (1986) sowie in der bei Flor und Hermann (1992) berichteten Studie ausdrückt, liegt aber wohl gerade in ihrem Einsatz bei Beschwerdebildern, die auf eine über das Biofeedback erreichbare (psycho)physiologische Grundlage zurückzuführen sind. Daher kritisieren Flor und Hermann (1992) auch, daß bei den meisten Behandlungsprogrammen, die untersucht wurden, die Patienten das EMG-Biofeedback in einer liegenden, sitzenden oder stehenden Position erhielten. Hier zeigt sich ein Widerspruch zu einer biomechanischen Sicht chronischer Rückenschmerzen. Da spezifische Abnormitäten im Bewegungsmuster bei chronischen Rückenschmerzen eine große Rolle spielen, sollten Biofeedbackbehandlungen (Jones & Wolf, 1980; Wolf et al., 1982) bei verschiedenen Körperbewegungen durchgeführt werden. Generell ist nach Flor und Hermann (1992) bei der Wahl der richtigen Biofeedbackmethode (Rückmeldung im Sitzen, Liegen oder Stehen, Rückmeldung von Ruhe-, Haltungs-, Bewegungs- oder Belastungswerten) von den spezifischen Störungen auszugehen, die in einer sorgfältigen psychophysiologischen Diagnostik ermittelt wurden, und aus einem Schmerzinterview, Schmerzfragebögen, Verhaltensbeobachtungen sowie der Befragung wichtiger Bezugspersonen besteht. Die Behandlung orientiert sich dann gezielt an diesen in der Verhaltensanalyse gewonnenen Daten (vgl. Birbaumer & Flor, 1992; Karoly & Jensen, 1987). Weiter soll sie, auch wenn ihr Kernpunkt in einem Biofeedbacktraining besteht, auch die wesentlichen Elemente des Programmaufbaus schmerzorientierter kognitiv-behavioraler Gruppen beinhalten (vgl. Jungnitsch, 1992a), wie dies im Behandlungsaufbau von Flor und Hermann (1992) beispielhaft dargestellt ist (Tabelle 4), um einen möglichst effizienten Einsatz zu gewährleisten.

Tabelle 4: Ein acht Sitzungen umfassendes Biofeedback-Behandlungsprogramm (nach Flor und Hermann, 1992).

Sitzung 1:

- Modellvermittlung für Schmerz und Zusammenhang von „Biofeedback und Schmerz"
- Biofeedback: Baseline 5 Minuten,
  Biofeedbackdemonstration 5 Minuten,
  10 × 2 Minuten Biofeedback am relevanten Muskel,
  Abschlußbaseline 5 Minuten
- Atemübung
- Hausaufgaben und Materialien

Sitzung 2:

- Hausaufgabenbesprechung mit Diskussion
- Biofeedback: 5 Minuten Baseline
  15 × 2 Minuten Training mit biofeedbackfreien Phasen
  5 Minuten Abschlußbaseline
- Hausaufgaben und Materialien

Sitzung 3:

- Hausaufgabenbesprechung und Diskussion
- Biofeedback: analog 2. Sitzung
- Hausaufgaben und Materialien

Sitzung 4:

- Hausaufgabenbesprechung mit Diskussion
- unterschiedliche Entspannungsverfahren
- Biofeedback: analog 2. Sitzung
  Einbeziehen von Biofeedback unter Streßinstruktionen
- Hausaufgaben und Materialien

Sitzung 5:

- Hausaufgabenbesprechung und Diskussion der einzelnen Entspannungsverfahren in verschiedenen Situationen
- Biofeedback analog 2. Sitzung
  Einbeziehen von Biofeedback am relevanten Muskel unter verschiedenen Streßsituationen
- Muskelentspannungsübung
- Hausaufgaben und Materialien

Tabelle 4: (Fortsetzung).

Sitzung 6:
- Hausaufgabenbesprechung, Diskussion der Einsatzmöglichkeiten von Entspannung
- Biofeedback analog 2. Sitzung Einführung von Stressoren ohne Feedbackübung
- Hausaufgaben und Materialien

Sitzung 7:
- Hausaufgabenbesprechung, Diskussion relevanter Situationen und Einsatzmöglichkeiten von Entspannung
- Biofeedback analog 2. Sitzung, streß- und feedbackfreie Phasen einführen
- Hausaufgaben und Materialien

Sitzung 8:
- Hausaufgabenbesprechung
- Biofeedback analog 2. Sitzung
- Rückfallprävention und Therapiebewertung

2.4 Kognitiv-behaviorale, multimodale Ansätze

Betrachtet man die kognitiv-behavioralen, multimodalen Verfahren in der Therapie entzündlich-rheumatischer Erkrankungen, so zeigt sich, daß die Mehrzahl der so konzipierten Programme Entspannung als einen wesentlichen Therapiebaustein enthält (zur Übersicht vgl. McCracken, 1991; Jungnitsch, 1992a; Rehfisch, 1992). Sie stehen im Aufbau solcher Angebote an vorderer Stelle (Tabelle 5).

Meistens werden die progressive Muskelrelaxation oder eine Kombination der letzteren mit Vorstellungsübungen, mit EMG-Biofeedback-Verfahren oder auch imaginativen Verfahren eingesetzt. Studien zum kognitiv-behavioralen Ansatz bei Patienten mit entzündlich-rheumatischen Erkrankungen erbrachten meist positive Ergebnisse.

Bereits 1982 untersuchte Köhler insgesamt 86 Personen mit chronischer Polyarthritis. Er überprüfte ein stationäres Gruppenprogramm, das aus neun Sitzungen von jeweils 90 Minuten Dauer, die auf drei Wochen verteilt waren, bestand. Auch hier war einer der Gruppenbausteine ein

Tabelle 5: Aufbauprinzip eines multimodalen, kognitiv-behavioralen Ansatzes (nach Jungnitsch, 1992a).

Themeneinheit 1:
Vermittlung eines Modelles für Krankheits- und Schmerzverarbeitung sowie eines Modelles für Zusammenhänge von psychologischen und physiologischen Prozessen

Themeneinheit 2:
Entspannungsmöglichkeiten über mehrere Zugangsweisen:
- über körperliche Prozesse
- über Ablenkung
- über Konzentration und Imagination
- Entspannung und Visualisierung zur Krankheitsbekämpfung

Themeneinheit 3:
Vermittlung eines Modelles für Beziehungen zwischen Kognitionen und Schmerz sowie Üben von Techniken zur Beeinflussung von Gedankenprozessen

Themeneinheit 4:
Einüben konkreter Verhaltensweisen im Familien- und Kollegenkreis zur Vermittlung der Erkrankung sowie der Durchsetzung eigener Bedürfnisse und Wünsche

Muskelentspannungstraining. Durchgeführt wurden aber auch Entspannungsverfahren über Vorstellungsübungen. Als Ergebnis resultierte ein Effekt der psychologischen Therapie auf die Schmerzbewältigung, nicht jedoch auf die medizinischen Kennwerte bei den Patienten. So veränderte sich die Einschätzung der Schmerzen durch die Patienten im sensorischen und im affektiv-evaluativen Bereich signifikant. Ebenfalls bedeutsam nahmen Depressivität und Angst ab. Eine Einschätzung der Schmerzverhaltensweisen der Patienten zeigte, daß sich bei den Teilnehmern der Schmerzgruppe das bewältigungsorientierte Verhalten verbesserte. Dies zeigte sich beispielsweise darin, daß vermehrt gezielt ablenkende Tätigkeiten eingesetzt wurden. Diese Verbesserungen waren auch nach drei Monaten noch stabil. In der Beurteilung der unterschiedlichen Therapiebausteine durch die Teilnehmer nach Abschluß des Trainings wurde die progressive Muskelentspannung als bester und brauchbarster Baustein des Programms bezeichnet.

Shearn und Fireman (1985) untersuchten insgesamt 105 Patienten mit chronischer Polyarthritis. Ihr Vorgehen stützte sich ebenfalls auf ein Programm mit unterschiedlichen Bausteinen, unter denen Entspannung zu finden war. Es zielte jedoch nicht explizit auf die Themen „Krankheit" oder „Schmerzbewältigung" ab, sondern hatte ganz allgemein „soziale Unterstützung" oder die „Bewältigung von Streß" zum Inhalt. Es zeigte sich, daß sich in der Behandlungsgruppe die Empfindlichkeit der Gelenke verringerte, ohne das dieses Ergebnis statistisch bedeutsam wurde. Ebensowenig ergaben sich sonstige signifikante Ergebnisse, weder in der vorher/nachher-, noch in einer acht Monate später stattfindenden Untersuchung.

Ebenfalls negative Resultate fanden sich bei Strauss, Sinden-Spiegel, Daniels, Spiegel, Landsverk, Roy-Byrne et al. (1986). Sie untersuchten 57 Patienten und verglichen drei Gruppen:

- Gruppe 1 (N = 20)
  wurde als stützende Gruppe konzipiert;
- Gruppe 2 (N = 17)
  führte ein Selbstsicherheitstraining, kombiniert mit progressiver Muskelentspannung durch;
- Gruppe 3 (N = 20)
  erhielt keine psychologische Interventionen.

Weder für Schmerz, den funktionalen Status, soziale und psychologische Anpassung noch für psychologische Symptome von Angst, Depression und Schmerz zeigten sich signifikante Unterschiede zwischen den Gruppen. Die Gruppen waren allesamt von Therapeuten einer psychiatrischen Klinik durchgeführt worden. Diese besaßen weder bezüglich der Patienten mit einer chronischen, entzündlich-rheumatischen Erkrankung noch in der Durchführung der beschriebenen Gruppen Erfahrung. Sie sind als „Therapieanfänger" zu betrachten und bestanden ausschließlich aus Medizinern. Dies schränkt die Möglichkeit der Verallgemeinerung der Ergebnisse dieser Studie, was die Wirksamkeit der psychologischen Verfahren betrifft, doch erheblich ein.

Bradley, Young, Anderson, Turner, Agudelo, McDaniel et al. (1987) berichteten über eine Studie mit insgesamt 53 Patienten. Diese waren auf eine kognitiv-behaviorale Gruppe, die sowohl Entspannung als auch Biofeedback als Bausteine enthielt, eine Gruppe zur sozialen Unterstützung sowie eine Gruppe, in der kein weiteres Zusatzangebot zur Routinebehandlung erfolgte, aufgeteilt. Erhoben wurden eine Reihe von Schmerzmaßen, Krankheitsparametern und psychologischen Variablen wie Depression und Angst. Alle Therapiegruppen erhielten eine reguläre medizinische Behandlung. Mit den Teilnehmern der kognitiv-behavioralen Gruppe wurden zunächst fünf Sitzungen abgehalten, in denen sie ein Hauttemperatur-Biofeedback von den am stärksten befallenen Gelenken durchführten. Es schlossen sich zehn weitere Gruppensitzungen an, in denen eine Reihe von Möglichkeiten zum Umgehen mit Schmerz angeboten wurde. Diese beinhalteten Entspannungsverfahren, Gespräche über die Krankheit, Techniken zur Streßreduktion, Kognitionstraining, Kommunikationstraining und Planung täglicher Aktivitäten und Zielsetzungen. In der Gruppe zur sozialen Unterstützung wurden bereits bestehende Bewältigungsstrategien diskutiert sowie der Einsatz neuer ermutigt. Es zeigten sich folgende Resultate:

- Die Teilnehmer der kognitiv-behavioralen Gruppe schätzten nach Abschluß der Behandlung die Schmerzintensität und schmerzbedingte Unannehmlichkeiten signifikant geringer ein.
- Das Schmerzverhalten, das durch Fremdbeobachter eingestuft wurde, war bei der kognitiv-behavioralen Gruppe gegenüber den beiden übrigen Gruppen signifikant geringer.
- Die Krankheitsaktivität – ein Faktor, der aus der subjektiven Patientenbeurteilung, der Beurteilung des behandelnden Arztes sowie dem Rheumafaktor, der Blutsenkungsgeschwindigkeit und der Anzahl schmerzempfindlicher Gelenke gebildet worden war –, war bei der kognitiv-behavioralen Gruppe ebenfalls signifikant reduziert.

- „Angst“ zeigte sich sowohl in der Gruppe zur sozialen Unterstützung als auch in der kognitiv-behavioralen Gruppe signifikant verändert. Dieser Effekt war in der Gruppe zur sozialen Unterstützung nach sechs Monaten nicht mehr gegeben.
- Bei der Depressivität ergab sich in keiner Gruppe eine signifikante Veränderung.
- Bei der subjektiven Bewertung der Therapiebausteine gaben 81% der Teilnehmer des kognitiv-behavioralen Therapieprogrammes an, daß der hilfreichste und günstigste Baustein die Muskelentspannung gewesen sei; nur 31% schätzten dagegen das Biofeedback als hilfreich ein.

Appelbaum, Blanchard, Hickling und Alfonso (1988) verglichen 18 Patienten, die Entspannung, Temperaturfeedback und ein strukturiertes Training in Schmerz- und Problembewältigung erhielten, mit einer Kontrollgruppe, die unspezifische Selbstkontrolltechniken erlernte. Die Patienten der Experimentalgruppe verbesserten sich gegenüber der Kontrollgruppe in allen Schmerzdimensionen, im Bewegungsumfang und allgemein auch in ihrem Aktivitätsniveau. Nach 18 Monaten war jedoch keines der Ergebnisse konstant geblieben. Bemerkenswert an dieser Untersuchung ist, daß die darin einbezogenen Personen in erster Linie ältere Männer waren, deren Krankheit bereits fortgeschrittener und eher gravierend war.

Insgesamt 30 Patienten mit chronischer Polyarthritis untersuchten O'Leary, Shoor, Lorig und Holman (1988). Diese Untersuchung ging der Frage nach, inwieweit ein Effekt psychologischer Verfahren auf die Blutsenkungsgeschwindigkeit sowie immunologische Maße wie das Verhältnis der T-Helfer- zu T-Suppressor-Zellen und die Proliferationsrate der Lymphozyten festzustellen sei. Dazu verglichen sie eine kognitiv-behaviorale Gruppe, die aus fünf Sitzungen zu jeweils zwei Stunden bestand und fünf Wochen lang jeweils einmal die Woche durchgeführt wurde, mit einer Kontrollgruppe. In dieser wurden ausschließlich Informationen über den Umgang mit Arthritis im Alltag vermittelt. Diese Informationen wurden einem standardisierten Anleitungstext entnommen. Der zeitliche Umfang dieser Gruppe entsprach demjenigen der Therapiegruppe. Inhalte der kognitiv-behavioralen Gruppe waren ebenfalls Informationsteile. Dazu kam die Vermittlung von konkreten Bewältigungsstrategien, wie z. B. Entspannung mit Vorstellungsübungen oder die Planung für den Umgang mit der chronischen Polyarthritis im Alltag. Bei den Teilnehmern dieser Untersuchung wurde die Medikation im wesentlichen vergleichbar und konstant gehalten. Als Ergebnis zeigte sich einmal, daß in der kognitiv-behavioralen Gruppe die Schmerzintensität signifikant reduziert werden konnte. Zudem erlebten sich die Patienten wesentlich effizienter und selbstkontrollierter. Sie gaben an, daß ihre Bewältigungsfertigkeiten gestiegen waren. Außerdem hatte die Depression abgenommen und es resultierte ein besserer Schlaf. Der Gelenkbefund, wie er über eine rheumatologische Untersuchung bestimmt worden war, hatte sich gebessert. Keinerlei Effekte zeigten sich dagegen in den genannten Immunfunktionen sowie in der Blutsenkungsgeschwindigkeit. Nach Auskunft der Teilnehmer war die am meisten benutzte Technik die Entspannung sowie Ablenkungsstrategien.

Parker, Frank, Beck, Smarr, Buescher, Phillips et al. (1988) führten bei ihrer Untersuchung, die sie mit 83 überwiegend männlichen und älteren Patienten durchführten, neben der kognitiv-behavioralen Gruppe und einer Kontrollgruppe eine Aufmerksamkeits-Placebo-Gruppe ein. Die kognitiv-behaviorale Gruppe wurde eine Woche lang stationär in einer Klinik behandelt. Während dieses Klinikaufenthaltes wurden jeweils mehrere Stunden am Tag Informationen zur chronischen Polyarthritis gegeben. Weiterhin wurden verschiedene Bewältigungsstrategien, u. a. auch Entspannung, vorgestellt und eingeübt. Anschließend besuchten die Teilnehmer maximal einmal im Monat, längstens jedoch alle drei Monate, eine Gruppenstunde, in der die Inhalte der einwöchigen Intensivtherapie aufgefrischt werden sollten. Diese Wiederholungssitzungen dienten außerdem dazu, die Anwendung der gelernten Prinzipien im Alltag zu fördern.

In der Aufmerksamkeits-Placebo-Gruppe erfolgte ebenfalls ein einwöchiger Aufenthalt in der Klinik, der ausschließlich zu ausführlichen Informationen über die Erkrankung verwendet wurde. Auch die Nachbetreuung im o. g. Abstand fand für diese Gruppe statt.

In einer subjektiven Einschätzung durch die Teilnehmer wurden beide Gruppenprogramme sehr positiv bewertet. Als Ergebnis zeigte sich jedoch, daß die kognitiv-behaviorale Gruppe den Vergleichsgruppen in verschiedenen Bewältigungsstrategien sowohl nach sechs als auch nach 12 Monaten überlegen war. Die Autoren untersuchten auch eine Subgruppe von Patienten, die eine hohe Übungsrate zeigte und die aus insgesamt 13 Personen bestand. Diese zeigten sowohl in zahlreichen Bewältigungsstrategien, zusätzlich auch noch in der Schmerzintensität und in der Hilflosigkeit gegenüber der chronischen Polyarthritis signifikante Verbesserungen. Der Krankheitsverlauf konnte aber in keiner der drei Gruppen positiv beeinflußt werden. Die Patienten aller Gruppen zeigten nach dem Untersuchungszeitraum unterschiedslos einen schlechteren körperlichen Gesundheitszustand. Dies bedeutet, daß eine Verbesserung der Krankheitsbewältigung unabhängig von körperlichen Befindlichkeitsveränderungen, insbesondere auch von einer Verschlechterung des körperlichen Zustandes, stattfinden kann. Gleichzeitig macht diese Studie ebenso wie die davor berichteten aber auch deutlich, daß eine verbesserte psychische Befindlichkeit oder Funktionsfähigkeit keineswegs zwangsläufig zu einer Besserung oder gar Wiederherstellung auf körperlicher Ebene führen muß.

Einen ambulanten Ansatz verfolgte Rehfisch (1988), der mit 31 Patienten eine multimodale Therapie über 13 Wochen im Rahmen der Selbsthilfegruppe der Rheumakranken der Deutschen Rheumaliga, durchführte. Gegenüber einer gleichstarken Warte-Kontrollgruppe ergaben sich für seine Patienten signifikante Verbesserungen für Schmerz, Angst, Depression und körperliche Beschwerden. Letztere waren über den Gießener Beschwerdebogen erhoben worden. Auch in dieser Untersuchung wurde von den Gruppenmitgliedern wiederum das Element der progressiven Muskelentspannung als das geeignetste und beste angesehen.

Eine andere Gruppe von Personen mit einer entzündlich-rheumatischen Erkrankung, nämlich Patienten mit ankylosierender Spondylitis, untersuchten Rehfisch und Basler (1989). Auch hier wählten sie ein ambulantes Vorgehen. Das Behandlungsprogramm umfaßte 12 Sitzungen von jeweils 90 Minuten in einwöchigem Abstand. Das Programm setzte sich aus den Elementen „Information über den Zusammenhang von Schmerz, Spannung, Ablenkung und Kognitionen, progressive Muskelrelaxation, Ablenkung, Techniken der imaginativen Entspannung, Schmerzbewältigung in Bewegung, kognitive Umstrukturierung, Streßbewältigung, Entspannung über hypnotische Verfahren, Austausch in Gruppengesprächen sowie die Förderung positiver emotionaler Erlebnisse“ zusammen. Insgesamt nahmen 25 Patienten teil. Weitere 20 Patienten dienten als psychologisch unbehandelte Kontrollgruppe. Als Ergebnis zeigte sich, daß die Behandlungsgruppe sowohl zum Zeitpunkt des Therapieabschlusses als auch nach einer sechs Monate später folgenden Nachuntersuchung signifikante Effekte in der Schmerzintensität, Angst, Schlafbeschwerden sowie der Beeinträchtigung durch die Schmerzen zeigte. Die Depression konnte zwar kurzfristig, nicht aber auf Dauer beeinflußt werden.

Jungnitsch und Stöveken (1993) untersuchten 43 Patienten mit Morbus Bechterew. Diese waren auf vier Gruppen verteilt:
- Eine Gruppe zur progressiven Muskelrelaxation.
- Eine multimodale, kognitiv-behaviorale Trainingsgruppe, die entsprechend der Vorgehensweise für Patienten mit chronischer Polyarthritis aufgebaut war (vgl. Jungnitsch, 1992a).
- Eine kognitiv-behaviorale Trainingsgruppe, in die mehrere Themenbereiche aufgenommen wurden, die für die Bech-

terew-Krankheit spezifisch sind, wie z. B. Verbesserung der Motivation zur Krankengymnastik sowie Kennenlernen der Kommunikationsfunktion eines veränderten Körperbildes.
– Eine psychologisch unbehandelte Kontrollgruppe.

Es zeigte sich, daß ebenso wie die multimodale Gruppe die Muskelrelaxation in den reinen Schmerzmaßen, nämlich der Schmerzintensität sowie in dem Schmerzbewältigungsmaß „Einsatz von Ablenkung und Entspannung" ebenfalls positive Effekte erbrachte. Auch der Analgetikakonsum konnte ebenso wie in den beiden kognitiv-behavioralen Gruppen durch die progressive Muskelentspannung reduziert werden. In der Krankheitsbewältigung, erhoben über die Veränderungen der krankheitsbezogenen Kontrollüberzeugungen als überdauerndes Maß der Krankheitsbewältigung, fanden sich bei der bechterewspezifischen und der multimodalen Gruppe signifikante Effekte, nicht jedoch in der Gruppe zur progressiven Relaxation sowie der Kontrollgruppe.

Diese Studie steht im Einklang mit neueren Untersuchungen, wie sie bei Patienten mit chronischen Rückenschmerzen durchgeführt wurden. Auch bei dieser Patientengruppe wurden vielfach multimodale Programme mit der progressiven Muskelentspannung verglichen. Wie Rehfisch (1992) berichtet, lassen sich gute Behandlungsergebnisse mit der progressiven Muskelrelaxation feststellen (Kravitz, 1978; Turner, 1982; McCauley et al., 1983; Linton & Götestam, 1984; Kaluza & Basler, 1988 b). Aus seiner Literaturübersicht ergibt sich, daß in psychologischen Behandlungskonzepten ein Trend weg vom Einsatz isolierter Verfahren (wie progressive Muskelrelaxation, Biofeedback oder autogenes Training) und hin zu umfassenderen Behandlungsprogrammen existiert. Diese sind meist behavioral-kognitiv konzipiert und damit den bei der chronischen Polyarthritis erwähnten Programmen ähnlich (Kaluza & Basler, 1988a; Turner & Clancy, 1988). Einige Studien, die bei Patienten mit nicht entzündlichen-rheumatischen Beschwerden Einzeltechniken mit dem multimodalen Ansatz vergleichen, stützen diese Entwicklung durch entsprechende Ergebnisse. So fand beispielsweise Turner (1982) bei 36 Patienten mit gutartigen Rückenschmerzen, daß sowohl ein kognitiv-behaviorales Trainingsprogramm als auch ein Entspannungstraining positive Effekte bezüglich Schmerzintensität, Depression und wahrgenommener Behinderung erbrachte. Nur für die Patienten der kognitiv-behavioralen Gruppe ergab sich bei der Katamnese nach einem Monat dagegen eine weitere Verbesserung. Als positive Effekte zeigten sich für beide Gruppen noch nach einem halben Jahr, daß ärztliche Hilfe weniger in Anspruch genommen wurde. In der kognitiv-behavioralen Gruppe war zusätzlich die Arbeitsdauer im Vergleich zum Ausgangsniveau weiter verbessert.

Nicholas, Wilson und Goyen (1991) zielten darauf ab, den Effekt von Entspannung im Vergleich zu einer kognitiv-behavioralen sowie einer rein nach operanten Prinzipien durchgeführten Gruppe festzustellen. Die Autoren untersuchten 58 ambulante Patienten mit chronischen Rückenschmerzen. Diese verteilten sie auf sechs Behandlungsbedingungen. Dabei handelte es sich einmal um zwei nach kognitiv-behavioralen Grundsätzen aufgebaute Gruppen. Diese unterschieden sich darin, daß eine Gruppe mit, die andere ohne ein Entspannungstraining konzipiert war. Weitere zwei Gruppen waren ausschließlich verhaltensorientiert aufgebaut. Auch hier wurde eine Gruppe mit, die andere ohne Entspannungstraining durchgeführt. Alle vier vorgenannten Gruppen erhielten gleichermaßen krankengymnastische Therapie. Die restlichen beiden Gruppen erhielten entweder eine kontrollierte Zuwendung, nämlich Diskussionssitzungen und Krankengymnastik, oder nur die krankengymnastische Behandlung. Die krankengymnastische Behandlung bestand dabei in allen Bedingungen aus einem ausgearbeiteten Rückentrainingsprogramm. Alle Patienten, unabhängig von ihrer Gruppenteilnahme, zeigten Verbesserungen in ihrer emotionalen Befindlichkeit, in der funktionalen Einschränkung, dem Gebrauch von Medikamenten sowie dysfunktionalen Kognitionen bezüglich Schmerz und dem Einsatz aktiver Bewältigungsstrategien. Die festgestellten Verbesserungen konnten über einen Zeitraum von sechs und 12 Monaten weiter beobachtet werden. Ein Unterschied zwischen den Gruppen lag darin, daß diejenigen, die eine Kombination von psychologischer und physikalischer Therapie erhielten, sich signifikant mehr als diejenige, die nur physikalische Therapie erhielt, in der Schmerzintensität, den selbsteingeschätzten funktionellen Behinderungen und den schmerzbezogenen dysfunktionalen Kognitionen verbesserten. Diese Verbesserungen hielten sich jedoch über die Nachuntersuchungszeit von sechs und 12 Monaten nur in geringem Maße aufrecht. Insgesamt sprechen diese Ergebnisse für die Bedeutung psychologischer Interventionen, die zusätzlich zu physikalischer Therapie angeboten werden. Das Einbeziehen von Entspannung in die psychologischen Ansätze erbringt jedoch keine zusätzlichen Verbesserungen der Effekte.

Diese Folgerung ziehen auch Turner und Jensen (1993) aus dem ihrer eigenen Studie vorangeschalteten Überblick. Die Autoren berichten, daß für den Umgang mit chronischen Schmerzen eine ganze Reihe von Belegen zu finden sind, die zeigen, daß ein positiver Effekt in erster Linie über die Veränderung negativer Gedanken vermittelt wird (Turk, Meichenbaum & Genest, 1983; Reesor & Craig, 1988; Jensen, Turner, Romano & Karoly, 1991; Turner & Romano, 1990; Turner, 1991). Insgesamt muß jedoch festgehalten werden, daß bislang verschiedene Interventionen nur im Rahmen von Behandlungspaketen angeboten wurden. Das bedeutet, daß zu spezifischen Therapieeffekten sowie unterschiedlichen Effektstärken von Einzeltechniken bislang keine gesicherten Aussagen gemacht werden können.

Turner und Jensen (1993) führten mit 102 Patienten, bei denen seit durchschnittlich fünf Jahren mäßige Rückenschmerzen bestanden, eine Studie durch. Um die Effekte kognitiv-behavioraler Therapie mit Entspannung zu vergleichen, wurden vier Gruppen gebildet:

- Eine Warteliste-Kontrollgruppe,
- eine Gruppe, die kognitiv-behaviorale Therapie und Entspannung erhielt,
- eine Gruppe, in der eine kognitiv-behaviorale Therapie ohne Entspannung durchgeführt wurde,
- eine Gruppe, die Entspannung allein erhielt.

Die Patienten der Entspannungsgruppe führten ein wöchentliches Training in der progressiven Muskelentspannung sowie in Vorstellungsübungen durch. Diese Techniken sollten täglich zuhause mit Tonbandunterstützung eingeübt werden. Insgesamt erstreckte sich das Training über einen Zeitraum von sechs Wochen. Pro Woche fand eine Gruppensitzung von zweistündiger Dauer statt. Die Gruppengröße betrug dabei fünf bis zehn Patienten. Die Gruppe zur kognitiven Therapie fand unter den gleichen Bedingungen statt. Hier lernten die Patienten zunächst negative Emotionen zu identifizieren, die mit Schmerz und streßbezogenen Ereignissen verbunden waren. Gleichzeitig sollten die ungünstigen Gedanken, die mit diesen einhergehen, herausgearbeitet werden. In einem zweiten Schritt wurde ihnen beigebracht, eher hilfreiche Gedanken zu entwickeln und automatisch auftretenden, negativen Gedanken entgegen zu arbeiten. Als Hausaufgabe sollten die Patienten Listen und Aufzeichnungen über positive und negative Gedanken und Gefühle anfertigen und in Alltagssituationen erproben. Bei den Patienten, die sowohl die kognitive Therapie als auch das Entspannungstraining erhielten, wurde eine Kombination der beiden beschriebenen Vorgehensweisen durchgeführt. Als Effekt zeigte sich, daß sich die Schmerzintensität, die mit Hilfe einer visuellen Analogskala bestimmt wurde, in allen drei Versuchsgruppen gegenüber der Wartekontrollgruppe hoch signifikant veränderte. Positive Effekte fanden sich auch für die Bereiche Depressionen, negatives, nicht anpassungsförderliches Denken sowie die Einschätzung der globalen Beeinträchtigung. Alle Verbesserungen traten jedoch ohne Unterschied in allen drei Behandlungsgruppen auf. In den nach sechs bzw. auch nach 12 Monaten durchgeführten Nachuntersuchungen zeigte sich, daß in allen drei Interventionsgruppen die Effekte stabil geblieben waren. Dieses Ergebnis läßt sich so verstehen, daß es bei Patienten, die nur unter verhältnismäßig geringen Beschwerden leiden, bereits genügt, allein die progressive Muskelentspannung zu vermitteln, um deutliche und überdauernde Effekte zu erhalten. Komplexere Maßnahmen wie etwa die beschriebene kognitive Therapie müssen hier nicht angeboten werden, da in diesem Kontext komplexere Therapien keine besseren Ergebnisse erbringen.

Cziske, Jäckel und Jacobi berichteten bereits 1987 positive Effekte für ein Programm, das das autogene Training in den Vordergrund stellt, sich insgesamt aber als multimodaler Ansatz versteht. Sie hatten die nur vier Sitzungen umfassende Gruppe ebenfalls bei Patienten mit nicht-entzündlichen Rückenschmerzen durchgeführt.

Das Programm von Winkler (1991) zielt auf die gleiche Personengruppe. In insgesamt acht Gruppenstunden werden, aufbauend auf ein Schmerzmodell (Gate-control-Theorie; Melzack & Wall, 1982) als Schwerpunkt Entspannungstechniken vermittelt. Es handelt sich dabei um die progressive Muskelrelaxation, die durch den Einsatz der „regulativen Musiktherapie" (Schwabe, 1987) erweitert wird. Unter letzterem versteht man ein Verfahren, bei dem Musik in die Entspannungsübungen einbezogen wird. Dadurch soll ein Pendeln der Wahrnehmung zwischen Außenreizen, Körperempfindungen sowie Gedanken und Gefühlen angestoßen werden. Dies wirkt spannungs- und schmerzlösend. Daneben werden noch Ablenkungsstrategien und kognitive Techniken vermittelt. Eine Überprüfung dieser Vorgehensweise bei insgesamt 72 Patienten erbrachte in den mit standardisierten Fragebögen erhobenen Maßen „habituelle Angst", „Schmerzintensität", „subjektiv erlebte Schmerzbelastung", „Allgemeinbeschwerden" und „Depressivität" signifikante Behandlungserfolge (vgl. Jungnitsch, Schmitz, Stöveken, Winkler & Geissner, 1992).

Als Gesamteindruck ergibt sich folgendes: Patienten, die unter leichteren Schmerzen leiden, profitieren im Gegensatz zu Patienten mit entzündlich-rheumatischen Erkrankungen bereits aus der ausschließlichen Vermittlung von Entspannungsverfahren. Es fällt dabei auf, daß den Patienten für den Einsatz dieser Verfahren im Umgang mit ihren Schmerzen jeweils ein plausibles Modell angeboten wurde. Dies läßt vermuten, daß das die Voraussetzung für den Behandlungserfolg ist. Für diese Patientengruppe ergibt sich damit die Möglichkeit, eine stationär wie ambulant gut durchführbare, ökonomische und leicht erlernbare Vorgehensweise anbieten zu können.

3. Zusammenfassung

Aus den berichteten Arbeiten geht hervor, daß bislang Vergleiche von unterschiedlichen Ansätzen zur Schmerzbewältigung, insbesondere solche, bei denen Einzeltechniken, wie z. B. die progressive Muskelrelaxation anderen Verfahren gegenüber gestellt wurden, noch zu keiner Entscheidung über die effektivste Vorgehensweise unter Berücksichtigung der jeweiligen Diagnose geführt haben.

Die vorliegenden Befunde zu den unterschiedlichen Entspannungsverfahren bei verschiedenen rheumatischen Erkrankungen geben aber zumindestens Hinweise für deren Indikation bei dieser Patientengruppe. Stellt man allein das Merkmal „Schmerz" heraus, so lassen psychologische Angebote für jede Form rheumatischer Erkrankungen *ohne* das Einbeziehen von Entspannung keine großen Effekte erwarten. Dies wird durch Studien zum Einsatz kognitiv-behavioraler Verfahren eindrücklich unterstrichen. Unspezifische Ansätze wie die Erhöhung sozialer Kompetenz oder die Verbesserung von Informiertheit hatten keinen Einfluß auf Streß, Angst, Depression oder eingeschränkte Mobilität. Auch direkte Parameter der Erkrankung, wie z. B. Blutsenkungsgeschwindigkeit oder Funktionskapazität, blieben unbeeinflußt. Hingegen zeigen die Ansätze, die den konkreten Bezug auf Schmerzmodelle und Entspannung integrieren, zumindestens im Hinblick auf eine Veränderung der wahrgenommenen Schmerzen durchgängig positive Effekte. Selbst Kurzinterventionen, wie sie unter dem Begriff „Patientenschulung" durchgeführt werden und die in ihren Übungselementen Entspannungstechniken betonen, zeigen bereits überraschend positive Effekte (vgl. Lamparter-Lang, 1992). Der Anteil, den die Entspannung dabei einnimmt, läßt sich natürlich daraus nur indirekt erschließen.

Festgehalten werden kann jedoch, daß beim Einsatz von Entspannung Unterschiede zwischen Patienten mit entzündlich-rheumatischen Erkrankungen und Patienten, bei denen Schmerzen aufgrund unterschiedlicher Ätiologie im Vordergrund stehen, zu erwarten sind. Dies läßt sich aus den Studien ableiten, bei denen als eine der Kontrollgruppen eine reine Entspannungsgruppe, in der Regel zur progressiven Relaxation, eingesetzt wird. Bei diesen reinen Entspannungsgruppen finden sich weder bei Patienten mit chronischer Polyarthritis noch bei Spondylitis ankylosans entscheidende Erfolge. Dieses Resultat ist deshalb bemerkenswert, weil solche Bedingungen wie das Anbieten eines übergeordneten Schmerzmodells zur Erklärung und Ableitung des Einsatzes von Entspannung sowie ein stufenweiser Aufbau des Verfahrens erfüllt waren. Damit wäre prinzipiell die Möglichkeit gegeben gewesen, daß die Patienten ein klares Verständnis des Vorgehens entwickeln und damit auch ihre Handlungsplanung verbessern konnten. Dies scheint bei dieser Patientengruppe jedoch keine hinreichende Bedingung für einen Behandlungserfolg mit diesem Verfahren zu sein.

Anders verhält es sich dagegen bei Patienten mit chronischen Rückenschmerzen: Hier zeigt sich auch die Vermittlung der progressiven Muskelrelaxation allein als effektiv. Vorausgesetzt ist dabei, daß sie in ein plausibles Modell der Schmerzveränderung eingebettet ist, aus dem sich ableiten läßt, warum Entspannung als Strategie eine Hilfe darstellt. In diesem Fall ist sie ebenso effektiv wie Hypnose und wie die Verfahren, die eine Methodenvielfalt anbieten. Erstaunlich dabei ist, daß entsprechend der jüngsten Untersuchung von Turner und Jensen (1993) die Effektivität auch über längere Zeit anhält. Obwohl kaum untersucht, ist die Wirksamkeit des autogenen Trainings hier eher skeptisch zu beurteilen, vor allem bei Patienten, die unter Ruheschmerzen leiden. Bei arthrotischen Veränderungen ist dies aber häufig nicht der Fall, so daß bei dieser Patientengruppe auch an den Einsatz von autogenem Training als erstes Verfahren gedacht werden kann. Hinweise in diese Richtung sind aus der Studie von Cziske et al. (1987) zu entnehmen.

Auch beim Einsatz von Biofeedback-Verfahren zeigt sich der Unterschied zwischen den von einer entzündlich- und den von einer nichtentzündlich-rheumatischen Erkrankung Betroffenen. Bei Patienten mit entzündlich-rheumatischen Erkrankungen ergeben sich keine spezifischen Wirkungen. Dies leitet sich eindeutig aus den Untersuchungen mit Temperaturfeedback ab, die sowohl bei Temperaturerhöhung als auch -erniedrigung einen positiven Einfluß fanden (vgl. vor allem Mitchell, 1986). Insgesamt ist fraglich, ob bei Patienten mit entzündlich-rheumatischen Erkrankungen das Einbeziehen von Biofeedback in multimodale Ansätze bessere Ergebnisse zeitigt als dies ohne Biofeedback und nur mit anderen Entspannungsverfahren der Fall ist.

Als Sonderfall ist die Raynaud'sche Erkrankung zu sehen, bei der Eberstaller (1987) fand, daß hier das Temperaturfeedback, also die genau auf die vorherrschende Symptomatik zielende Vorgehensweise, überdauernde Verbesserungen erbringen konnte. Es bleibt daher die Frage offen, ob allgemein bei rheumatischen Erkrankungen mit einer Beteiligung der Gefäße Biofeedback spezifisch effektiv sein kann.

Vor allem bei Rückenschmerzpatienten, bei denen auch ein entsprechendes psychophysiologisches Muster für die Entstehung und Chronifizierung der Beschwerden eruiert werden kann (Flor, 1987), kann dagegen Biofeedback einen lang dauernden Erfolg, der bis zu einem Zeitraum über zweieinhalb Jahre hinweg festgestellt werden konnte (Flor et al., 1986), erbringen und ist auch einfacher Entspannung überlegen. Sowohl dieser als auch der oben berichtete Befund zur Raynaud'schen Erkrankung stehen in Übereinstimmung mit dem Postulat von Flor (1991), daß Biofeedback spezifisch an für Schmerz und Krankheit entscheidenden physiologischen Größen einzusetzen ist und nur dann auch eine entscheidende und überdauernde Wirkung erzielt.

In der Wirksamkeit genau umgekehrt scheinen die Verhältnisse bei der Hypnose und imaginativen Verfahren zu liegen. Hier sind so gut wie keine Studien zu finden, die positive Effekte bei nichtentzündlich-rheumatischen Erkrankungen berichten. Patienten mit entzündlich-rheumatischen Erkrankungen, sei dies im Rahmen von Einzelfallstudien oder auch von kontrollierten Gruppenuntersuchungen, zeigen in den bislang berichteten Fällen ebenso positive Effekte wie dies mit multimodalen, kognitiv-verhaltenstherapeutisch ausgerichteten Programmen der Fall ist (vgl. oben 2.1). Auch hierin kann man eine Bestätigung des Postulats der Spezifität der Vorgehensweise sehen. Gerade die Verfahren der angeleiteten Visualisierung zielen ja auf eine Veränderung von Krankheitsprozessen bzw. immunologischen Vorgängen ab, wie sie bei den degenerativen oder weichteilrheumatischen Erkrankungen gar nicht vorhanden sind. Es empfiehlt sich daher, solche Verfahren auch bei Patienten dieser Krankheitsdiagnosen nicht anzuwenden.

Das bisher dargestellte ist in Tabelle 6 zusammengefaßt, in der die relative differentielle Einsetzbarkeit der einzelnen Verfahren verdeutlicht werden soll.

Für Überlegungen zum Einsatz von Entspannungsverfahren bei rheumatischen Erkrankungen ist das Behandlungssetting zentral. Während es schon im stationären Rahmen nur bei degenerativen und sonstigen nichtentzündlichen Erkrankungen sinnvoll erscheint, Entspannungsverfahren allein einzusetzen, ist für ein ambulantes Therapieangebot die Vermittlung von weiteren Schmerzbewältigungsstrategien im Rahmen eines kognitiv-behavioralen Ansatzes, egal unter welcher Diagnose die Patienten an der Behandlung teilnehmen, hervorzuheben. Für das klinische Setting ist hingegen auch der Überlegung Gewicht zu geben, welches der möglichen Behandlungsverfahren in der vorgegebenen Zeit den größtmöglichen Nutzen bringt. Eben hierauf beziehen sich auch die in Tabelle 6 wiedergegebenen Einschätzungen.

Ist hingegen genügend Zeit vorhanden, so sollten jeweils die Entspannungsverfahren, die sich als wirksam erwiesen haben,

Tabelle 6: Differentielle Eignung von als Einzelverfahren angebotenen Entspannungsmethoden im Rahmen stationärer Behandlung.

Entspannungsverfahren	**Krankheitsgruppe**		
	entzündlich-rheumatische Erkrankungen	degenerative Erkrankungen	nicht-entzündliche, nicht-degenerative Erkrankungen
Progressive Relaxation	–	+	+
Autogenes Training	–	+	+–
Biofeedback (EMG; Temperatur)	+–	–	+
Hypnoseverfahren	+	+–	+–
Visualisierungstechnik	+	–	–

(+ gut geeignet, +– unklare Eignung, – weniger gut geeignet)

wenn sie bei der entsprechenden Patientengruppe alleine eingesetzt wurden, in ein multimodales, kognitiv-behavioral konzipiertes Programm einbezogen werden. Eine Sonderstellung nimmt dabei die progressive Muskelrelaxation für Patienten mit entzündlich-rheumatischen Krankheiten ein, da sie bei fehlender genereller Effektivität als Einzelverfahren einen wesentlichen Bestandteil des multimodalen Programmmes für diese Patientengruppe bildet (vgl. Jungnitsch, 1992a).

Wählt man das Vorgehen der Vermittlung einer Einzeltechnik, so muß diese in einen Rahmen eingebettet werden, der es ermöglicht, daß sie im Sinne gezielter Handlungsplanung auf spezifische Situationen hin eingesetzt werden kann. Dies ist dann der Fall, wenn folgende allgemeine Prinzipien bei der Vermittlung von Entspannungsverfahren in der psychologischen Behandlung von Patienten mit rheumatischen Erkrankungen beachtet werden:

1. Schritt: Begründung des Einsatzes des Verfahrens entweder auf der Grundlage eines allgemeinen Schmerzverständnisses, wobei der Schmerz unabhängig von seiner Ursache gesehen wird, oder auf der Grundlage für die jeweilige rheumatische Erkrankung spezifischen (psycho)physiologischen Abläufen oder Ätiologievorstellungen. Als Modelle kommen in erster Linie die Gate-Control-Theorie, die Vorstellung eines Schmerz-Spannungs-Schmerz-Kreislaufes oder das Diathese-Streß-Modell, ein Modell des Einflusses spezifischer Gefäßprozesse für Temperaturempfindungen oder Hauterscheinungen sowie Modelle der Psychoimmunologie in Frage.

2. Schritt: Vermittlung der jeweiligen Entspannungstechnik, wenn möglich schrittweise und unter der Voraussetzung eigenständiger Übung. Diese kann während der Vermittlungsphase auch unter Zuhilfenahme von Mitteln wie Kassetten u. ä. erfolgen. Die Vermittlungsphase sollte sich wenigstens über einen Zeitraum von zwei Wochen erstrecken.

3. Schritt: Herausarbeiten relevanter Anwendungssituationen sowie der mit der Entspannung verbundenen und erreichbaren Zielvorstellungen. Anwendung der vermittelten Technik auf die Anwendungssituation innerhalb des Übungsrahmens.

4. Schritt: Einübung und Anwendung der vermittelten Technik in Problemsituationen unter Alltagsbedingungen. Hier wären mehrere Nachfolgestunden zur Aufarbeitung der gemachten Erfahrungen sowie zur Vermittlung möglicher Modifikationen in gestrecktem zeitlichen Abstand, z. B. alle vier Wochen, äußerst sinnvoll.

Betrachtet man abschließend noch die Akzeptanz und die Bereitschaft der Betroffenen, psychologische Verfahren anzuwenden, so zeigt eine jüngere Studie von Davis, Cortez und Rubin (1990) anhand einer Analyse von Bewältigungstechniken bei verschiedenen rheumatischen Erkrankungen, daß sowohl eine Methodenvielfalt als auch das Einsetzen von Entspannung von jüngeren Patienten – unabhängig von ihrer Erkrankungsform – als wesentlich hilfreicher angesehen wurde als von älteren. Hier zeichnet sich möglicherweise eine Tendenz ab, daß ganz allgemein der Einsatz von Selbsthilfestrategien, insbesondere aber auch solcher, die man früher eher geringschätzig als zu wenig „handfest" ansah wie eben Entspannung, auf eine breitere Akzeptanz stoßen. Diese kann durch den gezielten und sorgfältig geplanten Einsatz dieses insgesamt doch sehr effektiven psychologischen Werkzeuges zum Vorteil des Betroffenen sicher noch vermehrt werden. Hierzu wäre auch das Herstellen einer breiteren empirischen Basis über Studien, die sowohl Techniken als auch Patientengruppen miteinander vergleichen, gerade auch als Grundlage für eine gezielte Zuweisung sinnvoll und wünschenswert.

Literatur

Achterberg, J., McGraw, Ph. & Lawlis, G. F. (1981). Rheumatoid arthritis: A study of relaxation and temperature biofeedback training as an adjunctive therapy. Biofeedback and Self-Regulation, 6, 207–223.

Alexander, F. (1977). Psychosomatische Medizin. Berlin: de Gruyter.

Appelbaum, K. A., Blanchard, E. B., Hickling, E. J. & Alfonso, M. (1988). Cognitive-behavioral treatment of a veteran population with moderate to severe rheumatoid arthritis. Behavior Therapy, 19, 489–502.

Bandura, A. (1977). Self-efficacy: Toward a unifying theory of behavioral change. Psychological Review, 84, 191–215.

Bandura, A., Taylor, C. B., Williams, S. L., Mefford, I. N. & Barchas, J. D. (1985). Catecholamine secretion as a function of perceived self-efficacy. Journal of Consulting and Clinical Psychology, 53, 406–414.

Bandura, A., O'Leary, A., Taylor, C. B., Gauthier, J. & Gossard, D. (1987). Self-efficacy and pain control: Opioid and nonopioid mechanisms. Journal of Personality and Social Psychology, 53, 563–571.

Basler, H.-D. & Rehfisch, H. P. (1989). Gruppenbehandlung chronischer Schmerzpatienten in allgemeinärztlichen Praxen. Der Schmerz, 3, 22–27.

Basler, H.-D. & Rehfisch, H. P. (1990). Follow-up results of a cognitive-behavioral treatment for chronic pain in a primary care setting. Psychology and Health, 4, 293–304.

Berlit, P. (1989). Lupus erythematodes und Nervensystem. Deutsches Ärzteblatt, 86, 2192–2196.

Biedermann, H. J., McGhie, A., Monga, T. N. & Shanks, G. L. (1987). Perceived and actual control in EMG treatment of back pain. Behaviour Research and Therapy, 25, 137–147.

Birbaumer, N. & Flor, H. (1992). Psychologische Analyse und Behandlung von Schmerzzuständen. In M. Zimmermann & H. O. Handwerker (Hrsg.), Schmerz – Konzepte und ärztliches Handeln (2. Aufl.). Berlin: Springer.

Brackhane, R (1984). „Behinderung" und „Rehabilitation". Zur Notwendigkeit einer psychologischen Betrachtung. Psychologische Rundschau, 35, 71–78.

Bradley, L. A., Young, I. D., Anderson, K. O., Turner, R. A., Agudelo, C. A., McDaniel, L. K., Pisko, E. J., Semble, E. L. & Morgan, T. M. (1987). Effects of psychological therapy on pain behavior of rheumatoid arthritis patients. Arthritis and Rheumatism, 30, 1105–1114.

Budde, H.-G. (1984). Rehabilitation: Grundlagen und psychologische Methoden. In L. R. Schmidt (Hrsg.), Lehrbuch der Klinischen Psychologie, Bd. 1. (412–442). Stuttgart: Enke, 2. Aufl.

Burke, E. J., Hickling, E. J., Alfonso, M.-P. & Blanchard, E. B. (1985). The adjunctive use of biofeedback and relaxation in the treatment of severe rheumatoid arthritis: A preliminary investigation. Clinical Biofeedback and Health, 8, 28–36.

Cram, J. R. (Ed.) (1990). Clinical EMG surface recordings. Vol.2, Bothell, WA: Clinical Resources.

Cram, J. R. (1988). Surface EMG recordings and pain-related disorders: A diagnostic framework. Biofeedback and Self-Regulation, 13, 123–138.

Cram, J. R. & Steger, J. C. (1983). EMG scanning and the diagnosis of chronic pain. Biofeedback and Self-Regulation, 8, 229–242.

Cziske, R., Jäckel, W. & Jacobi, E. (1987). Effekt eines Kurztrainings-programms zur Schmerzbewältigung bei Rheumapatienten während der Rehabilitation. Zeitschrift für Klinische Psychologie, 16, 328–332.

Davis, G. C., Cortez, C. & Rubin, B. R. (1990). Pain management in the older adult with rheumatoid arthritis or osteoarthritis. Arthritis Care and Research, 3, 127–131.

Dickson-Parnell, B. & Zeichner, A. (1988). The premenstruel syndrome: Psychophysiological concomitants of perceived stress and chronic back pain. Pain, 34, 61–69.

Domangue, B. B., Margolis, C. G., Lieberman, D. & Kaji, H. (1985). Biochemical correlates of hypnoanalgesia in arthritic pain patients. Journal of Clinical Psychiatry, 46, 235–238.

Eberstaller, M. (1987). Suggestion und Biofeedback bei Raynaud-Syndrom. München, Vortrag beim 1. Kongreß der Deutschen Gesellschaft für Verhaltensmedizin und Verhaltensmodifikation. 02.–04. April 1987.

Fehr, K. & Böni, A. (1989). Therapie der chronischen Polyarthritis. In K. Fehr, W. Miehle, M. Schattenkirchner & K. Tillmann (Hrsg.), Rheumatologie in Praxis und Klinik (7.124–7.170). Stuttgart: Thieme.

Ferraccioli, G., Ghirelli, L., Scita, F., Nolli, M., Mozzani, M., Fontana, St., Scorsonelli, M., Tridenti, A. & De Risio, C. (1987). EMG-Biofeedback training in fibromyalgia syndrome. The Journal of Rheumatology, 14, 820–825.

Flor, H. (1990). Psychologische Behandlung des Rheumakranken – Neue therapeutische Ansätze. Zeitschrift für Rheumatologie,49 (Suppl. 1), 56.

Flor, H. (1991). Psychobiologie des Schmerzes. Bern: Huber.

Flor, H. & Hermann, Ch. (1992). Psychophysiologische Verfahren (Biofeedbackverfahren) in der Behandlung chronischer Schmerzsyndrome. In E. Geissner & G. Jungnitsch (Hrsg.), Psychologie des Schmerzes – Diagnose und Therapie (349–368). Psychologie Verlags Union: Weinheim.

Flor, H. & Turk, D. C. (1984). Etiological theories and treatments for chronic back pain. I. Somatic models and interventions. Pain, 19, 105–121.

Flor, H., Birbaumer, N.& Turk, D. C. (1990). The psychobiology of pain. Advances in Behaviour Research and Therapy, 12, 47–85.

Flor, H., Haag, G. & Turk, D. C. (1986). Long-term efficacy of EMG biofeedback for chronic rheumatic back pain. Pain, 27, 195–202.

Flor, H., Turk, D. C. & Birbaumer, N. (1985). Assessment of stress related psychophysiological reactions in chronic back pain patients. Journal of Consulting and Clinical Psychology, 53, 354–364.

Flor, H., Haag, G., Turk, D. C. & Köhler, H. (1983). Efficacy of EMG biofeedback, pseudotherapy, and conventional medical treatment for chronic rheumatic back pain. Pain, 17, 21–31.

Fordyce, W. E. (1976) Behavioral methods for chronic pain and illness. St. Louis: Mosby.

Geissner, E. (1988). Schmerzerleben, Schmerzbewältigung und psychische Beeinträchtigung. Eine Untersuchung bei chronischen Schmerzpatienten mit Wirbelsäulen- und Gelenkerkrankungen. Regensburg: Roderer.

Geissner, E. (i. Vorb.). Fragebogen zur Erfassung der Schmerzverarbeitung. Weinheim: Beltz Test Gesellschaft.

Geissner, E. (1992). Psychologische Modelle des Schmerzes und der Schmerzverarbeitung. In E. Geissner & G. Jungnitsch (Hrsg.), Psychologie des Schmerzes. Diagnose und Therapie. (25–41). Weinheim: Psychologie Verlags Union.

Hackenbroch, M. H. (1989). Degenerative Gelenkerkrankungen. Arthrosen. In K. Fehr, W. Miehle, M. Schattenkirchner & K. Tillmann (Hrsg.), Rheumatologie in Praxis und Klinik (8.1–8.13). Stuttgart: Thieme.

Hettenkofer, H.-J. (1984). Rheumatologie: Diagnostik, Klinik, Therapie. Stuttgart: Thieme.

Holroyd, K. A., Penzien, D. B., Hursey, K. G., Tobin, D. L., Rogers, L., Holm, J. E., Marcille, P. J., Hall, J. R. & Chila, A. G. (1984). Change mechanisms in EMG biofeedback training: Cognitive changes underlying improvements in tension headache. Journal of Consulting and Clinical Psychology, 52, 1039–1053.

Hug, Ch. & Gerber, N. J. (1990). Fibromyalgiesyndrom, oft verkannte Realität. Schweizerische medizinische Wochenschrift, 120, 395–401.

Jensen, M. P., Turner, J. A., Romano, J. M. & Karoly, P. (1991). Coping with chronic pain: A critical review of the literature. Pain, 47, 249–283.

Jones, A., & Wolf, S. (1980). Treating chronic low back pain: EMG biofeedback training during movement. Physical Therapy, 60, 58–63.

Jungnitsch, G. (1992a). Schmerz- und Krankheitsbewältigung bei rheumatischen Erkrankungen. Psychologische Hilfen im Einzel- und Gruppentraining. München: Quintessenz.

Jungnitsch, G. (1992b). Psychologische Maßnahmen in der Behandlung von Personen mit rheumatischen Erkrankungen. Psychomed, 4, 163–173.

Jungnitsch, G. & Köhler, H. (1992). Entspannungstherapie bei Schmerz. Praxis der Klinischen Verhaltensmedizin und Rehabilitation, 20, 294–300.

Jungnitsch, G. & Schmitz, J. (1990). Vergleich von Gruppenbehandlungsverfahren zur Schmerz- und Krankheitsbewältigung bei Patienten mit chronischer Polyarthritis. Vortrag, gehalten auf dem 37. Kongreß der Deutschen Gesellschaft für Psychologie, Kiel, 24.–27. 9. 1990.

Jungnitsch, G., Stöveken, D. (1993). Entwicklung und empirische Überprüfung eines psychologischen Schmerz- und Krankheitsbewältigungstrainings für Patienten mit Spondylitis ankylosans. In R. Wahl & M. Hautzinger (Hrsg.), Verhaltensmedizin chronischer Schmerzen. Köln: Deutscher Ärzteverlag.

Jungnitsch, G., Geissner, E. & Schmitz, J. (1990). Visualisierung zur psychologischen Schmerz- und Krankheitsbewältigung. Hannover, Vortrag auf der 24. Tagung der Deutschen Gesellschaft für Rheumatologie zusammen mit der 15. Jahrestagung der Gesellschaft zum Studium des Schmerzes für Deutschland, Österreich und die Schweiz. 25. 09.–29. 09. 1990.

Jungnitsch, G., Schmitz, J., Stöveken, D., Winkler, G., Geissner, E. (1991). Stationäre Gruppenprogramme zur Schmerz- und Krankheitsbewältigung bei rheumatischen Schmerzen. In E. Geissner & G. Jungnitsch (Hrsg.), Psychologie des Schmerzes (265–294). Weinheim: Psychologie Verlags Union.

Kaluza, G., Basler, H. D., Henrich, S. (1990). Entwicklung und Evaluation eines Programmes zur Streßbewältigung. Verhaltensmodifikation und Verhaltensmedizin, 9, 22–41.

Kaluza, G., Basler, H. D. & Raspe, H. H. (1990). Primäre Fibromyalgie. In H.-D. Basler, C. Franz, B. Kröner-Herwig, H. P. Rehfisch & H. Seemann (Hrsg.) Psychologische Schmerztherapie (360–366), Berlin: Springer.

Kaluza, G. & Basler, H.-G. (1988a). Selbstkontrolltraining bei Patienten mit chronischen Schmerzen. Der Schmerz, 2, 82–88.

Kaluza, G. & Basler, H.-G. (1988b). Gruppenbehandlung von Patienten mit chronischen Rückenschmerzen. Eine Untersuchung in allgemeinärztlichen Praxen. In W. Schüffel (Hrsg.), Sich gesund fühlen im Jahre 2000. Heidelberg: Springer.

Kanfer, F. H., Reinecker, H. & Schmelzer, D. (1991). Selbstmanagement-Therapie. Berlin: Springer.

Karoly, P. & Jensen, M. P. (1987). Multimethod assessment of chronic pain. New York: Pergamon Press.

Keefe, F. J., & Hoelscher, T. J. (1987). Biofeedback in the management of chronic pain syndromes. In J. P. Hatch, J. G. Fisher & J. D. Rugh (Eds.), Biofeedback. Studies in clinical efficacy (1–81). New York: Plenum Press.

Keefe, F. J, Block, A. R, Williams, R. B. & Surwit, R. S. (1981). Behavioral treatment of chronic low back pain: Clinical outcome and individual differences in pain relief. Pain, 11, 221–231.

Keefe, F. J., Schapira, B., Williams, R. B., Brown, C. & Surwit, R. S. (1981). EMG-assisted relaxation training in the management of chronic low back pain. American Journal of Clinical Biofeedback, 4, 93–103.

Keel, P. J. (1990). Sechs Jahre Erfahrung mit ambulanter Gruppenbehandlung für Weichteilrheumatiker. Der Schmerz, 4, 88–95.

Koch, U., Lucius-Hoehne, G & Stegie, R. (Hrsg.), (1988). Handbuch der Rehabilitationspsychologie. Berlin: Springer.

Köhler, H. (1982). Psychologische Schmerzbewältigung bei chronischer Polyarthritis – Eine empirische Untersuchung. Tübingen: Unveröffentlichte Dissertation.

Kopp, E. (in Vorbereitung). Zur somatischen Wirkung des psychologischen Behandlungsverfahrens der Visualisierung bei Patienten mit chronischer Polyarthritis .

Kossak, H.-Ch. (1989). Hypnose. München: Psychologie Verlags Union.

Kravitz, E. A. (1978). EMG-feedback and differential relaxation to promote pain relief in chronic low back pain patients. Dissertation, Wayne State University.

Lamparter-Lang, R. (1992). Ambulante Behandlung von Patienten mit chronischen Gelenk- und Rückenschmerzen. In E. Geissner & G. Jungnitsch (Hrsg.), Psychologie des Schmerzes – Diagnose und Therapie. (295–310). Weinheim: Psychologie Verlags Union.

Linton, St. J. (1986). Behavioral remediation of chronic pain. A Status report. Pain, 24, 125–141.

Linton, St. J. (1982). Applied relaxation as a method of coping with chronic pain: A therapist's guide. Scandinavian Journal of Behaviour Therapy, 11, 161–174.

Linton, S. J. & Götestam, K. G. (1984). A controlled study of the effects of applied relaxation and applied relaxation plus operant procedures in the regulation of chronic pain. British Journal of Clinical Psychology, 23, 291–301.

Linton, St. J. & Melin, L. (1983). Applied relaxation in the management of chronic pain. Behavioural Psychotherapy, 11, 337–350.

Mattussek, S. (1989). Aufklärungs- und Informationsprogramme für Rheumapatienten. In H. P. Rehfisch, H.-D. Basler & H. Seemann (Hrsg.), Psychologische Schmerzbehandlung bei Rheuma. Berlin: Springer.

McCauley, J. D., Thelen, M. H., Frank, R. G., Willard, R. R. & Callen, K. E. (1983). Hypnosis compared to relaxation in the outpatient management of chronic low back pain. Archives of Physical Medicine and Rehabilitation, 64, 548–552.

McCracken L. M. (1991). Cognitive-behavioral treatment of rheumatoid arthritis. A preliminary review of efficacy and methodology, 13, 2, 57–65.

Melzack, R., Wall, P. D. (1982). Schmerzmechanismen: Eine neue Theorie. In W. Keeser, E. Pöppel & P. Mitterhusen (Hrsg.), Schmerz. Fortschritte der klinischen Psychologie, 27, (8–29). München: Urban & Schwarzenberg.

Miehle, W. (1989). Nomenklatur und Geschichte. In K. Fehr, W. Miehle, M. Schattenkirchner & K. Tillmann (Hrsg.), Rheumatologie in Praxis und Klinik. (1.1–1.9.). Stuttgart: Thieme.

Del Monego, P. (1993). Wirksamkeit von Tiefenentspannung mit geführter Imagination bei (Spond-) Arthritis psoriatica. Innsbruck, Unveröffentl. Diplom-Arbeit.

Mitchell, K. R. (1986). Peripheral temperature autoregulation and its effect on the symptoms of rheumatoid arthritis. Scandinavian Journal of Behaviour Therapy, 15, 55–64.

Mitchell, K. R. (1985). Biofeedback mediated pain relief: Self-regulated control of human peripheral temperature in arthritic patients. Canberra, Australia, Paper presented at the Annual Scientific Meeting of the Australian Pain Society.

Mitchell, K. R. & Munnings, A. (1984). Coping with chronic disorders and pain. Proceedings of Fourth National Conference on Behavioural Medicine. J. Sheppard (Ed.). Sidney.

Müller, W. & Schilling, F. (1982). Differentialdiagnose rheumatischer Erkrankungen. Basel: Aesopus.

Nicholas, M. K., Wilson, P. H. & Goyen, J. (1991). Operant-behavioural and cognitive-behavioural treatment for chronic low back pain. Behaviour Research and Therapy, 29, 3, 225–238.

Ohm, D. (1992). Progressive Relaxation. Report Psychologie, 1, 27–43.

O'Leary, A., Shoor, St., Lorig, K. & Holman, H. R. (1988). A cognitive-behavioral treatment for rheumatoid arthritis. Health Psychology, 7, 6, 527–544.

Parker, J. C., Singsen, B. W., Hewett, J., Walker, S., Hazelwood, S., Hall,P., Holsten, D. & Rodon, C. (1984). Educating patients with rheumatoid arthritis: A prospective analysis. Archives of Physical Medicine and Rehabilitation, 65, 771–774.

Parker, J. C., Frank, R. G., Beck, N. C., Smarr, K. L., Buescher, K. L., Phillips, L. R., Smith, E. I., Anderson, S. K. & Walker, S. E. (1988). Pain management in rheumatoid arthritis patients. Arthritis and Rheumatism, 31, 5, 593–601.

Petermann, F. (1992). Einzelfalldiagnose und klinische Praxis (2. völlig überarbeitete Aufl.), München: Quintessenz.

Raspe, H.-H. (1986). Chronische Polyarthritis. In T. von Uexküll (Hrsg.), Psychosomatische Medizin (3. Auflage) (815–830). München: Urban & Schwarzenberg.

Rave, D. & Hagmann, P. (1984). Rheumatische Erkrankungen und ihre Behandlung. Schriftenreihe der bayrischen Apothekerkammer, 29. Stuttgart: Deutscher Apothekerverband.

Reesor, K. A. & Craig, K. D. (1988). Medically incongruent chronic back pain: Physical limitations, suffering, and ineffective coping. Pain, 32, 35–45.

Rehfisch, H. P. (1992). Psychologische Therapie bei chronischen rheumatischen Erkrankungen. In H. Weber-Falkensammer (Hrsg.), Psychologische Therapieansätze in der Rehabilitation. (78–91). Stuttgart, Jena, New York: G. Fischer.

Rehfisch, H. P. (1988). Psychologische Schmerztherapie bei chronischer Polyarthritis. Eine kontrollierte Studie. Aktuelle Rheumatologie, 13, 34–37.

Rehfisch, H. P. & Basler, H.-D. (1990). Entspannung und Imagination. In H.-D. Basler, C. Franz, B. Kröner-Herwig, H. P. Rehfisch & H. Seemann (Hrsg.), Psychologische Schmerztherapie (448–468). Berlin: Springer.

Rehfisch, H. P. & Basler, H.-D. (1989). Kognitive Verhaltenstherapie bei Patienten mit ankylosierender Spodylitis. Zeitschrift für Rheumatologie, 48, 79–85.

Rehfisch, H. P., Basler, H.-D. & Seemann, H. (1989). Psychologische Schmerzbehandlung bei Rheuma. Berlin: Springer.

Revenstorf, D. (1988). Hypnose: Grundlagen und klinische Anwendungen bei Schmerz. In W. Miltner, W. Larbig, J. C. Brengelmann (Hrsg.), Psychologische Schmerzbehandlung. Themen der 14. Verhaltenstherapiewoche 1987 (57–100). München: Röttger.

Sanders, St.H. (1983). Component analysis of a behavioral treatment program for chronic low back pain. Behavior Therapy, 14, 697–705.

Schwabe, Ch. (1987) Regulative Musiktherapie. Leipzig: VEB.

Shearn, M. A. & Fireman, B. H. (1985). Stress Management and Mutual Support Groups in Rheumatoid Arthritis. The American Journal of Medicine, 78, 771–775.

Shontz, F. C. (1975). The Psychological Aspects of Physical Illness and Disability. New York: McMillan.

Strauss, G. D., Sinden-Spiegel, J., Daniels, M., Spiegel, T., Landsverk, J., Roy-Ryrne, P., Edelstein, C., Ehlhardt, J., Falke, R., Hiudin, L. & Zackler, L. (1986). Group Therapies for Rheumatoid Arthritis: A Controlled Study of Two Approaches. Arthritis and Rheumatism, 29, 1203–1209.

Stuckey, S. J., Jacobs, A. & Goldfarb, J. (1986). EMG Biofeedback training, relaxation training, and placebo for the relief of chronic back pain. Perceptual and Motor Skills, 63, 1023–1036.

Spielberger, C. D., Yorsuch, R. L. & Lushene, R. E. (1980). Manual for state trait anxiety inventory. Palo Alto: California Consulting Psychologist Press.

Turk, D. C., Meichenbaum, A. & Genest, M. (1983). Pain and behavioral medicine. A cognitive-behavioral perspective. New York: Guilford Press.

Turner, J. A. (1991). Coping and chronic pain. In M. R.Bond, J. E. Charlton & C. J. Woolf (Eds.), Pain research and clinical management, Vol. 4, Proc. VIth World Congress on Pain (219–227). Elsevier: Amsterdam.

Turner, J. A. (1982). Comparison of group progressive-relaxation training and cognitive-behavioral group therapy for chronic low back pain. Journal of Consulting and Clinical Psychology, 50, 757–765.

Turner, J. A. & Clancy, S. (1988). Comparison of operant behavioral and cognitive-behavioral group treatment for low back pain. Journal of Consulting and Clinical Psychology, 56, 261–266.

Turner, J. A. & Jensen, M. P. (1993). Efficacy of cognitive therapy for chronic low back pain. Pain, 52, 169–177.

Turner, J. & Romano, J. (1990). Cognitive-behavioral therapy. In J. J. Bonica, C. R. Chapman, W. E. Fordyce & J. D. Loeser (Eds.), The Management of Pain in Clinical Practice (2nd ed.) (1711–1721). Philadelphia: Lea Febiger.

Walker, B. & Sandman, C. A. (1977). Physiological response patterns in ulcer patients: Phasic and tonic components of the electrogastrogram. Psychophysiology, 14, 393–400.

WHO (1980) International classification of impairments, disabilities and handicaps. Genf: World Health Organisation.

Wickramasekera, I. (1976). The management of rheumatoid arthritic pain: Preliminary observations. In I. Wickramasekera, S. T. Truong, M. Bush & C. Orr (Eds.), Biofeedback, behaviour therapy and hypnosis (47–55). New York: Nelson Hall.

Winkler, G. (1991). Psychologisches Schmerzbewältigungstraining für Patienten mit Erkrankungen des Bewegungs- und Stützapparates unter Kurbedingungen. Verband Deutscher Rentenversicherungsträger (Hrsg.), Band 4: Klinische Psychologie in der Rehabilitationsklinik „Psychologische Schmerzbehandlung“. Bad Wildungen, Referate und Berichte von der Tagung des Arbeitkreises Klinische Psycholog(inn)en in Reha-Kliniken.

Wolf, S. L., Nacht, M. & Kelly, J. L. (1982). EMG feedback training during dynamic movement for low back pain patients. Behavior Therapy, 13, 395–496.

Wolf, S. L., Wolf, L. B. & Segal, R. L. (1989). The relationship of extraneous movements to lumbar paraspinal muscle activity: Implications for EMG biofeedback training applications to low back pain patients. Biofeedback and Self-Regulation, 14, 63–73.

Yousufzai, N. M. (1989). Rheumatoid arthritis and hypnosis: Case report. British Journal of Experimental and Clinical Hypnosis, 6, 178–181.

Yunus, M. B., Masi, A. T. & Aldag, J. C. (1989). A controlled study of primary fibromyalgia syndrome: Clinical features and association with other functional syndromes. Journal of Rheumatology, Supp. 19, 62–71.

Yunus, M. B., Ahles, T. A, Aldag, J. C. & Masi, A. T. (1991). Relationship of clinical features with psychological status in primary fibromyalgia. Arthritis and Rheumatism, 34, 15–21.

Zeidler, H. (Hrsg.) (1990). Rheumatologie. Teil A: Grundlagen/Teil B: Diagnostische und therapeutische Verfahren. München: Urban & Schwarzenberg.

Zerssen, D. von & Koeller, D. N. (1976). Die Beschwerdenliste. Weinheim: Beltz Testgesellschaft.

Zink, A., Zink, C. & Hoffmeister, H. (1981). Rheumatische Krankheit und soziale Lage. Eine empirische Studie aus dem Institut für Sozialmedizin und Epidemiologie des Bundesgesundheitsamtes. Berlin: de Gruyter.

Geburtshilfe

Bergit Maspfuhl

1. Einführung

Frau J. S. ist mit 27 Jahren erstmals schwanger, in erster Ehe seit einem Jahr verheiratet. Sie kommt außerhalb der turnusmäßigen Schwangerenvorsorgeuntersuchungen in die gynäkologische Sprechstunde, weil seit etwa vier Tagen häufiger wehenartige Schmerzen im Unterbauch aufgetreten seien. Sie ist in der 28. Schwangerschaftswoche bei bisher regelrecht verlaufender Gravidität. Außerdem klagt sie über Schlafstörungen, Unruhe, Alpträume und Ängste. Sie befürchtet zunehmend, daß es zu einer Fehl- oder Frühgeburt kommen oder dem Kind bei der Entbindung etwas passieren könnte. Die ärztliche Untersuchung ergibt keinen Anhalt für eine medizinische Behandlungsbedürftigkeit. Der behandelnde Arzt überweist die Patientin in die psychologische Sprechstunde der Frauenklinik.

Die psychologische Erstkonsultation ergibt, daß die Ängste aktuell durch den Bericht einer Freundin über einen Fall aus deren Bekanntenkreis ausgelöst worden sind: Dort war es bei der Entbindung zu Komplikationen mit einer möglichen Hirnschädigung des Neugeboreren gekommen. Genaueres kann Frau S. über das Vorkommnis nicht berichten. Die Schilderung hat sie jedoch sehr beunruhigt und ihre Gedanken und Phantasien über die bevorstehende Geburt nachhaltig beeinträchtigt. Sie hat sich diese Schwangerschaft sehr gewünscht, insbesondere, weil ihr Ehemann dringenden Kinderwunsch hat. Er sei schon einmal verheiratet gewesen, habe diese Ehe aber wegen Kinderlosigkeit aufgelöst. Nun befürchtet die Patientin, obwohl sie die Beziehung als sehr harmonisch beschreibt, daß ihr Mann sich von ihr trennen könnte, wenn dem Kind etwas geschehen würde. Da er berufsbedingt häufig abwesend sei, könne sie diese Ängste kaum mit ihm besprechen.

Eine etwas anders gelagerte Angstsymptomatik liegt bei Frau P. vor: Sie ist zum zweiten Mal schwanger, nachdem ihr erstes Kind wenige Tage nach einer Kaiserschnittentbindung verstorben war. Infolge unbeherrschbarer vorzeitiger Wehentätigkeit war es zu einer Frühgeburt gekommen. Etwa acht Monate nach diesen traumatisierenden Erfahrungen wird Frau P. erneut schwanger und gerät dadurch in einen erheblichen Ambivalenzkonflikt zwischen Freude und Angst. Ein Magen-Darm-Infekt in der Frühschwangerschaft verstärkt die Ängste zusätzlich. Frau P. weist im Verlaufe der Schwangerschaft eine Reihe psychosomatischer Beschwerden auf und leidet vor allem unter ständigen Schmerzen in der Magengegend, im Rücken und im Unterbauch; sie ist übermäßig unruhig, angespannt, gibt Schlafstörungen, Atembeschwerden und häufige Übelkeit an und läßt insgesamt eine Übersensibilität gegenüber jeder körperlichen Mißempfindung und Unregelmäßigkeit erkennen. Für sie sind das Alarmsignale, die als Bedrohung ihrer Schwangerschaft und damit angstverstärkend erlebt werden. Neben psychotherapeutischen Interventionen zur Angstbewältigung ist in diesem Fall eine intensive ärztliche Betreuung im Sinne des tender loving care geboten.

Schwangerschafts- und Geburtsängste sind eine sehr häufige Erscheinung; sie beziehen sich auf Geburtskomplikationen, Fehl- oder Frühgeburten, Mißbildungen, Verletzungen des Kindes, Eingriffe, Narkose, Dammschnitt, Blutungen, Wehen, Schmerzen, Angst vor dem Unbekannten, vor Kontrollverlust, vor Routinebehandlung, vor dem Gefühl, alleingelassen zu werden sowie vor Hilflosigkeit und Erschöpfung (Ringler & Pavelka, 1982; Lukesch, 1981; Maspfuhl & Rauchfuß, 1986). Verursacht werden diese Ängste im wesentlichen durch

- Unwissenheit darüber, was im Körper passiert, wie eine Geburt abläuft, was im Kreißsaal zu erwarten ist, welche Funktionen, die verschiedenen Geräte haben usw.;
- Unsicherheiten über das eigene Verhalten und die Fähigkeit zur Selbstkontrolle in einer (für Erstgebärende) vollkommen neuen Situation;
- Unkalkulierbarkeit des Ausganges;
- Fehlinformationen und Fehlerwartungen hinsichtlich Geburtsschmerz, -dauer, -ablauf – oft infolge sensationsgeladener „Leidensgeschichten" anderer Mütter sowie durch
- negative Vorerfahrungen aus vorangegangenen Entbindungen.

Die komplexen Reaktionskomponenten der Angst auf kognitiver, physiologischer und motorischer Ebene sind erstmalig von dem englischen Geburtshelfer Dick-Read in den Zusammenhang von Geburtsverlauf und Schmerzverstärkung gestellt worden. In den 30er Jahren entwickelte er seine Ideen einer psychologischen Geburtsvorbereitung. Er vertrat die Auffassung, daß die Geburt an sich schmerzfrei sei. Dennoch auftretende Schmerzen seien lediglich psychologische oder kulturelle Artefakte. Auftretende Angst beispielsweise würde zu körperlichen Abwehrspannungen führen und infolgedessen zu einer Hemmung des natürlichen Geburtsablaufes.

Tatsächlich bewirken angstbesetzte Reize Tonuserhöhungen der Uterusmuskulatur mit einer besonders gesteigerten Kontraktionsbereitschaft der Muskulatur des Muttermundes, was die geburtshemmende Wirkung erklärt (Bickers, 1956; Kelly, 1962).

Dick-Read (1953) hat den Zusammenhang von Angst, Spannung und Schmerz als circulus vitiosus beschrieben und betont, daß dieser durch Geburtsvorbereitung in Form von Aufklärung, Entspannung und Atemübungen zu durchbrechen sei. Ungeachtet seiner männlich-irrigen Annahme einer von Natur aus schmerzlosen Geburt sind seine Überlegungen den Angst-Spannungs-Schmerz-Kreislauf betreffend für heutige geburtsvorbereitende Verfahren wegweisend geblieben. Entspannung ist seither integraler Bestandteil aller Vorbereitungsprogramme zur Angst- und Schmerzreduktion unter der Geburt.

2. *Indikationsbereiche und Entwicklungslinien des Einsatzes von Entspannungsverfahren*

Obwohl Entspannung ein Grundpfeiler der Geburtsvorbereitung ist, wird sie selten allein angewandt. Entspannungstechniken erscheinen in Kombination mit Atemübungen, mit Aufklärung und Information, mit kognitiven Strategien und/oder mit sozial unterstützenden Maßnahmen. Die folgenden Absichten stehen hinter der Vermittlung von Entspannungsverfahren:

a) Zunächst geht es um das Einüben einer differentiellen Entspannung: Unter der Geburt soll während der physiologischen Kontraktionen der Gebärmutter und der Aufdehnung des Gebärmutterhalses die restliche Muskulatur möglichst entspannt bleiben, um Energie zu sparen.
b) Weiterhin soll der schnelle Wechsel von Aktivierung und Entspannung (das gilt besonders für die Austreibungsperiode) beherrscht werden, d. h. eine rasche Umschaltung möglich sein.
c) Während der Wehenpausen in der Eröffnungsperiode soll durch eine bewußt und vollständig herbeigeführte Entspannungsreaktion der Erholungseffekt maximiert werden.
d) Im Rahmen des Angstbewältigungs- und Wehenkontrolltrainings dient die Entspannungsreaktion der Gegenkonditionierung und damit der Unterbrechung des Angst-Spannungs-Schmerz-Kreises.

e) Entspannung ist mit einen Zustand körperlichen und psychischen Wohlbefindens verknüpft und begünstigt insofern die Möglichkeiten zur Veränderung kognitiver Inhalte (Bower et al., 1981).
f) Durch das Erlernen der Entspannungsreaktion werden Selbststeuerungs- und Selbstkontrollmöglichkeiten erworben sowie Abhängigkeits- und Hilflosigkeitsgefühle abgebaut.

Für die Geburtsvorbereitung bzw. -erleichterung werden die folgenden Entspannungsverfahren eingesetzt:
- Hypnose
- Progressive Muskelrelaxation (PMR)
- Autogenes Training (AT)
- Biofeedback
- Imaginative Verfahren.

Historisch gesehen war es zunächst die **Hypnose**, die als Entspannungsverfahren in der Geburtshilfe zur Schmerzausschaltung Anwendung fand. Frauen unter der Geburt zu hypnotisieren war als alternative Methode zur Narkose gedacht, da diese als „Töter in der Geburtshilfe" (Buxton) erheblich in Mißkredit geraten war. Erstmalig in der Geburtshilfe erwähnt – allerdings noch unter der Bezeichnung „Magnétisme animale" – wurde die Hypnose 1833 durch Foissac in Frankreich.

Zwischen 1860 und 1900 fanden sich dann in der französischen Literatur vermehrt Berichte über hypnotische Analgesie und Amnesie unter der Geburt. 1892 führte Dumontpallier die Autohypnose ein und konnte dadurch eine Analgesie im Wachzustand erreichen. Für die Frauen war dies ein erheblicher Fortschritt, denn so konnten sie die Geburt bewußt miterleben.

Um 1920 begann man auch in Deutschland, sich die Hypnose in der Geburtshilfe zunutze zu machen (Schultze-Rhonhof, v. Oettingen, Heberer, Kogerer u. a.). Hauptziele der hypnotischen Geburtsleitung waren die Beeinflussung der Schmerzwahrnehmung bzw. der Schmerzerinnerung. Erwähnenswert sind erste Vorbereitungen in Gruppen sowie die von Kogerer praktizierte Methode, Hypnose nur als geburtsvorbereitende Maßnahme einzusetzen und die Analgesie unter der Geburt durch posthypnotische Suggestionen zu erreichen (zit. aus: Chertok & Langen, 1981).

Nach 1923 wurde es im deutschen Sprachraum still um die Hypnose – erst mehr als 25 Jahre später ist eine Neubelebung dieses Themas zu verzeichnen (Trummler, 1950).

Zu besonderer Blüte gelangte die Anwendung der Hypnose in Rußland. Begonnen hat die Beschäftigung mit geburtshilflichen Hypnosen im Jahre 1923, und als Hauptvertreter sind Namen wie Bechterew, Platonow, Nikolajew u. a. zu nennen. Das Interesse an dieser Methode ging schließlich so weit, daß nach dem zweiten Weltkrieg ganze Hypnotarien zur gruppenweisen Geburtsvorbereitung entstanden.

Bezüglich der Effektivität geburtshilflicher Hypnosen sind die auffindbaren Mitteilungen recht unkonkret und kaum miteinander vergleichbar. Schultze-Rhonhof (1922) z. B. berichtet über 79 Entbindungen im hypnotischen Dämmerschlaf, wobei 70 Frauen eine komplette Analgesie und Amnesie zeigten. Kogerer (1922) hatte bei 19 von 28 Frauen Erfolg: Zehn Frauen zeigten eine völlige Analgesie, fünf Frauen erlebten nur den Kopfdurchtritt als schmerzhaft, und vier Frauen gaben zumindest ein verringertes Schmerzerleben an. Bei v. Oettingen (1921), Kirstein (1922) und Trummler (1956) schwanken die Erfolgsziffern zwischen 60 und 89% (n = zwischen 18 und 30 Frauen). Größere Fallzahlen finden sich bei den russischen Autoren: So hatte z. B. Platonow (1936) 588 Frauen posthypnotische Suggestionen für die Entbindung gegeben und teilte für 60 % positive Ergebnisse mit. Von Katchan und Belozerski (1940) wurden die Frauen je nach Suggestibilität unterschiedlich vorbereitet: 29% zeigten unter der Geburt eine komplette und 38% eine partielle Analgesie (n = 501; Angaben entn.: Chertok & Langen, 1981). August (1961) hat als Effektivitätskriterium der Hypnose den Medikamentenverbrauch benutzt, da ein Verzicht z. B. auf Anästhetika unter der Geburt für das Neugeborene von großem Vorteil ist. Mittels Hypnose analgesierte

Frauen benötigten nach Angaben des Autors zu 58% keine Medikamente, während dieser Prozentsatz bei den Frauen ohne entsprechende Interventionen lediglich bei 15% lag (n = 580). Ein ähnlich positives Ergebnis liefert eine Studie von Davidson (1962), der ebenfalls den Medikamentenverbrauch gemessen hat: Verglichen wurden Frauen, die nach der Methode von Dick- Read vorbereitet worden waren mit solchen, die Selbsthypnose erlernt hatten. Letztere zeigten signifikant kürzere Eröffnungsperioden, verminderten Wehenschmerz und einen deutlich geringeren Schmerzmittelverbrauch (33% benötigten in der Eröffnungsperiode Schmerzmittel gegenüber 95% der Frauen der Dick-Read-Gruppe).

Heutige Hypnoseanwendungen in der Geburtshilfe verfolgen im wesentlichen drei Ziele:
- Entspannung mit Schmerzauflösung,
- Schmerzerleichterung und
- angenehmes Erleben der Geburt (Münch, 1990).

Dazu wird auf autohypnoid erreichbare leichte bis mittlere Trancezustände orientiert. Selbsthypnose hat den Vorteil, daß die Gefahr, Geburtskomplikationen durch tiefe fremdinduzierte Trancezustände zu übersehen, minimiert wird (Weishaar, 1986).

Nach Münch (1990) erfolgt die praktische Durchführung von geburtsvorbereitenden Hypnosen in sechs bis acht Einzelsitzungen zehn bis zwölf Wochen vor dem errechneten Entbindungstermin. Die Hypnose wird mittels angenehmer Imaginationen eingeleitet, über sensorische Änderungen wird die Trance gesichert und überprüft, und im weiteren werden die einzelnen Schritte der Entbindung erlebbar gemacht. Die Imaginationen über den Geburtsablauf werden mit Suggestionen von positiven, angenehmen Empfindungen verknüpft. Hinzu kommen Reframing-Übungen derart, daß das Geburtsgeschehen in den Bezugsrahmen der Freude auf das Kind gestellt wird und damit die eher belastenden Aspekte des Schmerzes und der Anstrengung umgedeutet werden können. Um leichte bis mittlere Trancezustände selbst erreichen zu können, erlernen die Schwangeren Verfahren zur Selbsthypnose.

Obwohl die hypnotische Schmerzausschaltung in Rußland eine besondere Bedeutung erlangte, wurde die hypnotische Geburtsleitung dort nicht generell eingeführt. Vielmehr hat Velvovski (1949) aus ihr die „Psychoprophylaxe der schmerzlosen Geburt" entwickelt. Wesentliche Elemente der Psychoprophylaxe – wie diese Methode dann in der Literatur bezeichnet wurde – waren Aufklärung, Umschulung und Ersatz negativer durch positive Autosuggestionen sowie Ablenkung durch den Einsatz bestimmter Atemtechniken. Entspannungsverfahren wurden hier nicht erwähnt. Die Weiterentwicklung der Psychoprophylaxe durch Lamaze und Vellay (nach 1952) führte dann aber wieder zu einer Integration von Entspannungstechniken. Ebenso wie Dick-Read beschrieb auch Lamaze (1958; s. a. Ewy & Ewy, 1976) Entspannungsmethoden, die dem Vorgehen der **Progressiven Muskelrelaxation** nach Jacobson ähneln.

Die Anwender der Lamaze-Methode sprachen allerdings von „neuromuskulärer Erziehung" und bezeichneten damit Übungen zur völligen Erschlaffung aller Muskeln, die nicht unmittelbar am Geburtsgeschehen beteiligt sind (Roth, 1959).

Während Dick-Read bei seinem Vorgehen die Angst betonte und Entspannung (in lerntheoretischer Terminologie i. S. einer reziproken Hemmung) gegen die Angst einsetzte, stand für Lamaze die Entbindung ohne Schmerz im Vordergrund: Entspannung soll bedingt-reflektorisch an das Auftreten der Wehen gekoppelt werden und als konditionierte Reaktion eine Schmerzlinderung bewirken.

Die Effizienz seiner Methode belegte Lamaze mit 65% hervorragenden bis guten Ergebnissen gemessen an 4847 Frauen, wobei allerdings die Effektivitätskriterien nicht benannt wurden (Chertok & Langen, 1981). Eine Studie jüngeren Datums, die einen Vergleich von Hypnose- und Lamaze-Entbindungen zum Inhalt hatte (n = 122), erbrachte keine signifikanten Unterschiede in der Geburtsdauer und im Medikamentenverbrauch (Venn, 1987).

Über die Wirksamkeit der Dick-Read-Methode liegen Zahlen von Nixon (1954) vor: Vorbereitete Frauen wiesen gegenüber unvorbereiteten geringere Angst und Spannung auf (n = 600), was sich in den Geburtsverläufen und körperlichen Befindlichkeiten allerdings nicht niederschlug. Ähnliches verdeutlichen Studien von Roberts, Wooton, Kane und Harnett (1953). Der Vergleich von 1000 vorbereiteten mit 3000 unvorbereiteten Frauen ergab wiederum, daß die Frauen der Kontrollgruppe unsicherer und unruhiger waren, daß sich ein Unterschied in den Geburtsverläufen hingegen nicht feststellen ließ.

Bezüglich des Medikamentenverbrauches hat Soldenhoff (1956) die Effizienz der Geburtsvorbereitung nach der Methode von Dick-Read nachweisen können, indem er ermittelt hat, daß Frauen, wenn sie Dick-Read-Kurse besucht hatten, bei der Entbindung zu 25% ganz auf Medikamente verzichten bzw. zu 50% den Medikamentenverbrauch erheblich reduzieren konnten. Diese Prozentzahlen lagen deutlich über denen von Frauen ohne Kurserfahrungen.

Im Zuge der Weiterentwicklung psychologischer Geburtsvorbereitungsverfahren wurden verhaltenstherapeutische Methoden einbezogen. Zum Erlernen der Entspannungsreaktion wird nun meist die Progressive Muskelrelaxation herangezogen und Entspannung als angstinkompatible Reaktion zur Gegenkonditionierung genutzt (Holz, 1980; Kochenstein, 1980; Pavelka, Ringler & Loziczky, 1980; Maspfuhl & Rauchfuß, 1986; s. a. Abschn. 3.).

Das **Autogene Training** wurde von Prill 1956 in die Geburtshilfe eingeführt und zur Geburtsschmerzerleichterung eingesetzt. Er hat dabei den Schwerpunkt auf Schwere- und Wärmeübungen gelegt, Wärmesuggestionen im Unterleib allerdings ausgespart. Prill betonte zudem die innere Atemeinstellung, das Finden des eigenen Atemrhythmus sowie die Anwendung formelhafter Vorsatzbildungen speziell für die Eröffnungsperiode, aber auch bezogen auf ein positiv getöntes Erleben des gesamten Geburtsgeschehens. Er orientierte auf Versenkungszustände in den Wehenpausen bzw. auf Neueinstellung von Schwere und Wärme während der Wehen. Er beabsichtigte durch das Autogene Training

- kurzfristige Erholung,
- Selbstruhigstellung,
- Schmerzdämpfung,
- Selbstkontrolle,
- positive Einstellungen zur Geburt und
- die Wiederherstellung entgleister Funktionen zu erreichen.

Zur Atemeinstellung verband er die Exspiration mit Entspannungsformeln im Sinne einer reizkontrollierten Entspannung (Prill, 1983).

Wie Prill haben auch andere Anwender des Autogenen Trainings Entspannung lediglich als einen Baustein innerhalb eines Komplexprogrammes (Atmung, Gymnastik, Aufklärung, Gruppengespräche) gesehen.

Biofeedback unterstützte Entspannung, die vorgeburtlich trainiert und deren effiziente Anwendung dann unter der Geburt geprüft wurde, hat in den frühen Gebärstadien zwar günstigere Resultate gezeitigt als ein Entspannungstraining ohne Biofeedback, bezogen auf den gesamten Geburtsverlauf waren jedoch keine signifikanten Unterschiede hinsichtlich der Schmerzreduktion festzustellen (St. James-Roberts et al., 1982, 1983). Zu ähnlichen Resultaten kamen Abbott et al. (1978), Gress (1978) und Bernat et al. (1992). Frazier (1974, zit. aus Gerber, 1986) hingegen fand wesentlich kürzere Geburtsverläufe und geringeren Schmerzmittelverbrauch bei Lamaze-Vorbereiteten, die zusätzlich EMG-Biofeedback zur Entspannung erhalten hatten. Vermutlich ist dieser Effekt auf die Kombination beider Vorgehensweisen zurückzuführen, denn auch Stevens und Heide (1977) haben durch die Kombination eines biofeedbackunterstützten Entspannungstrainings mit Übungen zur Aufmerksamkeitsfokussierung die Schmerztoleranzen erhöhen und damit signifikante Schmerzreduktionen bei Gebärenden erzielen können. Die einzelnen Verfahren allein angewandt, hatten weitaus geringere Effekte.

Imaginative Techniken spielen in der Geburtsvorbereitung und -erleichterung eine relativ geringe Rolle; allenfalls als

Aufmerksamkeitsfokussierung (s. o.). Beabsichtigt ist damit eine Aufmerksamkeitsverschiebung auf schmerz-, angst- bzw. spannungsinkompatible Vorstellungen oder Bilder. Derartiges erinnert an Gebräuche aus anderen Kulturen: In Indien ist es beispielsweise Sitte, vor den Augen der Kreißenden einen Topf mit Getreide zu zerbrechen, um mit dem herausrinnenden Korn die Geburt zu versinnbildlichen. In ähnlicher Weise vermag eine geschlossene Blüte, deren Kelchblätter sich langsam und allmählich entfalten, die Eröffnung des Muttermundes zu symbolisieren und die Aufmerksamkeit der Gebärenden einzufangen (Kitzinger, 1980a). Im Zusammenhang mit der Nutzung geleiteter bzw. selbstentwickelter Vorstellungen zur Aufmerksamkeitsablenkung von auftretenden Ängsten und Schmerzen hat sich der unterstützende Einsatz von Musik empirisch als effizient erwiesen (Hanser et al., 1983; Geden et al., 1989).

3. Entspannung als Therapiekomponente in verhaltensmedizinisch orientierter Geburtsvorbereitung

Ansätze, die Angst als die entscheidende psychologische Determinante unter der Geburt betrachten (Lukesch et al., 1981) und die die Bearbeitung von Geburtsängsten in den Mittelpunkt stellen, kommen aus der lerntheoretisch orientierten klinischen Psychologie (Lukesch et al., 1980, 1981; Kondas & Scetnicka, 1972; Perrez et al., 1978; Holz, 1980; Kochenstein, 1980; Pavelka et al., 1980; Ringler et al., 1981, 1982; Maspfuhl & Rauchfuß, 1986).

Angstreduktion als psychotherapeutische Zielstellung nimmt Bezug auf den schmerzverstärkenden Charakter der Angst (Jungnitsch, 1992). Zu großer Schmerz beeinträchtigt das Geburtserlebnis und kann sich damit störend auf die weitere Entfaltung und Festigung von mütterlichen Gefühlen und Bindungen auswirken. Unter medizinischem Blickwinkel stehen die physiologischen Auswirkungen der Angst im Vordergrund, beispielsweise die im Zusammenhang mit muskulären Verspannungen auftretenden Vasokonstriktionen, die die Blutzufuhr drosseln und damit die Sauerstoffversorgung des Kindes verschlechtern. Angstbewältigung bedeutet insofern, mittelbar Einfluß auf Verlauf und Ausgang der Geburt nehmen zu können. Dieses Wissen und die trainierten Fertigkeiten zum Umgang mit auftretenden Ängsten vermitteln der Gebärenden darüber hinaus ein Gefühl von Sicherheit und verstärken die Überzeugung, der Situation nicht hilflos ausgeliefert zu sein. Die Geburt selbstverantwortlich mitkontrollieren und steuern zu können, ist für das Selbstbild der Frau und ihre Rollendefinition sicherlich von nicht zu unterschätzendem Wert.

Paradigmatisch für ein verhaltenstherapeutisches Vorgehen in der Geburtsvorbereitung sei ein an der Universitäts-Frauenklinik Berlin (Charité) entwickeltes Programm vorgestellt (Maspfuhl & Müller, 1989):

Elaboriert wurde dieses Programm zur gruppenweisen Vorbereitung von zehn bis zwölf Schwangeren oder fünf bis sechs Paaren.

Formal gliedern sich die Konsultationen jeweils in einen Informations-, einen Übungs- und einen Gesprächsteil.

a) Informationsteil. Hier geht es um die Beseitigung von Wissensdefiziten, um die Vermittlung notwendiger Sachinformationen einschließlich In-vivo-Informationen wie Kreißsaalbesichtigung oder Gerätedemonstration, um Klärung von Fragen und Zusammenhängen, Darstellung des Geburtsablaufes, der anatomischen und physiologischen Sachverhalte sowie um die Wechselwirkungen zwischen körperlichen und psychischen Prozessen, um die Vermittlung von Kenntnissen aus der Pränatalpsychologie, um die Zeit nach der Geburt und um alle sonstigen Fragen, die das Paar und das Baby betreffen.
b) Übungsteil. Das nachstehende Schema zeigt den Aufbau unseres Übungsprogrammes, das in eine achtstufige Abfolge gegliedert ist:

1. Konzentrative Entspannung (Wilda-Kiesel)
2. Progressive Muskelrelaxation (Jacobson)-Spannungs- und Sensibilitätsübungen an den Armen
3. Progressive Muskelrelaxation – sukzessive Ganzkörperentspannung
4. Autogenes Training (Schultz) – Suggestionen bezogen auf Ruhe, Entspannung, Schwere und Atmung
5. Einübung unterschiedlicher Atemtechniken
6. Systematische Desensibilisierung (Wolpe) mit Selbstanweisungen (Meichenbaum) zur Angstbewältigung
7. Wehenverarbeitungstraining mit Selbstinstruktionstraining für die Eröffnungsperiode und
8. für die Austreibungsperiode.

Die Übungen zur **konzentrativen Entspannung** (Wilda-Kiesel, 1981, basierend auf E. Gindler; vgl. auch Goldfried & Davison, 1979) dienen als Einstiegsübungen dazu, die Fähigkeit zur Wahrnehmung und Empfindung des Körpergeschehens zu schulen. Körperliche Vorgänge, die häufig nicht ins Bewußtsein dringen, sollen vergegenwärtigt werden. Für die Entbindung kann es sehr hilfreich sein, seine Empfindungen, Reaktionen und Körpervorgänge genau zu kennen, weil aus der Bewußtheit heraus Einflußnahme leichter möglich wird. Die Methode der konzentrativen Entspannung läßt sich als nach innen gerichtete Beobachtung des Körpergeschehens beschreiben und ist eng mit dem Namen Elsa Gindler, die sich seit den zwanziger Jahren der Entwicklung dieser Methode gewidmet hat, verbunden. Das Vorgehen bei der konzentrativen Entspannung weist gewisse Ähnlichkeiten zur Entspannung nach Feldenkrais auf.

Zunächst werden die Kursteilnehmerinnen angeleitet, sich mit geschlossenen Augen die gerade eingenommene Körperposition zu vergegenwärtigen und dabei allen Empfindungen nachzuspüren, die sich aus dieser Haltung und den damit verbundenen Muskelan- oder -entspannungen oder Berührungen z. B. mit dem Boden usw. ergeben. Die Aufmerksamkeit wird dabei nacheinander auf die verschiedenen Körperregionen gelenkt. Im Kurs wird diese Übung als innere „Tastreise" bezeichnet. Sie motiviert die Schwangeren, das körperliche Geschehen sehr genau und differenziert zu beobachten. Zudem werden die Teilnehmerinnen aufgefordert, die wahrgenommenen Empfindungen zu benennen und laut zu äußern. Diese ständigen Selbstverbalisationen über differentielle Körperempfindungen wirken ähnlich wie Biofeedback lernverstärkend. Eine erspürte, identifizierte und lokalisierte Anspannung läßt sich dann leichter zur Entspannung hin beeinflussen.

Mit Hilfe der **Progressiven Muskelrelaxation** nach Jacobson soll erreicht werden, Körperzustände aktiv zu verändern und sie damit willkürlich zu steuern. So wird der Wechsel von An- und Entspannung trainiert, um die unterschiedlichen Körperzustände von Aktion und Ruhe zu erfahren.

Nach dem Wechsel von An- und Entspannung folgen Sensibilitätsübungen. Hierbei geht es um die Realisierung unterschiedlicher Spannungsgrade, wodurch das Gespür für die verschiedenen Spannungszustände geschärft wird. So wird eine differentielle Tonuskontrolle möglich. Die sich anschließenden Übungen zielen auf eine sukzessive Ganzkörperentspannung einschließlich der Beckenbodenmuskulatur ab.

Das weitere Vorgehen richtet sich darauf, die Entspannung von der vorherigen Anspannung abzukoppeln. Es werden die Grundformeln des **Autogenen Trainings** eingeführt (bezogen auf Entspannung, Schwere und eine ruhige, fließende Atmung) und mit der Erinnerung an die durch die Progressive Muskelrelaxation erreichte Entspannung verknüpft. Zusätzlich soll ein „Ruhe- Vorstellungsbild" als imaginativ-visueller Anker (Russel & Sippich, 1974) entwickelt und mit der Entspannungsreaktion verknüpft werden. Auf diese Weise kann das interaktionelle Geschehen zwischen körperlichen und psychischen Vorgängen verdeutlicht und erlebbar gemacht werden. Im weiteren Vorgehen werden diese Gedanken erneut aufgegriffen, wenn es um die Auswirkungen von Angst auf physiologische

Prozesse und um das Angstbewältigungstraining geht.

Zu den speziellen **Atemtechniken,** die unter der Geburt Anwendung finden können und die im Kurs gelehrt werden, gehören die tiefe Bauchatmung zum Verarbeiten der Wehen in der Eröffnungsperiode und die Hechelatmung, eine schnelle und flache Atmung, die häufig zum „Veratmen“ der Preßwehen in der Austreibungsphase eingesetzt wird.

Zum Erlernen des Umgangs mit Ängsten wird die **Systematische Desensibilisierung** (Wolpe, 1958; Ringler et al., 1981; Perrez et al., 1978) herangezogen. Gearbeitet wird mit einer standardisierten Angsthierarchie (vgl. auch Lukesch & Kochenstein, o. J.), die sich aus chronologisch geordneten Szenen des Geburtsablaufes zusammensetzt. (Für Schwangere mit darüber hinausgehenden Ängsten wird eine individuelle Hierarchie erarbeitet.)

Die Vorstellungsfähigkeit wird mit an Stanislawski angelehnten Übungen trainiert (Kitzinger, 1980 b); die Vorstellungsgenauigkeit läßt sich durch Geburtsvideos, Geräte- und Kreißsaalbesichtigung u. ä. verbessern.

Während der Visualisierungsübungen werden die Schwangeren aufgefordert, sich **Selbstanweisungen** (Meichenbaum, 1979) zu geben, um die Auseinandersetzung mit dem Angstgefühl und dessen Überwindung zu fördern. Zum einen findet hier eine Gegenkonditionierung statt (Verknüpfung der ängstigenden Vorstellung mit der erlernten Entspannungsreaktion), zum anderen eine Angstbewältigung auf kognitiver Ebene (Streßimmunisierungstraining).

Die Fortsetzung der Szenenhierarchie bildet das **Wehenverarbeitungstraining** mit differenzierten Übungen für die Eröffnungs- und Austreibungsperiode.

In der durch Selbstinstruktionen geleiteten Entspannungsphase in den Wehenpausen wird ein gedankliches Selbstgespräch als Vorbereitung auf die nächste Wehe geführt, darauf folgen Selbstanweisungen in Bezug auf das zu realisierende Verhalten während der Wehe (tiefe Bauchatmung und Entspannung verknüpft mit einem passenden Vorstellungsbild, beispielsweise einer Welle), zuletzt wird die erfolgreiche Verarbeitung der Wehe durch Selbstbekräftigung verbalisiert (entsprechend dem Streßimmunisierungstraining nach Meichenbaum, 1979). Darüber hinaus wird angestrebt, die subjektiven Bewertungen der Wehen dahingehend zu verändern, daß sie aus dem Bezugsrahmen von Schmerz, Angst und Erschöpfung herausgenommen und in den Blickwinkel von gesunder Kraft, Stärke und Geburtsfortschritt gestellt werden. Durch entsprechende Umdeutungen lassen sich die Einstellungen zum Schmerz verändern und damit die Motivationen zur Mitarbeit bei der Wehenkontrolle und -verarbeitung fördern.

In gleicher Weise werden Verhalten und innerer Dialog in der Austreibungsphase (mit dem besonderen Hinweis, nunmehr genau die Instruktionen der Hebamme zu befolgen) geübt.

Zum Abschluß jeder Kurseinheit wird ein **Gruppengespräch** angeregt, um Übungserfahrungen auszutauschen, entstandene Fragen zu klären, beobachtete Gefühle anzusprechen u. ä. Im Gespräch soll die Vertrautheit der Teilnehmerinnen wachsen, damit sich ein Gemeinschaftsgefühl entwickeln und festigen kann. Denn: Eine entspannte, gelockerte und optimistische Atmosphäre ist für Geburtsvorbereitung unverzichtbar (Bower et al, 1981).

Ein Vergleich vorbereiteter und unvorbereiteter Gebärender hinsichtlich ausgewählter klinischer Kriterien, die den Partogrammen entnommen wurden, ist in Tabelle 1 enthalten. Die Vergleichsgruppen waren soziodemographisch und bezüglich der klinischen Anamnese homogen (entn.: Maspfuhl, 1989).

Die Ergebnisse belegen, daß Frauen, die an der Geburtsvorbereitung teilgenommen hatten, in signifikant kürzerer Zeit entbunden werden konnten, daß sie einen geringeren Blutverlust und günstigere pH-Werte des Nabelschnurblutes (Hinweis auf eine bessere Sauerstoffversorgung des Kindes) aufwiesen. Die Komplikationsrate in der Nachgeburtsphase betrug bei den Vorbereiteten 1,9%, bei den Unvorbereiteten 7%.

Tabelle 1: Ergebnisse des Vergleichs vorbereiteter und unvorbereiteter Schwangerer.

Parameter	**Geburtsvorbereitung** (n = 54)		**Keine Geburtsvorbereitung** (n = 57)		
	M	s	M	s	p
Dauer der Eröffnungsperiode	7,3457	4,7951	8,8523	3,9152	0,03
Dauer der Austreibungsperiode	0,5410	0,5074	0,7632	0,5872	0,01
Blutverlust	244,79	94,10	315,18	181,89	0,008
pH-Wert	7,32	0,38	7,25	0,08	0,09

Andere Arbeiten kommen zu folgenden Schlüssen: Eine Studie von Perrez et al. (1978), in der eine Frauengruppe mit Systematischer Desensibilisierung und eine zweite Gruppe mit Desensibilisierung und Selbstkontrollverfahren behandelt worden waren, ergab keine Unterschiede zwischen den Gruppen in der Angstreduktion und der emotionalen Befindlichkeit; das Verhalten unter der Geburt sowie das Befinden nach der Entbindung waren bei der zweiten Gruppe günstiger.

Ringler et al. (1981) konnten nachweisen, daß Frauen, die ein verhaltenstherapeutisches Geburtsvorbereitungsprogramm mit Systematischer Desensibilisierung absolviert hatten, die Geburt signifikant positiver erlebt hatten als Frauen, die nur Schwangerengymnastik erhalten bzw. an keinerlei vorbereitenden Kursen teilgenommen hatten.

Der Einsatz von Progressiver Muskelrelaxation mit Biofeedbackkontrolle und Systematischer Desensibilisierung sowie von Systematischer Desensibilisierung und Selbstinstruktionstraining wurde von Lukesch, Kochenstein und Holz (1980) überprüft: Zwischen diesen beiden Kontrollgruppen war keine wesentliche Differenz hinsichtlich der Angstreduktion zu messen, wohl aber ein deutlicher Unterschied zur nicht behandelten Kontrollgruppe.

Abschließend sei erwähnt, daß Entspannungsverfahren – neben anderen psychotherapeutischen Interventionen – innerhalb der Geburtshilfe auch bei Frauen mit diagnostizierten Frühgeburtsgefährdungen (Cervix-Insuffizienz, vorzeitige Wehentätigkeit, belastende Anamnese) eingesetzt werden.

Lukesch und Kochenstein (o. J.) z. B. verweisen auf ein zu diesem Zweck adaptiertes Autogenes Trainingsprogramm sowie auf den gezielten Einsatz von Desensibilisierungsverfahren. Aus psychologischer Sicht geht es auch hier in erster Linie um Angstbewältigung, psychische Entlastung und Sedierung.

Omer (1986, 1987) berichtet über die erfolgreiche Anwendung von Hypnosen, in denen er mit Suggestionen gearbeitet hat, die auf die Entspannung der Gebärmuttermuskulatur und eine Motivierung zur Verlängerung der Schwangerschaft gerichtet waren. Dazu verwandte er Vorstellungsbilder über eine Ausdehnung der Zeit bis zum regulären Einsetzten der Wehentätigkeit sowie therapeutische Geschichten, in denen ein erfolgreiches normallanges Austragen des Kindes gleichnishaft beschrieben wurde. Zielstellung dieser Interventionen war es, eine normale Beendigung der Gravidität zu erreichen und dabei die Behandlung mit wehenhemmenden Medikamenten so weit wie möglich einzuschränken.

Zusammenfassend ist auf die lange Tradition der Anwendung von Entspannungstechniken in der Geburtshilfe hinzuweisen. Besondere Bedeutung hat dabei die Hypnose erlangt, abgelöst durch komplexe Geburtsvorbereitungsprogramme, die neben Entspannungsverfahren als Grundbaustein (vor allem AT oder PMR) Aufklärung über das Geburtsgeschehen, Atemschulung und sozial unterstützende Maßnahmen enthalten und die gegenwärtig mit Methoden aus der kognitiven Verhaltenstherapie angereichert werden. Auf Grund der hohen Wirksamkeit derartiger Behandlungsprogramme mit basistherapeutischer Nutzung von Entspannungstechniken sind diese innerhalb der Geburtsvorbereitung fest verankert.

Literatur

Abbott, D. W., Rollins, J. B. & Jones, J. (1978). The effects of electromyographic biofeedback-assisted relaxation on Lamaze childbirth. American Journal of Clinical Biofeedback, 1, 23–28.

August, R. (1961). Hypnosis in obstetrics. New York: Mc Graw.

Bernat, S. H., Woolridge, P. J., Marekki, M. & Snell, L. (1992). Biofeedback-assisted relaxation to reduce stress in labor. Journal of Obstetrics Gynecology and Neonatal Nursing, 21, 295–303.

Bickers, W. (1956). Uterine contraction pattern: effects of psychic stimuli on the myometrium. Fertility & Sterility, 7, 268–274.

Bower, G. H., Gilligan, S. G. & Monteiro, K. P. (1981). Selectivity of learning caused by affective states. Journal of Experimental Psychology: General, 110, 51–473.

Chertok, L. & Langen, D. (1981). Psychosomatik der Geburtshilfe. München: Kindler.

Davidson, J. A. (1962). An assessment of the value of hypnosis in pregnancy and labour. British Medical Journal, 5310, 951–953.

Dick-Read, G. (1953). Childbirth without fear. New York: Harper & Row.

Ewy, D., Ewy & R. (1976). Die Lamaze-Methode. München: Goldmann.

Geden, E. A., Lower, M., Beattie, S. & Beck, N. (1989). Effects of music and imagery on physiologic and self-report of analogued labor pain. Nursing Research, 38, 37–41.

Gerber, W. D. (1986). Verhaltensmedizin gynäkologischer Erkrankungen. In W. Miltner, N. Birbaumer, & W. D. Gerber Verhaltensmedizin. Berlin: Springer.

Goldfried, M. R. & Davison, G. C. (1979). Klinische Verhaltenstherapie. Berlin: Springer.

Gress, R. H. (1978). Biofeedback relaxation training effects in childbirth. Behavioral Engineering, 4, 57–66.

Hanser, S. B., Larson, S. C. & O'Connell, A. S. (1983). The effect of music on relaxation of expectant mothers during labor. Journal of Music Therapy, 20, 50–58.

Holz, C. (1980). Therapeutische Interventionen bei Schwangerschafts- und Gebärängsten unter besonderer Berücksichtigung eines Selbstinstruktionstrainings. Regensburg: Diplomarbeit.

Jungnitsch, G. (1992). Schmerz- und Krankheitsbewältigung bei rheumatischen Erkrankungen. München: Quintessenz.

Kelly, J. V. (1962). Effect of fear upon uterine mobility. American Journal of Obstetrics and Gynecology, 38, 576–579.

Kitzinger, S. (1980a). Frauen als Mütter. München: Kösel.

Kitzinger, S. (1980b). Geburtsvorbereitung. Ein Buch für Kurse, Gruppen und Beratung. München: Kösel.

Kochenstein, P. (1980). Therapeutische Interventionen bei Schwangeren mit Geburtsängsten unter Einbeziehung von Entspannungstraining, systematischer Desensitivierung und Biofeedbackverfahren. München: Diplomarbeit.

Kondas, O. & Scetnicka, B. (1972). Systematic desensibilization as a method of preparation for childbirth. Journal of Behavior Therapy and Experimental Psychiatry, 3, 51–54.

Lamaze, F. (1958). Painless childbirth. Psychoprophylactic method. London: Burke.

Lukesch, H. (1981). Geburts-Angst-Skala. G-A-S. Regensburg: Arbeitsberichte zur Pädagogischen Psychologie.

Lukesch, H., Holz, C. & Kochenstein, P. (1981). Schwangerschafts- und Geburtsängste. Stuttgart: Enke.

Lukesch, H., Kochenstein, P. & Holz, C. (1980). Therapeutische Interventionen bei Erstgebärenden mit Geburtsängsten. Zeitschrift für Geburtshilfe und Perinatologie, 303–309.

Lukesch, H. & Kochenstein, P. (o.J.). Verhaltenstherapeutische Behandlungsmöglichkeiten von Schwangerschaftsproblemen im Rahmen eines integrierten Angebotes der Schwangerenbetreuung. Regensburg: Arbeitsberichte zur Pädagogischen Psychologie.

Maspfuhl, B. & Rauchfuß, M. (1986). Programm und Effizienz psychologisch orientierter Geburtsvorbereitung. Zentralblatt für Gynäkologie, 108, 97–103.

Maspfuhl, B. & Müller, S. (1989). Geburt. Ein Vorbereitungskurs für werdende Eltern. Berlin: Volk und Gesundheit.

Maspfuhl, B. (1989). Psychologisch orientierte Geburtsvorbereitung. Zeitschrift für klinische Medizin, 25, 2209–2212

Meichenbaum, D. W. (1979). Kognitive Verhaltensmodifikation. München: Urban & Schwarzenberg.

Münch, F. (1990). Geburtshilfe. In D. Revenstorf (Hrsg.), Klinische Hypnose. Berlin: Springer.

Nixon, W. C. W. (1954). Psychosomatic preparation for childbirth. Proceedings of Royal Society of Medicine, 385–387.

Omer, H., Friedlander, D. & Palti, Z. (1986). Hypnotic relaxation in the treatment of premature labor. Psychosomatic Medicine, 48, 351–361.

Omer, H. (1987). A hypnotic relaxation technique for the treatment of premature labor. American Journal of Clinical Hypnosis, 29, 206–213.

Pavelka, R., Ringler, M. & Loziczky, G. (1980). Die Angst der Schwangeren – verhaltenstherapeutische Ansätze zu ihrer Bewältigung. Wiener klinische Wochenschrift, 92, 346–351.

Perrez, D. H., Schenkel, H. & Stauber, M. (1978). Eine experimentelle Untersuchung zur psychologischen Geburtsvorbereitung. Zeitschrift für Geburtshilfe und Perinatologie, 182, 149–155.

Prill, H. J. (1956). Methoden psychischer Geburtsschmerzerleichterung. Zeitschrift für Geburtshilfe und Gynäkologie, 146, 211–229.

Prill, H. J. (1983). Das autogene Training in Gynäkologie und Geburtshilfe. In H. J. Prill & D. Langen (Hrsg.), Der psychosomatische Weg zur gynäkologischen Praxis. Stuttgart: Schattauer.

Ringler, M., Pavelka, R. & Loziczky, G. (1981). Ein Geburtsvorbereitungsprogramm unter Einbeziehung lerntheoretischer und verhaltenstherapeutischer Überlegungen. Partnerberatung, 2, 68–77.

Ringler, M. & Pavelka, R. (1982). Geburtsangst. Konkretisierung und Beschreibung des Begriffes anhand empirischer Daten. Zeitschrift für Geburtshilfe und Perinatologie, 186, 55–57.

Roberts, H., Wooton, I. D. P., Kane, K. M. & Harnett, W. E. (1953). The value of antenatal preparation. Journal of Obstetrics and Gynecology of British Empire, 60, 404–408.

Roth, F. (1959). Schmerzlose Geburt durch Psychoprophylaxe. Stuttgart: Thieme.

Russell, R. K. & Sippich, J. F. (1974). Treatment of test anxiety by cue-controlled relaxation. Behavior Therapy, 5, 673–676.

Soldenhoff, R. D. (1956). The assessment of relaxation in obstetrics. Practitioner, 176, 410–415.

Stevens, R. J. & Heide, F. (1977). Analgetic characteristics of prepared childbirth techniques: Attention focussing and systematic ralaxation. Journal of Psychosomatic Research, 21, 429–438.

St.James-Roberts, I., Chamberlain, G. & Haran, F. J. (1982). Use of electromyographic and skin-conductance biofeedback relaxation training to facilitate childbirth in primiparae. Journal of Psychosomatic Research, 26, 455–462.

St.James-Roberts, I., Hutchinson, C. M. & Haran, F. J. (1983). Can biofeedback-based relaxation training be used to help women with childbirth? Journal of Reproduction and Infant Psychology, 1, 5–10.

Trummler, W. (1959). Über Hypnosegeburten. Zentralblatt für Gynäkologie, 10, 585–596

Venn, J. (1987). Hypnosis and Lamaze method – an exploratory study. The International Journal of Clinical and Experimental Hypnosis, 23, 79–82.

Weishaar, B. (1986). A comparison of Lamaze and hypnosis in the management of labor. American Journal of Clinical Hypnosis, 28, 214–217.

Wilda-Kiesel, A. (1981). Die konzentrative Entspannung. Potsdam: Lehrmaterialien für die Ausbildung und Weiterbildung von mittlerem medizinischem Personal.

Wolpe, J. (1958). Psychotherapy by reciprocal inhibition. Stanford: Stanford University Press.

Gynäkologie

Bergit Maspfuhl

1. Einführung

Frau G., 32jährig, ledig, seit fünf Jahren in fester Partnerschaft lebend, leidet seit vier Jahren an einem genitalen Juckreiz (Pruritus vulvae) mit häufig auftretenden Ekzemen und Fissuren im Anal- und Genitalbereich sowie an damit im Zusammenhang stehenden funktionellen Sexualstörungen in Form von Schmerzen beim Geschlechtsverkehr (Dyspareunie). Sie ist seit dem ersten Auftreten des Juckreizes – verursacht durch eine Entzündung der äußeren Geschlechtsteile, der Vulva, infolge einer Pilzinfektion – in gynäkologischer Behandlung. Trotz erfolgreicher Therapie der Vulvitis blieb der Juckreiz über Jahre bestehen. Alle Behandlungsversuche einschließlich psychotherapeutischer Maßnahmen schlugen bislang fehl.

Anamnestisch relevant ist, daß die Patientin ihre ersten sexuellen Erfahrungen, auf die sie sich im Alter von 19 Jahren auf Grund einer „Torschlußpanik" eingelassen hat, sehr unangenehm und schmerzhaft in Erinnerung hat. Nach diesem Erlebnis hat sie über lange Zeit Intimkontakte vermieden. Ihren jetzigen Partner hat sie vor fünf Jahren kennengelernt. Sexualität erlebte die Patientin im ersten Jahr der Beziehung als befriedigend, wenngleich der Verkehr immer mit mehr oder weniger Schmerzen verbunden war. Seit nunmehr vier Jahren, seit Beginn des Juckreizes, der zeitgleich mit einer Partnerschaftskrise auftrat, vermeidet Frau G. unter Berufung auf ihre Symptomatik koitale Kontakte, um die Beschwerden nicht zu verstärken. Außer den sehr erheblichen Beeinträchtigungen durch den Pruritus leidet die Patientin unter den Belastungen, die aus den Beschwerden für die Partnerbeziehung erwachsen.

Auf andere Weise beeinträchtigt ist Frau K., die an einer Endometriose leidet, d. h. dem Auftreten von Gebärmutterschleimhaut (Endometrium) außerhalb der Gebärmutter. Da die untypische, sich außerhalb der Gebärmutterhöhle befindliche Schleimhaut ebenso durch die Ovarialhormone beeinflußt wird wie die normale Uterusschleimhaut, kommt es an allen Endometriumherden zu zyklischen Veränderungen des Drüsenepithels, zu prämenstruellen Ödemen und zum Schleimhautzerfall mit Blutungen. Da bei dem ektopischen, unnormal angesiedelten Gewebe das Blut nicht abfließen kann, ist eine Volumenzunahme mit Druckerscheinungen, starken Schmerzen kurz vor oder während der Menstruation (Dysmenorrhoe) und erheblichen Beschwerden die Folge. Medizinisch-therapeutisch wiederholt notwendige Operationen haben Frau K. zusätzlich belastet und erschöpft, so daß ein Heilverfahren eingeleitet wurde.

Neben der Schmerz- und Erschöpfungssymptomatik leidet die Patientin unter Identitätsunsicherheit, Selbstwertzweifeln und der Unfähigkeit, emotional angemessen zu reagieren sowie unter Beziehungsproblemen. Traumatisierende Erlebnisse aus der Kindheit (sexueller Mißbrauch) kommen hinzu sowie eine berufliche Überforderungssituation.

Wie komplex eine gynäkologische Problematik mit anderen Lebensbereichen verwoben sein kann, wird am Beispiel der Patientin K. besonders deutlich. Erst nach Bearbeitung des Mißbrauchsgeschehens, das die Patientin über Jahre verdrängt hatte, gelang ihr ein emotionaler Zugang zu sich selbst und zu ihrem Körpererleben, so daß nunmehr u. a. entspannende und autosuggestive Techniken erlernt und zur Streß, Spannungs- und Angstbewältigung angewandt werden konnten.

Gynäkologische Schmerzzustände wie die Dysmenorrhoe ebenso wie der Pruritus vulvae – insbesondere die ideopathische Form, bei der organische Ursachen nicht auszumachen sind – gehören zu den gynäkologischen Beschwerdebildern mit psychosomatischem Hintergrund, bei denen im Rahmen verhaltenstherapeutischer Interventionen auch **Entspannungsverfahren** Anwendung finden.

Gleiches trifft auch zu für

- Störungen des menstruellen Zyklus (Amenorrhoe, Hypo- oder Hypermenorrhoe, Zwischenblutungen),
- Störungen aus dem Bereich der gynäkologischen Urologie (funktionelle Harninkontinenz, Reizblase),
- Beschwerden im Zusammenhang mit gynäkologisch- onkologischen Erkrankungen (Operationsvorbereitung, postoperative Nachsorge, Behandlung antizipatorischer Symptome der Strahlen- oder Chemotherapie, Erlernen des Umgangs mit psychischen Begleiterscheinungen und Folgen der Erkrankung
- sowie für funktionelle Sexualstörungen.

Obwohl die Frauenheilkunde ein breites Anwendungsfeld für medizinpsychologische Fragestellungen und Interventionen bietet, bilden verhaltensmedizinische Behandlungsansätze sowohl für psychosomatisch-gynäkologische Beschwerden im engeren Sinne als auch für Beschwerden aus den Bereichen der Urogynäkologie und der gynäkologischen Onkologie eher die Ausnahme als die Regel (Oeter, 1979).

Nur für die Therapie funktioneller Sexualstörungen kann auf gut elaborierte Verhaltenstherapieprogramme zurückgegriffen werden (Masters & Johnson, 1973; Kaplan, 1979; Annon, 1975; LoPiccolo & Lobitz, 1977; LoPiccolo, 1978; Wendt, 1979; Arentewicz & Schmidt, 1980).

Da davon auszugehen ist, daß Erkrankungen im Bereich der Geschlechtsorgane die sexuellen Funktionen immer – zumindest passager – mitbeeinträchtigen, sollte je nach Art und Ausprägung der Störung therapeutisch oder ggf. beratend in jedem Fall darauf eingegangen werden.

In dem eingangs geschilderten Fall wird die Verquickung der individuell-gynäkologischen und der sexuell-interpersonalen Aspekte offenkundig.

2. Indikationen von Entspannungsverfahren innerhalb der psychosomatischen Gynäkologie und angrenzender Gebiete

Wenn Entspannung zur Behandlung gynäkologischer Beschwerden herangezogen wird, geschieht das unter folgenden Zielstellungen:

a) Entspannung wird symptomunspezifisch eingesetzt und dient der Erzeugung eines als angenehm erlebten psychophysiologischen Zustandes. Denn jede Entspannungsreaktion bedingt ein zerebrales Erregungsmuster mit positiver Erlebnisqualität (Benson, 1975). Dieses Gefühl physischer und psychischer Gelöstheit kann mit den physiologischen Zuständen, die mit Angst, Wut, Haß, Ekel o. ä. Affekten assoziiert sind, als antagonistischer Zustand i. S. einer reziproken Hemmung verknüpft werden.

b) Die allgemeine Beruhigung durch Entspannung dient als Basis für kognitive Therapieansätze, da innere Ruhe für Informationsverarbeitungsprozesse förderlich ist (Duffy, 1962).

c) Über Entspannung lassen sich spezifische Empfindungen herstellen, die mit den Tonusveränderungen in der Skelettmuskulatur einhergehen (z. B. Wärme; Fliegel et al., 1989). Diese Empfindungen lassen sich dann autosuggestiv verstärken.

d) Entspannung als konditionierte Reaktion vermittelt die Erfahrung, daß Körpervorgänge kontrollier- und steuerbar sind.

e) Symptomspezifisch werden Entspannungstechniken angewandt beispielsweise bei Muskelfunktionsstörungen (funktionelle Harninkontinenz) oder zur

Veränderung physiologischer Prozesse (z. B. Durchblutung).

Die in der Frauenheilkunde angewandten Verfahren sind
- Hypnose
- Autogenes Training (AT)
- Progressive Muskelrelaxation (PMR)
- Biofeedbackverfahren
- Imaginationstechniken.

Schaetzing (1954) sieht in der Frauenheilkunde das wichtigste Anwendungsgebiet für die **Hypnose**, und so finden sich in der älteren gynäkologischen Literatur eine Reihe von Hinweisen z. B. auf die suggestive Beeinflussung der Menstruationsperiodik oder von Menstruationsbeschwerden (Bernheim, Vogt, Forel u. a.; zit. aus Klumbies, 1974). Schon im 19. Jahrhundert empfahl Devillers (1888) die Hypnose zur Behandlung der Dysmenorrhoe.

Bei Meares (zit. aus Leuner & Schroeter, 1975) sind neben aufdeckenden Verfahren (Konflikthaftigkeit des Menstruationserlebens, erlernte Erwartungshaltung gegenüber dem Auftreten von Beschwerden) Suggestionen beschrieben, die Wohlbefinden, Erhöhung der Schmerzschwellen ebenso wie Beschwerdenfreiheit beinhalten sowie posthypnotische Suggestionen, die sich auf Konfliktfreiheit bzw. Konfliktlösungsmöglichkeiten, also umerziehende Suggestionen, beziehen.

Hypnosen zur Behandlung der funktionellen Amenorrhoe (Ausbleiben der Regelblutung) sind inhaltlich auf das Suggerieren von menstruellen Begleitsymptomen wie Hitze-, Spannungs- und Schweregefühl in den Brüsten, Kreuzschmerzen und Druckgefühl in der Beckenregion, die zu einem bestimmten Zeitpunkt auftreten sollen, gerichtet oder auf den Beginn der Menstruation direkt (Terminhypnosen; zit. aus Leuner & Schroeter, 1975). Auch Menstruationsverschiebungen sind beschrieben worden.

Ein eindrucksvolles Beispiel für die Möglichkeit der autosuggestiven Unterdrückung der Menstruation liefert der Symptomenkomplex der Grossesse nerveuse, der eingebildeten Schwangerschaft.

Die Beschreibung einer Hypnosebehandlung beim Pruritus vulvae findet sich bei Rosen (1953), der in 17 Hypnosesitzungen verschiedene Problembereiche thematisierte und so eine Patientin von einem sieben Monate anhaltenden genitalen Juckreiz heilen konnte.

Die Anwendung der Hypnose bei Krebserkrankungen gewinnt im Zusammenhang mit der Chemo- und Strahlentherapie eine besondere Bedeutung, wenngleich mehr im angloamerikanischen als im deutschsprachigen Raum. Aus der Erfahrung heraus, daß Trancezustände geeignet sind, die körperliche Befindlichkeit effektiv zu beeinflussen, wird Hypnose zum einen zur Reduktion tumorbedingter Schmerzen und zum anderen zum Umgang mit antizipatorischen Beschwerden wie Übelkeit und Erbrechen bei Chemo- oder Strahlentherapie eingesetzt. Bei 50 bis 80% der Tumorpatienten treten nach Bonica (1985) starke bis sehr starke Schmerzen auf, die medizinisch oft unbehandelbar sind. Zum Teil sind diese Schmerzen krankheitsbedingt, zum Teil hervorgerufen durch Therapiemaßnahmen. Psychologische Verstärker der Schmerzen sind Angst und Depression (Larbig, 1989). Beim Brustkrebs wird eine Inzidenzrate für Schmerz von 52% angegeben (Cleeland et al., 1986).

Da die medizinische Schmerztherapie nur begrenzt Heilung oder Linderung bringen kann, steht die Forderung nach ergänzenden psychologischen Therapieverfahren (Bonica, 1985; Levy, 1985; Larbig, 1989). Für symptombezogene Hypnoseanwendungen, die am Schmerzerleben des Patienten ansetzen und auf Schmerzbewältigung abzielen (Hoppe, 1990), sind Erfahrungen aus anderen Bereichen der Schmerztherapie zu nutzen, da spezielle Vorgehensweisen für tumorbedingte akute und chronische Schmerzen kaum beschrieben sind (Birbaumer, 1986). Von Spiegel und Bloom (1983) ist eine Studie bekannt über hypnotische Schmerzbehandlung bei Mamma-Carcinom-Patientinnen (n = 58). Neben unterstützenden Gesprächen erhielt eine Patientengruppe Anleitungen zur Selbsthypnose mit Hinweisen, den Schmerz durch Vorstellungen wie z. B. Eis zu betäuben, ihn durch

Wärmesuggestionen einen prickelnden oder kribbelnden Charakter zu verleihen o. ä., somit die Schmerzwahrnehmungen durch Fokussierung auf alternative Empfindungen zu verändern und gegen das passive Erleiden des Schmerzes Aktivität in Form von lindernder Imagination einzusetzen. Die Autoren belegen eine deutliche Schmerzreduktion bei den behandelten Frauen gegenüber einer unbehandelten Kontrollgruppe.

Der zweite Anwendungsbereich betrifft die Beseitigung bzw. Linderung der negativen Nebeneffekte der Chemo- und Strahlentherapie (Redd et al., 1982; 1983; 1984; Kaye, 1984; Diener & Redd, 1985). Die Autoren beschreiben Suggestionen zur Muskelrelaxation, die mit geleiteten Imaginationen zur Kontrolle auftretender Übelkeit und antizipatorischen Erbrechens verknüft werden. Nach Einleitung der Hypnose mittels Fixation und Entspannungssuggestion (Arme, Beine, Nacken, Rücken, Unterkörper) wurden vom Therapeuten beruhigende, angenehme Landschaftsbilder entworfen und mit sehr detailierten, individuell ausgestalteten Beschreibungen versehen. So vor und während der Chemotherapie begleitet, ließen sich sowohl Übelkeit als auch Erbrechen nachweislich reduzieren.

Die Anwendung von Hypnose im Zusammenhang mit der Behandlung funktioneller Sexualstörungen ist seit langem bekannt (Leuner & Schroeter, 1975). In der heutigen Sexualtherapie werden vor allem mentale Prozesse für die Steuerung sexueller Verhaltens- und Erlebensweisen betont („Sexualität im Kopf", Wendt; „das größte Sexualorgan des Menschen ist sein Gehirn", Morris; s. a. Fröhlich & Maspfuhl, 1989). Das betrifft die Einstellungen und Grundhaltungen zur Sexualität sowie die die sexuellen Aktivitäten begleitenden internalen Prozesse (innere Selbstgespräche, Phantasien, Vorstellungen, Autosuggestionen, Selbstbeobachtungen (Christmann & Hoyndorf, 1990). Mittels Hypnose wird versucht, sexuellen Versagensängsten entgegenzuwirken, indem Vertrauen in die eigenen Körperreaktionen und Gelassenheit suggeriert, der Aspekt „Lust statt Leistung" betont, positive Einstellungen zur Sexualität gefördert und die Entfaltung sexueller Phantasien und stimulierender Kognitionen angeregt werden (Gagnon et al., 1982).

Bei Frauen, die sexuelle Gewalt erlebt haben, wird Hypnose zur Verarbeitung der traumatisierenden Erlebnisse eingesetzt (z. B. ‚Self-reparenting'-Technik, Goulding & Goulding, 1979). Aus der klinischen Praxis ist bekannt, daß Frauen mit psychosomatisch-gynäkologischen Beschwerdebildern nicht selten in ihrer Kindheit sexuell mißbraucht wurden, so daß die Bearbeitung dieser Traumata im Therapieprozeß oft eine entscheidende Rolle spielt.

Im eingangs geschilderten Fall der Frau K. haben wir mit der Self-reparenting-Technik gearbeitet, indem die Patientin der Situation des sexuellen Mißbrauchs in der Kindheit im Trancezustand mit den ihr heute als erwachsene Frau zur Verfügung stehenden Ressourcen begegnet ist. Auf diese Weise hat sie für sich einen Weg zur Bewältigung finden können.

Das **Autogene Training** als ein Verfahren, das die Selbstverbalisation kontrolliert (Kraiker, 1990), indem das innere Sprechen durch Formeln festgeschrieben wird, wird bei gynäkologischen Beschwerdebildern eingesetzt, um auf autosuggestivem Wege physiologische Veränderungen hervorzurufen. Als Beispiel dafür läßt sich die Ableitung des Blutes in die Beine bei klimakterischen Hitzewallungen anführen (Prill, 1983). Da die Hitzewallungen nicht nur physisch unangenehm sind, sondern auch emotional als stark belastend erlebt werden können, ließen sich Autosuggestionen wie „Hitze fließt rasch mit dem Blutstrom in die Beine" ergänzen durch Gelassenheits- und Indifferenzformeln („Hitze vollkommen gleichgültig" o. ä.).

Im Zusammenhang mit Zyklusbeschwerden verweist Prill (1983) auf günstige Auswirkungen von Wärmesuggestionen für den Unterleib. Unsere Patientin, die endometriosebedingt häufig an Unterbauchschmerzen litt, hat zur Kupierung ihrer Schmerzzustände eher Formeln wie „Unterbauch entspannt, reizfrei und angenehm kühl" bevorzugt. Wärme war für sie mit Blutung assoziiert und von daher aversiv.

Von Lukas (1983) wird Autogenes Training basistherapeutisch zur Senkung des „affektiven Tonus“ eingesetzt, um so eine Konfliktbearbeitung und -lösung zu ermöglichen. Was als Konfliktthemen bei Frauen mit psychosomatisch-gynäkologischen Beschwerden beschrieben wird, hat mit dem weiblichen Selbstbild, mit Rollendefinitionen und -erwartungen, Partnerschaftsbeziehungen, Sexualität, Fertilität bzw. Sterilität, Lebenswertorientierungen u. ä. zu tun.

Die **Progressive Muskelrelaxation** (Jacobson) wird vor allem dann herangezogen, wenn Erwartungsängste und damit verbundene allgemeine Anspannungen abgebaut werden sollen. Das trifft z. B. für Patientinnen mit dysmenorrhoeischen Beschwerden, mit prämenstruellem Syndrom oder einer Dranginkontinenz zu. Entspannung ist hier meist Teil eines verhaltensmedizinischen Behandlungsprogrammes (s. Punkt 3.), wird aber auch allein eingesetzt (Goodale et al., 1990; Sigmon & Nelson, 1988).

Auch bei brustkrebskranken Frauen wird der Einsatz des Jacobson-Trainings in Verbindung mit der Systematischen Desensibilisierung bzw. mit geleiteten Imaginationen als erfolgreiche Strategie zur Bewältigung der Chemotherapie beschrieben. Dabei stehen Vorstellungsanleitungen zur Kontrolle der Pulsfrequenz, der Atmung, des Blutdrucks und ähnlicher Parameter, die im Zusammenhang mit Ängsten als antizipatorische Begleiterscheinungen der Chemotherapie auftreten können, im Mittelpunkt der Interventionen (Morrow, 1986; Redd et al., 1982; 1984). Während bei der Systematischen Desensibilisierung eine gedankliche Konfrontation mit realen als aversiv erlebten Reizen, die im Zusammenhang mit der medikamentösen Behandlung stehen (z. B. Anblick der Klinik, in der die Therapie stattfindet, Krankenhausgerüche, bestimmte Geräusche usw.), erfolgt, setzen imaginative Verfahren auch symptomlindernde Vorstellungen ein (etwa: frische Seeluft bei aufkommender Übelkeit).

Entspannung mit **Biofeedbackkontrolle** wird häufig bei Patientinnen mit chronischen Schmerzen angewandt. Das betrifft wiederum das Beschwerdebild der Dysmenorrhoe. Die Schmerzhaftigkeit der Regelblutung kann organische Ursachen haben wie z. B. Endometriose, Myome, Mißbildungen, Entzündungen. Daneben gibt es die funktionell bedingte Dysmenorrhoe, die mit einer erhöhten Kontraktionsbereitschaft der Uterusmuskulatur zusammenhängt. Nach heutiger Ansicht ist diese auf eine vermehrte Freisetzung des Neurohormons Prostaglandin zurückzuführen (Karim & Hillier, 1973; Ylikorkala & Dawood, 1978). Die Gründe, warum es zu einer erhöhten Freisetzung kommt, sind noch unbekannt. Da die Gabe von Substanzen, die die Prostaglandinsynthese hemmen, trotzdem häufig uneffektiv bleibt, werden für die Dymenorrhoe auch psychologische Faktoren diskutiert (Gannon, 1981; Wijma et al., 1991).

In einer Studie von Sedlacek und Heczey (1977) wurde mittels EMG- und Temperaturfeedbacktherapie (Erhöhung der Handtemperatur) festgestellt, daß mit der Veränderung der Handtemperatur eine Veränderung der Vaginaltemperatur assoziiert war. Letztere galt es durch Übungen beeinflussen zu lernen, wobei die Feedbackübungen mit Formeln des Autogenen Trainings verknüpft wurden. Bei 83% (n = 24) zeigten sich deutliche Besserungen der dysmenorrhoeischen Beschwerden.

Um Einfluß auf die erhöhte Kontraktibilität der Uterusmuskulatur zu nehmen, haben Bennink et al. (1982) ebenfalls mit EMG-unterstütztem Biofeedback gearbeitet und Patientinnen mit primärer Dysmenorrhoe erfolgreich behandelt.

EMG-biofeedbackkontrollierte Entspannung kann auch zur Unterbrechung des Angst-Spannungs-Schmerz-Kreises bei chronischen Tumorschmerzen eingesetzt werden. Kontrollierte Studien für Krebspatienten fehlen allerdings, dennoch kann „dieses Verfahren nützlich sein, da es den Glauben an die Kontrolle zumindest eines Teils der Körperreaktionen wiederherstellen kann und damit Bewältigungsversuche nicht nur auf physiologischer Ebene verstärken wird“ (Birbaumer, 1986, S. 236).

Die Effekte von Hauttemperatur- und EMG-Biofeedback sowie die kognitiven Strategien (positive Vorstellungsbilder, hilfreiche Selbstinstruktionen und Entspannung) hinsichtlich der Angstbewältigung bei Frauen mit Brustkrebs hat Davis (1986) untersucht und signifikante Angstreduktionen feststellen können, gemessen als Zustandsangst und physiologisch über die Cortisol-Werte im 24-Stunden-Urin verifiziert.

Zur Behandlung der funktionellen Harninkontinenz infolge von Instabilitäten der Blasenwandmuskulatur hat Beck (1990) Biofeedbackverfahren verwandt und Patientinnen über visuelle und akustische Signale Rückmeldungen über An- bzw. Entspannung des Detrusors (Blasenwandmuskulatur, deren Kontraktion zur Harnentleerung führt), der abdominellen Muskeln und des Sphinkters (Blasenschließmuskel) gegeben. So konnten die Patientinnen die differentielle Kontrolle über die für eine Kontinenz notwendige An- bzw. Entspannung erlernen. Bei 20–25% der so behandelten Frauen ließ sich eine Heilung erzielen, bei 30% eine Verbesserung der Inkontinenz und der Drangsymptomatik.

Bei einer Patientin, die keine Kontrolle über ihre Urination hatte, wandten Pearne et al. (1977) ein EMG-Biofeedback des Frontalismuskels an, verkoppelten die Aktivierung dieses Muskels mit der Urination, so daß die Patientin via klassische Konditionierung willentlich zu urinieren gelernt hat.

Imaginative Verfahren in Form von Visualisierungstechniken, wie sie von Simonton et al. (1980) beschrieben wurden, sind heute Bestandteil vieler Therapiepläne bei Krebspatienten (Lenk, 1990), und das, obwohl es keine schlüssigen Beweise für deren Effektivität gibt. Dadurch, daß diese Methode durch populärwissenschaftliche Medien vielen Patientinnen und Patienten zugänglich gemacht wurde, sind häufig Hoffnungen geweckt worden, denen das Verfahren auf Grund der uneindeutigen Wirksamkeit jedoch nicht gerecht werden kann. Anstatt mit aggressiven Vorstellungsbildern, wie Simonton sie popularisiert hat, arbeitet man heute eher mit positiv getönten, versöhnlichen inneren Bildern. Beispielweise werden Krebspatientinnen zu Vorstellungen über das Werden und Vergehen eines Baumes geführt, um zum Thema – Endlichkeit des Lebens – hinzuführen. Angst kann auf diesem Wege entschärft und das Thema enttabuisiert werden. So angewandt sind Visualisierungen keine Heilsversprechen, sondern dienen der Herstellung einer emotional ausgeglichenen, angenehmen Stimmungslage, die wiederum für kognitive Interventionen günstige Voraussetzungen bietet (Bower et al., 1981).

3. Verhaltensmedizinische Behandlungsansätze mit integrierter Entspannung

Bei den gynäkologischen Störungsbildern der Dysmenorrhoe (Schmerzen während der Regelblutung) oder des prämenstruellen Syndroms (Beschwerden vor dem Einsetzen der Regelblutung) sind ätiologisch noch viele Fragen offen. Neben hormonellen Faktoren (Östrogendominanz bei Gestagenmangel beim prämenstruellen Syndrom und vermehrte Prostaglandinsynthese bei der Dysmenorrhoe) kommen auch psychogenetische Momente in Betracht, die symptomverstärkend wirken. Die soziale Bedeutung des prämenstruellen Syndroms z. B. durch aggressive Verhaltensweisen, Unausgeglichenheit, Leistungseinschränkungen, geringere Belastbarkeit usw. infolge von Schmerzen, Nervosität, depressiven Verstimmungen u. ä. ist oft größer als die medizinische (Pschyrembel et al., 1991). Lerntheoretischen Überlegungen zufolge nehmen Faktoren wie Einstellungen zur Menstruation, Menarcheerleben, Kognitionsstile, Attributionen, Kontrollüberzeugungen u. a. Einfluß auf die Chronifizierung von Menstruationsbeschwerden. Die prämenstruellen physiologischen Veränderungen (Arousal-Anstieg mit entsprechenden physiologischen Begleiterscheinungen) werden von Frauen mit schmerzhaften Regelblutungen negativ bewertet, da sie die zu erwartenden Schmerzen bereits ankündigen. Zudem ist die Konditionierbarkeit durch das erhöhte kortikale Erregungsniveaus gesteigert, so daß weitere negative Reiz- Reaktions-Verknüpfungen erleichtert werden und Reizgeneralisierung erfolgen kann (Wijma et al., 1991).

So wird verständlich, daß heute als Alternative oder Ergänzung zu hormonellen Behandlungen bei der Dysmenorrhoe auch psychotherapeutische Interventionen Anwendung finden. Gegen die hochfrequenten unkoordinierten Muskelkontraktionen der Gebärmutter bei der schmerzhaften Regelblutung werden Entspannungsverfahren eingesetzt. Um die Erwartungsängste abzubauen, wird mit **Systematischer Desensibilisierung** gearbeitet (z. B. Duson, 1977; Cox & Meyer, 1978).

Folgt man den Überlegungen von Wijma, wären diese Ansätze insbesondere durch kognitive Strategien im Sinne von Reappraisal-Übungen zu bereichern (Bewertungsveränderungen der Symptome durch Nutzung vorhandener Ressourcen).

Die Bewältigung von Erwartungsängsten ist ebenfalls psychologisch relevant bei Störungen aus dem Bereich der gynäkologischen Urologie. Eine funktionelle Harninkontinenz bedeutet für viele Patientinnen eine erhebliche soziale Beeinträchtigung, insbesondere durch eine eingeschränkte Bewegungsfreiheit (häufiger Harndrang, Tragen von Einlagen) und das Gefühl, einen urinösen Geruch zu verbreiten.

Die beiden häufigsten Formen der funktionellen Harninkontinenz sind

a) die Streßinkontinenz, gekennzeichnet durch unwillkürlichen Urinabgang unter Belastung und verursacht durch einen insuffizienten Harnröhrenverschluß und
b) die Urge- oder Dranginkontinenz, bei der es zu Urinabgang bei nicht unterdrückbarem Harndrang durch unwillkürliche Kontraktionen des Detrusormuskels infolge einer Detrusorüberaktivität oder einer übersteigerten Sensibilität kommt.

Mit Systematischer Desensibilisierung bei Miktionsstörungen haben Lamontagne und Marks (1973) gearbeitet.

Eigene Behandlungskonzepte für dranginkontinente Frauen haben ebenfalls Entspannung und Systematische Desensibilisierung eingeschlossen, um gegen ängstigende Vorstellungen und Erwartungsspannungen zu arbeiten. In der Therapie ging es uns

a) um ein Blasentraining (Kegel-Übungen, Beschreibung s. u.),
b) um die Ermittlung und Besprechung von Kontingenzen mit Hilfe von Miktions- und Inkontinenzprotokollen,
c) um eine sukzessive Verlängerung der Zeiten zwischen einzelnen Toilettengängen und
d) um die Reduktion der Ängste (es nicht bis zur nächsten Toilette zu schaffen, in Gesellschaft zu sein, Peinlichkeit zu ertragen u. ä.) mittels Systematischer Desensibilisierung.

Da die Dranginkontinenz sehr häufig kombiniert mit einer Streßinkontinenz auftritt, waren unsere verhaltenstherapeutischen Interventionen nur bedingt erfolgreich (Lamm & Maspfuhl, 1977).

Zur Streßreduktion und Prävention der antizipatorischen Beschwerden Übelkeit und Erbrechen im Zusammenhang mit Chemo- oder Strahlentherapie wird die Systematische Desensibilisierung ebenfalls eingesetzt – darauf wurde bereits hingewiesen. Patientinnen erlernen ein Entspannungsverfahren und werden dann in einem angenehm entspannten Zustand mit den ängstigenden, Übelkeit oder Erbrechen auslösenden Reizen verbal oder visuell (Dias) konfrontiert, um eine Gegenkonditionierung zu erreichen (Morrow, 1986; Maspfuhl, 1986, 1992).

Ein **verhaltenstherapeutisch-kognitives Behandlungsprogramm** bei tumorbedingten Schmerzen ist von Larbig und Mitarb. entwickelt worden (Larbig, 1989).

Dieses Programm enthält als Bausteine

- die Progressive Muskelrelaxation zur Kontrolle autonom physiologischer Aktivierungsvorgänge bei Schmerzattacken;
- ein Körperwahrnehmungstraining, um zu lernen, Anzeichen für eine Schmerzattacke frühzeitig zu diskriminieren und gegenzusteuern (z. B. durch Einsatz der Entspannung);

- Übungen zur Veränderung kognitiver Prozesse bezüglich der Wahrnehmung und Bewertung von Schmerzen und
- Abbau schmerzaufrechterhaltender und Aufbau aktiver schmerzinkompatibler Verhaltensweisen.

Von Tarrier und Maguiere (1984) liegt ein verhaltenstherapeutisches Programm zur Bewältigung der Mastektomie vor. Auch hier bildet Entspannung wieder einen Grundbaustein: Übungen der Progressiven Muskelrelaxation werden verkoppelt mit einer Aufmerksamkeitslenkung auf positive Vorstellungen.

Ein zweites Element ist die Identifizierung reversibler und irreversibler Folgen der Operation. Bezüglich der irreversiblen Folgen werden kognitive Umstrukturierungen eingesetzt. Bezüglich des Umgangs mit den reversiblen Folgen (Ängsten, Depression, Selbstentwertung, sozialer Rückzug, Verunsicherung etc.) werden den Patientinnen Selbstkontrolltechniken vermittelt.

Ähnlich komplexe kognitiv-verhaltenstherapeutische Ansätze, wie sie für die Psychoonkologie vorliegen, sind für die Behandlung gynäkologischer Beschwerdebilder mit psychosomatischem Hintergrund leider noch rar.

Morse et al. (1991) haben eine Studie vorgelegt, bei der ein Vergleich von Hormontherapie einerseits und kognitiver Verhaltenstherapie mit Entspannungs- und Bewältigungstraining andererseits im Mittelpunkt stand, und zwar bei Patientinnen mit prämenstruellem Syndrom. Zunächst hat sich gezeigt, daß eine kombinierte Anwendung beider Therapiemethoden zu beträchtlicher Symptomreduktion geführt hat. Danach wurden die Therapien einzeln eingesetzt und hinsichtlich ihrer Wirksamkeit überprüft. Trotz rascher anfänglicher Erfolge der medikamentösen Therapie verringerten sich diese nach zwei Monaten, während das Verhaltenstherapietraining langsamere aber überdauernde Effekte zeitigte (Follow-up-Studie nach drei Monaten).

Abschließend sei auf den eingangs zitierten Fall eingegangen und unser verhaltenstherapeutisches Vorgehen zur Behandlung des Pruritus vulvae und der Dyspareunie skizziert.

Die Behandlung erfolgte in zwei Etappen: Die erste Etappe betraf die Therapie des genitalen Juckreizes und beinhaltete

- das Erlernen einer Entspannungstechnik (Progressive Muskelentspannung),
- Imaginationsübungen (Eis, kalte Dusche, kalter See u. ä. Vorstellungen, die für die Patientin juckreizlindernd waren),
- Kratzkontrolle (tagsüber Beherrschung durch Ablenkung, für nachts besorgte sich die Patientin einem eigenen Vorschlag folgend Handschuhe).

In der zweiten Etappe ging es um die Behandlung genitaler Verspannungen, die zu Schmerzen beim Geschlechtsverkehr führen können. Es erfolgten

- Entspannungs- und Bewegungsübungen (Vermittlung positiver Körpererfahrungen),
- vaginales Muskeltraining (Kegel-Übungen),
- sexuelle Phantasieübungen (zur inneren Selbststimulation),
- kognitive Umstrukturierungen hinsichtlich der Einstellungen zur Sexualität und
- In-vivo-Desensibilisierungen (nach dem Vorgehen von Kaplan, 1979) zur Dekonditionierung vaginaler Penetrationsängste.

Durch die Kratzkontrollübungen hat die Patientin lernen können, Kratzimpulse zu beherrschen. Dabei spielte Entspannung mit verknüpften juckreizlindernden Imaginationen eine wesentliche Rolle. Auf diese Weise sind im Genital- und Analbereich Kratzwunden, Blutungen, Schwellungen und Verdickungen nicht mehr aufgetreten, so daß mit der zweiten Etappe begonnen werden konnte. Auch hier war Entspannung ein Grundbaustein des sexualtherapeutischen Vorgehens. Bei den Kegel-Übungen handelt es sich um eine Aktivierung und Trainierung der Muskeln des Beckenbodens, insbesondere des Pubococcygeus-Muskels. Der Gynäkologe Kegel hat diese Übungen entwickelt, ursprünglich zur Behandlung der funktionellen Harninkontinenz. Die Beobachtung, daß Frauen nach diesen Übungen eine verbesserte sexuelle Reaktionsfähigkeit zeigten, hat später zur Integration dieser Methode in die Sexualtherapie geführt. Das Vorgehen beginnt mit der Identifizierung des Pubococcygeus, was durch weites Auseinanderspreizen der Beine beim Wasserlassen möglich ist. Danach soll der Urinstrahl willentlich unterbrochen worden, was nur durch diesen Muskel möglich ist. Dieses Unterbrechen wird dann in der Frequenz gesteigert, was nach einem vorgegebenen Plan erfolgt. Später werden die schnellen Kontraktionen des Pubococcygeus mit sexuellen Phantasien assoziativ verknüpft.

Da es bei der Darstellung in erster Linie um den Einsatz von Entspannungstechniken ging, sei nur am Rande erwähnt, daß mit der Patientin bzw. mit dem Paar natürlich auch die Hintergründe, Ursachen und aufrechterhaltenden Bedingungen besprochen und der Symptomenkomplex unter systemischem Aspekt betrachtet wurde.

Zusammenfassend wird aus den zitierten Studien deutlich, daß die verschiedensten Entspannungsverfahren in die Gynäkologie zwar Eingang gefunden haben, daß die Möglichkeiten des Einsatzes dennoch bei weitem nicht ausgeschöpft zu sein scheinen. Die Gynäkologie ist ein noch stark vom organmedizinischen Denken bestimmtes Fachgebiet, so daß hier ein erheblicher Nachholbedarf an verhaltensmedizinischer Forschung und Praxis besteht. Dabei ist die Anwendung verhaltenstherapeutischer Techniken in Verbindung mit Entspannungsverfahren dem alleinigen Einsatz von Entspannung in der Wirksamkeit nachweislich überlegen.

Literatur

Annon, J. S. (1975). The behavioral treatment of sexual problems. Honolulu: Enabling-System INC., Vol. II.

Arentewicz, G. & Schmidt, G. (1980). Sexuell gestörte Beziehungen. Berlin: Springer.

Beck, R. P. (1990). Detrusor instability: diagnosis and therapy. Current Opinion in Obstetrics an Gynecology, 2, 591–598.

Bennink, C. D., Hulst, L. & Benthem, J. A. (1982). The effects of EMG-biofeedback and relaxation training on primary dysmenorrhea. Journal of Behavior Medicine, 5, 329–341.

Benson, H. (1975). The relaxation response. New York: Avon.

Birbaumer, N. (1986). Krebserkrankungen. In W. Miltner, N. Birbaumer & W. D. Gerber. Verhaltensmedizin. Berlin: Springer.

Bonica, J. J. (1985). Treatment of cancer pain: Current status and future needs. In H. L. Fields, R. Dubner & F. Cervero (Eds.), Proceedings of the Fourth World Congress of Pain. New York: Raven Press.

Bower, G. H., Gilligan, S. G. & Monteiro, K. P. (1981). Selectivity of learning caused by affective status. Journal of Experimental Psychology: General, 110, 451–473.

Christmann, F. & Hoyndorf, S. (1990). Sexuelle Störungen. In D. Revenstorf (Hrsg.), Klinische Hypnose. Berlin: Springer.

Cleeland, C. S. & Tearnan, B. H. (1986). Behavioral control of cancer pain. In A. O. Holzman & D. C. Turk (Eds.). Pain management. A handbook of psychological treatment approaches. New York: Pergamon Press.

Cox, D. J. & Meyer, R. G. (1978). Behavioral treatment parameters with primary dysmenorrhea. Journal of Behavioral Medicine, 1, 297–300.

Davis, H. (1986). Effects of biofeedback and cognitive therapy on stress in patients with breast cancer. Psychological Reports, 59, 967–974.

Diener, C. I. & Redd, W. H. (1985). Treatment of anxiety associated with chemotherapy and other noxious medical procedures. In L. Michaelson & M. Ascher (Eds.), Cognitive- behaviorial treatment of anxiety disorders. New York: Guilford.

Duffy, E. (1962). Activation and behavior. New York: Wiley.

Duson, B. M. (1977). Effecitiveness of relaxation-desensitization and cognitive restructuring in teaching the self- management of mentsrual symptoms to college women. Dissertation Abstracts International, 37, 6322.

Fliegel, S., Groeger, W. M., Künzel, R., Schulte, D. & Sorgatz, H. (1989). Verhaltenstherapeutische Standardmethoden. München: Psychologie Verlags Union.

Fröhlich, H. H. & Maspfuhl, B. (1989). Aktuelle Probleme der Sexualforschung. Zentralblatt für Gynäkologie, 111, 785–792.

Gagnon, J. H., Rosen, R. C. & Leiblum, S. R. (1982). Cognitive and social aspects of sexual dysfunction: Sexual scripts on sex therapy. Journal of Sex and Marital Therapy, 8, 44–56.

Gannon, L. (1981). Psychological and physiological factors in the development, maintenance, and treatment of menstual disorders. In S. N. Hayes & L. Gannon (Eds), Psychosomatic disorders. New York: Preager

Gerber, W. D. (1986). Verhaltensmedizin gynäkologischer Erkrankungen. In W. Miltner, N. Birbaumer & W. D. Gerber Verhaltensmedizin. Berlin: Springer.

Goodale, I. L., Domar, A. D. & Benson, H. (1990). Alleviation of premenstrual syndrom symptoms with the relaxation response. Obstetrics and Gynecology, 75, 649–655.

Goulding, M., Goulding, R. L. (1979). Changing lives through redecision therapy. New York: Brunner/Mazel. (Dt. 1986. Neuentscheidung. Ein Modell der Psychotherapie. Stuttgart: Klett-Cotta).

Hoppe, F. (1990). Schmerz. In D. Revenstorf (Hrsg.), Klinische Hypnose. Berlin: Springer.

Kaplan, H. S. (1979). Sexualtherapie. Stuttgart: Enke.

Karim, S. M., Hillier, K. (1973). The role of prostaglandins in myometrial contraction. In J. B. Josimovich (Ed.), Uterine contraction: Side effects of steroidal contraceptives. New York: Wiley.

Klumbies, G. (1974). Psychotherapie in der inneren und Allgemeinmedizin. Leipzig: Hirzel.

Kraiker, C. (1990). Das Autogene Training. In D. Revenstorf (Hrsg.), Klinische Hypnose. Berlin: Springer.

Lamm, D. & Maspfuhl, B. (1977). Psychologische Aspekte bei der Behandlung der Harninkontinenz der Frau. Jndrichov Hradev: Vortrag 1. Tagung der Gesellschaft für Gynäkologische Urologie der CSSR.

Lamontagne, Y. & Marks, I. M. (1973). Psychogenic urinary retention: Treatment by prolonged exposure. Behavior Therapy, 4, 581–585.

Larbig, W. (1989). Verhaltensmedizinische Konzepte bei tumorbedingten Schmerzen. In R. Wahl & M. Hautzinger (Hrsg.), Verhaltensmedizin. Köln: Deutscher Ärzte Verlag.

Lenk, W. (1990). Hypnotherapie bei Krebserkrankungen. In D. Revenstorf (Hrsg.), Klinische Hypnose. Berlin: Springer.

Leuner, H. & Schroeter, E. (1975). Indikationen und spezifische Applikationen der Hypnosebehandlung. Stuttgart: Huber.

Levy, S. M. (1985). Behavior and cancer. San Francisco: Jossey-Bass.

Lopiccolo, J. (Ed.) (1978). Handbook of sex therapy. New York: Plenum Press.

Lopiccolo, J. & Lobitz, W. C. (1977). Die Bedeutung der Masturbation bei der Behandlung von Orgasmusstörungen. In G. Kockott (Hrsg.), Sexuelle Störungen. München: Urban & Schwarzenberg.

Lukas, K. H. (1983). Die Dysmenorrhoe als Prototyp des Schmerzphänomens in der Gynäkologie. In H. J. Prill & D. Langen (Hrsg.), Der psychosomatische Weg zur gynäkologischen Praxis. Stuttgart: Schattauer.

Maspfuhl, B. (1986). Psychologische Hilfestellung zur Bewältigung des Krankseins am Beispiel der gynäkologischen Onkologie. Ahrenshoop: Vortrag 4. Arbeitstagung Medizinische Psychologie.

Maspfuhl, B. (1992). Der Umgang mit psychischen Problemen nach der Brustoperation. In M. Kindler, B. Maspfuhl & H. Wilken. Brustkrebs. Berlin: Verlag Gesundheit.

Masters, W., Johnson, V. (1973). Impotenz und Anorgasmie. Frankfurt: Goverts Krüger Stahlberg Verlag.

Morrow, G. R. (1986). Effect of the cognitive hierarchy in the systematic desensitization treatment of anticipatory nausea in cancer patients: A component comparison with relaxation only, counseling, and no treatment. Cognitive Therapy and Research, 10, 421–446.

Morse, C. A., Dennerstein, L., Farrell, E. & Varnavides, K. (1991). A comparison of hormone therapy, coping skills training, and relaxation for the relief of premenstrual syndrome. Journal of Behavioral Medicine, 14, 469–489.

Oeter, K. (1979). Der Arzt und seine Patientin. In K. Oeter & M. Wilken (Hrsg.), Frau und Medizin. Stuttgart: Hippokrates.

Pearne, D. H., Zigelbaum, S. D. & Peyser, W. P. (1977). Biofeedback-assisted EMG relaxation for urinary retention and incontinence. Biofeedback and Self-regulation, 2, 213–217.

Prill, H. J. (1983). Das Autogene Training in Gynäkologie und Geburtshilfe. In H. J. Prill & D. Langen (Hrsg.), Der psychosomatische Weg zur gynäkologischen Praxis. Stuttgart: Schattauer.

Psychyrembel, W., Strauss, G. & Petri, E. (1991). Praktische Gynäkologie. Berlin: Walter de Gruyter.

Redd, W. H., Andrykowski, M. A. (1982). Behavioral intervention in cancer treatment: Controlling aversion reactions to chemotherapy. Journal of Consulting and Clinical Psychology, 50, 1018–1029.

Redd, W. H., Andresen, G. V. & Minagawa, R. Y. (1982). Hypnotic control of anticipatory emesis in patients receiving cancer chemotherapy. Journal of Consulting and Clinical Psychology, 50, 14–19.

Redd, W. H. & Hendler, C. S. (1984). Learned aversions to chemotherapy treatment. Health Education Quarterly, 10, 51–66.

Rosen, H. (1953). Hypnotherapy in clinical psychiatry. New York: Julian.

Sedlacek, K. & Heczey, Y. M. (1977). A specific treatment for dysmenorrhea. Proceedings of the Biofeedback Research Society of America, 8, 26.

Sigmon, S. T. & Nelson, R. O. (1988). The effectiveness of activity scheduling and relaxation training inthe treatment of spasmodic dysmenorrhea. Journal of Behavioral Medicine, 11, 483- 495.

Simonton, O. C., Matthews-Simonton, S. & Sparks, D. F. (1980). Psychological intervention in the treatment of cancer. Psychosomatics, 21, 226–233.

Spiegel, D. & Bloom , J. R. (1983). Group therapy and hypnosis reduce metastatic breast carcinoma pain. Psychosomatic Medicine, 45, 249–255.

Tarrier, N. & Maguire, P. (1984). Treatment of psychological distress following mastectomy: an initial report. Behavior Research and Therapy, 22, 81–84.

Wendt, H. (1979). Integrative Sexualtherapie. Die Psychotherapie der Anorgasmie der Frau. Bonn: Dissertation.

Wijma, K., Areskog-Wijma, B. & Cullhed, S. (1991). Primary dysmenorrhea in a learned-theoretical perspective. In D. Richter, J. Bitzer & P. Nijs (Eds.), Advanced Psychosomatic Research in Obstetrics and Gynecology. Berlin: Springer

Ylikorkala, O. & Dawood, Y. (1978). New concepts in dysmenorrhea. American Journal of Obstetrics and Gynecology, 1, 833–847.

Zahnheilkunde

Vladimir A. Gheorghiu und Michael Hübner

1. Einleitung

Bewußt eingesetzte Suggestionsverfahren in der Zahnheilkunde lassen sich geschichtlich bis in die Anfänge des vorigen Jahrhunderts zurückverfolgen (für Details siehe Burk, 1986). Dokumentierte Fallberichte beziehen sich ursprünglich insbesondere auf den Einsatz von hypnotischer Suggestion zur Schmerzbekämpfung. Im Laufe der Zeit wird aber eine immer größere Bandbreite zahnmedizinischer Behandlungsprobleme berücksichtigt. In den meisten Veröffentlichungen zu diesem Thema wird dabei auf den wichtigen Stellenwert hetero- oder autosuggestiv erzeugter Entspannung verwiesen (siehe z. B. Hilgard & Hilgard, 1975; Kossak, 1993; Schmierer & Kunzelmann, 1990; Schmierer, 1993).

Auf der Grundlage einer Analyse der zahnmedizinischen Hypnose-Literatur und ihrer eigenen Erfahrung haben Schmierer und Kunzelmann (1990, S. 364) folgende Übersicht zu den meistgenannten Indikationen für den Einsatz von Entspannungsverfahren erstellt (nach Benson, 1972; Bernick, 1972; Hilgard & Hilgard, 1975; Gerschman, Burrows & Rheade,1980; Marcus, 1963; Moss, 1952; Shaw, 1977; Tinkler, 1977).

Zusammenstellung der meistgenannten Indikationen in der Zahnmedizin

Allgemeine Behandlungsvoraussetzungen

Herstellung einer Behandlungskooperation
Reduktion von Angst und Anspannung
Bewältigung akuter Schmerzen
Kontrolle von Speichelfluß
Kontrolle von Übelkeit
Kontrolle von kapillarer Blutung
Kontrolle von Neigung zur Ohnmacht
Kontrolle von Herzsynkopen
Bei Abneigung gegen Bohrgeräusche und Vibration, Lokalanästhesie, Abdrücke

Bei operativen Eingriffen

Aufrechterhaltung der Behandlungsmotivation bei langen Eingriffen
Reduktion von Analgetika und Anästhetika
Substitution oder Ergänzung der Prämedikation
Amnesie für unangenehme Eingriffe
Herstellung muskulärer Rigidität in Kiefer und Nacken
Reduktion von postoperativem Schock
Reduktion postoperativer Blutung
Reduktion postoperativer Schmerzen
Bei Blutungen

Gewohnheitskontrolle

Bruxismus
Tic doloureux
Daumenlutschen
Psychosomatisch orale Probleme
Schädliche Bißgewohnheiten
Zungendruck

Gewöhnungskontrolle

Pädiatrische Korrektur
Vorbehalte gegen orthodontale oder prothetische Maßnahmen
Gewöhnung an orthodontale oder prothetische Maßnahmen
Gewöhnung an mundhygienische Maßnahmen

In dem vorliegenden Beitrag soll insbesondere Bezug genommen werden auf

a) belastende Faktoren der Zahnbehandlungssituation und hieraus resultierende Konsequenzen für den Patienten und den Zahnarzt;
b) die wichtigsten Indikationen für den Einsatz von Entspannungsverfahren in der Zahnheilkunde;
c) zwei Entspannungsverfahren, die sich zur Anwendung im Bereich der Zahnmedizin als geeignet erwiesen haben;
d) verschiedene indirekte und direkte Suggestionsstrategien, die abhängig und unabhängig von einer Hypnose oder anderen Entspannungsverfahren einsetzbar sind und auf
e) eine Reihe von Fallbeispielen, die dem Leser die unter a–d ausführlicher dargestellten Aspekte veranschaulichen sollen.

Fallbeispiel 1: Selbstentspannungsverfahren zur Behebung einer Prothesen-Unverträglichkeit

Frau M., damals 63 Jahre, wurde uns von der Bukarester Zahnklinik überwiesen, nachdem offenkundig wurde, daß für ihre schon sieben Jahre anhaltende Protheseninverträglichkeit weder Besonderheiten der Prothese noch bestimmte somatische Vorgänge verantwortlich zu machen waren. Die Patientin klagte über starken Brechreiz und konnte nur für kurze Zeit die Prothese tragen. Die Beschwerden traten schon zu der Zeit auf, in der es sich um eine partielle Prothese handelte. Im Laufe der Jahre wurden ihr auch die restlichen Zähne extrahiert, u. a. weil angenommen wurde, daß Inkompatibilitätsverhältnisse mit vorhandenen Legierungen die Unverträglichkeit erklären könnten. Mit der totalen Prothese verschwanden die Beschwerden jedoch keineswegs.

Die Anamnese und psychodiagnostischen Verfahren ließen auf keine psychischen Besonderheiten schließen. Erkennbar war eine gewisse Verkrampfung, die sich in ihrer gesamten Körperhaltung ausdrückte. Frau M, eine überdurchschnittlich gebildete Frau, schien im allgemeinen mit ihrer familiären und beruflichen Situation zufrieden zu sein. Im Gespräch mit dem Therapeuten zeigte sie sich etwas wortkarg und zurückhaltend, wenn es darum ging, persönliche Probleme zur Sprache zu bringen. Es ist aber nicht auszuschließen, daß ihre Verhaltensweise auch darauf zurückgeführt werden konnte, daß sie prinzipiell gegen eine psychologische Vorgehensweise zur Behandlung ihrer Beschwerden war. Bekanntlich werden Patienten, die sich jahrelang in zahnärztlicher Behandlung befinden, nicht selten vor den Kopf gestoßen, wenn der Zahnmediziner selbst nicht mehr weiter weiß, die somatisch ausgerichtete Therapie abbricht und die Patienten zum Psychotherapeuten schickt (vgl. Marxkors & Müller-Fahlbusch, 1976). Hinzu kam auch, daß sie generell Vorbehalte gegenüber Suggestivverfahren hatte.

Der Zahnmediziner der Zahnklinik überwies uns die Patientin mit der Erklärung, „daß in ihrem Fall wohl nur noch Wunder helfen könnten.“ Damit war unter anderem auch die Hypnose gemeint. Es wäre leichter gewesen, die Patientin nach Hause zuschicken. Da sie trotz ihrer Vorbehalte gekommen war, galt es, die Situation positiv zu bewerten. Der Therapeut schlug Frau M. zunächst einen Rollentausch vor. Sie setzte sich auf seinen Stuhl und fragte den Therapeuten, den sie nun als „Patienten“ vor sich hatte, wie er denn in dieser Situation reagieren würde. Der Therapeut versetzte sich in ihre Situation und sagte mit gespielter Traurigkeit, daß nach sieben Jahren erfolgloser Versuche wohl keine rein zahnmedizinische Behandlungsalternative mehr bestehe. Nach der Behandlungsform gefragt, äußerte er sich sehr positiv zugunsten eines Entspannungsverfahrens, das er erst einmal üben würde. Daraufhin fragte Frau M., was er von Yoga halten würde. Der Therapeut zeigte sich sehr interessiert an dieser Richtung.

In dem Moment, in dem von Yoga die Rede war, fiel Frau M. zurück in die Patientenrolle. Es wurden wieder die Plätze getauscht, und die Patientin erzählte, daß sie mehrere Jahre mit ihrem Mann in Indien gelebt hatte, der dort beruflich verpflichtet war. Seit dieser Zeit habe sie sich für Yoga interessiert, aber nicht den Mut aufgebracht, direkt in Verbindung mit einem Yogi zu treten. Auf der Grundlage dieser Mitteilungen konnten weitere therapeutische Schritte eingeleitet werden. Auf ihren Wunsch hin wurde sie in Verbindung mit einer Kollegin gebracht, die eine Yoga-Gruppe leitete. Zur Kursleiterin konnte Frau M. großes Vertrauen aufbauen und erlernte mit Eifer die angebotenen Übungen. Dies erwies sich als der entscheidende Schritt. Immer wieder meldete sie sich für weitere Behandlungstermine beim Therapeuten an. Dieser erklärte ihr, daß weitere Treffen grundsätzlich denkbar wären, setzte aber voraus, daß sie erst einige Selbsterfahrungen in der Anwendung von Yoga-Techniken gewinnen sollte. Die dabei erteilte Suggestion lautete: *„Wenn sie sich dabei ruhig und gelassen fühlen, haben wir mehr als die Hälfte der Angelegenheit geklärt.“* In der Tat waren dann nur noch drei bis vier Therapiesitzungen notwendig, um mit Hilfe von Selbstentspannungstechniken (i. S. eines Autogenen Trainings) und damit auf indirektem Wege die jahrelang anhaltende Prothesenunverträglichkeit zu beheben. Eine nach einem Jahr erfolgte Nachfrage ergab, daß sie weiterhin die Prothese akzeptierte.

Bei diesem Fall ist davon auszugehen, daß es sich hierbei nicht um eine klassische Form psychogener Unverträglichkeit, sondern um ein Prothesenadapationsproblem gehandelt hat (siehe Schmierer & Kunzelmann, 1990).

2. Belastungsfaktoren der Zahnbehandlungssituation

2.1 Belastende Faktoren für den Patienten

Von Kindesalter an gehört der Zahnarztbesuch zu den sich wiederholenden Ereignissen im Leben. Für die Mehrheit der Patienten ist die Behandlung mit unangenehmen Erfahrungen und Gefühlen verbunden. (In dem vorliegenden Beitrag wurden aus Gründen der Vereinfachung immer nur die Begriffe Zahnarzt, Patient, Arzt, Zahnbehandler, Mitarbeiter, Assistent etc. verwendet, wobei grundsätzlich, wenn nicht explizit angegeben, hiermit Personen beiderlei Geschlechtes gemeint sind).

Dieses Unbehagen manifestiert sich u. a. durch die Angst vor Schmerzen, vor Injektionen, vor einem drohenden Kontrollverlust, da sich manche Patienten dem Zahnarzt ausgeliefert fühlen, oder auch aus Angst vor der Kritik des Praxisteams über mangelnde Mundhygiene. Hinzu kommt, daß die Behandlung am Kopf stattfindet. Die Mundhöhle besitzt eine sehr hohe Dichte an Sinnesrezeptoren. Zahnmedizinische Eingriffe können deshalb häufig mit einem Schmerzerlebnis gekoppelt sein. Der Gesichts- und Mundbereich zeichnet sich neurophysiologisch durch eine überproportionale Repräsentation an der sensorischen Hirnrinde im Vergleich zu den anderen Arealen der Körperoberfläche aus (Campenhausen, 1981). Darüberhinaus kommt dem Mundbereich auch eine wichtige psychologische Bedeutung zu, so daß von einigen Patienten die eigentliche Behandlung als ein „Eindringen in die Intimsphäre“ erlebt wird (vgl. Kossak, 1993; Schmierer & Kunzelmann, 1990).

Aus den genannten Belastungsfaktoren kann eine allgemeine Zahnbehandlungsangst resultieren, die sich je nach Fall bis zur Zahnarztphobie steigern kann (vgl. Kleinhauz, Eli & Rubinstein, 1986).

Micheelis (1992) schätzt, daß zirka 75% der bundesdeutschen erwachsenen Bevölkerung eine leichte bis mittlere, 15% eine starke überdurchschnittliche Zahnbehandlungsangst aufweisen. Auch zahlreiche Zahnmediziner berichten von eigenen Ängsten, wenn sie sich selbst einer Zahnbehandlung unterziehen müssen, wie Umfragen auf einigen unserer Fortbildungen für den Einsatz von Suggestivverfahren in der Zahnheilkunde ergeben haben.

Angstreaktionen in Bezug auf die zahnmedizinische Behandlung können sich verschiedenartig auswirken. Viele Personen vermeiden wahrscheinlich deshalb eine regelmäßige zahnärztliche Untersuchung und begeben sich erst in Behandlung, wenn es zum Auftreten von stärkeren stomatologischen Beschwerden kommt (Bakland, 1974; Langa, 1968). Je nach dem Ausmaß der Ängstlichkeit können sich zahnmedizinische Eingriffe als schwer durchführbar erweisen oder es kann hierdurch zu einem totalen Vermeidungsverhalten kommen (siehe Fallbeispiel 4). Funktional kann sie in Kombination mit anderen psychischen oder organischen Problemen an der Entstehung oder Aufrechterhaltung von Funktionstörungen des stomatogenen Systems wie Bruxismus (Graf, 1969), Myoarthropathie (Gerschman, Rheade & Burrows, 1980; Schmierer & Kunzelmann, 1990) oder Würgereflex (Lupton, 1969) beteiligt sein.

Generell gilt für Angstreaktionen, daß sie mit einer Auslösung autonomer vegetativer Reaktionsmuster verbunden sind (vgl. den Beitrag von Deuchert & Petermann in diesem Buch). Diese Aktivierung ergotroper Reizleitungen führt u. a. zu einer Erhöhung der Atem- und Pulsfrequenz, steigendem Blutdruck, Schwitzen, Erweiterung der Pupillen und einem Ansteigen des Muskeltonus. Weiterhin kann es bei Angstreaktionen zu einem Auftreten diffuser autonomer Reaktionen kommen, die eine gesteigerte allgemeine Reizbarkeit bedingen können (Hess, 1947). Durch die Bereitstellung von Energiereserven kommt es zu einer Sensibilisierung von Sinneswahrnehmungen (z. B. Schmerzerleben). Gleichzeitig können in Einzelfällen auch parasympathische Reaktionen wie Durchfall, Übelkeit, Erbrechen und eine erhöhte Häufigkeit des Harnlassens ausgelöst werden. Der Organismus soll so in eine Reaktionsbereitschaft versetzt werden, die entsprechendes Flucht- oder Angriffsverhalten ermöglicht. Während der Zahnbehandlung ist der Patient jedoch zu einer fast vollständigen Passivität gezwungen. Flucht- oder Angriffsimpulse sind mehr oder weniger blockiert. Eine Entladung des Erregungsniveaus zum Beispiel durch Weglaufen ist nicht gegeben und möglich (vgl. Raith & Ebenbeck, 1986). Die mit dieser Reaktionsbereitschaft verbundene Sympathikusaktivität mit ihren zum Teil unmittelbar erleb- und wahrnehmbaren Konsequenzen für den Patienten und den Behandler wirken sich häufig sehr nachteilig auf die gesamte Behandlungssituation aus:

a) die Schmerzempfindlichkeit ist erhöht: Circulus vitiosus aus Angst – Spannung – Schmerz;
b) eine angespannte Muskulatur insbesondere im Mundbereich erschwert die zahnmedizinische Behandlung;
c) Langzeitbehandlungen können sich für den Patienten und den Behandler als Tortur erweisen.

Insgesamt kann die Behandlung wie auch der gesamte Behandlungskontext (Warteraum, Behandlungszimmer, Geruch, Geräusche) als sehr unangenehm von dem Patienten erlebt werden, was wiederum u. a. die Zahnbehandlungsangst erhöhen kann.

2.2 Die Angst des Zahnarztes vor der Angst der Patienten

Ängstliche und verspannte Patienten können auch den behandelnden Zahnmediziner und das gesamte Praxisteam negativ beeinflussen. In einer Umfrage von Tönnies und Heering-Sick (1987) geben 71% der befragten Zahnärzte an, durch die Behandlungsangst ihrer Patienten belastet zu sein. Als Gegenreaktion zu der vom Zahnmediziner wahrgenommen Angstreaktion seiner Patienten können bei ihm ebenfalls Affekte, begleitet von vegetativ ergotropen Reaktionen auftreten, die zusätzlich zu der ohnehin vorhandenen Aktivierung bei der Durchführung der zahnmedizinischer Behandlung Muskelverspannungen, Gereiztheit und Streßreaktionen (z. B. Kopf-Rückenschmerzen; längerfristig: Herz-Kreislaufbeschwerden, Bluthochdruck, Infarkt, Magen-Darmbeschwerden) verursachen können (Schmierer, 1991a). Bei der hohen Verbreitung von Zahnarztangst ist jeder Zahnmediziner tagtäglich mehrmals mit dem Problem der Angstbewältigung und der Angstabwehr bei sich selbst und bei seinen Patienten konfrontiert. Häufig anzutreffende Angstabwehrmechanismen auf der Behandlerseite sind Bagatellisieren *(„Das tut bestimmt nicht weh; Sie brauchen keine*

Angst zu haben"), Verleugnung (kein Blickkontakt, eigene Ablenkungsstrategien), Betonung von Sachzwängen (ausschließliche Kommunikation über technische Details mit dem Patienten) oder Ironisieren, z. B. „Witze machen" (Raith & Ebenbeck, 1986). Diese Umgangsweisen mit der wahrgenommen Behandlungsangst der Patienten führen jedoch nicht zu einer nachhaltigen Verbesserung ihrer Behandlungswilligkeit und Kooperation, so daß das gesamte Praxisteam immer wieder hiermit konfrontiert wird. Wesentlich effizienter kann die gesamte Behandlungssituation sowohl für den Patienten als auch für das Praxisteam durch den Einsatz von Entspannungsverfahren in der Zahnarztpraxis verbessert werden.

Nachfolgend sollen wichtige Anwendungsbereiche für Entspannungsverfahren in der zahnärztlichen Praxis und ihre Auswirkungen dargestellt werden.

3. Indikationen für den Einsatz von Entspannungsverfahren in der Zahnheilkunde

Die Erzeugung von Entspannungsreaktionen vor, während, und nach zahnmedizinischen Behandlungen ist aufgrund folgender Implikationen sinnvoll:

a) Reduktion von situationsunangemessenen Reaktionen;
b) Veränderung von Sinneserlebnissen;
c) Gefäßregulierung;
d) Training der Umschaltungsfähigkeit.

Diese Aufteilung erfolgte in Anlehnung an Schaeffer (1983) und wurde von uns auf den Anwendungsbereich der Zahnmedizin übertragen.

zu a) Reduktion von situationsunangemessenen Reaktionen

Entspannungsreaktionen führen zu einem Vorgang, den Schultz (1932) im Zusammenhang mit dem Autogenen Training als „Resonanzdämpfung der Affekte" bezeichnet hat. Dabei ging er von Beobachtungen aus, daß Affekte (z. B. Zahnbehandlungsangst) von vegetativen Reaktionen begleitet sind, deren Wahrnehmung zu einer weiteren Verstärkung der jeweiligen Affekte führen können. Diese Sichtweise entspricht auch neueren Analysen zur Angstentstehung („Teufelskreis der Angst") (für Details siehe z. B. Margraf & Schneider, 1990). Anstelle eines gegenseitigen Aufschaukelungsprozesses („Resonanz der Affekte") zwischen vegetativen und kognitiven Komponenten der Angst soll via eingeleiteter Entspannungsreaktionen die erwähnte „Dämpfung der Affekte" erzielt werden. Physiologische, kognitive und verhaltensorientierte Komponten der Angst sind im Sinn eines kybernetischen Regelkreises sowohl Verstärkungs- als auch Dämpfungsabläufen unterworfen. Die Veränderung einer Komponente kann somit zu einer Gesamtsystemveränderung führen. Wenn durch die Einleitung von Entspannung ergotrope Reaktionsmuster reduziert werden, kann dies zu einer Umkehrung des Aufschaukelungsprozesses der Angst führen. Ist ein Individuum entspannt, kommt es zu einer Dämpfung bzw. Blockierung ergotroper Bereitstellungsreaktionen (siehe den Beitrag von Vaitl, Psychophysiologie der Entspannung, in Band 1 dieses Handbuches). Entspannungsreaktionen haben somit eine angstantagonistische Wirkung (reziproke Hemmung; vgl. Wolpe, 1958). Wenn es dem Patienten gelingt, während der zahnmedizinischen Behandlungssituation entsprechende Entspannungsreaktionen herbeizuführen, so kann dies zu einer angenehmeren und angstfreieren Behandlung – wie gleich näher gezeigt werden soll – führen. Dadurch können ebenfalls entsprechende negative Imaginationen in bezug auf weitere Zahnbehandlungen, die ansonsten durch verdecktes Konditionieren zu einer weiteren Aufrechterhaltung der Angst beitragen können, verändert werden (vgl. Rodolfa, Kraft & Reilley, 1990).

Positiv auf die Behandlung kann sich die mit der Entspannung einhergehende Reduktion des Muskeltonus auswirken. Ein entspannter Patient hat im allgemeinen eine lockere Muskulatur. Da sich die Muskelentspannung im gesamten Körper vollzieht, wird auch die Gesichtsmuskulatur entspannt. Hierdurch wird die gesamte Behandlung sowohl für den Patienten als auch für den Zahnmediziner erleichtert. Bißnahmen und Behandlungen im Backenzahnbereich gestalten sich so wesentlich einfacher. Langzeitbehandlungen werden durch das Entspannungserleben als angenehmer empfunden, was u. a. der Aufrechterhaltung der Behandlungsmotivation dient (Schmierer & Kunzelmann, 1990).

Durch die mit Entspannung erreichte Reduktion ergotroper Reaktionen bis hin zu ihrer Blockierung lassen sich auch kurzdauernde Bewußseinsverluste des Patienten (Synkopen), die durch eine zu hohe Belastung in der Folge zahnmedizinischer Eingriffe auftreten können, verringern (siehe z. B. Tinkler, 1966).

Der gezielte Einsatz von Entspannungsverfahren mit den geschilderten Wirkungen stellt neben anderen psychotherapeutischen Behandlungsschritten einen zentralen Baustein in der Therapie stomatologischer Funktionsstörungen dar, z. B. bei psychogener Prothesenunverträglichkeit (siehe z. B. Fallbeispiel 1; Dünninger & Kunzelmann, 1987), bei Würgereiz (z. B. Moss, 1952; Benson, 1972; Eli & Kleinhauz, 1985), bei funktionellen Myoarthropathien (z. B. Gerschman, Burrows & Rheade, 1980; Golan, 1989) und bei Bruxismus (z. B. Shaw, 1962; Goldberg, 1973; Graham, 1974; Crasilneck & Hall, 1975).

Neben dem Patienten profitiert auch das gesamte Praxisteam vom Einsatz der Entspannungsverfahren. Die Fähigkeit zur Reduktion extremer ergotroper Reaktionsmuster durch den Einsatz von Selbstentspannung kann auch in Belastungssituationen zur Herstellung einer für den jeweiligen Kontext (z. B. Umgang mit Problempatienten, schwieriger Eingriff, Langzeitbehandlung, hohes Arbeitspensum) angemessenen Leistungsbereitschaft führen. Somit ist ein konzentrierteres, ruhigeres und im allgemeinen schnelleres Arbeiten möglich. Das mit ruhigen Händen und ruhiger Ausstrahlung arbeitende Praxisteam stellt darüberhinaus ein gutes Modell für den Patienten dar. Positive Interaktionseffekte zwischen Zahnbehandler und Patient werden dadurch begünstigt. Das Erlernen von Selbstentspannung stellt einen der Hauptgründe dar, warum sich Zahnärzte in der Anwendung von Entspannungs- und Suggestivverfahren ausbilden lassen, wie den Berichten von ca. 100 Zahnmedizinern, bei deren Ausbildung wir mitgewirkt haben, entnommen werden konnte.

zu b) Veränderung von Sinneserlebnissen

Neben der Reduktion situationsunangemessener Reaktionen kann als weitere Wirkvariable die Veränderung von Sinneserlebnissen genannt werden. In der praktischen Anwendung haben Suggestivverfahren, wie bereits erwähnt, insbesondere in der Beeinflussung von Schmerzen ihre wichtige Bedeutung (siehe Hilgard & Hilgard, 1975; Hoppe, 1986, 1990). Durch die Erzeugung von Entspannungsreaktionen kann der Teufelskreis aus Angst – Anspannung – Schmerz unterbrochen werden. Durch gezielt eingesetzte suggestive Techniken kann aber auch ein Einfluß auf das jeweilige Schmerzerleben ausgeübt werden. Die konkreten suggestiven Verfahren, die in der Zahnheilkunde Anwendung finden, werden unter Punkt 4 und 5 näher erläutert.

Ebenfalls kann es durch die bei der Anwendung von Entspannungstechniken geforderte Konzentration auf angenehme körperinterne Prozesse (z. B. auf die „Schwere" und „Wärme" in Armen und Beinen) oder durch imaginative Erlebniszustände zu einer Distanzierung von unangenehmen Wahrnehmungen (z. B. Schmerzen) und Außenreizen (z. B. Bohrergeräusche, Knochenschall) kommen.

Neben der Beeinflussung des akuten Operationsschmerzes durch Entspannungsverfahren ist auch die des postoperativen Schmerzes von großer Bedeutung. Schmerzerlebnisse gehen meist mit vasokonstriktiven Reaktionen einher, die in extremen Fällen zu Ischämie (Durchblutungsbeeinträchtigung) oder einer Abszeßbildung führen können. Wohlfahrt (1958) und Schaeffer (1983) berichten in diesem Zusammenhang, daß der Einsatz von Autogenem Training und hier speziell der Wärmeübung mit einhergehender Vasodilatation die Heilung von Schnittverletzungen begünstigt. Schaeffer sieht den heilungsfördernden und schmerzmindernden Wirkmechanismus darin begründet, daß durch den gezielten Einsatz von Selbstentspannung eine schnellere Lösung der reflektorisch bedingten Gefäßengstellung, hervorgerufen durch eine Histaminfreisetzung im traumatisierten Gewebe, gefördert wird. Eine sekundäre (durch die Ischämie bedingte) Nekrosenbildung kann somit verhindert werden, und es erfolgt ein beschleunigter Heilungsprozeß.

Bei zeitaufwendigen Behandlungen bieten sich die genannten Verfahren besonders an, da sie das Zeiterleben der Patienten günstig beeinflussen: Zeiträume werden kürzer erlebt. Zum Phänomen der Zeitverzerrung, das spontan auftritt oder suggeriert werden kann, siehe Cooper und Erickson (1950); siehe auch Fallbeispiel 3.

Auch für das Praxisteam ergeben sich in bezug auf diesen Wirkungsbereich von Entspannung einige positive Implikationen. Personen, die sich intensiver mit Selbstentspannungsmöglichkeiten beschäftigen, werden im allgemeinen sensibler gegenüber ihren eigenen Körperwahrnehmungen und Körpersignalen und haben so die Möglichkeit, sich bei Bedarf durch Kurzentspannungen wieder in ein optimales Leistungsniveau zu versetzen. Eine ruhige und entspannte Praxisatmosphäre ermöglicht mehr Sensitivität des Behandlungsteams für die Bedürfnisse, Ängste und nonverbalen Mitteilungen des Patienten. Befindlichkeiten des Patienten (z. B. konkrete Formen der Ängstlichkeit oder Schmerzerlebnisse) können, vom Zahnarzt wahrgenommen, angesprochen und somit verändert werden. Eine „sanftere" Zahnbehandlung kann so gewährleistet werden.

zu c) Gefäßregulierung

Es kann davon ausgegangen werden, daß der Mensch über die Fähigkeit zur Einflußnahme auf vasomotorische Prozesse in seinem Körper verfügt. Dieser Möglichkeit bedient man sich zum Beispiel im Autogenen Training mit Hilfe der Wärmeübung. Während ein Wärmeerleben, bedingt durch eine verstärkte Durchblutung infolge einer Vasodilatation, ermöglicht werden kann, erfolgt ein Kühleerlebnis durch eine Vasokonstriktion. Inwieweit die Attributionen eines Wärme- oder Kühleempfindens einhergehen mit objektiv vaskulären Veränderungen oder nur auf kognitiver Ebene repräsentiert sind, soll hier nicht weiter erörtert werden (für Details siehe Wallace & Kokozka, 1992). Generell konnte festgestellt werden, daß sich die potentielle Fähigkeit zur Beeinflussung der Gefäßmotorik im Kontext zahnmedizinischer Behandlung hilfreich einsetzen läßt: Einerseits zur Förderung des Heilungsprozesses durch die Anregung von Durchblutungsprozessen im traumatisierten Gewebe (Gefäßweitstellung), andererseits aber auch zur Blutungsreduktion und Blutungskontrolle im Operationsfeld (Gefäßengstellung). Für hämophile Patienten ist zum Beispiel die suggestive Beeinflussung der Blutung die einzige risikoarme Möglichkeit zur Durchführung einer Zahnbehandlung (z. B. Dubin & Shapiro, 1974). Allerdings muß die Beeinflussung der Vasomotorik nicht unmittelbar im Zusammenhang mit dem Einsatz von Entspannung erfolgen. Vasokonstriktive oder vasodilatatorische Abläufe können spontan und je nach operativer Notwendigkeit auch auf suggestivem Wege evoziert werden. Es ist jedoch anzunehmen, daß durch die Entspannung die Einflußnahme auf das vaskuläre System größer ist, u. a. auch dadurch bedingt, daß der Patient dabei über bessere Imaginationsfähigkeiten verfügt und das Einsetzen von Vorstellungen und Metaphern stärkere Wirkung zeigt (z. B. die Vorstellung, einen „Absperrhahn" zu betätigen).

Für den behandelnden Zahnarzt wird durch eine Reduktion der Blutungen im Operationsfeld ein übersichtlicheres und damit schnelleres Arbeiten ermöglicht. Gelingt dem Zahnmediziner eine suggestive Einflußnahme auf die vaskulären Prozesse seines Patienten, wird er in seiner Vorgehensweise und insgesamt in seiner Beeinflussungsfähigkeit (Suggestivität) bestätigt. Diese für den Zahnarzt beobachtbaren Bestätigungen, die auch im Zusammenhang mit anderen Patientenreaktionen auftreten können, ermöglichen weitere positive Interaktionen zwischen Arzt und Patient und schaffen damit für beide eine Verbesserung der Behandlungssituation.

zu d) Training der Umschaltungsfähigkeit

Die mit der Durchführung von Selbstentspannungsverfahren vertraute Person verfügt über eine Umschaltungsfähigkeit, die die Erzeugung spontaner und gezielter Entspannungszustände erleichtert. Schultz (1932) verglich das Erlernen des Autogenen Trainings mit einer Bewegungsgymnastik und sprach in diesem Zusammenhang von einer „Gymnastik des vegetativen Nervensystems". Ein in dieser „inneren Gymnastik" geübter Patient kann sich diese Fähigkeit willentlich auch während seiner zahnmedizinischen Behandlung nutzbar machen; Gleiches gilt für das Praxisteam. Es ist deshalb in jedem Fall sinnvoll, die Patienten, die bereits über Eigenerfahrungen in der Durchführung von Selbstentspannung verfügen, während der Zahnbehandlung zu der Ausübung anzuregen. Verfügt ein Patient bereits über die Fähigkeit, sich während der Behandlung selbst zu entspannen, so sind keine weiteren Entspannungssuggestionen durch den Zahnarzt notwendig. Erfolgen sie dennoch, können sich diese unter Umständen auch negativ auswirken, da der Patient in seiner Selbstentspannung, die nach eigener Dynamik verläuft, gestört werden kann. Kleinhauz und Elli (1991) berichten in diesem Zusammhang von dem erfolgreichen Einsatz von speziell auf die Wünsche des Patienten abgestimmten Induktionsmethoden, um dem Patienten in der ohnehin stark fremdbestimmten zahnärztlichen Behandlungssituation ein stärkeres Gefühl der Selbstkontrolle zu vermitteln.

Durch eine Förderung vorhandener Selbstentspannungsfähigkeiten kann für alle Beteiligten eine angenehmere Behandlungssituation hergestellt werden, ohne daß sich das Praxisteam explizit um die Entspannung des Patienten kümmern muß. Durch entsprechend bewußt eingesetzte „Anker" können situative Reizbedingungen zu Auslösern für die „innere Gymnastik" des Patienten in Richtung von mehr Entspannung gemacht werden (z. B. das Sitzen im Behandlungstuhl, die Wahrnehmung spezifischer akustischer oder olfaktorischer Reize; siehe hierzu unter 4.2 die Ausführungen zu dem Schnellinduktionsverfahren von J. Barber). Auch der Zahnmediziner oder das Praxisteam kann durch konditionierte „Entspannungsanker" im Praxisalltag (z. B. durch routinemäßige Handlungen) die eigene Selbstentspannungs- und Umschaltungsfähigkeit anregen und verbessern.

Der bewußte Einsatz von Selbstentspannung kann so zu einem wichtigen Baustein im alltäglichen Streßmanagement in der Praxis werden. Kurz- und längerfristige psychosomatische Belastungsbeschwerden wie Muskelverspannungsschmerzen, essentielle Bludruckanomalien, Erschöpfungszustände usw. können reduziert oder sogar verhindert werden.

4. Darstellung von zwei speziellen Entspannungsverfahren

Dem Patienten, dem Zahnarzt sowie dem gesamten Praxisteam stehen im Prinzip alle bekannten Strategien und Techniken fremd- oder autosuggestiver Entspannungsverfahren zur Verfügung (vgl. Band 1 des Handbuches).

Es ist sinnvoll, während des Erstkontakts zu erfragen, inwieweit der Patient über Selbsterfahrungen mit eigenen Entspannungsverfahren verfügt, um ihn zu einer Durchführung der Entspannungsübungen vor (z. B. im Wartezimmer) und während der Zahnbehandlung zu ermutigen. Das Praxisteam kann den Patienten je nach Bedarf und Fähigkeit in seinem Entspannungserleben weiter fördern und begleiten. Dabei ist es optimal, wenn neben dem geschulten Zahnmediziner noch weitere Personen des Praxisteams in der Vermittlung von Entspannungstechniken ausgebildet sind und über Eigenerfahrung verfügen. Ängstliche und verkrampfte Patienten können so bereits im Vorfeld der Behandlung durch einen Assistenten in einen entspannteren Zustand gebracht werden, was für den Zahnmediziner zu einer erheblichen Zeitersparnis führen kann (siehe z. B. G. Schmierer, 1988).

Nachfolgend sollen zwei Entspannungsverfahren ausführlicher beschrieben werden, die speziell für die Anwendung im

Bereich der Zahnmedizin konzipiert wurden oder sich dort im Einsatz bewährt haben. Im Rahmen der Falldarstellungen werden darüberhinaus weitere suggestive therapeutische Vorgehensweisen anhand der jeweiligen konkreten Behandlungskontexte erörtert.

4.1 Die Verwendung von Entspannungstonbändern

Tonträger werden während zahnmedizinischer Behandlungen zur Induzierung von Entspannung bevorzugt verwendet (Finkelstein, 1989; Schmierer, 1991b; Schmierer, 1992a).

Der Einsatz ist aufgrund folgender Vorteile sinnvoll:

– Diese Induktionstechnik erfordert vom Arzt und seinem Praxisteam keinen ständigen Zeit- und Energieaufwand für die Entspannung des Patienten.
– Der Patient kann entsprechend hergestellte Entspannungstonbänder bereits zu Hause anwenden und damit seine Umschaltungsfähigkeit trainieren bzw. seine Behandlungsangst reduzieren.
– Bei trainierten Patienten führt häufig der Einsatz der zu Hause verwendeten Entspannungskassette kurz vor (im Wartezimmer) und während der Zahnbehandlung auf Anhieb zu entsprechenden Entspannungsreaktionen.
– Ebenfalls können Entspannungstonbänder auch nach der Zahnbehandlung zur Förderung der postoperativer Heilung vom Patienten selbständig verwendet werden.
– Es können Kopfhörer Verwendung finden, somit kann der Patient während der Zahnbehandlung akustisch abgelenkt werden und das Praxisteam freier kommunizieren.
– Neben allgemeinen Entspannungsinstruktionen können via Tonträger auch indirekt und oder direkt auf die Zahnbehandlung bezogene Suggestionen gegeben werden (z. B. im Hinblick auf Schmerz- und Blutungskontrolle oder die postoperative Heilung).
– Aus individuell vom Zahnarzt durchgeführten Entspannungsübungen können Tonträger erstellt werden, die dem Patienten einen flexiblen Einsatz ermöglichen. Diese Entspannungstonbänder können z. B. innerhalb individuell konzipierter Therapiepläne zur Behandlung stomatogener Funktionsstörungen oder zur Behebung von Zahnbehandlungsphobien einen wichtigen Beitrag leisten.

Inhaltlich lassen sich verschiedene Formen von Entspannungstonträgern unterscheiden:

a) Musik,
b) entspannungs- und imaginationsfördernde Geräusche (z. B. Meeresrauschen),
c) verbale Entspannungsinstruktionen,
d) Erzählungen von Metaphern oder Märchen (z. B. in der Kinderbehandlung) und
e) Kombinationen aus a–d.

Grundsätzlich ist es besser, wenn der Zahnarzt oder ein Mitarbeiter die in der Praxis eingesetzten Entspannungstonbänder mit verbalen Instruktionen selbst herstellt, als auf fremdangefertigte Entspannungskassetten zurückzugreifen. Hauptargument hierfür ist, daß die Stimme des jeweiligen Zahnarztes den Stellenwert eines konditionierten Stimulus zur Erzeugung entsprechender Entspannungsreaktionen beim Patienten erhalten kann. Gezielt eingesetzte Suggestionen des Arztes (z. B. hypnotische Schmerzbeeinflussung) können dadurch unabhängig vom Tonband entsprechend mehr Wirksamkeit entfalten und jeweils situationsspezifisch eingesetzt werden. Eine Selbsterstellung ermöglicht u. a. auch ein Eingehen auf behandlungsspezifische Situationen (z. B. Vorbereitung auf eine Zahnbehandlung) und auf die individuellen Wünsche und Bedingungen der Patienten (z. B. als Therapiebaustein).

Bei der Herstellung von Entspannungstonbändern für die zahnmedizinische Behandlung empfiehlt Finkelstein (1989) die Beachtung von fünf wichtigen Bestandteilen:

a) Einleitung und Entspannungsinstruktionen;

b) Vertiefungssuggestionen (z. B. „Zählmethode“);
c) bestätigende Suggestionen, daß ein entspannter Zustand des Wohlfühlens erreicht ist;
d) Suggestionen, daß das Sitzen auf dem Zahnbehandlungsstuhl mit einem angenehmen entspannenden Gefühl verbunden ist und
e) zukunftsorientierte Suggestionen, daß die nächste Zahnbehandlung auch angenehm verläuft.

Diese Bestandteile können zusätzlich, je nach Behandlungsspezifität, noch durch weitere ergänzt werden.

Es sollte jedoch nicht unerwähnt bleiben, daß mit der Verwendung von Entspannungskassetten auch Nachteile verbunden sein können, so daß ihr Einsatz kritisch beurteilt wird (z. B. Stokvis & Wiesenhütter, 1963). Eines der Hauptprobleme besteht u. a. darin, daß sich eine gewisse Abhängigkeit durch den Einsatz von Entspannungskassetten zur Induzierung eines Entspannungserlebens beim jeweiligen Patienten entwickeln kann. Ohne die spezifische Kassette sind in einem solchen Fall dann Entspannungsreaktionen schwieriger zu erzeugen. Ebenfalls konnten wir im Rahmen unserer eigenen Praxiserfahrung beim Einsatz von Entspannungskassetten beobachten, daß die Wirkung, die anfänglich von der jeweiligen Kassette ausging, nach mehrmaliger Anwendung bei einigen Patienten nachließ. Deshalb hat sich als günstig erwiesen, verschiedene Kassetten einzusetzen und auch fremd- oder autosuggestive Entspannungsübungen ohne technische Tonträger durchzuführen. Eine solche flexible Vorgehensweise ermöglicht dann im spezifischen Behandlungskontext den Einsatz des effektivsten Entspannungsverfahrens.

4.2 Rapid Induction Analgesia (RIA) nach J. Barber (1977)

Das Schnellinduktionsverfahren für Analgesie -RIA- wurde von Joseph Barber (1977) speziell für die Anwendung in der Zahnmedizin entwickelt. Es beinhaltet neben Entspannungsinstruktionen weitere Suggestionen zur Amnesie, zur Analgesie sowie einige posthypnotische Suggestionen (siehe Tab. 1). RIA zählt zu einem der wenigen Suggestivverfahren im Bereich der Zahnmedizin, über dessen Einsatz mehrere experimentelle Erfolgsstudien vorliegen. Erstaunlicherweise fand es bisher im deutschsprachigen Raum wenig Beachtung.

In einer ersten Anwendungsstudie berichtet Barber (1977) von einer 99% Erfolgsquote. Von 100 Patienten (Zahnfüllungen, Wurzelbehandlungen, Kronenpräparationen, Zahnextraktionen) im Alter zwischen 4–67 Jahren, die in zehn unterschiedlichen Zahnarztpraxen mit dem Verfahren konfrontiert wurden, verlangte nur ein Patient während der Behandlung eine nachträgliche chemische Anästhesie. Die Patienten, die alle über keine Vorerfahrung in der Anwendung von Hypnose verfügten, wurden unmittelbar vor der Zahnbehandlung dem Entspannungs-Hypnoseverfahren RIA unterzogen. D. h., die eigentliche zahnärztliche Operation erfolgte immer erst nach der Durchführung des Verfahrens. Barber (1977) gibt für die Wirksamkeit seiner Vorgehensweise folgende Determinanten an:

- alle auftretenden Wahrnehmungen werden utilisiert und als konditionierte Reize zur Induzierung von Entspannung und Ruhe verwandt;
- die Anwendung einer indirekten Vorgehensweise (permissiver Sprachstil); mit dem Patient wird nichts „gemacht“, alles was er fühlt, denkt und hört, geht von ihm aus (u. E. handelt es sich hierbei um eine Übertreibung, da RIA auch heterosuggestiv bestimmt ist);
- die Hinweise, daß der Patient jederzeit alles, was er wahrnehmen möchte, auch wahrnehmen kann (kein Kontrollverlust);
- die indirekten Amnesieinstruktionen in bezug auf die Zahnbehandlung und
- die Konditionierung von sogenannten Ankern und damit die einfache und schnelle Induzierung von Entspannung und Ruhe zu geeigneten Zeitpunkten (z. B. während des Eingriffs).

Tabelle 1: Schnellinduktionsverfahren für hypnotische Analgesie (nach Joseph Baker, 1977; deutsche Übersetzung und Bearbeitung, Hübner, M.)

Ziel/Vorgehen	Anleitungstext
Herstellung von Kooperation	Ich werde jetzt gleich einen Moment zu Ihnen sprechen, um festzustellen ob Sie sich wohler und entspannter fühlen werden, als Sie vielleicht erwarten. Würden Sie sich gerne etwas wohler fühlen und es sich bequemer machen? Ich bin mir ziemlich sicher, daß es für Sie so sein wird, als ob ich nichts getan hätte, daß eigentlich gar nichts geschehen ist. Vielleicht fühlen Sie sich im Moment schon ein bißchen entspannter und lockerer, ... alle anderen Veränderungen sind Ihnen egal.
Initiierung von tiefer Entspannung	OK, also dann ... der beste Weg, wie Sie beginnen können, sich **entspannter und lockerer zu fühlen**, ist, sich ganz bequem hinzusetzen, so bequem es Ihnen im Moment möglich ist ... Sie suchen sich einfach die für Sie bequemste Haltung ... So ist es gut. Jetzt werden Sie gleich merken, wie angenehm es sich anfühlen wird, wenn Sie einen tiefen entspannenden Atemzug machen ... Probieren Sie es aus ... Einen tiefen angenehmen Atemzug ... So ist es gut. Sie haben vielleicht schon gespürt, **wie gut sich dies anfühlt** ... wie angenehm warm sich Ihr Nacken und Ihre Schultern anfühlen ... Nun machen Sie einfach noch vier weitere **angenehm tiefe** Atemzüge ... und während des Ausatmens ... spüren Sie, daß Ihre Schultern immer lockerer und gelöster werden ... und spüren Sie, wie
Lidschluß	angenehm es sein wird, wenn Sie **Ihre Augen schließen** ... einfach Ihre Augen schließen ... und wenn sie geschlossen sind, lassen Sie sie einfach zu ... So ist es richtig. Achten Sie einfach darauf ... und spüren Sie beim Ausatmen, wie Sie in **eine immer tiefere Entspannung sinken** ... Gut, so ist es fein ... und während Sie weiter angenehm locker, entspannt und ruhig weiteratmen, wie von selbst, entsteht vor Ihrem inneren Auge ein Bild, ... eine Vorstellung ... Stellen Sie sich einfach Treppenstufen vor, ganz egal welche mit 20 Stufen ... und Sie
Jede Zahl während des Ausatmens des Patienten verbalisieren, auf Entspannungs-signale achten und bei Bedarf kommentieren	befinden sich oben am Anfang ... Und es ist nicht nötig, daß Sie sich alle Treppenstufen auf einmal vorstellen ... Sie können einige oder alle der Treppenstufen sehen ... so wie Sie es mögen ... Gut so. Erleben Sie sich selbst oben, am Anfang der Treppenstufen ... und was immer Sie erleben und sehen ... es ist gut so. Gleich werde ich von 1 bis 20 zählen ... und wie Sie vielleicht schon erwartet haben, ... bei jeder Zahl ... gehen Sie eine Treppenstufe tiefer ... Sie sehen sich, Sie erleben sich, wie Sie Stufe für Stufe tiefer kommen ... eine Stufe für jede Zahl ... und das Einzige was Sie brauchen, ist zu spüren, wie bequemer und gelockerter Sie sich bei jeder Stufe fühlen ... und je größer die Zahl, ... um so tiefer erleben Sie sich auf den Treppenstufen ... und je weiter Sie auf den Stufen nach unten kommen, ... als umso entspannter und gelöster erleben Sie sich ... Eine Stufe für jede Zahl ... Ich werde jetzt gleich mit dem Zählen beginnen ... EINS, ... eine Treppenstufe nach unten ... ZWEI, ... die zweite Stufe ... So ist es gut ... DREI, ... die dritte Stufe tiefer ... und Sie spüren vielleicht schon, wie entspannter und gelockerter Sie sich fühlen ... und vielleicht spüren Sie, wie einige Körperbereiche entspannter sind als andere ... Vielleicht sind ihre Schultern **mehr entspannt** als Ihr Nacken, vielleicht Ihre Beine angenehm lockerer als Ihre Arme ... Ich weiß es nicht und das ist auch nicht wichtig, ... das Einzige, was zählt, ist Ihre Entspannung ... VIER, ... vier Stufen tiefer, und vielleicht spüren Sie bereits Stellen in Ihrem Körper, die sich angenehm entspannen ... und wie die angenehme Schwere, von ihrem Stirnbereich ausgehend, einfach weiter fließt ... und sich angenehme Entspannung beginnt weiter auszubreiten ... immer tiefer ... Auch in Ihrem Augen-, Gesichts-, Mund- und Kieferbereich ... tiefer und tiefer zum Nacken, eine angenehme entspannende Schwere ... FÜNF, ... die fünfte Stufe ... ein Viertel des Weges nach unten, und beginnen wirklich, Ihre Entspannung zu genießen ...

Tabelle 1: (Fortsetzung)

Erzeugung der Armschwere über Konfusion der Therapeut sollte mitentspannen Betonung der Suggestionen Direktere Suggestionen auf die Erfahrungen bezogen 18–20 sollten langsamer gesprochen werden	SECHS, … sechs Stufen nach unten … und vielleicht haben Sie auch schon bemerkt, daß die Geräusche weniger stören … und daß alle Geräusche ein Teil Ihres Entspannungserlebens werden … Alles was Sie wahrnehmen, wird ein Teil Ihrer Entspannungserlebnisse … SIEBEN, … sieben Stufen nach unten … So ist es gut … Vielleicht spüren Sie auch, wie sich die angenehme Schwere auch auf Ihre Schultern überträgt und in Ihre Arme … und vielleicht fühlt sich einer schwerer an als der andere … Vielleicht fühlt sich Ihr linker Arm etwas schwerer an als Ihr rechter … Vielleicht spüren Sie auch Ihren rechten Arm als etwas schwerer als Ihren linken … Vielleicht sind beide gleich schwer, … das ist ganz egal … Hauptsache Sie spüren diese angenehme Schwere, … oder ist es ein Gefühl von angenehmer Leichtigkeit? … Ich weiß es nicht und dies ist auch egal … ACHT, … die achte Treppenstufe ist erreicht … Vielleicht spüren Sie, obwohl Sie beginnen, sich angenehm zu entspannen, wie Ihr Herz schneller und fester schlägt als Sie es vielleicht vermutet haben. Vielleicht spüren Sie das angenehme Kribbeln in Ihren Fingern … und Sie sind vielleicht etwas verwundert über das leichte Zucken Ihrer Augenlider … NEUN, … neun Treppenstufen tiefer und Sie atmen ganz entspannt und angenehm ruhig weiter und Sie achten einfach darauf, wie sich die Schwere weiter ausbreitet, während Sie auf die sich angenehm weiter ausbreitende Entspannung achten, in Ihrem ganzen Körper … ZEHN, … zehn Treppenstufen nach unten … Die Hälfte des Weges nach unten … und vielleicht wundern Sie sich, was bis hier her geschehen ist. Sie fragen sich vielleicht, ob überhaupt etwas geschehen ist, … aber wissend, daß dies eigentlich egal ist, bei dieser **angenehmen Entspannung**, richten Sie Ihre Aufmerksamkeit einfach wieder auf die immer angenehm tiefer und tiefer werdende Entspannung … ELF, … elf Treppenstufen nach unten … und je entspannter und ruhiger Sie werden, umso weniger kann Sie stören. Nichts stört Sie mehr, wenn Sie sich tiefer und tiefer entspannen … ZWÖLF, … zwölf Stufen nach unten … und obwohl Sie so **angenehm entspannt** sind, können Sie meine Stimme hören, wie einfach es ist, meine Worte zu hören … und nichts belästigt Sie und stört Sie … DREIZEHN, … dreizehn Treppenstufen nach unten und Sie genießen mehr und mehr diese angenehme Entspannung … VIERZEHN, … vierzehn Treppenstufen nach unten … und Sie spüren vielleicht, wie Ihr Körper angenehm schwer in Ihrem Stuhl versinkt, tiefer und tiefer … und nichts stört Sie … und der Stuhl hält Sie angenehm und warm … FÜNFZEHN, … fünfzehn Stufen nach unten … dreiviertel des Weges auf den Treppen nach unten, … tiefer und tiefer entspannt … und Sie brauchen nichts zu machen, … nur sich wohl zu fühlen und Ihre Entspannung zu genießen … SECHZEHN, … sechzehn Treppenstufen nach unten … und Sie sind vielleicht schon ein wenig neugierig auf die Erfahrung, die Sie am Ende der Treppenstufen machen werden … Tiefer und tiefer entspannt … mehr und mehr locker und gelöst und nichts stört Sie, nichts belästigt Sie … SIEBZEHN, … siebzehn Stufen nach unten … näher und näher zu dem Boden … und vielleicht spüren Sie, wie Ihr Herz angenehm ruhig und kräftig schlägt, und Sie spüren, wie die Schwere in den Armen und Beinen immer angenehmer wird … Und Sie wissen, daß nichts anderes wichtig ist außer Ihrer angenehmen Entspannung … ACHTZEHN, … achtzehn Treppenstufen nach unten … beinahe unten und nichts belästigt Sie, nichts stört Sie und Sie gehen tiefer und tiefer in die Entspannung … Angenehm schwer, … gelöst, … ruhig, … entspannt, … nichts tun zu müssen … und Sie nehmen einfach nur wahr, wie **angenehm schwer und entspannt** Sie sich fühlen … und Sie bleiben dabei, … so wie Sie auch weiter angenehm langsam und ruhig atmen … NEUNZEHN, … neunzehn Stufen nach unten … ganz nahe am Boden der Treppenstufen … nichts stört Sie und Sie **fühlen sich immer mehr und mehr entspannt,** … ganz locker und gelöst … immer angenehmer und nun ZWANZIG, … der Boden der Treppenstufen … **tief, ganz tief entspannt** … tiefer und tiefer mit jedem Ausatmen …

Tabelle 1: (Fortsetzung)

Amnesie-Suggestionen	Ich werde jetzt einen Moment mit Ihnen über etwas sprechen, worüber Sie eine Menge wissen … **Erinnern und Vergessen** … Sie wissen eine Menge darüber, weil wir alle es häufig tun … jeden Moment, jeden Tag erinnern Sie sich … und dann vergessen Sie wieder … und Sie können sich an etwas anderes erinnern … Sie können nicht alles auf einmal erinnern, deshalb sind einige Erinnerungen etwas weiter versteckt … Zum Beispiel können sie sich daran erinnern, was Sie gestern zum Mittag gegessen haben … Ich glaube, mit ein paar Bemühungen wird Ihnen einfallen, was Sie gestern zum Mittag gegessen haben …und jetzt … frage ich mich, ob sie sich daran erinnern können, was sie heute vor einem Monat zu Mittag gegessen haben … Ich glaube, **die Anstrengung hierfür ist zu groß**, diese Erinnerung auszugraben, aber selbstverständlich **ist sie noch vorhanden**, tief unten in Ihrem Gedächtnis … ohne Notwendigkeit, sich daran zu erinnern, **deshalb tuen Sie es auch nicht** … und ich frage mich, ob Sie **vielleicht erfreut** darüber sind, sich die Dinge zu merken, über die wir heute sprechen, … während Ihre Augen geschlossen sind, … sich morgen daran zu erinnern, oder einen Tag danach … oder nächste Woche … Ich wüßte gerne, ob Sie sich dazu entscheiden, diese Dinge ruhig in Ihrem Gedächtnis schlummern zu lassen … oder Sie Stück für Stück zu erinnern … oder vielleicht alles auf einmal, um es dann wieder tief in Ihrem Gedächtnis zu speichern … Vielleicht stellen Sie überrascht fest, daß der Warteraum der Platz ist, an dem Ihre Erinnerungen wieder an die Oberfläche kommen … Vielleicht nicht … Vielleicht ist es Ihnen
Hinweis, daß Amnesie nicht notwendig ist	auch angenehmer, alles zusammen an einem anderen Tag zu erinnern … Es ist wirklich auch ganz egal … Was immer Sie auch machen, wie Sie sich auch erinnern, … es ist gut so … ganz natürlich … Es bleibt ganz Ihnen überlassen, ob Sie sich morgen oder am nächsten Tag erinnern, ob Sie alles auf einmal oder Stück für Stück erinnern … Auch ob Sie Ihre Erinnerungen ruhig und angenehm in Ihrem Gedächtnis verwahren, dies ist egal … Und zusätzlich frage ich mich, ob Sie vielleicht darüber **überrascht sind**, daß Ihr heutiger Besuch hier **soviel**
Analgesie-Suggestionen	**entspannter und erholsamer** ist, als Sie vielleicht erwartet haben … und ich finde es interessant, ob Sie diese Überraschung spüren, daß da keine anderen Gefühle sind … Vielleicht fühlen sie sich auch ein bißchen neugierig, angeregt durch diese Erfahrung … Überraschung, Neugier … Ich frage mich, ob es Ihnen angenehm ist, dies heute hier zu erfahren … und auch an anderen Tagen …
Direkte posthypnotische Suggestionen für Analgesie	Wann immer Sie sich danach fühlen, lehnen sie Ihren Kopf einfach angenehm gegen die Kopfstütze, … wenn Sie sich danach fühlen, einfach so Ihren Kopf zurücklehnen … und Sie fühlen sich dann daran zurückerinnert, wie angenehm bequem und entspannt Sie sich im Moment fühlen … Vielleicht noch angenehmer als Sie sich jetzt fühlen, … angenehm entspannt, … nichts was Sie stört, nichts, was Sie belästigt … und ich frage mich, ob Sie sich an diesen angenehmen Zustand, diese angenehme Entspannung immer wieder erinnern werden, wenn
Jede Wahrnehmung wird zum Auslöser von Analgesie	Sie die Helligkeit der Lampe über Ihnen wahrnehmen … Vielleicht tritt dann dieser **angenehme Zustand und die Entspannung** ganz von selbst, schnell und fast automatisch ein, wenn immer Sie sich in diesen Stuhl setzen … **Ich weiß nicht**, wie es sein wird … Ich weiß nur, wie Sie vielleicht auch feststellen, … daß Ihre Erfahrungen überraschender Weise **mehr angenehm**, überraschend **mehr locker und gelöst**, überraschend **mehr entspannend** sind als Sie **vielleicht erwarten** … mit nichts, was Sie stört und belästigt … Was immer Sie auch erleben … alles **kann ein Teil** Ihrer Erfahrung von Wohlfühlen, Erholsamkeit und Ruhe und Entspannung sein … Alles was Sie erleben und wahrnehmen **kann ein Teil der** angenehmen Entspannung sein …

Tabelle 1: (Fortsetzung)

„Ankern“	Und ich will Sie darauf hinweisen, daß immer, wenn Sie (Name des Zahnmediziners) an Ihrer rechten Schulter berührt, so wie jetzt ... und immer, wenn es Ihnen angemessen erscheint und nur dann, ... wenn immer Sie (Name des Zahnmediziners) an Ihrer rechten Schulter berührt, so wie jetzt ... (oder immer, wenn ich Sie an der rechten Schulter berühre, so wie jetzt) ... spüren Sie wieder diese angenehme Entspannung, ... dieses vertraute Gefühl, bereit zu sein etwas zu erleben ... Vielleicht dieses vertraute Gefühl, die Augen schließen zu wollen ... Vielleicht dieses Gefühl von Entspannung und Ruhe ... Vielleicht sind Sie dann bereit festzustellen, daß Sie nichts belästigen und stören kann ... Vielleicht fühlen Sie dann diese **angenehme Schwere und Schläfrigkeit** ... Ich weiß es nicht, ... aber immer, wenn ich Ihre rechte Schulter berühre, so wie jetzt ... spüren Sie diese Vertrautheit ... dieses vertraute Gefühl etwas zu erleben ... und es ist egal was ... Vielleicht das vertraute Gefühl der Überraschung, ... es ist wirklich gleichgültig, ... nichts ist mehr wichtig außer Ihrer Erfahrung von Entspannung und Ruhe, ... **ganz tiefer Entspannung und Ruhe** ... und nichts belästigt, ... nichts stört Sie ... So ist es gut, ... und jetzt, während Sie noch weiterhin diese angenehme Erfahrung genießen, spüren Sie, wie schön es ist, sich so zu fühlen, ... einfach dieses angenehme Erlebnis zu genießen, diese angenehmen Körperempfindungen ... und bald, ... nicht sofort, ... nicht bevor Sie
Vorbereitung auf Übungsende	dazu bereit sind ... aber bald, werde ich von 20 nach 1 zählen ... und wie Sie wissen ... erleben Sie sich wieder, wie Sie sich die Stufen wieder hinauf bewegen ... eine Stufe für jede Zahl ... Sie haben dazu alle Zeit, die Sie brauchen ... Sie spüren, wie Sie gleich langsam und angenehm die Stufen höher kommen, eine Stufe für jede Zahl, die ich laut zähle ... und bei jeder Stufe werden Sie wacher, eine Stufe für jede Zahl ... Wenn ich die Zahl drei erreicht habe, werden Ihre Augen bereit sein, sich zu öffnen ... Wenn ich die Zwei erwähne, werden sie sich
Suggestion zur Wachheit	öffnen ... und wenn ich die Eins erreicht habe, sind Sie wieder im Bereich der wachen Aufmerksamkeit und ganz erholt, ... so, wie nach einem erholsamen Schlaf ... aufmerksam, wach, und angenehm erholt ... und dabei bleibt die angenehme Entspannung und Sie fühlen sich aufmerksam und sehr gut ... vielleicht ein bißchen überrascht, aber sehr gut ... Sind Sie bereit, sich selbst zu überraschen? ... Aber keine Eile... Sie haben soviel Zeit, wie Sie brauchen zum
Jede Zahl während des Einatmens verbalisieren	Zurückkommen ... ZWANZIG, ... NEUNZEHN, ... ACHTZEHN ... So ist es gut. Sie erleben sich, wie Sie die Stufen hinaufgehen ... Bereit, sich überraschen zu lassen, wissend, was Sie gestern zu Mittag gegessen haben, und jetzt ... SIEBZEHN, ... SECHZEHN, ... FÜNFZEHN, ... ein Viertel des Weges zurück, mehr und mehr aufmerksam ... Keine Eile ... Sie haben genügend Zeit ... Sie spüren, wie Sie Stück für Stück wieder in den Bereich der wachen
Auf Zeichen von Wachheit achten, sonst langsamer und mehr Wachheits-suggestionen	Aufmerksamkeit zurückkommen. VIERZEHN, ... DREIZEHN, ... ZWÖLF, ... ELF, ... ZEHN ... Sie haben bereits die Hälfte zurückgelegt ... Mehr und mehr wach und aufmerksam ... die angenehme Entspannung bleibt, Sie werden aber immer wacher und aufmerksamer. NEUN ... So ist es richtig, Sie spüren wie Sie immer wacher und aufmerksamer werden. ACHT, SIEBEN, SECHS, FÜNF, VIER, DREI. So ist es gut! ZWEI und EINS, so ist es richtig, ganz wach, aufmerksam und gut erholt und erfrischt ... So ist es prima! Wie fühlen Sie sich? Gut entspannt? Gut erholt?

Nachfolgende klinische Evaluationen (das jeweils testkritische Verhalten bestand darin, ob der Patient während der Zahnbehandlung nachträglich eine chemische Anästhesierung verlangte) des Verfahrens im Bereich der zahnmedizinischen Anwendung konnten die extrem hohe Erfolgsrate der Studie von Barber nicht bestätigen, führten allerdings auch zu ca. 50% Erfolgsquoten (Gillett & Coe, 1984; Immelman, 1984).

Weitere Studien unter Verwendung von RIA, die unabhängig von einem zahnmedizinischen Kontext durchgeführt wurden und der Beeinflussung von chronischem oder experimentell induzierten Schmerz dienten, konnten die Effektivität des Verfahrens nicht bestätigen (z. B. Crowley, 1980; Snow, 1979; VanGorg & Meyer, 1983). Dies wirft die Frage auf, was „RIA" insbesondere für den Einsatz in der Zahnmedizin als geeignet erscheinen läßt. Es kann angenommen werden, daß es weniger die Spezifität des Verfahrens an sich ist, die dazu führt, daß Patienten die Zahnbehandlung schmerzreduzierter und damit angenehmer erleben, sondern vielmehr die generelle Entspannungswirkung, die vor der eigentlichen Zahnbehandlung erzielt wird (vgl. auch Fourie, 1988). Hierdurch kommt es wahrscheinlich zu einer Durchbrechung des Kreislaufes zwischen Angst-Spannung-Schmerz. Für diese Hypothese sprechen auch die Ergebnisse von Gillett und Coe (1984), die nachweisen konnten, daß auch eine verkürzte und modifizierte Form der RIA eine vergleichbare Wirksamkeit zur Ursprungsversion erzielte. Der Patient, der sich angstfreier und entspannter einer Zahnbehandlung unterzieht, wird im allgemeinen auch eine höhere Schmerztoleranz aufweisen und die Behandlung weniger unangenehm erleben. Mit welcher Technik hierbei das Entspannungserleben jeweils induziert wird, ist möglicherweise zweitrangig. Zur Klärung dieser Frage sind weitere vergleichende Anwendungsstudien notwendig. Wahrscheinlich spielt auch die Suggestivität des Behandlers eine besondere Rolle. Die hohe Erfolgsquote von J. Barber liegt vielleicht darin begründet, daß er in der Anwendung von Hypnoseverfahren ein sehr erfahrener Therapeut ist, der darüberhinaus selbst das Verfahren entwickelt und in der beschriebenen Evaluationsstudie eingesetzt hat.

5. Die Suggestion in der zahnärztlichen Praxis

5.1 Einleitende Bemerkungen

Der Zusammenhang zwischen Suggestion und Entspannungsverfahren kommt explizit zur Sprache, besonders wenn es sich um Hypnose handelt, etwas weniger, wenn es um Autogenes Training geht, und kaum, wenn von Progressiver Muskelrelaxation oder Meditation die Rede ist. Dies zeigen u. a. auch die Beiträge, die im ersten Band dieses Handbuches veröffentlicht wurden. Das hat sicherlich auch historische Gründe.

Mit der Betrachtung der Hypnose aus psychologischer Sicht – wie schon früh, z. B. durch Faria (1819), Braid (1846), Bernheim (1884, 1964) – kam der Suggestion eine bedeutende Rolle zu. In der modernen Hypnoseforschung sind die Verknüpfungen zwischen der Suggestion und der Hypnose unübersehbar. Alle der Hypnose zugeschriebenen Phänomene werden in enger Verbindung mit den Wirkungen direkter oder indirekter Suggestion betrachtet. Die Skalen zur Erfassung der Hypnotisierbarkeit basieren mit einigen Ausnahmen auf Suggestionsitems. Die standardisierten Hypnose-Induktionstechniken, die der Anwendung dieser Suggestionsitems vorausgehen, bestehen ebenfalls aus suggestiven Vorgehensweisen. Ob jemand überhaupt hypnotisierbar ist, sich in einer Hypnose befindet, bzw. ob die induzierte Hypnose oberflächlich ist oder tiefgreifenden Charakter hat, wird anhand verschiedener Test-Suggestionen bestimmt.

Auch das Wesen der Hypnose wird weiterhin von einflußreichen Hypnoseforschern in engem Zusammenhang mit Suggestion und Suggestibilität verstanden. Orne (1977) definiert Hypnose als die Bedingung, in der durch Suggestion Verzerrungen von Wahrnehmung und Gedächtnis hervorgerufen werden. Barber (1979) macht geltend, daß sein alternatives Paradigma gegenüber dem klassischen Vorgehen der Hypnose als suggeriertes (hypnotisches) Verhalten zu deuten ist; zusammen mit Spanos (1974) vertritt er die Meinung, daß Hypnose zum Teil ein Prozeß der Involviertheit in suggestionsverwandte Imagination ist. Suggestion und Suggestibilität sind nach wie vor allgegenwärtig im Hypnosebereich, aber erst in der letzten Zeit, insbesondere unter dem Einfluß Milton Ericksons, auch in den Vordergrund der wissenschaftlichen Analyse gerückt (vgl. Lynn et al., 1993).

Die Ableitung des Autogenen Trainings unmittelbar aus der Hypnose- wie von Schultz stets hervorgehoben wurde- hat mit dazu beigetragen, daß die Rolle der Suggestion bei diesem Entspannungsverfahren mitberücksichtigt wurde und wird. Allerdings ist eine gewisse Zurückhaltung in bezug auf die Begriffe Suggestion und Suggestibilität schon beim Urheber des Verfahrens spürbar. Schultz weist zwar in seinem Standardwerk (1932) darauf hin, daß Autogenes Training alle Erscheinungen ermöglicht, die den echten Suggestions-Zuständen ähnlich sind, verwendet aber relativ selten den Begriff Suggestion. Er spricht stattdessen von konzentrativen Vorgängen. Ausführlicher wird die Rolle der Suggestion beim Autogenen Training insbesondere von Hoffmann (1981) erörtert, der sich auch mit der Betrachtungsweise von Schultz zu diesem Thema auseinandersetzt.

Der Suggestionseinfluß wird dagegen bei dem Entspannungsverfahren der Progressiven Muskelrelaxation kaum erwähnt. Es war Jacobson (1929) selbst, der grundsätzlich den Zusammenhang zwischen seinem Entspannungsverfahren und Suggestion negierte (siehe hierzu Stokvis & Wiesenhütter, 1963).

Stokvis und Pflanz (1961) vermerken, daß die Auseinandersetzung zum Thema Suggestion mit einem Unbehagen einhergeht. Es findet sich in der Suggestionsliteratur oft eine mit der Suggestibilität verbundene pessimistische Sicht des Menschen, der, sofern suggestibel, im Grunde als unreif, unmündig, willenlos und unvollkommen gesehen wird. Die Suggestion selbst wird als illegitim betrachtet, als ein Einschleichen durch die Hintertür, als unerwünschter Vorgang, der den Betroffenen erniedrigt. Die therapeutische Anwendung der Suggestion wird vollends als eine Art Betrug angesehen, zumindest aber als eine niedrige Form der Therapie, als Notbehelf oder als Verlegenheitslösung – etwas, was in der medizinischen Therapie kaum ein Gegenstück hat (Stokvis & Pflanz, 1961, S. 187).

Es herrscht eine große Verwirrung im Hinblick auf die Begriffe Suggestion und Suggestibilität. Beide werden mit verwandten Begriffen wie „Gehorsam", „Nachahmung" und „Hypnose" gleichgestellt oder undifferenziert dem Begriff der Beeinflussung zugeordnet. Sogar typische Formen autosuggestiver Beeinflussung wie die „formelhaften Vorsätze" von Schultz werden von einigen Autoren nicht explizit als suggestive Hinweisreize bezeichnet (siehe z. B. Thomas, 1981). Andere Autoren haben mit der Zuordnung der Vorsätze zur suggestiven Gattung keine Probleme (einen Überblick gibt Kraiker, 1990).

Zweck dieser einführenden Betrachtungen war, auf den relativ vernachlässigten Status der Suggestion zu verweisen. (Für eine detaillierte Auseinandersetzung zum Thema Suggestion siehe Gheorghiu, Netter, Eysenck & Rosenthal, 1989; Schumaker, 1991 und die Beiträge in der Zeitschrift „Hypnose und Kognition" mit dem Leitthema „Suggestion und Suggestibilität", Band 10, Heft 1, 1993).

5.2 Strategien der Beeinflussung unter besonderer Berücksichtigung der dafür eingesetzten Suggestionsvehikel

Der Zahnmediziner verfügt über besondere Voraussetzungen für eine effiziente Beeinflussung seiner Klientel. Wie in vielen anderen medizinischen Bereichen gehen die Patienten freiwillig zu ihm hin, tun dies aber in der Regel unter dem Druck zwingender Notwendigkeiten, und wenn Vertrauen entsteht, kommen sie immer wieder. Er hat während der Behandlung aus offensichtlichen Gründen fast alleine das Sagen. Durch das, *was*, *wie* und *wann* er es sagt, verfügt er über ein breites Register suggestiver Kommunikationsmittel. Hinzu kommt, daß er, schon wegen der großen körperlichen Nähe, durch eine Vielfalt non-verbaler suggestiver Hinweisreize Einfluß ausübt. Er weiß, daß er oftmals wenig Chancen hat, eine Behandlung anzufangen und erfolgreich durchzuführen, wenn er und sein Team nicht die richtigen Worte der Beruhigung finden. Er liest die Einstellungen und Erwartungshaltungen seiner Patienten unmittelbar von ihren Gesichtern und Körperhaltungen ab. Im Laufe der Zeit stellt er aufgrund seiner gewonnenen Erfahrungen quasi intuitiv eine Typologie seiner Patienten auf. Er lernt somit, selektiv vorzugehen, z. B. autoritative und direkte oder eher persuasive und indirekte Beeinflussungsverfahren einzusetzen, sehr viel zu sprechen oder längere, suggestiv wirkende Pausen einzuhalten, für hypnotische Verfahren z. B. die Personen auszuwählen, die von sich aus eine Behandlung ohne Spritze verlangen.

Oft wissen die Zahnärzte nicht, daß eine ganze Reihe der von ihnen verwandten Verfahren zur Beruhigung und Ablenkung ihrer Patienten den Suggestionstechniken zuzuordnen sind. Bei der gezielten Ausbildung in diesem Bereich haben sie „Aha-Erlebnisse" und zeigen dann eine große Bereitschaft, sich andere Entspannungs- und Suggestionsverfahren zu eigen zu machen.

Im folgenden werden konkrete Techniken der Beeinflussung dargestellt. Es handelt sich dabei um Verfahren und Vorgehensweisen, die in verschiedenen praxisbezogenen Situationen zur Anwendung kommen. Sie werden hier – abhängig und unabhängig von einem Entspannungskontext – besonders in bezug auf zahnmedizinische Zielsetzungen erörtert.

Durch Suggestionsverfahren wird im Wesentlichen der Versuch unternommen, den Betroffenen (Suggerendus) dahingehend zu beeinflussen, Empfindungen, kognitive Vorgänge und Verhaltensweisen gemäß der ihm vorgegebenen Richtungszuweisungen zu realisieren. Die Zielperson verfügt in der jeweiligen suggestiven Aufforderungssituation auch über alternative Reaktionsmöglichkeiten; Ziel der Suggestionsverfahren ist aber, die virtuell vorhandenen Alternativlösungen zugunsten der explizit oder implizit angebotenen Suggestionslösung auszuklammern (als ob es die Ausweichmöglichkeiten gar nicht gäbe). Das Durchsetzen des Suggestionseinflusses entzieht sich dabei den *unmittelbaren* Kontrollmechanismen des Individuums, auch dann, wenn es bewußt autosuggestive Verfahren einsetzt (Gheorghiu, 1992, 1993).

5.2.1 Explizite und implizite Bedeutungszuweisungen

Jegliche Form suggestiver Beeinflussung impliziert in gewisser Hinsicht eine Bedeutungszuordnung. Es gibt aber Suggestionsverfahren, bei denen die Bedeutungs- und Richtungszuweisungen im Vordergrund stehen. Dies trifft z. B. für *suggestive Behauptungen*, *Begründungen*, *Umdeutungen*, *Vergleiche* usw. zu.

- ***Suggestive Behauptungen***

Suggestive Hinweisreize, Instruktionen, Bewertungen usw. finden auch in der Zahnheilkunde, bewußt oder unbewußt eingesetzt, eine breite Verwendung. Sie haben ihren Ursprung in den direkten suggestiven Formulierungen traditioneller Hypnosetechniken (für Details siehe Weitzenhoffer, 1957), in den Vorsatz-Formeln des Autogenen Trainings (Schultz 1932; Hoffmann 1981; Thomas, 1981), den wandspruchartigen Leitsätzen der „gestuften Aktiv-Hypnose" (nach Kretschmer, 1958 und Langen, 1972) und nicht zuletzt in der Tradition der sog. Zweiten Nancyer Schule (Coue, 1988; Baudouin, 1926). Erneuerungen in diesem Bereich wurden insbesondere durch die Beiträge Milton Ericksons und seiner Schüler (z. B. Erickson & Rossi, 1979; Haley, 1978; Zeig, 1980) sowie durch die Arbeiten der Vertreter der „Neuro-Linguistischen Programmierung" (Grinder & Bandler, 1976) angeregt.

Wie bereits angemerkt wurde, werden zur Einleitung und Konsolidierung einer Entspannung suggestive Leitsätze eingesetzt (z. B. *„Sie sind ganz ruhig und entspannt“*), die je nach dem Entspannungsverfahren vom Patienten selbst mehrfach wiederholt werden sollen. Neben der Induktion einer allgemeinen Entspannung zeigt sich der Zahnarzt bemüht, eine gute Gesichtsentspannung seiner Patienten hervorzurufen. Zu diesem Zwecke können Vorsatz-Formeln angewandt werden, wie sie von Schultz vorgeschlagen wurden: *„Lippen leicht geöffnet, Zunge liegt locker im Mund, Wangen und Schläfen entspannt“* oder – *„Mein Unterkiefer hängt locker herab, schwer liegt die Zunge auf dem Mundboden“* oder – *„Gesichtszüge ganz glatt und gelöst“* oder – *„Kopf klar, frisch und entspannt, Kopf bleibt leicht und frei.“*

Hoffmann (1981), der sich ausführlich u. a. mit der Entspannung des Gesichts auseinandersetzt, bezieht sich in diesem Zusammenhang auch auf die Erfahrung der Zahnärzte, die feststellen, daß sich die Zähne bei normal entspannten Kiefer nicht berühren. Hierzu genügt bereits ein Abstand von nur wenigen Millimeter (Ruheschwebe). Beim Einsatz von Entspannungsübungen mit zusätzlichen suggestiven Vorsätzen oder Leitformeln kommt es von selbst zu der notwendigen Gesichts- und Kieferentspannung.

Eine andere Möglichkeit, suggestive Formeln in den Kontext der Entspannung mit einzubeziehen, ergibt sich im Zusammenhang mit Atem-Übungen. Das Einatmen wird überwiegend als ein Moment der Anspannung, das Ausatmen hingegen als ein Moment der Entspannung gedeutet. Die Formeln beim Ausatmen wären z. B.: *„Alle Ängste ausatmen!“* Um seine Ängste zu neutralisieren, suggeriert man dem Patienten bei sichtlich stärker werdender Entspannung: *„Auch die Ängste entspannen sich und lösen sich auf!“* (siehe Fallbeispiel 4).

Während des entspannten Zustands lassen sich auch suggestive Behauptungen mit eindeutigem Aufforderungscharakter erteilen. Erickson et al. (1961) gaben unter Hypnose Patienten mit übermäßigem Speichelfluß die suggestive Instruktion: *„Sie speicheln zu viel, ich möchte, daß Sie das sein lassen!“* Es liegt nicht zuletzt wohl in dem Überrraschungseffekt dieser in der Tat unüblichen Aufforderung, daß der Patient aufgrund dieser suggestiven Richtungszuweisung die übermäßige Speichelproduktion reduziert. Ähnlich geht Schmierer (1992b) vor. Er macht die Feststellung, daß sich z. B. die unter Hypnose erteilte äußerst direkte Suggestion: *„Stellen Sie die Durchblutung im Oberkiefer rechts ab!“* bei Patienten, die an dieser Stelle zu stark bluten, sich als wirksam erweisen kann. Auch diesmal, wie in dem erwähnten Fall, wird der Patient – dessen Reaktionsbereitschaft unter hypnotischen Bedingungen sowieso zunimmt – wohl über die (sehr) bestimmte suggestive Aufforderung verwundert sein, sich aber auf die konkret angegebene Stelle konzentrieren und durch die ausgelösten Vorstellungen und Gedanken das Abstellen der Blutung in Gang setzen.

Die Beeinflussung läßt sich auch durch überwiegend indirekte und permissive suggestive Aussagen realisieren. Unter anderem können die suggestiven Behauptungen in einer interrogativen Art und Weise vermittelt werden: *„Ich frage mich, ob Sie nach dieser sehr gut verlaufenen Entspannungsübung überhaupt noch ein Unbehagen spüren können?“*

Direkte oder indirekte, explizite oder implizite suggestive Hinweisreize des Arztes und seiner Mitarbeiter können:

a) vorbereitenden Charakter haben.
Schon während der ersten Entspannungsübungen oder bereits im Laufe des Vorbereitungsgesprächs ergibt sich immer wieder die Möglichkeit, beruhigend auf den Patienten einzuwirken. Die Unruhe, die ihn im Wartezimmer ergreift, findet oftmals ein Ende, wenn er in direkten Kontakt mit dem ruhig wirkenden Zahnmediziner tritt. Es erscheint sinnvoll, diese Situation auszunützen. Ein treffendes Wort kann den weiteren Gang der Behandlung entscheidend beeinflussen. Beim Handgeben könnte der Arzt schon suggestive Bemerkungen machen: *„Die Hand ist ja diesmal viel trockener; ich freue mich, daß Ihre Stimmung heute schon viel besser ist.“*

b) unmittelbar während der Behandlung eingesetzt werden.
Standardformen im Sinne herkömmlicher Leitsätze reichen oft nicht aus. Es zeigt sich auch, daß die vorbereitenden Entspannungsübungen und die entsprechenden Ruhe-Suggestionen sich in der konkreten Behandlungssituation als unzureichend erweisen können und neue suggestive Aussagen benötigt werden. Wie aus Fallbeispiel 2 ersichtlich, können während eines Eingriffes unter Hypnose unerwartete Situationen auftreten. Bei wachsendem Unbehagen erweist sich das „Ankern“ als brauchbar: *„Der Druck, den ich auf Ihre Schulter ausübe, hilft Ihnen noch besser, die schönen Bilder des letzten Urlaubs wachzurufen.“* Der Arzt bzw. sein Mitarbeiter, der die Hand des Patienten hält, kann sehr gut mit Suggestionen Einfluß gewinnen: „Ich *übertrage Ihnen meine Ruhe!“* oder *„Ich bin die ganze Zeit bei Ihnen!“*. Wenn der Patient starkes Unbehagen zeigt, die Hypnose und die entsprechenden Suggestionen nicht weiterhelfen, wäre es manchmal leichter, zur Spritze zu greifen, somit den sonst üblichen Weg einzuschlagen und mit der Behandlung aufzuhören. Die Erfahrung zeigt aber, daß eine flexible Vorgehensweise im Hinblick auf die suggestive Kommunikation die Dinge meistens ins Lot bringen kann. Es gibt sicherlich auch Situationen, in denen sozusagen eine „Notbremse“ betätigt werden kann. Der Arzt vereinbart mit seinem Patienten, den Finger oder die Hand zu heben, wenn er glaubt, daß eine Pause notwendig ist, um den Entspannungszustand zu vertiefen oder u. U. die Behandlung zu unterbrechen. Der Patient weiß somit, daß er ständig die Kontrolle über die Situation hat, und, wenn er es für nötig hält, selbst Entscheidungen treffen kann.

An dieser Stelle erscheint es angebracht, auf die Notwendigkeit von angemessenen Rückmeldungen für den Patienten zu verweisen. Zum einen geht es darum, die entscheidenden Schritte zu markieren: *„Das Wichtigste haben wir geschafft!“. „Was jetzt folgt, ist mehr eine Routine-Angelegenheit!“. „Nachdem Sie jetzt Ihren Speichelfluß sehr schön eingedämmt haben, kann ich jetzt viel besser arbeiten!“. „Es blutet jetzt schon sehr viel weniger, ich bin froh, daß die Instruktionen so gut wirken! Sie werden sehen, daß es mit den anderen Suggestionen auch so sein wird!“*. Zum anderen sollten die Verhaltensweisen des Patienten positiv bewertet werden. Ohne plumpe Aussagen zu machen, die beim erwachsenen Patienten u. U. das Gefühl wecken, er werde wie ein Kind behandelt, sollten der Arzt und sein Team nie die Gelegenheit auslassen, positive Rückmeldung zu geben. Denn, was auch immer der Beitrag des Mediziners sein mag, es ist schließlich der Patient, der die Behandlung über sich ergehen läßt und durch sein Verhalten den Vorgang stark erleichtert: *„Es lief sogar besser, als ich erwartet hatte!“ „Wenn Sie es mir erlauben, werde ich bei einem Ausbildungskurs über den Eingriff berichten. Sie haben mir durch Ihr Verhalten die Arbeit sehr erleichtert!“* Positive Rückmeldungen für den Patienten unterstützen darüber hinaus einen Grundgedanken der modernen Hypnose- und Suggestionsverfahren: Es ist der Patient, der das Ziel durch Selbstkontrolle erreicht.

c) sich auf Situationen nach der Behandlung beziehen.
Sinn der posthypnotischen Suggestion ist es u. a., die bereits gewonnenen Erfahrungen zu konsolidieren: *„Die Erfahrung, die Sie heute gewonnen haben, wirkt sich noch stärker in den nächsten Behandlungstagen aus!“*. Als brauchbar haben sich auch intra-hypnotisch erteilte Suggestionen erwiesen, die sich unmittelbar auf die Situation des Patienten nach Annullierung der Hypnose beziehen. *„Sie werden, wenn Sie die angegebenen Verhaltensregeln respektieren, weder Schmerzen noch Nachblutungen haben!“* usw.

- ***Suggestive Erörterungen, Alternativen und Vergleiche***

Immer wieder wird der Zahnmediziner seine Absichten und Vorgehensweisen erläutern und begründen. Im Grunde genommen wird von ihm auch eine Erklärung erwartet, warum er überhaupt Entspannungsverfahren einsetzt. Mehr noch – und das wird leider oft übersehen – hat er die Möglichkeit, seine Beweisführungen und Erklärungen unmittelbar während des Entspannungszustands weiter zu geben. Kay Thompson (1963), Pionierin der Anwendung von Suggestion in der Zahnheilkunde, berichtet über ein derartiges Vorgehen. Sie beschreibt u. a. folgenden Fall:

Einer Patientin wurden im Oberkiefer alle Zähne unter Lokalanästhesie gezogen. Auf der rechten Seite verlief die Heilung unproblematisch, auf der linken Seite gab es Komplikationen durch eine Sinus-Perforation in der Gegend des ersten Backenzahns und durch zwei trockene Alveolen. Die Patientin hatte trotz aller Behandlung auch noch am fünften Tag nach der Operation schwerste Schmerzen und weder geschlafen noch gegessen. Verzweifelt wollten sie und der Arzt „alles versuchen", waren daher auch bereit zu einer Hypnose. In zwei Minuten fiel die Patientin in eine tiefe Trance, nach zwanzig Minuten war die Behandlung abgeschlossen. In vielerlei Varianten suggerierte Kay Thompson der Patientin immer wieder folgende drei Punkte:

- Schmerz ist eine Gefahr oder ein Warnsignal. Da wir bereits wissen, was bei Ihnen nicht in Ordnung ist und die Ursache kompetent behandeln, gibt es keinen Grund mehr für Sie, weiterhin Schmerzen zu fühlen.
- Sie müssen ganz klar erkennen und verstehen, wie wichtig es für die Befreiung von Schmerzen und für eine normale Heilung ist, daß Sie schlafen und essen, um so Ihrem Körper die schwierige Situation überwinden zu helfen.
- Unser Kreislaufsystem fördert sehr die Heilung (trägt Infektionen fort, löst Blutergüsse auf etc.), bei Schwierigkeiten wird die Blutzirkulation in den angegriffenen Teilen erhöht. Als direkte Folge der vollständigen Befreiung von Schmerzen sowie von Ruhe und Nahrung und der stärkeren Blutzirkulation wird die Heilung sehr viel schneller erfolgen, als wenn sie nicht „angeregt" worden wäre.

Nach der üblichen Schlußsuggestion (Wohlbefinden und Selbstvertrauen) war die Patientin sofort und vollständig von Schmerzen befreit, konnte essen und schlafen. Am nächsten Tag konnte man im Heilungsprozeß auf der linken und auf der rechten Seite keinen Unterschied mehr erkennen. Hervorzuheben ist in diesem Kontext, wie die Patientin das Geschehen kommentierte: *Alles, was ihr gesagt wurde, erschien vernünftig, deshalb konnte sie es akzeptieren und kooperieren.*

In Zusammenhang mit dem Stellenwert „rationaler" Elemente und ihrer Kombination mit suggestiven Beeinflussungsmethoden ist auch die Erfahrung von Zahnmedizinern zu erwähnen, die sich darum bemühen, emotionale Faktoren aufzudecken, die das Auftreten einer bestimmten Dysfunktion mitbedingt oder ausgelöst haben können (z. B. traumatische Erfahrungen in der Kindheit). Das Aufklären derartiger Einflußfaktoren und die Erläuterung ihres Stellenwerts für den einzelnen Patienten erweist sich in vielen Fällen als äußerst wichtig für eine erfolgreiche zahnärztliche Behandlung (für Details siehe Hilgard & Hilgard 1975). Zur Illustration wird hierzu öfter ein Bericht von Erickson et al. (1961) zitiert: Bei einem Mann mit starkem Brechreiz brachte direkte Suggestion keine Änderung. Erst nachdem durch eine hypnotische Altersregression festgestellt wurde, daß er als Kind nach dem Schlucken einer größeren Menge von Rizinusöl schweren Brechreiz bekam, konnte dieses Fehlverhalten behoben werden. Es waren das Gespräch über diese Ursache und die posthypnotische Beruhigungssuggestion, die schließlich zu diesem Ergebnis führten.

Für die Induzierung der Hypnose oder die Begünstigung des konkreten Behandlungsverlaufs erweisen sich Suggestionsinhalte als effektiver, die in einer „wenn – dann" oder „je mehr ... desto stärker" Formulierung vermittelt werden. Dabei ist es oft gleichgültig, ob die gegebenen Erklärungen stimmig sind. Was zählt, ist das, was der Patient für nachvollziehbar und zutreffend hält und ihn schließlich dazu bewegt, entsprechend den ihm direkt oder indirekt suggerierten Richtungszuweisungen zu reagieren: *„Wenn Sie das Gesicht und den Unterkiefer sehr gut entspannen, öffnet sich Ihr Mund ganz von selbst!"* (siehe Fallbeispiel 4). *„Wenn die*

Kälte und das Kribbeln in der Hand sehr ausgeprägt sind, bewegt sich die Hand ganz von selbst zu Ihrem Mund!". (Bei der „Handschuh-Anästhesie" hat man somit die Rückmeldung, in wie weit die suggerierte Anästhesie der Hand Wirkung zeigt.) Oder: *„Je stärker das Taubheitsgefühl auf Lippen und Wangen, desto geringer ist der Schmerz!"*.

Es zeigt sich immer wieder, daß Patienten auch während der Hypnose auf Erklärungen warten, die ihnen, sei es auch durch eine nur scheinbare Logik, helfen, die Ungewißheit und kritische Reflexion zu dämpfen. Nach Aufhebung einer Hypnose äußerte sich eine Zahnärztin, die an einem Hypnosekurs teilnahm: „Ich konnte in der Tat die Arme nicht mehr heben, es hat mir aber geholfen, als mir suggeriert wurde, ich hätte auch keine Lust, das zu tun. Theoretisch hätte ich jederzeit die Arme nach oben bringen können, aber das 'weil ich kein Verlangen danach hatte' befreite mich von jeglichem Versuch, etwas in diese Richtung zu unternehmen, ich hatte buchstäblich keinen 'Bock" danach'.

Der Anschein, rational und selbstbestimmend zu handeln, kann den Patienten auch mit Hilfe der sogenannten suggestiven Alternativlösungen vermittelt werden: *„Wenn wir jetzt eine Altersregression einleiten, können Sie sich selbst für das Ereignis entscheiden, das Sie wiederaufleben lassen wollen"*. *„Sie brauchen den Mund gar nicht weit aufzumachen. Sie können einfach locker lassen, dann kommen wir prima hin"*. Durch Begründungen verlieren Alternativen keineswegs ihren suggestiven Charakter. Sollten z. B. zwei Behandlungsstühle zur Verfügung stehen, kann der Arzt kurz die Vorteile des einen und des anderen angeben (Nähe zum Fenster, bequemer Sitz bzw. Liegevorrichtung etc.). Sein Angebot der Auswahl soll dem von Angst gepeinigten Patienten die Chance geben, sich für etwas zu entscheiden und somit seine Blockierung brechen. Für den Fall, daß während einer Sitzung zwei verschiedene Eingriffe vorgenommen werden müssen, kann ebenfalls der Patient aufgefordert werden, zu entscheiden, was zuerst gemacht werden soll. Er hat dadurch ein Mitspracherecht und fühlt sich weniger den alleinigen Entscheidungen des Arztes ausgesetzt.

Ähnlich funktionieren suggestive Vergleiche. *„Wie ich aus Ihrer Kartei entnehme, sind Sie kerngesund, das ist natürlich das Allerwichtigste, die Zähne kriegen wir schon in Ordnung"*. *„Sie bluten viel weniger, jetzt läßt sich schnell und gut arbeiten"* (Schmierer, 1992b). Sollte im Verlauf mehrerer Behandlungen dem Zahnarzt beim Patienten ein eindeutiger Abbau von Anspannungen und Ängsten offenkundig werden, kann ein Ansprechen und Benennen der festgestellten Unterschiede die intendierten Suggestionswirkungen noch verstärken. Es lassen sich auch paradoxe Vergleiche verwenden wie: *„Das Taubheitsgefühl im Unterkiefer wird jetzt leider noch mehr zunehmen und sich vielleicht etwas unangenehm anfühlen, dafür werden Sie dann aber auch kaum Schmerzen spüren"*.

- ***Suggestive Umdeutung***

Ein wichtiger Bestandteil suggestiver Kommunikation besteht darin, unangenehme Sachverhalte und Erlebnisse umzudeuten. Der behandelnde Zahnarzt verfügt über eine Vielfalt von Möglichkeiten, suggestive Umdeutungen vorzunehmen. Indem er gewisse Vorteile hervorhebt, kann er z. B. versuchen, die offenkundigen Nachteile zu überdecken oder sogar auszuklammern. Auf diesem Wege kann er z. B. die Ängste und die Verunsicherung seiner Klienten, die Prothesen benötigen, vermindern. *„Die neuen Zähne sind stabiler, sehen gut aus, lassen sich leichter reinigen und Sie müssen seltener zum Zahnarzt,"* etc. Der praktische Arzt weiß, daß er manchem Unbehagen seiner jungen, aber auch älteren Klientel dadurch entgegen wirken kann, daß er Eitelkeitsgefühle anspricht: *„Die Behandlung dauert nur kurze Zeit, das gute Aussehen aber, für das wir hiermit sorgen, ist von Dauer"*. Manche Personen, wohl mehr Frauen als Männer, zeigen einen gewissen Widerstand, wenn sie ihr Gesicht vollständig entspannen sollen. Hier könnte folgende suggestive Behauptung brauchbar sein: *„Ein gut entspanntes Gesicht strahlt immer innere Ruhe, Gelassenheit und Schönheit aus"*.

Eine andere Suggestionsstrategie besteht darin, die unangenehme Reizsituation, die während der Behandlung wahrgenommen wird, umzudeuten. Dies gelingt besonders gut, wenn der Patient sich mit Hilfe gezielter Suggestionen und aufgrund von Selbsterfahrungsübungen in eine für ihn angenehme Situation vertiefen kann. Dann kann das Geräusch des Bohrers in der imaginierten Situation verwendet und umgedeutet werden, z. B. als vorübergehender Lärm von Flugzeugen. Aus der Tradition der Vorsatz-Formeln von Schultz sind sicherlich auch Sätze anzuwenden, die eine Neutralisierung von Störfaktoren anstreben (Geräusch = gleichgültig). Eine „Neutralisierung" kann auch dadurch bewirkt werden, daß man dem Patienten zu verstehen gibt, daß Angst zu Beginn einer Behandlung eine ganz normale Erscheinung ist. Burk (1986) beschreibt den Fall einer jungen Patientin, bei der das Geräusch des Bohrers schmerzhafte Erinnerungen weckte, so daß er schließlich die Behandlung abbrechen mußte. In einer zweiten Sitzung übermittelte er ihr die direkte Suggestion: *„Die Geräusche des Bohrers existieren nicht"*. Da diese Behauptung keine Wirkung zeigte, verwandte er, diesmal mit Erfolg, die Suggestion, es könne sein, daß die Patientin aus der Entfernung das Pfeifen des Bohrers wahrnehme – dies sei aber gänzlich unwichtig für sie. Das Ergebnis war, daß ihr ohne Lokalanästhesie und ohne jegliche Abwehrreaktion die Zähne saniert werden konnten.

Als Umdeutungsstrategien können auch folgende Verfahren zur Optimierung der Schmerzkontrolle betrachtet werden. Durch Suggerieren von Parästhesien oder einer „Symptom-Verschiebung" wird z. B. versucht, den vorhandenen Schmerz zu neutralisieren bzw. umzudeuten. Man spricht auch von einer „Neu-Interpretation", wenn auf suggestivem Wege versucht wird, den Bezugsrahmen des Schmerzerlebnisses zu ändern bzw. neue Interpretationsmuster aufzustellen. In Abhängigkeit von vorhandenen Fähigkeiten kann der Patient aufgefordert werden, Synästhesien zu entwickeln, die ihm erlauben, den Schmerz als visuelle oder akustische Halluzination „wahrzunehmen" und ihn auf dieser Grundlage „übermalen" oder „überhören" zu können (für Details siehe Peter, 1986).

Es gibt einige allgemeine Aspekte, die zu berücksichtigen sind, wenn es darum geht, direkte oder indirekte verbale Suggestionsformeln zu erteilen und für ihre Wirksamkeit zu sorgen.

Man geht im allgemeinen davon aus, daß:

- sich kürzere Sätze besser durchsetzen als lange;
- Wiederholungen bis zu einem gewissen Grad nützlich sind;
- positive Behauptungen bedeutend besser wirken als negative;
- im allgemeinen konkret-anschauliche Inhalte eher das Ziel erreichen als abstrakte Fomulierungen (siehe Hoffmann, 1981).

Die suggestiven Richtungszuweisungen sollten immer dem speziellen Kontext der Behandlung und den Besonderheiten des Patienten Rechnung tragen. Es ist durchaus denkbar, daß die Formel *„Linker Backenzahn ist ganz kühl"* (Franke, 1974) sich für den einen oder anderen Patienten als brauchbar zeigt, für einen anderen aber, der Kälte unmittelbar mit Schmerz verbindet, kontraindiziert ist.

5.2.2 Strategien der Beeinflussung auf der Grundlage von Analogien

Eine Reihe von Suggestionsverfahren, die auch in der Zahnheilkunde des öfteren eingesetzt werden, basieren auf authentischen oder unterschobenen Ähnlichkeitsverhältnissen. Dieser Kategorie könnte man verschiedene *Substitutions*-(Ersatz-), *Imaginations*- und *Modellverfahren* zuordnen.

- ***Substitutionstechniken***

Am bekanntesten sind wohl die Verfahren, die sich den Placebo-Effekt zu eigen machen. Burk (1986) berichtet von einem Fall, in dem zur Extraktion eines Zahns eine „Placebo-Spritze" eingesetzt wurde. Mit einem Pallet wird das Auftragen eines Oberflächen-Anästhetikums an der „Einstichstelle" nur durch Druckberührung vorgenommen, um eine Verabreichung der Injektion vorzutäuschen. Nach „Einwirken der Substanz“ wird die Tiefe der Lokalanästhesie geprüft. Mit der Spitze einer Sonde wird in das Zahnfleisch am nicht behandelten kontralateralen Zahn gepickst, so daß ein leichter Schmerz wahrgenommen werden kann. Dann wird mit der runden Sondenseite im Gebiet des zu behandelnden Zahnes gedrückt. Der Patient bemerkt nach der Oberflächenanästhesie natürlich ein deutlich verändertes Gefühl an dieser Stelle, d. h., keinen Schmerz, nur noch Druck! Nun kann extrahiert werden, bei besonders sensiblen Patienten kann jederzeit „nachinjiziert“ werden. In der Regel, folgert Burk, können so mehrere benachbarte Zähne therapiert werden.

Die „als-ob“-Situation kann bei suggestiblen Patienten auch dann wirksam werden, wenn der behandelnde Arzt diese unabsichtlich herbeiführt. Dr. O., der an der von uns geleiteten Ausbildung über Suggestionstechniken teilnahm, berichtete von einer derartigen Situation. Er führte mit einer Patientin eine Entspannungsübung durch und suggerierte ihr, sie befände sich an einem angenehmen Urlaubsort. Im Eifer des Gefechts – er hatte diese Entspannung zum ersten Mal bei einer ihm vertrauten Person evoziert – vergaß er, die beabsichtige Anästhesie für einen Eingriff im Gaumen zu setzen. Er fing an, die Einschnitte im Gaumenbereich für die Transplantat-Gewinnung durchzuführen und realisierte erst im nachhinein sein Versäumnis. Während des Eingriffs zeigten sich bei der Patientin keinerlei Anzeichen von Schmerz. Sie erzählte anschließend, sie hätte im operierten Bereich etwas gespürt, was sie aber nicht als Schmerz definieren konnte.

Zahnmediziner, die Erfahrung mit Suggestions-Verfahren haben, kombinieren von Fall zu Fall eine Lokalanästhesie mit Hypnose. Hierdurch kann die sonst benötigte Menge des Anästhetikums bis auf ein Viertel der Normaldosis reduziert werden. Die Anästhesie hält mitunter so lange an, daß man davon ausgehen kann, daß – neben der suggestiv erzeugten Minderdurchblutung und der allgemeinen Entspannung – die chemische Initialwirkung des Lokalanästhetikums zu einer hypnotischen Fortsetzung der Anästhesie führt (Schmierer, 1986).

Unter Substitutions- oder Ersatz-Techniken wird in der Fachliteratur auch ein Verfahren beschrieben, das der Ausübung der Schmerzkontrolle dienen soll. Während der Hypnose wird den Patienten suggeriert, daß sie an der schmerzenden Stelle Brennen, Stechen oder einen dumpfen Druckreiz empfinden und damit den Schmerz ersetzen. Die evozierten Empfindungen können so stark erlebt werden, daß der Schmerz nicht länger als unerträglich empfunden wird (für Details siehe Peter, 1986). Diese Vorgehensweise könnte auch als Umdeutungsstrategie betrachtet werden (siehe oben).

Das oben beschriebene Substitutionsverfahren dient, wie viele andere Suggestionstechniken, der Ablenkung. In diesem Kontext sind auch andere „Ersatz-Mittel“ zu erwähnen, wie z. B. das Heben eines Armes oder Beines, um z. B. den Würgereiz zu überbrücken oder das Ersetzen eines traumatischen Ereignisses durch eine positive Erinnerung.

Als eine besondere Substitutionstechnik kann die nach Klumbies (1988) benannte Ablations-Hypnose bezeichnet werden. Die Patienten, meistens an chronischen Schmerzen leidende Personen, werden trainiert, die vom Therapeuten durchgeführte Hypnose mit einer kleinen Karte (einer Zeichnung) zu assoziieren. Nach wiederholter Übung konditioniert sich dieser Reiz derart, daß die Patienten nun zu Hause, getrennt vom Therapeuten (= ablatio), die Hypnose mit ihren schmerzlindernden Wirkungen aufgrund dieses visuellen Reizes selbst induzieren können.

- ***Imaginationsverfahren***

Es ist oftmals schwer, zwischen Suggestionen und imaginativen Techniken zu unterscheiden. Dies ist jedoch unerheblich, wenn es um praxisbezogene Zielsetzungen geht. Im folgenden sollen einige Imaginationsverfahren, die in Kombination mit Hypnose und anderen Entspannungstechniken als Analogie-Vehikel einsetzbar sind, kurz angeführt werden.

Als ein typisches Beispiel kann hier die „Handschuh“-Anästhesie erwähnt werden, die wohl sehr oft in der Zahnheilkunde zur Schmerzbekämpfung angewandt wird. Dem Patienten wird suggeriert, daß seine Hand sich immer tauber und ganz kalt anfühlt und dadurch schmerzunempfindlich wird. Er soll sich vorstellen, daß z. B. seine Hand mit Eis umhüllt ist. Nachdem er durch ein Zeichen dem Arzt anzeigt, daß sich seine Hand kalt und taub anfühlt und unempfindlich geworden ist, wird er direkt oder indirekt (siehe Fallbeispiel 4) aufgefordert, die Hand zu Mund und Wange zu führen. Auf suggestivem und imaginativem Wege soll nun erreicht werden, daß auch diese von der Hand berührten Bereiche sich sehr kalt, taub und unempfindlich anfühlen. Bewährt haben sich imaginative Vehikel – Metaphern mit einbezogen – bei der Beeinflussung von Blutungen. Die Patienten sollen sich z. B. einen Hahn vorstellen, den sie zudrehen (Schmierer, 1992b). Denkbar wäre auch, dem Patienten die Möglichkeit zu geben, sich dabei kinästhetisch zu betätigen (durch echtes Manipulieren an einem greifbaren Hahn). Andere Beeinflussungsmittel via imaginativer Analogien wurden bereits an anderer Stelle erwähnt (siehe Umdeutungsverfahren).

- ***Modellsituationen***

Als suggestive Analogie-Verfahren könnte man auch Vorgehensweisen betrachten, die sich einer Modellsituation bedienen. Es geht im Prinzip darum, dem Patienten die Möglichkeit zu geben, sich an vorgegebenen Verhaltensweisen zu orientieren. In Anlehnung an die modellhafte Darstellung wächst die Tendenz, ein analoges Verhalten zu zeigen, d. h., weniger Angst, geringeres Schmerzempfinden usw.

Um unerfahrene Patienten auf die Hypnose vorzubereiten, kann man ihnen einräumen, an einer Hypnosesitzung mit anderen Personen teilzunehmen, oder Videoaufzeichnungen zeigen. Dieser Weg zeigt sich auch dann als vorteilhaft, wenn man den Patienten Selbsthypnose als Therapiemöglichkeit der Zahnheilkunde erlernen lassen möchte (für Details siehe Reindl, 1986).

Einen besonderen Stellenwert hat natürlich das Modellverhalten des Zahnmediziners selbst. Wie das Fallbeispiel 3 zeigt, konnte Dr. S. erst richtig auf Suggestion- und Hypnosetechniken zurückgreifen, nachdem seine Patienten erfahren hatten, daß ihm selbst ohne andere Anästhesie unter Hypnose zwei Weisheitszähne gezogen wurden.

5.2.3 *Strategie der Beeinflussung auf der Grundlage von Involvierungs-Situationen*

Hiermit sind die verschiedenen Vorgehensweisen gemeint, die mit Induzieren der Hypnose oder einer vergleichbaren Entspannung eingesetzt werden, um diesen Zustand zu vertiefen und ihn für verschiedene therapeutische Zielsetzungen zu nutzen. Es geht hierbei u. a. um die Herbeiführung dissoziativer Prozesse in Form von *suggerierten Altersregressionen*, *Zeitverzerrungen*, *Amnesie-Erscheinungen* und *Halluzinationen*. Diese wurden im einzelnen schon im Beitrag von Kossak in Band 1 dieses Handbuches erörtert und auch durch die von uns dargestellten Fallbeispiele (2, 3, 4) in bezug auf zahnmedizinische Zielsetzungen erläutert oder zumindest angesprochen.

Am Beispiel der suggerierten Altersregression kann gezeigt werden, daß dasselbe Verfahren für verschiedene Zielsetzungen gebraucht werden kann. Eine Rückversetzung ins Kindesalter kann sich schon deswegen als brauchbar erweisen, weil der Patient von dem „Hier“ und „Jetzt“ der Behandlung abgelenkt wird. Andererseits kann die Altersregression als Möglichkeit verstanden werden (wie an anderer Stelle schon erwähnt), verdrängte oder unbewußt gebliebene Traumata, denen eine bestimmte Rolle beim Auslösen von Würgereflex, Brechreiz oder Dentisto-Phobie zukommt, aufzudecken.

Äußerst prägnant läßt sich die Bedeutung von Involvierungsverfahren bei der Behandlung von Kindern zeigen. Mit Hilfe von Metaphern, Beteiligung an spielerischen Tätigkeiten, die unmittelbar während des Therapierens stattfinden, oder beim

Spielen mit Puppen kann eine gute „Trance-Situation“ erreicht werden. Das Kind scheint von der Behandlung gar nichts mitzubekommen (für Details siehe Schmierer, 1992b)

Die Wirkmechanismen der Suggestion sind bis jetzt nicht geklärt. Es wird aber immer wieder darüber berichtet, daß im Kontext der konkreten Behandlungssituation direkte und indirekte, explizite und implizite Suggestionen durch eine Vielfalt von Einflußfaktoren (Vertrauensverhältnis, aktive Beteiligung des Patienten, permanentes Interagieren zwischen Therapeut und Patient usw.) zu einer erheblichen Reduktion von Schmerz und Angst, Blutung und Speichelfluß etc. beitragen (für Details siehe Hilgard & Hilgard, 1975; Kossak, 1993; Schmierer & Kunzelmann, 1990).

6. *Falldarstellungen*

Zur Illustration einiger der beschriebenen Anwendungsmöglichkeiten von Hypnose und Suggestion in der Zahnheilkunde führen wir nachfolgend, in Ergänzung zu dem bereits in der Einleitung dargestellten Fallbeispiel, drei Falldarstellungen an. Sie basieren auf Erfahrungen, die der Seniorautor dieses Beitrages (V. G.) als Psychologe in diesem Bereich machen konnte (teilweise noch zur Zeit seiner Tätigkeit als wissenschaftlicher Mitarbeiter des Psychologischen Institutes Bukarest).

Fallbeispiel 2: Zahnimplantation unter Hypnose

Hilgard und Hilgard geben in ihrem Buch „Hypnosis in the relief of pain“ (1975) u. a. auch eine ausführliche Darstellung der Anwendungsmöglichkeiten suggestiver Verfahren in der Zahnmedizin. In ganz verschiedenartigen Fällen wurde Hypnose als einziges anästhetisches Mittel angewandt. Die Durchführung von Zahnimplantationen unter hypnotischen Bedingungen wird aber nicht erwähnt. Die Erklärung kann darin bestehen, daß sich derartige Eingriffe in der alltäglichen Praxis noch nicht durchgesetzt haben oder sich als äußerst schmerzhaft erweisen. Der Eingriff erfolgt in einer Zone, die für ihre hohe Schmerzempfindlichkeit bekannt ist. Die Vorbereitung des Gewebes für das Einpflanzen des Implantats verlangt einen drei bis vier cm langen Einschnitt in die Schleimhaut und das Periost (Knochenhaut) und anschließend einen genau so langen eins bis zwei cm tiefen Schnitt in den horizontalen Ast der Mandibula (Unterkieferknochen). Die entsprechende Zone ist stark vaskularisiert. Durchaus möglich sind starke Blutungen, die während der Operation auftreten und die Durchführung des Eingriffes negativ beeinflussen können.

Im folgenden Fall handelt es sich um den Patient B. mit einer starken Idiosynkrasie gegenüber Betäubungsmitteln. Er hatte eine größere Zahnlücke, die unter normalen Bedingungen durch eine mobile Prothese auszugleichen gewesen wäre. Da er von Beruf Schauspieler war, lehnte er schon aus beruflichen Gründen eine derartigen Prothese, die die Gefahr unerwünschter Bewegungen implizierte, ab. Unter diesen Umständen wurde ihm vorgeschlagen, sich für ein Metall-Implantat, das eine fixe Zahnbrücke ermöglichen würde, zu entscheiden. Der Patient war damals (1978) 42 Jahre alt und suchte uns ursprünglich wegen einer unspezifischen neuro-vegetativen Dysfunktion auf, die auch die Gelegenheit bot, suggestive Verfahren unter Hypnose anzuwenden.

Analgetische Suggestionen während des normalen „Wachzustandes“ blieben erfolglos. Patient B. reagierte empfindlich schon auf relativ oberflächliche Stiche. Unter hypnotischen Bedingungen dagegen erwies sich der Patient selbst gegenüber sehr tiefen Stichen als unempfindlich. Der Grad seiner hypnotischen Bereitschaft wurde mittels der Harvard Group Scale of Hypnotic Susceptibility (Shor & Orne, 1962) getestet. Er erreichte zehn Punkte von zwölf möglichen. Bei der Creative Imagination Scale (Wilson & Barber, 1978) erzielte er 36 von 40 möglichen Punkten. B. zeigte keine spontane Amnesie, auch die suggerierte Amnesie stellte sich nur teilweise ein. Er konnte sich im allgemeinen an die intra-hypnotischen Ereignisse erinnern. Der Patient erklärte sich bereit, die Implantation unter hypnotischen Bedingungen durchführen zu lassen. Der Eingriff wurde von Dr. Orleanu an der Bukarester Universitätsklinik durchgeführt.

Gleich nach dem Induzieren der Hypnose wurde dem Patienten suggeriert, er befände sich an einem ihm sehr angenehmen Urlaubsort am Meer. Er sei dort mit einem Bekannten zusammen, der ihm über einen unter Hypnose durchgeführten Eingriff berichtet. Sinn dieser Vorgehensweise war, einerseits die Spaltung zwischen der eigentlichen Situation und der suggerierten zu akzentuieren. Andererseits stellte sich das Problem, einen Bezugsrahmen zu schaffen, bei dem nicht die Gefahr einer vollkommenen Zusammenhanglosigkeit mit den tatsächlichen Ereignissen bestand. Denn trotz seiner ausgeprägten Umschaltungsfähigkeit erreichte der Patient nie diesen Grad der Loslösung von Umweltreizen, die einer Identifikation mit den suggerierten Inhalten gleichkam.

Vor dem Eintritt in den OP wurde der Patient ziemlich nervös, versuchte aber sein Unbehagen zu verbergen. Während der hypnotischen Induktion und danach war seine Unruhe sichtbar. Erst nach und nach konnte der hypnotische Zustand vertieft werden. Zu Anfang des Eingriffes drückte die Mimik ein gewisses Unbehagen aus. Der Patient stöhnte auch ein paarmal. Durch persuasive Beeinflussung gelang es immer mehr, den Patienten zu beruhigen. Nach und nach entspannte sich sein Gesicht. Er hatte einige Male die Tendenz zu sprechen, lachte mehrmals und zeigte ein wachsendes euphorisches Verhalten. Die ganze Zeit über hielt der Psychotherapeut die Hand des Patienten. So war es möglich, die Reaktionen des Patienten besser zu erfassen und ihm gleichzeitig ein stärkeres Gefühl protektiver Nähe zu geben.

Der Eingriff dauerte 25 Minuten. Das Ausmaß der Blutungen entsprach durchaus demjenigen bei Eingriffen unter Anwendung medikamentöser Anästhetika und vasokonstriktorischer Mittel. Der Patient erwies sich sofort nach dem Eingriff wie auch später als schmerzfrei. Er nahm weder vor noch nach der Operation Medikamente. Der Allgemeinzustand nach dem Eingriff war ferner durch ein euphorisches Verhalten gekennzeichnet.

Zwei Stunden nach dem Eingriff hat der Patient seine Eindrücke auf Tonband gesprochen. Nachfolgend einige Auszüge davon:

„Ich hatte schon seit zehn Tagen mit dem Gedanken gespielt, die Einpflanzung unter Hypnose vornehmen zu lassen. Die Erfahrung, die ich mit meinem Therapeuten gewonnen hatte, zeigte mir, daß eigentlich nichts Schlimmes passieren konnte. Seit gestern war ich nicht mehr so selbstsicher. Ich fühlte, daß der Termin näher rückte und eine gewisse Unruhe überwältigte mich. Vor dem Einschlafen habe ich nochmals ein Autogenes Training durchgeführt und mich beruhigt. Der Schlaf war gut.

Als ich heute morgen der Vorbereitung zusah, wurde es mir mulmig. Es war nicht so sehr meine skeptische Einstellung, die mich beeinflußte, als vielmehr die Nervosität der Ärzte. Am Anfang konnte ich mich nicht so richtig entspannen. Nach und nach haben die beruhigenden Worte des Therapeuten auf mich gewirkt, und ich konnte fast vergessen, was eigentlich mit mir los war. Ich konnte abschalten. Ich fühlte mich ans Schwarze Meer versetzt, ins Hotel International in Mamaia. Ich hatte den Eindruck, daß ich nicht Beteiligter war, sondern nur Zuschauer oder Zuhörer von Ereignissen, die mir erzählt wurden.

Die Dinge sind mir nicht ganz klar. Mehr als der Eingriff haben mich die Kommandos der Ärzte gestört. Da hieß es: „Tupfer“, „Klammer“, „Bohrer“. Das alles waren Sachen, die, wie soll ich sagen, von außen auf mich eindrangen. Wenn dies alles nicht gesagt worden wäre, hätte ich von den Ärzten gar nicht Kenntnis genommen.

Wie lange alles gedauert hat, kann ich nicht sagen. Ich habe die Vögel aus dem Park neben der Zahnklinik gehört, und es war alles wie am Schwarzen Meer, dort, wo ich jahrelang im Sommer gewohnt habe. Wahrscheinlich habe ich auch gestöhnt oder vielleicht gezittert, wie es nun mal ist, wenn man mit dem Bohrer direkt auf dem Knochen arbeitet. So wurde es mir jedenfalls später gesagt. Ich war aber von mir selbst getrennt. Die Berührung mit der Hand meines Therapeuten hielt mich mit der Außenwelt verbunden. Ich spürte, daß da Dinge passierten, die unangenehm waren. Aber es war, als ob man vor dem Bildschirm hockt und zusieht, wie eine Frau verprügelt wird. Man kann aber nicht ins Fernsehgerät reinkriechen, um einzugreifen. So ungefähr könnte ich meinen Zustand beschreiben.

Ich habe jahrelang mit Zahnärzten zu tun gehabt. Ich kann behaupten, daß ich trotz Anästhesie immer starkes Unbehagen hatte. Mein genereller Zustand war bedeutend schlimmer als heute bei einem Eingriff, der viel komplizierter war als alles, was ich vorher erlebt habe. 20 Minuten nach dem Eingriff habe ich mich ans Steuer gesetzt und bin meiner Wege gegangen. Jetzt, zwei Stunden danach, fühle ich mich ausgezeichnet."

(Zur ausführlichen Beschreibung dieses Fallbeispieles siehe Gheorghiu, 1986 und Gheorghiu & Orleanu, 1982.)

Fallbeispiel 3: Weisheitszahnextraktion bei einem Zahnmediziner unter Hypnose

Dr. S., Teilnehmer an einem Hypnosekurs, der von den beiden Autoren dieses Beitrages im Zusammenwirken mit Zahnärzten, die seit mehrerer Jahren in ihrer Praxis Hypnoseverfahren anwenden, durchgeführt wurde, ergriff eines Tages die Initiative, sich selbst unter Hypnose behandeln zu lassen. In wiederholten Selbsterfahrungsübungen konnte er sich davon überzeugen, daß es ihm gut gelingt, einen hypnotischen Zustand zu erreichen. Er konnte sich lebhaft auf die ihm in Verbindung mit seinen Lebenserfahrungen erteilten Suggestionsinhalte konzentrieren, sich dabei gut entspannen und von dem „Hier" und „Jetzt" Abstand gewinnen. Auch konnte er die Feststellung machen, daß bei ihm mit Hilfe gezielter Suggestionen ein Kälte- und Taubheitsgefühl in der Hand evoziert werden konnte und sich diese Empfindungen auf Wange und Mund übertragen ließen, sobald seine Hand diese Bereiche berührte (die sog. „Handschuh"-Anästhesie). Da er selbst zwei Weisheitszähne ziehen lassen mußte, entschloß er sich für eine Extraktion unter Hypnose mit der Bitte, daß einer der Ausbilder die hypnotische Prozedur durchführen sollte. Es ist davon auszugehen, daß er im Laufe der Selbsterfahrungsübungen ein Vertrauensverhältnis zu seinem Ausbilder entwickelt hat. Ebenfalls bestand ein gutes Verhältnis zu Dr. H., der auch am Kurs teilgenommen hatte und ad-hoc bereit war, die Extraktion durchzuführen. Anhand der direkten Erfahrung, die während der Ausbildung mit Herrn S. gemacht werden konnte, benötigten wir keine zusätzlichen Vorbereitungen. (Zur ausführlichen Beschreibung dieses Fallbeispieles aus der Sicht des Patienten, des Therapeuten und des Zahnarztes siehe Gheorghiu, Hüttemann & Schmidt, 1993).

Am besten läßt sich die Sachlage aus der Sicht des Patienten beschreiben. Sie enthält auch interessante Informationen über die Beweggründe, die einen Zahnmediziner ermutigen, sich über Suggestivverfahren fortzubilden.

„Mein Part bei diesem „Experiment" war der des Behandelten, aber auch der des Handelnden. Um diese Aussage erläutern zu können, muß ich etwas zu meiner Person und meinen Empfindungen vor und während der Zahnextraktion erzählen.

Ich bin seit 1981 als praktizierender Zahnarzt in eigener Praxis tätig. Schon von Anfang an habe ich gespürt – und das kann mir der Leser wohl bestätigen –, daß sehr viele Patienten während der Behandlung angespannt sind. Einige suchen den Zahnarzt sogar nur bei deutlichen Mißempfindungen auf, weil sie ein Unbehagen vor dieser Situation des Ausgeliefertseins verspüren und nicht wissen, wie lange die Behandlung dauern wird, ob sie Schmerzen haben werden oder was überhaupt gemacht wird.

Andererseits hat es schon immer Patienten gegeben, die nicht nur wegen der räumlichen Nähe des Behandlers die Augen während einer zahnärztlichen Intervention geschlossen hielten. Befragte ich diesen Personenkreis, so erhielt ich fast immer die stereotype Antwort: „Ich habe an etwas anderes gedacht." Diese Patienten haben also aktiv einen Ausweg aus ihrer Anspannung gesucht, indem sie sich gesagt haben: Ich kenne den Zahnarzt und habe Vertrauen zu ihm, er wird mir die Zähne schon so richten, daß ich später damit wieder lachen kann, und in der Zwischenzeit will ich mich ablenken.

In meiner Praxis bin ich aber auch Fällen begegnet, in denen ich mir auch nicht weiterhelfen konnte. So z. B. als ein Patient zu mir kam, bei dem zwei Zähne extrahiert werden mußten. Aufgrund eines Verkehrsunfalles war es vor Jahren bei ihm zu einem Teilabriß eines den Arm innervierenden Nervenstranges (Plexus brachialis) mit Anästhesie und Parästhesie des rechten Armes gekommen. Einer Lokalanästhesie zur Entfernung der Zähne stand er sehr ablehnend gegenüber, da er Angst hatte, dieses für ihn unangenehme Gefühl der Taubheit könne auch im Kieferbereich verbleiben.

Bezogen auf diesen Patienten, aber auch in Hinblick auf einen in der Praxis erlebten allergischen (anaphylaktischen) Schock bei einer Patientin mit einer Anästhetikaintoleranz, erschien die Ankündigung einer Fortbildungsveranstaltung über suggestive und hypnotische Techniken in der Zahnarztpraxis zur Erweiterung des Behandlungsrepertoires wie ein von mir lang gesuchter Ausweg.

Zusammen mit den anderen teilnehmenden Zahnärzten hatte ich mich in diesem mehrtägigen Kurs sehr schnell von der Jahrmarktvorstellung eines willenlos Hypnotisierten befreien können und die medizinisch nutzbare Entspannung kennengelernt. Es wurden verschiedene Techniken geübt, und letztlich konnte immer wieder festgestellt werden: der damit einverstandene Hypnotisierte hatte sich auf die Entspannung eingelassen und der Hypnotiseur war der Chauffeur, der helfend dabei war.

Gegen Ende der zweiten Kurshälfte reifte aufgrund meiner eigenen Überzeugung dann für mich der Entschluß heran, die Probe aufs Exempel zu machen und mir meine beiden überflüssigen oberen Weisheitszähne ohne Anästhesie in Hypnose entfernen zu lassen.

Nach der Terminvereinbarung begann erst einmal das Warten. In der Zeit bis zu dem Eingriff hatte ich relativ selten darüber nachgedacht. Auch an dem Behandlungstag hatte ich nicht an dem Erfolg gezweifelt und bis zur Fahrt in die Klinik mit meiner Tochter Erdkunde geübt. Auf dem Weg machte sich bei mir eine gewisse Unruhe breit, ohne daß ich Nervosität oder Angst verspürt hatte. Ich wußte ja aus Erfahrung, daß diese Reaktion natürlich war, und daß ich in der Entspannung eine veränderte Bewußtseinswahrnehmung erleben würde, dessen war ich mir sicher. Mein mir bekanntes Hauptproblem war die Erkenntnis, daß ich als Berufskollege des Behandlers und auch als Anwender von Hypnosetechniken möglicherweise mich gar nicht voll auf die Entspannungsbilder einlassen würde, um wesentliche Elemente dieses Selbstversuches nicht zu verpassen.

Diese leichte Unruhe fing an sich zu legen, als ich nach meinem Ruhebild befragt wurde, ein mit schönen Erinnerungen verbundenes Segelerlebnis an der Ostsee aus meiner Jugendzeit. Die mir freigestellte Wahl einer Hypnoseinduktionsform ließ die Unruhe vollends verschwinden, und ich registrierte bereits eine leicht veränderte Bewußtseinswahrnehmung, da ich mein Halstuch, das ich den ganzen Tag schon getragen hatte, als störend empfand. Das Halstuch wurde fürsorglich entfernt und die Hypnoseeinleitung durchgeführt.

Die dabei und bei der Induktionsvertiefung gemachten und eingetroffenen Prognosen erzeugten eine zunehmende Ja-Haltung und Wohlbefinden bei mir. Wichtig war dabei für mich, die induzierte Kälte in der linken Hand und die sich einstellende Taubheit in den Lippen zu spüren. Mit der gedanklichen Vorstellung der Entspannungsbilder hatte ich dagegen gewisse Schwierigkeiten, wohl bedingt durch meine oben angeführte ambivalente Situation, den Behandlungsverlauf verfolgen zu können.

Aus dem gleichen Grund rief bei mir die Aussage des Behandlers, daß er den Zahn 28 zuerst entfernen wolle, die Frage hervor: „Wo ist der Zahn 28?" Während der Extraktion registrierte ich zuerst eine zahnärztliche Behandlungsmaßnahme, die ich empfand wie in einem betäubten Gebiet. Was dabei gemacht wurde, konnte ich nicht sagen. In meiner Vorstellung lief die Zahnentfernung gemäß meinem eigenen Behandlungskonzept ab, was nicht zutraf, wie ich später hörte. Ganz in der Schlußphase der Extraktion verspürte ich ein kurzes Empfinden, einen leichten Druck. Als ich mir später die Videoaufzeichnungen ansah, war ich über die Länge der Extraktion überrascht, denn mir war sie während der Behandlung viel kürzer vorgekommen.

Bei der Zahnentfernung des anderen Zahnes hatte ich die gleichen Empfindungen, vielleicht war hier das Druckempfinden etwas stärker. Ich verspürte aber zu keinem Zeitpunkt Schmerz oder Angst. Unmittelbar nach der Extraktion fühlte ich mich außerordentlich wohl und gut. Nach einer kurzen Besprechung fuhr ich wieder nach Hause und aß eine Stunde nach dem Eingriff vollkommen problemlos, ohne Blutgeschmack im Mund. Auch in den folgenden Tagen änderte sich daran nichts.

Welche Konsequenzen ergaben sich für mich aus diesem Erlebnis? Die vermittelten Kursinhalte der Patientenberuhigung und -führung sind ohne großen Zeitaufwand wunderbar in den täglichen Praxisablauf zu integrieren. Bei geeigneten Vorkenntnissen des Patienten (z. B. Autogenes Training, Yoga) läßt sich leicht eine als angenehm empfundene Entspannung herbeiführen. Höher wird der Zeitaufwand, wenn man einen Eingriff wie oben beschrieben durchführen will, einem verspannten Patienten den Zugang zur Behandlung ebnen will oder einen Bruxismuspatienten vom nächtlichen Zähneknirschen mit seinen Folgeerscheinungen abbringen will. Auch in diesen Fällen sind praktisch immer sehr positive Meinungsäußerungen der Patienten zu hören. Meist ist die Überraschung zu verzeichnen, daß „so etwas bei mir klappt, hätte ich mir nicht träumen lassen."

Wenn man sich bei diesen Verfahren von dem Image einer Varietevorstellung befreit, so ist die medizinisch genutzte Entspannung gerade in unserer heutigen Zeit eine zusätzliche Möglichkeit bei der zahnärztlichen Behandlung, die ich aufgrund meiner eigenen Erfahrung gerne aufgegriffen habe.

Abschließend soll noch angemerkt werden, daß die gewonnene Selbsterfahrung, Herrn Dr. S. dazu ermutigt hat, selbst bei seinen Patienten vergleichbare Eingriffe unter Hypnose durchzuführen.

Fallbeispiel 4: Zahnarztphobie

Vor kurzem – die Arbeit am vorliegenden Kapitel war eigentlich schon abgeschlossen – wurde uns von der Zahnklinik der Universität Gießen Frau K, die seit 15 Jahren unter einer schweren Zahnarztphobie litt, überwiesen. Bis zu ihrem 13.

Lebensjahr wurde Frau K, jetzt 28 Jahre alt, mehrmals zahnmedizinisch behandelt. Ihr damaliges Verhalten war, wie ihre Mutter bestätigte, mehr oder weniger der Situation angemessen. Stark traumatisiert wurde sie durch eine von ihr als sehr schmerzhaft empfundene Behandlung bei einem neuen Zahnarzt. Das traumatische Erlebnis hat sich derart fixiert, daß es ihr danach unmöglich war, sich einer normalen Behandlung zu unterziehen. Weiter verstärkt wurde diese Zahnarztphobie durch entsprechende familiäre Erfahrungen: Sowohl ihr Bruder als auch ihr Vater haben oder hatten sehr große Angst vor dem Zahnarzt.

Nachfolgend einige persönliche Mitteilungen der Patientin, die sehr aufschlußreiche Informationen zu dem Entstehungsprozeß derartiger Phobien enthalten:

„Nach einer Behandlung im Winter 1978 bekam ich furchtbare Zahnschmerzen. Am nächsten Tag bin ich direkt zu meinem Zahnarzt (Dr. L.) gegangen. Dieser bohrte eine Füllung auf und erneuerte diese, woraufhin ich am nächsten Tag wieder Zahnschmerzen hatte. Dieser Vorgang wiederholte sich zwei- bis dreimal. Beim letzten Mal stellte Herr Dr. L. fest, daß der Zahn abgestorben war. Er äußerte, daß er wohl versehentlich den Nerv durchgebohrt hätte und nun eine Wurzelbehandlung notwendig sei. Diese Wurzelbehandlung könne man jedoch nur ohne Betäubung durchführen, damit man feststellen könne, wo das Ende der Nerven sitzt. Hierzu würde mit kleinen Nadeln mit Widerhaken der Schmutz und alle abgestorbenen Teile aus dem Zahn entfernt. Diese Wurzelbehandlung habe ich aus Angst vor Schmerzen nicht mehr durchführen lassen. Der Zahnarzt hat den Zahn von hinten offen gelassen, damit sich keine Gase bilden konnten und ich keine Schmerzen mehr hatte. Ein paar Tage später kam eine Nachbarin vom Zahnarzt zurück und berichtete mir, er habe ihr gesagt, sie hätte ja genauso große Angst vor dem Zahnarzt wie ich und würde sich genauso anstellen. Dies müsse wohl an unserer Straße liegen.

Nach diesen Erlebnissen habe ich einige Male versucht, meine Zähne behandeln zu lassen. Die Angst äußerte sich immer erst auf dem Zahnarztstuhl, wenn der entsprechende Arzt ein Instrument (außer dem Spiegel) in die Hand nahm. Ich bekam plötzlich Panik, Schweißausbrüche und begann zu heulen. Ich war durch nichts mehr zu bewegen, meinen Mund zu öffnen. Noch im Wartezimmer habe ich mir immer wieder eingeredet, diesmal schaffst du es. Doch jedesmal wieder habe ich mich selbst enttäuscht. Wenn das Gefühl der Angst da war, konnte ich an nichts mehr denken, meine Brust und mein Hals waren wie zugeschnürt. Wenn ich dann unverrichteter Dinge nach Hause gegangen bin, war ich sehr unglücklich und habe mir Selbstvorwürfe gemacht. 1989 wurde dann eine Behandlung unter *Vollnarkose* durchgeführt. Der damalige Zahnarzt Dr. B. verpaßte mir eine provisorische Brücke und tauschte einige Plomben aus. Er bestellte gleich ein extra lang haltendes Provisorium, da ihm klar war, daß ich die Folgebehandlung (Abdruck und Anpassung einer richtigen Brücke) nicht über mich ergehen lassen würde. Wie Dr. B. richtig vorher gesagt hatte, konnte er die Folgebehandlung bei mir nicht mehr durchführen. Dazu muß ich noch anführen, daß mir Herr Dr. B. sehr unsympathisch war.

Im Dezember 1992 vereinbarte ich einen Termin mit Frau Dr. G. in der Universitätszahnklinik. Die Ärztin war mir auf Anhieb sympathisch. Jedoch war meine Angst stärker als die Sympathie. Sie wollte langsam anfangen, den Zahnstein zu entfernen, jedoch endete dieser Versuch wieder in einem Tränenausbruch von mir. Daraufhin wurde der Vorschlag gemacht, die zahnärztliche Behandlung unter Hypnose durchführen zu lassen."

Frau K. stand der Hypnosebehandlung positiv gegenüber. Eines der ersten therapeutischen Hauptziele bestand darin, ihr eine Entspannungstechnik beizubringen, die sie auch zuhause alleine üben konnte. Sie erwies sich als gut ansprechbar auf hypnotische Verfahren. In einer ersten Sitzung wurde mit ihr eine Kombination zwischen Autogenem Training und Progressiver Muskelrelaxation geübt und eine Hypnose durch die Armlevitationstechnik eingeleitet mit dem Zweck, die induzierte Entspannung zu vertiefen. Dabei wurde ihr folgende suggestive Formel gegeben: *„Mit wachsender Entspannung entspannen sich auch die Ängste. Sie lösen sich ganz von selbst auf!"*

In der zweiten Sitzung wurde neben der allgemeinen Entspannung insbesondere die Entspannung des Gesichtes geübt und vertieft. Die suggestive Formel war: *„Wenn das Gesicht und der Unterkiefer gut entspannt sind, öffnet sich der Mund von alleine!"* Nachdem sich diese suggestive Behauptung bewährt hatte, wurde als nächster Schritt ein Rollenspiel vereinbart. Sie sollte sich vorstellen, daß sie sich auf dem Zahnarztstuhl in der Klinik befände und der Therapeut die behandelnde Ärztin sei. Als die Patientin durch wiederholte „wenn-dann"-Suggestionen (siehe oben), die auch durch direkte suggestive Instruktionen in Bezug auf die Entspannung verstärkt wurden, den Mund geöffnet hatte, wurde vom Therapeuten einige Male die zu behandelnde Stelle mit einem spitzen Holzstab berührt. Die Patientin zuckte leicht, behielt aber weiter den Mund offen. Unmittelbar danach wurde bei ihr eine Altersregression induziert. Es wurde ihr suggeriert, daß sie elf bis zwölf Jahre alt sei und sich in ihrem Wohnort bei ihrem ehemaligen Zahnarzt befände, zu dem sie Vertrauen hatte und der sie relativ problemlos behandeln konnte. Auch diesmal wurden ihre Vorderzähne nach Öffnen des Mundes leicht berührt.

Anschließend fuhren Patientin und Therapeut in die Zahnklinik, wo ein Termin mit der für die Patientin bereits vertrauten Zahnärztin abgesprochen war. Hier wurde dann die weiter oben beschriebene Altersregression wiederholt und zusätzlich eine „Handschuh"-Anästhesie induziert. In dieser realen Behandlungssituation waren jedoch bei der Patientin einige Unterschiede in ihren Verhaltensweisen gegenüber dem vorher inszenierten Rollenspiel feststellbar. Frau K. öffnete den Mund, tendierte aber dazu, ihn nach Behandlungsbeginn wieder zu schließen. Durch permanente Suggestionen und Ablenkungsstrategien konnte es trotzdem ermöglicht werden, die erste Behandlung erfolgreich zu beenden. Sie wurde für ihr Verhalten sehr gelobt und den Erfolg attribuierte sie für sich als eine entscheidende Wende.

In der dritten Sitzung, in der auch weitere Zahnbehandlungen vorgesehen waren, wurde im Prinzip wie in der zweiten vorgegangen. Anhand der Erlebnisberichte der Patientin wurde die hypnotische Altersrückversetzung für eine noch frühere Zeit induziert. Sie konnte sich hierbei noch besser an eine Zahnärztin erinnern, die sie mit ihrer Mutter aufsuchte, als sie zehn Jahre alt war. Das Verhältnis zu dieser damals behandelnden Ärztin erlebte Frau K. als vertrauensvoll und gut. Dies erwies sich deswegen als günstig, weil die jetzt notwendigen Behandlungen wieder durch eine ihr „sympathische" Zahnärztin durchgeführt wurden. Sie konnte sich gut in die suggerierte Situation hineinversetzen und eine Reihe von Details wachrufen, die beruhigend auf sie wirkten, z. B. daß ihre Mutter sich die ganze Zeit hinter ihr befand. Diesmal verlief die eigentliche Behandlung bedeutend besser. Die Patientin konnte, mit kleinen Unterbrechungen, für ca. 20 Minuten den Mund geöffnet halten, sodaß drei verschiedene Zahnbehandlungsschritte durchgeführt werden konnten (Provisorium ausbessern, Zahnstein beseitigen, Füllungen polieren). Auch diesmal war es notwendig, mehrfach die hypnotische Entspannung zu vertiefen, die Altersregression durch „ankern" (s. weiter oben) „wachzuhalten" und durch direkte oder indirekte Suggestionen in kritischen Momenten der Zahnbehandlung das auftretende Unbehagen zu dämpfen.

Hier einige Auszüge aus dem Bericht der Patientin nach den ersten beiden Zahnbehandlungen unter Hypnose:

„Ich konnte schon bei der ersten Hypnose sehr gut abschalten. Ich hatte das Gefühl, als wenn alles um mich herum nicht tatsächlich da wäre. Mein Zustand würde ich mit absoluter Schwere und Passivität umschreiben. Das heißt, ich habe an einen Urlaub in Spanien zurückgedacht und mich wohl gefühlt und wollte nur in Ruhe daran zurückdenken und nicht abgelenkt werden. Als Ablenkung habe ich es angesehen, daß der Therapeut, dessen Stimme immer da war, meinen rechten Arm veranlaßte, nach oben zu gehen, um ganz kalt zu werden. Der Arm schwebte nach einer Weile wie von selbst nach oben. Das Kältegefühl war bei diesem ersten Mal nicht sehr ausgeprägt. Das heißt, die Hand wurde zwar kalt, dieses Kältegefühl konnte ich jedoch nicht auf meinem Mund übertragen. Das Kältegefühl äußerte sich in Prickeln in den Fingerspitzen.

In der zweiten Therapiesitzung, als ich mich unter Hypnose an einen früheren Zahnarzt erinnern sollte, sah ich die Zahnarztpraxis von Herrn Dr. G und die mich damals behandelnde Zahnärztin ganz deutlich vor mir. Ich war damals ca. zehn Jahre alt. Ich konnte mich sogar daran erinnern, daß damals an einem Tag sechs Füllungen auf einmal ausgetauscht wurden und meine Mutter hinter mir stand. Ich hatte keine Angst und absolutes Vertrauen zu der Zahnärztin. Meine Mutter hat mich hinterher gelobt und als Vorbild für meinen Bruder angepriesen, der bereits damals schon große Zahnarztängste hatte. Als jedoch der anwesende Assistent des Therapeuten meinen Zahn berührte, bekam ich wieder Angst und sah die Praxis Dr. G. nur noch verschwommen. Der Therapeut half mir jedoch, mich wieder deutlicher zu erinnern, so daß die Angst gemindert wurde. Als erneut mein rechter Arm veranlaßt wurde, nach oben zu gehen, wurde nach einiger Zeit meine Hand sehr kalt, was sich in starkem Prickeln und einem Taubheitsgefühl äußerte. Es gelang mir diesmal sogar, das Gefühl der Kälte auf den Mundbereich zu übertragen. Ich verspürte ein leichtes Prickeln im Gesicht vom Mund bis zur Nase. Beim ‚Hochgehen' des Armes hat mir dieser im Oberarm etwas weh getan, dieser leichte Schmerz war jedoch nach dem Ablegen des Armes wieder weg. Das Sprechen und Antworten auf die Fragen meines Therapeuten ist mir sehr schwer gefallen. Ich hatte das Gefühl, daß, wenn ich rede, ich sofort wieder zurück in die Realität versetzt würde. Das Erinnern an das Alter von zehn Jahren ist mir dadurch etwas schwerer gefallen.

Nach der Rückkehr in die Realität hatte ich immer noch Angst, daß das Gleiche nun auch direkt beim Zahnarzt vielleicht nicht funktioniert, da die anderen äußeren Umstände vielleicht dazu führen könnten, daß ich schlechter abschalten kann. Mein Vertrauen war jedoch diesmal größer als meine Angst. Außerdem sagte ich mir, daß dieser Weg die einzigste Möglichkeit war, wie ich es schaffen könnte, meine Angst vor dem Zahnarzt jemals zu überwinden. Es ist ja nicht möglich, daß jede Zahnbehandlung unter Vollnarkose durchgeführt wird, denn die Narkose birgt ja auch ein sehr großes Risiko.

Bei der ersten Zahnbehandlungssitzung in der Zahnklinik versetzte mich der Therapeut in die Zeit zurück, als ich in der Zahnarztpraxis Dr. G. von einer Zahnärztin behandelt wurde und noch keine Angst hatte. Wie bei den ersten beiden Hypnoseversuchen schwebte mein Arm wie von selbst langsam nach oben. Diesmal war ich jedoch viel unruhiger als bei den vorangegangenen ‚theoretischen' Versuchen. Meine Hand und mein Arm bis zum Ellenbogen wurden eisig kalt und prickelten. Beim ‚Heben' des Armes hat mir wieder der Oberarm weh getan, auch diesmal hörte der Schmerz auf, als der Arm abgelegt bzw. gehalten (daran kann ich mich nicht mehr genau erinnern) wurde. Ich mußte meinen Mund mit der kalten Hand nicht direkt berühren und habe gemerkt, wie die Kälte auch ins Gesicht ‚übergesprungen' ist. Mein Mund hat geprickelt, dieses Prickeln war bedeutend stärker als die vorherigen Male und war im gesamten Gesicht bis zu den Augen zu spüren. Es war wie Durchblutungsstörungen bzw. wie wenn einem ein Bein ‚einschläft'. Als mein Arm dann auf meinem Körper abgelegt wurde, war dieser schwer wie Blei. Als dann die Zahnärztin anfing, war die Angst wieder da, jedoch konnte mich der Therapeut, dessen Stimme immer da war, davon überzeugen, daß ein gewisser Angstpegel normal ist und daß ich mich hierfür nicht schämen muß. Da ja das Provisorium ausgebessert werden mußte, da ansonsten wieder Schmerzen auftreten würden, öffnete ich den Mund wieder und versuchte das Angstgefühl zu verdrängen. Ich hoffte, daß die ganze Sache möglichst schnell vorbei sein würde. Zwischendrin verspürte ich einen leichten Schmerz, eher ein unangenehmes Gefühl, wodurch ich zusammenzuckte und versuchte, meinen rechten Arm zu bewegen, was mir jedoch nicht möglich war, da er wie betäubt und als wenn er nicht zu mir gehörte auf mir lag. Auch der linke Arm, den ich dann ebenfalls bewegen wollte, war zu schwer, um ihn zu bewegen. Nun versuchte ich wieder unter größter Kraftanstregung, den rechten Arm zubewegen, ohne Erfolg. Diese Versuche haben jedoch nicht meine Angst weiter gesteigert, sondern mich im Gegenteil von den durch die Zahnbehandlungsangst entstehenden unangenehmen Gefühlen abgelenkt. Als ich die Augen öffnete, war ich sehr froh, daß ich nun zum ersten Mal nach 15 Jahren etwas an meinen Zähnen habe machen lassen, was ich bewußt miterlebt hatte, daß heißt ohne Narkose. Es war, als wenn eine schwere Last bzw. ein Stein, der in der Brustgegend befestigt war, entfernt wurde. Ich konnte noch gar nicht glauben, daß es tatsächlich stattgefunden hatte."

Aus dem Erlebnisbericht über die nachfolgenden Sitzungen ist zu entnehmen, daß Frau K. sich in immer größerem Maße von der Angst befreien konnte, sich tiefer in die suggerierte Situation hineinversetzen konnte, dabei aber niemals die Selbstkontrolle aufgab.

Der hier beschriebene Fall zeigt, daß

- bei derartigen Verhaltensproblemen eine möglichst frühzeitige Einbeziehung eines Psychotherapeuten notwendig ist (Keiner der zahlreichen Zahnärzte, die sie in der Zwischenzeit aufgesucht hatte, hat in Erwägung gezogen, sie zu einem Psychotherapeuten zu schicken, auch dann nicht, als sie selbst danach fragte);
- daß Vertrauen und das sympathetische Moment in der Arzt-Patient Beziehung zwar eine wichtige Rolle spielen, aber nicht ausreichen, wenn es darum geht, eine stark fixierte Zahnbehandlungsphobie zu beheben;
- verhaltenstherapeutische Interventionen in der Kombination mit Entspannungs- und Suggestionsverfahren als brauchbare therapeutische Mittel eingesetzt werden können.

Allgemein kann festgestellt werden, daß erfahrungsgemäß mehrere Therapiesitzungen zur Modifikation einer starken Zahnarztphobie benötigt werden. Es ist durchaus denkbar, daß ein Zahnmediziner mit

Kenntnissen und Erfahrung in der Anwendung von Suggestionsverfahren derartige Zahnbehandlungsphobien auch alleine beheben kann. In der Regel ist jedoch in schwierigen Fällen wie bei Frau K. eine kooperative Behandlung mit einem Psychotherapeuten notwendig und sinnvoll. Wie dem Bericht der Patientin zu entnehmen ist, können auch rationale Elemente eine wichtige Rolle spielen. Die Bereitschaft, sich für diese Intervention zu entscheiden und sie konsequent durchführen zu lassen, hängt auch damit zusammen, daß Frau K. sich wiederholt überlegt hat, etwas zu unternehmen, was sie aus der kritischen Situation herausbringen könnte. Suggestions- und rationale Strategien lassen sich, wie gezeigt werden konnte, gut kombinieren (Gheorghiu, 1992). Schließlich sind die Aussagen einiger Zahnärzte kritisch zu beurteilen, die einen negativen suggestiven Einfluß auf die Patientin ausübten und damit die sich anbahnende Zahnbehandlungsphobie nur noch unterstützten.

7. Zusammenfassung und Schlußfolgerungen

Die vielen Berichte von Zahnmedizinern und Psychologen, die in den letzten zwei bis drei Jahrzehnten in Fachzeitschriften veröffentlicht wurden – wir konnten uns nur auf einen Teil beziehen – geben ein ziemlich genaues Bild über die Vorteile der Anwendung von Entspannungs- und Suggestionsverfahren in der Zahnheilkunde. Trotz der wachsenden Zahl der Zahnärzte, die hierzulande an der Aus- und Weiterbildung für Suggestionsverfahren teilnimmt, ist, insgesamt gesehen, der Anteil derjenigen, die in ihrer Praxis diese Verfahren anwenden, noch als gering einzuschätzen (s. u. a. Fourie, 1988). Das liegt an mehreren Umständen: Es besteht sowohl bei den Zahnärzten als auch in vielen Kreisen der Bevölkerung noch ein stark verzerrtes Bild über Suggestion, Hypnose und verwandte Phänomene. In den Universitätskliniken wird noch viel zu wenig, wenn überhaupt, über diesen Bereich unterrichtet und geforscht (Borkmann, 1993).

Aus den Gesprächen, die wir mit Zahnärzten geführt haben, die an Entspannungs- und Suggestionskursen teilnahmen, ergaben sich auch andere Gründe:

a) Es wird allgemein die Rolle der Techniken überbewertet und viele äußern sich, zumindest am Anfang ihrer Ausbildung, eher skeptisch im Hinblick auf ihre Chance, diese anwenden zu können.
b) Nur wenigen ist bekannt, daß verschiedene bewußt oder unbewußt angewendete Suggestionsverfahren aus anderen Bereichen oder aus dem Alltag auf die zahnmedizinische Praxis übertragbar sind.
c) Es herrscht die Vorstellung, daß diese Techniken nur in besonderen, d. h. schwierigen Fällen anzuwenden sind (dies könnte u. a. auch daran liegen, daß die veröffentlichten Fallbeispiele – wie auch die, die von uns aufgeführt wurden – sich oft auf sog. Problemsituationen beziehen).
d) Praktiker haben schließlich Bedenken, daß das Zurückgreifen auf die genannten Verfahren zu zeitaufwendig ist und die Krankenkassen diese Bemühungen nicht honorieren.

Auf der Grundlage der herangezogenen Arbeiten und vieler Diskussionen mit Zahnmedizinern und Psychologen, die mit Erfolg Suggestionsverfahren anwenden oder dabei sind, sie zu erlernen, und nicht zuletzt durch die kritische Analyse unserer eigenen Erfahrungen auf diesem Gebiet ergaben sich folgende Überlegungen in Hinblick auf Optimierungsstrategien zur Anwendung dieser Verfahren:

- Im Mittelpunkt der Beschäftigung mit Suggestionstechniken sollten die verschiedensten Entspannungsverfahren stehen. Somit wird der Zugang zur Hypnose als Aspekt der Entspannungsstrategien verständlich und akzeptabler für den behandelnden Arzt und den Patienten. Die prinzipielle Ausgangsposition ist, daß beide in vielerlei Hinsicht vom Einsatz der Entspannungsverfahren profitieren können.
- Wenn wir davon ausgehen, daß das Wesentliche der Entspannung – die

Hypnose eingeschlossen – darin besteht, latent vorhandene Ressourcen zu aktivieren, sollte man mit Nachdruck bei den praktischen Anwendungen hervorheben, daß diese Aktivierung die Selbstkontrolle nicht ausschließt, sondern im Gegenteil fördert. Deshalb sollte es nicht Schmerzreduktion, Angstabbau, Beeinflussung des Blutflusses usw. heißen, sondern Schmerzkontrolle, Angstkontrolle usw. Das kann aber nur dann erfolgreich geschehen, wenn der Patient ständig mit einbezogen wird, Entspannungsverfahren übt und aktiv bei der Formulierung der suggestiven Vorsätze mitwirkt.

- Bei der Anwendung von Entspannungstechniken ist es notwendig, von den verschiedenen Erlebnisqualitäten, Einstellungen und Fähigkeiten der Patienten auszugehen. Diese differenzierte Vorgehensweise drückt sich auch in der Wahl der Verfahren aus: direkte oder indirekte, autoritative oder permissive, sich mehr auf Beweisführung und rationale Elemente stützende oder mehr Konfusionstechniken benützende Verfahren, Einzel- oder Gruppenvorbereitung, spielerische Formen, die besonders bei Kindern angebracht sind etc.
- Da die Effizienz der Suggestionsverfahren auch vom gesamten Klima in der Praxis abhängt, empfiehlt sich die Einbeziehung der Mitarbeiter. Das setzt auch für diese eine Ausbildung im Entspannungsbereich voraus. Die Ausbildung und Einbeziehung des Teams ist noch nicht allgemein üblich.
- Einen wichtigen Beitrag zur Verbesserung einer angemessenen und differenzierten Anwendung von Suggestionsverfahren in der Zahnheilkunde könnte u. E. dadurch erreicht werden, daß man ein genaueres Bild vom Verhalten des Zahnarztes und aller die Behandlung beeinflussender Personen hätte (Mitarbeiter, Patient, Begleitperson(en) etc.). Es fehlt unseres Wissens eine derartige „Morphologie" des Verhaltens. Der eine Patient fühlt sich dadurch gestört, daß der Zahnarzt zu viel oder zu wenig spricht bzw. nicht die Behandlungsschritte erklärt, nichts über die Dauer des Eingriffs aussagt, zu wenig oder zu viel Behandlungsalternativen anbietet, Kenntnisse voraussetzt, die viele Patienten nicht besitzen, die Logik und die Gefühle des Patienten ignoriert oder bagatellisiert. Der andere Patient unterliegt seinen eigenen negativen Suggestionen: *„Immer wenn . . . muß ich würgen"*. *„Ich kann nie . . . ohne zu würgen"* (Borckmann, 1993). Unangemessene Einflüsse kommen auch von Eltern, die ihre Kinder mit dem falschen Versprechen, es werde nicht weh tun, zum Zahnarzt bringen. Ein ebenso negatives Beispiel sind Personen, die durch Geschichten die Angst vor einer Zahnbehandlung schüren. Die Analyse konkreter Situationen führt, wie uns aus der Ausbildung bekannt ist, oft zu überraschend neuen Lösungen (s. hierzu auch Brockmann, 1993; Schmidt, 1993).
- Die Deutsche Gesellschaft für Hypnose und die Milton-Erickson-Gesellschaft haben Curricula für Zahnmediziner, die sich in diesem Bereich ausbilden möchten, erarbeitet. Es wäre denkbar, Lehrpläne wie in einigen Universitäten in Schweden und den USA auch für die Ausbildung der zukünftigen Zahnmediziner in Deutschland heranzuziehen.

Schwierigkeiten können dadurch entstehen, daß die Erzeugung eines Entspannungserlebens und dessen therapeutische Implikationen nur teilweise oder gar nicht gelingen bzw. Unbehagen auslösen. Sind beim Patienten tiefergreifende psychologische Gründe für seine Verhaltensprobleme (z. B. Zahnbehandlungsphobie) oder stomatologischen Funktionstörungen (z. B. Myoarthropathien) zu vermuten, sollte in jedem Fall eine psychodiagnostisch und psychotherapeutisch ausgebildete Fachperson einbezogen werden. Viele Angstprobleme und psychogene Funktionsstörungen im Kopfbereich haben teilweise eine tiefgreifende und verzweigte Genese. Der verantwortungsbewußte Zahnarzt sollte im Umgang mit diesen Störungen seine Kompetenzen nicht überschätzen (Moss, 1952; Hilgard & Hilgard, 1975; Kossak, 1993). In diesem Zusammenhang ist die Arbeit Dünningers und Kunzelmanns (1987) über die

Behandlung einer psychisch bedingten Prothesenunverträglichkeit zu erwähnen. Die beiden Zahnmediziner liefern eine lehrreiche Analyse der angewandten Verhaltenstherapie und suggestiven Strategien, übernehmen aber dabei die Funktion eines Psychotherapeuten.

Der ausschließliche und vorschnelle Einsatz von Suggestivverfahren, um zum Beispiel psychogen verusachte Gesichtsschmerzen allein auf suggestivem Wege zu beseitigen, wäre kontraindiziert. Als Modellbeispiel für eine in diesen Fällen notwendige interdisziplinäre Zusammenarbeit kann die „Consultative Outpatient Clinic for Behavioral Dysfunctions", eine Abteilung der Schule für Zahnmedizin der Universität Tel-Aviv, angeführt werden. Das Behandlungsteam setzt sich aus einem Psychiater, einem Psychologen, aus zwei Zahnmedzinern und aus Assistenten zusammen, die jeweils gemeinsam die entsprechenden Therapiepläne erarbeiten (Kleinhauz, Eli & Rubinstein, 1986). Vergleichbare Erfahrungen werden aus einer Melbourner Klinik berichtet (Gerschman et al., 1980).

Die Autoren bedanken sich bei Frau U. Faust-Gheorghiu, Herrn Dr. med. dent. B. Borckmann und Herrn Dr. med. dent. B. Schneuzer für kritische Anmerkungen zum Text.

Literatur

Bakland, T. (1974). Intravenous sedation in general dentistry: A rational use of pentobarbital, meperedine and scopolamine. New York State Dentistry Journal , 40, 23–29.

Barber, J. (1977). Rapid Induction Analgesia: A clinical report. American Journal of Clinical Hypnosis, 19, 138–147.

Barber, T. X. (1979). Suggested („hypnotic") behavior: The trance paradigm versus an alternative paradigm. In E. Fromm & R. E. Shor (Eds.), Hypnosis: Developments in research and new perspectives (2nd ed., 217–271). New York: Aldine.

Baudouin, C. (1921). Psychologie der Suggestion und Autosuggestion. Dresden: Sibyllenverlag.

Benson, P. E. (1972). Hypnosis in clinical dentistry. Master of dental science thesis. Sydney: Department of Surgery, Faculty of Dentistry, University of Sydney.

Bernheim, H. (1884). De la suggestion dans l'etat hypnotique et dans l'etat de veille. Paris: Doin.

Bernheim, H. (1964). Hypnosis and suggestion in psychotherapy. The nature and uses of hypnotism. New York: (Reprint) University Books; Aronson, Northvale.

Borckmann, B. U. (1993). Hypnose in der zahnärztlichen Praxis. Zahnärztliche Praxis, (im Druck).

Braid, J. (1846). The power of the mind over the body. London: Churchill.

Burk, W. (1986). Die hypno-suggestive Angst- und Schmerzbehandlung in der zahnärztlichen Praxis. Experimentelle und klinische Hypnose, 2, 129–141.

Campenhausen, C. V. (1981). Die Sinne des Menschen. Stuttgart: Thieme

Cooper, L. M. & Erickson, M. H. (1950). Time distorsion in hypnosis II. Bulletin of Georgetown University Medical Center, 4, 50–68.

Coue, E. (1982). Die Selbstbemeisterung durch bewußte Autosuggestion. Basel: Schwabe.

Crasilneck, H. B. & Hall, J. A. (1975). Clinical hypnosis: Principles and applications. New York: Grune & Stratton.

Crowley, R. (1980). Effects of indirect hypnosis (Rapid Induction Analgesia) for relief of acute pain associated with minor podiatric surgery. Dissertation Abstracts International, 40, 4549.

Dünninger, P. & Kunzelmann, K. H. (1987). Hypnotherapie bei psychogener Prothesenunverträglichkeit: Ein Fallbericht. Experimentelle und Klinische Hypnose, 3, 121–128.

Eli, I. & Kleinhauz, M. (1985). Hypnosis: A tool for an integrative approach in the treatment of gagging reflex. International Journal of Clinical and Experimental Hypnosis, 33, 99–108.

Erickson, M. H. & Rossi, E. L. (1979). Hypnotherapy: A explanatory casebook. New York: Irvington.

Faria, J. C. A. de (1819). De la cause du sommeil lucide on l'etude de la nature de l'homme. Paris: Henri Jouve.

Finkelstein, S. (1989). The use of tape recordings in a dental practice. hypnos, 16, 87–91.

Fourie, D. P. (1988). Hypnosis in dental practice: From awkward add-on to smooth integration. Journal of Dental Association of South Africa, 43, 141–146.

Franke, K. (1974). So lernt man Autogenes Training. Stuttgart: Paracelsus.

Gerschman, J. A., Burrows, G. D. & Rheade, P. C. (1980). Hypnosis in dentistry. In G. D. Burrows & L. Dennerstein (Eds.), Handbook of hypnosis and psychosomatic medicine. Amsterdam: Elsevier.

Gerschman, J. A., Reade, P. C., Burrows, G. W. & Wright, J. (1980). The management of chronic orofacial pain at a multidisciplinary pain clinic. Svensk Tidskrift Hypnos, 3–4, 98–102.

Gheorghiu, V. A. (1986). Zahnimplantation unter Hypnose. Hypnose und Kognition, 3, 2–8.

Gheorghiu, V. A. (1992). Suggestion versus Rationalität: Eine Wasser-Feuer-Beziehung? In B. Peter & G. Schmidt (Eds.), Erickson in Europa. Heidelberg: Carl Auer.

Gheorghiu, V. A. (1993). Die Psychologie der Suggestion: Eine kognitivistische Perspektive. Hypnose und Kognition, 10, 3–26.

Gheorghiu, V. A., Hüttemann, R. & Schmidt, W. (1993). Zahnextraktion unter Hypnose. Spiegel der Forschung: Wissenschaftsmagazin der Justus-Liebig-Universität Gießen (im Druck).

Gheorghiu, V. A., Netter, P., Eysenck, H. J. & Rosenthal, R., (1989). Suggestion and suggestibility: Theory and research. Berlin: Springer.

Gheorghiu, V. A. & Orleanu, P. (1982). Dental implant under hypnosis. American Journal of Clinical Hypnosis, 25, 68–70.

Gillett, P. L. & Coe, W. C. (1984). The effects of Rapid Induction Analgesia (RIA), hypnotic susceptibility and the severity of discomfort on reducing dental pain. American Journal of Clinical Hypnosis, 27, 81–90.

Goldberg, G. (1973). The psychological, physiological and hypnotic approach to bruxism in the treatment of periodental disease. Journal of American Society of Psychosomatic Dental Medicine, 3, 75–91.

Golan, H. P. (1989). Temporomandibular joint disease treated with hypnosis. American Journal of Clinical Hypnosis, 31, 269–274.

Graf, H. (1969). Bruxism. Dental Clinics of North America, 13, 659–665.

Graham, G. (1974). Hypnoanalysis in dental practice. American Journal of Clinical Hypnosis, 16, 178–187.

Grinder, J. & Bandler, R. (1976). The structure of magic, vol. II. Palo Alto/CA: Science & Behavior.

Haley, J. (1978). Die Psychotherapie Milton H. Erickson. München: Pfeiffer.

Hess, W. R. (1947). Vegetative Funktionen und Zwischenhirn. Basel: Schwabe.

Hilgard, E. R. & Hilgard, J. R. (1975). Hypnosis in the relief of pain. Los Altos, CA: William Kaufmann.

Hoffmann, B. (1977). Handbuch des autogenen Trainings. München: dtv.

Hoppe, F. (1986). Direkte und indirekte Suggestionen in der hypnotischen Beeinflussung chronischer Schmerzen. Frankfurt: Lang.

Hoppe, F. (1990). Schmerz. In D. Revenstorf (Hrsg.), Klinische Hypnose. Berlin: Springer.

Immelman, A. P. J. (1984). Rapid Induction Analgesia: An Ericksonian hypnotic procedure in dental practice. Unpublished Master Dissertation. Port Elizabeth: University of Port Elizabeth.

Jacobson, E. (1929). Progressive relaxation. Chicago, IL: University of Chicago.

Kleinhauz, M. & Eli, I. (1991). Hypnotic induction in dentistry- coping with the fear of losing control (autonomy): A brief communication. International Journal of Clinical and Experimental Hypnosis, 39, 125–128.

Kleinhauz, M., Eli, I. & Rubinsstein, Z. (1986). Treatment of dental and dental-related behavioral dysfunctions in a Consultative Outpatient Clinic: A preliminary report. hypnos, 13, 77–83.

Klumbies, G. (1977). Psychotherapie in der Inneren und Allgemeinmedizin. Leipzig: Hirzel.

Kossak, H.-C. (1993). Lehrbuch Hypnose. Weinheim: Psychologie Verlags Union, 2. Auflage.

Kraiker, C. (1990). Das Autogene Training. In D. Revenstorf (Hrsg.), Klinische Hypnose. Berlin: Springer.

Kretschmer, E. (1958). Gestufte Aktivhypnose: Zweigleisige Standardmethode. In E. Frankl, V. E. v. Gebsattel & J. H. Schultz (Hrsg.), Handbuch der Neurosenlehre und Psychotherapie. München-Berlin: Schwanenberg.

Langen, D. (1972). Die gestufte Aktivhypnose. Stuttgart: Thieme.

Langa, H. L. (1968). Relative analgesia in dental practice: Inhalation analgesia with nitrous oxide. Philadelphia: W. B. Saunders.

Lupton, D. E. (1969). Psychological aspects of temporomandibular joint dysfunction. Journal of the American Association, 79, 131–136.

Lynn, S. J., Neufeld, V. & Mare, C. (1993). Direct versus indirect suggestions: A conceptual and methodological review. Journal of Clinical and Experimental Hypnosis. 41, 124–152.

Margraf, J. & Schneider, S. (1990). Panik: Angstanfälle und ihre Behandlung. Berlin: Springer.

Marxkors, R. & Müller-Fahlbusch, H. (1976). Psychogene Prothesenunverträglichkeit: Ein nervenärztliches Consilium für den Zahnarzt. München: Hauser.

Micheelis, W. (1992). Angst vor dem Zahnarzt: Überdurchschnittliche Angst bei 15% der Patienten. Zahnärztliche Mitteilungen, 3, 22–25.

Moss, A. A. (1952). Hypnodontics, dental items of interest. New York: Publishing Company.

Orne, M. T. (1977). The construct of hypnosis: Implications of the definition for research and practice. Annals of the New York Academy of Sciences, 296, 14–33.

Peter, B. (1986). Hypnotherapeutische Schmerzkontrolle. Ein Überblick. Hypnose und Kognition, 3, 27–41.

Raith, E. & Ebenbeck, G. (1986). Psychologie für die zahnärztliche Praxis. Stuttgart: Thieme.

Read, G. D. (1963). Mutterwerden ohne Schmerzen. Hamburg: Hoffmann & Campe, 12 Auflage.

Reindl, V. (1986). Selbsthypnose in der Zahnmedizin. Experimentelle und klinische Hypnose, 2, 143–147.

Rodolfa, E. R., Kraft, W. & Reilley, R. R. (1990). Etiology and treatment of dental anxiety and phobia. American Journal of Clinical Hypnosis, 33, 22–28.

Schaeffer, G. (1983). Indikationen für das autogene Training. In W. König, G. di Pol & G. Schaeffer (Hrsg.), Autogenes Training. Jena: VEB Gustav Fischer.

Schmierer, A. (1986). Analgesie bei zahnärztlichen Eingriffen durch Hypnose. Experimentelle und klinische Hypnose, 2, 87–91.

Schmierer, A. (1991a). Streßmanagement. Zahnarzt Magazin, 4, 58–59.

Schmierer, A. (1991b). Die Anwendung von Entspannungstonbändern in der zahnärztlichen Praxis. Zahnärztliche Praxis, 8, 286–288.

Schmierer, A. (1992a). Beim Zahnarzt ohne Streß: Entspannte Zahnbehandlung. Tonkassette mit Begleitheft. Hamburg: iskopress.

Schmierer, A. (1992b). Hypnose in der zahnärztlichen Praxis. Teil I – III. Berlin: Quintessenz.

Schmierer, A. (1993). Lehrbuch der zahnärztlichen Hypnose. Berlin: Quintessenz.

Schmierer, A. & Kunzelmann, K. H. (1990). Hypnose in der Zahnheilkunde. In D. Revenstorf (Hrsg.), Klinische Hypnose. Berlin: Springer.

Schmierer, G. (1988). Die Hypnoseassistentin. Zahnarzt Magazin, 2, 17–18.

Schmidt, W. (1993). Der Praxisalltag: Suggestive und hypnotische Möglichkeiten. Vortrag auf dem 3. intern. Partnerschaftssymposium, Gießen, Istanbul, Jena. Antalya, Türkei.

Schumaker, J. (1991). Human suggestibility. New York: Routledge.

Schultz, J. H. (1932). Das autogene Training, konzentrative Selbstentspannung: Versuch einer klinisch-praktischen Darstellung. Stuttgart: Thieme.

Shaw, S. I. (1962). A competent approach to the treatment of gagging, tic doloureaux and bruxism with the use of hypnosis. Journal of American Society of Psychosomatic Dental Medicine, 9, 13.

Spanos, N. P. & Barber, T. X. (1974). Towards a convergence in hypnosis research. American Psychologist, 29, 500–511.

Stokvis, B. & Pflanz, M. (1961). Suggestion. Stuttgart: Hippokrates.

Stokvis, B. & Wiesenhütter, E. (1963). Der Mensch in der Entspannung. Stuttgart: Hippokrates.

Snow, L. (1979). The relationship between „Rapid Induction“ and placebo analgesia, hypnotic susceptibility and chronic pain intensity. Dissertation Abstracts International, 40, 937.

Thomas, K. (1981). Praxis der Selbsthypnose des Autogenen Trainings. Stuttgart: Thieme.

Thompson, K. F. (1963). A rationale for suggestion in dentistry. American Journal of Clinical Hypnosis, 5, 181–186.

Tinkler, S (1979). The use of hypnosis in dental surgery. In J. Hartland (Ed.), Medical and Dental Hypnosis. London: Baillière Tindall.

Tönnies, S. & Heering-Sick, H. (1987). Zahnarztangst im Erleben von Zahnärzten mit unterschiedlichen Persönlichkeitshaltungen. Hamburg.

Van Gorp, W. & Meyer, R. G. (1983). Efficacy of Rapid Induction Analgesia and standard hypnosis on pain. Vortrag auf der Jahreskonferenz der American Psychological Association, 28. Anaheim.

Wallace, B. & Kokozka, A. (1992). Experience of peripheral temperature change during hypnotic analgesia. Clinical and Experimental Hypnosis, 40, 180–193.

Weitzenhoffer, A. M. (1957). General techniques of hypnotism. New York: Grune & Stratton.

Wohlfahrt, H. (1958). Über die Wirkung von hypnagoger Konzentration und Gestaltassoziation im autogenen Training auf den Heilungsprozeß steriler Wunden im besonderen. Psychotherapie, 3, 186.

Wolpe, J. (1958). Psychotherapy by reciprocal inhibition. Stanford: Stanford University Press.

Zeig, J. K. (1980), A teaching seminar with Milton H. Erickson. New York: Brunner/Mazel.

Prävention und Rehabilitation

Günter Krampen und Dietmar Ohm

1. Aufgaben der Prävention und Rehabilitation

Systematische Methoden der körperlichen und psychischen Selbstentspannung unterscheiden sich von individuellen Formen der Entspannung und Erholung (wie etwa dem bloßen Ausruhen, dem Hören subjektiv ruhiger, angenehmer, „entspannender" Musik oder Präferenzen für interindividuell höchst unterschiedliche Tätigkeiten, bei denen man sich halt „entspannt" oder „abschaltet"), über die wohl die meisten verfügen, nicht nur dadurch, daß sie empirisch erforscht und wissenschaftlich abgesichert sind, sondern auch und vor allem dadurch, daß sie auf dem systematischen Einüben einer psychomotorischen Routine beruhen. Dieses systematische Training von Entspannungsroutinen führt dazu, daß die gewünschten Effekte schneller sowie mit einer gewissen Stabilität und Regelmäßigkeit – auch in stärkeren Belastungssituationen – willkürlich erzielt werden können. Ebenso wie die höchst individuellen, unsystematischen Formen der Entspannung und Erholung dienen damit auch die systematischen Entspannungsverfahren zunächst dazu, Belastungs- und Erschöpfungszustände selbstbestimmt besser regulieren und durch die kompensatorische Erholung selbstbestimmt besser verarbeiten bzw. sich auf sie besser einstellen zu können. Dies stärkt die Selbstkontrolle und Selbsthilfefähigkeiten, woraus dann bei mittel- und längerfristiger Anwendung emotionale und psychophysiologische Stabilisierungen resultieren können. Durch den Erwerb einer systematischen Entspannungsmethode werden somit die bereits durch unsystematische, individuelle Erholungs- und Entspannungsfertigkeiten beim Individuum mehr oder weniger vorhandenen Möglichkeiten der Einstellung auf und Verarbeitung von Belastungssituationen optimiert. Das präventiv ausgerichtete Selbsthilfepotential des Individuums wird um Handlungsoptionen erweitert, die auch und gerade in subjektiv kritischen Lebenssituationen und -phasen realisiert werden können, in denen man allzu oft mit den individuell verfügbaren unsystematischen Formen der Entspannung und Erholung scheitert. Dabei ist zu beachten, daß manche individuelle Entspannungsstrategie wie beispielsweise der Konsum von Alkohol, Nikotin, Schlaf- und Beruhigungsmitteln sowie anderen Drogen ebenso zu einer zusätzlichen gesundheitlichen Gefährdung führen kann wie mit Reizüberflutung verbundene, oft gesuchte „Ablenkungen".

Die Systematisierung individueller Formen der Selbstentspannung in den Wissenschaften, die Anfang des 20. Jahrhunderts mit der Entwicklung der Progressiven Relaxation durch E. Jacobson (1924) und des Autogenen Trainings durch J. H. Schultz (1926) einsetzte (zu älteren, vor allem religiösen Techniken der Selbstversenkung siehe etwa Langen, 1980), bezog sich von Beginn an nicht nur auf den Einsatz systematischer Entspannungsmethoden in korrektiv-therapeutischen Zusammenhängen, sondern auch auf die verschiedenen Bereiche der Prävention psychischer und psychosomatischer Störungen. Folgt man der inzwischen klassisch zu nennenden Begriffssystematik für präventives Handeln von Caplan (1964), so waren und sind die Anwendungsschwerpunkte systematischer Entspannungsverfahren gleichermaßen:

- die primäre Prävention von Krankheiten – also Bemühungen, die Inzidenzrate bzw. Auftrittswahrscheinlichkeit von Störungen durch die Reduktion von Risikofaktoren zu verringern;
- die sekundäre Prävention – also Bemühungen, durch Frühdiagnostik, Frühbehandlung oder eine verbesserte therapeutische Effizienz zur Verkürzung der Krankheitsdauer beizutragen und die Prävalenzrate zu reduzieren;
- die tertiäre Prävention – also Bemühungen, durch rehabilitative Maßnahmen Folgeschäden, Residuen und Rückfallrisiken zu minimieren.

Die Aufgabenstellungen der primären Prävention werden vor allem durch ambulante Einführungskurse zur Grundstufe des Autogenen Trainings abgedeckt, die etwa im Rahmen von Volkshochschulen, Gesundheitsparks, anderen Institutionen der offenen Erwachsenenbildung und im Rahmen der betrieblichen Gesundheitsbildung weit verbreitet sind. Die Progressive Relaxation ist in Deutschland dagegen noch relativ selten anzutreffen. Die Aufgabenstellungen der sekundären und tertiären Prävention werden sowohl in stationären als auch in ambulanten Anwendungen beider Verfahren angegangen. Bleibt der primärpräventive Einsatz von Entspannungstrainings im stationären klinischen Bereich die Ausnahme und ihr sekundär- oder tertiärpräventiver Einsatz die Regel, so ist in ihren ambulanten Einsatzbereichen der Teilnehmerkreis häufig äußerst heterogen. Auch in Einführungskursen zu Entspannungsverfahren, die mit primär-präventiver Zielsetzung ausgeschrieben werden, sind Teilnehmer, die sich in mehr oder weniger akuten Krankheitsphasen (sekundäre Prävention) oder in einer rehabilitativen Krankheitsphase (tertiäre Prävention) befinden, anzutreffen und stellen weniger die Ausnahme als vielmehr den Regelfall dar. Hier wird die hohe, von Kursleitern jedoch oftmals noch unterschätzte Bedeutung der interventionsorientierten, systematischen Eingangsdiagnostik und Indikationsstellung (vgl. hierzu etwa Krampen, 1991a) auch bei solchen Kursangeboten deutlich.

Aus der oben genannten Begriffssystematik für präventives Handeln von Caplan (1964) geht bereits die enge Beziehung zwischen der (tertiären) Prävention und der Rehabilitation hervor. So häufig der Begriff „Rehabilitation" heute auch in vielen Zusammenhängen gebraucht wird und so unproblematisch er vielen erscheint, so schwierig gestaltet sich bei genauerer Betrachtung eine umfassende und eindeutige Definition (Brackhane, 1988). Unter Bezug auf die unterschiedlichen Akzentsetzungen in den verschiedenen Praxisfeldern und Disziplinen hebt Brackhane (1988, S. 24) jedoch als wesentliche Übereinstimmungen im Rehabilitationsbegriff hervor:

- daß Rehabilitation stets „umfassend" ausgerichtet ist, sich also nicht allein auf die spezifische Störung bezieht, sondern auf den ganzen Menschen in seiner individuellen Betroffenheit durch seine Erkrankung und in seinen spezifischen Lebensbezügen,
- daß eine derartig umfassend ausgerichtete Rehabilitation interdisziplinäre Zusammenarbeit erfordert,
- daß dabei der Rehabilitand selbst das wichtigste Mitglied im „Reha-Team" ist, da alle Rehabilitationsmaßnahmen letztlich immer nur Hilfen zur Selbsthilfe sind,
- und daß damit der Rehabilitand nicht allein als kranker „Homo patients", sondern als aktiver, für die eigene Entwicklung verantwortlicher „Homo agens" betrachtet wird.

Im Bereich der stationären und ambulanten Rehabilitation hat das Entspannungstraining inzwischen einen festen Platz und ist oft Teil des Standardprogramms. Dabei wird Entspannungstraining meist als Behandlungsbaustein in umfassenderen, interdisziplinär betreuten Behandlungsprogrammen eingesetzt. Hervorzuheben ist der für die meisten Methoden des Entspannungstrainings wesentliche Aspekt der Selbstverantwortung und Selbststeuerung, der sowohl in Hinblick auf die Prävention als auch auf die Rehabilitation von Bedeutung ist. Mit diesen charakteristischen Merkmalen erfüllt Entspannungstraining wichtige Anforderungen an Verfahren innerhalb der modernen Rehabilitation.

In Hinblick auf den Begriff der Behinderung, der dem Rehabilitationsbegriff zugrunde liegt, differenziert Brackhane (1984) zwischen:

- primären Behinderungen – im Sinne von Funktionseinschränkungen –,
- sekundären Behinderungen – im Sinne von Beeinträchtigungskonsequenzen in anderen als den direkt betroffenen Bereichen –,
- tertiären Behinderungen als Interaktionsstörung zwischen dem betroffenen Individuum und der Umwelt.

Die Ansatzpunkte des Entspannungstrainings als begleitende therapeutische Maßnahme in der Rehabilitation können analog zu dieser Unterscheidung dahingehend eingeteilt werden, ob es eher zur Kompensation eingeschränkter Funktionalität, zur Verbesserung sekundärer Beeinträchtigungen oder mit dem Ziel einer verbesserten Interaktion eingesetzt wird.

Bei Funktionseinschränkungen ist die medizinische Behandlung in aller Regel die im Vordergrund stehende Therapie. Das Entspannungstraining kann hier jedoch einen wichtigen zusätzlichen Beitrag leisten, da beispielsweise eine Stärkung der Selbstheilungskräfte (Ohm, 1987; 1988) und des Immunsystems möglich ist (Kiecolt-Glaser, 1985).

Bei sekundären Behinderungen, d. h. in Hinblick auf die Konsequenzen der Behinderung, zielen die Interventionen auf die durch die Einschränkungen entstandenen Beeinträchtigungen. Das Entspannungstraining kann hier als Möglichkeit einer positiven Selbstbeeinflussung zu einer Optimierung von Bewältigungskompetenzen beitragen. Außerdem ist bei eingeschränkter Leistungsfähigkeit eine Ökonomisierung von Aktivitäten möglich, so daß trotz verminderter Leistungsfähigkeit möglichst viel erreicht werden kann. Für eine verbesserte Bewältigung von Alltagsbelastungen kann auch die durch Entspannungstraining gegebene Möglichkeit der kurzfristigen Regeneration genutzt werden.

In Hinblick auf den Umgang mit tertiären Behinderungen, also Problemen in der Person-Umwelt-Beziehung, kann das Entspannungstraining ebenfalls einen positiven Beitrag leisten. Über eine durch Entspannungstraining erreichbare „Resonanzdämpfung des Affektes" (Schulz, 1970) und eine zunehmende Gelassenheit kann ein günstiger Einfluß in Bezug auf die Gestaltung zwischenmenschlicher Beziehungen ausgeübt werden. Durch eine Verbesserung des „mitmenschlichen Rückhaltes" (Ohm, 1990) kann ein wichtiger gesundheitlich protektiver Faktor aufgebaut oder gestärkt werden, der insbesondere bei chronisch Kranken eine nicht zu unterschätzende Rolle spielt.

Die Grundstufe des Autogenen Trainings und die Progressive Relaxation sind zur Zeit nicht nur die international verbreitesten, sondern auch die empirisch am besten abgesicherten Entspannungsverfahren. Im Vergleich zu anderen Entspannungsmethoden (vgl. etwa im Überblick Vaitl, 1978; Stokvis & Wiesenhütter, 1979; Krampen, 1992a; siehe auch den Beitrag von Vaitl in Band 1) zeichnen sich beide Verfahren durch ein breiteres empirisches Fundament aus, das nicht allein durch Kasuistiken und anekdotische Beschreibungen, sondern auch durch kontrollierte empirische Studien in größeren klinischen und nichtklinischen Stichproben gebildet wird (vgl. im Überblick Krampen, 1992a; Ohm, 1992a, 1992b, 1993). Im folgenden wird ein Überblick zu den vorliegenden Erfahrungen gegeben, die sich auf den präventiven und rehabilitativen Einsatz des Autogenen Trainings und der Progressiven Relaxation beziehen.

2. Indikationen von Entspannungsverfahren in der Prävention und Rehabilitation

2.1 Autogenes Training

Von Beginn an wurde das Autogene Training nicht nur bei psychisch und psychosomatisch Kranken, sondern auch bei Gesunden eingesetzt. In seinem ersten Bericht über die Entwicklung des Autogenen Trainings betont Schultz (1926, S. 954) sogar, daß ihm „Erfahrungen (mit der Methode) an Normalpersonen (...) besonders wesentlich waren", und berichtet über Ergebnisse bei über 300 Probanden, die als „leitende Persönlichkeiten in verantwortlicher Stellung" ohne „ausgesprochene nervöse Störungen" charakterisiert werden. Er beobachtete „bei zahlreichen von ihnen sehr gute Resultate, zunächst im Sinne der bekannten autosuggestiven Leistungen (prophylaktische Erholung, Ruhigstellung, Zeitautomatisierung, Gedächtniserweiterung, Schmerzabstellung usw.), bei Fortgeschrittenen auch im Sinne produktiver Innenschau und Persönlichkeitserkennung und -entwicklung" (Schultz, 1926, S. 954).

Lag hier – ebenso wie in der zweiten Publikation über das Autogene Training (Schultz, 1927, S. 293–294) – noch der Schwerpunkt auf dem Nachweis, daß „der ‚normale Mensch' in mittlerer körperlicher und seelischer Gleichgewichtslage ausnahmslos befähigt ist, sich die Technik anzueignen", so deuten sich doch bereits die von Schultz (1970) später betonten psychohygienischen und präventiven Funktionen der Grundstufe des Autogenen Trainings bei psychisch und psychosomatisch nicht gestörten Personen an. Breiten Raum nimmt dann auch bei Schultz (1970, S. 101 ff.) die Darstellung der Leistungen ein, die von Gesunden bei durchschnittlichem Verlauf durch die Anwendung des Autogenen Trainings erreicht werden (siehe den Beitrag von Vaitl in Band 1).

Die Indikationsbereiche des Autogenen Trainings im präventiven Bereich, die von verschiedenen Autoren aufgelistet werden (vgl. etwa Hoffmann, 1979; König et al., 1979; Schejbal, 1979), gehen alle auf die Aufzählung seiner Effekte bei Gesunden von Schultz (1970) zurück, beziehen sich allerdings z. T. auch auf daraus abgeleitete, weitergehende Aspekte der Prävention negativer Streßauswirkungen. Unterscheiden lassen sich dabei spezifische Indikationen und eine globale, auf die Persönlichkeitsentwicklung ausgerichtete Indikation des Autogenen Trainings. Seine spezifischen präventiven Indikationen beziehen sich vor allem auf

- die Erhöhung der Streßresistenz durch die gesteigerten Fähigkeiten zur Selbstruhigstellung (Resonanzdämpfung der Affekte; s.o.) und Erholung (prophylaktische Pausen; s. o.),
- die daraus resultierende Prophylaxe gegen Streßfolgen und psychosomatische Erkrankungen, die – unter Bezug auf die Streßverarbeitung – auf der Veränderung von Intero- und Exterozeption, der Fähigkeit zur Gefäßregulierung und dem Einsatz formelhafter Vorsätze basiert (vgl. auch König et al., 1979), sowie
- die Erhöhung der physischen und psychischen Leistungsfähigkeiten durch die Verbesserung der Fähigkeiten zur Erholung, Selbstruhigstellung, suggestiven Katalepsie, Reproduktion von Gelerntem und – gegebenenfalls – den Einsatz formelhafter Vorsätze.

Die globale präventive Indikationsstellung des Autogenen Trainings bei Gesunden ist auf die Förderung der Persönlichkeitsentwicklung ausgerichtet. Durch die kontinuierlich und längerfristig in eigener Verantwortung realisierten Grundstufenübungen wird die Selbstwahrnehmung und -kontrolle gefördert, was zu einer erhöhten Selbstsicherheit, zur emotionalen Stabilisierung und zur stärkeren Ausschöpfung eigener Fähigkeiten (etwa gerade in Belastungssituationen) führt (vgl. etwa Schultz & Luthe, 1969; Haring, 1979).

Aktuell werden Einführungskurse in die Grundstufe des Autogenen Trainings im Rahmen der Erwachsenenbildung somit vor allem eingesetzt, um die Inzidenzrate psychosomatischer und psychischer Störungen (bzw. ihre Auftrittswahrscheinlichkeit im Einzelfall) zu reduzieren. Damit kann das Autogenen Training als eine historisch früh entstandene Gruppenmethode der primären Prävention bezeichnet werden (zu den Grundlagen und Methoden der Prävention siehe etwa Brandtstädter & von Eye, 1982).

Die aufgeführten Zielbestimmungen des Autogenen Trainings verweisen ebenfalls auf den Nutzen dieses Verfahrens im Bereich der ambulanten und stationären Rehabilitation. Auch bei chronischen Erkrankungen und bei den meisten Behinderungsarten ist der Einsatz des Autogenen Trainings möglich (Krampen, 1992a; Ohm, 1993). So kann etwa die wichtige Aufgabe der tertiären Prävention innerhalb der Rehabilitation, bei der es um die Minimierung von Folgeschäden, Residuen und Rückfallrisiken geht, durch den Einsatz von Autogenem Training mit angegangen werden. Hier spielt vor allem die Möglichkeit der Selbstruhigstellung, des Abbaus selbstüberfordernder Verhaltensmuster und die Fähigkeit zur kurzfristigen Erholung eine wichtige Rolle. Aber auch die Steigerung der Fähigkeit zur gezielten Anspannung bestimmter Muskelgruppen und die Verbesserung von Gedächtnis- und Konzentrationsleistungen können insbesondere bei entsprechenden Defiziten wertvolle Hilfestellungen bieten. Eine wichtige Bedeutung hat die Möglichkeit der Herabsetzung der Schmerzempfindlichkeit vor allem bei chronischen Schmerzzuständen, wodurch die Krankheitsbewältigung verbessert und die Lebensqualität erhöht werden kann. Insbesondere die „formelhafte Vorsatzbildung" des Autogenen Trainings unterscheidet dieses Verfahren deutlich von anderen Entspannungsmethoden, da hier Möglichkeiten der Selbstbeeinflussung und Selbstkontrolle eröffnet werden, die weit über eine „Selbstruhigstellung" hinausgehen. Die formelhafte Vorsatzbildung kann beispielsweise genutzt werden, um gesundheitlich riskante Verhaltensmuster zu verändern und Schutzfaktoren aufzubauen (Ohm, 1990). Außerdem kann die formelhafte Vorsatzbildung genutzt werden, um die Krankheitsbewältigung zu verbessern und selbst-destruktive Kognitionen zu verändern.

Da der Indikationsbereich des Autogenen Trainings sehr weit zu stellen ist (Schultz, 1970; Krampen, 1992a; Ohm, 1993), verwundert es nicht, daß das Autogene Training innerhalb der Rehabilitation – wie bereits erwähnt – sehr häufig eingesetzt wird. Zwar sah Schultz keinen Grund für ein Abraten vom Autogenen Training und vertraute auf eine „praktische Auslese". Dagegen geht etwa Langen (1973) jedoch von absoluten Kontraindikationen bei beginnenden endogenen Psychosen, bei ausgeprägt endogenen, gehemmten Depressionen, malignen Zwangssyndromen und bei kardial dekompensierten Patienten aus (vgl. hierzu auch Krampen, 1992a).

2.2 Progressive Relaxation

Auch wenn Jacobson (1924, 1938, 1957; siehe auch Brenner, 1989; Ohm, 1992b; vgl. auch den Beitrag von Hamm in Band 1) die Begriffe der primären, sekundären und tertiären Prävention sowie der Rehabilitation von Erkrankungen nicht ausdrücklich benutzte, waren die darunter heute verstandenen Inhalte dennoch für ihn ein zentrales Anliegen. Neben den Veröffentlichungen über die Methode der Progressiven Relaxation, die von Jacobson (1924, 1938) für die Fachwelt bestimmt waren, hat er sich in dem Buch „You must relax" (1957) mit explizit präventiver Intention auch an medizinische und psychologische Laien gewandt. Er stellt hierin nicht nur das Entspannungsverfahren vor, sondern schildert ausführlich seine Theorie, mit der er die Entstehung oder Förderung der meisten „Zivilisationserkrankungen" wie Bluthochdruck, koronare Herzkrankheit, Herzinfarkt, Herzrhythmusstörungen, Verdauungsstörungen sowie Magen- und Darmgeschwüre erklärt. Diesen Erklärungsansatz wendet er auch auf psychische Erkrankungen und Symptome wie Angst, Nervosität, Erschöpfungszustände und Schlafstörungen an.

Eine seiner zentralen Thesen besagt, daß eine reziproke Beziehung zwischen Gehirn und der gestreiften Muskulatur besteht. Dementsprechend kooperieren geistige Prozesse wie etwa Bewegungs-, Bild- und Sprachvorstellungen mit der Aktivität der gestreiften Muskulatur, wobei angenommen wird, daß die Lokalisation und das Muster der Muskelaktivität spezifisch für die Art und Zusammensetzung der Vorstellungsinhalte ist. Sowohl körperliche als auch psychische Spannung findet dementsprechend ihren Ausdruck in der Verkürzung von Muskelfasern. Daher sind nach der Auffassung von Jacobson beispielsweise auch Neurosen gleichzeitig physiologische Störungen, da sie in die Kategorie der spannungsbedingten Beschwerden gehören. „Was immer der Psychiater also durch seine Therapie erreicht, welche Methode er auch anwendet, der Therapieerfolg muß immer in der Verringerung der neuromuskulären Erregbarkeit bestehen und sich an dem Entspannungsniveau ablesen lassen, das der Patient schließlich in seinem Alltag zu erzielen vermag. Spannung ist ein objektiver Ausdruck dessen, was wir alle als Anstrengung erleben." (Jacobson, 1990, S. 13). Dabei wird das Wort Spannung sowohl für die „normale" Anstrengung verwandt, die in jeder – also auch gesundheitlich günstigen – Aktivität steckt, als auch für überfordernde, krankheitsbegünstigende körperliche und/oder psychische Anstrengungen.

Eine große Zahl der „Zivilisationserkrankungen" wird nach Jacobsons Auffassung in ihren Entstehungsbedingen vor allem durch die Annahme einer gestörten persönlichen Ökonomie verständlich, wenn die mit der Lebensbewältigung verbundenen individuellen körperlichen und psychischen Anstrengungen auf der neuromuskulären Ebene zu Überlastungen führen. Dabei widerspricht er nicht der Annahme einer genetischen Disposition in Bezug auf eine Vielzahl von Erkrankungen. Vielmehr geht er von einem multifaktoriellen Bedingungsgefüge aus. Allerdings weist er dem Risikofaktor der körperlichen und psychischen Überlastung einen wesentlichen Stellenwert in Hinblick auf die Manifestation von Erkrankungen zu.

Die Annahme der Kovariation mentaler und neuromuskulärer Aktivitäten führt dazu, daß energetische Gesichtspunkte eine besondere Bedeutung in dem psychophysiologischen Erklärungsansatz der Krankheitsentstehung gewinnen. Hierbei spielt das Adenosintriphosphat (ATP) eine besondere Rolle, da es als Energieträger für muskuläre Aktivitäten dient. Aufgrund eines übermäßigen „Verbrauches" von ATP würden Erschöpfungszustände erklärlich, die bei längerem Andauern zur Manifestation von körperlichen und psychischen Erkrankungen führen können. Mentale Aktivitäten beeinflussen nicht nur die Willkürmuskulatur, sondern auch im Sinne reflexartiger Reaktionen die unwillkürliche Muskulatur. Diese Annahme macht die Entstehung von Dysregulationen in Hinblick auf die Funktion der Organe verständlich. Beispielsweise können spannungsbedingte Koronarspasmen bei entsprechender Vorschädigung zu Angina pectoris oder auch Herzinfarkten beitragen. Ebenso können durch neuromuskuläre Überstimulation Störungen und Erkrankungen der Verdauungsorgane und Hypertonie mitbedingt werden.

Durch die Methode der Progressiven Relaxation soll dem Übenden eine möglichst tiefgehende Entspannung ermöglicht werden. Hierbei versteht Jacobson unter Entspannung die direkte Umkehrung von nervöser Erregung, insbesondere das Aussetzen von Muskelkontraktionen. Durch die Entspannung der Willkürmuskulatur soll eine gleichsinnige Wirkung auf die Gehirnaktivität und andere körperliche Funktionsbereiche ausgeübt werden, so daß ein körperlich-mentaler Entspannungszustand erreichtbar ist. Eine derartige „generelle" Entspannung stellt quasi einen Gegenpol zu übermäßiger Anspannung dar, woraus sich der gesundheitliche Nutzen bei spannungsbedingten Beschwerden und Erkrankungen erklärt. Unter „differentieller" Entspannung ist dagegen eine reduzierte Muskelspannung innerhalb der Muskelgruppe zu verstehen, die für die jeweilige Aktivität gebraucht wird, wobei andere nicht für die Aktivität notwendige Muskelgruppen entspannt bleiben. Diese aufgrund eines längerfristigen Trainings erreichbare differentielle Entspannung ermöglicht einen ökonomischen Umgang mit persönlicher Energie und kann zu hoher Leistung bei gleichzeitiger Vermeidung von Überforderung beitragen. Ein weiterer vor allem unter präventiven Gesichtspunkten wichtiger Aspekt besteht in einer Erhöhung der Selbstaufmerksamkeit, die vor allem zu einer frühzeitigen Wahrnehmung spannungsbedingter Muskelkontraktionen führt. Außerdem geht Jacobson davon aus, daß durch Progressive Relaxation die Selbstheilungskräfte stimuliert werden können, wodurch positive Effekte auch bei Erkrankungen erreichbar sind, die nicht durch übermäßige Spannungen (mit-)bedingt worden sind. Dementsprechend läßt sich zusammenfassend feststellen:

- Progressive Relaxation kann durch eine generelle Entspannung spannungsbedingten Beschwerden und Erkrankungen entgegenwirken.
- Die differentielle Entspannung mittels Progressive Relaxation ermöglicht eine gesundheitlich günstige Ökonomisierung von Aktivitäten.
- Die Verbesserung der Selbstaufmerksamkeit durch Progressive Relaxation ermöglicht ein frühzeitiges Erkennen von Überforderungssymptomen.
- Die Stimulation von Selbstheilungskräften kann einen positiven Effekt auf ein weites Spektrum von Beschwerden und Erkrankungen ausüben, die nicht im engeren Sinne als spannungs(mit)-bedingt gelten.

Für die Prävention und Rehabilitation bietet die Progressive Relaxation wichtige Vorteile. Der frühzeitige Einsatz der Progressiven Relaxation bei Gesunden kann die Auftrittswahrscheinlichkeit einer Vielzahl von Beschwerden und Erkrankungen vermindern, was dem Anliegen der primären Prävention entspricht. Die generelle Entspannung durch Progressive Relaxation verbessert im Sinne eines Ausgleiches vor allem die Streßresistenz. Dagegen ist durch die differentielle Entspannung eine verbesserte Streßbewältigung erreichbar. Eine aufgrund von Progressiver Relaxation intensivierte Selbstaufmerksamkeit ermöglicht den rechtzeitigen Einsatz von Streßbewältigungsstrategien oder auch das Aufsuchen effektiver Hilfen, wie etwa einer eventuell notwendigen medizinischen Betreuung.

Als begleitende therapeutische Maßnahme bei bereits bestehenden spannungsbedingten Beschwerden und Erkrankungen kann mit Hilfe von Progressiver Relaxation die therapeutische Effizienz vergrößert und damit die Erkrankungsdauer abgekürzt werden. Daher ist durch den Einsatz der Progressiven Relaxation im Bereich der sekundären Prävention eine Reduzierung der Prävalenzrate von Erkrankungen möglich. Für die tertiäre Prävention ist von Bedeutung, daß mit Hilfe von Progressiver Relaxation rehabilitative Bemühungen unterstützt werden können, wodurch Folgeschäden, Residuen und Rückfallrisiken vermindert werden können.

Der Indikationsbereich in der Prävention und Rehabilitation bezieht sich auf das Spektrum der oben beschriebenen Beschwerden und Erkrankungen und ist damit ähnlich breit wie beim Autogenen Training. Jacobson (1990) schildert sogar den Einsatz der Progressiven Relaxation bei einer zyklothymischen Depression, der zu einer wesentlichen Verbesserung des Krankheitsverlaufes führte. Ein aktueller Überblick über Anwendungsbereiche der Progressive Relaxation findet sich bei Ohm (1992a).

Kontraindikationen bestehen bei beginnenden endogenen Psychosen, bei ausgeprägt endogenen, gehemmten Depressionen, malignen Zwangssyndromen und bei kardial dekompensierten Patienten (Ohm, 1993). In Hinblick auf die Progressive Relaxation ist vor allem im Bereich der kardiologischen Rehabilitation die Gefahr der Selbstüberforderung zu beachten. Insbesondere bei Patienten mit geringer kardialer Belastbarkeit ist zu bedenken, daß die statischen Muskelkontraktionen vor allem bei sehr hoher Anspannungsintensität mehrerer Muskelgruppen und bei „Preßatmung" eine überhöhte Belastung für Herz und Kreislauf darstellen können. Dies muß vor allem bei Koronarpatienten berücksichtigt werden, da bei ihnen häufig eine generalisierte Neigung zur Selbstüberforderung in verschiedenen Lebensbereichen vorliegt (Ohm, 1992c). Deshalb ist es bei der Vermittlung der Progressiven Relaxation unbedingt notwendig, auch auf die Möglichkeit der Selbstüberforderung (hier etwa durch zu starke Anspannungen, um schneller stärkere Effekte zu erreichen) hinzuweisen und eine individuell angemessene Anspannungsintensität einzuüben.

Die Progressive Relaxation, die in den USA das meist verbreitete Entspannungsverfahren ist, kommt in Deutschland verglichen mit dem Autogenen Training (noch) eher selten zur Anwendung. Im Bereich der Prävention, die vor allem durch die Erwachsenenbildung abgedeckt wird, findet man sie nur vereinzelt im Angebot. Häufiger ist die Progressive Relaxation im Bereich der stationären Rehabilitation anzutreffen. Insbesondere in verhaltenstherapeutisch orientierten Interventionsprogrammen wird Progressive Relaxation als Behandlungsbaustein oft eingesetzt. Beispiele hierfür sind Interventionen zur Streßbewältigung, zum Angstabbau, zur Schmerzbewältigung, zum Abbau koronarriskanter Verhaltensmuster, zur Senkung überhöhten Blutdrucks und als adjuvante Behandlung bei Krebs sowie Multipler Sklerose (im Überblick Ohm, 1992a).

2.3 Entspannungsverfahren als Methoden der Entwicklungsförderung

Als Methoden der Selbsthilfe entsprechen das Autogene Training und die Progressive Relaxation mit ihren präventiven und auf die Optimierung von Entwicklungsprozessen bezogenen Zielsetzungen den Kriterien, die an Methoden der Entwicklungsintervention anzulegen sind. Beide Verfahren sind somit auch Methoden der Angewandten Entwicklungspsychologie, die eine hohe Passung zum Ansatz der aktionalen Entwicklungsperspektive im Rahmen einer auf die nahezu gesamte Lebensspanne (mit Ausnahme der frühen Kindheit) ausgerichteten Entwicklungspsychologie aufweisen. In der handlungstheoretisch fundierten, aktionalen Entwicklungsperspektive (vgl. etwa Brandtstädter, 1981; Brandtstädter, Krampen & Heil, 1986; Lerner & Busch-Rossnagel, 1981) stehen neben den auf die eigene Entwicklung bezogenen Emotionen die Bemühungen des Individuums im Vordergrund, seine eigene Entwicklung aktiv zu beeinflussen, zu regulieren und zu optimieren. Zentral ist dabei das Konzept der personalen Entwicklungskontrolle, unter dem die gezielte Beeinflussung von Entwicklungsverläufen verstanden wird, die mit spezifischen, handlungstheoretisch rekonstruierbaren Entwicklungsorientierungen (wie Entwicklungszielen, Erwartungen, Kontrollüberzeugungen und Kausalattributionen; vgl. Brandtstädter et al., 1986) sowie entwicklungsbezogenen Emotionen verbunden ist. Mit dem Autogenen Training und auch der Progressiven Relaxation kann nicht nur punktuell die Selbstkontrolle, sondern auch die auf die Zukunft bezogene autonome Entwicklungskontrolle der Person gestärkt werden, wodurch ihre Vulnerabilität für psychische und psychosomatische Störungen reduziert wird.

Bestätigt wird dies durch Befunde zur Zunahme der Internalität in generalisierten Kontrollüberzeugungen, des Selbstkonzepts eigener Fähigkeiten und der generalisierten Selbstwirksamkeitsüberzeugungen infolge der Teilnahme an einem Einführungskurs zum Autogenen Training im Rahmen der Erwachsenenbildung (vgl. Krampen, 1991b). Nach Kontrollgruppenversuchsplänen konnten inzwischen auch signifikante Effekte des AT-Kursbesuchs und der kontinuierlichen Anwendung von AT-Übungen im Alltag auf

1. die entwicklungsbezogenen Emotionen,
2. die entwicklungsbezogenen Kontrollüberzeugungen und
3. Bemühungen, die eigene Entwicklung selbstregulativ zu beeinflussen, bei Erwachsenen nachgewiesen werden (siehe Krampen, 1992b).

Spezifische Effekte der Kursteilnahme zeigten sich dabei:

- im Anstieg der autonomen (internalen) Entwicklungskontrolle,
- in der Reduktion fatalistischer, auf die eigene Entwicklung bezogener Lebensorientierungen,
- in der Reduktion deprimiert-resignativer, auf die eigene Zukunft bezogener Entwicklungsemotionen und
- in der Zunahme eigener entwicklungsregulativer Handlungsbemühungen, die sich auf selbst initiierte Veränderungen in verschiedensten Lebensbereichen (wie

Beruf, Familie, Freizeit, Freundes- und Bekanntenkreis, Ernährungsgewohnheiten etc.) beziehen.

3. Erfahrungen mit Entspannungsmethoden in der Prävention und Rehabilitation

Seit drei Jahrzehnten gehören Einführungskurse in die Grundstufe des Autogenen Trainings zum Standardangebot vieler Institutionen der Erwachsenenbildung (Volkshochschulen, Familienbildungsstätten, Gesundheitsparks etc.). Sie bilden damit einen festen Bestandteil der auf die allgemeine Gesundheitserziehung und Entwicklungsförderung ausgerichteten offenen Erwachsenbildung und sind ein Schwerpunkt unter den psychologischen Kursangeboten, die das allgemeine Bildungsprogramm dieser Institutionen ergänzen. Bisher findet sich dagegen die Progressive Relaxation noch selten im Kursangebot, wobei hier jedoch in der letzten Zeit eine Änderung festzustellen ist. Ein wichtiger Grund für das zunehmende Interesse an der Progressiven Relaxation auch in Deutschland liegt in der zunehmenden Rezeption internationaler Forschungsergebnissse (im Überblick etwa Ohm, 1992a). Zudem ist das Autogene Training aufgrund einer Metaanalyse der weltweit vorliegenden Therapieeffektstudien (Grawe, 1992) gegenüber der weitaus besser untersuchten Progressiven Relaxation in Hinblick auf die Wirksamkeit in ein eher kritisches Licht geraten. Allerdings ist bei dieser Metaanalyse zu beachten, daß nur die bis zum Jahr 1983 publizierten klinischen Untersuchungen verglichen wurden.

Obwohl Kurse zum Entspannungstraining im Rahmen der Erwachsenenbildung in den meisten Fällen mit primär-präventiver Zielsetzung angeboten werden, wird das Kursangebot auch von psychisch und psychosomatisch Kranken und Patienten, die sich in der Rehabilitationsphase nach einer Erkrankung befinden (zum Teil auf ärztliche oder psychotherapeutische Empfehlung hin), genutzt. Diehl (1987) berichtet über Ergebnisse von Umfragen, die bei Teilnehmern von AT-Kursen an Volkshochschulen durchgeführt wurden, nach denen 50% bis 74% der Kursteilnehmer Beschwerden psychischer oder körperlicher Art als Beweggrund für die Kursteilnahme angeben. Auch Eberlein (1972) verweist darauf, daß die meisten der von ihr am Ende von AT-Kursen an Volkshochschulen befragten über 2100 Kursteilnehmer vor Kursbeginn psychosomatische Symptome aufwiesen. Im Vordergrund stehen dabei nach Diehl (1987) subakute neurotische Störungen (erhöhte Ängstlichkeit, Selbstunsicherheit, Depressivität etc.) und psychovegetative Störungen des Allgemeinbefindens (Nervosität, vegetative Dystonie, psychosomatische Symptome unterschiedlichster Art etc.), aber auch manifeste Schlafstörungen.

Auch im präventiven Bereich ist somit unter den Teilnehmern am Entspannungstraining mit einer erhöhten Inzidenz psychischer und psychosomatischer Auffälligkeiten zu rechnen. Bei den vorliegenden Befunden – zumal den retrospektiv am Kursende erfaßten Angaben der Teilnehmer über Symptombesserungen – bleibt allerdings unklar, ob diese erhöhte Inzidenzrate u. U. nicht auch auf einer erhöhten Symptomsensibilität der Kursteilnehmer sowie ihrer Tendenz, in sozial erwünschter Weise zu antworten, basiert und somit ein verzerrtes Bild vom Teilnehmerkreis ergibt, in dem die Symptom- und Problembelastetheit überschätzt wird. Für diese Einschätzung sprechen Befunde, nach denen insgesamt nur etwa 13% bis 17% der Teilnehmer den AT-Kurs auf ärztlichen Rat, immerhin aber 35% aus Gründen der Gesundheitsvorsorge und knapp 19% aus persönlichem Interesse bzw. Neugierde besuchen (vgl. Diehl, 1987). Auch bei ehemaligen Kursteilnehmern, die in einer katamnestischen Studie mehrere Monate (im Mittel 23 Monate) nach Abschluß der an Volkshochschulen besuchten AT-Kurse über ihre Übungspraxis zum Katamnesezeitpunkt und die ursprünglichen Motive für den Kursbesuch befragt wurden, steht die Neugierde neben Wünschen nach der besseren Bewältigung von (beruflichen)

Streßbelastungen, von Unruhe und Nervosität sowie psychischer Unausgeglichenheit im Vordergrund der Angaben (Thielen & Krampen, 1993).

In der (offenen) Erwachsenenbildung sind Kurse zum Entspannungstraining somit in der Regel durch einen äußerst heterogenen Teilnehmerkreis gekennzeichnet, was für den Lernprozeß in der Gruppe zumeist positive Auswirkungen hat (siehe Krampen, 1992a), zugleich aber besondere Anforderungen an die auf die relative Indikation und Kontraindikation ausgerichtete Eingangsdiagnostik stellt. Gerade diese präventive Anwendung ist durch eine Vermischung der Aufgaben der primären, sekundären und tertiären Prävention charakterisiert, die neben den erheblichen Potentialen auf allen Ebenen der Prävention auch Gefahren enthält, die vor allem dann entstehen, wenn auf eine Statusdiagnostik vor Kursbeginn und die Prozeßevaluation während des Kurses verzichtet wird. Die systematische Abklärung der relativen und absoluten Kontraindikationen des Entspannungstrainings ist gerade hier besonders wichtig, um ggfs. – durch ein adaptives Vorgehen – Symptomprovokationen oder -verstärkungen vermeiden zu können und Übungserfolge bei allen Teilnehmern wahrscheinlich zu machen.

Entspannungstraining ist heute fester Bestandteil im Behandlungsangebot der meisten Einrichtungen vor allem der stationären Rehabilitation. Insbesondere in Rehabilitationskliniken ist Entspannungstraining als Bestandteil umfassenderer Behandlungsprogramme zu finden. Ein Grund für die hohe Verbreitung dieses psychologischen Verfahrens könnte u. a. darin begründet sein, daß der Anteil der Psychologen vor allem in der stationären Rehabilitation relativ hoch ist, da etwa 10% der deutschen Dipl.-Psychologen in diesem Bereich arbeiten (Brackhane, 1988). Das Autogene Training wird zwar auch im Bereich der Rehabilitation überwiegend eingesetzt, aber die Progressive Relaxation ist hier deutlich häufiger vertreten als in der offenen Erwachsenenbildung. In verhaltenstherapeutisch orientierten Kliniken findet man vor allem die Progressive Relaxation. Häufig werden auch beide Verfahren entweder in Kombination oder alternativ angeboten.

In den Einrichtungen der Rehabilitation kommen die Teilnehmer am Entspannungstraining überwiegend auf ärztliche oder psychologische Empfehlung in die Kurse. Die Kurse sind zwar in Hinblick auf die medizinischen Diagnosen der Teilnehmer homogener als im Bereich der Prävention. Aber insbesondere bei Reha-Patienten, die zum großen Teil an gravierenden akuten (etwa Zustand nach Herzoperation) oder chronischen Erkrankungen (etwa koronare Herzkrankheit, Rheuma) leiden, sind besondere Anforderungen an die Eingangsdiagnostik zu stellen. Eine Hilfe steht hierfür mit dem „Diagnostischen und Evaluativen Instrumentarium zum Autogenen Training" (AT-EVA) von Krampen (1991a) zur Verfügung. Dieses Inventarium läßt sich auch mit leichten Abwandlungen für die diagnostische Begleitung der Progressiven Relaxation nutzen. Durch ein auf diagnostischen Erkenntnissen beruhendes adaptives Vorgehen können Symptomprovokationen oder -verstärkungen vermieden und die Effektivität des Trainings erhöht werden (Ohm, 1987; Ohm, 1990b).

Die Angaben über die Quote der Teilnehmer, die einen im Rahmen der offenen Erwachsenenbildung begonnenen Kurs für das Entspannungstraining vorzeitig abbrechen, schwanken zumeist zwischen 20% und 50% (vgl. Bartmann & Mathes, 1992; Diehl, 1987; Krampen, Main & Waelbroeck, 1991; Kröner & Beitel, 1980; Schejbal, 1979) und scheinen sich im Mittel über verschiedene Studien bei etwa einem Drittel einzupendeln. Hervorzuheben ist allerdings die extrem starke Variation der Abbruchquoten zwischen verschiedenen Kursen. Die bei Diehl (1987) dokumentierten kursspezifischen Abbruchquoten variieren zwischen 4% und 67%. Diese starke Variation weist auf die Relevanz interventionsunspezifischer Gründe für den vorzeitigen Abbruch von Einführungskursen zum Autogenen Training in der offenen Erwachsenenbildung, die sich etwa auf gruppendynamische Prozesse, die Qualität der Beziehung zwischen den Teilnehmern und dem Kursleiter sowie das didaktische Vorgehen und Probleme bei der adaptiven Indikation beziehen können. Kritisch zu erwähnen ist auch, daß das Qualifikationsniveau der Kursleiter in der offenen Erwachsenenbildung sehr heterogen ist. Neben speziell weitergebildeten Ärzten und Dipl.-Psychologen werden Kurse auch von Personen ohne entsprechend fundierte Fachausbildung geleitet.

Die Abbruchquoten in Hinblick auf Kurse in der stationären Rehabiltation liegen offenbar in einer ähnlichen Größenordnung wie in der offenen Erwachsenenbildung. Brenner (1989) teilt zwar keine Abbruchquote bei insgesamt 420 untersuchten AT-Teilnehmern in einer Rehabilitationsklinik mit, gibt aber an, daß bei 21% keine ausgeprägte Bereitschaft festzustellen war, das Training zu erlernen. Diese Zahl steht in guter Übereinstimmung mit einer Abbruchquote von 25% bei 372 untersuchten Patienten einer kardiologischen Rehabilitations-Klinik, die Ohm (1987) für eine kombinierte Anwendung von Autogenem Training und Progressiver Relaxation mitteilt. Dabei konnte durch eine zusätzliche Einzelbetreuung (Beratungsgespräche und Hypnose) die Abbruchrate auf vier Prozent reduziert werden. In einer Nachbefragung vier Monate nach Kursende gaben in der Untersuchung von Brenner (1989) 35% der ehemaligen Teilnehmer an, noch regelmäßig zu üben. Die Katamnese von Ohm (1987) sechs Monate nach Kursende weist ebenfalls auf einen Anteil von 35% der ehemaligen Kursteilnehmer hin, die weiterhin regelmäßig üben. Der Anteil der längerfristig Übenden konnte in der Studie von Ohm (1987, 1990) durch zusätzliche Einzelbetreuung (Einzelberatung und Hypnose) fast verdoppelt (69%) werden.

3.1 Effekte des Autogenen Trainings

Für die Teilnehmer, die AT-Kurse im Rahmen der offenen Erwachsenenbildung regulär beenden, liegt inzwischen eine Reihe empirischer Untersuchungsbefunde über den Lern- und Übungserfolg vor. Eberlein (1972) konstatiert Übungserfolge bei der Realisation der Grundstufenübungen bei 40% bis 75% der Teilnehmer; nach Kluge (1977) beherrschen 30% bis 95% der Teilnehmer am Ende des Kurses die einzelnen Übungen der Grundstufe; Diehl (1987, S. 110) berichtet über Ergebnisse, nach denen 79% der Teilnehmer am Ende eines Kurses zur Einführung in die Grundübungen des Autogenen Trainings „sehr gute bis gute Trainingserfolge" angeben. In der Regel fällt dabei die Realisierung der Grundübungen leichter als die der standardisierten Organübungen der AT-Grundstufe (vgl. auch Kluge, 1977; Krampen, 1991a; Rittmannsberger & Grausgruber, 1990), weswegen sich einige Kursangebote in der Erwachsenenbildung allein auf die Vermittlung der AT-Grundübungen konzentrieren (siehe hierzu etwa Diehl, 1987). Auch die als Erfolgskriterien erhobenen subjektiven Angaben der Kursleiter bzw. der Teilnehmer über die Realisierung der Formelwirkungen variieren also zwischen verschiedenen Untersuchungen erheblich und bleiben in den meisten Fällen auf relativ globalen Abschätzungen des kurzfristigen Lernerfolgs, der am Kursende oder unmittelbar danach erfaßt wird, beschränkt. Aktuell liegt nur wenig Wissen über die längerfristigen Effekte solcher Kurse in der offenen Erwachsenenbildung, das für die empirische Bestätigung der präventiven Effekte des Autogenen Trainings eine Voraussetzung ist, vor.

In Hinblick auf Patienten einer Rehabilitationsklinik teilt Brenner (1989, S. 287) folgende Prozentwerte für die verschiedenen AT-Übungen mit, die (a) am Ende eines zwei-wöchigen AT-Kurses und (b) in einer Nachbefragung vier Monate später in der Wirkung mit „gut" beurteilt wurdend:

- Schwereübung (a: 57%, b:70%),
- Wärmeübung (a: 55%, b: 63%),
- Atemübung (a: 34%, b: 43%),
- Herzübung (a: 16%, b: 23%),
- Sonnengeflechtübung (a: 5%, b:19%),
- Schulternackenfeldübung (a: 2%, b: 16%),
- Stirnkühleübung (a: 5%, b: 13%).

Den festzustellenden Anstieg im Übungserfolg nach vier Monaten führt Brenner (1989) auf die längere Übungspraxis zurück.

Kurzfristig auf die Zeit zwischen Kursbeginn und -abschluß ausgerichtet bleiben auch die meisten der über den reinen Übungserfolg hinausgehenden Befunde zur Reduktion psychosomatischer Reaktionen und der subjektiven Problembelastetheit (Eberlein, 1972; Krampen, 1991a; Krampen et al., 1991), zur Verringerung manifester Einschlafstörungen und der Verwendung von Tranquilizern (Kluge, 1977) sowie zu Veränderung in Persönlichkeitsvariablen infolge des Besuchs von AT-Kursen (Bartmann & Mathes. 1992; Beitel & Kröner, 1982; Krampen, 1991a, 1992b; Krampen et al., 1991; Schejbal, 1979). Während Besserungen in der psychischen und psychosomatischen Symptomatik eher auf die sekundär-, ggfs. die tertiär-präventive Effekte solcher Kurse verweisen, werden ihre primär-präventiven Wirkungen bis heute noch am ehesten durch Befunde belegt, die sich auf die Veränderung von Persönlichkeitsvariablen und des Streßverarbeitungsverhaltens beziehen. Neben Besserungen des Allgemeinbefindens und einer Verminderung der vegetativen Spannung (erfaßt mit der Freiburger Beschwerdeliste, FBL) konnte Schejbal (1979) so kurzfristig (im Vorher-Nachher-Vergleich) positive Effekte des AT-Kursbesuchs auf die mit dem FPI erfaßte Nervosität, Depressivität und Gelassenheit der Teilnehmer feststellen. Reduktionen von Nervosität und Depressivität (und im Trend der Gehemmtheit) sowie Zunahmen der Gelassenheit und – im Trend – der Geselligkeit weisen auf den positiven Einfluß des Autogenen Trainings auf die allgemeine Persönlichkeitsentwicklung (vgl. auch Bartmann & Mathes, 1992; Susen, 1978). Analoge Befunde zeigen sich im Vorher-Nachher-Vergleich für die mit dem Beck Depressions-Inventar (BDI) erfaßten Depressivitätswerte bei Krampen et al. (1991). Die Reduktion der Depressionsneigung geht in dieser Studie mit einer Verringerung psychischer und psychosomatischer Symptome sowie einem positiven Veränderungserleben in den eigenen Entspannungsfähigkeiten und im Befinden einher. Dies verweist darauf, daß mit dem Autogenen Training Kompetenzen erworben werden, die die Vulnerabilität gegenüber psychischen und psychosomatischen Störungen reduziert.

Auf die längerfristigen Effekte des Besuchs von Einführungskursen zur Grundstufe des Autogenen Trainings, die im Rahmen der offenen Erwachsenbildung angeboten wurden, ist die katamnestische Studie von Thielen und Krampen (1993) ausgerichtet. Im Vordergrund stand hier nicht die kurzfristig auf die Abbruchquote während der Laufzeit von AT-Kursen ausgerichteten Frage (s. o.), sondern die Frage nach dem Anteil der Teilnehmer, die einen Kurs nicht nur regulär beenden, sondern das Autogene Training auch nach seinem Abschluß weiter praktizieren. Angeschrieben wurden alle Teilnehmer (N = 531) von insgesamt 36 Einführungskursen zur Grundstufe des Autogenen Trainings, die im Rahmen von Volkshochschulprogrammen in einer südwestdeutschen Region durchgeführt worden waren. 19 ehemalige Teilnehmer konnten postalisch nicht erreicht werden. Von 191 ehemaligen Teilnehmern wurde der Katamnesefragebogen beantwortet (Rücklauf: 37.3%). Der Katamnesezeitraum variiert mit 2 bis 83 Monaten erheblich; im Durchschnitt sind zwischen dem Kursende und der Befragung knapp zwei Jahre vergangen. Bezogen auf den Rücklauf geben 10% der ehemaligen Teilnehmer an, den Kurs vorzeitig abgebrochen zu haben und das Autogene Training nicht mehr zu praktizieren. Dies dürfte natürlich eine erhebliche Unterschätzung der Abbruchquote sein, da davon auszugehen ist, daß unter den Antwortverweigerern Kursabbrecher überrepräsentiert sind. Interessanter sind die Befunde zur Quote der ehemaligen Teilnehmer, die das Autogene Training nach regulärem Kursabschluß zum Katamnesezeitpunkt – also längerfristig – noch praktizieren. Bezogen auf die Zahl derer, die den Kurs regulär beendet (und geantwortet) haben, geben 53% an, das Autogene Training zumindest noch mehrmals pro Monat (zumeist häufiger) anzuwenden; 47% der Kursteilnehmer haben die Übungen nach Kursabschluß eingestellt. Wichtig ist dabei, daß sich die Dauer des Katamnesezeitpunkts zwischen diesen beiden Gruppen statistisch nicht signifikant unterscheidet. Dies spricht dafür, daß es sich nach Kursende relativ schnell zeigt, ob die AT-Übungen in den Lebensalltag integriert und längerfristig realisiert werden oder nicht. Von den Personen, denen das gelingt, werden zum Katamnesezeitpunkt (im Vergleich zur anderen Gruppe) nicht nur positivere Effekte des Autogenen Trainings auf das Allgemeinbefinden, die Gesundheit, die Leistungsfähigkeiten und die Verarbeitung von Belastungen angegeben, sondern auch ein signifikant positiveres aktuelles Befinden, was die primär präventive Wirkung von AT-Kursen bestätigt. Zu bedenken bleibt freilich, daß die angegebene Erfolgsquote unter Bezug auf die Rücklaufquote zu relativieren ist. Geht man davon aus, daß alle ehemaligen Kursteilnehmer, die den Katamnesefragebogen nicht beantwortet haben, das Autogene Training nicht mehr praktizieren, so reduziert sich die (hypothetische) Quote der Teilnehmer, die das Autogene Training längerfristig anwenden, auf nurmehr 18%. Der wahre Wert für den Anteil der Personen, die nach einem Einführungskurs zum Autogenen Training, der im Rahmen der offenen Erwachsenenbildung durchgeführt wurde, das Autogene Training längerfristig anwenden und seine primär präventiven und psychohygienischen Möglichkeiten ausschöpfen, wird zwischen diesem unteren Schätzwert von 18% und der auf den Rücklauf bezogenen Quote von 53% liegen.

Neben dem Einsatz in der offenen Erwachsenenbildung sind Einführungskurse zum Autogenen Training bei bestimmten Alters- und Berufsgruppen unter einer primär präventiven Indikationsstellung anzutreffen. So werden entsprechende Kurse im Rahmen ambulanter psychosozialer Dienste zur Prävention negativer Effekte spezifischer Entwicklungskrisen und -probleme in der Adoleszenz (Kurth, 1967) und im höheren Lebensalter (vgl. Hirsch, 1987a, 1987b) durchgeführt.

3.1.1 Autogenes Training bei älteren Menschen

Die von Hirsch (1987a, 1987b) vergleichend an jüngeren und älteren Erwachsenen gewonnenen Befunde zum Lernen der Grundstufe des Autogenen Trainings belegen seine effektive Anwendbarkeit in der Gerontopsychologie. Hirsch wendet sich dabei insbesondere – ebenso wie Barolin (1984; vgl. auch Barolin & Wöllersdorfer, 1986) mit gerontopsychiatrischem Schwerpunkt – gegen die Ansicht, das Autogene Training sei Älteren schlechter zu vermitteln. Seine Ergebnisse belegen nicht nur eindrucksvoll, daß Ältere das Autogene Training ebenso gut lernen wie junge Erwachsene und daß sie auch in der Lernphase nicht häufiger über Mißempfindungen klagen als Jüngere, sondern daß ältere Erwachsene das Autogene Training ernster und gewichtiger für ihr Leben nehmen. Ältere sind demnach häufig für das Autogenen Training stärker motiviert und es gelingt ihnen besser, die Übungen in ihr tägliches Leben zu integrieren. Betont wird dabei zudem, daß die Gruppensituation dem bei älteren Menschen oft verstärkten Wunsch nach sozialen Kontakten und gegenseitiger Unterstützung entgegenkommt. Damit können Einführungskurse zum Autogenen Training der sozialen Isolation im höheren Lebensalter und deren Folgen vorbeugen helfen.

3.1.2 Autogenes Training in beruflichen Anwendungskontexten

Die Beeinflussung von Streßreaktionen und die Prävention psychosomatischer Störungen stehen im Vordergrund des Einsatzes von Einführungskursen zum Autogenen Training in beruflichen Anwendungskontexten (siehe etwa Eberhardt, 1990). Huber (1979) legt so etwa ein Programm zum Autogenen Training für Führungskräfte unter Einschluß berufsspezifischer freier Formelvorsätze vor, das der „Steigerung der individuellen Ausgeglichenheit, Belastbarkeit, Leistungsfähigkeit, Gesundheit und Lebensqualität (...) im beruflichen Alltag" (Untertitel des Buches von Huber, 1979) dienen soll, versäumt aber leider seine empirische Evaluation. Labhardt (1982) konnte dagegen empirisch in einer über sechs Monate laufenden Studie bei 22 Chirurgen nachweisen, daß das Autogene Training bei der Reduktion der Streß- und Angstreaktionen in dieser Berufsgruppe ebenso effektiv ist wie der Einsatz von Betablockern. Dieses Ergebnis wurde sowohl anhand von Fragebogendaten als auch anhand psychophysiologischer Messungen und der Bestimmung der Katecholaminkonzentration in Streßsituationen gewonnen. Auch die bei Müller-Hegemann und Stetter (1989, S. 178–179) dargestellten Befunde der Kontrollgruppenstudie von Carruthers belegen die Wirksamkeit des Autogenen Training im Hinblick auf kardiovaskuläre Risikofaktoren bei Führungskräften. Bei den Führungskräften, die im Rahmen eines Managementkurses zusätzlich an einer Einführung in die Grundstufe des Autogenen Trainings teilnahmen, zeigte sich eine Eutonisierung kardialer Funktionen (signifikante Reduktion der Herzfrequenz sowie des systolischen und diastolischen Blutdrucks) und eine positive Veränderung biochemischer Parameter (insbesondere eine Verringerung der Blutfette). Diese Ergebnisse ließen sich in einer katamnestischen Untersuchung, die sechs Monate nach Kursabschluß durchgeführt wurde, ebenso bestätigen wie die deutliche Steigerung des Lebensgefühls der AT-Teilnehmer. Ähnliche Ergebnisse konnte Carruthers (1982) bei 204 Angestellten, bei denen zwei oder mehr Risikofaktoren für koronare Herzkrankheiten vorlagen, ermitteln. Das Autogene Training, das in dieser Studie mit einem Biofeedback-Training verbunden wurde, führte zu einer statistisch signifikanten Senkung des Blutdrucks und einer Normalisierung der Cholesterinkonzentration im Serum. In Übereinstimmung mit den von Vaitl (1978) aufgeführten Untersuchungsbefunden zum Einfluß des Autogenen Trainings auf den Serum-Cholesterinspiegel und auf koronarsklerotische Prozesse bestätigen diese Ergebnisse, daß das Autogene Training dazu beitragen kann, Risikofaktoren für koronare Herzkrankheiten (und andere psychosomatische Störungen) zu senken, wenn es längerfristig angewandt wird.

3.1.3 Autogenes Training im Rahmen der Rehabilitation

Kurse für das Autogene Training sind im Rahmen der Rehabilitation meist auf die Dauer von zwei bis drei Wochen beschränkt und können nur eine Einführung leisten. Die Ergebnisse einer Untersuchung (Krampen & Ohm, 1985) legen nahe, daß sich ein sechsstündiger Kurs innerhalb von zwei Wochen auf die Übungen „Ruhe", „Schwere", „Wärme" und „Atmung" beschränken sollte, da die „Herzübung", die „Sonnengeflechtsübung" und die „Stirnübung" in dieser Zeit von den Teilnehmern kaum zu realisieren sind (vgl. auch Brenner, 1989). Pollackova, Bockova und Sedivec (1982) berichten über die Durchführung von AT-Kursen bei 131 männlichen tschechoslowakischen Herzinfarktpatienten im Rahmen der Rehabilitation über eine Zeitdauer von vier Monaten, wobei 48 Patienten als Kontrollgruppe einbezogen wurden. Bei den AT-Teilnehmern war gegenüber der Kontrollgruppe eine Abnahme psychopathologischer Symptome wie Depressionen, Angst und Neurotizismus in psychodiagnostischen Testverfahren (u. a. EPI) festzustellen. Bei Koronarpatienten, die an einem AT-Kurs teilgenommen hatten, fand Egger (1981) eine gegenüber der Kontrollgruppe verstärkte Abnahme der Testwerte für Nervosität. Die Aussagekraft der Untersuchung wird jedoch dadurch geschmälert, daß die Versuchs- und die Kontrollgruppe in den Ausgangswerten nicht vergleichbar waren.

3.2 Effekte der Progressiven Relaxation

Da die Progressive Relaxation bisher selten im Bereich der offenen Erwachsenenbildung angeboten wird, liegen aus diesem für die primäre Prävention in Deutschland sehr wichtigen Bereich bisher kaum Untersuchungen vor. In einer amerikanischen Studie (Decker, Williams & Hall, 1982) wurden in einem Programm, daß neben Progressiver Relaxation auch „Streching"-Übungen und kognitive Verhaltenstherapie umfaßte, 16 Fortbildungsteilnehmer ohne manifeste Erkrankungen zu einer verbesserten Streßbewältigung angeleitet. Als Zufallskontrollgruppe dienten ebenfalls 16 Fortbildungsteilnehmer ohne das Streßbewältigungstraining. Sowohl subjektive Einschätzungen als auch physiologische Parameter deuteten bei der Interventionsgruppe auf den Abbau von psychologischen und physiologischen Streßsymptomen und auf eine Veränderung „irrationaler" streßinduzierender Überzeugungen. Ganster et al. (1982) ordneten per Zufall 79 Verwaltungsangestellte des öffentlichen Dienstes einer Kontrollgruppe oder einem über acht Wochen laufenden Trainingsprogramm zu, das Progressive Relaxation und Elemente der kognitiven Verhaltenstherpie umfaßte. Als abhängige Variablen wurden die Adrenalin- und Noradrenalinausschüttung während der Arbeit, Angst- und Depressionswerte sowie subjektive körperliche Beschwerden erfaßt. In der Interventionsgruppe konnten nach dem Training eine geringere Adrenalinausschüttung und niedrigere Depressionswerte festgestellt werden. Diese Unterschiede waren auch in der Nachbefragung vier Monate später stabil. Einschränkend weisen die Autoren jedoch darauf hin, daß eine Replikation dieses Ergebnisses in einer anderen Stichprobe nicht gelang.

Ein wichtiges Ziel der primären Prävention besteht darin, die Selbstheilungskräfte zu stärken. An einer Stichprobe von 45 Senioren im Alter von 60 bis 88 Jahren untersuchten Kiecolt-Glaser et al. (1985) die Effekte von Progressiver Relaxation und geleiteter Visualisierung sowie sozialem Kontakt auf das Immunsystem. Es wurden drei Zufallsgruppen gebildet:

- Progressive Relaxation und geleitete Visualisierung;
- sozialer Kontakt;
- unbehandelte Kontrollgruppe.

Die Intervention lief in beiden Gruppen über einen Monat und umfaßte drei Treffen pro Woche. Blutuntersuchungen lassen darauf schließen, daß die Entspannungstherapie im Gegensatz zu den beiden Vergleichsgruppen zu einer Stärkung des Immunsystems führte, da u. a. eine signifikant erhöhte Aktivität der natürlichen Killerzellen festzustellen war. Dieses Ergebnis verweist zum einen darauf, daß es für den Einsatz von Progressiver Relaxation keine Altersgrenze gibt. Auch Senioren profitieren von diesem Entspannungsverfahren. Zum anderen wird deutlich, daß der Progressiven Relaxation ein wichtiger Stellenwert in der Krankheitsprävention und in der Unterstützung von Heilungsprozessen zukommen kann.

Angst und Schlafstörungen können Prodromalsymptome gravierenderer körperlicher und seelischer Störungen sein, weshalb eine frühzeitige therapeutische Beeinflussung präventiv anzustreben ist. Borkovec et al. (1987) führten die Progressive Relaxation bei 30 Personen mit generalisierten Ängsten durch. 16 Teilnehmer erhielten zusätzlich eine kognitive Verhaltenstherapie. Die restlichen 14 Teilnehmer nahmen an einer begleitenden nondirektiven Gesprächstherapie teil. In beiden Gruppen wurde eine signifikante Abnahme von Angstwerten in Fremdbeurteilungen, in Fragebögen und täglichen strukturierten Selbstbeurteilungen festgestellt. Dabei erwies sich die Kombination der Progressiven Relaxation mit kognitiver Verhaltenstherapie gegenüber der Kombination mit Gesprächstherapie als überlegen. In einer randomisierten Studie an 61 Studenten mit starker Prüfungsangst untersuchten Rikketts und Galloway (1984) die Wirkungen folgender einstündiger Kurzbehandlungen:

- Progressive Relaxation,
- Rational-Emotive Therapie,
- Ratschläge zur Optimierung der Lerntechnik,
- Placebo.

Allein die Progressive Relaxation hatte einen signifikanten Effekt und führte zu einer gegenüber der Placebo-Gruppe verstärkten Angstreduktion. Die Prüfungsleistung konnte durch die Intervention allerdings nicht verbessert werden. (Mit anderen Worten: Die Studenten machten zwar weiterhin eine schlechte Prüfung, hatten aber weniger Angst dabei.)

Die Beobachtung, daß Progressive Relaxation bei Angst-Patienten auch zu Symptomverschlechterungen führen kann, teilt Fewtrell (1984) mit. In der Studie an 40 Patienten mit Angstsymptomen berichteten nach dem Training sieben Teilnehmer über beängstigende, unangenehme Erlebnisse. Bei fünf von 30 chronisch ängstlichen Studenten stellten Braith, McCullogh und Bush (1988) ebenfalls einen Angstanstieg („relaxation-induced-anxiety") während eines Kurses für Progressive Relaxation fest. Die Studenten mit Symptomverschlechterung waren durch hohe internale Kontrollüberzeugungen, durch die generalisierte Furcht, Angst zu bekommen, und durch Angst vor Kontrollverlust gekennzeichnet.

In einer randomisierten Studie (Espie et al., 1989) an 70 Patienten mit chronischen Schlafstörungen wurden die folgenden Gruppen gebildet:
- Progressive Relaxation,
- Reizkontrolle,
- paradoxe Intervention,
- Placebo-Kontrollgruppe,
- unbehandelte Kontrollgruppe.

Die „aktiven" Verfahren – also auch die Progressive Relaxation – erwiesen sich gegenüber den Kontrollgruppen als erfolgreich in der Besserung der Schlafstörungen. Während die Reizkontrolle Verbesserungen in Hinblick auf das Schlafmuster erreichte, berichteten die Teilnehmer an der Progressiven Relaxation vor allem über eine signifikante Zunahme der Schlafqualität. In einer Übersichtsarbeit kommt Turner (1986) zu dem Ergebnis, daß die Progressive Relaxation – ebenso wie biofeedbackunterstützte Entspannungstherapie und die Methode der Reizkontrolle nach den Befunden aus kontrollierten Studien nachhaltig Schlafstörungen behebt. In nur sehr eingeschränktem Maße würde dies dagegen für die Methode der paradoxen Intervention gelten.

Die Effekte der Progressiven Relaxation (im Überblick Ohm, 1992a) sind vor allem im Bereich der sekundären Prävention untersucht wurden, d. h. daß Progressive Relaxation mit dem Ziel eingesetzt wird, bestehende Beschwerden und Erkrankungen zu bessern. Insbesondere im Bereich der Schmerzbewältigung wird die Progressive Relaxation relativ häufig verwandt. Beispielsweise untersuchte Turner (1982) in einem Zufallsgruppendesign 36 ambulante Patienten mit Rückenschmerzen („low back pain") im Alter von 20 bis 63 Jahren, die einer Gruppe zur Progressiven Relaxation, einer Gruppe für kognitive Verhaltenstherapie oder einer Wartegruppe zugeteilt wurden. Sowohl die Teilnehmer an der Progressiven Relaxation als auch die Teilnehmer an der kognitiven Verhaltenstherapie wiesen nach Abschluß der Behandlung gegenüber der Kontrollgruppe signifikante Verbesserungen in Hinblick auf subjektive Schmerzangaben, Depressivität (Beck Depression Inventory) und Krankschreibungen auf. Die subjektiv angegebenen körperlichen und psychosozialen Verbesserungen wurden durch Fremdbeurteilungen bestätigt. Katamnesen nach einem Monat und nach etwa zwei Jahren zeigten in beiden Interventionsgruppen Vorteile gegenüber der Wartegruppe. Die Teilnehmer an der kognitiven Verhaltenstherapie wiesen jedoch längerfristig die deutlicheren Verbesserungen in Hinblick auf Schmerzen, Depression und Krankschreibungen auf. Zur Prüfung der Effekte von Entspannungstraining bei Kopfschmerzen bildeten Kröner und Heiss (1982) vier Therapiegruppen, eine Wartekontrollgruppe und eine Placebokontrollgruppe mit insgesamt 73 Kopfschmerzpatienten. Zur Anwendung in den vier Therapiegruppen kamen Autogenes Training, Progressive Relaxation, eine kombinierte AT/PR Behandlung mit Selbstkontrollinstruktionen sowie eine AT/PR Behandlung ohne Selbstkontrollinstruktionen. Die Veränderungsmessung erfolgte auf mehreren Ebenen (Protokollierung der Kopfschmerzintensität und der Medikamenteneinnahme, Einschätzung der psychophysischen Reaktion auf verschiedene Stressoren). Eine deutliche Abnahme der Kopfschmerzaktivität (Intensität und Dauer) zeigte sich erst drei bis vier Monate nach Abschluß der Behandlung. Dabei erwiesen sich sowohl das Autogene Training als auch die Selbstkontrollinstruktion als nahezu unwirksam, während die Progressive Relaxation zu einer deutlichen Reduktion der Kopfschmerzen führte. Die Ergebnisse der vorliegenden Studien zur Schmerzbewältigung, die hier aus Platzgründen nicht vollständig wiedergegeben werden können, faßt Ohm (1992a) dahingehend zusammen, daß die Progressive Relaxation vor allem bei Spannungskopfschmerz indiziert ist. Da das Hauptziel der Progressiven Relaxation in einer Reduktion des Tonus der Willkürmuskulatur liegt, entsprechen die Befunde der Erwartung. Im Falle von Migräne, bei der u. a. vasomotorische Veränderungen eine größere Rolle zu spielen scheinen, sind die mit der Progressive Relaxation allein erzielbaren Effekte weniger günstig zu beurteilen.

In einer Untersuchung von Lyles et al. (1982) an 50 Krebspatienten, die Chemotherapie erhielten, wurden die folgenden drei Behandlungsbedingungen verglichen:
- Progressive Relaxation und geleitete Visualisierung;
- supportive Psychotherapie ohne Progressive Relaxation;
- Kontrollgruppe ohne psychologische Betreuung.

Es zeigte sich, daß die Teilnehmer an der Progressiven Relaxation gegenüber den beiden Vergleichsgruppen deutlich geringere Ängstlichkeit und Depressivität sowie weniger Übelkeit während der Chemotherapie angaben. Auch nach der Krankenhausentlassung setzte sich der positive Effekt offensichtlich fort, da bei den Teilnehmern an der Progressiven Relaxation ein signifikant geringeres Ausmaß und eine kürzere Dauer der berichteten Übelkeit festzustellen war. Das Ergebnis von Lyles et al. (1982) wird durch die Untersuchung von Burish et al. (1987) an 24 Krebspatienten mit Chemotherapie bestätigt. Die Patienten wurden unter Zufallsbedingungen entweder einer Kontrollgruppe ohne psychologische Behandlung oder einer Gruppe zugeteilt, die in Progressiver Relaxation und geleiteter Visualisierung unterwiesen wurde. Wiederum war festzustellen, daß die Teilnehmer am Entspannungstraining mit geleiteter Visualisierung signifikant weniger unter Übelkeit und Erbrechen litten. Außerdem waren in der Interventionsgruppe während der Chemotherapie signifikant geringere Puls- und Blutdruckwerte sowie weniger Angst und depressive Verstimmung zu beobachten. Die Aussagen der Patienten standen in Einklang mit den Beurteilungen durch das Pflegepersonal. Diese Untersuchungsergebnisse weisen auf den Wert von Progressiver Relaxation und geleiteter Visualisierung zur psychologischen Begleitung von Chemotherapie bei Krebspatienten hin. Die Studie von Lyles et al. (1982) läßt darauf schließen, daß nicht nur unspezifische Therapieeffekte (z. B. verstärkte Zuwendung) aufgetreten sind. Vielmehr hat sich allein das durchgeführte Entspannungstraining im Gruppenvergleich (im Gegensatz zur supportiven Psychotherapie) als wirksam herausgestellt. Diese Resultate legen einen verstärkten Einsatz von Progressiver Relaxation in Verbindung mit geleiteter Visualisierung als begleitende Maßnahme zur Chemotherapie nahe.

In einer randomisierten Studie untersuchten Hoelscher et al. (1987) die Wirkung der Progressiven Relaxation bei 48 Hypertonikern. Bei den Teilnehmern an der Progressiven Relaxation fanden sie gegenüber einer Wartekontrollgruppe am Ende der Behandlung signifikante Blutdrucksenkungen. Die blutdrucksenkende Wirkung der Progressiven Relaxation wird durch die Untersuchung von Blanchard et al. (1984) an insgesamt 40 Hypertonikern, die zu Beginn der Untersuchung mit zwei antihypertensiven Medikamentenarten (Antiadrenergika, Diuretika) eingestellt waren, bestätigt. Die Autoren verglichen die Effektivität von Progressiver Relaxation und thermalem Biofeedback miteinander. Die Katamnese nach drei Monaten ergab, daß 23% der Teilnehmer an der Progressiven Relaxation mit nur noch einem antihypertensiven Medikament behandelt werden brauchten. Der entsprechende Anteil in der Biofeedback-Gruppe lag allerdings mit 47% mehr als doppelt so hoch. Eine Untersuchung der für die Blutdrucksenkung prognostisch bedeutsamen Variablen ergab für die Progressive Relaxation, daß die wahrgenommene Tiefe der Muskelentspannung mit der Blutdrucksenkung korreliert (Wittrock, Blanchard & McCoy, 1988). Sowohl für Progressive Relaxation als auch für thermales Biofeedback war in Hinblick auf einen Therapieerfolg die Häufigkeit des selbständigen Übens entscheidend. Die Ergebnisse lassen sich dahingehend zusammenfassen, daß Progressive Relaxation zwar zu Blutdrucksenkungen beitragen kann, daß aber Methodenkombinationen offenbar überlegen sind. Dies geht auch aus der Längsschnittstudie von Patel et al. (1985) hervor, die mit Hilfe von Progressiver Relaxation, Atemübungen, Meditation, Streßmanagement und Gesundheitstraining deutliche und langfristig stabile Blutdrucksenkungen erreichten. Entscheidend für den Therapieerfolg ist offenbar, daß ein Transfer des Erlernten in den Alltag gelingt und eigenständig geübt wird.

Im Rahmen der kardiologischen Rehabilitation verglichen Langosch et al. (1982) die Effekte eines Streßbewältigungstrainings und die eines Kurses für Progressive Relaxation mit einer Kontrollgruppe. Nach Abschluß der zweiwöchigen Behandlungen schilderten sich beide Behandlungsgruppen im Vergleich mit der Kontrollgruppe als weniger ängstlich gegenüber anderen Personen, weniger ungeduldig und optimistischer bezüglich ihrer Möglichkeiten zur selbständigen Streßreduktion. Bei einer sechs Monate später durchgeführten Nachbefragung beschrieben sich die behandelten Patienten im Vergleich mit ihren Angaben vor der Behandlung als weniger ängstlich, weniger erregbar, weniger perfektionistisch im Beruf und weniger wettbewerbsorientiert. Ein wesentlicher Unterschied zwischen den beiden Interventionsgruppen war nicht festzustellen. In einer Studie an insgesamt 45 herzoperierten Koronarpatienten untersuchten Valliant und Leith (1986) die Effekte einer kombinierten Anwendung aus Progressiver Relaxation und kognitiver Verhaltenstherapie. Es wurde deutlich, daß die Behandlung gegenüber der Kontrollgruppe zu einer signifikanten Abnahme von Depressionswerten und einer Zunahme von Selbstvertrauen führte. Brenner (1989) verglich in einer Längsschnittstudie mit insgesamt 620 Patienten einer Rehabilitationsklinik Progressive Relaxation, Autogenes Training und eine Kontrollgruppe ohne Entspannungstraining. Sowohl die Progressive Relaxation als auch das Autogene Training erwiesen sich am Ende der Kurse, nach vier Monaten und ein Jahr nach Kursteilnahme gegenüber der Kontrollgruppe als erfolgreich, da in beiden Entspannungstrainingsgruppen deutlich weniger Beschwerden in einem Fragebogen angegeben wurden. Dabei zeigte sich die Progressive Relaxation dem Autogenen Training in der ersten Nachbefragung zwei Wochen nach Trainingsbeginn in Hinblick auf den Abbau subjektiver Beschwerden überlegen. Die zweite Nachbefragung vier Monate später und die dritte ein Jahr später brachte jedoch ein anderes Ergebnis: Die Teilnehmer der AT-Kurse berichteten über weniger Beschwerden und übten häufiger als die Teilnehmer der PR-Kurse. Kurzfristig scheint dementsprechend die Progressive Relaxation wirkungsvoller zu sein, wohingegen längerfristig die Vorteile beim Autogenen Training überwiegen.

3.3 *Kombinierte Anwendung von Progressiver Relaxation und Autogenem Training*

Eine Kombination des Autogenen Trainings und der Progressiven Relaxation kann aufgrund der klinischen Erfahrung und der vorliegenden Untersuchungsergebnissen entsprechend der Auffassung von Ohm (etwa 1987, 1992c, 1993) vorteilhaft sein. Durch eine Kombination beider Methoden (Beschreibung des Vorgehens u. a. bei Ohm, 1987; 1992c) läßt sich der Zugang zur Entspannungsreaktion sowohl über die Willkürmuskulatur als auch über geistig-konzentrative Prozesse nutzen. Außerdem ermöglicht man auf diese Weise auch Teilnehmern u. U. einen Einstieg, die mit der einen oder der anderen Methode zunächst nicht ausräumbare Probleme haben und daher den Kurs abbrechen. Allerdings ist dieser Standpunkt von Krampen (1992c) kritisiert worden, der u. a. auf mögliche konzeptuell-theoretische Inkompatibilitäten der beiden Verfahren verweist.

Die experimentellen Ergebnisse von Leitner (1981) belegen nicht nur längerfristige Auswirkungen einer kombinierten Anwendung des Autogenen Trainings und der Progressiven Relaxation im präventiven Anwendungsbereich, sondern auch ihre direkten Effekte auf das Streßverarbeitungsverhalten. Im Mittelpunkt dieser Studie stand die Frage, ob die regelmäßige und längerfristige (über mehr als sechs Monate hinweg) Ausübung aktiv autosuggestiver Entspannungsmethoden (Autogenes Training und Progressive Relaxation) bei Gesunden das Streßverarbeitungsverhalten überdauernd beeinflußt. Zur Prüfung dieser Fragestellung wurden 21 Gesunde, von denen jeweils sieben

- als Kontrollgruppe keine Entspannungsmethode,
- als eine erste Experimentalgruppe die Entspannungsmethoden drei Wochen lang („Kurzzeittrainierte") und
- als zweite Experimentalgruppe die Entspannungsmethoden mehr als sechs Monate lang („Langzeittrainierte") realisierten,

experimentell in vier Sitzungen mit einer Sequenz von Ruhe-, Entspannungs- und Belastungsphasen konfrontiert. Die drei Gruppen waren vor Untersuchungsbeginn nach Variablen wie Alter, Geschlecht, Ruhewerte physiologischer Parameter, Befinden etc. parallelisiert worden. Die psychophysiologisch (Messung von Atmungsfrequenz, Herzfrequenz, Einatmungszeit und Puls-Atem-Quotient) und psychologisch (mit einem mehrdimensionalen Stimmungsfragebogen) gewonnenen Befunde bestätigen die Hypothese, daß die Langzeittrainierten ein spezifisches Streßverarbeitungsverhalten entwickelt haben, das psychophysiologisch durch einen hypometabolischen Ruhezustand gekennzeichnet ist. Im Unterschied zu den Kurzzeittrainierten und den Untrainierten hält dieser Ruhezustand im Sinne einer trophotropen Rückbildungs- und Erholungsphase bei ihnen über zehn Minuten an. Im mehrdimensionalen Stimmungsfragebogen zeigt sich die Veränderung der psychischen Verarbeitung von Belastungssituationen bei den Langzeittrainierten zudem in reduzierter Ängstlichkeit, tiefer empfundener Entspannung, erhöhter körperlicher Erholung und reduzierter Depressivität. Aus der Kontrollgruppen-Studie von Leitner (1981) liegen damit psychophysiologische und psychologische Befunde vor, die die längerfristigen primär präventiven Wirkungen regelmäßig durchgeführter Entspannungsübungen (wobei das Autogene Training mit der Progressiven Muskelentspannung kombiniert wurde) bei Gesunden unter den Aspekten der Optimierung von Ruhe- und Erholungsphasen sowie der Verbesserung des Umgangs mit und der Verarbeitung von Belastungen empirisch bestätigen.

In einer Untersuchung an insgesamt 420 Koronarpatienten einer Rehabilitationsklinik (Ohm 1987, 1988) zeigte sich, daß es aufgrund einer kombinierten Anwendung von Autogenem Training und Progressiver Relaxation zu einem verstärkten Vertrauen in die eigene, die Gesundheit betreffende Kompetenz kam. Dies wiederum ist eine wichtige Voraussetzung für gesundheitsförderliche Verhaltensänderungen. Ebenfalls war in dieser Untersuchung bei den Teilnehmern am Entspannungstraining gegenüber der Kontrollgruppe eine Erhöhung der Selbstaufmerksamkeit festzustellen. Dies ist insbesondere für Koronarpatienten wünschenswert, da bei ihnen relativ niedrige Werte in dieser Variable festzustellen sind (vgl. auch Tardy, 1992). Niedrige private Selbstaufmerksamkeit korrespondiert mit mangelnder Wahrnehmung von Empfindungen und mit mangelnder Beachtung körperlicher Symptome sowie einer Tendenz zum Übergehen von Erschöpfung und Müdigkeit. Eine angemessene (jedoch nicht überzogene; vgl. Krampen, 1985) Selbstaufmerksamkeitserhöhung ist daher bei Koronarpatienten positiv zu beurteilen, da ein angemessener Kontakt zu den eigenen körperlichen und seelischen Empfindungen auch zu einer deutlicheren Wahrnehmung überfordernder und krankmachender Situationen und Verhaltensweisen beitragen kann. In dieser, wie auch in einer früheren Studie (Krampen & Ohm, 1984) wurde deutlich, daß die Teilnahme am Entspannungstraining während einer stationären Rehabilitationsbehandlung bei Koronarpatienten zu einer Verbesserung des Heilungsverlaufes beiträgt. In einer Katamnese sechs Monate nach Klinikentlassung zeigte sich, daß die inzwischen wieder berufstätigen Teilnehmer am Entspannungstraining die Arbeit im Durchschnitt vier Wochen eher aufgenommen hatten als die Kontrollgruppe. Etwa ein Drittel (35%) der ehemaligen Teilnehmer übten das Entspannungstraining nach sechs Monaten noch relativ regelmäßig, d. h. täglich oder zumindest mehrmals pro Woche (dieser Anteil konnte durch eine zusätzliche Einzelbetreuung auf 69% gesteigert werden). Die Frage, mit welcher Methode weiterhin geübt wurde, ergab das folgende Ergebnis:

- Autogenes Training 30%,
- Progressive Relaxation 26%,
- Kombination 26%,
- wechselnd 18%.

Es wird deutlich, daß keine klare Bevorzugung der einen oder der anderen Methode längerfristig festzustellen ist.

Bisher liegt im deutschsprachigen Raum erst eine unveröffentlichte Studie vor, die die Effekte einer kombinierten Anwendung von Progressiver Relaxation und Autogenem Training mit den Effekten von Autogenem Training bei Koronar-Patienten vergleicht (Schneider, 1981). In dieser Untersuchung, die allerdings bei jeweils lediglich 24 Herzinfarkt-Patienten in der Rehabilitation durchgeführt wurde, ergaben sich keine Wirkungsunterschiede der beiden Methoden in den Aspekten Entspanntheitsgrad, Stimmung, Ausmaß von Körperbeschwerden und Schlafstörungen. Auch die Katamnese nach drei Monaten zeigte in Hinblick auf die Anwendungshäufigkeit des Entspannungstrainings keine Gruppenunterschiede. Es handelte sich jedoch um Kurz-Trainings, die nur eine Woche dauerten. Eine größer angelegte Vergleichsstudie – an der die Autoren beteiligt sind – läuft zur Zeit; Ergebnisse stehen jedoch noch aus.

4. Schlußfolgerungen

Die vorliegenden Befunde zu den präventiven Indikationsstellungen des Autogenen Trainings und der Progressiven Relaxation bestätigen wesentliche Aspekte ihrer Durchführbarkeit, der mit ihnen kurzfristig erzielten Lern- und Übungserfolge sowie einige Aspekte ihrer längerfristigen Effekte auf die Persönlichkeitsentwicklung und das Streßverarbeitungsverhalten. Den Anforderungen, die an eine empirische Fundierung der diesen Entspannungsmethoden zugeschriebenen primär präventiven Funktionen zu stellen sind (vgl. etwa Brandtstädter & von Eye, 1982), wird die Befundlage bislang aber kaum gerecht. Auch im rehabilitativen Bereich liegen erst relativ wenige inhaltlich und methodisch überzeugende Arbeiten vor. Nach wie vor fehlen systematische Nachweise aus Vergleichsstudien dafür, daß durch das Praktizieren des Autogenen Trainings und/oder der Progressiven Relaxation die Inzidenzrate psychischer und/oder psychosomatischer Störungen reduziert wird. Man begnügt sich bislang weitgehend mit Befunden, die ihre positiven Effekte im Sinne der psychovegetativen Stabilisierung, der Reduktion psychophysiologischer Risikofaktoren für Erkrankungen und der Persönlichkeitsentwicklung veranschaulichen. Berücksichtigt man dabei die relativ hohen Abbruchquoten von Kursen zum Entspannungstraining und – darüber hinaus – die vergleichsweise geringe Quote der Teilnehmer, die die Kurse nicht nur regulär beendet, sondern auch nach dem Kursabschluß das Autogene Training bzw. die Progressive Relaxation längerfristig anwendet, so ergeben sich Zweifel an der Ausschöpfung ihres präventiven und rehabilitativen Potentials. Notwendigkeit ist – neben der Verstärkung der Bemühungen um direkte Nachweise der präventiven und rehabilitativen Wirkungen – augenscheinlich vor allem die Optimierung der Forschung über die relative Indikation des Autogenen Trainings und der Progressiven Relaxation sowie über Möglichkeiten, die Lehr-, Lern- und Transferprozesse zu verbessern. Nur dadurch werden die Quoten der Kursabbrecher und der Teilnehmer, die die systematische Entspannungsmethode nach dem regulären Kursabschluß nicht mehr anwenden, reduziert werden können. Allerdings dürfen auch angesichts der geschilderten Probleme im Hinblick auf die Forschungslage und teilweise auch im Hinblick auf die Lehrpraxis keinesfalls die Leistungen und die gesundheitlichen Vorteile dieser von Millionen Menschen allein in Deutschland praktizierten Methoden der Selbsthilfe als gering eingeschätzt werden. Es ist zu bedenken, daß hohe Abbruchraten und mangelnde Compliance für präventive Interventionsansätze (z. B. Raucherentwöhnung, Gewichtsreduktion, Suchtprohylaxe) geradezu charakteristisch sind. Unter diesem Gesichtspunkt relativieren sich auch die „hohen" Abbruchraten bei Kursangeboten zu systematischen Entspannungsmethoden.

Weitere Forschungsbemühungen sind notwendig, um in der Frage einer differentiellen und adaptiven Indikation mehr Klarheit zu gewinnen. Hierbei geht es um die Entscheidung, welches Entspannungsverfahren für welchen Patienten günstig bzw. ungünstig ist und um individualisierte Behandlungsstrategien. Zu diesen für die Praxis wichtigen Fragestellungen liegen bisher nur sehr wenige Forschungsergebnisse vor (im Überblick Krampen, 1992a; Ohm, 1989, 1993).

Der Überblick zeigt, daß Entspannungsverfahren einen hohen Stellenwert in der präventiven und rehabilitativen Praxis besitzen. Die teilweise inkonsistenten Ergebnisse in Effektivitätsstudien sind jedoch auch darauf zurückzuführen, daß die Qualitätsstandards der durchgeführten Entspannungstrainings sehr unterschiedlich sind. Dies geht schon daraus hervor, daß eine fundierte Ausbildung und Supervision in der jeweiligen praktizierten Methode nicht immer selbstverständlich sind. Die Lern- und Lehrpraxis des Entspannungstrainings ist jedoch nur scheinbar leicht. Der Wert von Routineprogrammen zur Entspannungstherapie, die individuelle Probleme und Bedürfnisse sowie den Transfer in alltägliche Verhaltensmuster nicht berücksichtigen, ist eher gering einzuschätzen. Daraus ergibt sich, daß die Lehrpraxis des Entspannungstrainings auf dem Hintergrund eines breiteren psychodiagnostischen und psychotherapeutischen Wissens erfolgen sollte. Außerdem darf das Entspannungstraining nicht zu einem therapeutischen „Anhängsel" im Sinne einer Routinemaßnahme werden, der wenig (Be-)Achtung geschenkt wird, wenn die potentielle Wirksamkeit tatsächlich genutzt werden soll. Vielmehr sollte es integraler Bestandteil eines umfassenden, individualisierten Therapiekonzeptes sein.

Literatur

Barolin, G. S. (1984). Psychotherapie im höheren Lebensalter. Psychotherapie, Psychosomatik, Medizinische Psychologie, 34, 10–16.

Barolin, G. S. & Wöllersdorfer, E. (1986). Gruppenpsychotherapie mit integriertem Autogenem Training bei Senioren. Ärztliche Praxis und Psychotherapie, 8, 3–10.

Bartmann, U. & Mathes, W.-D. (1992). Autogenes Training an der VHS zur Psychohygiene. Prävention, 14, 22–24.

Beitel, E. & Kröner, B. (1982). Veränderung des Selbstkonzepts durch Autogenes Training. Zeitschrift für Klinische Psychologie, 11, 1–15.

Blanchard, E. D., Appelbaum, K. A., Radnitz, C. L. & Michultka, D. (1984). Prelimenary results from a controlled evaluation of thermal biofeedback as a treatment for essential hypertension. Biofeedback and Self-Regulation, 9, 471–495.

Borkovec, T. D., Mathews, A. M., Chambers A. & Ebrahimi, S. (1987). The effects of relaxation training with cognitive or nondirective therapy and the role of relaxation-induced anxiety in the treatment of generalized anxiety. Journal of Consulting and Clinical Psychology, 55, 883–888.

Brackhane, R. (1984). „Behinderung" und „Rehabilitation': Zur Notwendigkeit einer psychologischen Betrachtung. Psychologische Rundschau, 35, 71–78.

Brackhane, R. (1988). Behinderung, Rehabilitation, Rehabilitationspsychologie: Terminologische Vorbemerkungen und Begriffsklärungen. In U. Koch, G. Lucius-Hoene & R. Stegie (Hrsg.), Handbuch der Rehabilitationspsychologie (20–34). Berlin: Springer.

Braith, J. A., McCullough, J. P. & Bush, J. P. (1988). Relaxation-induced anxiety in a subclinical sample of chronically anxious subjects. Journal of Behavior Therapy and Experimental Psychiatry, 19, 193–198.

Brandtstädter, J. (1981). Entwicklung in Handlungskontexten (Trierer Psychologische Berichte 8, Heft 8). Trier: Universität Trier, FB I – Psychologie.

Brandtstädter, J. & von Eye, A. (Hrsg.) (1982). Psychologische Prävention. Bern: Huber.

Brandtstädter, J., Krampen, G. & Heil, F. E. (1986). Personal control and emotional evaluation of partnership relations during adulthood. In M. M. Baltes & P. B. Baltes (Eds.), The psychology of aging and control (265–296). Hillsdale, NJ: Erlbaum.

Brenner, H. (1989). Das große Buch der Entspannungstechniken. München: Humboldt.

Burish, T. G., Carey, M. P., Krozely, M. G. & Greco, F. A. (1987). Conditioned side effects induced by cancer chemotherapy: Prevention through behavioral treatment. Journal of Consulting and Clinical Psychology, 55, 42–48.

Caplan, G. (1964). Principles of preventive psychiatry. New York, NY: Basic Books.

Carruthers, M. E. (1982). Gibt es eine westliche Art zu sterben? In P. Kielholz, W. Siegenthaler, W. Taggart & A. Zanchetti (Hrsg.), Psychosomatische Herz-Kreislauf-Störungen (120–124). Bern: Huber.

Decker, Th. W., Williams, J. M. & Hall, D. (1982). Preventive training in management of stress for reduction of physiological symptoms through increased cognitive behavioral controls. Psychological Reports, 50, 1327–1334.

Diehl, B. J. M. (1987). Autogenes Training und gestufte Aktivhypnose. Berlin: Springer.

Eberhardt, E.-E. (1990). Autogenes Training als Bestandteil des betrieblichen Ablaufs. In B. J. M. Diehl & T. Miller (Hrsg.), Moderne Suggestionsverfahren (320–328). Berlin: Springer.

Eberlein, G. (1972). Der Einsatz des Autogenen Trainings in der Volkshochschule. In D. Langen (Hrsg.), Hypnose und Psychosomatische Medizin (135–140). Stuttgart: Hippokrates.

Espie, C. A., Lindsay, W. R., Brooks, D. N. & Hood, E. M. (1989). A controlled comparative investigation of psychological treatments for chronic sleep-onset insomnia. Behaviour Research and Therapy, 27, 79–88.

Fewtrell, W. D. (1984). Relaxation and depersonalisation. British Journal of Psychiatry, 145, 217.

Grawe, K. (1992). Psychotherapieforschung zu Beginn der neunziger Jahre. Psychologische Rundschau, 43, 132–162.

Ganster, D. C., Mayes, B. T., Sime, W. E. & Tharp, G. D. (1982). Managing organizational stress: A field experiment. Journal of Applied Psychology, 67, 533–542.

Haring, C. (1979). Lehrbuch des Autogenen Trainings. Stuttgart: Enke.

Hirsch, R. D. (1987a). Zur Problematik des Autogenen Trainings bei Älteren. Psychotherapie, Psychosomatik, Medizinische Psychologie, 37, 233–236.

Hirsch, R. D. (1987b). Das Autogene Training in der Gerontologie. Zeitschrift für Gerontologie, 20, 242–247.

Hoelscher, T. J., Lichstein, K. L., Fischer, S. & Hegarty, T. B. (1987). Relaxation treatment of hypertension: Do home relaxation tapes enhance treatment outcome? Behavior Therapy, 18, 33–37.

Hoffmann, B. H. (1979). Handbuch des Autogenen Trainings. München: Deutscher Taschenbuch Verlag.

Huber, G. K. M. (1979). Neue Kraft für Führungskräfte durch autogenes Training. Kissing: WEKA-Verlag.

Jacobson, E. (1924). The technique of progressive relaxation. Journal of Nervous and Mental Disease, 60, 568–578 (Deutsche Übersetzung in D. Langen (Hrsg.). (1968). Der Weg zum Autogenen Training (412–445). Darmstadt: Wissenschaftliche Buchgesellschaft).

Jacobson, E. (1938). Progressive Relaxation. Chicago: University of Chicago Press.

Jacobson, E. (1957). You must relax. New York: McGraw-Hill.

Jacobson, E. (1990). Entspannung als Therapie. Progressive Relaxation in Theorie und Praxis. München: Pfeiffer. (Deutsche Ausgabe von: Jacobson, E. (1962). You must relax. New York: McGraw-Hill).

Kiecolt-Glaser, Janice, K. et al. (1985). Psychosocial enhancement of immunocompetence in a geriatric population. Health Psychology, 4, 25–41.

Kluge, P. A . (1977). Autogenes Training in Kursen an der VHS als psychotherapeutische Vorsorge. Psychotherapie, Medizinische Psychologie, 27, 64–66.

König, W., Di Pol, G. & Schaeffer, G. (1979). Autogenes Training: Ein Grundriß. Jena: Gustav Fischer Verlag.

Krampen, G. (1985). Aufmerksamkeits-Orientierung. In T. Herrmann & E.-D. Lantermann (Hrsg.), Persönlichkeitspsychologie (354–361). München: Urban & Schwarzenberg.

Krampen, G. (1991a). Diagnostisches und Evaluatives Instrumentarium zum Autogenen Training (AT-EVA). Göttingen: Hogrefe.

Krampen, G. (1991b). Fragebogen zu Kompetenz- und Kontrollüberzeugungen (FKK). Göttingen: Hogrefe.

Krampen, G. (1992a). Einführungskurse zum Autogenen Training: Ein Lehr- und Übungsbuch für die psychosoziale Praxis. Göttingen: Verlag für Angewandte Psychologie.

Krampen, G. (1992b). Autogenes Training als Entwicklungsintervention: Empirische Befunde zu seinem Stellenwert in der angewandten Entwicklungspsychologie. Zeitschrift für Ent-

wicklungspsychologie und Pädagogische Psychologie, 24, 184–200.
Krampen, G. (1992c). Entspannungstraining in der Sekundärprävention der koronaren Herzkrankheit. Vortrag auf dem Symposium zur Kieler Woche 1992, 20.6.92, Universität Kiel.
Krampen, G. & Ohm, D. (1984). Effects of relaxation training during rehabilitation of myocardial infarction patients. International Journal of Rehabilitation Research, 7, 68–69.
Krampen, G. & Ohm, D. (1985). Zur indikativen Bedeutung generalisierter Kontrollüberzeugungen für das Autogene Training. In F. J. Hehl, V. Ebel & W. Ruch (Hrsg.), Diagnostik psychischer und psychophysiologischer Störungen. 12. Kongreß für Angewandte Psychologie (Band 2, 231–252). Bonn: Deutscher Psychologen Verlag.
Krampen, G., Main, C. & Waelbroeck, O. (1991). Optimierung des Lernprozesses beim Autogenen Training bei kurzer Kurslaufzeit durch Übungsprotokolle. Zeitschrift für Klinische Psychologie, Psychopathologie und Psychotherapie, 39, 33–45.
Kröner, B. & Beitel, E. (1980). Längsschnittuntersuchung über die Auswirkung des autogenen Trainings auf verschiedene Formen der subjektiv wahrgenommenen Entspannung und des Wohlbefindens. Zeitschrift für Klinische Psychologie und Psychotherapie, 28, 127–133.
Kröner, B. & Heiss, M. (1982). Der Einsatz von Entspannungsverfahren bei chronischen Kopfschmerzen. In H. P. Huber (Hrsg.), Migräne (154–175). München: Urban & Schwarzenberg.
Kurth, W. (1967). Prevention and rehabilitation through autogenic training with adolescents. Psychotherapy and Psychosomatics, 15, 37.
Labhardt, F. (1982). Der Einfluß von autogenem Training bzw. Betablockade auf Streß bei Chirurgen. In P. Kielholz, W. Siegenthaler, W. Taggert & A. Zanchetti (Hrsg.), Psychosomatische Herz-Kreislauf-Störungen (194–196). Bern: Huber.
Langen, D. (1980). Formen der Selbstversenkung. Psychotherapie, Psychosomatik, Medizinische Psychologie, 30, 139–173.
Langosch, W., Seer, P., Brodner, G., Kallinke, D., Kullick, B. & Heim, F. (1982). Behavior therapy with coronary heart disease patients: results of a comparative study. Journal of Psychosomatic Research, 26, 475–484.
Leitner, G. (1981). Die Effektivität von aktiv autosuggestiven Entspannungsverfahren als Einflußgröße auf das Kreislaufgeschehen und die Atmung. Unveröff. Diss., Naturwissenschaftliche Fakultät der Universität Salzburg.
Lerner, R. M. & Busch-Rossnagel, N. A. (Eds.). (1981). Individuals as producers of their development. New York, NY: Academic Press.
Lyles, J. N., Burish, T. G.; Krozely, M. G. & Oldham, R. K. (1982). Efficacy of relaxation training and guided imagery in reducing the aversiveness of cancer chemotherapy. Journal of Consulting and Clinical Psychology, 50, 509–524.
Müller-Hegemann, D. & Stetter, F. (1989). Neuere Gesichtspunkte in Theorie und Praxis des autogenen Trainings. Psychotherapie, Psychosomatik, Medizinische Psychologie, 39, 178–181.
Ohm, D. (1987). Entspannungstraining und Hypnose bei Patienten mit koronarer Herzkrankheit in der stationären Rehabilitation. Regensburg: Roderer.
Ohm, D. (1988). Entspannungstraining bei Koronarpatienten eine Effektstudie an 420 Patienten. Zeitschrift für Allgemeinmedizin, 64, 1014–1019.
Ohm, D. (1989). Überlegungen und Ergebnisse zur Optimierung der Effektivität von Entspannungsverfahren durch psychologische Diagnostik und differentielle Indikation. In W. Huhmann (Hrsg.), Diagnostik in der Kardiologischen Rehabilitation (201–205). Konstanz: Schnetztor-Verlag.
Ohm, D. (1990a). Psyche, Verhalten und Gesundheit. Stuttgart: TRIAS (Thieme, Hippokrates, Enke).
Ohm, D. (1990b). Entspannungstraining und begleitende Hypnosetherapie bei Koronarpatienten mit hohen internalen Kontrollüberzeugungen. Zeitschrift für Klinische Psychologie, 19, 256–267
Ohm, D. (1992a). Progressive Relaxation: Überblick über Anwendungsbereiche, Praxiserfahrungen und neuere Forschungsergebnisse. Report Psychologie, 17, 27–43.
Ohm, D. (1992b). Progressive Relaxation – Tiefenmuskelentspannung nach Jacobson: Einführung und Übungen. Stuttgart: Thieme.
Ohm, D. (1992c). Entspannungsverfahren in der kardiologischen Rehabilitation. Praxis der Klinischen Verhaltensmedizin und Rehabilitation, 5, 286–293.
Ohm, D. (1993). Entspannungstraining – Forschungsergebnisse und praktische Erfahrungen zu Autogenem Training, Progressiver Relaxation und Anwendungskombinationen. In M. Zielke & N. Mark (Hrsg.) Handbuch der stationären Verhaltenstherapie. Weinheim: Psychologie Verlags Union (im Druck).
Patel, Ch., Marmot, M. G., Terry, D. J., Carruthers, M., Hurt, B. & Patel, M. (1985). Trial of relaxation in reducing coronary risk: Four year follow up. British Medical Journal, 290, 1103–1106.
Ricketts, M. S. & Galloway, R. E. (1984). Effects of three different one-hour single-session treatments for test anxiety. Psychological Reports, 54, 115–120.
Rittmannsberger, H. & Grausgruber, A. (1990). Effektivität von Kursen für autogenes Training im Rahmen der Volkshochschule. Psychotherapie, Psychosomatik, Medizinischen Psychologie, 40, 264–270.

Schejbal, P. (1979). Auswirkungen des autogenen Trainings im psychischen Bereich, dargestellt anhand der Literatur und eigener Untersuchungen. Unveröff. Diss., Fachbereich 2 der Universität Essen.

Schneider, M. (1981). Evaluationsprüfung zweier RelaxationsKurzzeit-Therapieformen (1-wöchiges Training) mit Kontrollgruppenvergleich. Freiburg: Albert-Ludwigs-Universität (Diplomarbeit, Schreibmaschinenkopie)

Schultz, J. H. (1926). Über Narkolyse und autogene Organübungen. Medizinische Klinik, 22, 952–954 (Wiederabdruck in D. Langen (Hrsg.). (1968). Der Weg des autogenen Trainings (52–57). Darmstadt: Wissenschaftliche Buchgesellschaft).

Schultz, J. H. (1927). Über rationalisiertes autosuggestives Training (autogene Organübungen). In Bericht über den 2. allgemeinen ärztlichen Kongreß der Psychotherapie in Bad Naunheim (289–296). Leipzig: Hirzel (Wiederabdruck in D. Langen (Hrsg.). (1978). Der Weg des autogenen Trainings (58–69). Darmstadt: Wissenschaftliche Buchgesellschaft).

Schultz, J. H. (1970). Das autogene Training (14. Aufl.). Stuttgart: Thieme.

Schultz, J. H. & Luthe, W. (1969). Autogenic methods (= Luthe, W. (Ed.), Autogenic therapy, Vol. 1). New York, NY: Grune & Stratton.

Stokvis, B. & Wiesenhütter, E. (1979). Lehrbuch der Entspannung (4. Aufl.). Stuttgart: Hippokrates.

Susen, G. R. (1978). Erlebte Veränderungen einzelner Verhaltensbereiche durch Autogenes Training. Zeitschrift für psychosomatische Medizin und Psychoanalyse, 24, 379–383.

Tardy, J. (1992). Die Bedeutung der Interozeption in der Medizin und der Entspannungstherapie. Praxis der Klinischen Verhaltensmedizin und Rehabilitation, 5, 301–305.

Thielen, R. & Krampen, G. (1993). Kurse zum Autogenen Training in der offenen Erwachsenenbildung. In G. Krampen & H. Zayer (Hrsg.), Psychologische Aus-, Fort- und Weiterbildung in den alten und neuen Ländern (160–169). Bonn: Deutscher Psychologen Verlag.

Turner, J. A. (1982). Comparison of group-relaxation training and cognitive-behavioral group therapy for chronic low back pain. Journal of Consulting and Clinical Psychology, 50, 757–765.

Turner, R. M. (1986). Behavioral self-control procedures for Disorders of Initiating and Maintaining Sleep (DIMS). Special Issue: Sleep disorders. Clinical Psychology Review, 6, 27–38.

Vaitl, D. (1978). Entspannungstechniken. In L. J. Pongratz (Hrsg.), Klinische Psychologie (= Handbuch der Psychologie, Bd. 8/2, 2104–2143). Göttingen: Hogrefe.

Valliant, P. M. & Leith, B. (1986). Impact of relaxation-training and cognitive-therapy on coronary patients post surgery. Psychological Reports, 59, 1271–1278.

Wittrock, D. A., Blanchard E. B. & McCoy, G. C. (1988). Three studies on the relation of process to outcome in the treatment of essential hypertension with relaxation and thermal biofeedback. Behaviour Research and Therapy, 26, 53–66.

Materialien A

Materialien zur Durchführung eines Entspannungstrainings (modifizierte Form des Autogenen Trainings) für Hypertoniker

Dieter Vaitl

Entspannungstechniken haben sich als wirkungsvolle Zusatzmaßnahme zur Senkung des hohen Blutdrucks (Hypertonie) im Stadium I und II erwiesen (s. Vaitl in diesem Band und Vaitl, 1993b, c). Da es keine großen Unterschiede in der blutdrucksenkenden Wirkung zwischen den einzelnen Entspannungsverfahren gibt und die Sympathikolyse der entscheidende Wirkfaktor zu sein scheint, liegt es nahe, diese Effekte mit möglichst geringem technischen, finanziellen und zeitlichen Aufwand zu erzielen. Eine von zahlreichen Möglichkeiten bietet das Autogene Training. Wie die Langzeiteffekte der Untersuchung von Aivazyan u. a., 1988a, b) gezeigt haben, ist es keinesfalls nötig, alle sechs Unterstufenübungen des Autogenen Trainings durchzumachen, es genügt eine reduzierte Anzahl an Übungen. Als wirkungsvolle Kombination hat sich in der Vergangenheit die Anwendung der Schwere-, Wärme- und Atemübung des Autogenen Trainings erwiesen. Die einzelnen Schritte bei der Durchführung dieser Übungen werden im folgenden detailliert dargestellt.

Die Wirkweise dieser Entspannungsmethode ist den Patienten relativ leicht zu erklären (vgl. hierzu Vaitl 1993a, b, c). Sofern überhaupt eine Motivation besteht, den Blutdruck auf andere Weise als auf pharmakologischem Wege zu senken, gibt es kaum Schwierigkeiten, die Patienten zur Anwendung dieser Methoden und zum Mitmachen bei dieser Behandlungsform zu bewegen. Allerdings ist von Anfang an darauf zu achten, daß das Üben nicht nur auf die therapeutischen Sitzungen beschränkt bleibt, sondern auch zu Hause stattfindet; denn nur allzu oft ist das Argument zu hören, daß die körperliche und mentale Entspannung während dieser Sitzungen ausgezeichnet gelingt, zu Hause aber oft unüberwindlich erscheinende Widerstände und Störfaktoren bestünden, die eine Entspannung verhinderten. Dies bedeutet, daß bereits in den ersten Sitzungen darauf hingewirkt werden muß, daß eine Generalisierung der erlernten Entspannungsreaktion angebahnt und verstärkt wird. Dies heißt, daß in den Gesprächen vor und nach den einzelnen Entspannungsübungen nach individuellen Möglichkeiten gesucht werden muß, wie sich diese Übungen in den Alltag der jeweiligen Patienten einbauen lassen. Nur so besteht überhaupt eine Chance, daß eine Generalisierung der Entspannungsreaktion stattfindet und die Methode ihre blutdrucksenkende Wirkung entfalten kann.

Da die gewünschten Blutdrucksenkungen nicht sofort eintreten, sondern sich bestenfalls erst nach längerem Üben einstellen und die zu erwartenden Veränderungen, zumindest am Anfang, gering sein werden, sind gewisse Voraussetzungen zu beachten. Sie betreffen vor allem die Erfolgsrückmeldung an die Patienten.

Folgende Voraussetzungen gilt es zu beachten:

- Die Patienten müssen die Selbstmessung des Blutdrucks bereits beherrschen und ihren Blutdruck zuverlässig über einen Zeitraum von mindestens drei Wochen vor Beginn des Entspannungstrainings täglich zu folgenden Zeitpunkten jeweils dreimal, im Abstand von einer Minute, gemessen haben:

a) sofort nach dem Aufwachen am Morgen in sitzender Position,
b) nach der morgendlichen Toilette, aber noch vor dem Frühstück,
c) im Laufe des Nachmittags (14–17 Uhr),
d) vor dem Zubettgehen.

Autogenes Training bei Patienten (n = 11) mit Grenzwert-Hypertonie

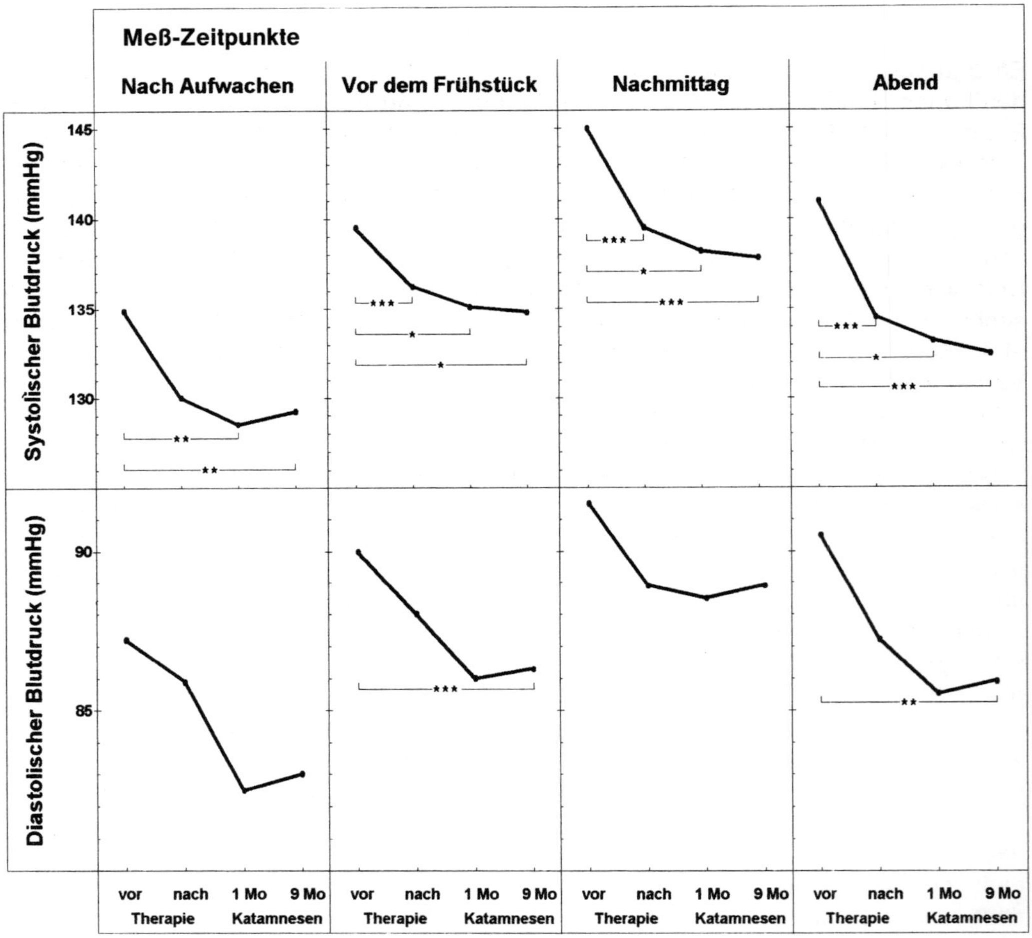

Abb 1: Veränderung des systolischen und diastolischen Blutdrucks bei elf Patienten mit Grenzwert-Hypertonie, die die Schwere-, Wärme- und Atemübung des Autogenen Trainings praktiziert haben. Den Verlaufskurven liegen Werte der Blutdruckselbstmessung zugrunde. Der Blutdruck wurde viermal am Tag (nach dem Aufwachen, vor dem Frühstück, am Nachmittag und am Abend) jeweils dreimal hintereinander in Abständen von etwa einer Minute gemessen. Die Phase „Vor der Therapie" betrug drei bis vier Wochen. Die Behandlung dauerte im Durchschnitt zwei Monate. Nach Behandlungsabschluß setzten die Patienten die Blutdruckselbstmessung fort. Hier sind die durchschnittlichen Blutdruckwerte für den ersten und neunten Monat (= Katamnese) dargestellt.

Man sieht, daß sowohl die systolischen als auch die diastolischen Blutdruckwerte im Katamnesezeitraum unter dem Grenzwertbereich von 140–160/90 mmHg abgesunken sind. Die statistisch signifikanten Veränderungen sind gekennzeichnet (*: $p < .05$; **: $p < .01$; ***: $p < .001$).

- Die Patienten bringen die Blutdruckprotokolle zu den Entspannungsübungen mit. Sie werden vor Beginn der Entspannungsübungen besprochen; bei starken Blutdruckanstiegen wird nach möglichen Gründen gefragt. Aufgrund der dreiwöchigen Blutdruckselbstmessung vor Beginn der Entspannungsübungen läßt sich ein durchschnittliches Tagesblutdruckprofil über die vier oben genannten Meßzeitpunkte erstellen. Es dient als Bezugsprofil, auf dessen Hintergrund Veränderungen des Blutdrucks (z. B. nach einmonatigem Üben) widergespiegelt werden.

Das im folgenden dargestellte Entspannungstraining ist nach folgendem Prinzip aufgebaut: Am Anfang geht es vor allem darum, die Patienten möglichst rasch in die Technik der Übungen einzuführen und ihnen das Gefühl zu vermitteln, daß sie in der Lage sind, eine Entspannungsreaktion zu erleben. Danach geht es hauptsächlich um die Stabilisierung und Generalisierung dieser Entspannungsreaktion. Aus diesem Grund sind die einzelnen Übungssitzungen nicht gleichmäßig über einen bestimmten Zeitraum verteilt.

Folgende zeitliche Verteilung hat sich praktisch bewährt:

1. Die ersten drei Sitzungen werden, sofern möglich, innerhalb einer Woche durchgeführt.
2. Die vierte und fünfte Sitzung findet ebenfalls innerhalb einer Woche statt.
3. Ab der sechsten Sitzung finden die Übungen dann im Abstand von je einer Woche statt.

Diese Form des Entspannungstrainings eignet sich für eine Durchführung in Gruppen. Allerdings sollte die Anzahl der Teilnehmer nicht größer als vier sein, da der Schwerpunkt nicht nur auf den Entspannungsübungen selbst liegt, sondern auf der **Exploration** von individuellen Entspannungserlebnissen und der **Instruktion** über persönliche Übungsmöglichkeiten. Insofern sollten die Teilnehmer auch sorgfältig unter dem Gesichtspunkt des persönlichen Zusammenpassens ausgewählt und in Gruppen zusammengefaßt werden. An einer unausgewählten Stichprobe von elf Patienten mit Grenzwert-Hypertonie sind die blutdrucksenkenden Wirkungen dieser Entspannungsmethode überprüft worden. Die Blutdruckverlaufskurven sind in Abbildung 1 dargestellt.

Literatur

Aivazyan, T. A., Zaitsev, V. P., Salenko, B. B., Yurenev, A. P., & Patrusheva, I. F. (1988a). Efficacy of relaxation techniques in hypertensive patients. Health Psychology, 7, 193–200.

Aivazyan, T. A., Zaitsev, V. P., & Yurenev, A. P. (1988b). Autogenic training in the treatment and secondary prevention of essential hypertension: Five-year follow-up. Health Psychology, 7, 201–208.

Vaitl, D. (1993a). Psychophysiologie der Entspannung. In D. Vaitl & F. Petermann (Hrsg.), Handbuch der Entspannungsverfahren. Band 1: Grundlagen und Methoden (15–63). Weinheim: Psychologie Verlags Union.

Vaitl, D. (1993b). Autogenes Training. In D. Vaitl & F. Petermann (Hrsg.), Handbuch der Entspannungsverfahren. Band 1: Grundlagen und Methoden (169–206). Weinheim: Psychologie Verlags Union.

Vaitl, D. (1993c). Biofeedback. In D. Vaitl & F. Petermann (Hrsg.), Handbuch der Entspannungsverfahren. Band 1: Grundlagen und Methoden (272–315). Weinheim: Psychologie Verlags Union.

Verlauf des Entspannungstrainings (Autogenes Training, modifizierte Form) für Hypertoniker

Sitzung Nr. (Dauer: 45–60 Min.)	Besprochene Themen: Exploration/Instruktion	Übungen Dauer	Übungen Position	Übungen Art	Besonderheiten/Bemerkungen
1	**Exploration:** – Vorerfahrung mit Entspannungsmethoden – Erwartungen **Instruktion:** – „Sympathikotonus“ – Bedeutung der Ruhe für körperliche Entlastung – Art der Übungen – Erlebnis der Ruhe – Erklärung der Liege-Position				– Es wird wenig theoretisch erklärt, sondern mehr praktisch geübt und dann die subjektiven Erfahrungen besprochen
	anschließend: **1. Übung**	3 Min.	Liegen	Ruhe beobachten	– Flattern der Augenlider – „Nervosität“ und Kribbeligkeit, allgemeine Unruhe
	danach: **Exploration:** – subjektives Erleben der Ruhe – Besprechung der „Besonderheiten“ **Instruktion:** – Erneutes „Ruhebeobachten“				
	anschließend: **2. Übung**				
	danach: **Exploration:** – subjektives Erleben der Ruhe – Besprechung der „Besonderheiten“ **Instruktion:** – Vorstellungen können körperliche Reaktionen beeinflussen – Sinn der Muskelentspannung – Erklärung der ersten Entspannungsübung („Schwere“) – Therapeut gibt „Formel“ vor – Formeln „Ich bin ruhig, ganz ruhig“ und „Rechter Arm ist schwer, ganz schwer“ werden erklärt – Methode des Zurücknehmens nach der Übung				– manchmal werden Gruppenmitglieder als störend empfunden

	anschließend: **3. Übung**	3 Min.	Liegen	„Ruhe" „Schwere"	– Konzentrationsmangel – Speichelfluß (häufiges Schlucken wird als störend empfunden) – Herzklopfen – Initialunruhe"
	danach: **Exploration:** – subjektives Erleben – Schwere-Sensation – Besprechung der „Besonderheiten" – instruktionskonforme Reaktionen werden verbal verstärkt **Instruktion:** – Erneuter Versuch, die „Schwere" zu erleben				
	anschließend: **4. Übung**	4 Min.	Liegen	„Ruhe" „Schwere"	– manchmal können Kribbelsensationen in den Extremitäten auftreten; sie werden als Beginn einer peripheren Gefäßerweiterung interpretiert
	danach: **Exploration:** – subjektives Erleben – verbale Verstärkung instruktionskonformer Reaktionen (z. B. „Kribbeln") **Instruktion:** – Besprechung der Hausaufgaben: Ruhe und Schwere-Übung 2 × /Tag, 5–10 Min.				
2	**Exploration:** – Erfahrung mit den Übungen zu Hause – Besprechung der Schwierigkeiten anschließend: **1. Übung** Ruhe und Schwere-Übung als Einleitung danach: **Exploration:** – subjektives Erleben – Verstärkung der Instruktion – Besonderheiten				– Es werden in der Regel die in den vorangegangenen Sitzungen und zu Hause durchgeführten Übungen zu Beginn einer neuen Sitzung durchgeführt

Verlauf des Entspannungstrainings (Autogenes Training, modifizierte Form) für Hypertoniker (Fortsetzung)

Sitzung Nr. (Dauer: 45–60 Min.)	Besprochene Themen: Exploration/Instruktion	Übungen			Besonderheiten/Bemerkungen
		Dauer	Position	Art	
	Instruktion: – Erklärung der „Wärme"-Übung – Formel: „Rechter Arm ist warm, ganz warm" wird erklärt				
	anschließend: **2. Übung**	4 Min.	Liegen	„Ruhe" „Schwere" „Wärme"	– Kribbelsensationen treten in den Fingern auf – Wärmeempfindungen im Unterarm, meist jedoch noch instabil
	Exploration: – subjektives Erleben – verbale Verstärkung von Wärmeempfindung				
	anschließend: **3. Übung**	4 Min.	Liegen	„Ruhe" „Schwere" „Wärme"	– Arme werden oft nicht mehr gespürt (tritt meist in späteren Sitzungen deutlicher auf) – Schwere-Formel ist dann inadäquat
	danach: **Exploration:** – subjektives Erleben – verbale Verstärkung von Wärmeempfindungen und deren Generalisation				
	Instruktion: Erklärung der Hausaufgaben: – Hinweis auf Üben unter konstanten Bedingungen – Übungen sollen immer dann durchgeführt werden, wenn sich die Ptn frisch fühlen – Einschlafen soll verhindert werden – Hausaufgaben: Ruhe/Schwere/Wärme Übungen 2 × /Tag, 5–10 Min.				
3	**Exploration:** – Erfahrungen mit den Übungen zu Hause – Besprechung der Schwierigkeiten				
	anschließend: **1. Übung**: Einleitung mit Hilfe der bekannten Übungen	4 Min.	Liegen	„Ruhe" „Schwere" „Wärme"	– Generalisierungen können auftreten

	danach: **Exploration:** – s. oben				
	anschließend: **2. Übung**	4 Min.	Liegen	„Ruhe“ „Schwere“ „Wärme“	
	danach: **Exploration:** – s. oben **Instruktion:** – Hinweis auf Generalisierung der Wärmeempfindungen (im rechten Arm, in beiden Armen, in den Beinen)				
	anschließend: **3. Übung**	8 Min.	Liegen	„Ruhe“ „Schwere“ „Wärme“	– Schwere-Formel kann inadäquat sein; Änderung auf „Leichtigkeit“-Formel (allerdings erst, wenn beide Arme nicht mehr gespürt werden) – Schwindelgefühle – Änderungen des Körperschemas
	danach: **Exploration:** – verbale Diskrimination von Generalisierungseffekten **Instruktion:** – Erklärung der Bedeutung der beiden Übungsteile für die Senkung des Blutdrucks – Besprechung der Hausaufgaben: Ruhe/Schwere/Wärme Übungen 2 × /Tag, 5–10 Min.				– Generalisierungseffekte können auftreten – Hinweis auf instruktionskonforme Reaktionen ist nötig
4	**Exploration:** – Erfahrungen mit den Übungen zu Hause – Besprechung der Schwierigkeiten				
	anschließend: **1. Übung:** Einleitung mit Hilfe der bekannten Übungen	5 Min.	Liegen	„Ruhe“ „Schwere“ „Wärme“	
	danach: **Exploration:** – s. oben				

Verlauf des Entspannungstrainings (Autogenes Training, modifizierte Form) für Hypertoniker (Fortsetzung)

Sitzung Nr. (Dauer: 45–60 Min.)	Besprochene Themen: Exploration/Instruktion	Übungen			Besonderheiten/Bemerkungen
		Dauer	Position	Art	
	Instruktion: – Beide Arme schwer (bzw. leicht) – Beide Arme warm (allerdings nur dann, wenn Anzeichen für Generalisierung vorhanden sind)				
	anschließend: **2. Übung**	10 Min.	Liegen	„Ruhe“ „Schwere“ (beide Arme) „Wärme“ (beide Arme)	– Veränderungen des Körperschemas – nach den Übungen Benommenheit (Hinweis auf striktes „Zurücknehmen“)
	danach: **Exploration:** – s. oben				
	anschließend: **3. Übung**	10 Min.	Liegen	„Ruhe“ „Schwere“ (beide Arme) „Wärme“ (beide Arme)	
	danach: **Exploration:** – s. oben **Instruktion:** Hinweis auf Üben zu Hause: – Beine können warm werden – entsprechende Formel kann eingesetzt werden, wenn diese Effekte spontan auftreten – Besprechung der Hausaufgaben: Ruhe/Schwere (beidseitig) Wärme (beidseitig) 2 × /Tag, 10–15 Min.				
5	Entsprechend Sitzung 4, wenn „Schwere“ bzw. „Wärme“ nicht oder nur teilweise erreicht wurden, sonst:				
	Exploration: – Erfahrungen mit den Übungen zu Hause – Generalisierungseffekte – Besondere Schwierigkeiten				

anschließend: **1. Übung:** Einleitung mit Hilfe der bekannten Übungen, unter Einbeziehung der individuellen Spezifikationen (z. B. Schwere/Wärme in beiden Armen, Beinen) danach: **Exploration:** – s. oben **Instruktion:** – Einführung der Atemübung Formel: „Atem gleichmäßig und ruhig"	8 Min.	Liegen	„Ruhe" „Schwere" (beide Arme) „Wärme" (beide Arme) (evtl. beide Beine)	
anschließend: **2. Übung** danach: **Exploration:** – Schwierigkeiten mit der Übung – Verwendung von bildhaften Vorstellungen **Instruktion:** – Hinweis auf Ausrichtung der Aufmerksamkeit auf Ein- und Ausatmung (Atemstrom an der Nasenspitze; Bewegung des Zwerchfells usw.)	3 Min.	Liegen	Ruhe" „Atmung"	– Unregelmäßigkeiten der Atmung – Atemübung wird bereits spontan realisiert
anschließend: **3. Übung**	10 Min.	Liegen	„Ruhe" „Atmung" „Schwere" „Wärme"	– Schwere-Übung wird immer kürzer realisiert, da Wärme ein immer deutlicherer Indikator für Entspannung wird
Diese Atem-Übung wird bei Ptn, die Schwierigkeiten haben, sich auf die Formeln zu konzentrieren, bereits in der 2. Sitzung eingeführt, jeweils immer vor der Schwere- und Wärme-Übung				
Exploration: – Einfluß der Atem-Übung auf Wärmeempfindungen – verbale Verstärkung der instruktionskonformen Reaktionen **Instruktion:** – Stabilisierung der Entspannungsreaktion – Besprechung der Hausaufgaben: Ruhe/Atmung/Schwere/Wärme (beidseitig) 2 × /Tag, 10–15 Min.				

Verlauf des Entspannungstrainings (Autogenes Training, modifizierte Form) für Hypertoniker (Fortsetzung)

Sitzung Nr. (Dauer: 45–60 Min.)	Besprochene Themen: Exploration/Instruktion	Übungen			Besonderheiten/Bemerkungen
		Dauer	Position	Art	
6	**Exploration:** – s. Sitzung 5				
	anschließend: **1. Übung:** Einleitung mit Hilfe der bekannten Übungen	10 Min.	Liegen	„Ruhe“ „Atmung“ („Schwere“) „Wärme“	– Schwere-Übung kann bei bereits stabilisierter Wärme-Reaktion entfallen
	danach: **Exploration:** – s. oben				
	Instruktion: – Ausdehnung des Entspannungsgefühls auf den ganzen Körper – Erklärung der „Entspannung“ als konditionierter Reaktion				
	anschließend: **2. Übung**	10 Min.	Liegen	„Ruhe“ „Atmung“ „Körper“ (entspannt, ruhig, warm)	– Veränderungen des Körperschemas
	danach: **Exploration:** – Manifestationen des Entspannungsgefühls – kognitive Diskrepanzen				
	Instruktion: – Hinweis auf rasche Auslösbarkeit der Entspannungsreaktion – Physiologische Begründung der Entspannungsreaktion				
	anschließend: **3. Übung**	10 Min.	Liegen	„Ruhe“ „Atmung“ „Körper“ (entspannt, ruhig, warm)	
	Exploration: – s. oben				

	Instruktion: – Besprechung der Hausaufgaben: Ruhe/Atmung/Körper 2 × /Tag, 10–15 Min.				
7	**Exploration:** – Erfahrung mit den Übungen zu Hause – Generalisierungseffekte – Einsatzmöglichkeiten in konkreten Situationen				
	anschließend: **1. Übung:** Einleitung mit Hilfe der bekannten Übungen	10 Min.	Liegen	„Ruhe“ „Atmung“ „Körper“ (s. o.)	
	danach: **Exploration:** – s. oben				
	Instruktion: – Generalisierung der Entspannungsreaktion auf Sitz-Position				
	anschließend: **2. Übung**	5 Min.	Sitzen	„Ruhe“ „Atmung“ „Schwere/ Wärme“ (Arme)	– Entspannungsreaktion soll hier vor allem im Schulter-Nacken-Bereich und in den Oberarmen in gleicher Weise wie in liegender Position auftreten
	danach: **Exploration:** – Schwierigkeiten in sitzender Position – Ausmaß der Entspannungsreaktion – Unterschiede in der Entspannungsreaktion zwischen Liegen und Sitzen				
	Instruktion: – Hinweis auf Veränderungen des Entspannungsgefühls in der Sitz-Position				
	anschließend: **3. Übung**	5 Min.	Sitzen	„Ruhe“ „Atmung“ „Schwere/ Wärme“ (Arme)	
	danach: **Exploration:** – s. oben				

Verlauf des Entspannungstrainings (Autogenes Training, modifizierte Form) für Hypertoniker (Fortsetzung)

Sitzung Nr. (Dauer: 45–60 Min.)	Besprochene Themen: Exploration/Instruktion	Übungen			Besonderheiten/Bemerkungen
		Dauer	Position	Art	
	Instruktion: – Auswahl einer konkreten Alltagssituation in der im Sitzen geübt werden kann – Besprechung der Hausaufgaben: „Ruhe", „Atmung", „Schwere/Wärme" (im Sitzen) 2 × /Tag, 10–15 Min.				
8	**Exploration:** – Art der Situationen, in denen geübt wurde – Auslösbarkeit der Entspannungsreaktion im Sitzen – Schwierigkeiten				
	anschließend: **1. Übung:** Einleitung mit Hilfe der bekannten Übungen im Sitzen	5 Min.	Sitzen	„Ruhe" „Atmung" „Schwere/ Wärme"	
	danach: **Exploration:** – Unterschiede zwischen Entspannungsreaktion zu Hause und jetzt – Schwierigkeiten, Besonderheiten **Instruktion:** – Entspannungsreaktion in Armen und Beinen				
	anschließend: **2. Übung**	10 Min.	Sitzen	„Ruhe" „Atmung" „Schwere/ Wärme" (Arme, Beine)	
	danach: **Exploration:** – Schwierigkeiten, Besonderheiten **Instruktion:** – Ganzer Körper entspannt				
	anschließend: **3. Übung**	10 Min.	Sitzen	„Ruhe" „Atmung" „Körper" (entspannt, ruhig, warm)	

	danach: **Exploration:** s. oben **Instruktion:** – Besprechung der Hausaufgaben: „Ruhe", „Atmung", „Körper'" 2 × /Tag, 10 Min.				
9	**Exploration:** – Art der Situationen, in denen geübt wurde – Auslösbarkeit der Entspannungsreaktion – Schwierigkeiten				
	anschließend: **1. Übung:** Einleitung mit Hilfe der bekannten Übungen im Sitzen	5 Min.	Sitzen	„Ruhe" „Atmung" „Körper"	
	danach: **Exploration:** – Unterschiede zwischen Entspannungsreaktion zu Hause und jetzt – Schwierigkeiten, Besonderheiten **Instruktion:** – ganzer Körper soll sich entspannen				
	anschließend: **2. Übung**	5 Min.	Sitzen	„Ruhe" „Atmung" „Körper"	
	danach: **Exploration:** – Schwierigkeiten, Besonderheiten **Instruktion:** – ganzer Körper soll sich entspannen				
	anschließend: **3. Übung**	10 Min.	Sitzen	„Ruhe" „Atmung" „Körper"	
	danach: **Exploration:** – s. oben **Instruktion:** – Auswahl von konkreten Situationen, in denen im Alltag eine Entspannungsreaktion (Ruhe, Wärme, Entspannungsgefühl) realisiert werden kann – Besprechung der Hausaufgaben: „Ruhe", „Atmung", „Körper" – verschiedene Situationen (2–3) – Achten auf konstante Reaktion 2 × /Tag, 10 Min.				

Verlauf des Entspannungstrainings (Autogenes Training, modifizierte Form) für Hypertoniker (Fortsetzung)

Sitzung Nr. (Dauer: 45–60 Min.)	Besprochene Themen: Exploration/Instruktion	Übungen			Besonderheiten/Bemerkungen
		Dauer	Position	Art	
10	**Exploration:** – Erfahrungen aus den verschiedenen Situationen – Änderungsmöglichkeiten der erwarteten Entspannung **Instruktion:** – situationsabhängige Generalisierung der Entspannungsreaktion				
	anschließend: **1. Übung:** Einleitung mit Hilfe der bekannten Übungen	5 Min.	Sitzen	„Ruhe" „Atmung" „Körper"	
	danach: **Exploration:** – Schwierigkeiten, Besonderheiten **Instruktion:** – Blutdruck und Entspannungsreaktion – ganzer Körper soll sich entspannen				
	anschließend: **2. Übung**	10 Min.	Sitzen	„Ruhe" „Atmung" „Körper"	
	danach: **Exploration:** – s. oben				
	anschließend: **3. Übung**	10 Min.	Sitzen	„Ruhe" „Atmung" „Körper"	
	danach: **Exploration:** – s. oben **Instruktion:** – Besprechung der Hausaufgaben: „Ruhe", „Atmung", „Körper" (s. 9. Sitzung)				
11	**Exploration:** **Instruktion:** – s. 10. Sitzung Übungen	s. 10. Sitzung			
12	**Exploration:** **Instruktion:** – s. 10. Sitzung Übungen	s. 10. Sitzung			

Materialien B (1. Teil)

Materialien zu Imaginationsverfahren für Kinder

Ulrike Petermann

Der Einsatz von Entspannungsverfahren bei Kindern ist so notwendig wie er auch zugleich schwierig sein kann. Setzt man Entspannungsverfahren bei Kindern ein, so spielt nicht nur die Indikation eine Rolle, sondern auch der kognitive und sozial-emotionale Entwicklungsstand. Auch die Fragen, welche Art der Entspannung bei Kindern besonders wirksam ist und ob es bei Kindern ebenso wie bei Erwachsenen individuelle Entspannungsvariablen gibt (SIC- und CIS-Typ), sind vor dem Einsatz von Entspannung bei Kindern zu beantworten (vgl. Lazarus & Mayne, 1990; Petermann & Petermann, 1993b).

Für Kinder scheinen Entspannungsverfahren ideal zu sein, die geringe Voraussetzungen an das Sprachverständnis, an die Konzentrationsfähigkeit und an das Abstraktionsvermögen von Kindern stellen. Aus diesem Grunde sind imaginative Verfahren, die mit spezifischen Entspannungsinstruktionen verknüpft sein können, für Kinder in besonderer Weise geeignet (vgl. Kohen, Olness, Colwell & Heimel, 1984; Smith, 1988). Bei diesen kombinierten Verfahren, die einer Imaginationsübung alleine sowie der ausschließlichen Anwendung kognitiver Entspannungsinstruktionen überlegen zu sein scheinen, kommt es wesentlich darauf an, eine ideale Verknüpfung zwischen den Entspannungsinstruktionen einerseits und den verwendeten Imaginationen andererseits zu finden. Dies ist deshalb von Bedeutung, damit Kinder die Instruktionen leicht verstehen und schnell nachvollziehen können. Nur dann können sich Kinder mühelos und ohne Konzentrationsleistungen entspannen, wobei letztere gegenläufig zur Entspannung zu sein scheinen (vgl. Petermann & Petermann, 1993b).

Diesen Forderungen an Entspannungsverfahren mit Kindern versuchen die Kapitän-Nemo-Geschichten gerecht zu werden. Sie sind ein imaginatives Entspannungsverfahren für Kinder, in das kognitive Entspannungsinstruktionen, und zwar aus dem Autogenen Training, integriert sind. Dieses Verfahren ist als Fortsetzungsgeschichten unter Wasser aufgebaut. Das Motiv des Wassers ist gezielt deshalb ausgewählt worden, da es spezifische Wirkungen auf den Körper hat. Ein Körper in bzw. unter Wasser wird schwerelos bzw. auf besondere Art schwer, Geräusche sind gedämpft, das Farberleben ist intensiv. Diese Imagination, besonders die veränderte Körperempfindung, kann an Alltagserfahrungen von Kindern anknüpfen. Die Geschichten sind dabei so ausgestaltet, daß sie durch Ereignisse in der Geschichte zu Schwere- und Wärmeempfindungen führen. Dadurch werden den Kindern die Schwere- und Wärmeinstruktionen des Autogenen Trainings, die als die beiden Grundübungen des Autogenen Trainings in die Kapitän-Nemo-Geschichten integriert sind, leicht nachvollziehbar gemacht (vgl. Petermann & Petermann, 1993a; Petermann, 1993).

Die Kapitän-Nemo-Geschichten sind in ihrem Aufbau zweigeteilt; sie bestehen aus sogenannten Einstiegsbildern und Erlebnisbildern. Die ***Einstiegsbilder*** werden in immer gleichbleibender Weise erzählt und dienen der Einstimmung und der Herstellung konzentrativer Ruhe für die folgende Entspannungsphase. Diese Einstiegsbilder bestehen in den Vorbereitungen für den Unterwasserausflug, zu dem unter anderem ein Taucheranzug angezogen werden muß. Die ***Erlebnisbilder*** stellen die einzelnen Fortsetzungsgeschichten dar; in sie sind die beiden Grundübungen des Autogenen Trainings integriert. Die Instruktionen des Autogenen Trainings werden schrittweise in vier Geschichten aufgebaut; das bedeutet, daß in die erste Unterwassergeschichte nur die Schwereübung mit den Armen integriert ist; der zweite Unterwasserausflug beinhaltet auch die Schwereübung mit den Beinen; beim dritten Unterwasserausflug kommt die Wärmeübung mit den Armen hinzu, und in der vierten Fortsetzungsgeschichte wird die Wärmeübung mit den Beinen eingebaut. Ab dem vierten Unterwasserausflug also sind die Entspannungsinstruktionen vollständig in das Imaginationsverfahren integriert.

Neben diesen Entspannungsinstruktionen existieren auch Instruktionen zur direkten Verhaltensbeeinflussung des Kindverhaltens in der Geschichte. Das Imaginationsverfahren ist nämlich in der Art aufgebaut, daß das Kind selbst neben der Figur des Kapitän Nemo ein aktiv Handelnder ist. Für sein Verhalten beim Unterwasserausflug erhält das Kind Instruktionen im Sinne sogenannter Reaktionspropositionen, die sich gegenüber sogenannten Stimuluspropositionen in ihrer Wirkung als überlegen erweisen. Eine in diesem Sinne wichtige Instruktion stellt der sogenannte Kapitän-Nemo-Spruch dar: „Nur ruhig Blut, dann geht alles gut !“. Diese und andere handlungsleitende sowie die Kognition strukturierende Instruktionen charakterisieren in besonderer Weise das Imaginationsverfahren für Kinder (vgl. Petermann & Petermann, 1993a; 1993b).

Die Kapitän-Nemo-Geschichten bestehen aus 14 Fortsetzungen mit folgenden Motiven für die einzelnen Unterwasserausflüge:

1. Unterwasserausflug:	Der Korallenwald
2. Unterwasserausflug:	Die Delphinherde
3. Unterwasserausflug:	Die warme Unterwasserfontäne
4. Unterwasserausflug:	Der Delphinritt
5. Unterwasserausflug:	Die Schatzkarte
6. Unterwasserausflug:	Die Schatzsuche
7. Unterwasserausflug:	Die Seepferdchenherde
8. Unterwasserausflug:	Die Unterwasserstadt Atlantis
9. Unterwasserausflug:	Die Riesenschildkröten
10. Unterwasserausflug:	Die Muschelsuche
11. Unterwasserausflug:	Die Walfamilie
12. Unterwasserausflug:	Der Unterwasserwald
13. Unterwasserausflug:	Das versunkene Piratenschiff
14. Unterwasserausflug:	Die Unterwasserhöhle

Es folgen nun die ausgearbeiteten Kapitän-Nemo-Geschichten, und zwar ist jede Geschichte vollständig mit den Einstiegs- und Erlebnisbildern versehen. In der ersten bis vierten Unterwassergeschichte erfolgt der Aufbau der integrierten Instruktionen des Autogenen Trainings. Ab dem fünften Unterwasserausflug sind die beiden Grundübungen des Autogenen Trainings immer enthalten. Den 14 Entspannungsgeschichten ist eine Instruktion für Kinder vorangestellt.

Literatur

Kohen, D. P., Olness, K. N., Colwell, S. & Heimel, A. (1984). The use of relaxation/mental imagery (self-hypnosis) in the management of 505 pediatric behavioral encounters. Journal of Developmental and Behavioral Pediatrics, 5, 21–25.

Lazarus, A. A. & Mayne, T. J. (1990). Relaxation: Some limitations, side effects and proposed solutions. Psychotherapy, 27, 261–266.

Petermann, F. & Petermann, U. (1993a). Training mit aggressiven Kindern. Weinheim: Psychologie Verlags Union, 6. überarbeitete Auflage.

Petermann, U. & Petermann, F. (1993b). Entspannungsverfahren bei Kindern und Jugendlichen. In D. Vaitl & F. Petermann (Hrsg.), Handbuch der Entspannungsverfahren. Band 1: Grundlagen und Methoden. Weinheim: Psychologie Verlags Union.

Smith, J. C. (1988). Steps toward a cognitive-behavioral model of relaxation. Biofeedback and Self-Regulation, 13, 307–329.

Entspannungskassetten für Kinder

Petermann, U. (1993). Die Kapitän-Nemo-Geschichten. Teil 1 + 2. Tonkassetten-Set. 2 × 90 Minuten. Beziehbar über: ELVIKOM, Kronprinzenstr. 13, 45128 Essen.

Materialien B (2. Teil)

Die Kapitän-Nemo-Geschichten

Liebe Kinder!

Was sind die „Kapitän-Nemo-Geschichten"?

Es sind Fortsetzungsgeschichten mit zwei Hauptpersonen, die unter Wasser spielt. Die eine Hauptperson ist Kapitän Nemo, die zweite Hauptperson bist Du. Kapitän Nemo fährt schon seit vielen Jahren durch alle Weltmeere, und zwar mit seinem Unterwasserboot Nautilus. Er kennt sich hervorragend in den Weltmeeren aus. Manchmal lädt er Gäste in sein Unterwasserboot Nautilus ein, am liebsten Kinder. Denn Kinder interessieren sich für alles, was ihnen Kapitän Nemo zeigen kann, beispielsweise auf den vielen Unterwasserausflügen.

Die Unterwasserausflüge gehören zu den schönsten Erlebnissen mit Kapitän Nemo auf der Weltreise unter Wasser. Während der Unterwasserausflüge kann man viel erleben und Spaß haben. Kapitän Nemo taucht nur in bestimmten Weltmeeren, nämlich dort, wo das Wasser nicht tief, von der Sonne hell durchflutet und angenehm erwärmt ist. Kapitän Nemo taucht auch immer nur in den Weltmeeren, in denen keine gefährlichen Fische und Tiere umherschwimmen und Taucher bedrohen. Niemand braucht also Angst zu bekommen.

Wichtig ist, daß man sich vor einem Unterwasserausflug gut vorbereitet; dazu werden ein Taucheranzug und Schwimmflossen angezogen, Taucherbrille und Sauerstoffflasche aufgesetzt. Das Unterwasserboot Nautilus hat eine spezielle Ausstiegsluke, durch die Kapitän Nemo und Du in das Meereswasser gleiten können. Diese Ausstiegsluke ist so gebaut, daß das Wasser nicht in das Innere des Unterwasserbootes Nautilus eindringen kann. Überhaupt ist das Unterwasserboot Nautilus ein ganz ungewöhnliches Unterwasserboot, denn es ist groß und geräumig; man könnte problemlos sieben Klassenzimmer darin unterbringen. Aber Kapitän Nemo hat bestimmt nicht an Schule gedacht, als er sein Unterwasserboot gebaut hat. Vielmehr wollte er es für sich und seine Gäste bequem haben, da eine Unterwasserreise viel Zeit in Anspruch nimmt, und man eine ganze Weile auf den Weltmeeren unterwegs ist.

Was wollen die Kapitän-Nemo-Geschichten?

Dies ist für Dich vielleicht eine komische Frage. Aber die Kapitän-Nemo-Geschichten haben tatsächlich ein Ziel. Sie wollen Dir nämlich helfen, daß Du Dich angenehm ruhig und nicht aufgeregt fühlst. Dadurch kannst Du Dich dann besser konzentrieren, länger ruhig sitzen bleiben, Dich so wohl fühlen, daß Du kaum mehr Angst hast, oder daß Du auch besser einschlafen kannst. Kinder, die die Kapitän-Nemo-Geschichten regelmäßig lesen oder erzählt bekommen, schaffen es dann, in der Schule besser aufzupassen, weniger aufgeregt zu sein vor Klassenarbeiten und überhaupt weniger

Ärger mit Klassenkameraden, Lehrern, Freunden oder Eltern zu haben. Das klingt ja fast wie Zauberei. Allerdings sind die Kapitän-Nemo-Geschichten keine Zaubergeschichten, denn die Kinder, die das schaffen, wollen unbedingt diese Ziele erreichen und strengen sich sehr dafür an. Die Ruhe, die sie durch die Kapitän-Nemo-Geschichten erreichen, und der Kapitän-Nemo-Spruch helfen ihnen dabei. Du merkst also, es gibt keine Zauberformel, aber viele Kinder werden durch die Kapitän-Nemo-Geschichten unterstützt, und sie finden sie deshalb gut. Sie stellen sich dazu vor, daß sie den Taucheranzug anhaben, wenn sie in schwierigen Situationen sind. Der Taucheranzug hüllt sie rundherum ein und schützt sie. Dadurch können Sie ruhig bleiben; wenn man ruhig bleibt, kann man besser nachdenken und hat viel mehr Kraft und Energie für das, was man an Aufgaben hat oder an Zielen erreichen will. Wenn sich die Kinder vorstellen, daß sie den Taucheranzug anhaben, sagen sie gleichzeitig zu sich den Kapitän-Nemo-Spruch: *Nur ruhig Blut, dann geht alles gut!*

Wann und wo werden die Kapitän-Nemo-Geschichten gelesen?

Dies ist nämlich nicht egal. Wichtig ist, daß Du immer nur eine Geschichte liest und nicht alle auf einmal. Du mußt Dir auch Zeit zum Lesen nehmen und Dir die Geschichte dabei genau vorstellen. Dazu suchst Du Dir einen ruhigen Ort aus, wo Dich niemand stört. Beispielsweise legst Du Dich auf Dein Bett. Es ist auch *nicht* hilfreich für Dich, wenn dabei Radio, Fernsehen oder andere Geräusche im Raum sind und Dich ablenken. Wenn Dir jemand eine Geschichte vorliest, dann lege Dich am besten auf den Rücken, die Beine nebeneinander, die Arme neben Deinen Körper, und schließe die Augen. Dann kannst Du Dir die Abenteuergeschichte am besten vorstellen, und Du erlebst es so, wie wenn Du wirklich mit Kapitän Nemo auf Unterwasserreise wärst.

Am Tag gibt es zwei Ereignisse, bei denen es für Dich wichtig sein kann, ruhig zu werden. Das ist vor den Hausaufgaben und vor dem Einschlafen. Deshalb sind dies die beiden Gelegenheiten, vor denen Du eine Kapitän-Nemo-Geschichte lesen oder vorgelesen bekommen kannst. Je nachdem, ob Du vor den Hausaufgaben oder vor dem Einschlafen eine Kapitän-Nemo-Geschichte liest, endet die Geschichte etwas anders. Du erkennst es leicht am Ende jeder Geschichte. Möchtest Du einschlafen, nachdem Du eine Geschichte gelesen oder vorgelesen bekommen hast, dann ist es *wichtig*, daß Du schon *vollständig bettfertig* bist: also nicht mehr aufstehen mußt, um Zähne zu putzen, zur Toilette zu gehen usw. Du brauchst nun nämlich nur die Kapitän-Nemo-Geschichten auf den Nachttisch zu legen und Deine Nachttischlampe zu löschen. Dann kannst Du Dich in „Deine Koje rollen" und schläfst bald träumend ein.

Nun wünsche ich Dir viel Spaß auf der Unterwasserreise mit Kapitän-Nemo und seinem Unterwasserboot Nautilus.

1. Unterwasserausflug

Vorbereitungen für den Unterwasserausflug

Stelle Dir vor, Du bist von Kapitän Nemo in sein Unterwasserboot Nautilus eingeladen worden. Ihr fahrt gemeinsam durch alle Weltmeere und seht viele wunderschöne Dinge unter Wasser. Die schönsten Stunden sind immer die, wenn Kapitän Nemo Dich auf seine Unterwasserausflüge mitnimmt.

Dazu ziehst Du einen speziellen Taucheranzug an. Er hat eine besondere Wirkung auf Dich. Du merkst schon beim Anziehen, daß Du vollkommen ruhig wirst.

Zuerst steigst Du mit Deinem rechten Bein in den Taucheranzug. Du merkst und sagst zu Dir: *Mein rechtes Bein ist ganz ruhig.* Dann kommt das linke Bein dran. Auch das linke Bein wird ganz ruhig. Du sagst zu Dir: *Mein linkes Bein ist ganz ruhig.* Du ziehst Deinen Taucheranzug über den Po und den Rücken herauf. Dann schlüpfst Du mit dem rechten Arm in den Taucheranzug, und Du sagst zu Dir: *Mein rechter Arm ist ganz ruhig.* Du ziehst den linken Arm an, und er wird auch vollkommen ruhig. Du sagst zu Dir: *Mein linker Arm ist ganz ruhig.* Du ziehst noch die Kapuze über den Kopf und machst den Reißverschluß vorne zu. Jetzt bist Du von dem Taucheranzug rundherum eingehüllt und geschützt. Du fühlst Dich in dem weiten und bequemen Taucheranzug wohl, sicher und vollkommen ruhig.

Zum Schluß ziehst Du noch die Schwimmflossen an, setzt die Taucherbrille auf und Kapitän Nemo hilft Dir, das Sauerstoffgerät auf den Rücken zu nehmen. Du nimmst das Mundstück in den Mund, so wie es Dir Kapitän Nemo gezeigt hat, und jetzt bist Du für den Unterwasserausflug mit Kapitän Nemo bereit.

Der Korallenwald

Nacheinander gleiten Kapitän Nemo und Du durch die Einstiegsluke des Nautilus ins Wasser. Du landest weich auf dem feinen, weißen Sand des Meeresbodens. Heute will Dir Kapitän Nemo einen Korallenwald zeigen. Er führt Dich durch die Unterwasserwelt, in der es viele wundersame Tiere gibt. Das Wasser ist hell, warm und sonnendurchflutet; Steine wie Fische leuchten in bunten Farben. Die Fische schwimmen ruhig und sicher an Dir vorbei. Du fühlst Dich ebenfalls vollkommen ruhig und sicher, denn Du hast einen schützenden Taucheranzug an, der Dich ganz einhüllt.

So gleitest Du neben Kapitän Nemo durch das Wasser. In der Ferne siehst Du plötzlich Farben leuchten. Ihr schwimmt darauf zu. Ein kleiner heller Wald taucht vor Dir auf. Seine Bäume haben weiße und orangene Äste, aber keine Blätter. Andere Bäumchen schimmern in den Farben rot und lila. Zwischen den kleinen Ästen und Zweigen siehst Du rote Blumen, die im Wasser hin- und herbewegt werden. Dadurch öffnen und schließen sich ihre Blütenkelche immer wieder. Die Pflanzen im Korallenwald haben schöne Namen, die Dir Kapitän Nemo vor dem Unterwasserausflug gesagt hat: Seerosen, Erdbeerrosen, Seenelken, Seeanemonen.

Je näher Du darauf zukommst, um so mehr erscheint es Dir, daß diese Blumen lebendig sind. Langsam lassen sie im Wasser ihre Äste und Arme hin und her pendeln, wie wenn sie sehr schwer wären. Da bemerkst Du, daß Deine Arme im Wasser auch auf besondere Art schwer werden. Du sagst zu Dir: *Mein rechter Arm ist auf besondere Art im Wasser schwer! Mein rechter Arm ist auf besondere Art schwer!* Du schaust auf die Blumen und Bäumchen des Korallenwaldes, die langsam hin und her pendeln, wie wenn sie ganz schwere Last zu tragen hätten. Auch bei Deinem linken Arm stellst Du die besondere Schwere fest, und Du sagst zu Dir: *Mein linker Arm ist auf besondere Art im Wasser schwer! Mein linker Arm ist auf besondere Art schwer!*

Du bist nun ganz dicht an einige Korallen herangeschwommen und berührst die Blumen vorsichtig. Kapitän Nemo macht Dir dies vor. Du hast dabei ein schönes Gefühl in den Fingerspitzen. Es ist, wie wenn Dich jemand leicht und liebevoll streichelt. Du schwimmst ruhig und sicher hinter Kapitän Nemo her zu einem nächsten Korallenhügel. Dabei spürst Du wieder die besondere Wirkung des Wassers. Du sagst zu Dir: *Meine beiden Arme sind auf besondere Art im Wasser schwer! Meine beiden Arme sind auf besondere Art schwer!*

Kapitän Nemo gibt Dir das Zeichen, daß Ihr zum Unterwasserboot Nautilus zurückschwimmen müßt. Ihr verlaßt den Korallenwald. Du schaust Dich zum Abschied noch einmal nach den Korallenblumen und -bäumchen um. Du hast den Eindruck, als ob die Blumen Dir zum Abschied zuwinken würden. Dabei sagst Du noch einmal zu Dir: *Ich bin ganz ruhig und meine beiden Arme sind auf besondere Art im Wasser schwer! Ich bin ganz ruhig und meine beiden Arme sind auf besondere Art schwer!* Dies fällt Dir automatisch ein, wenn Du die Blumen und Bäumchen des Korallenwaldes betrachtest. Durch das helle, warme Wasser schwimmt Ihr zurück zum Unterwasserboot Nautilus. Du freust Dich, daß Euch ein paar Fische aus dem Korallenwald noch ein Stück begleiten. Da taucht das Unterwasserboot vor Euch auf. Ruhig, sicher und auf besondere Art angenehm schwer schwimmst Du darauf zu. Beim Nautilus angekommen, steigst Du durch die Luke in das Unterwasserboot hinein.

Willst Du **nicht einschlafen**, weil Du z. B. nun Hausaufgaben erledigen möchtest, dann geht die Geschichte so zu Ende:

Es ist so, als ob Du aus einem schönen Traum erwachen würdest. Du beugst und streckst Deine Arme, atmest tief ein und wieder aus und machst die Augen auf. Langsam setzt Du Dich wieder auf.

Willst Du aber nun **einschlafen**, dann geht die Geschichte so zu Ende:

Du bist angenehm müde von dem Unterwasserausflug geworden. Kapitän Nemo hilft Dir beim Ablegen des Sauerstoffgerätes, der Schwimmflossen und der Taucherbrille; sodann begleitet er Dich noch bis zu Deiner Koje, in die Du Dich hineinrollst und sofort in einen ruhigen Schlaf fällst und noch etwas vom Unterwasserausflug weiterträumst.

2. Unterwasserausflug

Vorbereitungen für den Unterwasserausflug

Stelle Dir vor, Du bist von Kapitän Nemo in sein Unterwasserboot Nautilus eingeladen worden. Ihr fahrt gemeinsam durch alle Weltmeere und seht viele wunderschöne Dinge unter Wasser. Die schönsten Stunden sind immer die, wenn Kapitän Nemo Dich auf seine Unterwasserausflüge mitnimmt.

Dazu ziehst Du einen speziellen Taucheranzug an. Er hat eine besondere Wirkung auf Dich. Du merkst schon beim Anziehen, daß Du vollkommen ruhig wirst.

Zuerst steigst Du mit Deinem rechten Bein in den Taucheranzug. Du merkst und sagst zu Dir: *Mein rechtes Bein ist ganz ruhig.* Dann kommt das linke Bein dran. Auch das linke Bein wird ganz ruhig. Du sagst zu Dir: *Mein linkes Bein ist ganz ruhig.* Du ziehst Deinen Taucheranzug über den Po und den Rücken herauf. Dann schlüpfst Du mit dem rechten Arm in den Taucheranzug, und Du sagst zu Dir: *Mein rechter Arm ist ganz ruhig.* Du ziehst den linken Arm an, und er wird auch vollkommen ruhig. Du sagst zu Dir: *Mein linker Arm ist ganz ruhig.* Du ziehst noch die Kapuze über den Kopf und machst den Reißverschluß vorne zu. Jetzt bist Du von dem Taucheranzug rundherum eingehüllt und geschützt. Du fühlst Dich in dem weiten und bequemen Taucheranzug wohl, sicher und vollkommen ruhig.

Zum Schluß ziehst Du noch die Schwimmflossen an, setzt die Taucherbrille auf und Kapitän Nemo hilft Dir, das Sauerstoffgerät auf den Rücken zu nehmen. Du nimmst das Mundstück in den Mund, so wie es Dir Kapitän Nemo gezeigt hat, und jetzt bist Du für den Unterwasserausflug mit Kapitän Nemo bereit.

Die Delphinherde

Nacheinander gleiten Kapitän Nemo und Du durch die Ausstiegsluke des Nautilus ins Wasser. Du landest weich auf dem feinen, weißen Sand des Meeresbodens. Heute will Kapitän Nemo mit Dir einen Ausflug zu einer Delphinherde machen. Er kennt genau die Meeresstelle, an der sich die Delphine am liebsten tummeln. Ihr gleitet beide durch das helle, warme Wasser. Die Sonne durchflutet das Wasser, und Steine sowie Fische leuchten in den buntesten Farben. Die Fische schwimmen ruhig und sicher an Dir vorbei. Du fühlst Dich ebenfalls vollkommen ruhig und sicher im Wasser, denn Du hast einen schützenden Taucheranzug an, der Dich ganz einhüllt.

Kapitän Nemo und Du schwimmen an vielen bunten Fischen vorbei, und in der Ferne seht Ihr eine Schildkröte ruhig durch das Wasser schweben. Du entdeckst auch eine schöne Unterwasserblume, die Deine Lieblingsfarbe hat. Während Du ruhig neben Kapitän Nemo herschwimmst und alles genau betrachtest, merkst Du die besondere Wirkung des Wassers, und zwar zuerst bei Deinen Armen. Du sagst zu Dir: *Mein rechter Arm ist auf besondere Art im Wasser schwer! Mein rechter Arm ist auf besondere Art schwer!* Auch bei Deinem linken Arm bemerkst Du die Wirkung des Wassers, und Du sagst zu Dir: *Mein linker Arm ist auf besondere Art im Wasser schwer! Mein linker Arm ist auf besondere Art schwer!*

Kapitän Nemo winkt Dir zu, damit Du zu ihm kommst, denn Ihr seid an der Meeresstelle angekommen, wo sich eine große Herde von Delphinen tummelt. Ihr setzt Euch beide auf einen großen Stein um die Delphinherde zu beobachten. Sie schwimmen lustig durcheinander und es sieht aus, als wenn sie miteinander spielen. Sie stupsen sich gegenseitig mit ihren langen Nasen an und spielen wie Kinder Nachlaufen. Die Herde hat auch Baby-Delphine, die ganz nah am Bauch ihrer Mutter schwimmen. Sie fühlen sich dort ruhig, sicher und geborgen. Auch Du, neben Kapitän Nemo sitzend, fühlst Dich ruhig, sicher und geborgen, mit angenehm schweren Armen. Du sagst zu Dir: *Meine beiden Arme sind auf besondere Art im Wasser schwer! Meine beiden Arme sind auf besondere Art schwer!*

Nach einer gewissen Zeit haben sich die Delphine an Dich und Kapitän Nemo gewöhnt. Die Delphin-Babys schwimmen nun auch weiter weg von ihren Müttern. Ein

Baby kommt vorsichtig auf Dich zugeschwommen. Kapitän Nemo lacht Dir ermunternd zu, ruhig sitzenzubleiben und zu warten. In diesem Moment fällt Dir der Spruch ein, den Dir Kapitän Nemo einmal sagte: *„Nur ruhig Blut, dann geht alles gut!"* Er meinte, daß ihm dieser Spruch bei den unterschiedlichsten Ereignissen schon oft geholfenhat; zum Beispiel, wenn er wütend war oder ängstlich und unsicher, aber auch wenn er Geduld brauchte und nicht blitzschnell etwas tun durfte. Durch den erinnerten Kapitän-Nemo-Spruch siehst Du dem Delphin-Baby ruhig entgegen. Es schwimmt ein paar Mal um Dich herum, als wollte es Dich genau kennenlernen. Dann stupst esDeine Hände mit seiner Schnauze liebevoll an und streichelt Dich damit. Du freust Dich riesig über das zutrauliche Delphin-Baby. Ein größerer Delphin kommt nun auch in Eure Nähe geschwommen. Es ist sicherlich die Mutter des kleinen Delphin-Babys. Das Delphin-Baby schwimmt zu seiner Mutter, dreht sich noch einmal kurz um und bewegt seinen Kopf hin und her, wie wenn es auf Wiedersehen sagen und damit winken würde.

Kapitän Nemo gibt Dir nun das Zeichen, daß Ihr zum Unterwasserboot Nautilus zurückkehren müßt. Ihr erhebt Euch von Eurem schönen großen, warmen Stein und verlaßt die Delphinherde. Einige Male blickst Du noch zu Ihnen zurück. Dabei merkst Du, daß Du Dich so ruhig und sicher im Wasser bewegst wie die Delphine. Neben Deinen Armen sind nun auch Deine Beine auf besondere Art im Wasser schwer geworden. Du bemerkst es zuerst bei Deinem rechten Bein und sagst zu Dir: *Mein rechtes Bein ist auf besondere Art im Wasser schwer! Mein rechtes Bein ist auf besondere Art schwer!* Diese Wirkung stellst Du auch bei Deinem linken Bein fest, und Du sagst zu Dir: *Mein linkes Bein ist auf besondere Art im Wasser schwer! Mein linkes Bein ist auf besondere Art schwer!* Du gleitest neben Kapitän Nemo ruhig, sicher, am ganzen Körper auf besondere Art schwer durch das Wasser. Das Wasser ist hell, warm und die Sonne scheint hindurch. Ein kleiner Schwarm von Fischen begleitet Euch wieder zurück zum Unterwasserboot Nautilus. Du fühlst Dich wohl und guter Stimmung. Da taucht das Unterwasserboot Nautilus vor Euch auf. Dort angekommen, steigst Du durch die Luke in das Unterwasserboot hinein.

Willst Du **nicht einschlafen**, weil Du z. B. nun Hausaufgaben erledigen möchtest, dann geht die Geschichte so zu Ende:

Es ist so, als ob Du aus einem schönen Traum erwachen würdest. Du beugst und streckst Deine Arme, atmest tief ein und wieder aus und machst die Augen auf. Langsam setzt Du Dich wieder auf.

Willst Du aber nun **einschlafen**, dann geht die Geschichte so zu Ende:

Du bist angenehm müde von dem Unterwasserausflug geworden. Kapitän Nemo hilft Dir beim Ablegen des Sauerstoffgerätes, der Schwimmflossen und der Taucherbrille; sodann begleitet er Dich noch bis zu Deiner Koje, in die Du Dich hineinrollst und sofort in einen ruhigen Schlaf fällst und noch etwas vom Unterwasserausflug weiterträumst.

3. Unterwasserausflug

Vorbereitungen für den Unterwasserausflug

Stelle Dir vor, Du bist von Kapitän Nemo in sein Unterwasserboot Nautilus eingeladen worden. Ihr fahrt gemeinsam durch alle Weltmeere und seht viele wunderschöne Dinge unter Wasser. Die schönsten Stunden sind immer die, wenn Kapitän Nemo Dich auf seine Unterwasserausflüge mitnimmt.

Dazu ziehst Du einen speziellen Taucheranzug an. Er hat eine besondere Wirkung auf Dich. Du merkst schon beim Anziehen, daß Du vollkommen ruhig wirst.

Zuerst steigst Du mit Deinem rechten Bein in den Taucheranzug. Du merkst und sagst zu Dir: *Mein rechtes Bein ist ganz ruhig.* Dann kommt das linke Bein dran. Auch das linke Bein wird ganz ruhig. Du sagst zu Dir: *Mein linkes Bein ist ganz ruhig.* Du ziehst Deinen Taucheranzug über den Po und den Rücken herauf. Dann schlüpfst Du mit dem rechten Arm in den Taucheranzug, und Du sagst zu Dir: *Mein rechter Arm ist ganz ruhig.* Du ziehst den linken Arm an, und er wird auch vollkommen ruhig. Du sagst zu Dir: *Mein linker Arm ist ganz ruhig.* Du ziehst noch die Kapuze über den Kopf und machst den Reißverschluß vorne zu. Jetzt bist Du von dem Taucheranzug rundherum eingehüllt und geschützt. Du fühlst Dich in dem weiten und bequemen Taucheranzug wohl, sicher und vollkommen ruhig.

Zum Schluß ziehst Du noch die Schwimmflossen an, setzt die Taucherbrille auf und Kapitän Nemo hilft Dir, das Sauerstoffgerät auf den Rücken zu nehmen. Du nimmst das Mundstück in den Mund, so wie es Dir Kapitän Nemo gezeigt hat, und jetzt bist Du für den Unterwasserausflug mit Kapitän Nemo bereit.

Die warme Unterwasserfontäne

Nacheinander gleiten Kapitän Nemo und Du durch die Ausstiegsluke des Nautilus ins Wasser. Du landest weich auf dem feinen, weißen Sand des Meeresbodens. Kapitän Nemo will heute mit Dir warme Unterwasserquellen besuchen. Er führt Dich sicher durch die Unterwasserwelt, denn er kennt sich sehr gut aus. Du schwimmst mit ihm durch das Wasser, vorbei an Unterwasserpflanzen, Fischen und Seepferdchen. Das Wasser ist hell und warm, die Sonne durchflutet es, und Steine wie Fische leuchten in bunten Farben. Die Fische schwimmen ruhig und sicher an Dir vorbei.

Du fühlst Dich ebenfalls vollkommen ruhig und sicher durch den schützenden Taucheranzug und im Wasser auf eine besondere Art angenehm schwer. Du merkst es wieder zuerst bei Deinen Armen und sagst zu Dir: *Mein rechter Arm ist auf besondere Art im Wasser schwer! Mein rechter Arm ist auf besondere Art schwer!* Auch bei Deinem linken Arm bemerkst Du dies, und Du sagst zu Dir: *Mein linker Arm ist auf besondere Art im Wasser schwer! Mein linker Arm ist auf besondere Art schwer!*

Ihr schwimmt in ein großes Tal mit niedrigen, schmalen Türmchen. Dabei merkst Du, daß das Wasser immer wärmer wird. Eine Fischart, die Du noch nie gesehen hast, hält sich hier besonders gerne auf. Der ganze Boden ist voll mit dichten, bunten Pflanzen. Sie sind mittelgroß und haben viele Grüntöne in ihren Blättern. Während Du neben Kapitän Nemo durch dieses wundervolle Tal gleitest, bemerkst Du die besondere Schwere im Wasser an Deinen Beinen. Du sagst zu Dir: *Mein rechtes Bein ist auf besondere Art im Wasser schwer! Mein rechtes Bein ist auf besondere Art schwer!* Auch bei Deinem linken Bein spürst Du diese besondere Wirkung des Wassers, und Du sagst zu Dir: *Mein linkes Bein ist auf besondere Art im Wasser schwer! Mein linkes Bein ist auf besondere Art schwer!* Du fühlst Dich jetzt am ganzen Körper ruhig, sicher und auf besondere Art im Wasser schwer. Du sagst zu Dir: *Meine Arme und Beine sind auf besondere Art im Wasser schwer! Meine Arme und Beine sind auf besondere Art schwer!*

Woher ist das Wasser wohl so warm? Du erinnerst Dich, daß Dir Kapitän Nemo vor dem Beginn des Unterwasserausfluges erzählt hat, daß es unter Wasser genauso wie auf dem Land heiße Quellen gibt. Diese heißen Quellen erwärmen das Wasser in der Umgebung. Kapitän Nemo schwimmt mit Dir zu einem flachen Türmchen, aus dem, wie aus einem Springbrunnen, in einer kleinen Fontäne angenehm warmes Wasser heraussprudelt. Kapitän Nemo nimmt Dich an der Hand und schwimmt mit Dir zu diesem Türmchen. Ihr setzt Euch am Rand des Türmchens in den weichen, weißen Sand und laßt Euch von den warmen Wellen der kleinen Fontäne Arme und Beine bespülen. Dabei bemerkst Du, wie Deine Arme noch wärmer werden, und Du sagst zu Dir: *Mein rechter Arm ist ganz warm ! Mein rechter Arm ist ganz warm!* Auch bei Deinem linken Arm bemerkst Du dies, und Du sagst zu Dir: *Mein linker Arm ist ganz warm! Mein linker Arm ist ganz warm!*

Da siehst Du in einigen Metern Entfernung eine hohe, in allen Farben schimmernde Unterwasserfontäne aus einem der Türmchen heraussprudeln. Diese Fontäne sieht aus, wie ein Regenbogen aus Wasser. Sie sprudelt nicht immer, sondern alle zehn Minuten schießt sie eine Wasserfontäne zwei Meter hoch aus ihrer Öffnung heraus. Kapitän Nemo hat Dir davon berichtet, und Du siehst staunend, daß er nicht übertrieben hat. Ein Schwall warmen Wassers kommt Euch entgegen. Jetzt spürst Du noch intensiver, daß Deine Arme warm sind, und Du sagst zu Dir: *Meine Arme sind ganz warm! Meine Arme sind ganz warm!* Nachdem die Wasserfontäne einige Male ihre Wassermassen hoch in das Meerwasser gespritzt hat, versiegt diese heiße Quelle wieder für mehrere Minuten.

Kapitän Nemo und Du schwimmen zu einer Moosbank, die in der Nähe wächst, und ihr legt Euch gemütlich darauf. Dabei spürst Du wieder die angenehme Schwere in Deinen Armen und Beinen. Einige Minuten sind vergangen, und die zwei Meter hohe Wasserfontäne taucht wieder auf. Du freust Dich, denn es ist herrlich anzusehen, in wie vielen Rot-, Lila- und Blautönen das Wasser aus der Öffnung hervordrängt. Wieder kommen Wellen mit warmem Wasser zu Euch herangerollt, und Du sagst zu Dir: *Meine Arme sind ganz warm! Meine Arme sind ganz warm!* Du fühlst Dich ruhig, wohl und lachst Kapitän Nemo zu. Es ist wie in einem Wunderland. Du genießt noch eine ganze Weile die Wasserspiele und das warme Quellwasser.

Dann gibt Dir Kapitän Nemo das Zeichen, daß Ihr zum Unterwasserboot Nautilus zurückschwimmen müßt. Ihr verlaßt die warme, große Unterwasserfontäne und schwimmt aus dem Gebiet der heißen Unterwasserquellen heraus. Dabei sagst Du immer wieder zu Dir: *Ich bin ganz ruhig und sicher. Meine Arme und Beine sind auf besondere Art im Wasser schwer! Meine Arme sind ganz warm!* Durch das helle Wasser geht es zurück, und alles leuchtet wie immer in den schönsten Farben. Du freust Dich über diesen wunderbaren Unterwasserausflug und bist zufrieden. Da taucht das Unterwasserboot Nautilus vor Euch auf, und Ihr schwimmt langsam darauf zu. Du steigst durch die Luke ein und setzt Dich an den Rand der Luke des Unterwasserbootes.

Willst Du **nicht einschlafen**, weil Du z. B. nun Hausaufgaben erledigen möchtest, dann geht die Geschichte so zu Ende:

Es ist so, als ob Du aus einem schönen Traum erwachen würdest. Du beugst und streckst Deine Arme, atmest tief ein und wieder aus und machst die Augen auf. Langsam setzt Du Dich wieder auf.

Willst Du aber nun **einschlafen**, dann geht die Geschichte so zu Ende:

Du bist angenehm müde von dem Unterwasserausflug geworden. Kapitän Nemo hilft Dir beim Ablegen des Sauerstoffgerätes, der Schwimmflossen und der Taucherbrille; sodann begleitet er Dich noch bis zu Deiner Koje, in die Du Dich hineinrollst und sofort in einen ruhigen Schlaf fällst und noch etwas vom Unterwasserausflug weiterträumst.

4. Unterwasserausflug

Vorbereitungen für den Unterwasserausflug

Stelle Dir vor, Du bist von Kapitän Nemo in sein Unterwasserboot Nautilus eingeladen worden. Ihr fahrt gemeinsam durch alle Weltmeere und seht viele wunderschöne Dinge unter Wasser. Die schönsten Stunden sind immer die, wenn Kapitän Nemo Dich auf seine Unterwasserausflüge mitnimmt.

Dazu ziehst Du einen speziellen Taucheranzug an. Er hat eine besondere Wirkung auf Dich. Du merkst schon beim Anziehen, daß Du vollkommen ruhig wirst.

Zuerst steigst Du mit Deinem rechten Bein in den Taucheranzug. Du merkst und sagst zu Dir: *Mein rechtes Bein ist ganz ruhig.* Dann kommt das linke Bein dran. Auch das linke Bein wird ganz ruhig. Du sagst zu Dir: *Mein linkes Bein ist ganz ruhig.* Du ziehst Deinen Taucheranzug über den Po und den Rücken herauf. Dann schlüpfst Du mit dem rechten Arm in den Taucheranzug, und Du sagst zu Dir: *Mein rechter Arm ist ganz ruhig.* Du ziehst den linken Arm an, und er wird auch vollkommen ruhig. Du sagst zu Dir: *Mein linker Arm ist ganz ruhig.* Du ziehst noch die Kapuze über den Kopf und machst den Reißverschluß vorne zu. Jetzt bist Du von dem Taucheranzug rundherum eingehüllt und geschützt. Du fühlst Dich in dem weiten und bequemen Taucheranzug wohl, sicher und vollkommen ruhig.

Zum Schluß ziehst Du noch die Schwimmflossen an, setzt die Taucherbrille auf und Kapitän Nemo hilft Dir, das Sauerstoffgerät auf den Rücken zu nehmen. Du nimmst das Mundstück in den Mund, so wie es Dir Kapitän Nemo gezeigt hat, und jetzt bist Du für den Unterwasserausflug mit Kapitän Nemo bereit.

Der Delphinritt

Nacheinander gleiten Kapitän Nemo und Du durch die Ausstiegsluke des Nautilus ins Wasser. Du landest weich auf dem feinen, weißen Sand des Meeresbodens. Heute will Kapitän Nemo wieder mit Dir zur Delphinherde schwimmen. Du freust Dich schon sehr darauf, denn Du hast den Unterwasserausflug zur Delphinherde in guter

Erinnerung. Ihr schwimmt wieder an vielen bunten Fischen vorbei, und einige begleiten Euch auf Eurem Weg zur Delphinherde. Die Tiere schwimmen ruhig, sicher und in Schwärmen um Euch herum.

Du fühlst Dich ebenfalls vollkommen ruhig und sicher sowie im Wasser durch den Taucheranzug auf besondere Art schwer und warm. Du sagst zu Dir: *Mein rechter Arm ist auf besondere Art im Wasser schwer! Mein rechter Arm ist auf besondere Art schwer!* Du schaust zu Deinem linken Arm, weil Dich dort ein Fisch freundlich begrüßt, und auch da bemerkst Du die besondere Wirkung des Wassers, und Du sagst zu Dir: *Mein linker Arm ist auf besondere Art im Wasser schwer! Mein linker Arm ist auf besondere Art schwer!*

Kapitän Nemo streckt seinen Arm aus und weist in eine Richtung. Du folgst mit Deinem Blick und siehst, daß sich die Delphine an fast der gleichen Meeresstelle tummeln wie das letzte Mal. Du freust Dich riesig, daß Ihr sie gefunden habt. Denn dies ist gar nicht so einfach. Ihr laßt Euch beide wieder auf einem großen Stein nieder und beobachtet die Delphine. Du wunderst Dich immer wieder, wie wendig und geschickt die Delphine im Wasser umherschwimmen, aus dem Wasser herausspringen und wie ein Pfeil in das Wasser zurückschießen. Es sind sehr gesellige Tiere, die immer wieder miteinander spielen. Du könntest ihnen stundenlang dabei zusehen, wie sie ihre Schwanzflosse hin und her bewegen und ihre schlanken Körper durch das Wasser gleiten lassen.

Nach einer Weile kommt wieder ein Delphin-Baby nah herangeschwommen. Während Du beobachtend auf dem Stein sitzt, bemerkst Du die besondere Schwere Deiner Beine im Wasser, und Du sagst zu Dir: *Mein rechtes Bein ist auf besondere Art im Wasser schwer! Mein rechtes Bein ist auf besondere Art schwer!* Dasselbe spürst Du auch bei Deinem linken Bein, und Du sagst zu Dir: *Mein linkes Bein ist auf besondere Art im Wasser schwer! Mein linkes Bein ist auf besondere Art schwer!*

Es scheint dasselbe Delphin-Baby wie beim letzten Mal zu sein, denn es ist schon ganz zutraulich. Es schwimmt wieder um Dich herum und scheint Dich zu beschnuppern und zugleich zu begrüßen. Dann gleitet es mit seiner Rückenflosse an Deiner Hand vorbei. Vorsichtig streichelst Du die Rückenflosse. Das Delphin-Baby wiederholt dies einige Male. Kapitän Nemo lacht und nickt Dir zu, und sein Spruch fällt Dir wieder ein: *„Nur ruhig Blut, dann geht alles gut!“* Inzwischen läßt sich Kapitän Nemo von einem größeren Delphin durch das Wasser ziehen. Dadurch bist Du ermutigt, die Rückenflosse des Delphin-Babys festzuhalten, und es zieht Dich ebenfalls durch das Wasser. Dies macht Dir einen großen Spaß. Die Delphin-Mutter schaut Euch aus einiger Entfernung zu und wackelt mit ihrem Kopf herauf und herunter, wie wenn sie Euch noch anfeuern wollte. Ihr gleitet schwerelos und ohne Mühe durch das herrliche, helle, warme Wasser. Dabei spürst Du, wie Dir vor Freude ganz warm wird, besonders zuerst in Deinen Armen. Du sagst zu Dir: *Mein rechter Arm ist ganz warm! Mein rechter Arm ist ganz warm!* Du spürst dies auch ganz deutlich bei Deinem linken Arm, und Du sagst zu Dir: *Mein linker Arm ist ganz warm! Mein linker Arm ist ganz warm!*

Als Du Dich mit dem Delphin-Baby über dem Stein befindest, wo Du zuvor mit Kapitän Nemo gesessen hast, läßt Du los und schwebst auf den Stein hinunter, denn Du bist angenehm müde geworden. Auch Kapitän Nemo kommt zu Dir geschwommen und läßt sich neben Dir auf dem Stein nieder. Du bemerkst nun, daß Du von dem Delphinritt auch warme Beine bekommen hast, und Du sagst zu Dir: *Mein rechtes Bein ist ganz warm! Mein rechtes Bein ist ganz warm!* Und auch Dein linkes Bein ist warm geworden, und Du sagst zu Dir: *Mein linkes Bein ist ganz warm! Mein linkes Bein ist ganz warm!*

Das Delphin-Baby kommt wieder zu Dir zurückgeschwommen, ebenso der große Delphin, der zuvor Kapitän Nemo durch das Wasser gezogen hat. Jeder ergreift noch einmal die Rückenflosse seines Delphins, und Ihr laßt Euch noch einige Runden durch das Wasser ziehen. Es macht großen Spaß so um die Wette zu schwimmen.

Kapitän Nemo gibt Dir nach einer Weile das Zeichen, daß Ihr zum Unterwasserboot Nautilus zurückschwimmen müßt. Zum Abschied streichelst Du noch einmal liebevoll das Delphin-Baby, und es schubst Dich noch einmal mit seiner Schnauze liebevoll an.

Dann gleitet Ihr ruhig, sicher und langsam zum Unterwasserboot Nautilus zurück. Du fühlst Dich sehr wohl und sagst zu Dir: *Meine Arme und Beine sind auf besondere Art im Wasser schwer! Meine Arme und Beine sind auf besondere Art schwer!* Während Du dies zu Dir sagst, betrachtest Du die Fische, die Euch zurückbegleiten. Du denkst an Deinen neuen Freund, das Delphin-Baby. Dabei wird Dir warm, und Du sagst zu Dir: *Meine Arme und Beine sind ganz warm! Meine Arme und Beine sind ganz warm!* So schwimmst Du ruhig, sicher, mit angenehm schweren Armen und Beinen sowie warmen Armen und Beinen durch das helle, klare Wasser zum Unterwasserboot Nautilus. Bald taucht es in dem klaren Wasser vor Euch auf. Die Sonne läßt es erstrahlen, und die Farben sind noch intensiver wie an der Luft und am Land. Ihr schwimmt darauf zu, und beim Nautilus angekommen, steigst Du durch die Luke in das Unterwasserboot hinein. Du fühlst Dich ruhig und zufrieden.

Willst Du **nicht einschlafen**, weil Du z. B. nun Hausaufgaben erledigen möchtest, dann geht die Geschichte so zu Ende:

Es ist so, als ob Du aus einem schönen Traum erwachen würdest. Du beugst und streckst Deine Arme, atmest tief ein und wieder aus und machst die Augen auf. Langsam setzt Du Dich wieder auf.

Willst Du aber nun **einschlafen**, dann geht die Geschichte so zu Ende:

Du bist angenehm müde von dem Unterwasserausflug geworden. Kapitän Nemo hilft Dir beim Ablegen des Sauerstoffgerätes, der Schwimmflossen und der Taucherbrille; sodann begleitet er Dich noch bis zu Deiner Koje, in die Du Dich hineinrollst und sofort in einen ruhigen Schlaf fällst und noch etwas vom Unterwasserausflug weiterträumst.

5. Unterwasserausflug

Vorbereitungen für den Unterwasserausflug

Stelle Dir vor, Du bist von Kapitän Nemo in sein Unterwasserboot Nautilus eingeladen worden. Ihr fahrt gemeinsam durch alle Weltmeere und seht viele wunderschöne Dinge unter Wasser. Die schönsten Stunden sind immer die, wenn Kapitän Nemo Dich auf seine Unterwasserausflüge mitnimmt.

Dazu ziehst Du einen speziellen Taucheranzug an. Er hat eine besondere Wirkung auf Dich. Du merkst schon beim Anziehen, daß Du vollkommen ruhig wirst.

Zuerst steigst Du mit Deinem rechten Bein in den Taucheranzug. Du merkst und sagst zu Dir: Mein rechtes Bein ist ganz ruhig. Dann kommt das linke Bein dran. Auch das linke Bein wird ganz ruhig. Du sagst zu Dir: *Mein linkes Bein ist ganz ruhig.* Du ziehst Deinen Taucheranzug über den Po und den Rücken herauf. Dann schlüpfst Du mit dem rechten Arm in den Taucheranzug, und Du sagst zu Dir: *Mein rechter Arm ist ganz ruhig.* Du ziehst den linken Arm an, und er wird auch vollkommen ruhig. Du sagst zu Dir: *Mein linker Arm ist ganz ruhig.* Du ziehst noch die Kapuze über den Kopf und machst den Reißverschluß vorne zu. Jetzt bist Du von dem Taucheranzug rundherum eingehüllt und geschützt. Du fühlst Dich in dem weiten und bequemen Taucheranzug wohl, sicher und vollkommen ruhig.

Zum Schluß ziehst Du noch die Schwimmflossen an, setzt die Taucherbrille auf und Kapitän Nemo hilft Dir, das Sauerstoffgerät auf den Rücken zu nehmen. Du nimmst das Mundstück in den Mund, so wie es Dir Kapitän Nemo gezeigt hat, und jetzt bist Du für den Unterwasserausflug mit Kapitän Nemo bereit.

Die Schatzkarte

Nacheinander gleiten Kapitän Nemo und Du durch die Ausstiegsluke des Nautilus ins Wasser. Du landest weich auf dem feinen weißen Sand des Meeeresbodens. Heute will Kapitän Nemo mit Dir eine Schatzkarte suchen. Du freust Dich darauf und bist gespannt, ob Ihr sie finden werdet. Er führt Dich sicher durch die Unterwasserwelt, in der es viele wunderbare Tiere und Pflanzen zu sehen gibt. Ein kleiner Schwarm von Fischen begleitet Euch wieder bei Eurem Unterwasserausflug. Die Fische schwimmen ruhig und sicher neben Euch her.

Auch Du gleitest ruhig und sicher, vollkommen eingehüllt und geschützt von Deinem Taucheranzug neben Kapitän Nemo durch das Wasser. Ihr seid an einem Platz angelangt, wo große wunderbare Steine im Sand liegen. Kapitän Nemo hat Dir vor dem Unterwasserausflug erzählt, daß er die Schatzkarte unter einem dieser Steine vermutet. Ihr schwimmt nun wie die Fische um die einzelnen Steine herum. Ihr fangt an, einen Stein nach dem anderen umzudrehen, in der Hoffnung, möglichst bald die Schatzkarte zu finden. Du bewegst Dich in dem hellen, warmen Wasser zwischen den Steinen hin und her und steuerst auf einen dunkelgrünen Stein zu, der ganz moosbewachsen ist. Du hebst ihn hoch, aber leider ist nichts darunter. Du gleitest zum nächsten Stein, der lila schimmert. Er ist etwas größer und schwerer als der Stein zuvor. Aber Du schaffst es noch sehr gut, ihn herumzudrehen. Wieder ist nichts darunter.

Du schaust zu Kapitän Nemo hin; auch er hat bis jetzt noch nichts gefunden. Du hoffst, daß Du derjenige bist, der die Schatzkarte findet. Zügig schwimmst Du zum nächsten Stein. Dieser schimmert golden. Viele, viele kleine Kristalle auf dem Stein reflektieren das Licht so, daß er aussieht, als ob er aus Gold wäre. Ob unter diesem Stein wohl die Karte liegt? Du drehst ihn herum, aber wieder findest Du nicht die Schatzkarte. Auf diesen goldenen Stein setzt Du Dich, denn Du spürst, daß Deine Arme und Beine von der anstrengenden Tätigkeit auf besondere Art angenehm schwer geworden sind. Du sagst zu Dir: *Mein rechter Arm ist auf besondere Art im Wasser schwer! Mein rechter Arm ist auf besondere Art schwer!* Auch bei Deinem linken Arm bemerkst Du diese Wirkung des Wassers, und Du sagst zu Dir: *Mein linker Arm ist auf besondere Art im Wasser schwer! Mein linker Arm ist auf besondere Art schwer!* Du sitzt auf Deinem Stein und schaust Kapitän Nemo zu, der immer noch nichts gefunden hat. Nun bemerkst Du auch Deine auf besondere Art schweren Beine, und Du sagst zu Dir: *Mein rechtes Bein ist auf besondere Art im Wasser schwer! Mein rechtes Bein ist auf besondere Art schwer!* Inzwischen spürst Du auch Dein linkes Bein, und Du sagst zu Dir: *Mein linkes Bein ist auf besondere Art im Wasser schwer! Mein linkes Bein ist auf besondere Art schwer!*

Ruhig und sicher, mit angenehm schweren Armen und Beinen erhebst Du Dich und schwimmst zu einem nächsten Stein. Du gibst nicht auf weiterzusuchen, und der Kapitän-Nemo-Spruch hilft Dir dabei: *„Nur ruhig Blut, dann geht alles gut!"* Der Stein schillert in bunten Farben, nämlich in rot und grün. Die beiden Farben ergeben auf dem Stein ein Muster, wie Du es noch nie auf Steinen gesehen hast. Du drehst diesen Stein zur Seite und entdeckst, daß etwas darunter liegt. Mit den Händen schiebst Du die dünne Sandschicht weg, und tatsächlich kommt etwas hervor. Es glänzt hell, fast weiß. Du bist sehr gespannt und hoffst auf die Schatzkarte. Aber es ist nur eine schöne große Muschel, die unter dem Stein verborgen lag. Du nimmst sie in Deine beiden Hände und betrachtest sie von allen Seiten. Sie ist fest verschlossen und gibt Dir nicht preis, welches Geheimnis in ihrem Inneren verborgen liegt. So nimmst Du die Muschel und legst sie wieder in die Sandmulde zurück.

Du schwimmst zu einer nächsten Steingruppe. Von der Arbeit werden Dir auch Deine Arme und Beine angenehm warm. Du sagst zu Dir: *Mein rechter Arm ist ganz warm! Mein rechter Arm ist ganz warm!* Auch bei Deinem linken Arm bemerkst Du diese Wärme, und Du sagst zu Dir: *Mein linker Arm ist ganz warm! Mein linker Arm ist ganz warm!* Während Du die nächsten Steine umdrehst und von einem zum anderen schwimmst, bemerkst Du auch die angenehm warmen Beine, und Du sagst zu Dir: *Mein rechtes Bein ist ganz warm! Mein rechtes Bein ist ganz warm!* Dasselbe stellst Du bei Deinem linken Bein fest, und Du sagst zu Dir: *Mein linkes Bein ist ganz warm! Mein linkes Bein ist ganz warm!*

Nun schwimmst Du auf eine letzte Steingruppe zu, wo unter anderem ein schwarzer Stein liegt, der weiß gesprenkelt ist. Er sieht unter den vielen bunten Steinen unscheinbar aus. Du entscheidest Dich, genau diesen Stein herumzudrehen. Beim Hochheben dieses Steines fühlst Du wieder, wie angenehm schwer Deine Arme und Beine sich anfühlen: *Meine Arme und Beine sind auf besondere Art im Wasser schwer! Meine Arme und Beine sind auf besondere Art schwer!* Als Du den Stein zur Seite gehoben hast, schimmert unter dem Sand etwas Bräunliches hervor. Du denkst, sicherlich ist es ein weiterer Stein unter dem hellen Sand und willst schon aufgeben. Aber der Spruch fällt Dir noch einmal ein, und Du sagst in Gedanken zu Dir: *„Nur ruhig Blut, dann geht alles gut!"* Deshalb fegst Du den Sand mit Deiner Hand zur Seite. Es kommt ein fast rundes, dunkelbraunes Stück Leder unter dem Sand hervor. Du nimmst es in die Hand, hebst es hoch und wunderst Dich über dieses Stück Leder im Meeresboden. Du drehst es herum, und auf der anderen Seite des Leders sind Striche, Kreise, Punkte und Quadrate sowie ein Kreuz eingraviert. Vermutlich sind sie in das Leder hineingebrannt worden. Da schießt es Dir wie ein Geistesblitz durch den Kopf, daß dies die Schatzkarte sein muß. Aufgeregt winkst Du Kapitän Nemo und schwimmst ein Stück zu ihm. Er kommt Dir entgegen und freut sich sehr, nachdem er das Stück Leder genau betrachtet hat. Daran erkennst Du, daß Du die Schatzkarte gefunden hast.

Ruhig und zufrieden setzt Du Dich auf einen der Steine. Du sagst zu Dir: *Meine Arme und Beine sind auf besondere Art im Wasser schwer! Meine Arme und Beine sind auf besondere Art schwer!* Auch eine wohlige Wärme fließt durch Deinen Körper hindurch, und Du sagst zu Dir: *Meine Arme und Beine sind ganz warm! Meine Arme und Beine sind ganz warm!*

Kapitän Nemo gibt Dir die Karte zurück und deutet Dir, daß Du sie in Deinen Gürtel stecken sollst. Zum Suchen des Schatzes bleibt bei diesem Unterwasserausflug keine Zeit mehr. Ihr müßt zurück zum Unterwasserboot Nautilus. Du bist aber sicher, daß Ihr beim nächsten Unterwasserausflug den Schatz suchen werdet. So schwimmt Ihr ruhig und sicher zum Unterwasserboot Nautilus zurück. Du bist glücklich und zufrieden, denn Du hast die Schatzkarte gefunden. Beim Unterwasserboot Nautilus angekommen, steigst Du durch die Luke in das Unterwasserboot hinein.

Willst Du **nicht einschlafen**, weil Du z. B. nun Hausaufgaben erledigen möchtest, dann geht die Geschichte so zu Ende:

Es ist so, als ob Du aus einem schönen Traum erwachen würdest. Du beugst und streckst Deine Arme, atmest tief ein und wieder aus und machst die Augen auf. Langsam setzt Du Dich wieder auf.

Willst Du aber nun **einschlafen**, dann geht die Geschichte so zu Ende:

Du bist angenehm müde von dem Unterwasserausflug geworden. Kapitän Nemo hilft Dir beim Ablegen des Sauerstoffgerätes, der Schwimmflossen und der Taucherbrille; sodann begleitet er Dich noch bis zu Deiner Koje, in die Du Dich hineinrollst und sofort in einen ruhigen Schlaf fällst und noch etwas vom Unterwasserausflug weiterträumst.

6. Unterwasserausflug

Vorbereitungen für den Unterwasserausflug

Stelle Dir vor, Du bist von Kapitän Nemo in sein Unterwasserboot Nautilus eingeladen worden. Ihr fahrt gemeinsam durch alle Weltmeere und seht viele wunderschöne Dinge unter Wasser. Die schönsten Stunden sind immer die, wenn Kapitän Nemo Dich auf seine Unterwasserausflüge mitnimmt.

Dazu ziehst Du einen speziellen Taucheranzug an. Er hat eine besondere Wirkung auf Dich. Du merkst schon beim Anziehen, daß Du vollkommen ruhig wirst.

Zuerst steigst Du mit Deinem rechten Bein in den Taucheranzug. Du merkst und sagst zu Dir: *Mein rechtes Bein ist ganz ruhig.* Dann kommt das linke Bein dran. Auch das linke Bein wird ganz ruhig. Du sagst zu Dir: *Mein linkes Bein ist ganz ruhig.* Du ziehst Deinen Taucheranzug über den Po und den Rücken herauf. Dann schlüpfst Du mit dem rechten Arm in den Taucheranzug, und Du sagst zu Dir: *Mein rechter Arm ist ganz ruhig.* Du ziehst den linken Arm an, und er wird auch vollkommen ruhig. Du sagst zu Dir: *Mein linker Arm ist ganz ruhig.* Du ziehst noch die Kapuze über den Kopf und machst den Reißverschluß vorne zu. Jetzt bist Du von dem Taucheranzug rundherum eingehüllt und geschützt. Du fühlst Dich in dem weiten und bequemen Taucheranzug wohl, sicher und vollkommen ruhig.

Zum Schluß ziehst Du noch die Schwimmflossen an, setzt die Taucherbrille auf und Kapitän Nemo hilft Dir, das Sauerstoffgerät auf den Rücken zu nehmen. Du nimmst das Mundstück in den Mund, so wie es Dir Kapitän Nemo gezeigt hat, und jetzt bist Du für den Unterwasserausflug mit Kapitän Nemo bereit.

Die Schatzsuche

Nacheinander gleiten Kapitän Nemo und Du durch die Ausstiegsluke des Nautilus in das helle, klare, warme Wasser. Weich landest Du auf dem feinen weißen Sand des Meeresbodens. Du gleitest neben Kapitän Nemo durch dieses wunderbare Wasser. Heute wird der Schatz gesucht, und Ihr habt beide neben der Schatzkarte aus Leder, je eine Schaufel mitgenommen. Ihr schwimmt an buntschimmernden Korallen vorüber und gleitet durch einen Fischschwarm hindurch. Während Du in dieser Fischwolke mit Kapitän Nemo eingehüllt bist, beobachtest Du die Fische, wie sie sich ruhig und sicher im Wasser bewegen.

Mitten durch die Fische zu schwimmen macht Dir nichts aus, denn Du hast Deinen schützenden Taucheranzug an. Du spürst wieder die besondere Wirkung des Wassers. Du sagst zu Dir: *Mein rechter Arm ist auf besondere Art im Wasser schwer! Mein rechter Arm ist auf besondere Art schwer!* Dasselbe fühlst Du auch in Deinem linken Arm, und Du sagst zu Dir: *Mein linker Arm ist auf besondere Art im Wasser schwer! Mein linker Arm ist auf besondere Art schwer!*

Ihr haltet einen Moment inne und schaut Euch die Schatzkarte zum wiederholten Male genau an. Ihr seid nun an einer Weggabelung angekommen. Auf der Karte ist rechts davon ein Hügel eingezeichnet, und tatsächlich ist rechts auch ein kleiner Korallenberg zu sehen. Ihr müßt Euch nach der Karte links halten und die Striche auf der Karte bedeuten wohl, daß sich hier viele Wasserpflanzen befinden. In der Tat steht hier sehr viel Seegras, und langblättrige Wasserpflanzen wachsen in die Höhe.

Während Ihr anhaltet und die Karte studiert, bemerkst Du bei Deinen Beinen die Schwere im Wasser. Du sagst zu Dir: *Mein rechtes Bein ist auf besondere Art im Wasser schwer! Mein rechtes Bein ist auf besondere Art schwer!* Auch im linken Bein spürst Du die Schwere, und Du sagst zu Dir: *Mein linkes Bein ist auf besondere Art im Wasser schwer! Mein linkes Bein ist auf besondere Art schwer!*

Ihr setzt Euch beide wieder in Bewegung und schwimmt durch das hohe Seegras hindurch. Es ist ein schönes Gefühl, denn das Gras streichelt Deinen Körper. So schwimmt Ihr eine Weile in dem Seegras umher. Plötzlich zeigt Kapitän Nemo auf eine sehr große, grüne Wasserpflanze, um die kleine, lustige Seepferdchen herumtanzen. Du holst noch einmal die Schatzkarte hervor, und Ihr betrachtet die Zeichen, die die Stelle markieren, an der der Schatz verborgen sein soll. Vielleicht sollen die Zeichen genau diese große Wasserpflanze darstellen. Ihr schwimmt darauf zu, nehmt Eure Schaufeln und beginnt rechts von der Wasserpflanze im Sand zu graben. Denn nach der Schatzkarte soll hier der Schatz verborgen liegen. Ihr grabt eine Weile den Sand zur Seite, und Du denkst: Der Schatz ist aber tief vergraben. Mir wird bei dieser anstrengenden Arbeit ganz warm. Du unterbrichst sie für einen Moment und ruhst Dich aus. Kapitän Nemo ebenso.

Du achtest auf Deine Arme und Beine und stellst fest, daß sie angenehm warm sind. Du sagst zu Dir: *Mein rechter Arm ist ganz warm! Mein rechter Arm ist ganz warm!* Auch Dein linker Arm fühlt sich warm an, und Du sagst zu Dir: *Mein linker Arm ist ganz warm! Mein linker Arm ist ganz warm!* Nun konzentrierst Du Dich auf Deine Beine und bemerkst, daß sie sich ebenfalls warm anfühlen. Du sagst zu Dir: *Mein rechtes Bein ist ganz warm! Mein rechtes Bein ist ganz warm!* Nun spürst Du in Deinem linken Bein die Wärme, und Du sagst zu Dir: *Mein linkes Bein ist ganz warm! Mein linkes Bein ist ganz warm!*

Nach dieser kurzen Ruhepause beginnt Ihr wieder beide mit Euren Schippen im Sand zu graben; denn so schnell gibst Du noch nicht auf. Dabei hilft Dir der

Kapitän-Nemo-Spruch, der Dir mehrmals durch den Kopf geht: „Nur ruhig Blut, dann geht alles gut!“ Nach einer Weile anstrengender Arbeit stößt Du mit Deiner Schippe auf etwas Hartes. Du gibst Kapitän Nemo ein Zeichen, und er kommt näher zu Dir. Mit Euren Schippen klopft Ihr auf eine Holzkiste. Schneller als zuvor schaufelt Ihr den noch darüber liegenden Sand zur Seite. Gemeinsam hebt Ihr die Kiste, in der hoffentlich der Schatz verborgen ist, aus dem Sand heraus. Du bist sehr gespannt und aufgeregt und öffnest mit Hilfe von Kapitän Nemo die Kiste. Was ist das für ein Schatz, fragst Du Dich. Es glitzern Dir keine goldenen Kronen, Ringe, mit Edelsteinen besetzten Armbänder und Halsketten entgegen. Vielmehr sind viele kleine und größere Muscheln in der Holzkiste enthalten.

Im ersten Moment bist Du sehr enttäuscht, und Du merkst, wie Wut in Dir aufsteigt. Da es aber nichts bringt, wütend zu werden, überlegst Du, was Du gegen die Wut im Bauch tun kannst. Du entscheidest Dich dafür, es mit dem Kapitän-Nemo-Spruch zu versuchen: *„Nur ruhig Blut, dann geht alles gut!“* Langsam und immer wieder wandern diese Worte durch Deinen Kopf, während Kapitän Nemo die Muscheln nimmt und sie vorsichtig öffnet. Du beobachtest, wie sein Gesicht zufrieden zu lachen beginnt. Du schwimmst zu ihm und schaust in die Muscheln hinein. Er zeigt Dir, daß in jeder Muschel eine wunderbare kleine Perle enthalten ist. Manche glänzen ganz elfenbeinweiß, andere leicht rosa. Das ist also der Schatz, denkst Du Dir. Diese wunderbaren kleinen, echten Perlen. Vorsichtig legt Ihr die Muscheln wieder in die Kiste zurück und verschließt sie mit dem Deckel.

Jeder nimmt einen Griff an der Seite der Schatzkiste, und gemeinsam schwimmt Ihr damit zum Unterwasserboot Nautilus zurück. Auf dem Rückweg, mit der Schatzkiste zwischen Euch, bemerkst Du, daß Du zufrieden bist und Deine Arme und Beine sich wieder auf besondere Art angenehm schwer anfühlen und warm sind. Du sagst zu Dir: *Meine Arme und Beine sind auf besondere Art im Wasser schwer! Meine Arme und Beine sind auf besondere Art schwer!* Nachdem Ihr eine Weile geschwommen seid, setzt Ihr die Kiste einen Moment ab und tauscht die Seiten. Als Ihr dann wieder weiterschwimmt, merkst Du auch die Wärme in Deinen Armen und Beinen, und Du sagst zu Dir: *Meine Arme und Beine sind ganz warm! Meine Arme und Beine sind ganz warm!*

Inzwischen seid Ihr beim Unterwasserboot Nautilus wohlbehalten angekommen. Ruhig, sicher, mit schweren und warmen Armen und Beinen, kletterst Du durch die Luke in das Unterwasserboot hinein. Kapitän Nemo reicht Dir die Schatzkiste hoch und Du stellst sie neben Dich in das Unterwasserboot. Kapitän Nemo setzt sich, nachdem er ebenfalls in das Unterwasserboot Nautilus geklettert ist, zu Dir. Zufrieden mit Eurem Fund lächelt Ihr Euch an.

Willst Du **nicht einschlafen**, weil Du z. B. nun Hausaufgaben erledigen möchtest, dann geht die Geschichte so zu Ende:

Es ist so, als ob Du aus einem schönen Traum erwachen würdest. Du beugst und streckst Deine Arme, atmest tief ein und wieder aus und machst die Augen auf. Langsam setzt Du Dich wieder auf.

Willst Du aber nun **einschlafen**, dann geht die Geschichte so zu Ende:

Du bist angenehm müde von dem Unterwasserausflug geworden. Kapitän Nemo hilft Dir beim Ablegen des Sauerstoffgerätes, der Schwimmflossen und der Taucherbrille; sodann begleitet er Dich noch bis zu Deiner Koje, in die Du Dich hineinrollst und sofort in einen ruhigen Schlaf fällst und noch etwas vom Unterwasserausflug weiterträumst.

7. Unterwasserausflug

Vorbereitungen für den Unterwasserausflug

Stelle Dir vor, Du bist von Kapitän Nemo in sein Unterwasserboot Nautilus eingeladen worden. Ihr fahrt gemeinsam durch alle Weltmeere und seht viele wunderschöne Dinge unter Wasser. Die schönsten Stunden sind immer die, wenn Kapitän Nemo Dich auf seine Unterwasserausflüge mitnimmt.

Dazu ziehst Du einen speziellen Taucheranzug an. Er hat eine besondere Wirkung auf Dich. Du merkst schon beim Anziehen, daß Du vollkommen ruhig wirst.

Zuerst steigst Du mit Deinem rechten Bein in den Taucheranzug. Du merkst und sagst zu Dir: *Mein rechtes Bein ist ganz ruhig.* Dann kommt das linke Bein dran. Auch das linke Bein wird ganz ruhig. Du sagst zu Dir: *Mein linkes Bein ist ganz ruhig.* Du ziehst Deinen Taucheranzug über den Po und den Rücken herauf. Dann schlüpfst Du mit dem rechten Arm in den Taucheranzug, und Du sagst zu Dir: *Mein rechter Arm ist ganz ruhig.* Du ziehst den linken Arm an, und er wird auch vollkommen ruhig. Du sagst zu Dir: *Mein linker Arm ist ganz ruhig.* Du ziehst noch die Kapuze über den Kopf und machst den Reißverschluß vorne zu. Jetzt bist Du von dem Taucheranzug rundherum eingehüllt und geschützt. Du fühlst Dich in dem weiten und bequemen Taucheranzug wohl, sicher und vollkommen ruhig.

Zum Schluß ziehst Du noch die Schwimmflossen an, setzt die Taucherbrille auf und Kapitän Nemo hilft Dir, das Sauerstoffgerät auf den Rücken zu nehmen. Du nimmst das Mundstück in den Mund, so wie es Dir Kapitän Nemo gezeigt hat, und jetzt bist Du für den Unterwasserausflug mit Kapitän Nemo bereit.

Die Seepferdchenherde

Nacheinander gleiten Kapitän Nemo und Du durch die Ausstiegsluke des Nautilus ins Wasser. Du landest weich auf dem feinen, weißen Sand des Meeresbodens. Heute will Dir Kapitän Nemo eine Herde Seepferdchen zeigen. Es ist die Zeit, in der die Seepferdchen Ihre Babys bekommen. Vor Beginn des Unterwasserausfluges sagte er Dir, daß Ihr vielleicht Glück habt und die Geburt der Seepferdchen beobachten könnt. Du bist sehr gespannt darauf und freust Dich, denn Du hast noch nie beobachtet, wie ein Tier seine Jungen zur Welt brachte. Wie immer begleiten Euch eine Reihe verschiedenster Fische. Sie alle schwimmen ruhig und sicher an Dir vorbei.

Du bist durch Deinen Taucheranzug vollkommen ruhig, sicher und im Wasser auf besondere Art schwer. Du sagst zu Dir: *Mein rechter Arm ist auf besondere Art im Wasser schwer! Mein rechter Arm ist auf besondere Art schwer!* Kaum hast Du dies wahrgenommen, bemerkst Du das gleiche angenehme Gefühl im linken Arm. Du sagst zu Dir: *Mein linker Arm ist auf besondere Art im Wasser schwer! Mein linker Arm ist auf besondere Art schwer!* So gleitest Du ruhig neben Kapitän Nemo her. Du schaust immer wieder auf den Meeresboden, denn auf diesem Weg sind viele wunderschöne Steine und Muscheln, die die ungewöhnlichsten Formen und Farben haben. Am liebsten würdest Du haltmachen und die, die Dir gefallen, auflesen. Während Du die Steine und Muscheln betrachtest, spürst Du die Wirkung des Wasser auch bei Deinen Beinen, und Du sagst zu Dir: *Mein rechtes Bein ist auf besondere Art im Wasser schwer! Mein rechtes Bein ist auf besondere Art schwer!* Das gleiche Gefühl bemerkst Du im linken Bein, und Du sagst zu Dir: *Mein linkes Bein ist auf besondere Art im Wasser schwer! Mein linkes Bein ist auf besondere Art schwer!*

Ihr schwimmt über eine Unterwasserweide mit mittelhohem Seegras hinweg. In einiger Entfernung taucht eine Hügelkette vor Euch auf. Zielsicher steuert Kapitän Nemo darauf zu; Du folgst ihm. Nach wenigen Minuten erreicht Ihr die Hügelkette. Ihr schwimmt zwischen den einzelnen Hügeln hindurch und kommt in ein Tal, das von drei Seiten durch Hügel geschützt ist. Das Seegras ist auch hier vorhanden und wiegt sich nach den Wellen des Meeres hin und her. An einer Stelle ist das Seegras durch ein Moosbett unterbrochen. Und genau dort hält sich die Seepferdchenherde auf. Vorsichtig und langsam nähert Ihr Euch der Seepferdchenherde, um sie genauer beobachten zu können. Ihr sinkt langsam auf den Meeresboden und setzt Euch auf eine Stelle im Moos, von wo aus Ihr die Seepferdchen gut sehen könnt.

Seepferdchen sind lustige Tiere, und sie hüpfen ständig auf und ab. Sie sind ungefähr so groß wie ein Lineal von 30 cm und gebogen wie der Buchstabe „S". Am Kopf und den halben Rücken herunter haben sie lauter kleine Zacken, wodurch sie urzeitlich wirken. Während Du auf dem Moos sitzt, bemerkst Du, daß dieses Dich wärmt. Du sagst zu Dir: *Mein rechter Arm ist ganz warm! Mein rechter Arm ist ganz warm!* Auch bei Deinem linken Arm spürst Du die Wärme, die vom Moos ausgeht, und Du sagst zu Dir: *Mein linker Arm ist ganz warm! Mein linker Arm ist ganz warm!*

Kapitän Nemo deutet auf einige Seepferdchen, und da erkennst Du, daß diese etwas dicker sind als die anderen. Das müssen die Männchen sein, die bald ihre Jungen bekommen. Ja, Du hast es richtig vernommen, es sind bei den Seepferdchen die Männchen, die die Jungtiere in einer Brusttasche tragen und für die Brutpflege zuständig sind. Ihr ruht Euch eine ganze Weile auf dem Moosbett aus und betrachtet interessiert, was die Seepferdchen alles unternehmen. Manche nähern sich Euch und Kapitän Nemo streckt einen Finger aus, auf den sich ein Seepferdchen mit seinem Schwanz setzt. Dies sieht äußerst lustig aus. Daraufhin streckst Du auch Deinen Arm aus sowie einen Finger und ein anderes Seepferdchen reitet ebenfalls auf Deinem Finger. Du mußt sehr darüber lachen, denn ein reitendes Pferdchen hast Du noch nie erlebt; vielmehr ist es sonst umgekehrt, daß nämlich andere auf einem Pferd reiten.

Inzwischen hat das Moos auch Deine Beine gewärmt, und Du sagst zu Dir: *Mein rechtes Bein ist ganz warm! Mein rechtes Bein ist ganz warm!* Auch bei Deinem linken Bein stellst Du diese Wirkung fest, und Du sagst zu Dir: *Mein linkes Bein ist ganz warm! Mein linkes Bein ist ganz warm!* Plötzlich kehrt bei einigen Seepferdchen Ruhe ein. Man kann sehen, daß sie ihren Bauch nun besonders vorstülpen. Kapitän Nemo und Du schauen konzentriert und fasziniert zu den Seepferdchen hinüber. Aus dem Bauch einiger Seepferdchen kommt eine Flüssigkeit heraus, und dann schlüpft ein Seepferdchen nach dem anderen aus der Brusttasche heraus. Sie schweben im Wasser, und es kommen immer mehr dazu. Du traust kaum Deinen Augen, wie viele Seepferdchen ein Seepferdchenmännchen zur Welt bringt. Es sieht lustig aus, wenn sie wie aus einem Känguruhsack aus der Bauchfalte herausschießen. Nach kurzer Zeit beginnen sie ebenfalls wie die erwachsenen Seepferdchen im Wasser lustig auf und ab zu hüpfen. Sie scheinen sich sehr wohl zu fühlen. Du staunst über dieses Naturwunder.

Du fühlst Dich bei dieser Beobachtung ruhig, sicher und hast schwere, warme Arme und Beine. Du sagst zu Dir: *Meine Arme und Beine sind auf besondere Art im Wasser schwer! Meine Arme und Beine sind auf besondere Art schwer!* Auch die Wärme spürst Du deutlich, und Du sagst zu Dir: *Meine Arme und Beine sind ganz warm! Meine Arme und Beine sind ganz warm!*

Kapitän Nemo gibt Dir das Zeichen, daß Ihr zum Unterwasserboot Nautilus zurückkehren müßt. Ihr erhebt Euch vorsichtig und langsam, um die Seepferdchen nicht zu erschrecken. Sie lächeln Euch freundlich mit großen, runden Augen an und hüpfen immer noch lustig im Wasser auf und ab. An Deinen Finger- und Fußspitzen kribbelt es ein wenig, als ob kleine Seepferdchen sachte daran schnuppern würden. Auf dem Weg zum Nautilus genießt Du die Ruhe, die angenehme Schwere und Wärme in Deinen Armen und Beinen. Kleine Fische begleiten Euch wieder, so daß Du immer etwas zum Betrachten hast. Da taucht das Unterwasserboot Nautilus vor Euch auf, und Du steigst durch die Luke in das Unterwasserboot hinein.

Willst Du **nicht einschlafen**, weil Du z. B. nun Hausaufgaben erledigen möchtest, dann geht die Geschichte so zu Ende:

Es ist so, als ob Du aus einem schönen Traum erwachen würdest. Du beugst und streckst Deine Arme, atmest tief ein und wieder aus und machst die Augen auf. Langsam setzt Du Dich wieder auf.

Willst Du aber nun **einschlafen**, dann geht die Geschichte so zu Ende:

Du bist angenehm müde von dem Unterwasserausflug geworden. Kapitän Nemo hilft Dir beim Ablegen des Sauerstoffgerätes, der Schwimmflossen und der Taucherbrille; sodann begleitet er Dich noch bis zu Deiner Koje, in die Du Dich hineinrollst und sofort in einen ruhigen Schlaf fällst und noch etwas vom Unterwasserausflug weiterträumst.

8. Unterwasserausflug

Vorbereitungen für den Unterwasserausflug

Stelle Dir vor, Du bist von Kapitän Nemo in sein Unterwasserboot Nautilus eingeladen worden. Ihr fahrt gemeinsam durch alle Weltmeere und seht viele wunderschöne Dinge unter Wasser. Die schönsten Stunden sind immer die, wenn Kapitän Nemo Dich auf seine Unterwasserausflüge mitnimmt.

Dazu ziehst Du einen speziellen Taucheranzug an. Er hat eine besondere Wirkung auf Dich. Du merkst schon beim Anziehen, daß Du vollkommen ruhig wirst.

Zuerst steigst Du mit Deinem rechten Bein in den Taucheranzug. Du merkst und sagst zu Dir: *Mein rechtes Bein ist ganz ruhig.* Dann kommt das linke Bein dran. Auch das linke Bein wird ganz ruhig. Du sagst zu Dir: *Mein linkes Bein ist ganz ruhig.* Du ziehst Deinen Taucheranzug über den Po und den Rücken herauf. Dann schlüpfst Du mit dem rechten Arm in den Taucheranzug, und Du sagst zu Dir: *Mein rechter Arm ist ganz ruhig.* Du ziehst den linken Arm an, und er wird auch vollkommen ruhig. Du sagst zu Dir: *Mein linker Arm ist ganz ruhig.* Du ziehst noch die Kapuze über den Kopf und machst den Reißverschluß vorne zu. Jetzt bist Du von dem Taucheranzug rundherum eingehüllt und geschützt. Du fühlst Dich in dem weiten und bequemen Taucheranzug wohl, sicher und vollkommen ruhig.

Zum Schluß ziehst Du noch die Schwimmflossen an, setzt die Taucherbrille auf und Kapitän Nemo hilft Dir, das Sauerstoffgerät auf den Rücken zu nehmen. Du nimmst das Mundstück in den Mund, so wie es Dir Kapitän Nemo gezeigt hat, und jetzt bist Du für den Unterwasserausflug mit Kapitän Nemo bereit.

Die Unterwasserstadt Atlantis

Kapitän Nemo gleitet wie immer als erster durch die Ausstiegsluke des Nautilus ins Wasser; Du folgst ihm. Weich landest Du auf dem feinen, weißen Sand des Meeresbodens. Heute will Kapitän Nemo mit Dir eine Unterwasserstadt besuchen. Sie heißt Atlantis und ist die Hauptstadt eines im Meer versunkenen Kontinents gewesen. Kapitän Nemo führt Dich ruhig und sicher dorthin. Es ist wirklich erstaunlich, wie gut er sich in den Weltmeeren auskennt. Wie meistens begleiten Euch eine Reihe von Fischen: größere und kleinere, bunte und weniger farbige. Sie begleiten Euch auf Eurem Weg zur Unterwasserstadt.

Du fühlst Dich ebenfalls vollkommen ruhig, durch den Taucheranzug geschützt und sicher sowie im Wasser auf eine besondere Art angenehm schwer. Du sagst zu Dir: *Meine beiden Arme sind auf besondere Art im Wasser schwer! Meine beiden Arme sind auf besondere Art schwer!* Du gleitest über den Meeresboden hin und freust Dich an dem hellen, warmen, sonnendurchfluteten Wasser. Dabei bemerkst Du auch bei Deinen Beinen die besondere Wirkung des Wassers. Du sagst zu Dir: *Meine beiden Beine sind auf besondere Art im Wasser schwer! Meine beiden Beine sind auf besondere Art schwer!*

Endlich taucht die Unterwasserstadt vor Euch auf. Zügig schwimmt Ihr darauf zu. Ihr könnt die Häuser und die Stadtmauer schon gut erkennen. Durch ein großes Stadttor schwimmt Ihr mit den Fischen zusammen in die Stadt hinein. Einige Fische kommen Euch entgegen und verlassen die Unterwasserstadt. Manche Häuser sind schon etwas verfallen, andere noch gut erhalten. Sie werden von goldenen Sonnenstrahlen durchflutet, und dazwischen tummeln sich Schwärme von bunten Fischen. Du folgst einem besonders hübschen, bunten Schwarm in Richtung Marktplatz. Dort angekommen, siehst Du einen kleinen Seehund auf dem Brunnenrand sitzen, der Dir mit einer Flosse lustig zuwinkt. Du winkst zurück und freust Dich über dieses lustige Ereignis. Dann verschwindet der Seehund nach oben, um Luft zu holen.

Du schaust Dich weiter in der Unterwasserstadt Atlantis um; Kapitän Nemo und Du untersuchen jedes Haus und jede Straße. Ihr entdeckt einen Kirchturm, der ganz von Unterwasseralgen umschlungen ist. Während Ihr auf Eurer Erkundungsreise seid, spielen Kapitän Nemo und Du in den Häusern fangen. Dies ist sehr lustig, weil Du in jedem beliebigen Stockwerk durch die Fenster in ein Haus hinein und hinaus schwimmen kannst. Das ist etwas, was man an der Luft nicht machen kann. Und Du findest es fantastisch, an einer Häuserwand herauf und herunter zu schwimmen ohne eine Treppe benutzen zu müssen.

Inzwischen kannst Du so fantastisch schwimmen wie Kapitän Nemo, und es ist für ihn gar nicht einfach, Dich zu fangen, zumal Du sehr geschickt durch die Fenster der Häuser hinein und hinaus schwimmst. In einem großen Haus mit einer großen Eingangshalle schwimmst Du die Säulen der Halle herauf und herunter und umkreist sie einige Male, bis Kapitän Nemo Dich endlich gefangen hat. Nun schwimmt Ihr gemächlich zurück zum Marktplatz der Unterwasserstadt Atlantis. Dort setzt Ihr Euch auf den Brunnenrand, auf dem vorher der Seehund gesessen hat. Der Marktplatz ist besonders sonnendurchflutet und warm.

Während Du auf dem Brunnenrand sitzt und ausruhst, bemerkst Du, daß Deine Arme und Beine ebenfalls ganz warm werden. Du sagst zu Dir: *Meine beiden Arme sind ganz warm! Meine beiden Arme sind ganz warm!* Du schaust an Deinen Beinen herunter, die über den Brunnenrand baumeln und spürst auch hier die angenehme Wärme. Du sagst zu Dir: *Meine beiden Beine sind ganz warm! Meine beiden Beine sind ganz warm!*

Nachdem Ihr Euch gut ausgeruht habt, gibt Dir Kapitän Nemo das Zeichen, zum Unterwasserboot Nautilus zurückzuschwimmen. Langsam gleitet Ihr durch die Unterwasserstadt Atlantis, und Du schaust Dir noch einmal die interessanten Häuser und Straßen an. Einige Fische schwimmen wieder mit Euch durch das große Stadttor hinaus und begleiten Euch durch das Seegras und über den weichen, weißen Sand hinweg bis zum Unterwasserboot Nautilus.

Du spürst das warme Wasser, und Du fühlst Dich ruhig, sicher und wohl. Du sagst noch einmal zu Dir: *Meine Arme und Beine sind auf besondere Art im Wasser schwer! Meine Arme und Beine sind auf besondere Art schwer!* Zugleich spürst Du auch die angenehme Wärme in Deinen Gliedern, und Du sagst zu Dir: *Meine Arme und Beine sind ganz warm! Meine Arme und Beine sind ganz warm!* Nun taucht das Unterwasserboot Nautilus vor Euch auf, und Du schwimmst ruhig darauf zu. Du steigst durch die Luke in das Unterwasserboot hinein. Zufrieden sitzt Du am Rand der Ausstiegsluke.

Willst Du **nicht einschlafen**, weil Du z. B. nun Hausaufgaben erledigen möchtest, dann geht die Geschichte so zu Ende:

Es ist so, als ob Du aus einem schönen Traum erwachen würdest. Du beugst und streckst Deine Arme, atmest tief ein und wieder aus und machst die Augen auf. Langsam setzt Du Dich wieder auf.

Willst Du aber nun **einschlafen**, dann geht die Geschichte so zu Ende:

Du bist angenehm müde von dem Unterwasserausflug geworden. Kapitän Nemo hilft Dir beim Ablegen des Sauerstoffgerätes, der Schwimmflossen und der Taucherbrille; sodann begleitet er Dich noch bis zu Deiner Koje, in die Du Dich hineinrollst und sofort in einen ruhigen Schlaf fällst und noch etwas vom Unterwasserausflug weiterträumst.

9. Unterwasserausflug

Vorbereitungen für den Unterwasserausflug

Stelle Dir vor, Du bist von Kapitän Nemo in sein Unterwasserboot Nautilus eingeladen worden. Ihr fahrt gemeinsam durch alle Weltmeere und seht viele wunderschöne Dinge unter Wasser. Die schönsten Stunden sind immer die, wenn Kapitän Nemo Dich auf seine Unterwasserausflüge mitnimmt.

Dazu ziehst Du einen speziellen Taucheranzug an. Er hat eine besondere Wirkung auf Dich. Du merkst schon beim Anziehen, daß Du vollkommen ruhig wirst.

Zuerst steigst Du mit Deinem rechten Bein in den Taucheranzug. Du merkst und sagst zu Dir: *Mein rechtes Bein ist ganz ruhig.* Dann kommt das linke Bein dran. Auch das linke Bein wird ganz ruhig. Du sagst zu Dir: *Mein linkes Bein ist ganz ruhig.* Du ziehst Deinen Taucheranzug über den Po und den Rücken herauf. Dann schlüpfst Du mit dem rechten Arm in den Taucheranzug, und Du sagst zu Dir: *Mein rechter Arm ist ganz ruhig.* Du ziehst den linken Arm an, und er wird auch vollkommen ruhig. Du sagst zu Dir: *Mein linker Arm ist ganz ruhig.* Du ziehst noch die Kapuze über den Kopf und machst den Reißverschluß vorne zu. Jetzt bist Du von dem Taucheranzug rundherum eingehüllt und geschützt. Du fühlst Dich in dem weiten und bequemen Taucheranzug wohl, sicher und vollkommen ruhig.

Zum Schluß ziehst Du noch die Schwimmflossen an, setzt die Taucherbrille auf und Kapitän Nemo hilft Dir, das Sauerstoffgerät auf den Rücken zu nehmen. Du nimmst das Mundstück in den Mund, so wie es Dir Kapitän Nemo gezeigt hat, und jetzt bist Du für den Unterwasserausflug mit Kapitän Nemo bereit.

Die Riesenschildkröten

Kapitän Nemo und Du gleiten nacheinander durch die Ausstiegsluke des Nautilus ins Wasser. Du landest weich auf dem feinen, weißen Sand des Meeresbodens. Kapitän Nemo hat heute vor, mit Dir die Riesenschildkröten zu suchen. Es sind Unterwasserschildkröten, die sehr groß sind und sehr alt werden können. Sie werden mit ihrem Panzer mindestens einen bis eineinhalb Meter hoch und sind genauso lang und breit. Der Panzer ist wie eine Halbkugel, die aus sechseckigen Hornplatten zusammengesetzt ist. Auf dem Weg zu den Riesenschildkröten siehst Du wieder viele bunte Muscheln, Steine und manche Fischart, die Dir begegnet, kennst Du schon. Die Fische schwimmen ruhig und sicher an Dir vorbei.

Du selbst gleitest wie die Fische ruhig und durch den Taucheranzug sicher durch das warme, helle, sonnige Wasser. Du spürst, seitdem Du mit Kapitän Nemo regelmäßig auf Unterwasserausflug gehst, sehr schnell die besondere Wirkung des Wassers. Du sagst zu Dir: *Meine beiden Arme sind auf besondere Art im Wasser schwer! Meine beiden Arme sind auf besondere Art schwer!* Auch Deine Beine werden jetzt recht schnell auf die besondere Art im Wasser schwer, und Du sagst zu Dir: *Meine beiden Beine sind auf besondere Art im Wasser schwer! Meine beiden Beine sind auf besondere Art schwer!*

Ihr schwimmt durch einen kleinen Unterwasserwald, in dem sich viele Fischschwärme und auch einige Seepferdchen aufhalten. Ihr kommt auf eine große Lichtung des Unterwasserwaldes, die hell und sonnendurchflutet ist. Kapitän Nemo deutet auf einen bestimmten Platz in der Lichtung des Unterwasserwaldes. Dorthin schwimmt Ihr. Sehr bald erkennst Du, daß hier einige Riesenschildkröten in der Sonne liegen und sich ihren Panzer aufwärmen. Kapitän Nemo gibt Dir das Zeichen, langsam und vorsichtig an die Schildkröten heranzuschwimmen. Du schaust nach Kapitän Nemo und machst es ihm nach. Dabei denkst Du: *„Nur ruhig Blut, dann geht alles gut!"* Zuerst setzt er sich in die Nähe einer großen Schildkröte. Du setzt Dich neben ihn. Ihr wartet eine ganze Weile geduldig.

Nachdem die Schildkröten sich an Euch gewöhnt haben, kommen sie langsam und vorsichtig auf Euch zu. Sie schauen Euch neugierig aus ihren großen, runden, dunklen Augen an. Der Mund der Schildkröten ist so geformt, wie wenn sie lachen würden. Als sie bei Euch ankommen, machen Sie halt; Kapitän Nemo streckt langsam seine Hand nach der Schildkröte aus und streichelt ihr damit über den Kopf. Sie läßt es sich gefallen, und es scheint ihr dabei gutzugehen. Kapitän Nemo schaut Dich an und ermutigt Dich, daß Du es ihm nachtun kannst. *„Nur ruhig Blut, dann geht alles gut!"*, denkst Du für Dich. Langsam streckst Du Deinen Arm aus und berührst vorsichtig mit Deiner Hand den Kopf der Schildkröte. Sie wendet sich etwas mehr Dir zu, und es scheint Ihr zu gefallen, daß Du sie streichelst. Nach einer Weile sind die Schildkröten sehr zutraulich geworden.

Kapitän Nemo schwimmt zu einer großen Schildkröte hin und setzt sich auf ihren Rücken. Du suchst Dir eine etwas kleinere Riesenschildkröte aus und setzt Dich ebenfalls auf ihren Rücken. Und nun geht ein Wettreiten im Zeitlupentempo los. Welche Schildkröte wird wohl das Rennen gewinnen? Es ist ein Riesenspaß, auf den Schildkröten zu sitzen und hin- und hergeschaukelt zu werden. Das Schaukeln ist mehr ein langsames Wiegen, und Du genießt es. Da die Schildkröte einen sehr großen Panzer hat, brauchst Du Dich nicht festzuhalten, und bei diesem Tempo brauchst Du erst recht keine Angst zu haben, von Deinem Reittier herunter zu fallen.

Bei diesem Zeitlupenritt wird es Dir ganz warm, und Du sagst zu Dir: *Meine beiden Arme sind ganz warm! Meine beiden Arme sind ganz warm!* Auch bei Deinen Beinen stellst Du diese angenehme Wärme fest, und Du sagst zu Dir: *Meine beiden Beine sind ganz warm! Meine beiden Beine sind ganz warm!* So reiten Kapitän Nemo und Du zweimal quer über die große Lichtung des Unterwasserwaldes. Die Sonne scheint auf Euch nieder und wärmt Dir zusätzlich Arme und Beine. Während Du so langsam hin- und hergeschaukelt wirst, sagst Du zu Dir: *Ich bin ganz ruhig, fühle mich wohl und sicher in meinem Taucheranzug! Meine Arme und Beine sind auf besondere Art im Wasser schwer und ganz warm!*

Als Kapitän Nemo an Dir vorbeireitet, gibt er Dir das Zeichen, daß Ihr zum Unterwasserboot Nautilus zurückschwimmen müßt. Langsam rutschst Du vom Rücken der Schildkröte herunter. Zum Abschied streichelst Du ihr noch einmal sanft über den Kopf und sie nickt Dir, breit lächelnd, zum Abschied zu. Dann macht Ihr Euch, von einigen Fischen durch das helle, warme Wasser begleitet, auf den Weg. Ruhig und sicher, vom Taucheranzug gut eingehüllt und geschützt, schwimmst Du mit Kapitän Nemo durch den Unterwasserwald zum Unterwasserboot Nautilus zurück. Nach einer Weile taucht es vor Euch auf, und Ihr schwimmt geradewegs darauf zu. Am Unterwasserboot Nautilus angekommen, steigst Du durch die Luke in das Unterwasserboot hinein.

Willst Du **nicht einschlafen**, weil Du z. B. nun Hausaufgaben erledigen möchtest, dann geht die Geschichte so zu Ende:

Es ist so, als ob Du aus einem schönen Traum erwachen würdest. Du beugst und streckst Deine Arme, atmest tief ein und wieder aus und machst die Augen auf. Langsam setzt Du Dich wieder auf.

Willst Du aber nun **einschlafen**, dann geht die Geschichte so zu Ende:

Du bist angenehm müde von dem Unterwasserausflug geworden. Kapitän Nemo hilft Dir beim Ablegen des Sauerstoffgerätes, der Schwimmflossen und der Taucherbrille; sodann begleitet er Dich noch bis zu Deiner Koje, in die Du Dich hineinrollst und sofort in einen ruhigen Schlaf fällst und noch etwas vom Unterwasserausflug weiterträumst.

10. Unterwasserausflug

Vorbereitungen für den Unterwasserausflug

Stelle Dir vor, Du bist von Kapitän Nemo in sein Unterwasserboot Nautilus eingeladen worden. Ihr fahrt gemeinsam durch alle Weltmeere und seht viele wunderschöne Dinge unter Wasser. Die schönsten Stunden sind immer die, wenn Kapitän Nemo Dich auf seine Unterwasserausflüge mitnimmt.

Dazu ziehst Du einen speziellen Taucheranzug an. Er hat eine besondere Wirkung auf Dich. Du merkst schon beim Anziehen, daß Du vollkommen ruhig wirst.

Zuerst steigst Du mit Deinem rechten Bein in den Taucheranzug. Du merkst und sagst zu Dir: *Mein rechtes Bein ist ganz ruhig.* Dann kommt das linke Bein dran. Auch das linke Bein wird ganz ruhig. Du sagst zu Dir: *Mein linkes Bein ist ganz ruhig.* Du ziehst Deinen Taucheranzug über den Po und den Rücken herauf. Dann schlüpfst Du mit dem rechten Arm in den Taucheranzug, und Du sagst zu Dir: *Mein rechter Arm ist ganz ruhig.* Du ziehst den linken Arm an, und er wird auch vollkommen ruhig. Du sagst zu Dir: *Mein linker Arm ist ganz ruhig.* Du ziehst noch die Kapuze über den Kopf und machst den Reißverschluß vorne zu. Jetzt bist Du von dem Taucheranzug rundherum eingehüllt und geschützt. Du fühlst Dich in dem weiten und bequemen Taucheranzug wohl, sicher und vollkommen ruhig.

Zum Schluß ziehst Du noch die Schwimmflossen an, setzt die Taucherbrille auf und Kapitän Nemo hilft Dir, das Sauerstoffgerät auf den Rücken zu nehmen. Du nimmst das Mundstück in den Mund, so wie es Dir Kapitän Nemo gezeigt hat, und jetzt bist Du für den Unterwasserausflug mit Kapitän Nemo bereit.

Die Muschelsuche

Nachdem Kapitän Nemo durch die Ausstiegsluke des Nautilus ins Wasser geglitten ist, folgst Du ihm. Du schwebst langsam auf den weichen, weißen Sand des Meeresbodens. Heute habt Ihr vor, für das Muschelmuseum im Unterwasserboot Nautilus so vielfältige Muscheln zu sammeln, wie es nur möglich ist. Kapitän Nemo möchte die Muschelsammlung noch erweitern. Du freust Dich schon darauf und bist gespannt, was Ihr wohl alles finden und einsammeln werdet. Ihr schwimmt nebeneinander durch das helle, klare, warme Wasser, durch das die Sonne ihre Strahlen schickt und Fische, Steine, Korallen und Pflanzen in den buntesten Farben erleuchten läßt. Einige Schwärme von Fischen begleiten Euch. Sie schwimmen ruhig und sicher über und neben Euch.

Du fühlst Dich im Wasser ebenfalls ruhig, sicher und durch Deinen Taucheranzug geschützt sowie auf eine besondere Art angenehm schwer. Du sagst zu Dir: *Meine beiden Arme sind auf besondere Art im Wasser schwer! Meine beiden Arme sind auf besondere Art schwer!* Leicht bewegst Du Deine Beine auf und nieder und kommst auf diese Weise unter Wasser gut voran. Dabei bemerkst Du die besondere Schwere auch in Deinen Beinen. Du sagst zu Dir: *Meine beiden Beine sind auf besondere Art im Wasser schwer! Meine beiden Beine sind auf besondere Art schwer!*

Ihr schwimmt durch das hohe Seegras an einem Korallenriff vorbei in eine Sandregion, die sich soweit erstreckt, wie das Auge reicht. Der Sand ist hellbraun, das Wasser leuchtet hellblau und viele bunte Fische, große und kleine, runde, schmale, längliche und kugelige kannst Du beobachten. Du siehst sogar einen Fisch, der eine viereckige Form hat. Es ist schon wundersam, was es in der Natur alles zu sehen und zu erleben gibt. Jeder von Euch trägt einen Sack bei sich, der an einem Gürtel jedem um die Schulter hängt. In diesen Sack sollen die gesammelten Muscheln hineingelesen werden. Auf dem Meeressand werden nun immer mehr kleine Steine und Muscheln sichtbar.

Kapitän Nemo zeigt Dir, daß Ihr noch ein Stück weiter in eine Sandmulde schwimmen müßt, und dort sind tatsächlich Abermillionen von Muscheln. Er hat Dir vorher seine Muschelsammlung gezeigt, so daß Du weißt, welche er nicht mehr benötigt. Du setzt Deinen Ehrgeiz daran, möglichst Muscheln zu finden, die Kapitän Nemo noch nicht in seinem Muschelmuseum hat. Du suchst nach ausgefallenen Farben, Formen und Größen der Muscheln. Einige findest Du und gibst sie in Deinen Sack hinein. Das konzentrierte Suchen nach den Muscheln, das Umdrehen von Steinen läßt Deine Arme und Beine ganz warm werden. Du sagst zu Dir: *Meine beiden Arme sind ganz warm! Meine beiden Arme sind ganz warm!* Du schwebst über dem Meeressand und hältst nach weiteren Muscheln Ausschau. Manchmal steckst Du auch einen besonders schönen Stein in Deinen Sack. Deine Beine sind jetzt ebenfalls ganz warm geworden, und Du sagst zu Dir: *Meine beiden Beine sind ganz warm! Meine beiden Beine sind ganz warm!*

In der nächsten Mulde findest Du eine Muschelart, die Kapitän Nemo zwar schon in seinem Museum hat, die Dir aber ausgesprochen gut gefällt. Die Muscheln haben eine türkisblaue oder rosa Farbe und sind sehr klein und zierlich. An einer Stelle hat jede Muschel ein kleines Loch, und Du bekommst die Idee, Dir aus diesen Muscheln ein Armband oder eine Halskette zu basteln. Deshalb sammelst Du von diesen Muscheln so viele ein, wie Du nur kannst. Du achtest dabei darauf, daß Du gleich viele türkisblaue und rosafarbene Muscheln in Deinen Sack gibst. Inzwischen ist Dein Sack fast voll und schwer geworden. Zum Glück gibt Dir Kapitän Nemo das Zeichen zum Zurückschwimmen, denn von alleine kannst Du nicht aufhören, Muscheln zu sammeln. Jeder hat einen Sack voll, und Du freust Dich über Deine Muschelernte.

Ihr schwimmt zurück, begleitet von einigen Fischen. Du fühlst Dich ruhig, zufrieden und sicher in Deinem Taucheranzug unter Wasser. Du sagst zu Dir: *Meine Arme und Beine sind auf besondere Art im Wasser schwer! Meine Arme und Beine sind auf besondere Art schwer!* Kapitän Nemo hat Dich inzwischen an der Hand genommen und zieht Dich durch das Wasser; während Du so durch das Wasser gleitest und die Fische betrachtest, spürst Du auch die Wärme in Deinen Gliedmaßen. Du sagst zu Dir: *Meine Arme und Beine sind ganz warm! Meine Arme und Beine sind ganz warm!* Nun taucht wieder das Unterwasserboot Nautilus vor Euch auf. Du schwimmst auf die Ausstiegsluke des Unterwasserbootes zu und kletterst hinein. Als Du am Rand der

Luke sitzt und Deinen Sack ausleerst, betrachtest Du Deine gesammelten Schätze und bist stolz darauf, was Du alles gefunden hast.

Willst Du **nicht einschlafen**, weil Du z. B. nun Hausaufgaben erledigen möchtest, dann geht die Geschichte so zu Ende:

Es ist so, als ob Du aus einem schönen Traum erwachen würdest. Du beugst und streckst Deine Arme, atmest tief ein und wieder aus und machst die Augen auf. Langsam setzt Du Dich wieder auf.

Willst Du aber nun **einschlafen**, dann geht die Geschichte so zu Ende:

Du bist angenehm müde von dem Unterwasserausflug geworden. Kapitän Nemo hilft Dir beim Ablegen des Sauerstoffgerätes, der Schwimmflossen und der Taucherbrille; sodann begleitet er Dich noch bis zu Deiner Koje, in die Du Dich hineinrollst und sofort in einen ruhigen Schlaf fällst und noch etwas vom Unterwasserausflug weiterträumst.

11. Unterwasserausflug

Vorbereitungen für den Unterwasserausflug

Stelle Dir vor, Du bist von Kapitän Nemo in sein Unterwasserboot Nautilus eingeladen worden. Ihr fahrt gemeinsam durch alle Weltmeere und seht viele wunderschöne Dinge unter Wasser. Die schönsten Stunden sind immer die, wenn Kapitän Nemo Dich auf seine Unterwasserausflüge mitnimmt.

Dazu ziehst Du einen speziellen Taucheranzug an. Er hat eine besondere Wirkung auf Dich. Du merkst schon beim Anziehen, daß Du vollkommen ruhig wirst.

Zuerst steigst Du mit Deinem rechten Bein in den Taucheranzug. Du merkst und sagst zu Dir: *Mein rechtes Bein ist ganz ruhig.* Dann kommt das linke Bein dran. Auch das linke Bein wird ganz ruhig. Du sagst zu Dir: *Mein linkes Bein ist ganz ruhig.* Du ziehst Deinen Taucheranzug über den Po und den Rücken herauf. Dann schlüpfst Du mit dem rechten Arm in den Taucheranzug, und Du sagst zu Dir: *Mein rechter Arm ist ganz ruhig.* Du ziehst den linken Arm an, und er wird auch vollkommen ruhig. Du sagst zu Dir: *Mein linker Arm ist ganz ruhig.* Du ziehst noch die Kapuze über den Kopf und machst den Reißverschluß vorne zu. Jetzt bist Du von dem Taucheranzug rundherum eingehüllt und geschützt. Du fühlst Dich in dem weiten und bequemen Taucheranzug wohl, sicher und vollkommen ruhig.

Zum Schluß ziehst Du noch die Schwimmflossen an, setzt die Taucherbrille auf und Kapitän Nemo hilft Dir, das Sauerstoffgerät auf den Rücken zu nehmen. Du nimmst das Mundstück in den Mund, so wie es Dir Kapitän Nemo gezeigt hat, und jetzt bist Du für den Unterwasserausflug mit Kapitän Nemo bereit.

Die Walfamilie

Nacheinander gleiten Kapitän Nemo und Du durch die Ausstiegsluke des Nautilus ins Wasser. Du landest weich auf dem feinen, weißen Sand des Meeresbodens. Heute will Kapitän Nemo mit Dir eine Walherde suchen, die eventuell auch Babys hat. Er möchte Dir die beeindruckend großen Blauwale zeigen. So schwimmt Ihr durch das helle, warme, sonnendurchflutete Wasser, und kleine Fische begleiten Euch wieder auf Eurem Weg.

Du schwimmst ruhig und sicher in Deinem Taucheranzug durch die Unterwasserwelt und bemerkst sofort wieder an Deinem Körper die besondere Wirkung des Wassers. Du sagst zu Dir: *Meine beiden Arme sind auf besondere im Wasser Art schwer! Meine beiden Arme sind auf besondere Art schwer!* Kapitän Nemo schwimmt neben Dir und macht eine halbe Drehung, so daß er auf dem Rücken liegt. Eine ganze Weile schwimmt er so auf dem Rücken. Du probierst es ebenfalls aus und findest es sehr angenehm. Dabei stellst Du auch die Schwere in Deinen Beinen fest, und Du sagst zu Dir: *Meine beiden Beine sind auf besondere Art im Wasser schwer! Meine beiden Beine sind auf besondere Art schwer!* Nun dreht Ihr Euch wieder auf den Bauch, und mit leichten Beinbewegungen kommt Ihr zügig voran. Schon von weitem erkennst Du die Wale, denn sie sind riesig groß.

Blauwale sind die größten Säugetiere auf unserer Erde, und Du bekommst ziemlichen Respekt, als Ihr Euch den Walen nähert. Du mußt ein paar Mal den Kapitän-Nemo-Spruch sagen, um ruhig zu werden: *„Nur ruhig Blut, dann geht alles gut! Nur ruhig Blut, dann geht alles gut!“* Kapitän Nemo an Deiner Seite lächelt Dir zu und beruhigt Dich dadurch zudem, so daß Du Dich wieder ganz auf die großen Meeressäuger konzentrieren kannst. Es sind vier große Wale und ein kleiner, welcher das Wal-Baby ist. Es handelt sich um Blauwale, die, wie Du nachgelesen hast, bis zu 30 Meter lang werden können. Die Wale sind Lungenatmer und sie müssen deshalb immer wieder zur Wasseroberfläche auftauchen, um Luft zu holen. Dabei spritzen sie riesige Wasserfontänen in die Luft. Du kannst es daran erkennen, daß das Wasser wieder auf die Oberfläche des Meeres zurückplatscht. Haben Wale Luft geholt, können sie sich einige Minuten bis zu einer Stunde unter Wasser aufhalten.

Das Wal-Baby hat mindestens eine Länge von sieben bis acht Metern. Es schwimmt um die großen Wale herum und wird von den vier Großen gut beschützt. Ihr setzt Euch in sicherer Entfernung auf einen Hügel und beobachtet diese großen Tiere des Meeres. Während Du so neben Kapitän Nemo sitzt, er Deine Hand hält, und Du die gewaltigen Tiere betrachtest, kommt eine andere Walart zu Euch herangeschwommen. Sie ist nur zwei Meter lang und nähert sich Euch vorsichtig. Nach einer Weile haben sie sich an Euch gewöhnt und lassen sich von Euch streicheln. Dabei wird Dir vor Freude ganz warm, und Du sagst zu Dir: *Meine beiden Arme sind ganz warm! Meine beiden Arme sind ganz warm!* Kurz darauf spürst Du auch die Wärme in Deinen Beinen, und Du sagst zu Dir: *Meine beiden Beine sind ganz warm! Meine beiden Beine sind ganz warm!*

Obwohl die großen Blauwale sich langsam entfernt haben und weitergeschwommen sind, könnt Ihr sie immer noch gut sehen. Dies liegt an ihrer gewaltigen Größe. Nun verlassen Euch auch die kleinen Wale, die immer wieder um Euch herumgeschwommen sind und die sich von Euch streicheln ließen. Es ist für Euch ebenfalls Zeit, zum Unterwasserboot Nautilus zurückzukehren. Ein paar Mal drehst Du Dich noch zu den beeindruckenden Tieren zurück. Inzwischen sind sie ganz klein geworden. Zufrieden, ruhig und sicher gleitest Du neben Kapitän Nemo durch das Wasser. Du sagst noch einmal zu Dir: *Meine Arme und Beine sind auf besondere Art im Wasser schwer! Meine Arme und Beine sind auf besondere Art schwer!* Auch die Wärme spürst Du deutlich, einschließlich eines Kribbeln und Kitzelns in den Finger- und

Fußspitzen. Du sagst zu Dir: *Meine Arme und Beine sind ganz warm! Meine Arme und Beine sind ganz warm!* Nun taucht das Unterwasserboot Nautilus vor Euch auf. Ruhig und sicher schwimmt Ihr darauf zu. Beim Nautilus angekommen, steigst Du durch die Luke in das Unterwasserboot hinein.

Willst Du **nicht einschlafen**, weil Du z. B. nun Hausaufgaben erledigen möchtest, dann geht die Geschichte so zu Ende:

Es ist so, als ob Du aus einem schönen Traum erwachen würdest. Du beugst und streckst Deine Arme, atmest tief ein und wieder aus und machst die Augen auf. Langsam setzt Du Dich wieder auf.

Willst Du aber nun **einschlafen**, dann geht die Geschichte so zu Ende:

Du bist angenehm müde von dem Unterwasserausflug geworden. Kapitän Nemo hilft Dir beim Ablegen des Sauerstoffgerätes, der Schwimmflossen und der Taucherbrille; sodann begleitet er Dich noch bis zu Deiner Koje, in die Du Dich hineinrollst und sofort in einen ruhigen Schlaf fällst und noch etwas vom Unterwasserausflug weiterträumst.

12. Unterwasserausflug

Vorbereitungen für den Unterwasserausflug

Stelle Dir vor, Du bist von Kapitän Nemo in sein Unterwasserboot Nautilus eingeladen worden. Ihr fahrt gemeinsam durch alle Weltmeere und seht viele wunderschöne Dinge unter Wasser. Die schönsten Stunden sind immer die, wenn Kapitän Nemo Dich auf seine Unterwasserausflüge mitnimmt.

Dazu ziehst Du einen speziellen Taucheranzug an. Er hat eine besondere Wirkung auf Dich. Du merkst schon beim Anziehen, daß Du vollkommen ruhig wirst.

Zuerst steigst Du mit Deinem rechten Bein in den Taucheranzug. Du merkst und sagst zu Dir: *Mein rechtes Bein ist ganz ruhig.* Dann kommt das linke Bein dran. Auch das linke Bein wird ganz ruhig. Du sagst zu Dir: *Mein linkes Bein ist ganz ruhig.* Du ziehst Deinen Taucheranzug über den Po und den Rücken herauf. Dann schlüpfst Du mit dem rechten Arm in den Taucheranzug, und Du sagst zu Dir: *Mein rechter Arm ist ganz ruhig.* Du ziehst den linken Arm an, und er wird auch vollkommen ruhig. Du sagst zu Dir: *Mein linker Arm ist ganz ruhig.* Du ziehst noch die Kapuze über den Kopf und machst den Reißverschluß vorne zu. Jetzt bist Du von dem Taucheranzug rundherum eingehüllt und geschützt. Du fühlst Dich in dem weiten und bequemen Taucheranzug wohl, sicher und vollkommen ruhig.

Zum Schluß ziehst Du noch die Schwimmflossen an, setzt die Taucherbrille auf und Kapitän Nemo hilft Dir, das Sauerstoffgerät auf den Rücken zu nehmen. Du nimmst das Mundstück in den Mund, so wie es Dir Kapitän Nemo gezeigt hat, und jetzt bist Du für den Unterwasserausflug mit Kapitän Nemo bereit.

Der Unterwasserwald

Kapitän Nemo gleitet als erster ins Wasser; Du folgst ihm durch die Ausstiegsluke des Nautilus ins Wasser. Du schwebst langsam auf den weichen, weißen Meeresboden. Das Wasser ist hell und sonnendurchflutet sowie angenehm warm. Heute hat Kapitän Nemo vor, Dir einen Unterwasserwald zu zeigen. Ihr schwimmt los, und wie meistens begleiten Euch kleine Fische.

Dein Taucheranzug umgibt Dich ganz, und Du fühlst Dich wohl und geschützt. Heute leuchten die Fische besonders farbenprächtig. Ihr schwimmt über Korallen hinweg, über Felder mit Seegräsern, die immer dichter und buschiger werden. Scheinbar kündigt sich der Unterwasserwald schon an. Nach einer Weile seid Ihr dort endlich angekommen. In einem Unterwasserwald wachsen Sträucher, die so groß sind wie die Bäume auf dem Land. Diese Pflanzen des Waldes haben nur schmale, längliche und keine breiten Blätter. Sie wachsen nicht wie auf dem Land in alle Himmelsrichtungen, sondern senkrecht nach oben, immer dem Sonnenlicht entgegen. Es sieht so aus, als ob sie aus dem Meer herausschauen wollten. Dabei bemerkst Du, wie Deine Arme und Beine auf besondere Art angenehm schwer werden. Du sagst zu Dir: *Meine beiden Arme sind auf besondere Art im Wasser schwer! Meine beiden Arme sind auf besondere Art schwer! Auch meine beiden Beine sind auf besondere Art im Wasser schwer! Auch meine beiden Beine sind auf besondere Art schwer!*

In diesem Unterwasserwald sind viele bunte Fische, große und kleine. Manche sind dick, andere dünn und wieder andere flach wie ein Pfannkuchen. In dem Unterwasserwald entdeckst Du eine Fischart, deren Schwanzflosse wie ein langer Hochzeitsschleier geformt ist. Das findest Du lustig. Die Fische schwimmen manchmal durch die Sträucher und Bäume hindurch, als ob sie Versteck mit Dir spielen wollten. Von Zeit zu Zeit taucht ein Fisch vor Dir auf und grinst Dich aus einem breiten Maul an. Unwillkürlich mußt Du darüber lachen.

Ein Unterwasserwald ist insofern etwas ganz besonderes, da man in die höchsten Wipfel der Bäume ohne Probleme hinaufklettern kann, ohne daß man Gefahr läuft herunterzufallen. So leicht bist Du noch selten in einen Baumwipfel hinauf- und wieder hinuntergeklettert. In einigen Ästen mit dichtem Blattwerk siehst Du kleine bunte Fische schlafen, ebenso kleine Schildkröten und Schnecken. Kapitän Nemo nimmt Dich an der Hand und führt Dich in eine große dichte Baumkrone. Von dort aus habt Ihr einen wunderbaren Blick über den gesamten Unterwasserwald. Du kommst Dir vor wie Tarzan unter Wasser. Ihr liegt in diesem Baumwipfel wie in einem Bett, und die Blätter umgeben Dich und Kapitän Nemo, wie wenn sie eine wunderbare große Zudecke wären. Dabei fällt Dir ein, wie angenehm warm es unter einer Bettzudecke ist. Du sagst zu Dir: *Meine beiden Arme sind ganz warm! Meine beiden Arme sind ganz warm! Auch meine beiden Beine sind ganz warm! Meine beiden Beine sind ganz warm!*

Nachdem Ihr Euch ausgeruht habt und Du alles betrachtest hast, klettert Ihr aus den Baumwipfeln wieder herunter. Kapitän Nemo führt Dich sicher zum Unterwasserboot Nautilus durch den Unterwasserwald zurück. Eine Reihe von Fischen begleitet Euch wieder. Du fühlst Dich ruhig, sicher und schwimmst mit *angenehm schweren Armen und Beinen* durch das Wasser. *Deine Arme und Beine sind auch noch ganz warm.* In der Ferne taucht das Unterwasserboot Nautilus vor Euch auf. Der Unterwasserwald liegt nun schon hinter Euch. Du drehst Dich noch einmal um, und es fallen Dir nun die vielen Grüntöne des Unterwasserwaldes aus der Ferne besonders auf. Das Unterwasserboot Nautilus ist nähergerückt, und Du schwimmst ruhig und sicher, *auf besondere Art angenehm schwer und warm* auf die Luke des Unterwasserbootes Nautilus zu. Du kletterst in das Unterwasserboot hinein und setzt Dich am Rande der Luke hin.

Willst Du **nicht einschlafen**, weil Du z. B. nun Hausaufgaben erledigen möchtest, dann geht die Geschichte so zu Ende:

Es ist so, als ob Du aus einem schönen Traum erwachen würdest. Du beugst und streckst Deine Arme, atmest tief ein und wieder aus und machst die Augen auf. Langsam setzt Du Dich wieder auf.

Willst Du aber nun **einschlafen**, dann geht die Geschichte so zu Ende:

Du bist angenehm müde von dem Unterwasserausflug geworden. Kapitän Nemo hilft Dir beim Ablegen des Sauerstoffgerätes, der Schwimmflossen und der Taucherbrille; sodann begleitet er Dich noch bis zu Deiner Koje, in die Du Dich hineinrollst und sofort in einen ruhigen Schlaf fällst und noch etwas vom Unterwasserausflug weiterträumst.

13. Unterwasserausflug

Vorbereitungen für den Unterwasserausflug

Stelle Dir vor, Du bist von Kapitän Nemo in sein Unterwasserboot Nautilus eingeladen worden. Ihr fahrt gemeinsam durch alle Weltmeere und seht viele wunderschöne Dinge unter Wasser. Die schönsten Stunden sind immer die, wenn Kapitän Nemo Dich auf seine Unterwasserausflüge mitnimmt.

Dazu ziehst Du einen speziellen Taucheranzug an. Er hat eine besondere Wirkung auf Dich. Du merkst schon beim Anziehen, daß Du vollkommen ruhig wirst.

Zuerst steigst Du mit Deinem rechten Bein in den Taucheranzug. Du merkst und sagst zu Dir: *Mein rechtes Bein ist ganz ruhig.* Dann kommt das linke Bein dran. Auch das linke Bein wird ganz ruhig. Du sagst zu Dir: *Mein linkes Bein ist ganz ruhig.* Du ziehst Deinen Taucheranzug über den Po und den Rücken herauf. Dann schlüpfst Du mit dem rechten Arm in den Taucheranzug, und Du sagst zu Dir: *Mein rechter Arm ist ganz ruhig.* Du ziehst den linken Arm an, und er wird auch vollkommen ruhig. Du sagst zu Dir: *Mein linker Arm ist ganz ruhig.* Du ziehst noch die Kapuze über den Kopf und machst den Reißverschluß vorne zu. Jetzt bist Du von dem Taucheranzug rundherum eingehüllt und geschützt. Du fühlst Dich in dem weiten und bequemen Taucheranzug wohl, sicher und vollkommen ruhig.

Zum Schluß ziehst Du noch die Schwimmflossen an, setzt die Taucherbrille auf und Kapitän Nemo hilft Dir, das Sauerstoffgerät auf den Rücken zu nehmen. Du nimmst das Mundstück in den Mund, so wie es Dir Kapitän Nemo gezeigt hat, und jetzt bist Du für den Unterwasserausflug mit Kapitän Nemo bereit.

Das versunkene Piratenschiff

Nacheinander gleiten Kapitän Nemo und Du durch die Ausstiegsluke des Nautilus ins Wasser. Du landest weich auf dem feinen, weißen Sand des Meeresbodens. Heute möchte Kapitän Nemo etwas ganz besonderes mit Dir unternehmen, nämlich ein Piratenschiff mit Dir zusammen erobern. Es ist im Mittelalter bei einem Kampf auf dem Meer versenkt worden. Er hofft, daß er es wiederfindet. Er hat es schon einmal besichtigt und Dir davon berichtet.

Ihr schwimmt durch das helle, warme Wasser; die Sonne schickt ihre Strahlen durch das Wasser hindurch und läßt alles in den schönsten Farben leuchten. Die Fische sind Eure vertrauten Begleiter; sie schwimmen ruhig und sicher neben Euch her. Du fühlst Dich ebenfalls vollkommen ruhig, sicher und durch Deinen Taucheranzug im Wasser geschützt sowie auf besondere Art angenehm schwer. Du merkst es zuerst wieder bei Deinen Armen, und sagst zu Dir: *Meine beiden Arme sind auf besondere Art im Wasser schwer! Meine beiden Arme sind auf besondere Art schwer!* Ruhig und sicher schwimmst Du weiter neben Kapitän Nemo her und sagst nun zu Dir: *Meine beiden Beine sind auf besondere Art im Wasser schwer! Meine beiden Beine sind auf besondere Art schwer!*

So schwimmt Ihr, mit Schaufeln ausgerüstet, durch das helle, klare, warme Wasser. Du hoffst sehr, daß Kapitän Nemo das versunkene Piratenschiff wiederfindet. Nach einer Weile hält er an und schaut sich um. Als es weitergeht, schwimmt Ihr in eine andere Richtung. Ob die Wellen des Meeres soviel Sand bewegt haben, daß dadurch das versunkene Piratenschiff ganz und gar zugedeckt wurde und deshalb nicht mehr zu finden ist? Der Gedanke stimmt Dich traurig. Denn Du hast Dich auf das Piratenschiff schon sehr gefreut.

Plötzlich zeigt Kapitän Nemo auf einen Sandhügel. Ihr schwimmt auf den Hügel zu und um ihn herum. Da taucht in der Tat ein Teil des versunkenen Piratenschiffes vor Euch auf. Der mittlere Teil und der Bug des Schiffes sind gut zu sehen. Das Heck ist ziemlich stark mit Sand zugedeckt. Kapitän Nemo gibt Dir das Zeichen, daß Du zuerst einmal warten sollst. Du bist ganz ungeduldig, und Du möchtest am liebsten gleich mitschwimmen. Der Kapitän-Nemo-Spruch hilft Dir zu warten: *„Nur ruhig Blut, dann geht alles gut!“* Mit diesem Spruch schaffst Du es tatsächlich zu warten, obwohl es Dir sehr schwer fällt.

Du beobachtest, wie Kapitän Nemo zu diesem Piratenschiff hinschwimmt und es untersucht. Nach einiger Zeit winkt er Dir, daß Du nachkommen kannst. Du freust Dich, endlich dieses Piratenschiff erobern zu können. Es ist ganz aus Holz, was man allerdings kaum noch erkennen kann, da sich an vielen Stellen Algen und andere Unterwasserpflanzen festgesetzt haben und Teile des Schiffes bedecken. Kapitän Nemo entdeckt die Kapitänskajüte, die zu einem Teil mit Sand zugedeckt ist. Ihr nehmt Eure Schippen und schaufelt den Sand zur Seite. Dabei wird Dir tüchtig warm. Du sagst zu Dir: *Meine beiden Arme sind ganz warm! Meine beiden Arme sind ganz warm!* Die körperliche Arbeit wirkt sich auch in Deinen Beinen aus, denn Du mußt immer hin- und herschwimmen, damit sich der Sand weit genug vom Piratenschiff ablagert und nicht gleich wieder durch die Bewegung des Meeres in die Kapitänskajüte hineingetragen wird. Du sagst zu Dir: *Meine beiden Beine sind ganz warm! Meine beiden Beine sind ganz warm!*

Nach einer gewissen Zeit habt Ihr die Kajüte freigelegt. Nun könnt Ihr hineinschwimmen und sie genau untersuchen. Ihr findet darin einen alten Stuhl aus wunderbar geschnitztem Holz. Dies kann man allerdings nur erahnen, da das

Salzwasser schon tüchtige Arbeit geleistet hat. In einer anderen Ecke ist eine sehr große Kiste. Du hoffst auf einen Schatz darin. Kapitän Nemo und Du versuchen, die Kiste zu öffnen. Es ist eine harte Arbeit, aber Ihr schafft es. Während Ihr den Deckel hochhebt, steigt Deine Neugierde. Aber: In der Kiste ist außer Sand und Wasser nichts enthalten. Ihr verlaßt die Kapitänskajüte wieder und schwimmt zu einem anderen Teil des riesigen Schiffes, und zwar zum Steuerrad. Du versuchst es hin- und herzubewegen, was Dir aber nicht gelingt. Du hältst es in Deinen beiden Händen und stellst Dir vor, Du bist der gefürchteteste Pirat der Weltmeere und steuerst gerade auf eine warme Insel zu. Du fühlst Dich dabei ruhig, sicher, angenehm schwer und warm.

Kapitän Nemo weckt Dich aus Deinen Träumen auf und gibt Dir das Zeichen zum zurückschwimmen. Ihr nehmt Eure Schaufeln und macht Euch auf den Weg zurück zum Unterwasserboot Nautilus. Ein paar Mal drehst Du Dich noch zu dem versunkenen Piratenschiff um und stellst Dir vor, wie Du als der Kapitän des Schiffes stolz auf dem Deck hin- und hermarschierst. Eingehüllt in Deinen schützenden Taucheranzug schwimmst Du zufrieden und ruhig zurück zum Unterwasserboot Nautilus. Du sagst dabei zu Dir: *Meine Arme und Beine sind auf besondere Art im Wasser schwer! Meine Arme und Beine sind auf besondere Art schwer!* Du spürst auch deutlich, wie durch Deinen ganzen Körper eine angenehme Wärme fließt, und Du sagst zu Dir: *Meine Arme und Beine sind ganz warm! Meine Arme und Beine sind ganz warm!*

Nun seid Ihr beim Unterwasserboot angelangt, und Du steigst durch die Luke in das Boot hinein.

Willst Du **nicht einschlafen**, weil Du z. B. nun Hausaufgaben erledigen möchtest, dann geht die Geschichte so zu Ende:

Es ist so, als ob Du aus einem schönen Traum erwachen würdest. Du beugst und streckst Deine Arme, atmest tief ein und wieder aus und machst die Augen auf. Langsam setzt Du Dich wieder auf.

Willst Du aber nun **einschlafen**, dann geht die Geschichte so zu Ende:

Du bist angenehm müde von dem Unterwasserausflug geworden. Kapitän Nemo hilft Dir beim Ablegen des Sauerstoffgerätes, der Schwimmflossen und der Taucherbrille; sodann begleitet er Dich noch bis zu Deiner Koje, in die Du Dich hineinrollst und sofort in einen ruhigen Schlaf fällst und noch etwas vom Unterwasserausflug weiterträumst.

14. Unterwasserausflug

Vorbereitungen für den Unterwasserausflug

Stelle Dir vor, Du bist von Kapitän Nemo in sein Unterwasserboot Nautilus eingeladen worden. Ihr fahrt gemeinsam durch alle Weltmeere und seht viele wunderschöne Dinge unter Wasser. Die schönsten Stunden sind immer die, wenn Kapitän Nemo Dich auf seine Unterwasserausflüge mitnimmt.

Dazu ziehst Du einen speziellen Taucheranzug an. Er hat eine besondere Wirkung auf Dich. Du merkst schon beim Anziehen, daß Du vollkommen ruhig wirst.

Zuerst steigst Du mit Deinem rechten Bein in den Taucheranzug. Du merkst und sagst zu Dir: *Mein rechtes Bein ist ganz ruhig.* Dann kommt das linke Bein dran. Auch das linke Bein wird ganz ruhig. Du sagst zu Dir: *Mein linkes Bein ist ganz ruhig.* Du ziehst Deinen Taucheranzug über den Po und den Rücken herauf. Dann schlüpfst Du mit dem rechten Arm in den Taucheranzug, und Du sagst zu Dir: *Mein rechter Arm ist ganz ruhig.* Du ziehst den linken Arm an, und er wird auch vollkommen ruhig. Du sagst zu Dir: *Mein linker Arm ist ganz ruhig.* Du ziehst noch die Kapuze über den Kopf und machst den Reißverschluß vorne zu. Jetzt bist Du von dem Taucheranzug rundherum eingehüllt und geschützt. Du fühlst Dich in dem weiten und bequemen Taucheranzug wohl, sicher und vollkommen ruhig.

Zum Schluß ziehst Du noch die Schwimmflossen an, setzt die Taucherbrille auf und Kapitän Nemo hilft Dir, das Sauerstoffgerät auf den Rücken zu nehmen. Du nimmst das Mundstück in den Mund, so wie es Dir Kapitän Nemo gezeigt hat, und jetzt bist Du für den Unterwasserausflug mit Kapitän Nemo bereit.

Die Unterwasserhöhle

Kapitän Nemo gleitet ins Wasser, und Du folgst ihm durch die Ausstiegsluke des Nautilus. Langsam schwebst Du auf den weichen, weißen Sand des Meeresbodens. Heute hat Dir Kapitän Nemo eine Überraschung versprochen. Allerdings will er Dir noch nicht verraten, um was es sich handelt. Du bist aber sicher, daß es etwas besonderes sein wird.

So schwimmst Du in Deinem schützenden Taucheranzug neben Kapitän Nemo durch das helle, warme, sonnendurchflutete Wasser. Unter Dir gleiten die Steine und Muscheln vorbei und leuchten in den schönsten Farben. Neben und über Dir begleiten Dich wie immer Fische. Intensiv leuchten ihre blauen, grünen, roten und lila Schuppen. Ruhig und sicher wie die Fische gleitest Du neben Kapitän Nemo durch das Wasser. Du spürst sehr bald wieder die besondere Wirkung des Wassers, und zwar bei Deinen Armen und Beinen. Du sagst zu Dir: *Meine beiden Arme sind auf besondere Art im Wasser schwer! Meine beiden Arme sind auf besondere Art schwer! Auch meine beiden Beine sind auf besondere Art im Wasser schwer! Meine beiden Beine sind auf besondere Art schwer!*

Während Du so durch das Wasser gleitest, erblickst Du in der Ferne mehrere runde und funkelnde Felsen. Kapitän Nemo schwimmt zielsicher auf diese Felsen zu. Du fragst Dich neugierig, was sich wohl dahinter verbirgt. Kapitän Nemo schwimmt um einige Felskegel herum, wie wenn er etwas suchen würde. Du folgst ihm. Eine kleine Herde von Seepferdchen hüpft an einer sehr hellen Stelle zwischen den Felsen lustig auf und ab. Ihr schwimmt auf die Seepferdchenherde zu, und Du bist von den gleichmäßigen Bewegungen der Tiere immer wieder neu fasziniert.

Während Ihr Euch der hellen Stelle im Felsen nähert, stellst Du fest, daß es sich um einen hell erleuchteten, breiten Eingang in eine Höhle handelt. Inzwischen ist die Seepferdchenherde nicht mehr zu sehen, denn sie ist in dem Höhleneingang verschwunden. Ruhig schwimmst Du neben Kapitän Nemo in die Unterwasserhöhle hinein. Dabei denkst Du: *„Nur ruhig Blut, dann geht alles gut!“* In manchen Situationen sagst Du den Spruch schon automatisch, und er hilft Dir jedesmal.

Ihr erreicht eine geräumige und wunderschöne Höhle, die an ihrer Decke ein großes rundes Loch aufweist. Durch diese Öffnung scheint die Sonne in die Höhle hinein und läßt die Höhle in silbernen und grünglänzenden Farben erleuchten. Der Boden der Höhle ist mit weichem, sanftem Moos bedeckt. An einer Höhlenwand befindet sich eine Steinmulde, die besonders hell das Sonnenlicht reflektiert. Du schwimmst mit Kapitän Nemo darauf zu und erkennst, daß eine Muschel in riesiger Größe in dieser Mulde liegt, wie wenn sie aus dem Stein herausgemeißelt wäre.

Vor der Mulde sind zwei Steine, die wie zwei Sessel geformt sind. Kapitän Nemo deutet darauf und setzt sich in einen dieser Steinsessel hinein. Du folgst ihm und bist überrascht, denn der Steinsessel ist ganz warm. Dies liegt daran, daß hier besonders viele Sonnenstrahlen auftreffen. Durch die Sonnenstrahlen und den warmen Steinsessel wird Dein Körper erwärmt, ganz besonders Deine Arme und Beine. Du sagst zu Dir: *Meine beiden Arme sind ganz warm! Meine beiden Arme sind ganz warm! Auch meine beiden Beine sind ganz warm! Meine beiden Beine sind ganz warm!* Du sitzt in diesem Steinsessel wie eine kleine Prinzessin oder ein kleiner Prinz und bewunderst diese Naturschöpfung. Du fühlst Dich ruhig, sicher, eingehüllt und geschützt von dem Taucheranzug, *mit angenehm schweren Armen und Beinen sowie am ganzen Körper warm.*

Du schaust auf die große Muschel in der Steinmulde und traust Deinen Augen kaum, als sie sich langsam zu öffnen beginnt. Die Muschel sieht wie eine übergroße Herzmuschel aus und hat auf ihrer Außenseite sehr gleichmäßige Rippen. Es dauert einige Sekunden, bis die Muschel sich ganz geöffnet hat. Je mehr sich die Muschel öffnet, um so heller wird das Licht in der Höhle. Die Muschel ist innen ganz und gar mit Perlmutter ausgekleidet, welches leuchtet und funkelt, wodurch die Höhle noch heller wird. Im Inneren der Muschel erkennst Du eine riesengroße, gleichmäßig rund geformte, elfenbeinweiße Perle. So etwas wunderschönes hast Du noch nie gesehen. Auch Kapitän Nemo neben Dir betrachtet konzentriert die Muschel mit ihrem Schatz. *Mit angenehm schweren Armen und Beinen, am ganzen Körper warm*, sitzt Du auf Deinem Steinthron und betrachtest die Muschel mit ihrer Perle. Nach einigen Minuten beginnt die Muschel sich wieder zu schließen.

Dann stehst Du auf und schwimmst wieder in die Mitte der Höhle. Du legst Dich in das weiche, grünschillernde Moos, direkt unter der Öffnung der Höhlendecke. Du läßt Dir die Sonne auf den Bauch scheinen und Dein ganz Körper fühlt sich wohlig warm an. Nach einigen Minuten kommt Kapitän Nemo zu Dir und gibt Dir das Zeichen, daß Ihr zum Unterwasserboot Nautilus zurückkehren müßt. Ruhig und zufrieden, *mit angenehm schweren Armen und Beinen sowie am ganzen Körper warm* gleitest Du leicht durch das Wasser. Ihr habt inzwischen den Ausgang der Unterwasserhöhle erreicht, schwimmt durch diesen breiten Einlaß hindurch und trefft draußen vor der Höhle wieder die kleine Herde Seepferdchen. Auf dem Weg zurück zum Unterwasserboot drehst Du Dich noch einige Male zu den runden, funkelnden Felsen um. Dies war wirklich eine wunderbare Überraschung von Kapitän Nemo. Ruhig, sicher, angenehm schwer und warm schwimmst Du mit den kleinen Fischen und Kapitän Nemo zurück. Inzwischen ist das Unterwasserboot Nautilus vor Euch aufgetaucht. Du steigst als erster durch die Luke in das Unterwasserboot hinein.

Willst Du **nicht einschlafen**, weil Du z. B. nun Hausaufgaben erledigen möchtest, dann geht die Geschichte so zu Ende:

Es ist so, als ob Du aus einem schönen Traum erwachen würdest. Du beugst und streckst Deine Arme, atmest tief ein und wieder aus und machst die Augen auf. Langsam setzt Du Dich wieder auf.

Willst Du aber nun **einschlafen**, dann geht die Geschichte so zu Ende:

Du bist angenehm müde von dem Unterwasserausflug geworden. Kapitän Nemo hilft Dir beim Ablegen des Sauerstoffgerätes, der Schwimmflossen und der Taucherbrille; sodann begleitet er Dich noch bis zu Deiner Koje, in die Du Dich hineinrollst und sofort in einen ruhigen Schlaf fällst und noch etwas vom Unterwasserausflug weiterträumst.

Sachwortverzeichnis

(I = Band 1; II = Band 2)

Autorenverzeichnis

Prof. Dr. Heinrich Berbalk
Psychologisches Institut III
der Universität Hamburg
Van-Melle-Park 5
20146 Hamburg

Dipl.-Psych. Martina Beys
Klinische Psychologie der
Universität Bremen
Grazer Str. 2
28359 Bremen

Dipl.-Psych. Michael Deuchert
Klinische Psychologie der
Universität Bremen
Grazer Str. 2
28359 Bremen

Prof. Dr. Wolf-Dieter Gerber
Medizinische Psychologie der
Universität Kiel
Niemannsweg 147
24105 Kiel

Prof. Dr. Vladimir A. Gheorghiu
Fachbereich 06 Psychologie
der Universität Gießen
Otto-Behagel-Str. 10
35394 Gießen

Dr. Michael Hübner
Fachbereich 06 Psychologie
der Universität Gießen
Otto-Behagel-Str. 10
35394 Gießen

Prof. Dr. Georg Jungnitsch
Fachhochschule Regensburg
Fachbereich Sozialwesen
Prüfeningerstr. 58
93049 Regensburg

Dipl.-Psych. Jürgen Kempkensteffen
Psychologisches Institut III
der Universität Hamburg
Van-Melle-Park 5
20146 Hamburg

Dr. Barbara Knab
Ismaninger Str. 84
81675 München

Prof. Dr. Günter Krampen
Universität Trier
FB I – Psychologie
Postfach 3825
54296 Trier

Prof. Dr. Birgit Kröner-Herwig
Abteilung für Klinische Psychologie
Institut für Allgemeine Psychologie
Heinrich-Heine-Universität Düsseldorf
Universitätsstr. 1
40225 Düsseldorf

Dr. Bergit Maspfuhl
Schützenstr. 13
21244 Buchholz i.d.N.

Dr. Dietmar Ohm
Mühlenberg-Klinik
Frahmsallee 1–7
23714 Malente

Prof. Dr. Franz Petermann
Klinische Psychologie der
Universität Bremen
Grazer Str. 2
28359 Bremen

Prof. Dr. Ulrike Petermann
Kinderambulanz der
Universität Bremen
Grazer Str. 2
28359 Bremen

Prof. Dr. Dieter Vaitl
Fachbereich 06 Psychologie
Justus-Liebig-Universiät Gießen
Otto-Behagel-Str. 10
35394 Gießen